Gerhard Thews
Peter Vaupel

Vegetative Physiologie

Zweite, völlig überarbeitete und ergänzte Auflage

Mit 181 Abbildungen und 54 Tabellen

Springer-Verlag Berlin Heidelberg New York
London Paris Tokyo Hong Kong

Univ.-Professor Dr. Dr. Gerhard Thews
Univ.-Professor Dr. Peter Vaupel, M. A./Univ. Harvard
Institut für Physiologie und Pathophysiologie
der Johannes Gutenberg-Universität
Saarstraße 21
6500 Mainz

---

1. Auflage ist 1981 unter dem Titel „Grundriß der vegetativen Physiologie" Heidelberger Taschenbücher, Band 210 erschienen

---

ISBN 3-540-51955-6 Springer-Verlag Berlin Heidelberg New York
ISBN 0-387-51955-6 Springer-Verlag New York Berlin Heidelberg

ISBN 3-540-10631-6 1. Auflage Springer Verlag Berlin Heidelberg New York
ISBN 0-387-10631-6 1st edition Springer Verlag New York Heidelberg Berlin

CIP-Titelaufnahme der Deutschen Bibliothek
Thews, Gerhard: Vegetative Physiologie / G. Thews ; P. Vaupel. - 2. Aufl. - Berlin ; Heidelberg ; New York ; London ; Paris ; Tokyo ; Hong Kong : Springer, 1990
(Springer-Lehrbuch)
1. Aufl. u. d. T.: Thews, Gerhard: Grundriss der vegetativen Physiologie
ISBN 3-540-51955-6 (Berlin ...)
ISBN 0-387-51955-6 (New York ...)
NE: Vaupel, Peter:

Umschlagentwurf: W. Eisenschink, Heddesheim
Gesamtherstellung: Appl, Wemding
2117/3145-543210 - Gedruckt auf säurefreiem Papier

Vorwort

Das vorliegende Lehrbuch behandelt die vegetative Physiologie des Menschen, also diejenigen Organfunktionen, die in der Regel ohne Einschaltung des Bewußtseins ablaufen. Wie die vorausgegangene Fassung, die auch ins Englische übersetzt wurde, richtet sich der Text in erster Linie an den Medizinstudenten, der sich einen ersten Überblick über dieses Stoffgebiet verschaffen möchte. Eine gründliche Überarbeitung erschien jedoch erforderlich, um den Inhalt dem heutigen Erkenntnisstand und den Examensanforderungen anzupassen. Beibehalten wurde das didaktische Ziel, die Fakten und Zusammenhänge in knapper und übersichtlich gegliederter Form darzustellen. Die möglichst vielfältige Berücksichtigung pathophysiologischer Zusammenhänge, die bereits im ersten Studienabschnitt zum Verständnis der klinischen Medizin beitragen soll, ist allgemein auf ein positives Echo gestoßen.

Es hat sich auch gezeigt, daß ein knapp gefaßtes Lehrbuch dieser Art für Naturwissenschaftler, die sich über die Humanphysiologie informieren wollen, von Nutzen sein kann. Dieser Lesergruppe empfehlen wir wie bisher, die anatomischen Grundlagen den einschlägigen Lehrbüchern zu entnehmen.

Dem Verlag danken wir für die großzügige Unterstützung unserer Arbeit, insbesondere auch dafür, daß er uns die Aufnahme weiterer informativer Abbildungen ermöglicht hat. Unser Dank gilt aber auch unseren Mitarbeitern, die zum Gelingen des Lehrbuches beigetragen haben. Wir hoffen, daß auch diese Fassung wieder eine positive Resonanz im Kreis der Leser findet.

Mainz, im März 1990

G. Thews
P. Vaupel

Inhaltsverzeichnis

1 Blut und Abwehrfunktionen

Blut stellt aus funktioneller Sicht ein „flüssiges Körpergewebe" dar. Es besteht aus ***Zellen,*** die in einer elektrolyt- und eiweißhaltigen Lösung, dem ***Plasma,*** suspendiert sind. Das Blut, dessen Zusammensetzung und Volumen normalerweise nur geringen Schwankungen unterliegen, dient vor allem als Transportmittel innerhalb des Organismus. Daneben ist es an der Aufrechterhaltung eines konstanten inneren Milieus (Homöostase) und an der Abwehr eingedrungener Fremdstoffe und Krankheitserreger beteiligt.

1.1 Blutvolumen und Hämatokrit

1.1.1 Blutvolumen

Die Gesamtblutmenge des Menschen beträgt etwa 7–8% seines Körpergewichtes. Für den Erwachsenen entspricht das einem Blutvolumen von 4–6 l ***(Normovolämie).*** Das Blutvolumen kann auch beim Gesunden unter besonderen Bedingungen, z. B. nach längerdauerndem, starken Schwitzen oder Wasserentzug, erniedrigt sein ***(Hypovolämie).*** Dagegen findet man bei Säuglingen, bei Schwangeren und bei Menschen, die im Hochgebirge leben, eine Zunahme des relativen, auf das Körpergewicht bezogenen Blutvolumens ***(Hypervolämie).***
Ein ***akuter Blutverlust,*** der durch eine innere oder äußere Blutung eintreten kann, führt infolge unzureichender Füllung der Gefäße u. U. zu einem kritischen Blutdruckabfall im arteriellen Gefäßsystem. Bei einem gesunden Erwachsenen bewirkt ein Volumenverlust von 500–800 ml noch keine wesentliche Funktionsstörung im Herz-Kreislauf-System; bei einem Blutverlust von mehr als 30% des Normalwertes treten dagegen die Symptome eines Volumenmangelschocks (S. 170f.) auf. Ein plötzlicher Verlust von mehr als 50% der Gesamtblutmenge ist ohne therapeutische Maßnahmen tödlich.
Nach kleineren Blutverlusten stellt sich die normale Blutmenge innerhalb von zwei Tagen dadurch wieder ein, daß das Plasma hauptsächlich durch interstitielle Gewebsflüssigkeit ersetzt wird. Die Blutzellen regenerieren

weitaus langsamer; nach stärkeren Blutverlusten ist der Ersatz der Blutzellen erst nach einem Monat abgeschlossen.

Bestimmung des Blutvolumens. Das Volumen des zirkulierenden Blutes kann auf indirektem Wege mit Hilfe des ***Indikatorverdünnungsverfahrens*** bestimmt werden. Hierbei injiziert man eine bestimmte Menge einer unschädlichen Farbstofflösung in die Blutbahn. Geeignet sind Farbstoffe, die auf Grund der Größe ihrer Moleküle oder der Bindung an Plasmaeiweiß nur schwer die Blutbahn verlassen oder in die Blutzellen eindringen können (z. B. Kongorot, Trypanblau oder Evansblue). Nach vollständiger Verteilung der injizierten Farbstoffmenge im Plasmaraum entnimmt man eine Blutprobe zur Bestimmung der Farbstoffkonzentration. Bezeichnen C_1 die Konzentration und V_1 das Volumen der Farbstofflösung vor der Injektion sowie C_2 die Konzentration nach der Verdünnung und V_{Pl} das zirkulierende Plasmavolumen, so ergibt die Massenbilanz folgende Beziehung:

$$C_1 \cdot V_1 = C_2 \cdot V_{Pl} \qquad (1)$$

Daraus läßt sich V_{Pl} und mit Hilfe des Hämatokritwertes (s. u.) auch das gesuchte Gesamtblutvolumen ermitteln.

1.1.2 Hämatokrit

Der Volumenanteil der roten Blutkörperchen (Erythrocyten) am Gesamtblutvolumen wird als Hämatokritwert (Hkt) bezeichnet; er beträgt im Mittel beim Mann 0,47 und bei der Frau 0,42, d. h. daß die Erythrocyten knapp die Hälfte des Blutvolumens einnehmen. Eine Erhöhung dieses Wertes findet man normalerweise bei der Höhenanpassung und bei Neugeborenen; Kleinkinder weisen dagegen häufig einen erniedrigten Hämatokrit auf. Der Hämatokrit kann dazu dienen, um aus dem gemessenen Plasmavolumen V_{Pl} das Blutvolumen V_{Bl} über die Beziehung

$$V_{Bl} = V_{Pl}/(1\text{-Hkt}) \qquad (2)$$

zu bestimmen.

Hämatokritbestimmung. Zur Bestimmung des Hämatokritwertes (nach WINTROBE) wird eine ungerinnbar gemachte Blutprobe in einem graduierten Glasröhrchen zentrifugiert. Nach Beendigung der Zentrifugation haben sich die spezifisch schwereren Erythrocyten unter dem Blutplasma abgesetzt, so daß ihr relativer Volumenanteil an der Graduierung abgelesen werden kann. Heute verwendet man vielfach eine Mikromodifikation dieses Verfahrens, bei der für die Hämatokritbestimmung so wenig Blut benötigt wird, daß es aus dem Ohrläppchen entnommen werden kann.

1.2 Blutplasma

Blutplasma, der extracelluläre Anteil des Blutes, ist eine klare, gelbe Flüssigkeit. Es enthält pro Liter etwa 0,9 l Wasser, 9 g Elektrolyte und 72 g Proteine. Die Flüssigkeit, die sich nach einer Blutgerinnung (S. 51 ff.) von den Blutzellen und dem als Gerinnungsprodukt entstandenen Fibrinnetz absetzt, wird als ***Blutserum*** bezeichnet. Serum unterscheidet sich vom Plasma vor allem dadurch, daß ihm der Gerinnungsfaktor Fibrinogen fehlt.

1.2.1 Plasmaelektrolyte

Milieufunktion des Blutplasmas. Die Konstanz des „inneren Milieus", d. h. der physikalischen und chemischen Bedingungen im extracellulären Flüssigkeitsraum, ist eine Grundvoraussetzung für die normale Funktion der Körperzellen. Dabei kommt dem Blutplasma als dem Bindeglied zwischen den am Stoffaustausch beteiligten Organen und dem interstitiellen Raum (Zwischenzellraum) eine entscheidende Bedeutung zu (Abb. 1-1).
Bei der Zirkulation wird das Blutplasma in seiner Zusammensetzung ständig kontrolliert und – wenn notwendig – korrigiert. Wie in Kap. 11 näher ausgeführt wird, sorgen mehrere Regelprozesse insbesondere für die Kon-

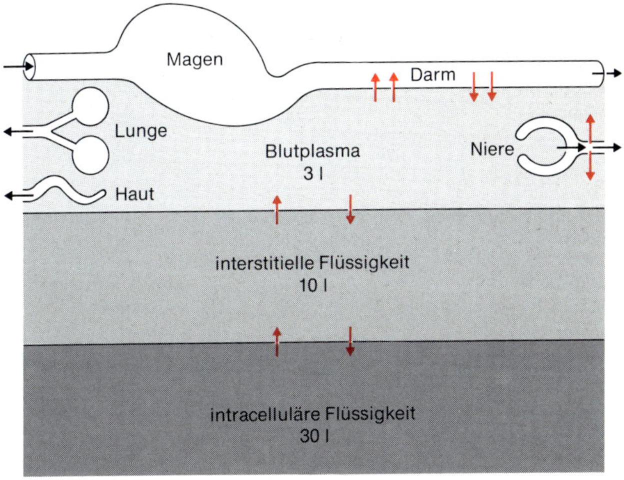

Abb. 1-1. Flüssigkeitsräume des Körpers in schematischer Darstellung. Die angegebenen Volumina beziehen sich auf ein Körpergewicht von 70 kg

stanz des osmotischen Druckes ***(Isotonie)***, der ionalen Zusammensetzung ***(Isoionie)*** und des pH-Wertes ***(Isohydrie)***. Mit dem Plasma steht die interstitielle Flüssigkeit, welche die Umwelt für die Masse der Körperzellen bildet, in enger Verbindung. Über die große Oberfläche der Capillarwände können Wasser und Elektrolyte leicht ausgetauscht werden, so daß sich auch die Zusammensetzung der interstitiellen Flüssigkeit trotz variierender Stoffaufnahme und -abgabe durch die Zellen wenig ändert. Versuche mit schwerem Wasser (D_2O) haben gezeigt, daß die Plasmaflüssigkeit innerhalb einer Minute mehrfach gegen interstitielle Flüssigkeit ausgetauscht wird. Daher ist die konstante Zusammensetzung des Blutplasmas eine wichtige Voraussetzung für die Homöostase des gesamten Organismus.

Konzentration der Plasmaelektrolyte. Eine Übersicht über die regelmäßig im Plasma enthaltenen Elektrolyte und deren Konzentrationen gibt Tabelle 1-1. In der Gruppe der Kationen dominiert die Na^+-Konzentration mit 142 mmol/l. Sehr viel niedriger sind die Konzentrationen von K^+ (5 mmol/l), Ca^{2+} (2,5 mmol/l) und Mg^{2+} (1 mmol/l). In der Gruppe der Anionen steht die Cl^--Konzentration mit 102 mmol/l an erster Stelle. Außerdem liefert Bicarbonat (Hydrogencarbonat) einen nicht unerheblichen Beitrag zur Gesamtkonzentration, während Phosphat und Sulfat nur in geringen Konzentrationen vorkommen. Zu der Gruppe der nicht näher

Tabelle 1-1. Elektrolytkonzentrationen im Blutplasma

	mval/l	mmol/l	g/l
Kationen			
Natrium	142	142	3,27
Kalium	5	5	0,20
Calcium	5	2,5	0,10
Magnesium	2	1	0,02
insgesamt	154	150,5	
Anionen			
Chlorid	102	102	3,62
Bicarbonat[a]	27	27	1,65
Phosphat	2	1	0,10
Sulfat	1	0,5	0,05
Organische Säuren	6	6	0,21
Eiweiß	16	1	72
insgesamt	154	137,5	

[a] im venösen Blut mit hohem CO_2-Partialdruck

spezifizierten organischen Säuren gehören u. a. Milchsäure, Citronensäure, Brenztraubensäure und Aminosäuren.

Die in Tabelle 1-1 aufgeführten Daten sind Mittelwerte; Angaben über die Normbereiche, innerhalb derer die Konzentrationen unter physiologischen Bedingungen variieren können, finden sich in Tabelle 11-4. Die Konzentrationsangaben in mval/l sollen zeigen, daß im Blutplasma - ebenso wie in allen anderen Körperflüssigkeiten - Elektroneutralität herrscht.

1.2.2 Plasmaproteine

Das Blutplasma enthält ein Gemisch von nahezu 100 Proteinen, die vor allem in der Leber synthetisiert werden. Ihre Gesamtkonzentration liegt normalerweise im Bereich zwischen 65 und 80 g/l; die molare Konzentration beträgt etwa 1 mmol/l.

Fraktionierung der Plasmaproteine. Eine Möglichkeit zur groben präparativen Trennung der Plasmaproteine in Einzelfraktionen besteht darin, die Eiweiße auf Grund ihrer verschiedenen Löslichkeiten in bestimmten verdünnten und konzentrierten Salzlösungen zu fällen ***(fraktionierte Aussalzung).*** Eine feinere Trennung läßt sich durch fraktionierte Fällung mit organischen Lösungsmitteln (Alkohol, Aceton) bei systematischer Änderung des pH-Wertes und der Ionenstärke erreichen ***(Äthanolfraktionierung*** nach COHN). Eine weitere Fraktionierungsmöglichkeit bietet die ***Ultrazentrifugation,*** wobei das unterschiedliche Molekulargewicht (relative Molekülmasse) der einzelnen Proteine ausgenutzt wird. Auch ***Adsorptionsmethoden*** (z. B. Säulenchromatographie, Affinitätschromatographie) können für die Trennung und Reinigung der Plasmaproteine eingesetzt werden.

Für analytische Zwecke kommt der ***Elektrophorese,*** die meist als Papier-, Stärkegel- oder Celluloseacetatfolien-Elektrophorese durchgeführt wird, die größte Bedeutung zu. Hierbei erfolgt die Trennung der Serum- bzw. Plasmaproteine auf Grund ihrer unterschiedlichen Wanderungsgeschwindigkeit im elektrischen Gleichspannungsfeld. Die Proteine wandern bei einem schwach alkalischen pH-Wert zur Anode, und zwar um so schneller, je größer ihre negative Ladung ist. Außerdem haben die jeweiligen Molekülgrößen und die Molekülformen einen Einfluß auf die Wanderungsgeschwindigkeit. Nach der elektrophoretischen Trennung werden die Eiweiße durch Fällung denaturiert, anschließend durch Färbung (Amidoschwarz) sichtbar gemacht (Abb. 1-2, unten) und ihre Dichteverteilung densitometrisch bestimmt (Abb. 1-2, oben). In einer solchen densitometrischen Verteilungskurve, die auch als Elektropherogramm bezeichnet wird, lassen sich fünf Hauptfraktionen unterscheiden (S. 6).

Eine noch weitergehende Auftrennung der Serum- bzw. Plasmaproteine gelingt mit der ***Immunelektrophorese,*** bei der physikochemische und immunologische Methoden kombiniert werden. Zuerst erfolgt eine elektrophoretische Trennung der Eiweiße (in Agargel auf Glas als Träger). Danach werden die elektrophoretisch getrennten Eiweiße durch gegendiffundierende Antikörper gefällt (Antigen-Antikörper-Reaktion, S. 37ff.). An der Stelle, an der die Proteine auf Antikörper treffen,

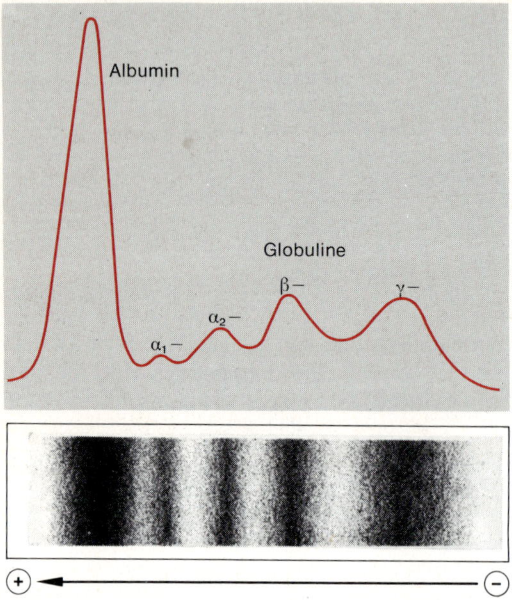

Abb. 1-2. Elektropherogramm des menschlichen Serums. *Unten:* Angefärbter Papierstreifen nach Beendigung der Elektrophorese; *Oben:* Zugehörige densitometrische Photometerkurve

bilden sich halbmondförmige Fällungszonen (Abb. 1-3). Mit dieser Methode können bis zu 40 Proteinkomponenten getrennt erfaßt werden.

Einteilung und allgemeine Funktionen der Plasmaproteine. Das Haupteinteilungskriterium für die Plasmaproteine liefert die elektrophoretische Trennung. Man unterscheidet die Albuminfraktion sowie die Fraktionen der α_1-, α_2-, β- und γ-Globuline (Abb. 1-2). Der Hauptanteil der Plasmaproteine entfällt auf das ***Albumin*** mit etwa 40 g/l, während die ***Globuline*** in einer Gesamtkonzentration von etwa 32 g/l im Plasma vorliegen (Tabelle 1-2).

Die Eiweiße des Plasmas erfüllen eine Reihe wichtiger Aufgaben für den Gesamtorganismus, die folgendermaßen charakterisiert werden können:

- ***Nährfunktion;*** im Plasma des Erwachsenen sind etwa 200 g Protein kolloidal gelöst. Diese Menge stellt eine „Proteinreserve" dar, die bei Bedarf sehr schnell verfügbar ist.
- ***Vehikelfunktion;*** viele kleinmolekulare Stoffe werden beim Transport im Blut spezifisch an Plasmaproteine gebunden.

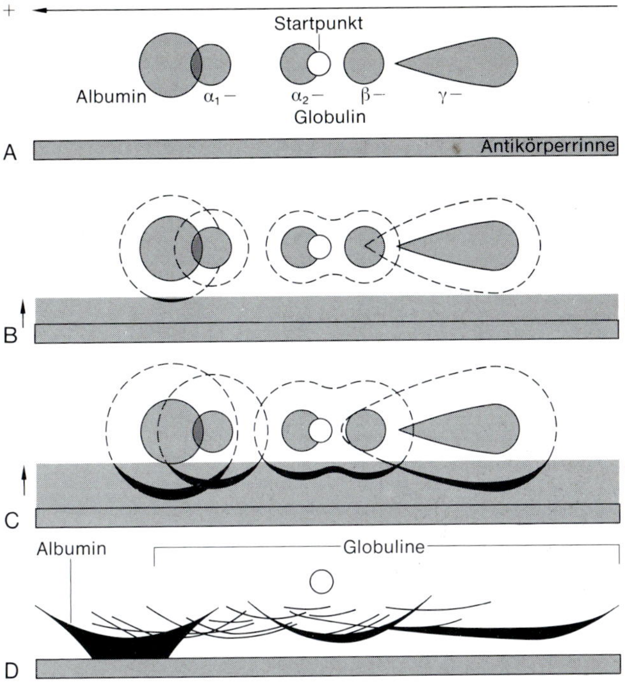

Abb. 1-3 A–D. Ablauf der Immunelektrophorese von Serumproteinen. **A** Elektrophoretische Trennung; **B** Diffusion der getrennten Proteine (*gestrichelte* Linien) und Gegendiffusion der Antikörper (*graues* Feld) in *Pfeilrichtung;* **C** Präcipitation der Antikörper-Protein-Komplexe in der Kontaktzone; **D** Endstadium der Immunelektrophorese

- ***unspezifische Trägerfunktion;*** Plasmaproteine binden einen bestimmten Anteil der Kationen, die dadurch nicht am freien Austausch zwischen dem Plasma und der interstitiellen Flüssigkeit teilnehmen können. So sind beispielsweise 46% des Plasma-Calciums unspezifisch an Eiweiße gebunden, während 54% in diffusibler Form vorliegen.
- ***Pufferfunktion;*** alle Plasmaproteine leisten einen Beitrag zu den Pufferungsvorgängen und damit zur Aufrechterhaltung eines konstanten pH-Wertes im Blut (S. 396).
- ***Erzeugung des kolloidosmotischen Druckes;*** da die Capillarwände für Eiweißmoleküle nur gering durchlässig sind, üben die kolloidal gelösten Proteine im Bereich der Capillaren einen osmotischen Druck aus. Obwohl dieser sog. kolloidosmotische (onkotische) Druck wegen der geringen molaren Konzentration der Eiweiße nur einen kleinen Wert

Tabelle 1-2. Proteinfraktionen des Serums

Elektrophoretisch trennbare Hauptfraktionen	Immunelektrophoretisch differenzierbare Unterfraktionen (Auswahl)	mittlere Konzentration (g/l)	Molekulargewicht ($\times 10^4$)
Albumin	Prä-Albumin Albumin	40	6,1 6,9
α_1-Globulin	α_1-Lipoprotein α_1-Antitrypsin α-$_1$-Glykoprotein	3	20 5,4 4,4
α_2-Globulin	α_2-Makroglobulin α_2-Haptoglobin Coeruloplasmin α_2-Glykoprotein	7	82 8,5 16 4,9
β-Globulin	β-Lipoprotein Transferrin Hämopexin	9	320 9 8
γ-Globulin	IgG IgA IgM IgD IgE	13	15 16 90 17 19

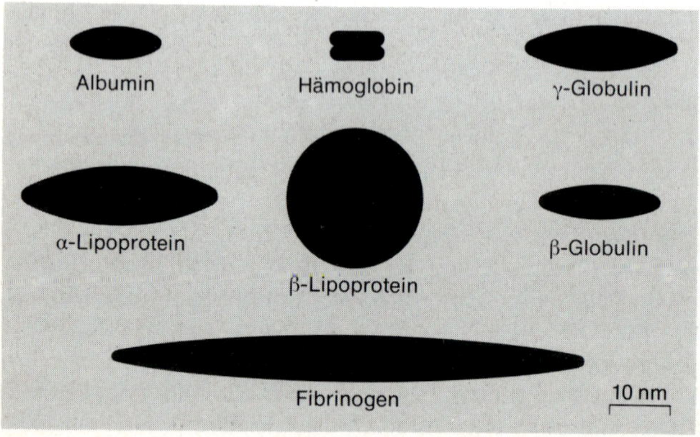

Abb. 1-4. Molekülformen von einigen Plasmaproteinen und Hämoglobin in schematischer Darstellung, nach COHN

(von etwa 25 mm Hg bzw. 3,3 kPa) hat, kommt ihm für die Wasserverteilung zwischen dem intra- und dem extravasalen Raum eine entscheidende Bedeutung zu (S. 135ff.).

- ***Blutgerinnung;*** zu den Plasmaproteinen gehören wichtige Gerinnungsfaktoren (S. 51ff.).
- ***Abwehrfunktionen;*** (S. 28ff.).

Eigenschaften und spezielle Funktionen des Albumins. Albumin, das eine elliptische Molekülform besitzt, gehört zu den kleinsten Plasmaproteinen (Abb. 1-4). Wegen ihres kleinen Molekulargewichtes und ihrer relativ großen Konzentration tragen die Albuminmoleküle etwa 80% zum kolloidosmotischen Druck bei. Außerdem erfüllen sie durch die temporäre Bindung von niedermolekularen Substanzen (freien Fettsäuren, Bilirubin, Kationen, Vitamin C, Penicillin, Sulfonamiden u. a.) eine Reihe von Transportaufgaben (Vehikelfunktion). Auf Grund der relativ hohen Plasmakonzentration dient Albumin auch als wichtigste Eiweißreserve des Organismus.

Eigenschaften und spezielle Funktionen der Globuline (Tabelle 1-2). In der Gruppe der ***α_1-Globuline*** steht α_1-Lipoprotein, das in erster Linie dem Lipid-Transport dient, mengenmäßig im Vordergrund. α_1-Antitrypsin besitzt eine besondere Bedeutung als Proteasenhemmstoff. Das saure α_1-Glykoprotein ist ein relativ niedermolekulares Protein mit einem hohen Kohlenhydratanteil von etwa 40%. Ebenfalls zur Gruppe der α_1-Globuline gehören Transcobalamin, das für den Vitamin B_{12}-Transport bedeutsam ist, ferner Transcortin, das den Transport des Hormons Cortisol vermittelt, und der Gerinnungsfaktor Prothrombin.
In der Gruppe der ***α_2-Globuline*** finden sich das α_2-Makroglobulin, ein hochmolekulares Protein mit einer Proteasenhemmfunktion, und das α_2-Haptoglobin, das die charakteristische Fähigkeit besitzt, nach eingetretener Hämolyse freies Hämoglobin zu binden. Ferner enthält diese Gruppe das α_2-Glykoprotein sowie das Coeruloplasmin, dessen hoher Kupfergehalt für seine Oxidaseeigenschaft verantwortlich ist.

Zur Gruppe der ***β-Globuline*** gehören wichtige Trägerproteine: Dem Transport von Lipiden dient das β-Lipoprotein. Transferrin transportiert Eisen in 3-wertiger Form vom Resorptionsort (Darmschleimhaut) zu den Speicherorganen (Leber und Milz) sowie zum roten Knochenmark, wo Eisen für die Hämsynthese benötigt wird (S. 18). Das Hämopexin ist ein Glykoprotein, das freies Häm binden kann. In dieser Fraktion finden sich auch mehrere Komponenten des Komplementsystems (S. 30).
Die ***γ-Globuline,*** die bei der Elektrophorese am langsamsten wandern, sind Glykoproteine. Da die γ-Globuline der Schutz- und Abwehrfunktion dienen (S. 34ff.), werden sie auch als Immunglobuline (Ig) bezeichnet. Im-

munelektrophoretisch lassen sich neben drei großen Gruppen (IgG, IgA und IgM) noch zwei weitere Gruppen von Immunglobulinen (IgD und IgE) in geringer Konzentration nachweisen.

Eigenschaften und Funktion des Fibrinogens. Bei der Elektrophorese des Plasmas (von nicht geronnenem Blut) wandert Fibrinogen zwischen der β- und der γ-Globulinfraktion. Fibrinogen, dessen mittlere Konzentration im Plasma 3 g/l beträgt, wird in der Leber gebildet und stellt die gelöste Vorstufe des bei der Blutgerinnung ausfallenden Fibrins dar.

1.2.3 Weitere Plasmabestandteile

Außer den bisher genannten Bestandteilen finden sich im Blutplasma noch weitere Stoffe, die innerhalb ihrer physiologischen Konzentrationsbereiche keinen wesentlichen Einfluß auf die physikochemischen Eigenschaften des Plasmas ausüben und daher manchmal auch als transportierte Plasmabestandteile bezeichnet werden. Hierzu gehören:

- Nährstoffe, Vitamine und Spurenelemente,
- Produkte des Intermediärstoffwechsels (Milchsäure und Brenztraubensäure u. a.),
- stickstoffhaltige Ausscheidungsprodukte des Protein- und Purinstoff-

Tabelle 1-3. Konzentrationen wichtiger Bestandteile des menschlichen Plasmas

	g/l	mmol/l
Glucose	0,6 -1,0	3,3 - 5,6
Milchsäure	0,09 -0,16	0,9 - 1,6
Brenztraubensäure	0,005-0,017	0,057- 0,192
Harnpflichtige Substanzen		
Harnstoff	0,2 -0,6	3,3 -10,0
Harnsäure ♂	0,034-0,070	0,202- 0,416
Harnsäure ♀	0,024-0,057	0,142- 0,339
Creatinin	0,004-0,012	0,036- 0,106
Creatin	0,002-0,005	0,015- 0,038
Gesamt-Lipide	3,05 -8,80	
Gesamt-Cholesterin	1,0 -2,5	2,6 - 6,5
Phospholipide	1,25 -2,30	1,6 - 3,0
Triacylglycerine (Triglyceride)	0,5 -2,0	0,5 - 2,3
Freie Fettsäuren	0,08 -0,12	0,25 - 1,0
Bilirubin	0,002-0,010	0,0034-0,0171

wechsels (Harnstoff, Harnsäure, Creatinin u. a.), die gemeinsam mit den Aminosäuren unter der Bezeichnung Rest-N-Substanzen zusammengefaßt werden,
- Hormone und Enzyme.

Die Konzentrationen einiger wichtiger Plasmabestandteile sind in Tabelle 1-3 angegeben.

1.3 Erythrocyten

Die Hauptmasse der cellulären Blutbestandteile bilden die Erythrocyten, deren Funktionen (O_2-Transport, Mitwirkung beim CO_2-Transport und bei der Regulation des pH-Wertes) an den intraerythrocytären roten Blutfarbstoff (Hämoglobin) gebunden sind.

1.3.1 Zahl und Morphologie der Erythrocyten

Erythrocytenkonzentration. Bei Männern finden sich im Mittel 5,1 Mio Erythrocyten in 1 µl Blut ($5{,}1 \cdot 10^{12}/l$), wobei physiologische Variationen im Bereich $4{,}1\text{–}6{,}0 \cdot 10^{12}/l$ vorkommen können. Bei Frauen ist die Erythrocytenkonzentration geringer und beträgt im Mittel 4,6 Mio pro µl Blut ($4{,}6 \cdot 10^{12}/l$); der Normbereich erstreckt sich in diesem Fall von $4{,}0\text{–}5{,}2 \cdot 10^{12}/l$. Eine Zunahme der Erythrocytenkonzentration über den jeweils oberen Wert des Normbereichs hinaus wird als ***Polyglobulie*** (bei intakter Erythropoiese) oder ***Polycythämie*** (bei gestörter Erythropoiese) bezeichnet (Tabelle 1-4, S. 23).

Für die ***Bestimmung der Erythrocytenkonzentration*** wird Blut aus dem Ohrläppchen oder der Fingerbeere in eine Spezialpipette aufgenommen und durch Zusatz einer isotonen Elektrolytlösung (HAYEMsche Lösung) im Verhältnis 1:200 oder 1:100 verdünnt. Nachdem man die so gewonnene Erythrocytensuspension in eine Zählkammer mit vorgegebener Flächeneinteilung und Kammerhöhe (Volumen unter einem kleinen Quadrat: $1/4000\ \mu l = 0{,}25\ nl$) eingebracht hat, erfolgt die Auszählung der Erythrocyten unter dem Mikroskop. In der Regel werden die Zellen in 80 kleinen Quadraten gezählt, so daß (bei einer Verdünnung von 1:200) das Ergebnis mit $200 \cdot 4000/80 = 10^4$ zu multiplizieren ist, um die Erythrocytenzahl pro µl Blut zu erhalten. Zeitsparender ist die Messung mit Hilfe automatischer Zählgeräte, die heute bereits in größerem Umfang eingesetzt werden. Sie arbeiten entweder nach dem Prinzip der optischen Trübungsmessung oder zählen die einzelnen Zellen der Suspension, die durch eine enge Öffnung gesaugt wird, durch Addition der jeweils bei der Zellpassage auftretenden Leitfähigkeitsänderungen.

Form und Größe der Erythrocyten. Im nichtströmenden Blut haben die kernlosen Erythrocyten die Form von runden, beiderseits in der Mitte ein-

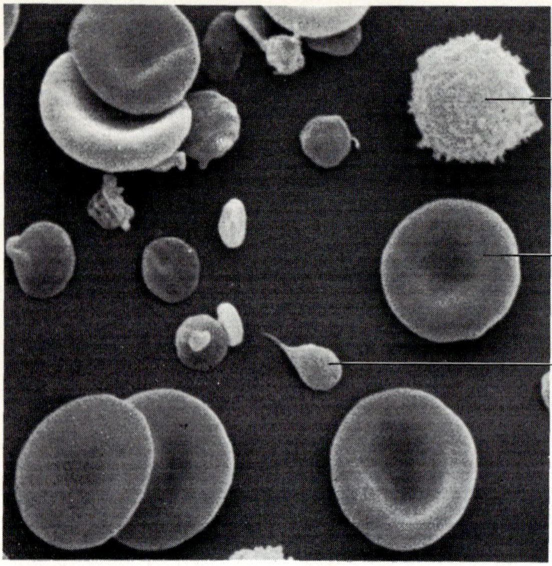

Abb. 1-5. Blutzellen in rasterelektronenmikroskopischer Darstellung, nach BENNER und GEEREN

gedellten Scheiben (Abb. 1-5). Ihr mittlerer Durchmesser beträgt 7,5 μm, ihre Randdicke etwa 2 μm und ihre zentrale Dicke ca. 1 μm. Die gesamte Oberfläche der Erythrocyten eines erwachsenen Menschen wird auf 3800 m^2 geschätzt. Die Gestalt der Erythrocyten stellt eine günstige Voraussetzung für die Verformung bei der Capillarpassage dar. Das ***mittlere Zellvolumen (MCV)***, das sich durch Division des Hämatokritwertes durch die Erythrocytenkonzentration ergibt, beträgt 92 fl ($92 \cdot 10^{-15}$ l).
Für die Diagnostik von Blutkrankheiten stellen Größen- und Formänderungen der Erythrocyten ein wichtiges Kriterium dar. Die Größenveränderungen lassen sich am besten beurteilen, wenn man die Häufigkeitsverteilung der ausgemessenen Erythrocytendurchmesser in einem Blutausstrich graphisch darstellt (PRICE-JONES-KURVE, Abb. 1-6). Treten im Blut gehäuft Erythrocyten mit großen Durchmessern auf ***(Makrocytose)***, wie dies beispielsweise bei der perniziösen Anämie der Fall ist, so findet man eine nach rechts verlagerte PRICE-JONES-Kurve. Überwiegen dagegen kleine Erythrocyten ***(Mikrocytose)***, so ist die PRICE-JONES-Kurve nach links verschoben. Bei starker Variation der Erythrocytengröße ergibt sich eine gegenüber der Norm abgeflachte PRICE-JONES-Kurve; in diesem Fall spricht man von einer ***Anisocytose.*** Als ***Poikilocytose*** bezeichnet man eine

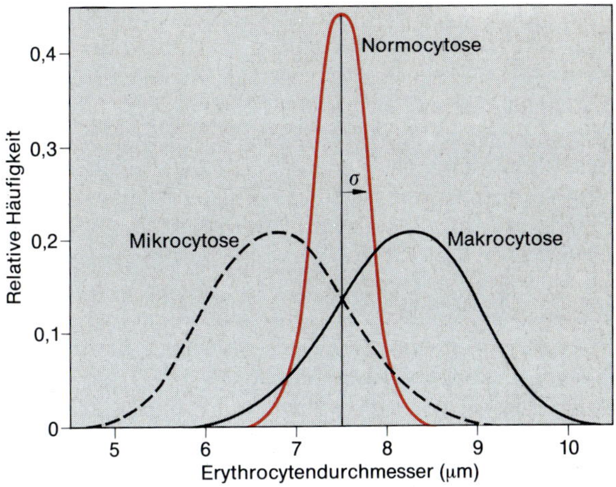

Abb. 1-6. Häufigkeitsverteilungen der Erythrocytendurchmesser (PRICE-JONES-Kurven) für den Gesunden (Normocytose) sowie beim Vorliegen einer Mikro- bzw. Makrocytose

pathologische Blutveränderung, bei der gehäuft unregelmäßig geformte Erythrocyten vorkommen.

Erythrocytenmembran. Wie jede Zelle ist der Erythrocyt von einer Membran umgeben. Diese besteht aus einer fließfähigen bimolekularen Lipidschicht, in die mosaikartig globuläre Proteine eingelagert sind (Fluid-Mosaik-Modell). Die 10 nm dicke Erythrocytenmembran weist eine selektive Permeabilität auf; sie ist für Anionen etwa 1 Mio mal leichter durchgängig als für Kationen. Ursache für diese Selektivität sind wahrscheinlich Festladungen in den Wänden der Membranporen. Stoffwechselgetriebene aktive Transportprozesse (Ionenpumpen) sorgen dafür, daß im Zellinneren eine größere K^+- und eine kleinere Na^+-Konzentration als im Plasma aufrechterhalten wird.

1.3.2 Osmotische Formänderungen und Hämolyse

Osmotische Hämolyse. Zur Aufrechterhaltung der normalen Zellform ist ein leichter osmotischer Überdruck im Inneren des Erythrocyten erforderlich. Daher muß die osmotische Konzentration aller gelösten Teilchen, d. h. der Eiweißkörper und der kleinmolekularen Stoffe, im Erythrocyten etwas höher gehalten werden als im umgebenden Plasma. Die Kontrolle erfolgt über die bereits erwähnten aktiven Ionenpumpen für Na^+ und K^+ in der Erythrocytenmembran. Eine Hemmung des aktiven Ionentransportes führt zum Konzentrationsausgleich der kleinen Ionen und wegen der hohen Eiweißkonzentration im Zellinneren zu einem starken osmotischen

Überdruck. Wasser strömt in die Zelle und der Erythrocyt schwillt an, bis die Membran platzt. Eine solche Zerstörung der Zelle, bei der Hämoglobin in das Plasma übertritt, wird als ***Hämolyse*** bezeichnet.
Zu einem Wassereintritt in die Zelle kommt es auch, wenn der Erythrocyt in eine Lösung eingebracht wird, deren osmotischer Druck kleiner als der des Blutplasmas ist (hypotone Lösung). Führt der osmotisch bedingte Wassereinstrom nur zu einer mäßigen Volumenzunahme, so nimmt der Erythrocyt Kugelgestalt an (***Sphärocyt,*** Abb. 1-7, A). Bei einem größeren osmotischen Gefälle zwischen dem Inneren des Erythrocyten und seiner Umgebung tritt Hämolyse ein. Umgekehrt kommt es bei einem erhöhten osmotischen Druck im Suspensionsmedium (hypertone Lösung) zu einem Wasserausstrom aus der Zelle, wobei der Erythrocyt unter Faltung der Membran ***Stechapfelform*** annimmt (Abb. 1-7, B).
Auch isotone Lösungen können u. U. eine osmotische Hämolyse hervorrufen, wenn die darin gelösten Substanzen die Erythrocytenmembran leicht passieren. Werden beispielsweise Erythrocyten in eine Harnstofflösung suspendiert, so diffundieren die Harnstoffmoleküle in das Innere

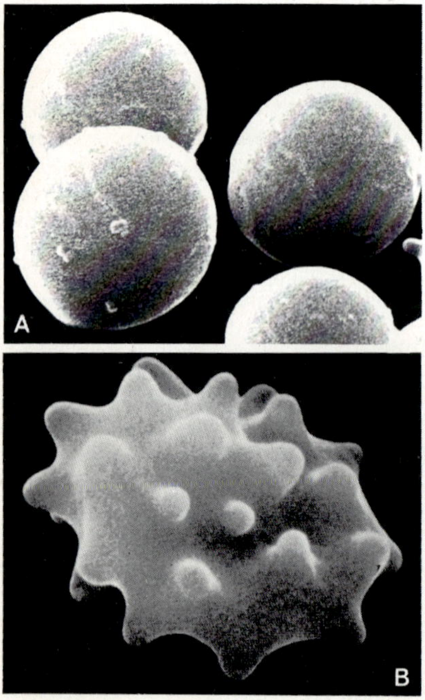

Abb. 1-7 A, B. Pathologische Erythrocytenformen in rasterelektronenmikroskopischer Darstellung. **A** Sphärocyten; **B** Stechapfelform

der Zellen. Dadurch erhöht sich der intracelluläre osmotische Druck, so daß ein Wassereinstrom die Folge ist.

Osmotische Resistenz. Die Widerstandsfähigkeit der Erythrocytenmembran kann durch schrittweise Verminderung des osmotischen Drucks im Suspensionsmedium geprüft werden. Verwendet man zur Prüfung NaCl-Lösungen, so werden bei normaler osmotischer Resistenz 50% der Erythrocyten hämolysiert, wenn die NaCl-Konzentration auf 4,0–4,4 g/l, d. h. auf etwa die Hälfte der dem Plasma isotonen NaCl-Konzentration (9 g/l) gesenkt ist. Bei bestimmten Blutkrankheiten wird dieser Hämolysegrad bereits bei höheren NaCl-Konzentrationen erreicht.

Weitere Hämolyseursachen. Neben der osmotischen Druckerhöhung im Erythrocyten können auch andere Mechanismen zur Zerstörung der Zellmembran und damit zur Hämolyse führen. ***Chemische Hämolyse*** kann durch organische Lösungsmittel (z. B. Chloroform oder Äther) oder durch Seifen sowie synthetische Waschmittel, die Lipide aus der Membran herauslösen, verursacht werden. Tierische oder bakterielle Gifte (Schlangengifte oder Gifte der hämolysierenden Streptokokken) bewirken eine ***toxische Hämolyse.*** Bei Transfusionszwischenfällen tritt vielfach eine ***serologische Hämolyse*** auf (S. 46). Schließlich können auch mechanische und thermische Einwirkungen sowie genetische Defekte (z. B. Enzymdefekte, abnorme Hämoglobine) eine Hämolyse auslösen.

1.3.3 Bildung, Lebensdauer und Abbau der Erythrocyten

Erythropoiese. Die Erythrocyten werden nach der Geburt ausschließlich im roten Knochenmark gebildet, das beim Erwachsenen in den platten Knochen und in den Epiphysen der langen Röhrenknochen vorkommt. (Unter pathologischen Bedingungen können allerdings auch die fetalen Blutbildungsstätten in Leber und Milz wieder aktiviert werden.) Die roten Blutkörperchen entstehen durch mitotische Teilungen aus unreifen, kernhaltigen Vorstufen, wobei Veränderungen der Zellkernstruktur, eine Auffüllung des Zelleibs mit Hämoglobin und eine stetige Abnahme des Zellvolumens den Reifungsprozeß kennzeichnen (Abb. 1-8). Mit der Entfernung der pyknotischen Zellkerne (Enucleation) aus den Zellen der letzten Entwicklungsstufe, den Normoblasten, ist die Erythropoiese abgeschlossen. Die in das strömende Blut eintretenden kernlosen Erythrocyten haben die Fähigkeit zur DNA- und RNA-Synthese und damit auch zur Zellteilung verloren. Der Zellstoffwechsel wird von oxidativem Abbau auf Glykolyse umgeschaltet.

In einigen Erythrocyten (5–15‰) lassen sich in den ersten beiden Tagen ihres Aufenthaltes im Gefäßsystem noch netzartige Strukturen erkennen (Substantia granulo-reticulofilamentosa), die vermutlich Reste ausgefällter ribosomaler RNA und DNA enthalten. Diese unmittelbaren Vorstufen der reifen Erythrocyten werden ***Reticulocyten*** genannt. Jede Steigerung der Erythropoiese führt zu einer Zunahme der Reticulocytenzahl im strömen-

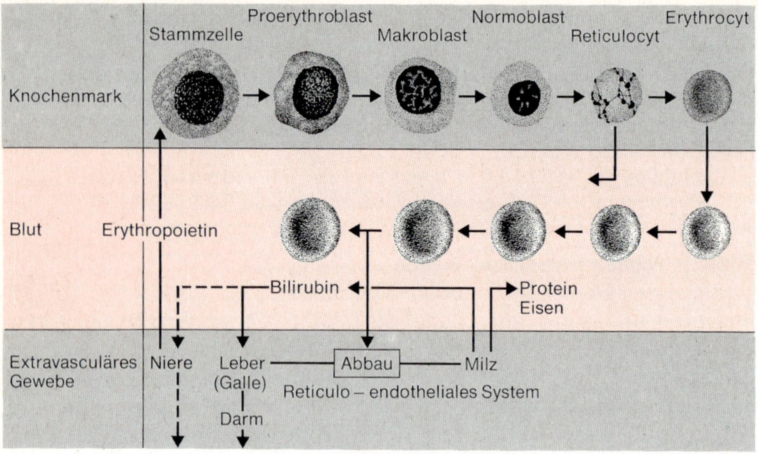

Abb. 1-8. Stufen der Erythropoiese im Knochenmark *(oben)* und Abbau der Erythrocyten im Reticulo-endothelialen System *(unten)*

den Blut. Einen wirksamen Reiz für die Neubildung der Erythrocyten stellt der Sauerstoffmangel im Gewebe dar, der vor allem in der Niere die Produktion von ***Erythropoietin*** anregt. Dieser Stoff, ein Glykoprotein, gelangt auf dem Blutweg zum roten Knochenmark und fördert hier die Differenzierungs- und Reifungsprozesse der Erythropoiese.

Lebensdauer und Abbau. Die ausgeschleusten Erythrocyten kreisen für die Dauer von 110–120 Tagen in der Blutbahn. Dann werden sie oder ihre Fragmente von den Zellen des Reticulo-endothelialen Systems in Milz, Leber und Knochenmark phagocytiert (Abb. 1-8). (Wie das Beispiel der Resorption eines Blutergusses zeigt, ist allerdings auch jedes andere Gewebe zum Blutkörperchenabbau befähigt.) Rund 0,8% aller Erythrocyten werden normalerweise in 24 Stunden abgebaut und durch neugebildete ersetzt. Das bedeutet, daß beim Erwachsenen in jeder Minute eine Neubildung von 160 Mio Erythrocyten stattfindet.
Ursachen für das Altern der Erythrocyten sind die Abnahme von Enzymaktivitäten sowie Funktionsänderungen und Flexibilitätsverlust der Zellmembran. Solche gealterten Zellen werden, wenn sie im Reticulo-endothelialen System in engen Kontakt mit Reticulumzellen und Makrophagen kommen, entweder in toto oder nach Fragmentierung phagocytiert (S. 28). Von den Abbauprodukten des Hämoglobins gelangt Bilirubin auf dem Blutweg zur Leber, und von dort über die Gallenwege und den Darm zur Ausscheidung, während die Proteinbestandteile und Eisen einer erneuten Verwertung zugeführt werden.

1.3.4 Blutkörperchensenkungsgeschwindigkeit

Messung und diagnostische Bedeutung. In einer nicht gerinnungsfähigen Blutprobe sinken die Blutzellen infolge ihrer höheren Dichte (1,10 kg/l) gegenüber dem Plasma (1,03 kg/l) langsam zu Boden. Dadurch trennen sich die korpuskulären Bestandteile vom Blutplasma. Bei der Bestimmung der Blutkörperchensenkungsgeschwindigkeit (BSG oder BKS) nach WESTERGREN wird mit 3,8%iger Natriumcitratlösung ungerinnbar gemachtes Venenblut in senkrecht stehende 200 mm lange Spezialpipetten aufgezogen und nach 1 und 2 Stunden die Höhe der erythrocytenfreien Plasmasäule (in mm) abgelesen.
Normalerweise beträgt die BSG bei einem gesunden Mann in der ersten Stunde maximal 5 mm, bei einer gesunden Frau maximal 8 mm. Der 2-Stundenwert soll 15 mm bzw. 20 mm nicht überschreiten. Eine Erhöhung der BSG über die genannten Normwerte ist meist als unspezifisches und unempfindliches Zeichen eines krankhaften Prozesses zu werten, wobei das Ausmaß der Erhöhung jedoch nicht immer mit der Schwere des Krankheitsbildes korreliert. In der Diagnostik wird die BSG-Bestimmung vor allem als Krankheitssuchtest und in bestimmten Fällen als Hilfsmittel bei der Verlaufsbeobachtung eingesetzt.
Ursache für eine Erhöhung der BSG ist die reversible Zusammenballung von Erythrocyten zu sog. Agglomeraten, die eine höhere Sedimentationsgeschwindigkeit aufweisen als einzelne Erythrocyten. Die ***Agglomeration*** zu geldrollenartigen oder klumpigen Gebilden wird durch die Wechselwirkung von bestimmten Plasmaproteinen mit Strukturelementen der Erythrocytenmembran hervorgerufen.

Senkungsbeeinflussende Faktoren. Plasmafaktoren, die zu einer erhöhten Senkungsgeschwindigkeit der Erythrocyten führen, werden als ***Agglomerine*** bezeichnet. Vor allem die Zunahme der Konzentration von normal vorkommenden Plasmaeiweißen mit senkungsaktiven Eigenschaften (Fibrinogen in einer Konzentration > 10 g/l, α_2-Makroglobulin, IgM, Haptoglobin und Coeruloplasmin) und das Auftreten von pathologischen, senkungsaktiven Plasmaeiweißen (z. B. Paraproteinen) können eine BSG-Erhöhung verursachen.
Die physiologische Bedeutung des vermehrten Auftretens der Agglomerine bei bestimmten Krankheitsprozessen (z. B. bei Entzündungen oder malignen, gewebsdestruierenden Tumoren) beruht darauf, daß diese Eiweiße bei der Eindämmung von entzündlichen Gewebsuntergängen oder bei der Vorbereitung der Wundheilung mitwirken (Gerinnungsförderung durch Fibrinogen, Hemmung proteolytischer Enzyme durch α_2-Makroglobulin, Oxidase-Wirkung von Coeruloplasmin, Anregung der Kollagenbiosynthese durch Haptoglobin-Hämoglobin-Komplexe).
Auch ***erythrocytäre Faktoren*** sind für die Höhe der Blutkörperchensenkungsgeschwindigkeit von Bedeutung. Abweichungen von der bikonkaven Form (z. B. bei Sichelzellenanämie, bei perniziöser Anämie (S. 285) oder beim Vorliegen geschrumpfter Erythrocyten) erschweren eine Agglomeration ebenso wie Formveränderungen durch entzündungshemmende Pharmaka. Der Anteil der Erythrocyten

am Blutvolumen hat ebenfalls einen Einfluß auf die Sedimentationsgeschwindigkeit: Eine Erhöhung des Hämatokritwertes bewirkt eine Verlangsamung der Senkung, ein niedriger Hämatokritwert eine Senkungsbeschleunigung.

1.4 Hämoglobin

Der bedeutsamste Funktionsbestandteil der Erythrocyten ist der rote Blutfarbstoff Hämoglobin; er ist sowohl am Sauerstoff- und Kohlendioxidtransport als auch an der Pufferfunktion des Blutes maßgeblich beteiligt.

1.4.1 Aufbau und spektrale Eigenschaften des Hämoglobins

Aufbau des Hämoglobinmoleküls. Hämoglobin (Hb), das zu den am intensivsten untersuchten biologischen Substanzen gehört, ist ein Chromoprotein. Das Molekül besteht aus vier ***Polypeptidketten*** mit je einer Farbstoffkomponente, die als ***Häm*** bezeichnet wird. Das Molekulargewicht (relative Molekülmasse) beträgt etwa 64500, so daß jeder der vier Grundeinheiten ein Molekulargewicht von etwa 16100 zukommt. Auf Grund der Tertiär- und Quartärstruktur hat das Hb-Molekül eine angenähert kugel-

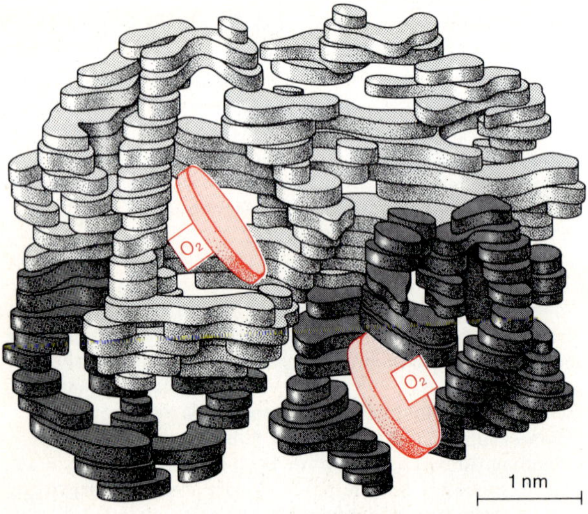

Abb. 1-9. Modell des Hämoglobinmoleküls, nach PERUTZ

förmige Gestalt, wobei in oberflächliche Nischen die Häm-Gruppen eingelagert sind (Abb. 1-9).
Die vier gleichartigen ***Farbstoffkomponenten*** eines Hämoglobinmoleküls enthalten ein Protoporphyringerüst mit je einem zentralen zweiwertigen Eisen (Abb. 1-10). Jedes Protoporphyringerüst besteht aus vier Pyrrolringen, die über Methinbrücken miteinander verbunden sind und charakteristische Seitenketten tragen. Durch den Einbau des Eisens mit je zwei Haupt- und Nebenvalenzen wird das Protoporphyrin zum Häm. Die gesamte Hämstruktur hat man sich in einer Ebene liegend vorzustellen. Auf die ***Eiweißkomponente*** entfällt der Hauptanteil der etwa 10000 Hämoglobin-Atome. Beim Hämoglobin des Erwachsenen ***(HbA)*** liegen zwei α-Polypeptid-Ketten (mit jeweils 141 Aminosäuren) und zwei β-Polypeptid-Ketten (mit jeweils 146 Aminosäuren) in symmetrischer Anordnung vor. Der rote Blutfarbstoff des Feten ***(HbF)*** unterscheidet sich in der Primärstruktur vom HbA dadurch, daß an Stelle der β-Ketten sogenannte γ-Ketten mit einer anderen Aminosäuren-Sequenz eingebaut sind.

Verbindungen des Hämoglobins. An das zweiwertige Eisen der Hämgruppen kann molekularer Sauerstoff locker koordinativ angelagert werden. Das Hämoglobin (Hb) geht dabei in das ***Oxyhämoglobin*** (HbO_2) über (Abb. 1-11, A). Um anzudeuten, daß die O_2-Anlagerung ohne Wertigkeits-

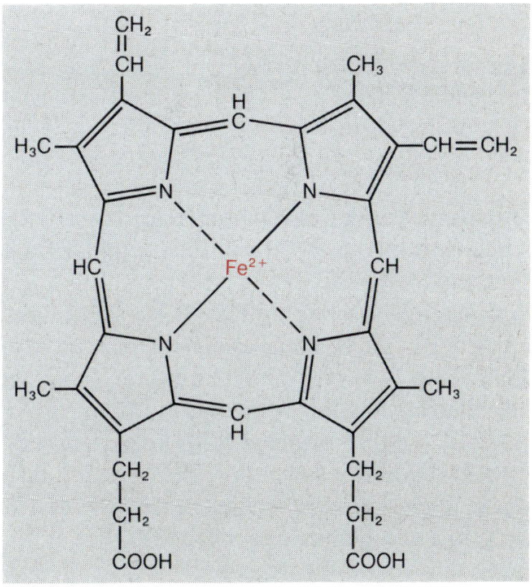

Abb. 1-10. Struktur des Häm

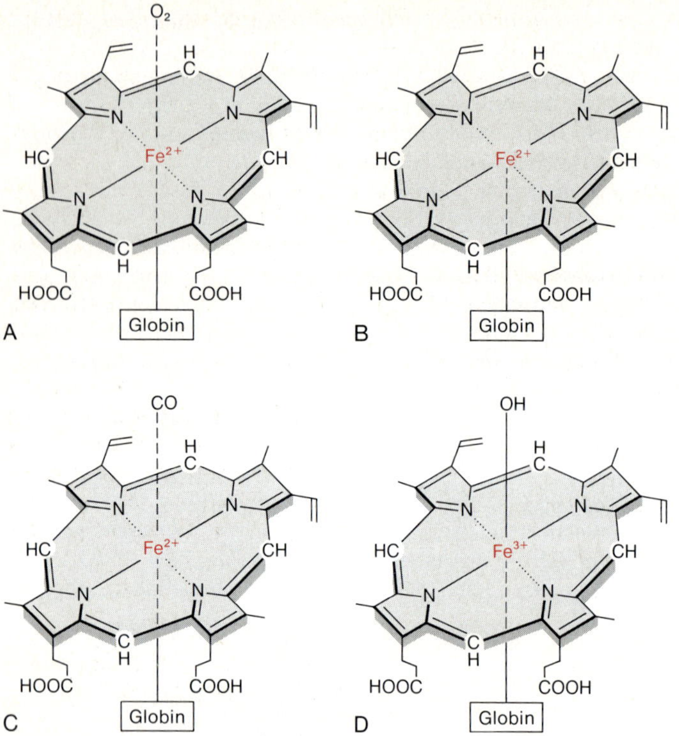

Abb. 1-11 A–D. Charakteristische Verbindungen des Hämoglobins (Fe^{2+}) und des Hämiglobins (Fe^{3+}). **A** Oxygeniertes Hämoglobin (HbO_2); **B** Desoxygeniertes Hämoglobin (Hb); **C** Kohlenmonoxidhämoglobin (HbCO); **D** Hämiglobin

änderung erfolgt, bezeichnet man diese Reaktion als Oxygenation; entsprechend ist die O_2-Abspaltung eine Desoxygenation. Ähnlich wie molekularer Sauerstoff kann auch Kohlenmonoxid reversibel und ohne Wertigkeitsänderung an das Häm angelagert werden, wobei das Reaktionsprodukt ***Kohlenmonoxidhämoglobin*** (Carboxyhämoglobin, HbCO) entsteht (Abb. 1-11, C). Eine Oxidation, bei der das zweiwertige in dreiwertiges Eisen übergeht, führt zur Bildung von ***Hämiglobin*** (Methämoglobin, Abb. 1-11, D). Normalerweise liegen etwa 0,5% des gesamten Hämoglobins in oxidierter Form vor. Bei bestimmten Vergiftungen (z. B. mit Nitriten in Fleischkonservierungsmitteln) wird Hämoglobin in größerem Umfang in Hämiglobin umgewandelt, wodurch es für die reversible O_2-Bindung und damit für den O_2-Transport nicht mehr zur Verfügung steht.

Lichtabsorption des Hämoglobins. Die rote Farbe des arteriellen Blutes ist dadurch bedingt, daß das Hämoglobin das kurzwellige Licht, d. h. den Blauanteil des Spektrums, relativ stärker absorbiert als den langwelligen Rotanteil (Abb. 1-12). Außerdem weist das Absorptionsspektrum des Oxyhämoglobins (HbO_2) zwei charakteristische Absorptionsbanden im gelbgrünen Spektralgebiet mit den Maxima bei $\lambda = 577$ nm und $\lambda = 541$ nm auf. Das desoxygenierte Hämoglobin (Hb) absorbiert Licht im langwelligen Spektralgebiet etwas stärker und im kurzwelligen Gebiet etwas schwächer als das Oxyhämoglobin. Daher erscheint das venöse Blut dunkler und bläulich-rot gefärbt. Bei der Spektralanalyse beobachtet man im gelbgrünen Gebiet eine einzige, breitere Absorptionsbande mit dem Maximum bei $\lambda = 555$ nm.

Abbildung 1-12 zeigt die ***Absorptionsspektren*** des Oxyhämoglobins und des desoxygenierten Hämoglobins im sichtbaren Spektralgebiet. Auf der linken Ordinate ist die Lichtabsorption $(I_0\text{-}I)/I_0$ angegeben, wobei I_0 die Intensität des in die Farbstofflösung eintretenden Lichtes und I die des austretenden Lichtes bedeuten. Vielfach ist es vorteilhaft, als Absorptionsmaß die (auf der rechten Ordinate angegebene) Extinktion $E = \log I_0/I$ zu verwenden, weil diese Größe nach dem ***Lambert-Beerschen***

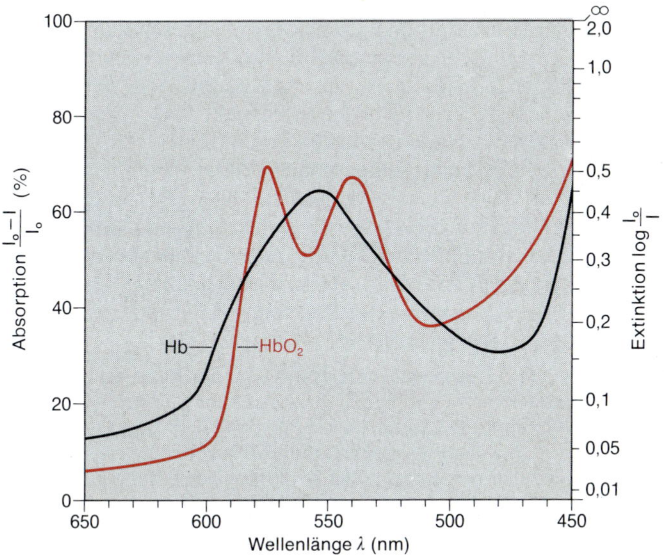

Abb. 1-12. Absorptionsspektren des Oxyhämoglobins (HbO_2) und des desoxygenierten Hämoglobins (Hb) im sichtbaren Spektralbereich

Gesetz der Konzentration c des gelösten Farbstoffes direkt proportional ist:

$$E = \log I_o/I = \varepsilon \cdot c \cdot d. \qquad (3)$$

d bezeichnet hier die Dicke der durchstrahlten Schicht und ε den wellenlängenabhängigen Extinktionskoeffizienten. Die unterschiedlichen spektralen Eigenschaften von Hb und HbO_2 werden zur Bestimmung der relativen O_2-Beladung des Hämoglobins in vivo und in vitro sowie zur Identifizierung und quantitativen Bestimmung der Hämoglobinderivate ausgenutzt.

1.4.2 Hämoglobinkonzentration im Blut und Färbekoeffizient

Hämoglobinkonzentration im Blut. Die Hämoglobinkonzentration im menschlichen Blut [Hb] beträgt im Mittel beim Mann 158 g/l und bei der Frau 140 g/l. Wie fast alle biologischen Größen sind diese Werte nicht genau fixiert, sondern können auch beim Gesunden begrenzten Schwankungen unterliegen (Tabelle 1-4). Beim Neugeborenen findet man im Mittel einen Wert von 200 g/l, wobei im Einzelfall erhebliche Abweichungen hiervon vorkommen können. Im Laufe des ersten Lebensjahres fällt die Hämoglobinkonzentration auf etwa 115 g/l ab, um dann langsam auf den Wert des Erwachsenen anzusteigen. Um die ***intraerythrocytäre Hb-Konzentration*** (MCHC) zu erhalten, hat man jeweils den Wert von [Hb] durch den Hämatokritwert zu dividieren (Tabelle 1-4). Dabei ergibt sich für Männer und Frauen ein Mittelwert von 335 g/l.
Ebenso wie beim Feten findet man eine relativ hohe Hämoglobinkonzentration im Blut von Personen, die sich längere Zeit in großen Höhen aufhalten. In beiden Fällen handelt es sich um eine sinnvolle Anpassung, durch die bei vermindertem O_2-Angebot die Sauerstoffversorgung der Organe sichergestellt wird. Ein Absinken der Hämoglobinkonzentration im Blut unter den Normbereich, d. h. beim Mann unter 130 g/l und bei der Frau unter 120 g/l, wird als ***Anämie*** bezeichnet.

Bestimmung der Hämoglobinkonzentration. In der Regel erfolgt die Bestimmung der Hämoglobinkonzentration auf spektralphotometrischem Wege. Da verdünntes Hb wenig beständig ist und zudem seine Extinktion mit der O_2-Beladung ändert, ist zunächst die Umwandlung in eine farbstabile Verbindung erforderlich: Das in eine Capillarpipette aufgenommene Blut wird mit einer Lösung verdünnt, die Kaliumferricyanid K_3 $[Fe(CN)_6]$, Kaliumcyanid KCN und Natriumbicarbonat $NaHCO_3$ enthält. Dabei findet eine Hämolyse und eine Umwandlung des Hämoglobins in das stabile Cyanhämiglobin HbCN (mit dreiwertigem Eisen) statt. Photometrisch wird dann meist bei der Wellenlänge 546 nm die Extinktion bestimmt und daraus nach Eichung mit einer Standardlösung die Konzentration ermittelt.

Tabelle 1-4. Normwerte für den Blutstatus und Kennzeichnung der Funktionszustände bei Unter- oder Überschreiten des Normbereiches

Größe	Bezeichnung (Einheit)	Mittelwert	Variationsbereich	Kennzeichnung der Abnahme	Zunahme
Hämatokritwert	Hkt	♂ 0,47 ♀ 0,42	0,40–0,54 0,35–0,49	Hämodilution	Hämokonzentration
Erythrocyten-konzentration	Z_E ($10^6/\mu l$)	♂ 5,1 ♀ 4,6	4,1–6,0 4,0–5,2	Oligocythämie	Polyglobulie, Polycythämie
Hämoglobin-konzentration	[Hb] (g/l)	♂ 158 ♀ 140	140–180 120–170	Anämie	
Erythrocytenvolumen $MCV = Hkt/Z_E$	MCV (fl)	92	84–100	Mikrocytose	Makrocytose
Hb-Konzentration im Erythrocyten MCHC = [Hb]/Hkt	$MCHC = [Hb]_E$ (g/l)	335	300–360		
Färbekoeffizient $MCH = [Hb]/Z_E$	$MCH = Hb_E$ (pg)	31	26–36	hypochrom	hyperchrom
Leukocyten-konzentration	Z_L ($10^3/\mu l$)	7	4–10	Leukopenie	Leukocytose
Thrombocyten-konzentration	Z_T ($10^3/\mu l$)	250	140–360	Thrombocytopenie	Thrombocytose

Färbekoeffizient. Für die Beurteilung der Blutbildung und die Differenzierung der Anämieformen stellt die ***mittlere Hämoglobinbeladung des einzelnen Erythrocyten*** eine wichtige diagnostische Größe dar. Dieser sog. Färbekoeffizient (MCH bzw. Hb_E) wird dadurch ermittelt, daß man die Hämoglobinkonzentration durch die Erythrocytenzahl im gleichen Blutvolumen dividiert. Legt man die Normwerte für Männer bzw. Frauen zugrunde (Tabelle 1-4),

$$♂ : \mathrm{MCH} = \frac{158\ \mathrm{g/l}}{5{,}1 \cdot 10^{12}/\mathrm{l}} = 31 \cdot 10^{-12}\,\mathrm{g} \qquad ♀ : \mathrm{MCH} = \frac{140\ \mathrm{g/l}}{4{,}6 \cdot 10^{12}/\mathrm{l}} = 31 \cdot 10^{-12}\,\mathrm{g}$$

so ergibt sich in beiden Fällen ein MCH-Wert von 31 pg.
Erythrocyten, bei denen die Hämoglobinbeladung im Normbereich liegt, werden als normochrom bezeichnet. Bei Erniedrigung des Färbekoeffizienten spricht man von ***hypochromen,*** bei der Erhöhung von ***hyperchromen Erythrocyten.*** Diese Kennzeichnung hat besondere Bedeutung für die Differenzierung der verschiedenen Anämieformen. Wenn beispielsweise bei Eisenmangel die Hämoglobinbildung reduziert ist, so tritt in der Regel eine hypochrome Anämie auf, während eine durch Vitamin B_{12}-Mangel hervorgerufene Erythropoiesestörung zu einer hyperchromen Anämie führt.

1.5 Leukocyten

Die weißen Blutkörperchen (Leukocyten) sind kernhaltige Zellen, die nach morphologischen Gesichtspunkten in Granulocyten, Lymphocyten und Monocyten unterteilt werden (Abb. 1-13). Sie erfüllen unterschiedliche Aufgaben im Dienste der Abwehrfunktionen des Organismus.

1.5.1 Leukocytenkonzentration und Differentialblutbild

Leukocytenkonzentration. Im Mittel sind 7000 Leukocyten in 1 µl Blut enthalten. In Abhängigkeit von der Tageszeit und dem Funktionszustand des Organismus variiert jedoch die Leukocytenkonzentration in weiten Grenzen (4000–10000/µl). Bei einer Reihe von Erkrankungen, insbesondere bei Infektionen, steigt die Zahl der Leukocyten oft weit über die obere Grenze der Norm an; ein solcher Funktionszustand wird als ***Leukocytose*** bezeichnet. Bei einem Absinken unter die untere Normgrenze spricht man von einer ***Leukopenie.*** Bei diesen Angaben ist zu berücksichtigen, daß nur ein kleiner Anteil (ca. 5%) der im Körper vorhandenen Leukocyten vorübergehend im Blut zirkuliert. Der überwiegende Teil dieser Zellen befindet sich im Knochenmark sowie in Geweben und Organen, in denen sie spezielle Aufgaben erfüllen.

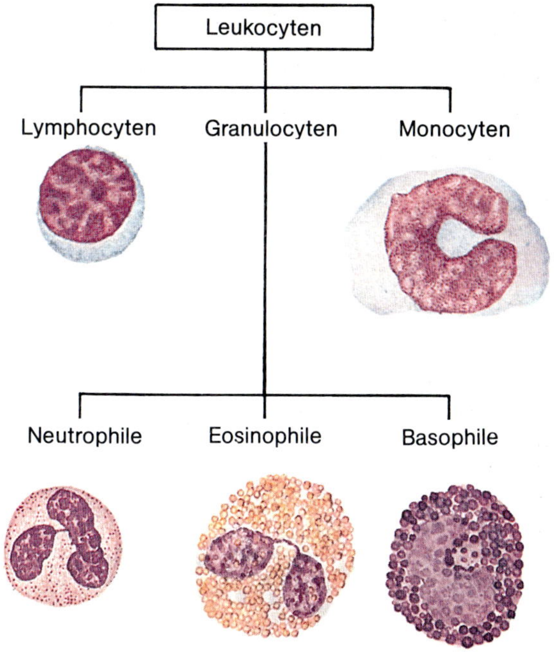

Abb. 1-13. Einteilung der Leukocyten (Vergrößerung 1250-fach)

Die ***Bestimmung der Leukocytenkonzentration*** erfolgt in ähnlicher Weise wie im Falle der Erythrocyten. Wegen der geringeren Zahl der Leukocyten ist jedoch nur eine Verdünnung der entnommenen Blutprobe im Verhältnis 1 : 10 erforderlich. Als Verdünnungsflüssigkeit verwendet man TÜRKsche Lösung, die Essigsäure für die Hämolyse der Erythrocyten und Gentianaviolett für die Anfärbung der Leukocytenkerne enthält. Nach dem Einbringen in die Zählkammer werden die Zellen im gesamten Zählfeld, d. h. in einem Volumen von 1/10 µl, ausgezählt. Das Ergebnis ist in diesem Fall mit 10 · 10 = 100 zu multiplizieren, um die Leukocytenzahl pro µl Blut zu erhalten.

Differentialblutbild. Nach panoptischer Anfärbung (PAPPENHEIM) lassen sich die Untergruppen der Leukocyten in einem Blutausstrich differenzieren, wobei die Form der Zellen und ihrer Kerne sowie die unterschiedliche Farbaufnahme der cytoplasmatischen Granula als Kriterien herangezogen werden. Man bestimmt dabei den relativen Anteil der einzelnen Zellarten für jeweils 100 Leukocyten oder ganzzahlige Vielfache hiervon. In Tabelle 1-5 sind die relativen und absoluten Normbereiche für das Leukocyten-Differentialblutbild des Erwachsenen angegeben.

Tabelle 1-5. Leukocyten-Differentialblutbild bei Erwachsenen

	Relativ %		Anzahl/µl	
Granulocyten				
Neutrophile	55–70		2200–7000	
Segmentkernige		50–65		2000–6500
Stabkernige		3– 5		120– 450
Eosinophile	2– 4		80– 360	
Basophile	0– 1		0– 90	
Lymphocyten	25–40		1000–3600	
Monocyten	2– 6		80– 590	

1.5.2 Granulocyten

Die Granulocyten werden unter dem Einfluß eines hämatopoietischen Wachstumsfaktors im Knochenmark gebildet, wo sie sich aus Stammzellen durch mehrere Zellteilungen und anschließende Zellreifung entwickeln. Sie werden nach der Anfärbbarkeit ihrer Granula, die diesen Zellen ihren Namen gegeben haben, in neutrophile, eosinophile und basophile Granulocyten unterteilt.

Neutrophile Granulocyten. Die Neutrophilen sind 9–12 µm große Zellen mit feinen cytoplasmatischen Granula, die sich nur schwach anfärben lassen und vor allem lysosomale saure Hydrolasen enthalten. Die Neutrophilen zeigen eine ausgeprägte amöboide Beweglichkeit. Sie verlassen die Blutgefäße, indem sie durch die Wände der Capillaren und Venolen treten ***(Diapedese),*** und wandern anschließend ins Bindegewebe ***(Migration).*** Die Neutrophilen sind wichtige Funktionsträger bei der unspezifischen Abwehr (S. 32f.), da sie Fremdmaterial, Gewebetrümmer und Krankheitserreger in großem Ausmaß phagocytieren können. Bei Aktivierung setzen diese Zellen Leukotriene (S. 448) frei, die an der Entzündungsreaktion beteiligt sind.
Die Reifungszeit der neutrophilen Granulocyten im Knochenmark beträgt etwa 4–10 Tage. Bald nach Eintritt in die Blutbahn verlassen die Zellen wieder das Blut (durchschnittliche Verweildauer etwa 7 Stunden) und gelangen zu ihrem „Einsatzort“ im Gewebe u. a. in die Schleimhäute des Atmungs-, Verdauungs- oder Urogenitaltraktes. Die Lebensdauer der Neutrophilen außerhalb des Knochenmarks beträgt nur wenige Tage.

Eosinophile Granulocyten. Die Eosinophilen sind etwas größer als die Neutrophilen (Durchmesser 11–14 µm). Sie enthalten im Cytoplasma re-

* phagocytieren = in sich aufnehmen u. durch Enzyme auflösen

lativ große Granula, die sich mit dem sauren Farbstoff Eosin intensiv rot anfärben. Die Eosinophilen sind ebenfalls amöboid beweglich. Sie können Antigen-Antikörper-Komplexe (S. 37) sowie artfremdes Eiweiß phagocytieren und mittels der in den Granula enthaltenen proteolytischen Enzyme abbauen.
Die Zahl der Eosinophilen im Blut verändert sich in einer ausgeprägten ***Tagesrhythmik:*** Am frühen Morgen liegt sie wesentlich niedriger, um Mitternacht deutlich höher, als es dem 24-Stunden-Mittelwert entspricht. Die Abnahme der Eosinophilen am frühen Morgen steht im Zusammenhang mit dem Anstieg des Glucocorticoidspiegels im Blut. Umgekehrt führt eine Hemmung der Glucocorticoidausschüttung zu einem Anstieg der Eosinophilen. Eine Blut-Eosinophilie (Vermehrung der Eosinophilenzahl) wird besonders bei sog. allergischen Reaktionen (S. 40ff.), bei Autoimmunerkrankungen, bei Parasitenbefall (Wurmerkrankungen u. a.) sowie im Ausheilungsstadium von bestimmten Infektionskrankheiten beobachtet.

Basophile Granulocyten. Die Basophilen sind die kleinsten Granulocyten (Durchmesser 8–11 µm). Ihre groben Granula färben sich mit basischen Farbstoffen tief blauschwarz an. Sie enthalten Heparin, Histamin, Proteasen und saure Hydrolasen. Über ihre Funktion ist wenig bekannt. Eine Vermehrung der Basophilen (Basophilie) tritt manchmal bei Überempfindlichkeitsreaktionen und bei Erkrankungen mit erhöhten Blutfettwerten auf.

1.5.3 Lymphocyten

Die Lymphocyten sind kugelförmige Zellen mit einem runden oder ovalen Kern, der von einem schmalen, granulafreien Cytoplasmasaum umgeben ist. Neben kleinen Lymphocyten mit einem Durchmesser von 7–10 µm kommen im Blut seltener auch größere Zellen (Durchmesser: 11–16 µm) vor, deren Kern häufig etwas eingekerbt ist.

Bildung und Lebensdauer der Lymphocyten. Die Lymphocyten werden im Knochenmark, vor allem aber im lymphoreticulären Gewebe der lymphatischen Organe (Thymus, Milz, Lymphknoten u. a.) gebildet. Sie entwikkeln sich aus Reticulumzellen (lymphatischen Stammzellen), aus denen die Lymphoblasten und schließlich die Lymphocyten hervorgehen. Weniger als 1% aller gebildeten Lymphocyten zirkuliert in der Blutbahn, wo ihr Anteil an der Leukocytenkonzentration beim Erwachsenen 25–40%, bei Säuglingen und Kleinkindern jedoch 50–70% beträgt. Viele Lymphocyten gelangen wahrscheinlich nie in die Blutbahn. Nach der Lebensdauer lassen sich zwei Gruppen unterscheiden: kurzlebige Lymphocyten mit einer

Lebensdauer bis zu etwa 8 Tagen und langlebige Lymphocyten, die mehrere hundert Tage, z. T. wahrscheinlich auch einige Jahre alt werden können.

Funktion der Lymphocyten. Die Lymphocyten sind trotz geringer amöboider Beweglichkeit zur Migration befähigt und spielen eine zentrale Rolle bei den spezifischen Abwehrfunktionen des Organismus (S. 34 ff.). Sie besitzen reichlich Ribosomen, haben also die Fähigkeit zur Proteinbiosynthese und können durch mitotische Zellteilung Tochterzellen bilden.

1.5.4 Monocyten

Die Monocyten sind die größten Blutzellen (Durchmesser 12–20 μm). Ihr Cytoplasma enthält feinste Granula. Der Zellkern ist groß, häufig nierenförmig, manchmal gelappt und liegt oft etwas exzentrisch. Die Monocyten werden aus Stammzellen unter dem Einfluß eines hämatopoietischen Wachstumsfaktors im Knochenmark gebildet. Nach ihrer Ausschleusung halten sie sich nur wenige Stunden im Blut auf. Monocyten sind gut amöboid beweglich, speichern und phagocytieren größere Teilchen (z. B. geschädigte oder tote Blutzellen und Zelltrümmer), geben nach Aktivierung Leukotriene ab und stimulieren die spezifischen Abwehrvorgänge (S. 33 ff.).

1.6 Abwehrfunktionen des Blutes

Für die Abwehr von Krankheitserregern oder artfremder Substanzen, welche die ***natürlichen Barrieren*** des Körpers überwunden haben, stehen dem Organismus

- ***unspezifische*** und
- ***spezifische***

Abwehrmechanismen zur Verfügung. An beiden Abwehrformen sind sowohl

- ***celluläre*** als auch
- ***humorale,*** d. h. in den Körperflüssigkeiten vorkommende

Faktoren beteiligt.

Unspezifische Abwehrmechanismen sind in der Lage, bereits beim ersten Kontakt Krankheitserreger oder Fremdstoffe auszuschalten. Diese Abwehrmaßnahmen sind gegen alle potentiell schädigenden Agenzien mit praktisch gleicher Intensität gerichtet, d. h. sie sind nicht zielgerichtet und werden häufig auch unter dem Begriff ***unspezifische Resistenz*** zusammengefaßt.

Häufig genügen die zur unspezifischen Abwehr beitragenden Mechanismen nicht, um Bakterien, Viren, Pilze, Parasiten, Toxine, Zerfallsprodukte und andere Fremdstoffe auszuschalten. ***Spezifische Abwehrmechanismen,*** sog. ***immunologische Vorgänge,*** stellen dann einen weiteren sehr wirkungsvollen „Schutzwall" dar, den der Organismus aber zunächst aufbauen muß. Alle immunologischen Reaktionen zeichnen sich dadurch aus, daß sie erst nach dem Erkennen eines Schadstoffes wirksam werden können. Dazu bedarf es einer gewissen ***Latenzzeit*** („immunologischen Lücke") zwischen dem erstmaligen Eindringen eines bestimmten Infektionserregers oder Toxins bis zur Ausbildung einer wirkungsvollen Immunantwort. An dieser sind im wesentlichen drei Zellarten, Makrophagen, B-Lymphocyten und T-Lymphocyten (s. u.) beteiligt.

Die spezifischen Abwehrvorgänge weisen eine hohe individuelle Spezifität auf, sie führen in der Regel zur ***Immunität*** (Unempfindlichkeit gegenüber den Schad- oder Fremdstoffen, mit denen sich der Organismus einmal auseinandergesetzt hat). Sie besitzen außerdem ***Gedächtnisfunktionen,*** d. h. ein bestimmter Fremdstoff wird nach dem Erstkontakt noch jahrelang erkannt. Im Gegensatz zur verzögerten, Tage bis Wochen dauernden Reaktion nach Erstkontakt, ermöglicht das immunologische Gedächtnis bei einem erneuten Kontakt mit dem gleichen Fremdstoff eine sehr viel schnellere und stärkere Reaktion ***(Booster-Effekt).***

Unspezifische und spezifische Mechanismen können gelegentlich unabhängig voneinander kurzfristig bestimmte Abwehrfunktionen ausüben. Die Regel ist aber eine ***arbeitsteilige Kooperation.*** Die Gesamtleistung ist dann um ein Vielfaches größer und wirksamer als die Summe der Einzelleistungen.

Eine ***physiologische Barriere*** gegen Infektionen ist die ***Haut*** mit ihrer Hornschicht, die für Mikroorganismen nahezu undurchdringlich ist. Sekrete von Schweiß- und Talgdrüsen sorgen weiterhin für einen Abschwemmeffekt und bilden einen Säuremantel, der Bakterien in ihrem Wachstum hemmt bzw. sogar abtötet. Auch die ***Schleimhäute*** weisen Barrierefunktionen auf. Die zuleitenden Atemwege sind beispielsweise von einer Schleimschicht bedeckt und mit einem Flimmerepithel ausgekleidet, die zusammen ein Eindringen der meisten Mikroorganismen verhindern können (S. 180). Im Magen, dem ersten großen Reservoir für Speisen und Flüssigkeiten, wird durch den sauren Magensaft die Mehrzahl der Mikroorganismen abgetötet (S. 304). Die meisten anderen Schleimhäute des Körpers tragen eine mikrobielle Flora, die der Ansiedlung pathogener Keime entgegenwirkt. So wird im Vaginalbereich ein saurer pH-Wert durch symbiotische Besiedlung mit Lactobakterien aufrechterhalten.

1.6.1 Unspezifische humorale Abwehr

Komplementsystem. An der Abwehr von Krankheitserregern ist ein physiologischerweise im Blut und Geweben vorhandenes und aus 20 Glykoproteinen bestehendes System beteiligt, das sowohl ***unspezifische Aufgaben*** als auch ***Immunreaktion-abhängige Funktionen*** erfüllt und damit ein wichtiges ***Entzündungsmediatorsystem*** darstellt. Die einzelnen Komponenten des Komplementsystems werden von Makrophagen und Leberzellen synthetisiert. Nach Aktivierung durch ***Antigen-Antikörper-Komplexe („klassische Kaskade")*** oder durch Bakterien, Viren, Pilze oder Protozoen u. a. (***„alternative Kaskade"*** bzw. ***Properdin-System***) reagieren die einzelnen Komponenten des Systems in einer festgelegten Reihenfolge miteinander, wobei die beiden Aktivierungswege in eine gemeinsame Endstrecke einmünden. Die Faktoren, die Schlüsselfunktionen in der Aktivierung oder biologischen Wirkung ausüben, werden durch Regulatorproteine wirksam kontrolliert, so daß ständig eine sinnvolle Balance zwischen Aktivierung und Inaktivierung des Systems gewährleistet ist.
Nach Aktivierung des Komplementsystems entsteht eine Reihe von Komplementkomponenten, die folgende Funktionen ausüben:

- ***Stimulation von Zellen*** mit Abwehrfunktionen (z. B. Makrophagen) durch C3b, C5a,

- ***Kontaktvermittlung*** zur Einleitung der Phagocytose (Opsonisierung durch C3b) und der Zellkooperation (z. B. zwischen Lymphocyten und Makrophagen durch C3a),

- ***Lyse von Zellen*** (durch C5-C9) und

- ***Auflösung von Immunkomplexen*** (durch C3b).

Die Stimulation von Zellen durch bestimmte Komplementkomponenten trägt wesentlich zur ***Entzündungsreaktion*** bei. Durch die Freisetzung von Histamin aus basophilen Granulocyten und Thrombocyten, von lysosomalen Enzymen und von Arachidonsäurederivaten (Leukotrienen, Prostaglandinen, Thromboxanen) aus Granulocyten und Makrophagen sowie durch Wirkungen auf Endothelzellen kommt es im Entzündungsgebiet zur ***Vasodilatation****,* zu einer lokalen ***Permeabilitätssteigerung*** mit Exsudation und ***Oedembildung*** sowie zu anderen Entzündungserscheinungen (Förderung von ***Chemotaxis*** und ***Opsonisierung*** u. a.). Bestimmte Komplementfragmente können auch eine Kontraktion glatter Muskulatur (z. B. eine Verengung des Bronchialsystems) und Thrombocytenaggregation (S. 50) auslösen.

* Vasodilatation = Gefäßerweiterung

Lysozym. Ein weiterer Faktor der unspezifischen humoralen Abwehr ist das ***Lysozym,*** das beim Zerfall phagozytierender Zellen frei wird. Es wirkt ähnlich wie das Komplementsystem und ist in der Lage, die Wandstrukturen bestimmter Bakterien (Staphylokokken, Streptokokken u. a.) hydrolytisch zu spalten. Es kommt vor allem im Bronchialschleim und in der Tränenflüssigkeit vor.

Interferonsystem. Die speciesspezifischen Interferone sind hochaktive, körpereigene Proteine mit einem breiten Wirkungsprofil. Die Bildung der Interferone durch eukaryotische Zellen wird vor allem durch Viren, Bakterien, bakterielle Produkte, Nucleinsäuren, Pilze oder Protozoen induziert. ***α-Interferone*** werden hauptsächlich von Leukocyten, ***β-Interferon*** vor allem von Fibroblasten und ***γ-Interferon*** von T-Lymphozyten nach Antigenkontakt gebildet. Letzteres gehört demnach zu den Lymphokinen (S. 40). Alle Interferontypen weisen folgende biologische Wirkungen auf:

- ***Hemmung der Virus-Replikation*** in Zellen (antiviraler Effekt),

- ***Hemmung der Proliferation von Normal- und Tumorzellen*** (antiproliferativer Effekt),

- ***Stimulation oder Hemmung immunologischer Reaktionen*** (Aktivierung von Makrophagen, Hemmung der Antikörperbildung, Förderung der T-Zell-Proliferation, „immunmodulatorischer Effekt") und

- ***Aktivierung der „Natürlichen Killerzellen"*** (S. 33).

Akute-Phase-Proteine. Bei gewebeschädigenden Reizen (Infektionen, Entzündungen, bösartigen Tumoren, Gewebedestruktionen u. ä.) erhöht sich die Konzentration bestimmter Proteine im Blutplasma. Der Konzentrationsanstieg geht auf eine Synthesesteigerung dieser Proteine in der Leber zurück, die wiederum durch Mediatoren (z. B. Interleukin-1, S. 39) vermittelt wird. Zu diesen „Anti-Entzündungsproteinen" gehören Eiweiße, die Lipidmaterial aus zerstörten Zellmembranen beseitigen (C-reaktives Protein, Serum-Amyloid-Protein), Proteasen-Inhibitoren (α_1-Antitrypsin, α_1-Antichymotrypsin), Gerinnungsfaktoren (z. B. Fibrinogen), Komplementkomponenten (z. B. C3 und C4) und Transportproteine (Haptoglobin, Coeruloplasmin). Zu den ***„Negativ-Akute-Phase-Proteinen"***, deren Biosynthese bei Entzündungen gedrosselt wird, zählen u. a. Albumin, Transferrin und HDL (S. 334).

Die Syntheserate bestimmter Akute-Phase-Proteine wird durch ***Hormone*** beeinflußt. Während Corticosteroide bzw. Androgene vor allem die Haptoglobin-Bio-

Proliferation = Wucherung d. Gewebes durch Zellvermehrung

synthese stimulieren, wird die α_1-Antitrypsin- und besonders die Coeruloplasminkonzentration im Serum sowohl bei Oestrogengabe als auch in der Schwangerschaft gesteigert.

1.6.2 Unspezifische celluläre Abwehr

Mikro- und Makrophagen. Bestimmte Gruppen der weißen Blutkörperchen besitzen die Fähigkeit, schädliche Stoffe oder Zellen durch Einschluß zu vernichten ***(Phagocytose).*** Hierzu zählen die ***neutrophilen*** und ***eosinophilen Granulocyten,*** die man als ***Mikrophagen*** bezeichnet, sowie die ***Monocyten*** bzw. ***Makrophagen.*** Die Makrophagen sind nicht nur die phagocytoseaktivsten Zellen, sondern sie beteiligen sich auch an spezifischen Abwehrprozessen (S. 39) und synthetisieren einige Komplementfaktoren, Interferone sowie das fiebererzeugende endogene Pyrogen (S. 271).

Ablauf der Phagocytose (Abb. 1-14). Die Phagocyten werden von Bakteriengiften, Zellzerfallstoffen und fremden Zellen angelockt, wobei bevorzugt chemische Reize die zielgerichtete Wanderung zu den Orten der Schädigung auslösen ***(Chemotaxis).***

Als chemotaktische Stoffe wirken u. a. Faktoren des Komplementsystems sowie verschiedene Enzyme (Gewebe-Proteasen, Plasmin, Thrombin und Kallikrein). Vor der ***Endocytose,*** zu der die ***Phagocytose*** (Aufnahme fester Partikel) und die ***Pinocytose*** (Aufnahme gelöster Stoffe) gehören, lagert sich der angelockte Phagocyt zunächst dem Fremdstoffteilchen an ***(Adhärenz).*** Durch diesen Kontakt kommt es zu einer Stoffwechselaktivierung des Phagocyten (Steigerung der Atmungs- und Glykolyseaktivität), der anschließend mit ***Pseudopodien*** den Fremdstoff umschließt. Durch Verbindung der inneren Membranenden entsteht ein Bläschen ***(Phagosom),*** das in einem weiteren Schritt mit einem oder mehreren Lysosomen* zum ***Phagolysosom*** verschmilzt. Die in den Lysosomen enthaltenen hydrolytischen Enzyme bauen schließlich das phagocytierte Material ab. Ist ein solcher Abbau, wie z. B. im Falle der Tuberkelbakterien, nicht möglich, so bleibt in den Phagolysosomen unverdautes Material enthalten. Daraus gehen z. T. die sog. Restkörper hervor, die aus der Zelle ausgeschleust werden (Exocytose).
Wesentlich für die Abtötung von Bakterien und wahrscheinlich auch von Tumorzellen durch Makrophagen sind die über das Peroxydase-System entstandenen aktiven Sauerstoffspezies (Superoxidradikalanion $\cdot O_2^-$, Hydroxylradikal $\cdot OH$, Singlet-Sauerstoff $^1O_2$, Peroxidradikal $\cdot O_2H$ und H_2O_2).

*Lysosom = Zellbläschen mit Enzymen, die bei Freiwerden die Zelle auflösen

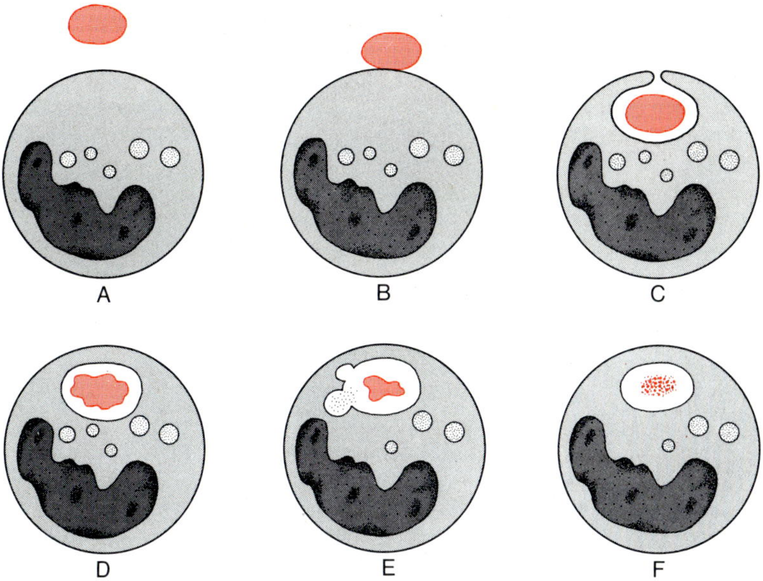

Abb. 1-14 A–F. Ablauf der Phagocytose. **A** Zielgerichtete Bewegung des Phagocyten auf den Fremdkörper zu; **B** Adhärenz; **C** Umschließen des Fremdstoffs mit Pseudopodien; **D** Phagosom-Bildung; **E** Phagolysosom-Bildung; **F** Abbau des phagocytierten Materials

Opsonisierung. Die Phagocytose kann durch das Einwirken bestimmter Stoffe, der sog. Opsonine, gefördert werden. Zu diesen Stoffen zählen einige Komplementkomponenten (S. 30) und bestimmte an Zellen gebundene Antikörper.

Natürliche Killerzellen. Die sog. NK-Zellen sind große granulierte Lymphocyten, die reichlich saure Hydrolasen enthalten und deren Abwehrfunktionen eng an die Produktion und die Wirkung von Interferonen (S. 31) gebunden sind. Ihre größte Bedeutung liegt in der unspezifischen Zerstörung von Viren und Zellen, vor allem Tumorzellen.

1.6.3 Spezifische humorale Abwehr

Die spezifische humorale Abwehr wird durch einen Antigenkontakt ausgelöst und durch B-Lymphozyten vermittelt.

* Hydrolasen: Enzyme, die Verbindungen durch Anlagerung von Wasser spalten

Opsonine: Stoffe im Blutserum, die eingedrungene Bakterien so verändern, daß sie von den Leukocyten unschädlich gemacht werden können.

Antigene. Antigene sind für den Organismus fremde Substanzen, die im Blut und im Gewebe spezifisch gegen sie gerichtete Abwehrmaßnahmen hervorrufen. Es handelt sich dabei um ***partikuläre Antigene*** (z. B. Bakterien, Viren oder Pilze) oder um großmolekulare, ***gelöste Antigene*** (Proteine, Polysaccharide, Lipide und Nucleinsäuren) mit einem Molekulargewicht >3000, die an exponierten Stellen die für ihre Spezifität maßgebenden Teilstrukturen ***(Determinanten)*** tragen. Die Determinanten können mit einem gegen sie gerichteten Abwehrstoff (Antikörper, s. u.) eine spezifische Bindung eingehen ***(Antigen-Antikörper-Reaktion).*** Ohne makromolekularen Träger sind sie aber nicht in der Lage, die Bildung von weiteren Antikörpern zu induzieren.
Kleinmolekulare Substanzen (z. B. Arzneimittel) können nur dann als Antigen wirken, wenn sie an eine hochmolekulare Substanz gekoppelt sind. Man nennt diese kleinmolekularen Substanzen ***Haptene.*** Sie entsprechen losgelösten Determinanten.

B-Lymphocyten. Aus Stammzellen des Knochenmarks entstehen laufend immunologisch inkompetente Lymphocyten, die in das Blut abgegeben werden. Ein Teil dieser Zellen wandert beim Menschen in ein noch nicht sicher lokalisierbares System (Knochenmark?) und unterliegt dort einer speziellen „Prägung“. Die Zellen verlassen dieses System als sog. B-Lymphocyten und sind von diesem Zeitpunkt an immunologisch kompetent. Sie gelangen über den Blut- und Lymphweg in bestimmte Bezirke von Milz und Lymphknoten und siedeln sich dort bevorzugt in den sog. Keimzentren der Follikel an.

Antikörperbildung. Antikörper entstehen etwa 2–3 Wochen nach Kontakt eines Antigens mit immunologisch kompetenten B-Lymphocyten. Sie stellen in der Regel streng spezifische, dem Antigen komplementäre Reaktionsprodukte des Organismus dar ***(„Schlüssel-Schloß-Prinzip")*** und gehören vor allem der Gruppe der γ-Globuline an (s. u.).
Antikörper werden von Plasmazellen gebildet, die aus B-Lymphocyten durch Proliferation und Differenzierung nach einem Antigenkontakt hervorgegangen sind (s. Abb. 1-16).
Bei einer Erstbegegnung eines B-Lymphocyten mit einem Antigen entstehen neben den Plasmazellen ***(Effektorzellen)*** auch langlebige ***Gedächtniszellen,*** die ebenfalls im Blut kreisen und bei erneuter Exposition ein Antigen u. U. noch nach Jahren wiedererkennen. Sie sind dafür verantwortlich, daß Wiederbegegnungen mit dem gleichen Antigen anders verlaufen als Erstbegegnungen, da nunmehr schnell eine große Zahl von Plasmazellen gebildet wird, die dann in größerem Ausmaß humorale Antikörper produzieren. Eine Plasmazelle ist in diesem Fall in der Lage, pro Sekunde etwa 2000 identische Immunglobulinmoleküle zu synthetisieren. Für diese An-

tikörperbildung der Plasmazellen ist eine Unterstützung („Kooperation) durch T-Lymphocyten *(„T-Helferzellen")* erforderlich (s. u.).

Trifft ein Antigen auf eine Plasmazelle, die den komplementären Antikörper produzieren kann, so wirkt dies offenbar als Reiz zur Proliferation dieser Zelle. Nach einer größeren Zahl von Zellteilungen ist ein ***Klon*** von Plasmazellen entstanden. Alle Zellen eines solchen Klons bilden den gleichen Antikörper, da die Informationen zur Bildung auf alle Nachfolgezellen weitergegeben wurde. Man rechnet mit mindestens 10^6 verschiedenen Determinanten und daher auch mit 10^6 verschiedenen Typen von Antikörpern. Diese Annahme setzt voraus, daß auch 10^6 Lymphocytenklone vorhanden sind, die bereits bei der Geburt vorliegen. Bei Antigenkontakt proliferiert der jeweils „zuständige" Klon ***(Klonselektionstheorie).***

Monoklonale Antikörper. Normalerweise tragen Antigene immer mehrere Determinanten, so daß nach dem Kontakt mit einem bestimmten Antigen physiologischerweise immer eine Reihe verschiedener Antikörper gebildet wird. Die verschiedenen Antikörper werden jeweils von einem Klon von Plasmazellen produziert. Man spricht in einem solchen Fall von einer polyklonalen Immunantwort bzw. von polyklonalen Antikörpern.
Mit Hilfe eines mit dem Nobelpreis ausgezeichneten Verfahrens ist es neuerdings auch möglich, monoklonale Antikörper zu produzieren. Hierzu werden B-Lymphocyten mit Tumorzellen fusioniert. Die daraus entstehenden ***Hybridome*** („Zwitterzellen") haben von dem B-Lymphocyten die Fähigkeit zur Antikörperproduktion und von der Tumorzelle die Fähigkeit zu permanentem Wachstum geerbt. Da jeweils nur einzelne B-Lymphocyten in die Fusion eingehen, ist das Produkt der jeweiligen Hybridome ***monoklonal.*** Die auf diese Weise in beliebiger Menge für alle Zeiten unverändert produzierbaren monoklonalen Antikörper unterscheiden sich nicht von natürlichen Immunglobulinen.
Die monoklonalen Antikörper werden bereits vielfach in Diagnostik und Therapie eingesetzt. Sie dienen derzeit vor allem zur Blutgruppenbestimmung, zur Zellidentifizierung in der Bakteriologie, zur Klassifizierung und Behandlung von Leukämien und Lymphomen sowie zur Diagnostik und Therapie bestimmter Tumoren.

Antikörperklassen. Die Antikörper, die auch als ***Immunglobuline*** (Ig) bezeichnet werden, können immunelektrophoretisch in fünf Klassen ***(IgG, IgM, IgA, IgD, und IgE)*** getrennt werden.

Immunglobulin G (IgG) kann als Prototyp der Immunglobuline angesehen werden und ist am besten untersucht. Das symmetrische Molekül besteht aus zwei leichten ***(L-Ketten)*** und zwei schweren Peptidketten ***(H-Ketten),*** die durch Disulfidbrücken miteinander verbunden sind. (s. Abb. 1-15). Enzymatische Abbaustudien haben gezeigt, daß zwischen der L- und der H-Kette die Antigenbindungsstelle liegt. Dieser Molekülbezirk wird deshalb Fab-Stück genannt (**a**ntigen **b**indendes **F**ragment). Aus dem symmetrischen Aufbau des Antikörpers ergibt sich, daß er über zwei Bindungsstellen verfügt. Die Enden der H-Ketten neigen in freier Form sehr leicht zur Kristallisation, was in der Bezeichnung ***Fc-Stück*** zum Ausdruck kommt (**c**ristalli-

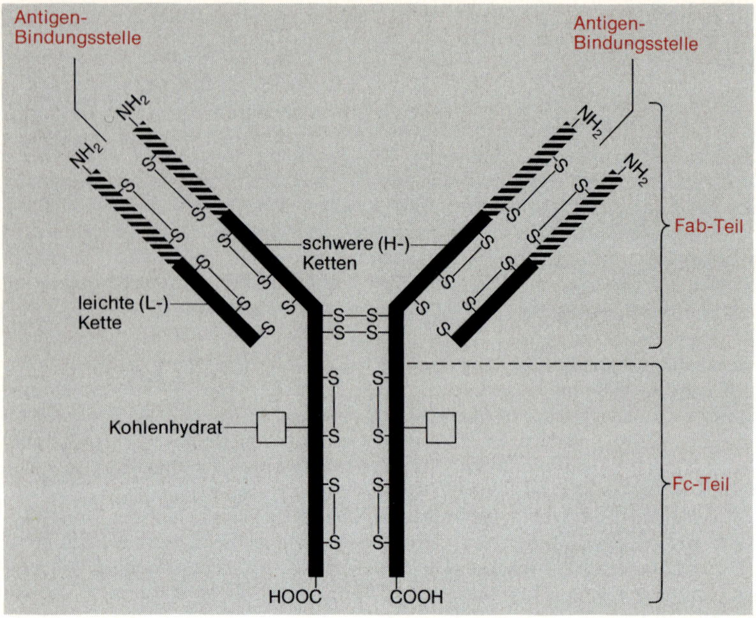

Abb. 1-15. Struktur des Immunglobulin-G-Moleküls in schematischer Darstellung

sierbares Fragment). Das Fc-Stück ist für die Zirkulationsfähigkeit des IgG im Plasma, seine Placentagängigkeit (s. u.) sowie für die Komplementaktivierung verantwortlich; es ist jedoch nicht zur Antigen-Bindung befähigt.

Im menschlichen Plasma überwiegt IgG alle anderen Immunglobuline (ca. 75% der Immunglobuline). Bei einer ersten Immunisierung wird IgG zunächst verzögert (nach IgM, s. u.), dafür aber in höherer Konzentration gebildet. Bei einer Sekundärreaktion entsteht hingegen fast ausschließlich IgG. Da es beim Menschen als einziges Immunglobulin Membranen passieren kann, vermag es auch durch die Placenta in den Kreislauf des ungeborenen Kindes zu gelangen *(Placentagängigkeit)* und trägt dort zur Ausschaltung von Mikroorganismen bei. Mütterliches IgG verleiht deshalb dem Neugeborenen, das in den ersten 6 Lebensmonaten kein IgG produziert, einen Schutz in den ersten Lebensmonaten.

Immunglobulin A (IgA), das etwa 15% der menschlichen Immunglobuline ausmacht, ist auf die Abwehrvorgänge an den Schleimhautoberflächen des Organismus spezialisiert. Als ***„Sekret-Antikörper"*** hat es die Aufgabe, die Anlagerung und das Eindringen von Erregern und anderem antigenen Material in Schleimhäute zu verhindern. IgA ist der einzige Antikörper, der secerniert werden kann. Es liegt in den Sekreten als Dimer vor. IgA wird auch in der Muttermilch gefunden, so daß das Neugeborene mit der Nahrungsaufnahme gleichzeitig am immunologischen Schutz der Mutter partizipiert.

Immunoglobulin M (IgM) ist der größte Antikörper und tritt bei Erstimmunisierung immer zuerst auf ***(„Früh-Antikörper“).*** Seine Konzentration sinkt aber schnell wieder auf niedrige Werte ab, während IgG noch in Bildung begriffen ist. Der Anteil des IgM an den menschlichen Immunglobulinen beträgt ca. 8,5%. IgM-Antikörper kommen im Plasma als Pentamere vor und verfügen demnach über zehn Antigenbindungsstellen.

Über das ***Immunglobulin D (IgD)*** ist bisher relativ wenig bekannt. Es spielt vermutlich als Oberflächenrezeptor bei der Differenzierung und Reifung der B-Lymphocyten eine Rolle. Im Serum ist es nur in Spuren nachweisbar.

Auch die physiologische Bedeutung des ***Immunglobulin E*** (***IgE,*** „Reagin“) ist noch weitgehend unbekannt. Wahrscheinlich spielt es in der Immunreaktion bei ***Parasitenbefall,*** insbesondere bei Wurmerkrankungen, eine Rolle. Mastzellen und basophile Granulocyten haben auf ihrer Oberfläche Receptoren für das Fc-Fragment von IgE ***(„cytophiler Antikörper“).*** Die Interaktion von zellständigem IgE mit dem entsprechenden Antigen kann die Symptome der ***Anaphylaxie*** (S. 41 f.) auslösen.

Antikörpermoleküle besitzen zusätzlich zu den antigenbindenden Bezirken auch noch exponierte Molekülabschnitte, die als Antigendeterminanten wirken können. Dies ist normalerweise jedoch nur dann der Fall, wenn Antikörper einer anderen Species injiziert werden, deren Immunsystem die Antikörper als Fremdsubstanz (Antigen) auffaßt.

Antigen-Antikörper-Reaktion. Antikörper, die nach Antigenkontakt gebildet worden sind, reagieren mit den Determinanten des jeweiligen Antigens; es entsteht ein ***Antigen-Antikörper-Komplex (Immunkomplex).*** Bei dieser Reaktion kommt es zu einer Konformationsänderung des Antikörpers, wodurch Strukturelemente exponiert werden, die vor der Bindung verdeckt waren. Dadurch wird eine Interaktion des Fc-Stücks mit Komplementfaktoren ermöglicht. Mit der Bindung an Antikörper verlieren die Antigene meist ihre schädigende Wirkung für den Organismus und werden inaktiviert („neutralisiert“). Bei Bakterien wird damit ihre Auflösung, bei einigen Giften deren Abbau eingeleitet.

Antigen-Antikörper-Reaktionen können eine ***Präcipitation, Agglutination*** oder ***Cytolyse*** zur Folge haben. Wenn das Antigen in gelöster Form vorliegt, kann die Reaktion zu einer Fällung *(Präcipitation)* führen. Bei der Agglutination werden größere antigentragende Teilchen (z. B. Erythrocyten) durch Brückenbildung verklumpt. Binden bestimmte Antikörper Komplement und aktivieren dadurch das Komplementsystem, können Zellmembranen durch diesen Vorgang so weit permeabel werden, daß eine ***Lyse*** (Auflösung) der Zelle eintritt. Weitere Effektormechanismen der Antigen-Antikörper-Reaktion sind die Opsonisierung, die Immobilisation bewegli-

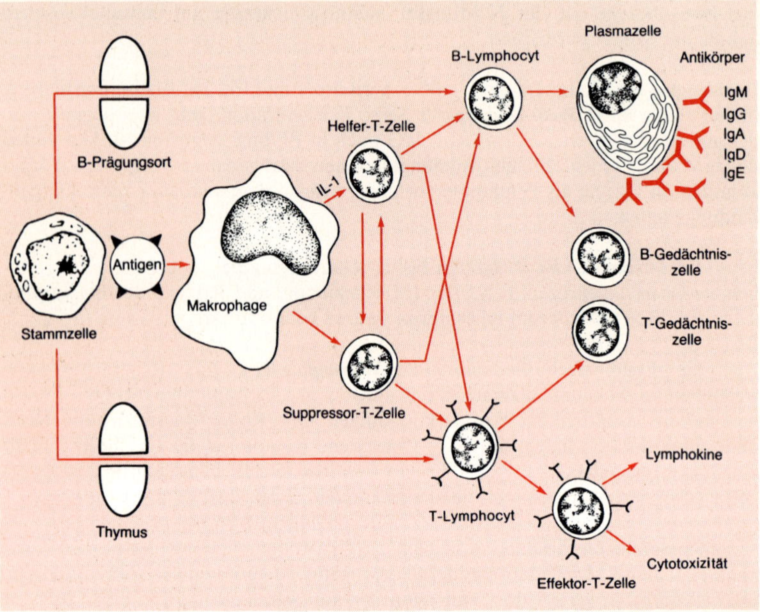

Abb. 1-16. Prägung der Lymphocyten sowie Aktivierung der humoralen Abwehr *(oben)* und der cellulären Abwehr *(unten)* bei Antigenkontakt. Antigenpräsentation durch Makrophagen löst eine Proliferation von B-Lymphocyten und deren Umwandlung in Plasmazellen aus, welche die jeweils spezifischen Antikörper bilden. Die Antigenpräsentation kann andererseits zur Proliferation von T-Lymphocyten führen, die cytotoxisch wirken oder Lymphokine freisetzen. Die Prägung aller T-Lymphocyten, einschließlich der Helfer-T-Zellen und der Suppressor-T-Zellen, erfolgt im Thymus. Il-1 = Interleukin-1 (Thews, Mutschler, Vaupel, 1989)

cher Keime und die Haftung des Antigen-Antikörper-Komplexes an Zelloberflächen ***(Immunadhärenz).***

Makrophagenkooperation. Die meisten Antigene stimulieren sowohl die humorale als auch die celluläre Abwehr, wobei die Antigenübermittlung an die Lymphocyten gewöhnlich über eine ***Makrophagenkooperation*** abläuft (s. Abb. 1-16). Die von den Makrophagen abgefangenen und zum Teil abgebauten Antigene werden anschließend den Lymphocyten in einer erkennbaren Form offeriert („Antigenpräsentation"). Schwach antigenes Material, das direkt, d. h. ohne Makrophagenkooperation, die Lymphocyten erreicht, hat nur geringe Antikörper-induzierende Potenz. Nach dem Antigenkontakt geben die Makrophagen auch noch einen Mediator, das ***Interleukin-1,*** ab, das T-Helferzellen (s. u.) stimuliert, im Hypothalamus Fieber auslöst (S. 271), eine Leukocytose im Rahmen einer Entzündungsreaktion induziert und die Synthese der Akute-Phase-Proteine (S. 31) anregt.

1.6.4 Spezifische celluläre Abwehr

T-Lymphocyten. Eine zweite Lymphocytenpopulation, die ihren Ursprung ebenfalls in den Stammzellen des Knochenmarks hat, erhält ihre immunologische Prägung im ***Thymus.*** Die Lymphocyten unterliegen dort einer entsprechenden „Schulung" und verlassen das Organ als immunologisch kompetente Zellen. Diese wegen ihrer Thymusabhängigkeit als ***T-Lymphocyten*** bezeichneten Zellen zirkulieren mit Blut und Lymphe ständig zwischen Milz, Lymphknoten und den zu schützenden Geweben. Die T-Lymphocyten sind für die spezifische celluläre Abwehr verantwortlich (s. Abb. 1-16). Sie besitzen an ihrer Oberfläche strukturspezifische Receptoren, die Antigene erkennen und binden können. Diese sog. ***T-Zell-Receptoren*** zeigen Ähnlichkeiten mit den (humoralen) Antikörpern. Sie bestehen aus Untereinheiten (Ketten), die sowohl das „passende" Antigen als auch die passende HLA-Determinante der Zelle (S. 42f.), die das Antigen präsentiert, erkennen.
Ob ein Organismus nach Antigenkontakt mit der Produktion von Antikörpern oder mit zellulärer Immunabwehr antwortet, hängt u. a. neben der Art der Aufnahme auch von den physikochemischen Eigenschaften des Antigens ab. Wie bei den B-Lymphocyten proliferieren nach einem Erstkontakt mit einem Antigen bestimmte Familien (Klone) der T-Lymphocyten. Hierbei wirkt die ***Antigenpräsentation*** durch Makrophagen - wie bei den B-Lymphocyten - besonders stimulierend. Einige der neugebildeten Tochterzellen stellen langlebige ***Gedächtniszellen*** dar. Diese Zellen haben ebenso wie die Gedächtniszellen der B-Lymphocytenpopulation die Eigenschaft, bei erneutem Kontakt mit dem gleichen Antigen schnell und u. U. heftig zu reagieren.

Funktionen der T-Lymphocyten. Eine andere Gruppe von Tochterzellen, die sog. ***Effektorzellen,*** die nach dem Erstkontakt entsteht, nimmt direkt an der Immunreaktion teil. Das Bild der Effektorzellen ist aber nicht so einheitlich wie bei der humoralen spezifischen Abwehr. Es finden sich vielmehr Subpopulationen mit unterschiedlichen Funktionen.
T-Zellen, die andere Zellen vernichten können, werden cytotoxische Effektor-T-Zellen ***(Killer-T-Zellen)*** genannt. Solche Reaktionen gegen fremde

Zellen spielen eine große Rolle bei der ***Transplantatabstoßung*** (S. 42) sowie bei der ***Tumorabwehr.*** Zur optimalen Funktion der cytotoxischen Effektorzellen bedarf es der Zusammenarbeit mit den ***Helfer-T-Zellen,*** die auch in die Antikörperbildung des humoralen Systems fördernd eingreifen (Abb. 1-16). Eine weitere Subpopulation der Effektorzellen kann das Immungeschehen hemmend beeinflussen, indem sie die Funktion der B- und anderer T-Lymphocyten unterdrückt ***(Suppressor-T-Zellen).*** Helfer- und Suppressor-T-Zellen werden unter dem Begriff ***Regulatorzellen*** zusammengefaßt.
Ein weiterer Effektormechanismus einer Subpopulation von Effektor-T-Zellen ist die Freisetzung verschiedener löslicher Mediatorsubstanzen, die unter dem Sammelbegriff ***Lymphokine*** zusammengefaßt werden und auf andere Zellen (Makrophagen, Mikrophagen) oder auf die Permeabilität von Membranen und Capillaren einwirken. Zu diesen Lymphokinen zählen u. a. das ***γ-Interferon*** (S. 31), chemotaktische Faktoren für Makro- und Mikrophagen, der Makrophagenmigrations-inhibierende Faktor ***(MIF)*** und der Makrophagen-aktivierende Faktor ***(MAF).*** Letzterer aktiviert Makrophagen derart, daß sie Krankheitserreger und andere Zielzellen (z. B. auch Tumorzellen) durch engen Kontakt und Abgabe cytotoxischer Substanzen abtöten. MIF immobilisiert Makrophagen am Ort der Antigen-Antikörper-Reaktion. Weitere Mediatorsubstanzen sind das ***Interleukin-2,*** das T-Effektorzellen zu weiteren Zellteilungen anregt („Eigenstimulation"), und die ***Lymphotoxine,*** die Normal- und Tumorzellen zerstören können.

1.6.5 Überempfindlichkeitsreaktionen

Den Preis, den der Organismus für die Immunität, d. h. für die Erhaltung seiner Integrität zu zahlen hat, besteht in der Gefahr von Überempfindlichkeitstreaktionen und Autoimmunreaktionen (S. 44).

Allergie. Mit dem Ausdruck „Allergie" bezeichnet man eine veränderte Reaktionslage des Organismus gegen bestimmte Antigene ***(Allergene),*** d. h. der Organismus reagiert anders auf diese Stoffe als unter normalen Bedingungen. Prinzipiell kann es sich dabei um eine verstärkte ***(hypererge),*** abgeschwächte ***(hyperge)*** oder fehlende ***(anerge)*** Reaktion handeln. Meist wird die Bezeichnung Allergie jedoch nur noch im Sinne der Hyperergie (Überempfindlichkeitsreaktion) benutzt.

Antikörper-vermittelte Überempfindlichkeitsreaktionen. Antigen-Antikörper-Reaktionen verlaufen gewöhnlich stumm, d. h. ohne erkennbare Zeichen. In bestimmten Fällen können jedoch bei wiederholtem Antigenkontakt Reaktionen ausgelöst werden, die den Organismus nicht mehr schützen, sondern schädigen. Voraussetzung hierfür ist ein zuvor erfolgter Erstkontakt mit dem gleichen Antigen, der als ***Sensibilisierung*** bezeichnet wird. Je nach Art der Überempfindlichkeitsreaktion unterscheidet man Typ I-, Typ II- und Typ III-Reaktionen.

Allergische Reaktionen vom Typ I („Sofortreaktionen") sind Prozesse, die durch IgE-Antikörper vermittelt werden. Zielzellen sind hierbei Mastzellen bzw. basophile Granulocyten.
Bei entsprechender Disposition und Kontakt mit bestimmten Antigenen (Pollen, Erdbeeren, Fischeiweiß, Penicillinen u. a.) reagiert der Organismus u. U. mit einer besonders starken Bildung von Immunglobulinen des Typs IgE, wodurch bei späteren Kontakten mit dem gleichen Antigen eine ***anaphylaktische Reaktion*** ausgelöst werden kann. Die IgE-Antikörper heften sich mit ihrem Fc-Stück auf der Oberfläche von Mastzellen oder basophilen Granulocyten an (Abb. 1-17, A). Wenn bei einem erneuten Kontakt die aufgenommenen Antigene („Allergene") mit den IgE-Antikörpern reagieren und dabei zwei Antigenbindungsstellen überbrücken (Abb.1-17, B), wirkt dies offensichtlich als Reiz auf die Zelle („Aktivierung"). Dieser Reiz führt u. a. durch einen Ca^{2+}-Einstrom zur Aktivierung der Phospholipase A_2 und zur Freisetzung von Leukotrienen über die Arachidonsäurekaskade (S. 448 f.). Durch diese neugebildeten Mediatorsubstanzen und durch die Freisetzung bereits präformierter Stoffe aus den cytoplasmatischen Granula werden dann typische Sekundärreaktionen in Gang gesetzt. Die hochaktiven Mediatoren (Histamin, Serotonin, Bradykinin, Heparin, slow reacting substance of anaphylaxis = Leukotriene LTC_4, LTD_4, LTE_4, S. 448 f.) führen innerhalb weniger Minuten zu schweren Funktionsstörungen ***(Anaphylaxie).*** Gefäßerweiterung und Permeabilitätssteigerungen der Capillarwände durch Histamin und andere Mediatorstoffe ru-

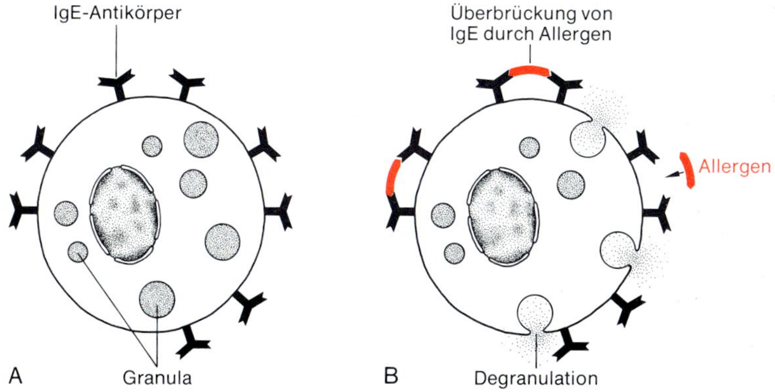

Abb. 1-17 A, B. Auslösung der anaphylaktischen Reaktion. **A** Bindung von IgE-Antikörpern an eine Mastzelle; **B** Degranulation der Mastzelle nach Überbrückung von IgE-Antikörpern durch Allergene

fen Oedeme und Nesselsucht hervor. Die anaphylaktische Reaktion bleibt in manchen Fällen örtlich begrenzt (z. B. bei Asthma bronchiale oder Heuschnupfen); erfolgt sie jedoch generalisiert (z. B. nach Injektion von bestimmten Medikamenten oder nach Bienen- oder Wespenstichen), so kann ein massiver Blutdruckabfall ***(anaphylaktischer Schock)*** auftreten. Krämpfe der Bronchialmuskulatur sind hierbei als unmittelbare Todesursache von Bedeutung.

Allergische Reaktionen vom Typ II werden durch Bindung von IgG und IgM an zellständige Antigene ausgelöst. Folgen sind Opsonisierung und Aktivierung des Komplementsystems mit nachfolgender Cytolyse ***(„cytotoxische Reaktion“).*** Beispiele für diesen Reaktionstyp sind die Unverträglichkeitsreaktionen bei der Transfusion gruppenungleichen Blutes ***(Transfusionsreaktion)*** sowie bei allergischen Leukopenien und Thrombopenien. Auch der Diabetes mellitus vom Typ I ist wahrscheinlich auf einen derartigen Mechanismus zurückzuführen (S. 443).

Allergische Reaktionen vom Typ III werden durch ***Immunkomplexe*** (Antigen-Antikörper-Komplexe) ausgelöst, die nach Komplementaktivierung Gewebe schädigen. Bei Antikörperüberschuß treten diese ***lokal*** an der Eintrittsstelle des Antigens auf. Typische Manifestationen beim Menschen sind Lungenerkrankungen bei wiederholtem Kontakt mit verschimmeltem Heu ***(„Farmerlunge“),*** mit Exkrementen von Tauben oder Hühnern ***(„Vogelzüchterlunge“)*** und mit anderen Allergenen.
Bei Antigenüberschuß treten dagegen generalisierte Überempfindlichkeitsreaktionen auf, da die gebildeten Immunkomplexe im Kreislaufsystem zirkulieren. In Organen mit hoher Durchblutung werden die Immunkomplexe in die Gefäßwand eingelagert. Es resultieren daraus Entzündungsvorgänge der Gefäßwände ***(Vasculitiden).*** Durch Einlagerung von Immunkomplexen in die Nierenglomerula werden bestimmte Formen der ***Glomerulonephritis*** hervorgerufen.

T-Lymphocyten-vermittelte Überempfindlichkeitsreaktionen. Diese Prozesse werden auch als allergische Reaktionen vom ***Typ IV*** oder als „Spätreaktion“ bezeichnet und sind durch sensibilisierte T-Lymphocyten hervorgerufen. Die „Spätreaktion“ erreicht im Gegensatz zu den Reaktionen des Typs I–III erst nach mindestens einem Tag ihren Höhepunkt. Wahrscheinlich gehen die im Verlauf einer zellvermittelten Immunreaktion auftretenden Wirkungen auf verschiedene Effektormechanismen zurück. „Prototyp“ dieser Überempfindlichkeitsreaktion ist die akute ***Transplantatabstoßung.***

Nach Organtransplantationen werden die Transplantate um so intensiver und schneller abgestoßen, je weniger die Gewebsantigene des Spenders denjenigen des Empfängers entsprechen. Diese Gewebsantigene ***(Transplantationsantigene, Histokompatibilitätsantigene)*** finden sich – ähnlich wie die Blutgruppenantigene (S. 45 ff.) – auf fast allen kernhaltigen Zellen. Als wichtigstes System beim Menschen sind die ***HLA-Antigene*** (**h**umane **L**eukocyten-**A**ntigene) bekannt. Das HLA-System hat so viele verschiedene Einzelbausteine, daß deren Kombinationen tausende individueller „Antigenmosaike“ liefern. Daher ist es auch so schwer – von erbgleichen eineiigen Zwillingen abgesehen - einen Organspender zu finden, dessen HLA-Formel mit der des Empfängers identisch ist. Man begnügt sich daher mit einer möglichst weitgehenden Übereinstimmung und unterdrückt erforderlichenfalls die T-Zellreaktionen.

In die Gruppe der Überempfindlichkeitsreaktionen vom verzögerten Typ gehören auch die Überempfindlichkeit gegen ***Tuberkulin,*** einen Eiweißextrakt aus Tuberkulosebakterien, und die sog. ***Kontaktallergien der Haut,*** die besonders nach wiederholten Kontakten mit Chromaten, Nickelsalzen oder bestimmten Haarfärbemitteln u. a. auftreten können ***(„Kontakt-Ekzeme“).***

Allergische Reaktionen vom Typ V. Hierbei handelt es sich um Antikörperreaktionen gegen Receptoren der Zellmembran. Die Bindung des Antikörpers an den Receptor führt zu einer Receptorbesetzung, so daß er für die jeweiligen Überträgersubstanzen nicht mehr zugängig ist. Die Antikörper wirken demnach ähnlich wie die cytotoxischen Antikörper bei der Typ-II-Reaktion. Zu den Krankheitsbildern dieser Gruppe zählen wahrscheinlich die ***Myasthenia gravis*** und die ***Basedowsche Krankheit*** (S. 423).

1.6.6 Immunität und Immunisierung

Ist der Organismus in der Lage, ein Antigen (z. B. Masernviren) mit seinem Abwehrsystem ohne pathologische Reaktion unschädlich zu machen, ist er gegen dieses Antigen ***immun.*** Für eine Reihe von Infektionskrankheiten (z. B. Kinderkrankheiten wie Masern, Windpocken oder Keuchhusten) ist es charakteristisch, daß einer ersten Erkrankung nur sehr selten eine Wiedererkrankung folgt, weil der immunologische Schutz sehr lange anhält.
Immunität kann man auch dadurch vermitteln, daß man Antikörper (Immunglobulin-Präparate) gegen bestimmte Antigene verabreicht ***(passive Impfung).*** Die Wirkung der passiven Immunisierung tritt sofort ein, ist aber auf einen relativ kurzen Zeitraum begrenzt. Bei der ***aktiven Impfung*** führt man dem Körper unschädliche Mengen des Antigens oder Antigenproduzenten (abgeschwächte oder tote Erreger) zu, die im Organismus eine Antikörperproduktion anregen. Bei einem Zweitkontakt mit dem gleichen Erreger ist der Körper diesem dann nicht schutzlos ausgeliefert, sondern besitzt bereits Abwehrstoffe gegen die pathogenen Keime. Spezifische Antikörper treten nach einer aktiven Impfung erst nach einigen Tagen auf, bleiben aber längere Zeit im Blut erhalten.

1.6.7 Immuntoleranz und Autoimmunität

Werden nach Zufuhr von Antigenen keine Antikörper gebildet bzw. treten nach Kontakt mit einem normalerweise immunogenen Reiz keine sensibilisierten T-Lymphozyten auf, liegt eine ***Immuntoleranz*** vor.

Immuntoleranz. Der Organismus zeigt im allgemeinen gegen seine eigenen Gewebe und Substanzen eine natürliche Immuntoleranz, die vermutlich auf eine bereits in der Embryonalzeit ablaufende Antigenerkennung zurückzuführen ist. Ein regelmäßiger Kontakt mit vorhandenen bzw. fremden Stoffen in dieser Zeit, d. h. vor der Ausreifung eines kompetenten Immunsystems, führt zur Ausbildung einer immunologischen Reaktionsfähigkeit. Die Nichtreaktivität gegenüber körpereigenen Strukturen unterliegt wahrscheinlich auch noch Regulationsmechanismen des Immunsystems, vor allem der Kontrolle durch T-Suppressor-Zellen.

Eine Immuntoleranz kann in manchen Situationen erwünscht sein bzw. muß u. U. induziert werden, wenn man durch gezielte Ausschaltung des Immunsystems eine bessere Verträglichkeit eines fremden Gewebes erreichen will (z. B. Immunsuppression nach Organtransplantationen).

Eine erworbene Immuntoleranz ***(Immunparalyse)*** kann sich nach der Geburt bei voll entwickeltem Immunsystem u. a. dadurch entwickeln, daß kleinste Mengen eines schwachen Antigens wiederholt verabreicht werden.

Autoimmunreaktion. Unter pathologischen Bedingungen können jedoch auch Antikörper gegen körpereigene Substanzen oder Gewebe gebildet werden. Der Verlust der Toleranz führt dann zum Auftreten von ***Autoimmunkrankheiten.*** Als Mechanismen, die zu einer Störung der Selbsttoleranz führen und damit die Manifestation von Autoimmunerkrankungen induzieren, diskutiert man u. a. einen Verlust oder eine Verminderung der ***T-Suppressor-Zellen*** (verbunden mit einer Stimulation von T-Helfer-Zellen), eine chemische Veränderung körpereigener Substanzen durch virale, bakterielle oder medikamentöse Einflüsse oder den Kontakt mit sog. kreuzreagierendem Fremdantigen. Im letzteren Fall handelt es sich um eine fremde Substanz, welche die gleichen antigenen Merkmale wie bestimmte körpereigene Strukturen besitzt, so daß sich die Immunreaktionen nicht nur gegen die Fremdsubstanzen, sondern auch gegen eigene Gewebe richten.

1.7 Blutgruppen

Menschliche Erythrocyten weisen auf ihrer Zellmembran eine große Zahl spezieller, genetisch determinierter Strukturen auf, die Antigencharakter besitzen. Gegen viele dieser Antigene können u. U. Antikörper gebildet werden, wobei normalerweise eine Immuntoleranz gegen eigene Antigene besteht. Die verschiedenen antigenen Eigenschaften auf der Erythrocytenmembran bilden die Grundlage für die Differenzierung der Blutgruppen. Bis heute sind mehr als 30 Blutgruppensysteme genauer bekannt, von denen vor allem das AB0- und das Rhesus-System besondere klinische Bedeutung erlangt haben.

1.7.1 AB0-System

Agglutinogene und Agglutinine. Antigene des AB0-Systems sind spezielle Glykoproteine oder Glykolipide in der Erythrocytenmembran, die man als Agglutinogene (syn. Hämagglutinogene, agglutinable Substanzen) bezeichnet. Sie sind genetisch determiniert, d. h. sie werden vererbt. Die spezifischen Antikörper, die gegen die Blutgruppensubstanzen gerichtet sind, gehören im Falle des AB0-Systems vor allem zu den Immunglobulinen M (IgM) und werden als Agglutinine (Isohämagglutinine) bezeichnet. Es handelt sich hierbei um sog. komplette Antikörper, die Erythrocyten direkt agglutinieren und u. U. anschließend hämolysieren. Die im Plasma befindlichen Antikörper entstehen während der Säuglingszeit, obwohl normalerweise nie ein Kontakt mit fremden, antigen wirkenden Erythrocyten stattgefunden hat. Die Antikörperbildung wird hierbei von nicht-pathogenen* Darmbakterien oder bestimmten Nahrungsbestandteilen ausgelöst, welche die gleichen antigenen Eigenschaften wie die entsprechenden Erythrocytenantigene des AB0-Systems aufweisen. (Antigene mit Blutgruppenspezifität sind in der Natur weit verbreitet.)

Blutgruppen des AB0-Systems. Im AB0-System können die Erythrocyten vier verschiedene Antigenkonstellationen aufweisen, die Eigenschaft A, die Eigenschaft B, die Eigenschaft A und B sowie die „Eigenschaft" 0 (nur Merkmal H). Die H-Substanz, die in unterschiedlichem Maße alle Erythrocyten besitzen, hat nur extrem schwache Antigeneigenschaften, so daß gegen sie gerichtete Agglutinine normalerweise nicht vorkommen.
Mit den beiden auf der Erythrocytenoberfläche befindlichen Antigenen A und B ergeben sich vier mögliche Kombinationen für die Antigenstruktur:

Blutgruppe ***A***:	Vorhandensein von A, Fehlen von B
Blutgruppe ***B***:	Vorhandensein von B, Fehlen von A
Blutgruppe ***AB***:	Vorhandensein von A und B
Blutgruppe ***0***:	Fehlen von A und B

Bei der Blutgruppe A existieren mehrere Untergruppen. Neben den beiden starken Typen A_1 und A_2 gibt es noch schwache Merkmale (A_3 bis A_5) und andere extrem seltene A-Typen. Die A-Untergruppen haben nur in Ausnahmefällen Bedeutung.

*pathogen = krankheitserregend

Tabelle 1-6. Blutgruppen des AB0-Systems mit zugehörigen Agglutinogenen und Agglutininen sowie Blutgruppenhäufigkeiten

Blutgruppe	Erythrocyten-Agglutinogene (Phänotyp)	Erythrocyten-Agglutinogene (Genotyp)	Agglutinine im Serum	Blutgruppenhäufigkeit (Mitteleuropa)
A	A	AA oder A0	Anti-B	ca. 43%
B	B	BB oder B0	Anti-A	ca. 12%
AB	A und B	AB	keine	ca. 5%
0	keine (H)	keine	Anti-A und Anti-B	ca. 40%

Im Plasma bzw. im Serum eines Menschen der Blutgruppe A finden sich Agglutinine gegen die Blutgruppensubstanz B ***(Anti-B).*** Das Plasma der Blutgruppe B enthält ***Anti-A.*** Die Blutgruppe 0 weist im Plasma beide Agglutinine ***(Anti-A und Anti-B)*** auf. Bei der Blutgruppe AB fehlen die gegen A und B gerichteten Antikörper im Serum (Tabelle 1-6).

Transfusionszwischenfälle. Werden Erythrocyten einer bestimmten Blutgruppe des AB0-Systems mit einem Serum zusammengebracht, das Antikörper gegen diese enthält, kommt es zur ***Agglutination:*** Die Erythrocyten werden zusammengeballt und können anschließend hämolysieren. Bei der Transfusion gruppenungleichen (incompatiblen) Blutes kann daher ein schwerer Transfusionszwischenfall (z. B. ein Transfusionsschock) auftreten. Dies gilt besonders dann, wenn das Empfänger-Serum Antikörper gegen die Spender-Erythrocyten enthält ***(Major-Reaktion).*** Im umgekehrten Fall, d. h. wenn im Spenderblut Antikörper gegen die Empfänger-Erythrocyten vorhanden sind, verläuft die Reaktion wegen der starken Verdünnung der Antikörper in der Blutbahn des Empfängers abgeschwächt ***(Minor-Reaktion).*** Ganz allgemein gilt daher die Regel, daß nur gruppengleiches (compatibles) Blut übertragen werden darf.

Bestimmung der AB0-Blutgruppen. Zur Blutgruppenbestimmung verwendet man menschliche Testseren, deren Bestand an Antikörpern bekannt ist. Im einfachsten Fall benötigt man hierzu ein Anti-B-Serum, ein Anti-A-Serum sowie zur Kontrolle ein Anti-A-, Anti-B-Serum, die auf einer speziellen Porzellanplatte nebeneinander aufgetragen werden. In diese Seren mischt man dann jeweils einen Tropfen des zu untersuchenden Blutes ein, das aus einer Stichwunde des Ohrläppchens oder der Fingerbeere gewonnen wird. Nach 1–2 min kommt es in denjenigen Testfeldern, in denen der Antikörper mit dem passenden Erythrocyten-Antigen reagiert, zu einer Zusammenballung der Erythrocyten, die bereits mit bloßem Auge, im Zweifelsfall mit einer Lupe zu beobachten ist. Abb. 1-18 zeigt die vier möglichen Agglutinationskombinationen und die sich daraus ergebenden Blutgruppendiagnosen.

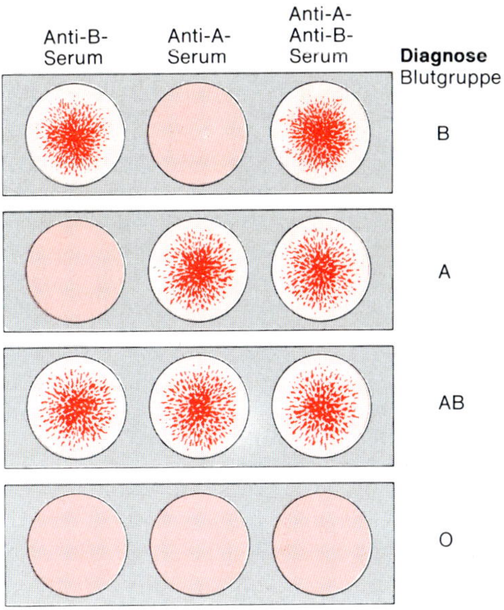

Abb. 1-18. Blutgruppenbestimmung im AB0-System. Je ein Tropfen Blut wird mit Anti-B-Serum, mit Anti-A-Serum und mit Anti-A-, Anti-B-Serum vermischt. Aus der Kombination der Agglutinationsreaktionen (*dunkelrote* Zusammenballung der Erythrocyten) ergibt sich die jeweils vorliegende Blutgruppe

Kreuzprobe. Für die Bluttransfusion ist es nicht ausreichend, die Gruppengleichheit des Spender- und Empfängerblutes im AB0- und Rh-System festzustellen, weil Unverträglichkeiten anderer Blutgruppensysteme auch zu Transfusionszwischenfällen führen können. Daher wird vor jeder Transfusion eine Kreuzprobe durchgeführt, d. h. festgestellt, ob

- das Empfängerserum Antikörper gegen die Erythrocyten des Spenders enthält ***(Major-Test)*** und
- im Spenderserum Antikörper gegen die Erythrocyten des Empfängers vorkommen ***(Minor-Test).***

Hierzu werden die Erythrocyten des Spender- und Empfängerblutes abzentrifugiert, mit Kochsalzlösung (9 g/l) gewaschen und auf einem Objektträger mit dem Albumin-versetzten Serum der jeweils anderen Blutsorte vermischt. Die Beurteilung erfolgt nach einer Inkubationszeit von 20 min. Die Bluttransfusion darf nur erfolgen, wenn weder im Major-Test noch im Minor-Test eine Agglutination oder eine Hämolyse aufgetreten ist.

Vererbung der Antigen-Eigenschaften. Die Blutgruppeneigenschaften A und B werden gegenüber 0 autosomal-dominant, untereinander jedoch codominant vererbt. Sechs mögliche Erbbilder (Genotypen) führen demnach zu vier verschiedenen Erscheinungsbildern (Phänotypen), welche die jeweiligen Blutgruppen bestimmen und in unterschiedlicher Häufigkeit in der Bevölkerung vorkommen (Tabelle 1-6).

Auf Grund der Vererbungsgesetze kann bei bekannten Blutgruppeneigenschaften von Mutter und Kind festgestellt werden, ob ein Mann mit einer bestimmten Blutgruppe als Vater dieses Kindes in Betracht kommt (forensischer ***Vaterschaftsausschluß***). Die Aussagekraft solcher Untersuchungen wird entscheidend erhöht, wenn neben dem AB0-System noch weitere Blutgruppensysteme zur Begutachtung herangezogen werden. Bei Beachtung von 19 Systemen beträgt die Ausschlußchance für Nichtväter etwa 99%.
Die ***Verteilung der Blutgruppen*** innerhalb der Erdbevölkerung ist für einzelne Rassen und Völkergruppen sehr verschieden. Bei den Amazonas-Indianern kommt fast ausschließlich die Blutgruppe 0 vor, während bei den Ureinwohnern Zentralasiens die Blutgruppe B doppelt so häufig ist wie in Mitteleuropa (Anwendung in der anthropologischen Forschung).

1.7.2 Rhesus-System

Rh-Eigenschaften der Erythrocyten. Die Sensibilisierung von Meerschweinchen oder Kaninchen gegen Erythrocyten von Rhesusaffen führt zur Bildung von Antikörpern, die nicht nur die Rhesusaffen-Erythrocyten in Gegenwart eines Polymers agglutinieren, sondern auch bei 85% aller Menschen Mitteleuropas eine Zusammenballung der roten Blutkörperchen hervorrufen. Blut, dessen Erythrocyten durch diese Antikörper agglutiniert werden, bezeichnet man als ***Rh-positiv,*** solches, in dem keine Agglutination auftritt, als ***rh-negativ.*** Die Rhesus-Eigenschaft wird durch 6 Antigene (Partialantigene C,c, D,d, E,e) bestimmt, die auf verschiedenen Bezirken der Erythrocytenoberfläche lokalisiert sind. Unter diesen hat D die stärkste antigene Wirksamkeit, weshalb durch sein Vorkommen die Rh-positive Eigenschaft festgelegt ist.

Bildung der Rh-Antikörper. Ein wichtiger Unterschied zwischen dem Rh- und dem AB0-Blutgruppensystem besteht darin, daß die Antikörper des AB0-Systems nach Ablauf der ersten Lebensmonate immer vorhanden sind, Antikörper des Rh-Systems dagegen nur gebildet werden, wenn Rh-positive Erythrocyten in die Blutbahn einer rh-negativen Person gelangen. Daher treten erst bei einem Zweitkontakt Antigen-Antikörper-Reaktionen zwischen den erworbenen Rh-Antikörpern (vor allem IgG-Antikörpern) und Rh-positiven Erythrocyten auf. (Die meisten Rh-Antikörper sind sog. inkomplette Antikörper, d. h. sie agglutinieren nicht direkt, sondern nur in Gegenwart eines wasserlöslichen Polymers, das als Supplement bezeichnet wird.)

Rh-Incompatibilität. Gelangen fremde Rh-positive Erythrocyten in das Blut eines rh-negativen Empfängers, z. B. bei einer Bluttransfusion oder während der Geburt eines Rh-positiven Kindes durch eine rh-negative Frau, so können Antikörper gegen den Rh-positiven Erythrocyten gebildet werden. Das gleiche gilt auch für eine Fehlgeburt oder einen Schwangerschaftsabbruch, sofern der Fetus bzw. der Embryo Rh-positiv und die Mutter rh-negativ ist. Bei einer erneuten Schwangerschaft besteht dann die Gefahr, daß die Antikörper über die Placenta in den fetalen Blutkreislauf gelangen und nach Anlagerung an die antigenen Haftgruppen der fetalen Erythrocyten deren Zerstörung auslösen. Die Folgen sind Anämie, starke Gelbsucht (Icterus gravis) und evtl. universelle Oedeme (Hydrops congenitus) des Neugeborenen. Diese Krankheit, die u. U. auch zum intrauterinen Fruchttod führen kann, wird als ***fetale Erythroblastose*** (Morbus haemolyticus neonatorum) bezeichnet.

1.8 Thrombocyten und Hämostase

1.8.1 Thrombocyten

Thrombocyten (Blutplättchen) sind flache oder konvexe, kernlose Scheibchen mit einem Längsdurchmesser von 1,5–4 μm und einer Dicke von 0,5–2 μm (Abb. 1-5, S. 12). Sie entstehen im Knochenmark durch „Abschnürung" aus dem Cytoplasma von Knochenmarksriesenzellen (Megakaryocyten). Im Blut des Gesunden finden sich normalerweise 140000–360000 Thrombocyten/μl (Zählung nach Fonio). Die Lebensdauer der Plättchen beträgt 8–14 Tage. Der Thrombocytenabbau erfolgt vor allem im Reticulo-endothelialen System. Ein wichtiges Speicherorgan für Thrombocyten ist die Milz.

In den zentralen Bezirken der Blutplättchen finden sich viele Granula, welche Blutgerinnungsfaktoren und verschiedene Enzyme des Stoffwechsels enthalten. Weiterhin sind die Plättchen reich an Ca^{2+}, ADP und Serotonin. Neben ihren Funktionen bei der Blutungsstillung und Blutgerinnung (s. u.) weisen die Thrombocyten die Fähigkeit zur Phagocytose auf. Darüber hinaus enthalten sie wichtige Wachstumsfaktoren für die Wundheilung.

1.8.2 Blutstillung

Durch das Zusammenwirken von Blutplättchen, Gefäßreaktionen und spezialisierten Plasmaproteinen des Gerinnungssystems kommt es nach einer Verletzung kleinerer Gefäße zu einem relativ raschen Sistieren der

Blutung. Dieser Prozeß der Blutstillung läßt sich in zwei miteinander gekoppelte Reaktionsabläufe, die primäre und die sekundäre Hämostase unterteilen.

Primäre Hämostase (Blutungsstillung). Sobald es in einem Blutgefäß zu einer Verletzung des Endothelüberzuges kommt, heften sich Plättchen an kollagene Bindegewebsfasern der Wundränder an ***(Plättchenadhäsion).*** Hierbei kommt dem ***von-Willebrand-Faktor,*** einem „Adhäsions-Glykoprotein", das sich normalerweise im Plasma und in den Blutplättchen findet, eine besondere Bedeutung zu, da er die Anlagerung der Plättchen an die kollagenen Fibrillen fördert. Der von-Willebrand-Faktor ist eine Komponente des ***Faktor-VIII-Komplexes*** (factor-VIII-related von-Willebrand-Faktor, VIII-RWF). Die andere Komponente dieses Komplexes ist das ***antihämophile Globulin VIII-C,*** das bei der Blutgerinnung eine entscheidende Rolle spielt (S. 52).
Durch die Adhäsion wird eine Aktivierung und eine Formänderung der Plättchen, verbunden mit einer Steigerung der Membrandurchlässigkeit, ausgelöst. Die Plättchen bilden Pseudopodien aus und legen sich eng aneinander. Es folgt eine Freisetzung zahlreicher Substanzen aus den Plättchengranula. ADP veranlaßt Plättchen zur Anheftung und leitet so die ***Plättchenaggregation*** ein. Durch den Aktivierungsreiz wird aus den Phospholipiden der Plättchenmembran Arachidonsäure freigesetzt, aus der enzymatisch über Zwischenstufen das aggregationsfördernde ***Thromboxan*** A_2 entsteht. Letzteres verstärkt die Plättchenaggregation und ist – wie Serotonin – eine vasoconstrictorische Substanz, welche die glatte Gefäßmuskulatur von verletzten Arteriolen oder Venolen zur Kontraktion veranlaßt. Diese ***Vasoconstriction*** wird durch den Austritt von Blutplasma noch verstärkt, wodurch der von außen auf das Gefäß einwirkende Gewebedruck zunimmt. Außerdem kommt es zu einer ***Einrollung und Verklebung des Gefäßendothels.*** Insgesamt resultiert eine Minderdurchblutung der betroffenen Gefäßregion, die als ***Reparaturischämie*** bezeichnet wird.
Das bei der Aktivierung des Gerinnungssystems (s. u.) inzwischen entstandene ***Thrombin*** bewirkt, daß die Blutplättchen zu einer homogenen Masse verschmelzen ***(sog. irreversible Aggregation).*** Hierzu ist außerdem Fibrinogen erforderlich, das die Plättchen untereinander „vernetzt".

Möglicherweise wird beim normalen Ablauf der primären Hämostase eine Ausbreitung der Plättchenaggregation über den verletzten Bereich hinaus dadurch verhindert, daß von den die Verletzung begrenzenden intakten Endothelzellen ***Prostacyclin*** (PGI) abgegeben wird, das eine überschießende Aggregation verhindert und zudem gefäßerweiternde Eigenschaften besitzt.

Sekundäre Hämostase (Blutgerinnung). Der zunächst allein aus Thrombocyten zusammengesetzte Wundpfropf ist nicht in der Lage, die verletzte

Gefäßstelle dauerhaft zu verschließen. Hierzu bedarf es der Mitwirkung des ***Gerinnungssystems,*** das zur gleichen Zeit, während der sich die komplexen Plättchenvorgänge abspielen, am Ort der Verletzung aktiviert wird. Dieser deutlich langsamer ablaufende Prozeß gipfelt in der Ausbildung von Fibrinfäden, die den Wundpfropf netzartig durchspinnen und sich in der Regel auch in der näheren Umgebung des Pfropfes ablagern, wobei reichlich Erythrocyten mit eingeschlossen werden. Seine endgültige Festigkeit erhält der Verschlußpfropf durch eine Kontraktion der mit ihren Pseudopodien untereinander sowie mit den Fibrinfäden „verfilzten" Thrombocyten, die ein actomyosinähnliches, kontraktiles Protein ***(Thrombosthenin)*** enthalten. An diesem Vorgang ist neben den Thrombocyten eine Vielzahl plasmatischer Faktoren beteiligt. Eine Zusammenstellung dieser Gerinngungsfaktoren enthält Tabelle 1-7.

Der Gerinnungsprozeß wird - wie die primäre Hämostase - durch die Gefäß- und Gewebeverletzung ausgelöst und auf zwei verschiedenen Wegen aktiviert: Auf dem exogenen oder extravaskulären Weg ***(Extrinsic-System)*** erfolgt die Aktivierung sehr schnell (innerhalb von Sekunden), während der Aktivierungsprozeß auf dem endogenen oder intravaskulären Weg ***(Intrinsic-System)*** über eine größere Zahl von Zwischenstufen abläuft und längere Zeit (Minuten) benötigt (Abb. 1-19). An dem normalen Gerinnungsablauf sind in der Regel beide Systeme ineinandergreifend beteiligt. Durch die gemeinsame Endstufe der beiden aktivierenden

Tabelle 1-7. Blutgerinnungsfaktoren

Faktor	Bezeichnung (Synonyme)	Bildungsort
I	Fibrinogen	Leber
II	Prothrombin	Leber
III	Gewebethromboplastin (Gewebethrombokinase)	Gewebezellen
IV	Calcium-Ionen	
V (VI[a])	Proaccelerin (Accelerator-Globulin)	vorwiegend Leber
VII	Proconvertin	Leber
VIII	Antihämophiles Globulin A (Faktor VIII-Komplex)	Leber, Milz, RES
IX	Antihämophiles Globulin B (Christmas-Faktor)	Leber
X	Stuart-Prower-Faktor	Leber
XI	Plasma-Thromboplastin-Antecedent-Faktor (PTA, Rosenthal-Faktor)	?
XII	Hageman-Faktor	?
XIII	Fibrin-stabilisierender Faktor (FSF, Laki-Lorand-Faktor)	Leber
TF 3	Thrombocytenfaktor 3 (Plättchenfaktor 3)	Thrombocyten

[a] *VI* ist kein selbständiger Faktor, sondern wahrscheinlich mit V identisch (aktivierter Faktor V)

Systeme wird schließlich ***Prothrombin*** (Faktor II), das zu den α_1-Globulinen gehört und unter Mitwirkung von Vitamin K in der Leber gebildet wird, in ***Thrombin*** umgewandelt. Das so entstandene Thrombin ist ein proteolytisches Enzym, welches das gleichfalls in der Leber synthetisierte ***Fibrinogen*** (Faktor I) spaltet und damit die Bildung von ***Fibrin*** einleitet.

Aktivierungssysteme. Die Reaktionen des ***Extrinsic-Systems*** beginnen damit, daß durch die Zerstörung von Gewebezellen ***Gewebethromboplastin*** (Gewebethrombokinase, Faktor III) freigesetzt wird. Dieses besteht im wesentlichen aus Membran-Lipoproteinen, die den plasmatischen ***Faktor VII*** aktivieren. Der an den Ort der Verletzung gebundene Faktor VII aktiviert seinerseits den ***Faktor X,*** der wiederum zusammen mit dem aktivierten ***Faktor V*** in Anwesenheit von Ca^{2+} ***(Faktor IV)*** die Transformation von Prothrombin in Thrombin bewirkt.
Im komplizierteren, biologisch steuerbaren ***Intrinsic-System*** wird zunächst der kontaktlabile ***Faktor XII*** durch die rauhe Oberfläche verletzter Gefäßstrukturen aktiviert, d. h. in eine enzymatisch wirksame Form überführt, die auf die nächste Stufe des Systems einwirkt. Damit beginnt ein kaskadenförmiger Aktivierungsprozeß, der über die ***Faktoren XI*** und ***IX*** zur Aktivierung des ***Faktors X*** führt. Für die Reaktion der letztgenannten Stufe werden als Cofaktoren zusätzlich noch Ca^{2+}, ***Faktor VIII-Komplex*** und ***Phospholipide*** aus den Thrombocyten ***(Plättchenfaktor 3, TF 3)*** benötigt. Auf der Stufe der gemeinsamen Aktivierung des Faktors X durch das intra- und das extravaskuläre System fließen die beiden Reaktionswege zusammen.

Fibrinbildung. Die Fibrinbildung wird – wie bereits erwähnt – dadurch eingeleitet, daß Thrombin das Fibrinogen in Polypeptide aufspaltet. Die so entstandenen Fibrinmonomere aggregieren anschließend spontan zu langen Strängen. Frisch gebildetes Fibrin ist instabil; erst durch den aktivierten Faktor XIII, eine Transglutaminase, erfolgt eine covalente Quervernetzung. Die letzte Stufe der Gerinnung besteht in einem Zusammenziehen der Fibrinfäden (Retraction). Bei diesem Vorgang, der zu einer mechanischen Verfestigung des Gerinnsels (Thrombus) führt, spielt das bereits erwähnte Thrombosthenin eine entscheidende Rolle.

Kontrolle der Blutgerinnung. Der geschilderte Gerinnungsablauf unterliegt zusätzlich noch einer Feinregulierung durch **Verstärker- und Kontrollsysteme.** Bereits die Startreaktion des Intrinsic-Systems besitzt eine erst neuerdings entdeckte Verstärkungseinrichtung. Der aktivierte Faktor XII, der an die Kontaktfläche des verletzten Gewebes gebunden ist, fördert die Umwandlung von Präkallikrein in ***Kallikrein.*** Dieses wird unter Mitwirkung eines hochmolekularen Kininogens (HMWK) ebenfalls an das ver-

letzte Gewebe angelagert und stimuliert hier die weitere Umwandlung von Faktor XII in die aktivierte Form. Es handelt sich also um einen positiven Rückkopplungsmechanismus, der die Aktivierung des Faktors XII lawinenartig anschwellen läßt.
Eine weitere Rückkopplung führt zur Verstärkung der Thrombinbildung. Sind am Anfang des Gerinnungsprozesses einige Thrombinmoleküle entstanden, so aktivieren diese die Faktoren V und VIII. Diese Rückwirkung auf vorgeschaltete Prozesse führt zu einer stark beschleunigten Umwandlung von Prothrombin in Thrombin.

Hemmstoffe des Gerinnungssystems. Eine Ausbreitung der Gerinnung im Plasma wird durch Verdünnung der aktivierten Gerinnungsfaktoren im zirkulierenden Blut sowie durch Hemmstoffe verhindert. Solche Schutzvorrichtungen sind wegen der sehr hohen Enzymaktivität des Thrombins nötig. Die Hemmstoffe „kontrollieren" und „neutralisieren" aktivierte Gerinnungsfaktoren, wenn diese ihre physiologische Funktion erfüllt haben. Heute sind mindestens 8 Gerinnungshemmstoffe bekannt, von denen vor allem dem Antithrombin III und dem Protein C eine besondere Bedeutung zukommt.

Antithrombin III kann alle am Ablauf der Hämostase beteiligten Proteasen inaktivieren. Die Inaktivierungsrate dieser Proteasen wird dabei durch ***Heparin*** beschleunigt.

Protein C ist ein Vitamin-K-abhängiges Proenzym des Plasmas, das durch Thrombin aktiviert wird und in dieser Form den aktiven Faktor V und Faktor VIII-C proteolytisch zerstört. Unter physiologischen Bedingungen bedarf die Aktivierung des Proteins C der Anwesenheit eines endothelständigen Proteins ***(„Thrombomodulin")***.

1.8.3 Fibrinolyse

Aufgaben der Fibrinolyse. Das fibrinolytische System dient in vivo der Auflösung von überschüssig gebildetem ***Fibrin*** und der Begrenzung des Hämostasepfropfs auf den verletzten Bezirk. Im strömenden Blut werden normalerweise immer geringfügige Fibrinmengen gebildet. Hieraus könnten sich intravasale ***Thromben*** (Gerinnsel) entwickeln, wenn nicht laufend auch eine Fibrinauflösung stattfände. Das fibrinolytische System hat weiterhin die Aufgabe, Röhrensysteme (Drüsenausführungsgänge, ableitende Harnwege) von Fibrinniederschlägen freizuhalten, und es schafft darüber hinaus die Voraussetzung für die Heilung des geschädigten Gewebes, weil es die „Reparatur" des Defektes durch Vernarbung einleitet. Die Narbenbildung beginnt mit dem Einwachsen von Fibroblasten und phagocytierenden Makrophagen in das verletzte Gewebe. Um die meist parallel angeordneten Fibroblasten entstehen Fasern, die als Matrix für nachfol-

gend neugebildetes Bindegewebe dienen. Schlußendlich überziehen Endothelzellen auf der luminalen Seite des Gefäßes den ursprünglichen Defekt.
Fibrinbildung und Fibrinolyse stehen normalerweise miteinander im Gleichgewicht. Störungen dieses dynamischen Gleichgewichtes können entweder zur intravasalen Gerinnselbildung ***(Thrombose)*** oder zur Blutungsneigung führen, je nachdem, welcher der beiden Prozesse überwiegt.

Aktivierung des fibrinolytischen Systems. Die hydrolytische Spaltung des Fibrins in Fibrinopeptide erfolgt unter der Einwirkung des Enzyms ***Plasmin*** (Abb. 1-19), das darüber hinaus auch Fibrinogen sowie die Faktoren V und VIII proteolytisch angreift. Plasmin liegt im Blutplasma in der inaktiven Vorstufe ***Plasminogen*** vor und kann bei Bedarf auf zwei verschiedenen Wegen aktiviert werden: durch ***Gewebsaktivatoren*** (gewebsstän-

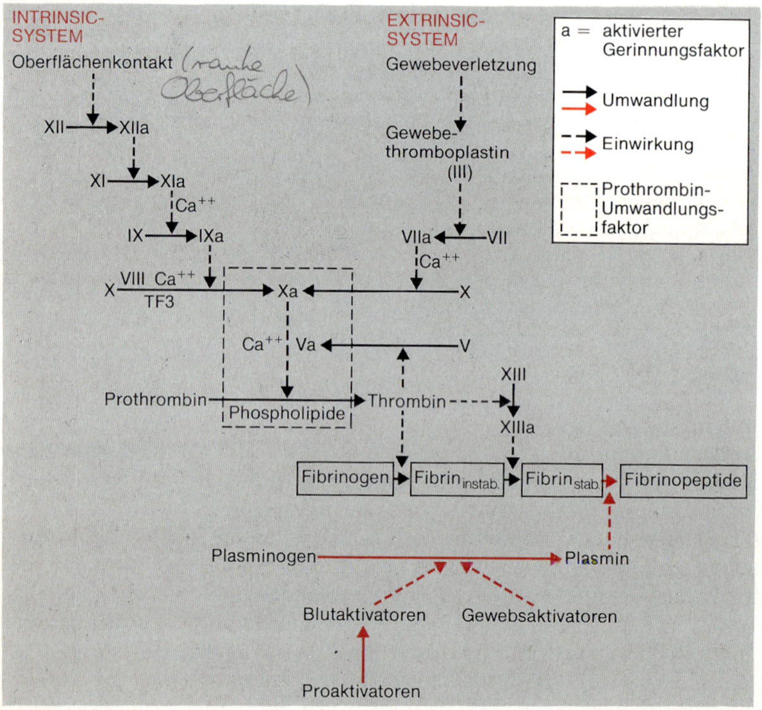

Abb. 1-19. Ablauf der Blutgerinnung *(oben)* und der Fibrinolyse *(unten)*. Zur Bezeichnung der Gerinnungsfaktoren s. Tabelle 1-7

dige oder von Geweben in Hohlräume secernierte Faktoren) und durch ***Blutaktivatoren.*** Insofern stellt das Aktivierungssystem der Fibrinolyse ein Spiegelbild der Reaktionen bei der Blutgerinnung dar.
Die ***Gewebsaktivatoren*** sind im Organismus weit verbreitet. Die höchsten Aktivitäten finden sich im Uterus. Zu den Gewebsaktivatoren zählen die ***Urokinase,*** die von der Niere mit dem Harn ausgeschieden wird, und der sog. ***Gewebeplasminogen-Aktivator*** (***tPA*** = ***t***issue ***P***lasminogen ***A***ctivator). tPA wird im Umfeld eines Thrombus aus den Endothelzellen freigesetzt, bindet sich zusammen mit Plasminogen an Fibrin und katalysiert eine lokal begrenzte Auflösung des Gerinnsels.
Während die Gewebsaktivatoren Plasminogen direkt in Plasmin umwandeln, bedürfen die ***Blutaktivatoren*** hierzu der vorherigen Einwirkung von ***Proaktivatoren.*** Zu den Proaktivatoren zählen der Faktor XIIa, die durch Gewebeschäden aus Leukocyten freigesetzten ***Lysokinasen*** sowie die therapeutisch wichtige ***Streptokinase,*** eine Lysokinase, die von β-hämolysierenden Streptokokken abgegeben wird.

Im Blutplasma tritt normalerweise keine systemische Aktivierung von Plasminogen auf, da dieses nur ausreichend aktiviert werden kann, wenn es (zusammen mit dem Gewebsaktivator) an Fibrin gebunden ist. In Abwesenheit von Fibrin ist eine Plasminogenaktivierung praktisch nicht effektiv. Zudem werden die Aktivatoren im Plasma schnell durch ***Antiplasmine*** (z. B. durch α_2-Antiplasmin, α_2-Makroglobulin) inaktiviert.
Die Fibrinolyse kann ferner durch körperfremde Fibrinolyseinhibitoren (z. B. durch den Proteasen-Inhibitor Aprotinin, durch ε-Aminocapronsäure oder Tranexamsäure) gehemmt werden.

1.8.4 Störungen der Hämostase, Gerinnungshemmung und Funktionsprüfungen

Störungen der Hämostase. Hämostasestörungen treten auf, wenn die Thrombocytenzahl, z. B. infolge allergischer Reaktionen (bei Röteln oder bei der Gabe bestimmter Medikamente), stark absinkt ***(Thrombocytopenie).*** Unterhalb eines kritischen Wertes von etwa 30000/μl ist mit einer verstärkten Blutungsneigung und mit dem Auftreten punktförmiger Hautblutungen (Petechien) zu rechnen. Ähnliche Störungen beobachtet man, wenn die Thrombocyten infolge eines genetischen Defektes nicht mehr in der Lage sind, ihre Aufgaben bei der Hämostase zu erfüllen ***(Thrombasthenie, Thrombocytopathie).***

Erworbenen Gerinnungsstörungen liegt meist eine unzureichende Synthese von Gerinnungsfaktoren in der Leber zugrunde. Als Ursache hierfür kommen ein ***Leberschaden*** oder ein ***Vitamin-K-Mangel*** (bei gestörter Fettresorption oder bei Zerstörung der Vitamin-K-produzierenden Darmbakterien durch Medikamente) in Frage.

Da Vitamin K zum Aufbau der Faktoren II, VII, IX und X benötigt wird, nimmt der Gehalt an diesen Faktoren ab, woraus dann eine verstärkte Blutungsneigung resultiert.

Zu den ***angeborenen Gerinnungsstörungen*** gehört vor allem die Bluterkrankheit ***(Hämophilie),*** bei der in den meisten Fällen ein Faktor VIII-C-Mangel, seltener ein Faktor IX-Mangel vorliegt. Beide Formen der Hämophilie werden X-chromosomal recessiv vererbt, d. h. Frauen übertragen die Krankheit, während sie bei Männern manifest wird. Diese Krankheit ist dadurch gekennzeichnet, daß der primäre Verschluß einer Wunde wegen der gestörten Gerinnung nicht verfestigt wird; daher können selbst bei geringen Verletzungen schwerste Blutungen auftreten.

Hemmung der Blutgerinnung. Nach der Blutentnahme ***(in vitro)*** kann die Gerinnung durch Überführen des ionisierten Calciums (Faktor IV) in schwer lösliche Verbindungen oder in Calciumkomplexe (z. B. durch Zusatz von ***Natriumoxalat*** oder ***Natriumcitrat*** bzw. des Chelatbildners ***EDTA***) verhindert werden. Durch Abkühlung oder Auffangen des Blutes in Gefäße mit nicht benetzbaren Oberflächen läßt sich erreichen, daß der Gerinnungsprozeß stark verzögert abläuft.

Heparin hemmt sowohl ***in vivo*** als auch ***in vitro*** die Blutgerinnung. Dieses saure Mucopolysaccharid liegt in den Granula der basophilen Granulocyten und der Mastzellen vor. Seine Wirkung ist an die Anwesenheit von ***Antithrombin III*** (S. 53) gebunden, dessen Cofaktor es darstellt und dessen Wirkung es um ein Vielfaches verstärkt. Heparin wirkt sehr schnell, die Wirkung hält aber nur einige Stunden an und kann durch Gabe von ***Protaminsulfat*** schnell wieder aufgehoben werden. Heparin ist vor allem ein ***Thrombinantagonist.*** Darüber hinaus hemmt es aber u. a. auch die Umwandlung von Fibrinogen in Fibrin.

Heparinoide sind synthetische Präparate, die eine heparinähnliche Wirkung entfalten. Natürlich vorkommende Gerinnungshemmer sind ***Hirudin*** aus dem Speichel des Blutegels (Thrombinantagonist) sowie bestimmte ***Enzyme aus Schlangengiften,*** die durch Spaltung von Fibrinogen eine Fibrinbildung verhindern. Lokal gerinnungshemmend wirken auch Antithrombine im Speichel blutsaugender Insekten.

Nach Gabe von ***Cumarinderivaten*** tritt eine Gerinnungshemmung ***in vivo*** erst nach mehreren Stunden ein, klingt aber auch nur sehr langsam wieder ab. Dies beruht darauf, daß Cumarinderivate in der Leber als ***Vitamin-K-Antagonisten*** wirken und die Synthese der Vitamin-K-abhängigen Gerinnungsfaktoren (II, VII, IX und X) hemmen. Bei Gabe von Cumarinderivaten muß die herabgesetzte Gerinnungsfähigkeit mit Hilfe des sog. ***Quick-Tests*** (s. u.) laufend kontrolliert werden, um Spontanblutungen zu vermeiden. Die Wirkung von Cumarinderivaten läßt sich – wenn notwendig – durch hohe Dosen von Vitamin K wieder aufheben.

Funktionsprüfungen. Zur Prüfung der primären Hämostase bestimmt man die ***Blutungszeit,*** d. h. die Zeit bis zum Sistieren der Blutung aus einer kleinen Stichwunde.

Nach dem Einstich in das Ohrläppchen wird das austretende Blut alle 20 s mit Fließpapier abgesaugt, ohne die Wundränder zu berühren. Normalerweise beträgt die Blutungszeit 1–3 min. Die Blutungszeit ist bei Thrombocytopenie, bei Thrombocytopathien und bei Gefäßwandstörungen verlängert.
Als Globaltest für die Blutgerinnung auf dem endogenen Weg dient die Bestimmung der ***Gerinnungszeit.*** Hierzu wird ein Röhrchen mit frischem, Faktor III - freiem Venenblut bei 37 °C in einem Wasserbad inkubiert und die Zeit von der Blutentnahme zu dem Augenblick ermittelt, in dem der Meniskus der Blutsäule bei Schrägstellung seine Form nicht mehr ändert (Methode nach LEE-WHITE). Der Normalwert beträgt 5–7 min. Die Gerinnungszeit ist z. B. bei Vitamin-K-Mangel und bei Hämophilie verlängert.
Zur Prüfung der Gerinnungsreaktionen, die nach der Einwirkung von Gewebethromboplastin (Gewebethrombokinase) ablaufen (Abb. 1-19), dient die Bestimmung der ***Thromboplastinzeit*** (Prothrombinzeit, ***Quick-Test***). Hierzu wird Venenblut durch Citratzusatz ungerinnbar gemacht und zentrifugiert. Dem Plasma setzt man dann bei 37 °C Gewebethromboplastin und Ca^{2+} im Überschuß zu und bestimmt die Zeit vom Zusatz bis zum Auftreten der ersten Fibrinfäden. Die so ermittelte Thromboplastinzeit beträgt normalerweise 11–16 s. Die Thromboplastinzeit ist in erster Linie bei einem Mangel an Prothrombin (II), an den Faktoren VII und X, jedoch auch bei Abnahme der Faktoren I und V verlängert. Ordnet man die normale Thromboplastinzeit einem QUICK-Wert von 100% zu, so läßt sich an Hand einer Eichkurve für jede Verlängerung dieser Zeit die zugehörige Reduktion des QUICK-Wertes angeben. Eine Abnahme des QUICK-Wertes (verlängerte Thromboplastinzeit) findet man bei Vitamin-K-Mangel und bei der Gabe von Cumarinderivaten, jedoch nicht bei Hämophilie. Mit dem Quick-Test wird die Funktion des extrinsischen Weges erfaßt.
Zur Prüfung der Gerinnungsreaktionen des intrinsischen Gerinnungsweges dient die Bestimmung der ***partiellen Thromboplastinzeit*** (PTT). Hierzu wird zu Citratplasma im Überschuß ein Reagenz mit Plättchenfaktor 3 gegeben und die Zeit bis zum Eintritt der Gerinnung gemessen (Normalwert: 40–50 s).
Zur Testung auf Störungen der Fibrinbildung (z. B. bei Fibrinogenmangel oder Fibrinolysetherapie) bestimmt man die ***Thrombinzeit*** (TT). Hierbei wird Citratplasma durch Zugabe einer Test-Thrombinlösung zur Gerinnung gebracht (Normalwert: 18–23 s).

2 Transport- und Regelprozesse

2.1 Gesetzmäßigkeiten des Stoff- und Flüssigkeitstransports

Die Funktionen der Zellen und Gewebe – Stoffwechsel, Reproduktion, Wachstum, Regeneration, Kontraktion, Sekretion und Erregbarkeit – erfordern einen ständigen Transport von Stoffen und Flüssigkeiten innerhalb des Organismus. Sauerstoff und Nährstoffe müssen laufend den Zellen zugeführt, Kohlendioxid und andere Stoffwechselendprodukte an die Umgebung abgegeben werden. Voraussetzung für den kontrollierten Ablauf der Stoffwechsel- und Erregungsprozesse sind ferner bestimmte Ionenkonzentrationen innerhalb der Zellen, die durch spezifische Transportsysteme der Zellmembran aufrechterhalten werden. In Abhängigkeit von der Flüssigkeitsaufnahme und -ausscheidung vollzieht sich schließlich der Flüssigkeitstransport im Organismus in enger Kopplung an den Stoffaustausch.

Größere Wegstrecken innerhalb des Körpers werden in der Regel durch ***konvektiven Transport*** überwunden, wobei glatte oder quergestreifte Muskulatur die Transportarbeit leistet. Diese Transportprozesse, zu denen der Blutkreislauf, der Lymphtransport, die Lungenbelüftung, die Darmpassage sowie die Harnblasen- und Gallenblasenentleerung gehören, werden bei den entsprechenden Organsystemen behandelt. Im Gegensatz hierzu vollziehen sich die spezifischen Transportprozesse, die der differenzierten Verteilung von Stoffen und Flüssigkeiten dienen, im mikroskopischen Bereich an kleinsten Gefässen und Zellmembranen. Dabei unterscheidet man unter energetischen Aspekten

- ***passive Transportprozesse*** (Diffusion, erleichterte Diffusion, Osmose und Filtration),
- ***aktive Transportprozesse*** (endergonische Membrantransporte).

2.1.1 Stofftransport

Freie Diffusion. Unter Diffusion versteht man den Transport gelöster Teilchen aufgrund ihrer thermokinetischen Energie. Voraussetzung für den Ablauf einer gerichteten Teilchenbewegung ist dabei das Bestehen eines

Konzentrationsgradienten, d. h. einer Konzentrationsdifferenz pro Wegeinheit. Die gelösten Teilchen kollidieren auf Grund der BROWNschen Molekularbewegung nach statistischen Gesetzen miteinander, wobei jedoch die Zahl der Zusammenstöße in Richtung der abnehmenden Konzentration geringer ist als in allen anderen Richtungen des Raumes. Auf diese Weise findet eine Teilchenbewegung vom Ort der höheren zum Ort der niederen Konzentration solange statt, bis ein Konzentrationsausgleich erreicht ist.

Quantitativ wird dieser Vorgang durch das ***1. Ficksche Diffusionsgesetz*** beschrieben. Es besagt, daß der Diffusionsstrom (Teilchenfluß) $\dot{m}$ der Konzentrationsdifferenz ΔC und der Austauschfläche F direkt proportional und dem Diffusionsweg Δx umgekehrt proportional ist:

$$\dot{m} = D \cdot F \cdot \frac{\Delta C}{\Delta x}. \qquad (1)$$

Der Proportionalitätsfaktor D ist eine vom Diffusionsmedium, von der Art der diffundierenden Teilchen und von der Temperatur abhängige Konstante, die man als Diffusionskoeffizient bezeichnet. Sie wird in der Regel in der Einheit cm^2/s angegeben (Tabelle 2-1).

Ein typisches Beispiel für einen Transportprozeß, der nach den Gesetzmäßigkeiten der freien Diffusion abläuft, ist der ***Austausch der Atemgase*** Sauerstoff und Kohlendioxid (Kap. 5). Für diese Gase, die in den Flüssigkeiten der Zellen und des extracellulären Raumes in gelöster Form transportiert werden, stellen die Zellorganellen

Tabelle 2-1. Diffusionskoeffizienten D für verschiedene biologische Medien bei 37°C

Diffundierende Substanz	Diffusions-medium	D (cm^2/s)
O_2	Wasser	$3{,}2 \cdot 10^{-5}$
	Blutplasma	$2{,}2 \cdot 10^{-5}$
	Hirnrinde	$1{,}6 \cdot 10^{-5}$
	Muskulatur	$1{,}2 \cdot 10^{-5}$
	Erythrocyt	$0{,}8 \cdot 10^{-5}$
CO_2	Wasser	$2{,}7 \cdot 10^{-5}$
	Blutplasma	$1{,}9 \cdot 10^{-5}$
	Hirnrinde	$1{,}5 \cdot 10^{-5}$
	Muskulatur	$1{,}2 \cdot 10^{-5}$
	Erythrocyt	$0{,}8 \cdot 10^{-5}$
Glucose	Wasser	$9{,}0 \cdot 10^{-6}$
	Bindegewebe	$2{,}0 \cdot 10^{-6}$

und insbesondere die Zellmembranen praktisch keine zusätzlichen Diffusionshindernisse dar. Daher folgt der O_2- bzw. CO_2-Diffusionsstrom in der Lunge und in den anderen Organen stets auf direktem Wege der Richtung der abnehmenden Konzentration; die einzelnen Gewebe stellen also für die Atemgase weitgehend homogene Diffusionsräume dar, die sich lediglich in ihren Diffusionskoeffizienten ein wenig voneinander unterscheiden (Tabelle 2-1).

Diffusion durch Membranen. Für größere Moleküle, insbesondere dann, wenn sie polare Gruppen tragen, bilden Capillarwände und Zellmembranen in der Regel ein Hindernis für den Diffusionsprozeß. Auch in diesem Fall bestimmt die jeweilige Konzentrationsdifferenz die Stärke des Diffusionsstroms, der Diffusionswiderstand ist jedoch nicht wie bei der freien Diffusion über den gesamten Raum verteilt, sondern im wesentlichen auf die Membranen konzentriert. Ein solcher durch eine Membran beschränkter Diffusionsprozeß wird gewöhnlich als ***Permeation*** bezeichnet.
Der Permeationsvorgang kann für nicht lipidlösliche Substanzen am besten durch die Filtertheorie interpretiert werden. Danach verhält sich eine biologische Membran wie ein Porenfilter, dessen Diffusionswiderstand hauptsächlich vom Verhältnis der Porenradien zur Größe der transportierten Teilchen abhängt. Vielfach sind diese diffusionsbestimmenden Parameter jedoch nicht mit ausreichender Genauigkeit bekannt. In diesen Fällen faßt man die nicht quantifizierbaren Membrangrößen (Diffusionskoeffizient D und Diffusionsweg Δx) zu einer neuen Konstanten $P = D/\Delta x$ zusammen und führt sie in die Diffusionsgleichung (1) ein:

$$\dot{m} = P \cdot F \cdot \Delta C. \qquad (2)$$

P wird dann als Permeabilitätskoeffizient bezeichnet und in der Einheit cm/s angegeben. Gleichung (2) besagt, daß der Permeationsstrom von der Größe der Membranfläche und der Differenz der Substanzkonzentrationen beiderseits der Membran abhängt (Abb. 2-1).

Ein typisches Beispiel für eine solche beschränkte Diffusion stellt die ***Permeation von Glucose durch die Capillarwand*** dar. Poren in der Basalmembran von Capillarwänden haben im Mittel einen Radius von 3–4 nm, während der Radius der Glucosemoleküle nur 0,36 nm beträgt. Trotz dieser für den Durchtritt des einzelnen Moleküls günstigen Relation ist der Glucoseaustausch zwischen dem Capillarblut und dem extracapillären Raum erheblich behindert, weil schätzungsweise weniger als 0,1% der Capillaroberfläche von Poren durchsetzt sind.

Bzgl. der speziellen Bedingungen für die Permeation von Ionen durch die Zellmembranen beim Erregungsprozeß vgl. Lehrbücher der Neurophysiologie.

Neben der Molekülgröße ist die Löslichkeit einer Substanz in dem lipidhaltigen Membranmaterial für das Permeationsvermögen von besonderer Bedeutung. Lipophile Stoffe können in die Lipidphase der Membran leichter eindringen und weisen daher eine höhere Membranpermeabilität als hydrophile Substanzen vergleich-

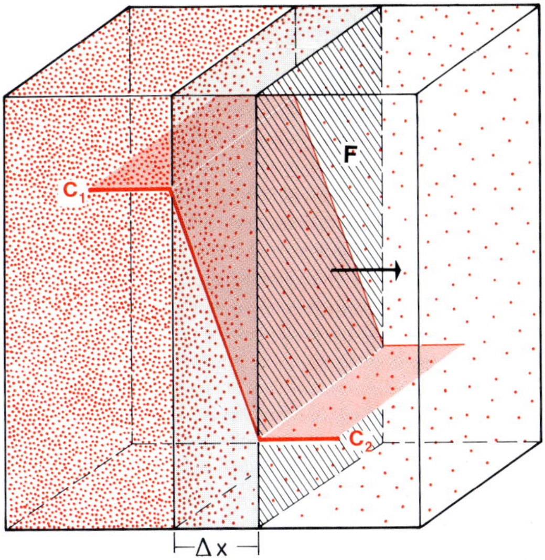

Abb. 2-1. Schema zur Erläuterung der den Diffusionsprozeß bestimmenden Größen. Zwei Räume sind durch eine ebene Schicht mit großem Diffusionswiderstand (Fläche *F*, Dicke Δx) voneinander getrennt. Der Teilchenstrom ist der Konzentrationsdifferenz $\Delta C = C_1 - C_2$ proportional

baren Molekulargewichts auf. In einer homologen Reihe erhöht eine (lipophile) CH_2-Gruppe die Permeabilität etwa um den Faktor zwei. Arzneimittel mit einem intracellulären Angriffsort müssen, damit sie schnell in die Zellen eindringen können, bis zu einem gewissen Grade lipophil sein.

Selektive Membranpermeabilität. Eine Reihe von Stoffen ist in der Lage, die Zellmembranen relativ leicht zu passieren, ohne daß dies aufgrund ihrer Molekülgröße oder ihrer Lipidlöslichkeit zu erwarten wäre. In diesen Fällen wird der beschleunigte Transport auf Wechselwirkung der Substratmoleküle mit den Membranproteinen zurückgeführt. Man nimmt heute an, daß die Wände der Proteinkanäle mit Ladungen und Bindungsstellen besetzt sind, die sich in ständiger pulsierender Bewegung befinden. Aufgrund dieses dynamischen Verhaltens der Proteine könnten die Substratmoleküle während der Kanalpassage durch schnell wechselnde Bindungen vorangetrieben werden. (Transportproteine dieser Art werden manchmal als Carrier bezeichnet, s. S. 62.) Sofern ein solcher Membrantransport nur bis zum Konzentrationsausgleich führt, handelt es sich um einen passiven Vorgang, der von der thermokinetischen Energie der Sub-

stratmoleküle angetrieben wird und keine zusätzliche chemische Energie benötigt.
Derartige Transportprozesse weisen eine Reihe von Charakteristika auf, durch die sie sich von der einfachen Diffusion unterscheiden:

- ***Strukturspezifität,*** d. h. die Affinität zum Transportsystem ist in hohem Maße von der Struktur und Konfiguration des Substrates abhängig,
- ***Hemmbarkeit,*** d. h. Hemmstoffe (Inhibitoren) können das Transportsystem besetzen und damit den Substrattransport verhindern,
- ***Sättigung des Transportsystems,*** d. h. bei hoher Substratkonzentration auf einer Seite der Membran werden alle vorhandenen Carriermoleküle für den Transport beansprucht, so daß eine weitere Konzentrationserhöhung zu keiner Steigerung der Transportrate führt.

Die ***Transportkinetik*** der erleichterten Diffusion läßt sich für den Fall, daß die Substratkonzentration auf einer Seite der Membran, z. B. im Zellinneren, zu vernachlässigen ist, durch eine Beziehung beschreiben, die der MICHAELIS-MENTEN-Gleichung für unidirektionale Enzymreaktionen analog ist. Wird die äußere Substratkonzentration mit C bezeichnet, so gilt für den Substratstrom $\dot{m}$, d. h. für die in die Zelle transportierte Substratmenge pro Zeiteinheit:

$$\dot{m} = \dot{m}_{max} \cdot \frac{C}{C + K_m} . \qquad (3)$$

Hierin bedeuten $\dot{m}_{max}$ den maximalen Substratstrom und K_m die äußere Substratkonzentration bei halbmaximaler Transportrate ($\dot{m}_{max}/2$), entsprechend der MICHAELIS-Konstanten. Man erkennt, daß sich $\dot{m}$ bei großen Substratkonzentrationen dem Maximalwert $\dot{m}_{max}$ nähert, d. h. Gleichung (3) eine Sättigungskinetik beschreibt. Als Beispiel für einen Transportvorgang mit einer solchen Kinetik ist in Abb. 2-2 der D-Glucoseeinstrom in einen Erythrocyten in Abhängigkeit von der äußeren Glucosekonzentration dargestellt, wobei im Zellinneren eine vernachlässigbar kleine Glucosekonzentration vorliegt.

Erleichterte Diffusion. Den bevorzugten Transport einiger Substanzen durch Zellmembranen hat man früher auf die Mitwirkung beweglicher Transportvermittler, sog. Carrier, zurückgeführt. Heute weiß man, daß diese Aufgabe von den ***ortsfesten Membranproteinen*** erfüllt wird (s. o.). Bewegliche Transportvermittler sind jedoch in bestimmten Fällen an intracellulären Transportvorgängen beteiligt. Beispielsweise beschleunigen die Hämoglobinmoleküle den Sauerstofftransport in den Erythrocyten: Sauerstoff, der in den Erythrocyten eintritt, wird an oberflächennahe Hämoglobinmoleküle angelagert. Diese sauerstoffbeladenen Moleküle diffundieren nun zum Zentrum der Zelle und transportieren auf diese Weise den Sauerstoff in die inneren Zellregionen. Da sich dieser Prozeß der freien Diffusion überlagert, spricht man von einer ***erleichterten Diffusion (facilitated diffusion).***

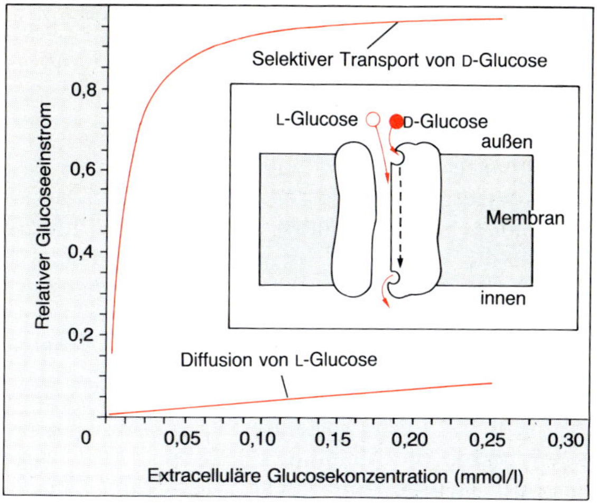

Abb. 2-2. Einstrom von *D-Glucose* (selektiver Transport) und *L-Glucose* (freie Diffusion) in den Erythrocyten in Abhängigkeit von der Außenkonzentration bei vernachlässigbar kleiner Innenkonzentration. Der selektive Transport ist auf Wechselwirkungen der *D-Glucose* mit Membranproteinen *(s. Innenbild)* zurückzuführen und zeigt eine Sättigungscharakteristik. (THEWS, MUTSCHLER, VAUPEL, 1989)

Aktiver Transport. Zellen besitzen die Fähigkeit, in ihrem Inneren Substanzkonzentrationen aufrechtzuerhalten, die stark von den Konzentrationen dieser Substanzen in der extracellulären Flüssigkeit abweichen. Solche thermodynamischen Ungleichgewichte zwischen dem intra- und dem extracellulären Raum, die für die Funktionsfähigkeit der Zellen von entscheidender Bedeutung sind, bestehen insbesondere für bestimmte Ionen. Sie werden durch aktive Transportleistungen der Zellmembranen aufrechterhalten.

Unter aktivem Transport versteht man die Beförderung einer Substanz durch die Zellmembran mit Hilfe eines Transportsystems, wobei die hierfür benötigte Energie aus dem Zellstoffwechsel zur Verfügung gestellt wird. Ein solcher Transportprozeß ist in der Lage, eine Substanz auch gegen ein Konzentrationsgefälle durch die Membran zu befördern ***(Bergauftransport)***. Als Transportsysteme werden – wie im Falle der erleichterten Diffusion – ***Carrier-Mechanismen*** angenommen; der Unterschied besteht jedoch darin, daß die Transportarbeit nicht von der thermokinetischen Energie der Substratmoleküle, sondern von der Stoffwechselenergie geleistet wird. Ist diese Energiezufuhr unterbrochen, so sistiert auch der Transportprozeß.

Kühlt man beispielsweise Blut auf 0°C ab, wodurch der Stoffwechsel gehemmt wird, so verlieren die Erythrocyten K^+-Ionen und nehmen Na^+-Ionen aus dem Blutplasma auf, bis ein Verteilungsgleichgewicht erreicht ist. Bei nachfolgender Erwärmung des Blutes setzt der aktive Transport wieder ein, und die Erythrocyten reichern sich unter Abgabe von Na^+-Ionen mit K^+-Ionen an.

Einzelheiten des aktiven Transportes werden im Zusammenhang mit den Organfunktionen behandelt. Es sei nur darauf hingewiesen, daß bestimmte Membranproteine auch mehrere Ionen- bzw. Molekülarten gleichzeitig durch die Membran transportieren können. Erfolgt der gekoppelte Transport von zwei Stoffen in dieselbe Richtung, so spricht man von einem ***Symport*** oder ***Cotransport;*** handelt es sich um einen Transport in entgegengesetzte Richtungen, so bezeichnet man ihn als ***Antiport*** oder ***Gegentransport.***

Beispiele für solche gemeinsamen Transportsysteme bieten die Resorptionsprozesse im Dünndarm (S. 326) und in der Niere (S. 352), bei denen u. a. der Transport organischer Substanzen (Glucose, Aminosäuren) an den aktiven Na^+-Transport gekoppelt ist.

2.1.2 Flüssigkeitstransport

Osmose. Unter Osmose versteht man einen Lösungsmitteltransport durch eine semipermeable Membran, die zwei Lösungen unterschiedlicher Teilchenkonzentration trennt. Dabei wandern die Lösungsmittelmoleküle durch die für gelöste Teilchen undurchlässige Membran in die Richtung der höheren Teilchenkonzentration, bis ein Konzentrationsausgleich erreicht ist.
Zur Quantifizierung der osmotischen Verhältnisse in den Flüssigkeitsräumen des Organismus verwendet man in der Regel den ***osmotischen Druck,*** der folgendermaßen definiert ist: In einem osmotischen System, das keine Volumenzunahme auf der Seite der höheren Teilchenkonzentration zuläßt, steigt der hydrostatische Druck mit dem Einstrom des Lösungsmittels bis zu einem Gleichgewichtswert an. Der hydrostatische Gleichgewichtsdruck, der sich in einem solchen System mit einer Lösung der Teilchenkonzentration C auf der einen und Wasser auf der anderen Seite der Membran einstellt, wird als osmotischer Druck π bezeichnet. Er ist der jeweiligen Teilchenkonzentration proportional:

$$\pi = R \cdot T \cdot C. \qquad (4)$$

Hierin bedeuten R die allgemeine Gaskonstante und T die absolute Temperatur. Die wäßrige Lösung eines Nichtelektrolyten, z. B. Glucose, in einer Konzentration von 1 mol/l weist bei 37 °C gegenüber Wasser einen osmotischen Druck von 25,4 atm (2,56 MPa) auf. In Vielkomponentenlösungen, wie sie biologische Flüssigkeiten darstellen, ist der osmotische Druck der Gesamtkonzentration aller gelösten Teilchen proportional. Diese osmotische Wirkkonzentration wird als ***Osmolarität*** bezeichnet und in der Einheit osmol/l angegeben.

Zellmembranen sind für kleinmolekulare Substanzen, u. a. für bestimmte Ionen, Harnstoff sowie Glucose, durchgängig und stellen aus diesem Grunde keine idealen semipermeablen Membranen dar. Allerdings besitzen sie eine höhere Permeabilität für Wasser als für alle gelösten Teilchen. Dies hat zur Folge, daß in der Regel ein Stoffaustausch durch eine Membran von einem entsprechenden osmotisch bedingten Wasserstrom begleitet ist, wodurch sofort ein Ausgleich der osmotischen Drücke zwischen dem intra- und dem extracellulären Raum eintritt. Eine Ausnahme bilden bestimmte Epithelmembranen in den Tubuli der Niere (aufsteigender Teil der HENLEschen Schleife), die für Wasser praktisch impermeabel sind und aufgrund dieser Eigenschaft einen entscheidenden Beitrag zur Konzentrierung des Harns leisten (S. 366ff.).

Die osmotische Konzentration in der extracellulären Flüssigkeit wird durch besondere Regelmechanismen konstant gehalten (S. 370ff.), wodurch infolge der großen Wasserpermeabilität der Zellmembran auch ein konstanter osmotischer Druck innerhalb der Zellen gewährleistet ist. Kommt es bei Störungen des Wasserhaushaltes zu Veränderungen des extracellulären osmotischen Druckes, so treten Wasserverschiebungen zwischen dem extra- und dem intracellulären Raum ein, bis jeweils wieder der osmotische Druckausgleich erreicht ist (S. 389ff.). Bei einer ***extracellulären Hypertonie*** (erhöhter osmotischer Druck) strömt Wasser aus den Zellen ab, während sie bei einer ***extracellulären Hypotonie*** (erniedrigter osmotischer Druck) Wasser aus der Umgebung aufnehmen.

Capillarwände sind wegen der relativ großen Poren ihrer Basalmembranen für kleinmolekulare Stoffe permeabel. Als semipermeable Membranen wirken sie nur für die im Plasma gelösten Proteine, die ein Molekulargewicht von mehr als 60000 haben. Daher beeinflussen im Bereich der Capillaren nur die Plasmaproteine, insbesondere die Albumine, die Wasserverteilung zwischen dem Plasma und der extravasalen Flüssigkeit (sog. ***kolloidosmotischer Druck,*** S. 8f.).

Filtration. Bei der Filtration wird unter dem Einfluß einer hydrostatischen Druckdifferenz ΔP Flüssigkeit durch ein Porenfilter gepreßt und dabei von grobdispersen Teilchen befreit. Der Volumenfluß $\dot{V}$ bei einem solchen Filtrationsprozeß durch eine Porenmembran der Fläche F beträgt:

$$\dot{V} = K_H \cdot F \cdot \Delta P. \tag{5}$$

Der Proportionalitätsfaktor K_H wird als hydraulische Leitfähigkeit bezeichnet und stellt ein Maß für die Filtereigenschaften der jeweiligen

Membran (Größe und Anzahl der Poren) dar. Das Produkt aus hydraulischer Leitfähigkeit und Membranfläche ergibt den Filtrationskoeffizienten K_F ($K_F = K_H \cdot F$).

Bei den Filtrationsprozessen im Organismus werden nicht nur grobdisperse Teilchen - wie etwa Blutzellen an den Capillarwänden - zurückgehalten, sondern auch gelöste Moleküle nach Maßgabe ihrer Größe voneinander getrennt. Einen solchen Vorgang bezeichnet man als ***Ultrafiltration.*** Wie bereits erwähnt, sind die Capillarwände für kleinmolekulare Stoffe permeabel, für Plasmaproteine dagegen weitgehend impermeabel, so daß hier ein Siebungseffekt eintritt. Berücksichtigt man, daß dem Flüssigkeitstransport durch die Capillarwand unter dem Einfluß der hydrostatischen Druckdifferenz ΔP die kolloidosmotische Druckdifferenz $\Delta\pi$ entgegenwirkt, so läßt sich der Volumenfluß $\dot{V}$ aus

$$\dot{V} = K_F \cdot (\Delta P - \Delta\pi) \tag{6}$$

berechnen. Diese Beziehung bildet die Grundlage für die Beurteilung des Wassertransportes im Bereich der Gewebecapillaren (S. 134ff.) und der Ultrafiltration durch die Glomerulumcapillaren in der Niere (S. 345ff.).

Kombinierte Stoff- und Wassertransporte. An biologischen Membranen laufen die Prozesse des Stoff- und Wassertransports vielfach miteinander gekoppelt ab und beeinflussen sich wechselseitig. Ein aktiver Na^+-Transport, der beispielsweise in der Niere der Rückgewinnung von Kochsalz aus dem Tubulusharn dient, ist von einem ***osmotisch bedingten Wasserstrom*** in gleicher Richtung begleitet. Auch passive Diffusionsprozesse an Zellmembranen können von einem osmotischen Wassertransport überlagert sein. Ob dabei der jeweilige Stoff- oder der Wassertransport dominiert, hängt im wesentlichen von den beiden Transportwiderständen in der Membran ab.

Bei der Harnkonzentrierung in der Niere werden große Wassermengen aus dem Tubulusharn in das Interstitium und von dort in die Blutcapillaren transportiert. Dieser Wasserstrom „reißt" gelöste Teilchen mit sich und fördert auf diese Weise gleichzeitig die Stoffresorption. Einen solchen Stofftransport, der durch einen paracellulären Wasserfluß bewirkt wird, bezeichnet man als ***solvent drag.***

2.2 Regelprozesse

Biologische Regulationen dienen vor allem der Homöostase, also der Aufrechterhaltung eines konstanten inneren Milieus im Organismus. Solche Regulationsprozesse waren bereits bekannt, bevor in der Technik

Regelprozesse systematisch untersucht und beschrieben wurden. Nachdem jedoch die technische Regelungslehre entwickelt war, erwies es sich als zweckmäßig, eine solche Betrachtungsweise auch auf biologische Vorgänge zu übertragen. Zwar ist es nicht möglich, grundsätzlich neue Erkenntnisse auf diese Weise zu gewinnen, doch führt die Übertragung technischer Prinzipien auf lebende Systeme ***(Biokybernetik)*** zu einer besonders übersichtlichen, häufig auch quantitativen Beschreibung biologischer Funktionen. Im Folgenden werden nur die Grundbegriffe der Regelungslehre dargestellt, Anwendungen auf die Probleme der physiologischen Regulation finden sich in den nachfolgenden Kapiteln.

2.2.1 Grundbegriffe der Regeltechnik

Das wesentliche Kennzeichen einer Regelung ist ein Funktionsablauf in einem geschlossenen Wirkungskreis, durch den jede Störung einer Regelgröße selbsttätig korrigiert wird. Anhand des Blockschaltbildes für einen ***Regelkreis*** (Abb. 2-3, A) soll zunächst die Terminologie der Regeltechnik erläutert und gleichzeitig an dem Beispiel einer Raumthermostatisierung (Abb. 2-3, B) konkretisiert werden. Die ***Regelgröße*** bezeichnet einen Zustand, der konstant zu halten ist (im Beispiel die Raumtemperatur). Der abgegrenzte Raum, in dem dies geschieht, wird als ***Regelstrecke*** bzw.

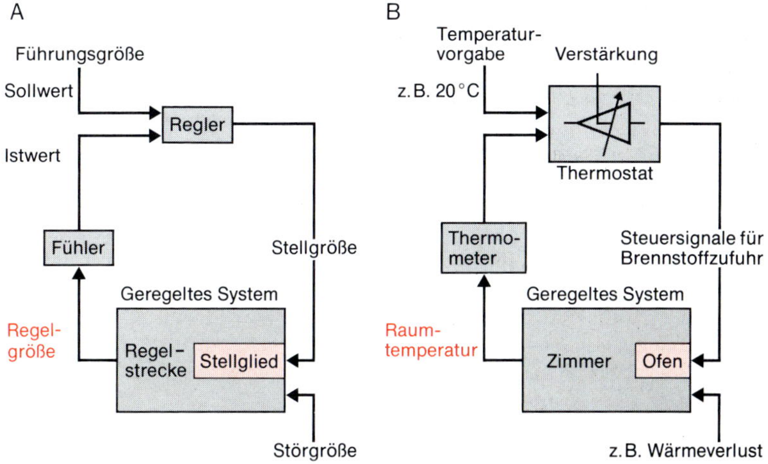

Abb. 2-3 A, B. Allgemeines Schema eines Regelkreises (**A**), konkretisiert am Beispiel eines Regelsystems für die Raumtemperatur (**B**)

als geregeltes System (Zimmer mit Ofen) charakterisiert. Eine Meßeinrichtung, ***Fühler*** genannt (Thermometer), registriert den momentanen Wert der Regelgröße, den Istwert. Dieser wird an den ***Regler*** (Thermostat) übermittelt und dort mit dem Sollwert einer Führungsgröße (gewünschte Temperatur) verglichen. Sind Soll- und Istwert voneinander verschieden, dann liegt eine Regelabweichung vor, die den Regler zu einer Korrektur der Regelgröße veranlaßt. Der Korrekturbefehl wird als ***Stellgröße*** bezeichnet (Steuersignal für die Brennstoffzufuhr). Dieser veranlaßt das ***Stellglied*** (Ofen) zur Veränderung seiner Leistung, so daß die Regelabweichung vermindert wird. Die Stellwirkung besteht solange fort, bis Istwert und Sollwert übereinstimmen. Eine äußere Einwirkung, die eine Abweichung des Istwertes vom Sollwert verursacht, bezeichnet man als ***Störgröße*** (z. B. Wärmeverlust des Zimmers). Das Regelsystem sorgt dann durch eine der Störung entgegenwirkende Änderung des Stellgliedes für die Korrektur des Istwertes. Eine solche Rückwirkung wird ***negative Rückkopplung*** (negative feedback) genannt.
Der Vergleich von Ist- und Sollwert innerhalb des Reglers stellt eine Rechenoperation dar, deren Ergebnis von der Verstärkung der Regeleinrichtung abhängig ist. In Abb. 2-3, B ist die Möglichkeit einer variablen Verstärkung angedeutet. Die Regelverstärkung bestimmt die Empfindlichkeit, mit der der Regler auf Regelabweichungen reagiert.

2.2.2 Physiologische Regelkreise

Die Regelprozesse im menschlichen Organismus lassen sich im Prinzip durch das gleiche Regelkreisschema beschreiben, das in der Technik angewandt wird. Die Charakteristika der einzelnen Glieder physiologischer Regelkreise sind in Abb. 2-4 zusammengefaßt.

Regelgrößen und Receptoren. Regelgrößen, die durch einen negativen Rückkopplungsprozeß im Körper konstant gehalten werden, können sowohl ***chemische*** als auch ***physikalische Parameter*** sein. Als Beispiele für die ersteren seien genannt: die osmotische Gesamtkonzentration, die Na^+- und die Glucose-Konzentration im extracellulären Flüssigkeitsraum, der pH-Wert und die Atemgas-Partialdrücke im arteriellen Blut sowie die basale Stoffwechselgröße (Basisumsatz) in den Körperzellen. Zu den geregelten physikalischen Parametern gehören u. a.: die Körpertemperatur, der arterielle Blutdruck, das Blutvolumen und der Tonus (Spannungszustand) der Muskulatur.
Jede dieser Regelgrößen wird von spezifischen (physiologischen) Receptoren, die den Fühlern des technischen Regelsystems entsprechen, fortlaufend kontrolliert. Die Receptoren sind im Körper jeweils dort lokalisiert, wo sich Veränderungen der betreffenden Regelgröße besonders stark aus-

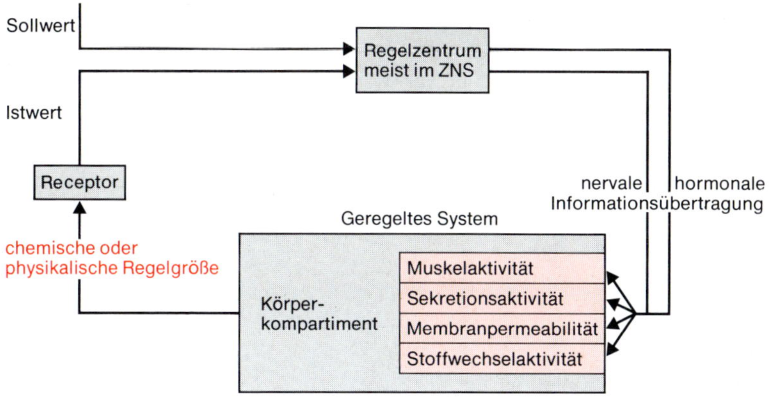

Abb. 2-4. Allgemeines Schema für biologische Regelkreise, in dem die möglichen Regelgrößen, Stellgrößen und Stellglieder zusammengefaßt sind

wirken. So finden sich beispielsweise die Blutdruckreceptoren (Pressoreceptoren) an bestimmten Orten des arteriellen Gefäßsystems, während das Blutvolumen von Receptoren im venösen Gefäßsystem, dem Kreislaufabschnitt mit der größten Volumenkapazität, kontrolliert wird.

Regelzentren. Jedes der genannten Regelsysteme besitzt ein eigenes Regelzentrum (Regler), das auf Grund der ständig einlaufenden Informationen eventuelle Regelabweichungen registriert und die notwendigen Korrekturen veranlaßt. Die Regelzentren sind hauptsächlich im Zentralnervensystem (ZNS) und hier insbesondere im ***Stammhirn*** und im ***Hypothalamus*** lokalisiert. Es kommen aber auch Regelzentren in anderen Organen vor. So wird beispielsweise die Na^+-Konzentration von bestimmten Zellen in den harnbildenden Systemen der Niere reguliert (S. 372ff.).

Stellgrößen und Stellglieder. Die Steuerbefehle, die von den Regelzentren ausgehen, werden über zwei verschiedene Stellgrößensysteme, über das ***nervale*** und das ***hormonale System,*** an die Peripherie übermittelt.
Als Stellglieder, die auf Grund solcher Befehle ihre Aktivität verändern und damit die jeweilige Regelgröße auf den Sollwert zurückführen, können ganz verschiedenartige Funktionseinheiten wirken. Im wesentlichen lassen sich dabei vier Arten von Stellgliedern unterscheiden: Regelgrößen können beeinflußt werden durch Änderung der

- ***Muskelaktivität*** (z. B. Zunahme der Herztätigkeit bei Blutdruckabfall oder Aktivitätssteigerung der Atmungsmuskulatur bei Abfall des arteriellen pH-Wertes),

- ***Sekretionsaktivität*** (z. B. Schweißsekretion bei Anstieg der Körpertemperatur),
- ***Membranpermeabilität*** (z. B. Zunahme der Membranpermeabilität für Glucose bei Insulinfreisetzung durch Blutzuckeranstieg oder Veränderung der Membranpermeabilität in bestimmten Abschnitten des harnbildenden Systems bei der Regulation des Wasserhaushalts),
- ***Stoffwechselaktivität*** (Veränderung der enzymatisch gesteuerten Stoffwechselabläufe für Eiweiße, Kohlenhydrate und Fette durch hormonale Beeinflussung).

Die hier unter systematischen Aspekten zusammengefaßten Regelprozesse lassen sich in ihrem genauen Funktionsablauf und in ihrer vollen Bedeutung erst dann verdeutlichen, wenn die physiologischen Grundlagen hierfür bekannt sind. Daher muß an dieser Stelle auf die Ausführungen in den folgenden Kapiteln verwiesen werden, wobei das dargestellte Regelkreisschema als Orientierungshilfe dienen kann.

3 Herzfunktion

Das Herz (Abb. 3-1) stellt ein vierkammeriges, muskuläres Hohlorgan dar, dessen Pumpwirkung auf der rhythmischen Erschlaffung und Kontraktion der Herzmuskulatur beruht. In der ***Diastole*** füllen sich die Herzkammern (Ventrikel) mit Blut, in der ***Systole*** werfen sie es unter Druckentwicklung in die angeschlossenen großen Arterien aus. Dabei pumpt der rechte Ventrikel das Blut über den Truncus pulmonalis in den Lungenkreislauf, der linke Ventrikel über die Aorta in den Körperkreislauf. Ein Rückstrom wird durch die Ventilwirkung der Herzklappen verhindert. Jeder Herzkammer ist ein Vorhof (Atrium) vorgeschaltet, der das Blut aus den zuleitenden Venen (Vv. cavae bzw. Vv. pulmonales) aufnimmt. Die Systole der Vorhöfe geht jeweils der Ventrikelsystole voraus und unterstützt in geringem Maße die Füllung der Kammern. Dieser gesetzmäßige Kontraktionsablauf wird durch die Erregungsausbreitung über die Herzmuskulatur (Myokard) gesteuert.

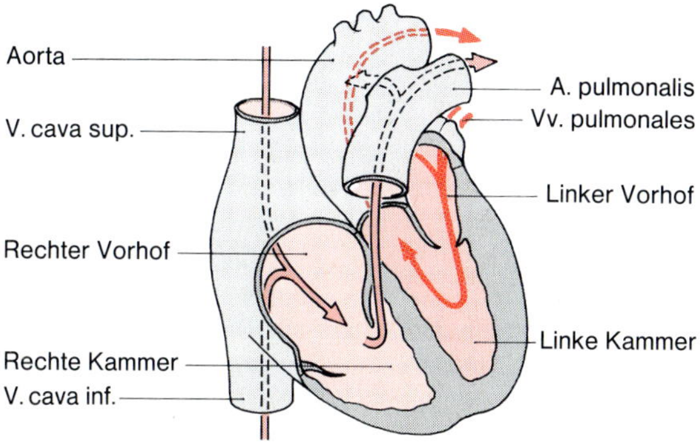

Abb. 3-1. Frontalansicht des eröffneten Herzens und der angeschlossenen Gefäße. Die Richtung der Blutströmung ist durch *Pfeile* gekennzeichnet

3.1 Erregungsprozesse im Herzen

3.1.1 Erregungsbildung und Erregungsausbreitung

Autorhythmie. Die Herzmuskelfasern besitzen wie die Nervenzellen und die Skeletmuskelfasern die Eigenschaft der Erregbarkeit: Sie haben ein Ruhepotential und sind in der Lage, Erregungen in Gestalt von Aktionspotentialen fortzuleiten. Bestimmte Anteile der Herzmuskulatur, die Fasern des ***Erregungsbildungs- und Erregungsleitungssystems*** (Abb. 3-2), sind außerdem dazu befähigt, spontan Erregungen zu bilden. Die spezialisierten Fasern dieses Systems sind im Vergleich zur übrigen Herzmuskulatur (Arbeitsmyokard) ärmer an Fibrillen und Mitochondrien, aber reicher an Sarkoplasma und Glykogen.
Die rhythmischen Kontraktionen des Herzens werden von Erregungen ausgelöst, die normalerweise im ***Sinusknoten*** (Sinuatrial-Knoten, KEITH-FLACK-Knoten) entstehen. Hierbei handelt es sich um ein 2-3 cm langes und 0,2 cm breites Muskelzellgeflecht, das im rechten Vorhof an der Einmündung der V. cava superior lokalisiert ist. Die Fähigkeit dieser Zellen, in bestimmten Zeitabständen spontan Erregungen zu bilden, stellt die Grundlage für die Selbststeuerung der Herzschlagfolge (Autorhythmie, Automatie) dar.

Erregungsausbreitung. Vom Sinusknoten breitet sich die Erregung zunächst radiär über das Arbeitsmyokard beider Vorhöfe (mit einer Geschwindigkeit von etwa 1 m/s) aus und greift dann auf den ***Atrioventricularknoten*** (AV-Knoten, ASCHOFF-TAWARA-Knoten) über, der sich am Boden des rechten Vorhofs in Septumnähe dicht bei der Sinus coronarius-Mündung befindet. Im AV-Knoten ist die Geschwindigkeit der in diesem Gebiet störanfälligen Erregungsleitung relativ niedrig (0,05-0,1 m/s). Durch diese Verzögerung bei der AV-Überleitung wird gewährleistet, daß die Kammerkontraktion erst nach Beendigung der Vorhofsystole beginnen kann.
Vom AV-Knoten aus erreicht die Erregung den Stamm des ***HIS-Bündels,*** der das bindegewebige Herzskelet durchbricht und die einzige erregungsleitende Verbindung zwischen Vorhöfen und Kammern darstellt. Das HIS-Bündel teilt sich nach einigen Millimetern in den rechten und den linken ***Kammerschenkel*** (TAWARA-Schenkel), die beiderseits in der Kammerscheidewand unter dem Endokard zur Basis der Papillarmuskeln ziehen, wobei sich der linke Schenkel in einen vorderen und hinteren Faszikel aufteilt. Die Endaufzweigungen des Systems bilden die PURKINJE-Fasern, die ohne deutliche Grenzen in das Arbeitsmyokard übergehen. Der Weg vom HIS-Bündel bis zu den PURKINJE-Fasern wird von der Erregung mit hoher Geschwindigkeit (2-3 m/s) überwunden.

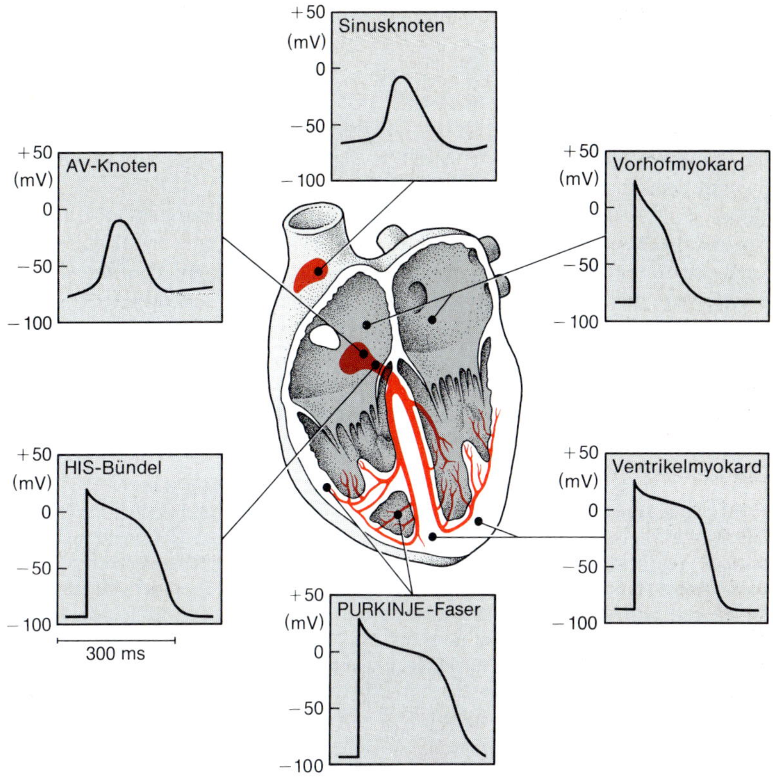

Abb. 3-2. Erregungsbildungs- und Erregungsleitungssystem des Herzens *(rot)* mit den Aktionspotential-Formen, die für die jeweiligen Fasern charakteristisch sind (s. S. 76 ff.)

Auf diese Weise gelangt der Erregungsprozeß nahezu gleichzeitig zu vielen Orten der subendokardialen Myokardschichten, um sich von dort langsamer (0,5–1 m/s) über das gesamte Arbeitsmyokard auszubreiten. Da die Zellgrenzen (Glanzstreifen) kein Hindernis für die Erregungsleitung darstellen, ist sichergestellt, daß alle Myokardfasern schnell nacheinander von der Erregung erfaßt werden (Alles-oder-Nichts-Gesetz der Erregungsausbreitung). Insgesamt erfordert der Ausbreitungsvorgang in der Ventrikelmuskulatur nur eine Zeit von etwa 70 ms.

Hierarchie der Erregungsbildungszentren. Obwohl normalerweise der Antrieb der Herzaktion vom Sinusknoten ausgeht (primäres Erregungsbil-

dungszentrum), sind auch die übrigen Teile des spezialisierten Erregungsleitungssystems zur rhythmischen Erregungsbildung befähigt. Die Frequenz der Erregungsfolge, die im Sinusknoten bei Körperruhe 60-80 min^{-1} beträgt ***(Sinusrhythmus)***, nimmt jedoch mit der Entfernung vom primären Zentrum ab. Daher wird die langsamere Erregungsbildung der nachgeordneten Zentren in der Regel überspielt und dem gesamten System der Sinusrhythmus aufgezwungen.
Wenn jedoch der Sinusknoten ausfällt oder die Erregung nicht auf die Vorhöfe weitergeleitet wird (sinuatrialer Block), so kann ersatzweise der Atrioventricularknoten mit einer Eigenfrequenz von 40-60 min^{-1} ***(AV-Rhythmus)*** die Schrittmacherfunktion übernehmen (sekundäres Erregungsbildungszentrum). Kommt es zu einer totalen Unterbrechung der Erregungsüberleitung von den Vorhöfen auf die Ventrikel (totaler Herzblock), dann besteht die Möglichkeit, daß ein tertiäres Erregungsbildungszentrum im ventriculären Leitungssystem mit einer Frequenz von 25-40 min^{-1} ***(Kammerrhythmus)*** als Schrittmacher der Ventrikelaktion eintritt.

Die Erregungsbildungszentren lassen sich durch einfache Experimente grob lokalisieren. Wird beispielsweise der Sinus venosus des Froschherzens, in dem sich der primäre Schrittmacher befindet, durch einen dünnen Faden vom rechten Vorhof abgeschnürt ***(1. Stanniussche Ligatur)***, so stehen Vorhöfe und Kammer still; nur der Venensinus schlägt im ursprünglichen Rhythmus weiter. Die Ligatur hat die Überleitung der Erregung vom Venensinus auf die Vorhöfe unterbrochen. Nach einiger Zeit beginnt das Herz wieder zu schlagen, jedoch mit einer niedrigeren Frequenz, weil jetzt der AV-Knoten die Schrittmacherfunktion übernommen hat. Dieser sekundäre Antrieb kann auch sofort nach der 1. Ligatur ausgelöst werden, wenn man eine zweite Umschnürung an der Vorhof-Kammer-Grenze vornimmt, die als mechanischer Reiz auf den Atrioventricularknoten wirkt ***(2. Stanniussche Ligatur)***. Schnürt man mit einem dritten Faden die Herzspitze ab, so steht diese still, während die Ventrikelbasis weiterschlägt ***(3. Stanniussche Ligatur)***. Hierdurch wird gezeigt, daß das Arbeitsmyokard der Herzspitze nicht zur Autorhythmie befähigt ist.

Störungen der Erregungsausbreitung. Die Erregungsleitung kann unter pathologischen Bedingungen an bestimmten Orten verzögert ablaufen oder auch partiell bzw. total unterbrochen sein. Eine solche Störung, die ganz allgemein als ***Block*** bezeichnet wird, führt u. U. zu einer Herzrhythmusstörung (Arrhythmie). In Tabelle 3-1 sind verschiedene Formen des Leitungsblocks und ihre Auswirkungen zusammengestellt.

Künstliche Herzschrittmacher. Stark ausgeprägte Störungen der Erregungsbildung bzw. Erregungsleitung können - sofern eine ausreichende Kontraktionskraft des Myokards erhalten ist - durch Implantation von künstlichen Schrittmachern behandelt werden. Ein solcher subcutan implantierter, miniaturisierter Impulsgenerator erzeugt Stromimpulse, die über Kabelelektroden zum Herzen gelangen und

Tabelle 3-1. Formen der Erregungsleitungsstörung und ihre Folgen

Erregungsleitungsstörung	führt infolge	zu
AV-Block I. Grades	verzögerter Überleitung im AV-Knoten (>0,2 s)	verspätet einsetzenden Ventrikelkontraktionen
AV-Block II. Grades (partieller AV-Block)	Ausfall einzelner AV-Überleitungen	unregelmäßiger Folge der Ventrikelkontraktionen
AV-Block III. Grades (totaler Herzblock)	vollständiger Unterbrechung der AV-Überleitung	Dissoziation von Vorhofkontraktionen (im Sinusrhythmus) u. Ventrikelkontraktionen (im Kammerrhythmus)
Schenkelblock	Unterbrechung der Erregungsleitung in einem Kammerschenkel	untypischer Erregungs- und Kontraktionsausbreitung in den Ventrikeln

dieses zu rhythmischen Kontraktionen veranlassen. Nach der Funktionsweise unterscheidet man

- starrfrequente Schrittmacher mit einstellbarer, aber fixierter Impulsfrequenz (im allgemeinen mit $70\,min^{-1}$),
- Demand-Schrittmacher, die sich nur einschalten, wenn die Spontanaktivität des Herzens unterbrochen ist (Bedarfssteuerung).

3.1.2 Ruhe- und Aktionspotential

Ruhepotential der Herzmuskelfasern. Die Myokardfaser weist - wie jede erregbare Nerven- und Muskelfaser - ein Ruhepotential zwischen dem Zellinneren (negativ) und dem Extracellularraum auf. Die Größe dieses Membranpotentials beträgt −85 bis −90 mV. Die Ursache für die Negativität des Zellinneren gegenüber dem Außenraum liegt in der unterschiedlichen Verteilung der Ionen in den beiden Räumen. Die K^+-Konzentration ist intracellulär etwa 33 mal höher als extracellulär. Aufgrund dieser Konzentrationsdifferenz haben die ***K^+-Ionen*** das Bestreben, durch die für sie relativ gut permeable Membran nach außen zu diffundieren. Diese Bewegung wird jedoch dadurch begrenzt, daß der Ausstrom einiger positiver Ladungen ein elektrisches Membranpotential aufbaut, das die weitere K^+-Abdiffusion verhindert. Die Na^+-Ionen, deren Konzentration extracellulär etwa 10 mal höher ist als intracellulär, haben kaum einen Einfluß auf das Ruhepotential, weil die nichterregte Membran für sie praktisch impermeabel ist. Das Ruhemembranpotential kann demnach im wesentlichen als ein ***K^+-Diffusionspotential*** oder auch als K^+-Gleichgewichtspotential charakterisiert werden.

Für die ***Berechnung*** eines Membran-Gleichgewichtspotentials gilt ganz allgemein die ***Nernstsche Gleichung.*** Sie besagt, daß das Potential E, das durch die Konzentrationsdifferenz eines Ions I erzeugt wird, dem natürlichen Logarithmus des Verhältnisses von äußerer Konzentration $[I]_a$ zu innerer Konzentration $[I]_i$ proportional ist:

$$E = \frac{R \cdot T}{n \cdot F} \cdot \ln \frac{[I]_a}{[I]_i} \tag{1}$$

Im Proportionalitätsfaktor von Gl. (1) bedeuten: R die allgemeine Gaskonstante, T die absolute Temperatur, n die Wertigkeit des Ions und F die FARADAY-Konstante. Hieraus ergibt sich für die K^+-Ionen:

$$E_K = -60 \cdot \log 33 \text{ mV} = -91 \text{ mV} \tag{2}$$

Das nach der NERNSTschen Gleichung berechnete K^+-Gleichgewichtspotential stimmt also näherungsweise mit dem an Herzmuskelzellen gemessenen Ruhepotential überein. Die kleine Differenz ist u. a. auf den Potentialbeitrag der Cl^--Ionen zurückzuführen, für die die Membran ebenfalls - wenn auch in geringerem Maße als für K^+-Ionen - permeabel ist. (Da die Cl^--Konzentration extracellulär etwa 25 mal höher ist als intracellulär, beträgt das Cl^--Gleichgewichtspotential etwa −85 mV.)

Aktionspotential des Arbeitsmyokards. Der Grundprozeß der Erregung einer Myokardfaser besteht - wie bei allen erregbaren Zellen - in einer kurzfristigen Änderung des Membranpotentials, wobei das Zellinnere vorübergehend positiv wird. Ein solches Aktionspotential wird von dem benachbarten, bereits erregten Ort her durch eine lokale Depolarisation ausgelöst, die mindestens 15 mV betragen muß. Wird diese ***Schwelle,*** die bei der Myokardfaser bei −70 bis −75 mV liegt, überschritten, so läuft die weitere Änderung des Membranpotentials selbsttätig ab. Es kommt zunächst zu einem raschen (1-2 ms dauernden) Potentialanstieg (Abb. 3-3), bis die sog. initiale Spitze bei etwa +30 mV erreicht ist. An diese schnelle ***Aufstrichphase*** schließt sich die ***Repolarisationsphase*** an, in der zunächst ein für die Herzmuskelfaser charakteristisches, längerdauerndes ***Plateau*** ausgebildet wird, bevor die Rückkehr zum Ruhepotential erfolgt. Die Dauer des Aktionspotentials der Myokardfaser hängt von der Herzfrequenz ab; sie variiert zwischen 180 ms bei hoher Frequenz und 380 ms bei langsamer Schlagfolge. Normalerweise ist das Aktionspotential der Vorhofmuskulatur kürzer als das der Arbeitsmuskulatur in den Ventrikeln (Abb. 3-2).
Der anfängliche Potentialanstieg wird durch eine starke Zunahme der Membranleitfähigkeit für Na^+-Ionen erzeugt, die einen ***schnellen Na^+-Einstrom*** zur Folge hat (Abb. 3-3). Der initiale Na^+-Einstrom wird jedoch sehr rasch inaktiviert, so daß sofort eine Teilrepolarisation eintritt.

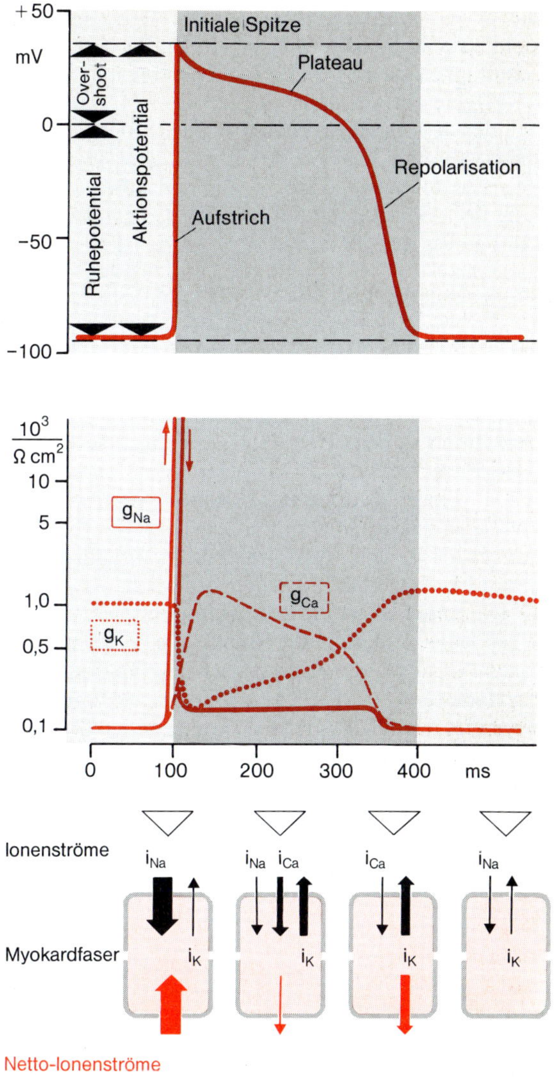

Abb. 3-3. Aktionspotential der Herzmuskelzelle, modifiziert nach ANTONI. *Oben:* Verlauf des Aktionspotentials. *Mitte:* Änderungen der Ionenleitfähigkeiten für Na^+, Ca^{2+} und K^+, die dem Aktionspotential zugrunde liegen. *Unten:* Richtung und Größe der Ionenströme in den verschiedenen Phasen (Netto-Ionenstrom = Differenz zwischen Einwärts- und Auswärtsstrom)

Die charakteristische Plateauphase ist darauf zurückzuführen, daß die Membranleitfähigkeit für Ca^{2+}-Ionen für eine längere Zeit erhöht und die Leitfähigkeit für K^+-Ionen in dieser Zeitspanne erniedrigt ist, so daß sich die Effekte eines ***langsamen Ca^{2+}-(und Na^+-)Einstroms*** und eines entsprechenden ***K^+-Ausstroms*** etwa die Waage halten. Erst wenn die Ca^{2+}-Leitfähigkeit abnimmt und die K^+-Leitfähigkeit wieder zunimmt, kommt es zur vollständigen Repolarisation. Bei der Arbeitsmuskulatur ist nach Beendigung des Aktionspotentials die K^+-Leitfähigkeit gleichbleibend hoch, so daß das Ruhepotential bis zur nächsten Erregung einen konstanten Wert beibehält.

Refraktärperiode. Während des Erregungsvorgangs ist die Herzmuskelfaser refraktär, d. h. ihre Ansprechbarkeit auf Extrareize aufgehoben oder vermindert. Während der schnellen Depolarisation, des Plateaus und der nachfolgenden Repolarisation (bis zum Wert von etwa −45 mV) kann auch durch stärkste Extrareize keine weitere Erregung ausgelöst werden. Diese Phase bezeichnet man als ***absolute Refraktärperiode.*** In der anschließenden Phase bis zur Repolarisation von etwa −75 mV kehrt die Erregbarkeit allmählich wieder zurück. In dieser sog. ***relativen Refraktärperiode*** kann zwar ein neues Aktionspotential ausgelöst werden; hierfür ist jedoch eine stärkere Depolarisation erforderlich, als dies normalerweise der Fall ist. Die in der relativen Refraktärperiode entstehenden Aktionspotentiale haben einen langsameren Anstieg, eine kleinere Amplitude sowie eine kürzere Dauer und werden relativ langsam fortgeleitet. Sie führen zu einer verminderten Ca^{2+}-Freisetzung in den Herzmuskelfasern und dadurch zu einer kleineren Kontraktionsamplitude (S. 82). In der letzten Phase der Repolarisation (−75 bis −90 mV) ist die Erregbarkeit gesteigert („supernormal").

Da die absolute und die relative Refraktärperiode zusammen etwa der Dauer des Aktionspotentials entsprechen, beeinflussen Verkürzungen oder Verlängerungen der Aktionspotentiale (z. B. bei Herzfrequenzänderungen) auch die Dauer der Refraktärperioden. Aus diesem Grund sind auch die Refraktärperioden der Vorhofmuskulatur kürzer als die des Ventrikelmyokards.
Die absolute Refraktärperiode ist im wesentlichen eine Folge der ***Inaktivierung des schnellen Na^+-Kanals*** nach dem initialen Na^+-Einstrom, so daß ein weiteres Aktionspotential nicht entstehen kann. In der anschließenden relativen Refraktärperiode wird das Na^+-System zunehmend reaktiviert; in dieser Phase kann zwar ein erneuter Na^+-Einstrom stattfinden, führt jedoch nur zu einer begrenzten Depolarisation d. h. zu einer verminderten Amplitude des Aktionspotentials.

Funktionelle Bedeutung der langen Refraktärperiode. Die lange Aktionspotentialdauer und die davon abhängige lange Refraktärperiode verhindern, daß die Herzaktion durch zu frühe Wiedererregung gestört wird. Ebenso bildet die lange Refraktärperiode einen Schutz gegen den ***Wiedereintritt***

(re-entry) von Erregungen, die nach Durchlaufen eines bestimmten Weges im funktionellen Herzmuskelsyncytium zu ihrem Ursprungsort zurückkehren. Die Erregungen treffen alle zuvor erregten Abschnitte im refraktären Zustand an, so daß es in der Regel nicht zu einem „Kreisen" von Erregungen kommen kann.

Werden allerdings Extraerregungen in der relativen Refraktärperiode ausgelöst, so können u. U. ***kreisende Erregungen*** entstehen. Ursache hierfür sind die verkürzte Refraktärzeit und die langsamere Fortleitung von Erregungen, die in der relativen Refraktärperiode einsetzen (S. 78). Solche Erregungen können nach Durchlaufen eines bestimmten Weges im Myokard ihren Ursprungsort bereits wieder im erregbaren Zustand vorfinden, so daß ein Wiedereintritt möglich ist. Es besteht also die Gefahr, daß durch überschwellige äußere Reize (z. B. beim Elektrounfall) oder durch spontane Extraerregungen in der relativen Refraktärperiode besonders leicht Herzflimmern (S. 81 f.) ausgelöst wird. Daher bezeichnet man dieses Zeitintervall als die ***vulnerable Phase*** der Herzmuskelerregung.

Eine weitere Konsequenz der langen absoluten Refraktärphase besteht darin, daß die Kontraktion des Myokards beendet ist, bevor durch eine nachfolgende Erregung eine erneute Kontraktion ausgelöst werden kann. Eine Überlagerung der Kontraktionen (Superposition) ist also nicht möglich. Im Gegensatz zum Skeletmuskel, dessen Kontraktion erst einsetzt, wenn die Refraktärperiode praktisch beendet ist, kann der Herzmuskel ausschließlich Einzelkontraktionen ausführen.

Aktionspotential der Schrittmacherzellen. Während das Aktionspotential des Arbeitsmyokards nur durch Depolarisation von einer benachbarten Stelle her ausgelöst werden kann, sind die Zellen des Erregungsbildungs- und Erregungsleitungssystems zur spontanen Depolarisation befähigt (Schrittmacherpotential, Präpotential). Wie Abb. 3-4 zeigt, beginnt die langsame ***diastolische Depolarisation*** sofort nach dem Ende des vorausgehenden Aktionspotentials. Erreicht die diastolische Depolarisation die in Abb. 3-4 gekennzeichnete Schwelle, so entsteht das nächste fortgeleitete Aktionspotential.
Die Zellen des Sinusknotens sind dadurch gekennzeichnet, daß in ihnen die spontane Depolarisation schneller erfolgt als in den übrigen Zellen des spezifischen Systems (AV-Knoten, His-Bündel, Purkinje-Fasern). Aus diesem Grund wird der Rhythmus der Herzaktion normalerweise von den Zellen des Sinusknotens bestimmt ***(aktueller Schrittmacher).*** Erst bei dessen Ausfall kann die langsamere spontane Depolarisation anderer Zellgruppen des Systems die Schwelle erreichen und damit den Rhythmus der Herzaktion steuern. Diese Zellgruppen werden daher auch als ***potentielle Schrittmacher*** bezeichnet.

Die langsame diastolische Spontandepolarisation im Sinus- und AV-Knoten wird darauf zurückgeführt, daß die während der Repolarisationsphase des Aktions-

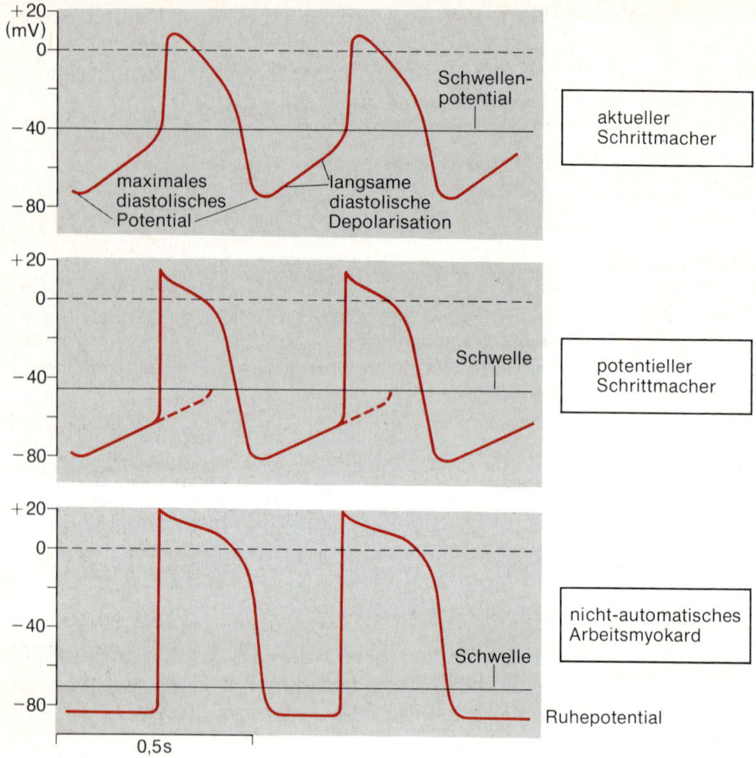

Abb. 3-4. Aktionspotentiale von Schrittmacherzellen und Zellen des Arbeitsmyokards, nach ANTONI (aus Schmidt und Thews, 1987). In den Zellen des Sinusknotens (aktueller Schrittmacher) folgt auf die Repolarisation eine spontane Depolarisation, die nach Erreichen des Schwellenpotentials ein neues Aktionspotential auslöst. In den übrigen Zellen des Erregungsleitungssystems (potentieller Schrittmacher) erfolgt die spontane Depolarisation so langsam, daß sie vor Erreichen der Schwelle durch das zugeleitete Aktionspotential unterbrochen wird. Im nichtautomatischen Arbeitsmyokard kann das Aktionspotential nur von benachbarten Fasern ausgelöst werden

potentials angestiegene K^+-Leitfähigkeit wieder abnimmt, so daß der langsame Einstrom von Ca^{2+} und Na^+ eine allmähliche Depolarisation bewirkt. Im ventriculären Erregungsleitungssystem ist die Aktivierung eines speziellen Na^+-Kanals für die Spontandepolarisation verantwortlich.

3.1.3 Ektope Erregungsbildung

Werden Erregungen nicht im primären Schrittmacher des Herzens (Sinusknoten) gebildet, so bezeichnet man ihre Ursprungsorte als ***ektope (heterotope) Zentren*** oder auch als ektope Foci. Ektope Erregungsbildungen führen häufig zu Extrasystolen oder auch zu Herzflimmern bzw. Herzflattern.

Extrasystolen. Unter einer Extrasystole versteht man eine Herzkontraktion, die durch eine Erregung außerhalb des normalen Sinusrhythmus ausgelöst wird. Nach dem Ursprungsort der Extraerregung unterscheidet man supraventriculäre und ventriculäre Extrasystolen.
Supraventriculäre Extrasystolen gehen meist von der Vorhofmuskulatur oder vom AV-Knoten aus. Hierbei wird die Extraerregung nicht nur zu den Ventrikeln sondern in der Regel auch rückläufig zum Sinusknoten geleitet. Durch die rückläufige Erregung der Schrittmacherzellen wird deren Spontandepolarisation unterbrochen, so daß die nächste Herzaktion erst wieder nach einem normalen Sinusintervall erfolgen kann. Die supraventriculäre Extrasystole führt also zu einer ***Phasenverschiebung*** des Sinusrhythmus. Als Ursache für das gehäufte Auftreten derartiger Extrasystolen kommen u. a. neurovegetative Einflüsse, Überdehnung der Vorhofwand oder Hypokaliämie (S. 85) in Frage.
Ventriculäre Extrasystolen entstehen am häufigsten im ventriculären Erregungsleitungssystem, können aber auch im Arbeitsmyokard ihren Ursprung haben. Eine rückläufige Vorhoferregung und Depolarisation des Sinusknotens findet im allgemeinen nicht statt. Die nachfolgend vom Sinusknoten ausgehende reguläre Erregung trifft daher die Ventrikel noch in der absoluten Refraktärphase der Extraerregung an und bleibt daher ohne Kontraktionserfolg. Erst die übernächste Sinuserregung führt wieder zu einer Ventrikelkontraktion: Die ventriculäre Extrasystole ist von einer ***kompensatorischen Pause*** gefolgt. Da diese Pause die vorausgegangene Verkürzung des Aktionsintervalls wieder ausgleicht, kommt es nicht zu einer Phasenverschiebung des Sinusrhythmus. Ventriculäre Extrasystolen treten häufig bei herdförmigen Myokardschäden und Coronarerkrankungen auf.

Bei langsamem Grundrhythmus (Bradykardie, $f < 60\ min^{-1}$) kann eine ventriculäre Extrasystole zwischen zwei normalen Herzaktionen so eingeschaltet sein, daß die Normalaktionen dadurch nicht beeinflußt werden ***(interponierte Extrasystole).***

Vorhofflattern und Vorhofflimmern. Werden von ektopischen Vorhofzentren Erregungen mit einer Frequenz von 200–350 min^{-1} gebildet, so laufen die Vorhofkontraktionen nur noch teilweise koordiniert ab. Man spricht in diesem Fall von Vorhofflattern. Bei dieser seltenen Rhythmusstörung können die schnell aufeinanderfolgenden Erregungen nur partiell auf die Ventrikel übergeleitet werden (z. B. im Verhältnis 2:1 oder 3:1), weil in der Refraktärzeit des AV-Knotens die Erregungsleitung blockiert ist. Bei dem häufigeren Vorhofflimmern handelt es sich um Erregungsfolgen mit einer Frequenz von 350–600 min^{-1}. In diesem Fall läuft die Kontraktion der Vorhofmuskulatur vollkommen unkoordiniert ab. Die Erregungen werden nur noch in unregelmäßigen Abständen auf die Ventrikel übergeleitet, so daß eine ***absolute Arrhythmie*** der Kammeraktionen die Folge ist. Die hämodynamischen Auswirkungen sind jedoch in der Regel gering (Verminderung des Herzzeitvolumens um 10–20%). Vorhofflattern bzw. -flimmern kann durch verschiedenartige Schädigungen des Herzens ausgelöst werden (O_2-Mangel, Wandüberdehnung, Hypokaliämie, Unterkühlung u. a.).

Kammerflattern und Kammerflimmern. Die Frequenz des Kammerflatterns liegt überwiegend zwischen 200 und 250 min^{-1}. Da die Kontraktionen der Ventrikelmuskulatur nur noch partiell koordiniert ablaufen, ist die Förderleistung des Herzens so stark eingeschränkt, daß häufig Bewußtlosigkeit eintritt. Beim noch höherfrequenten Kammerflimmern ist eine wirksame Füllung und Entleerung überhaupt nicht mehr möglich. Daher kommt Kammerflimmern, die häufigste Todesursache bei Elektrounfällen und Herzinfarkten, hämodynamisch einem Herzstillstand (Asystolie) gleich. Man nimmt an, daß die Flimmererregungen in ektopischen Foci ausgelöst werden und für die Aufrechterhaltung dieses Zustandes kreisende Erregungen (S. 79) verantwortlich sind.

Kammerflattern oder -flimmern kann durch ***elektrische Defibrillation*** unterbrochen werden. Hierzu werden über großflächige Elektroden kurzdauernde Gleich- oder Wechselstromstöße mit einer Stärke von 2–3 A über die Thoraxwand durch das Herz geleitet. Wahrscheinlich führen diese Stromstöße zu einer synchronen Erregung aller Myokardanteile, so daß kreisende Erregungen unterbrochen werden. Nach einer derartigen Synchronisation kommt es vielfach wieder zu einem geordneten Erregungsablauf. Zur Überbrückung der Zeit bis zu einer möglichen Defibrillation ist die Durchführung einer externen Herzmassage erforderlich, durch die eine begrenzte Blutförderung aufrechterhalten werden kann.

3.2 Elektromechanische Kopplung und Beeinflussung der Herzaktion

3.2.1 Elektromechanische Kopplung

Durch den Erregungsprozeß, der sich in gesetzmäßiger Weise über das Herz ausbreitet, wird die Kontraktion der Myokardfasern ausgelöst. Diese Aktivierung des kontraktilen Apparates durch das Aktionspotential bezeichnet man als elektromechanische Kopplung. Eine Schlüsselstellung nehmen dabei die ***Ca^{2+}-Ionen*** ein.
Das Aktionspotential, das sich mit einer Geschwindigkeit von 0,5–1 m/s

äußere Zellmembran

über das Sarkolemm der Arbeitsmuskulatur ausbreitet, gelangt über Einstülpungen der Zellmembran ***(transversale Tubuli***, T-System) in das Faserinnere (Abb. 3-5). Hier besteht ein enger Kontakt der Einstülpungen mit den terminalen Zisternen des sarkoplasmatischen Reticulums ***(longitudinalen Systems)***, in denen Ca^{2+}-Ionen gespeichert sind. Durch die Depolarisation werden aus diesen intracellulären Speichern Ca^{2+}-Ionen freige-

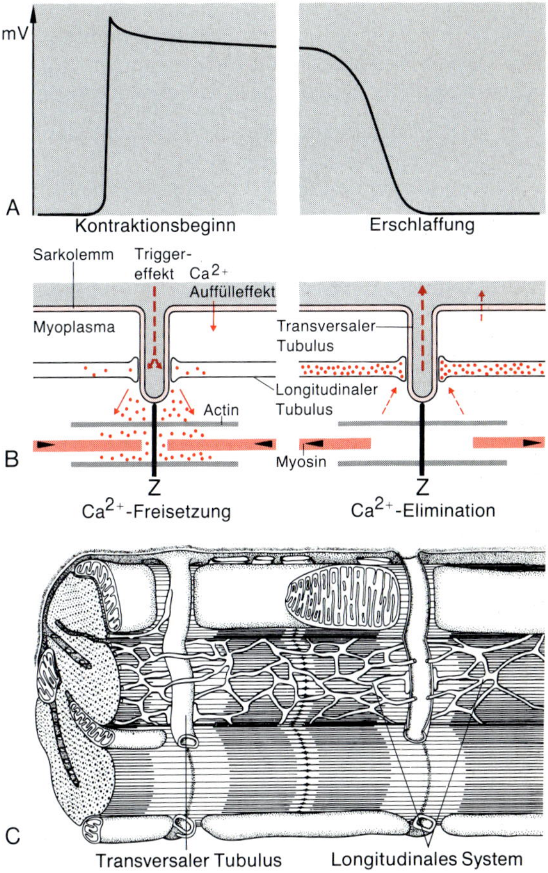

Abb. 3-5 A–C. Elektromechanische Kopplung in schematischer Darstellung. Das Aktionspotential (**A**) löst die intracelluläre Freisetzung von Ca^{2+}-Ionen aus, die (**B**) den kontraktilen Apparat aktivieren. Die Erschlaffung tritt infolge der Ca^{2+}-Elimination aus dem Myoplasma ein. (**C**): Feinstruktur der Myokardfaser

setzt. Gleichzeitig strömen Ca^{2+}-Ionen über die Membran in das Zellinnere ein, so daß sich ihre Konzentration im Sarkoplasma schlagartig von 2×10^{-7} auf 10^{-5} mol/l erhöht. Durch diesen Konzentrationsanstieg werden am kontraktilen Apparat diejenigen Prozesse aktiviert, die schließlich zur Kontraktion der Myokardfaser führen (teleskopartige Verschiebung der längenkonstanten Actin- und Myosinfilamente gegeneinander aufgrund von Interaktionen zwischen Myosin und Actin unter Mitwirkung von ATP). Der Kontraktionsvorgang wird dadurch beendet, daß die Ca^{2+}-Ionen aus dem Sarkoplasma aktiv in das longitudinale System bzw. in den Extracellularraum zurückgepumpt werden.

Das Aktionspotential erfüllt im Zusammenhang mit der elektromechanischen Kopplung eine doppelte Aufgabe (Abb. 3-5),

- es löst die Kontraktion durch Freisetzung der Ca^{2+}-Ionen aus intracellulären Depots aus ***(Triggereffekt)***,
- es sorgt durch den Ca^{2+}-Einstrom während der Plateauphase für eine Auffüllung der intracellulären Speicher ***(Auffülleffekt)***.

3.2.2 Ionale Einflüsse auf Erregung und Kontraktion

Veränderungen der Elektrolytkonzentrationen im Blutplasma und damit auch im Extracellularraum können die Erregbarkeit, d. h. die Bedingungen für die Erregungsauslösung beeinflussen, den Erregungsablauf in den

Tabelle 3-2. Wirkung ionaler und nervaler Einflüsse auf die Grundeigenschaften des Herzens. Es bedeuten: + Zunahme; – Abnahme; ∅ kein Effekt

	Steilheit der diastolischen Depolarisation (chronotrope Wirkung)	atrioventriculäre Erregungsleitung (dromotrope Wirkung)	Kontraktionskraft (inotrope Wirkung)
Sympathicusaktivierung bzw. (Nor-)Adrenalin	+	+	+
Parasympathicusaktivierung bzw. Acetylcholin	–	–	– (Vorhofmyokard)
$[K^+]_e$ Erhöhung	–	(+) → –	–
$[K^+]_e$ Erniedrigung	+	∅	+
$[Ca^{2+}]_e$ Erhöhung	∅	∅	+
$[Ca^{2+}]_e$ Erniedrigung	(+)	∅	–

Schrittmacherzellen und im Arbeitsmyokard modifizieren sowie die Kontraktionskraft (Kontraktilität) des Herzens steigern oder mindern (Tabelle 3-2). Daher kommt den extracellulären Elektrolytveränderungen in der Kardiologie erhebliche Bedeutung zu.

Calciumwirkungen. Eine mäßige Erhöhung der extracellulären Ca^{2+}-Konzentration ***(Hypercalcämie)*** steigert geringgradig die Kontraktionskraft des Herzens durch Verstärkung der elektromechanischen Kopplung. Exzessiv hohe Ca^{2+}-Konzentrationen können jedoch die Kontraktion so stark aktivieren, daß es zum Herzstillstand in der Systole kommt. Eine kontraktionsfördernde Wirkung haben auch diejenigen Stoffe, die den Ca^{2+}-Einstrom während des Aktionspotentials verstärken, wie z. B. Adrenalin und Noradrenalin. Herzglykoside (Digitalis, Strophanthin), die bei Herzmuskelschwäche zur Steigerung der Kontraktionskraft eingesetzt werden, erhöhen die Konzentration der Ca^{2+}-Ionen im Intracellularraum. Einen entgegengesetzten Effekt haben extracelluläre Ca^{2+}-Reduktion ***(Hypocalcämie)*** und Hemmung des Ca^{2+}-Einstroms (z. B. durch sog. Calciumantagonisten), die zu einer elektromechanischen Entkopplung und damit zu einer Minderung der Kontraktionskraft führen.

Kaliumwirkungen. Extracelluläre Veränderungen der K^+-Konzentration wirken sich primär auf die Membranprozesse aus. Eine Erhöhung der K^+-Konzentration ***(Hyperkaliämie)*** führt zu einer Verminderung des Ruhepotentials (S. 75 f.) und außerdem zu einer Zunahme der K^+-Permeabilität. Bei einer mäßigen Hyperkaliämie ($[K^+]_e$ = 5,5–8 mmol/l) kommt es zu einer Steigerung der Erregbarkeit und der Erregungsleitungsgeschwindigkeit. Wenn jedoch die extracelluläre K^+-Konzentration über 8 mmol/l ansteigt, ist die Membran so stark depolarisiert, daß Erregbarkeit, Leitungsgeschwindigkeit und Kontraktilität (durch eine Verkürzung der Dauer des Aktionspotentials) abnehmen. Im Extremfall kommt es zu einem Herzstillstand in der Diastole. Die Erniedrigung der extracellulären K^+-Konzentration ***(Hypokaliämie)*** führt insbesondere zu einer Abnahme der K^+-Permeabilität und damit zu einer Förderung der Erregungsbildung im ventrikulären Erregungsleitungssystem (durch eine Abnahme der K^+-Leitfähigkeit wird die Spontandepolarisation gefördert). Unter diesen Umständen können ektope Foci aktiviert und Rhythmusstörungen ausgelöst werden (S. 81).

Kardioplege Lösungen. Kaliumreiche Lösungen, welche die Erregbarkeit vollständig aufheben, finden in der Herzchirurgie zur reversiblen Stillegung des Herzens (in der Diastole) Verwendung. Eine „herzlähmende" Wirkung haben auch isotonische Na^+- und Ca^{2+}-freie Lösungen. Na^+-freie Lösungen verhindern den für das Aktionspotential wichtigen Na^+-Einstrom; Ca^{2+}-freie Lösungen bewirken eine totale elektromechanische Entkopplung. Während einer längerdauernden Ruhigstellung des Herzens muß der Blutkreislauf durch eine Herz-Lungen-Maschine aufrechterhalten werden.

3.2.3 Nervale Beeinflussung der Herzaktion

Efferente Innervation. Das Herz ist unter Führung des primären Schrittmachers weitgehend autonom tätig. Seine Aktionen können jedoch durch die efferenten Herznerven, die zum ***vegetativen Nervensystem*** gehören, modifiziert und damit den Bedürfnissen des Gesamtorganismus angepaßt werden. Insbesondere beeinflussen die Herznerven die Herzfrequenz (chronotrope Wirkung), die atrioventriculäre Erregungsüberleitung (dromotrope Wirkung) und die Kontraktionskraft (inotrope Wirkung). Die beiden Anteile des vegetativen Systems, Sympathicus und Parasympathicus, üben auf diese Qualitäten der Herztätigkeit einen antagonistischen Einfluß aus (Tabelle 3-2): Die Aktivierung des ***Sympathicus*** hat ganz allgemein einen fördernden Effekt, der durch die Reaktion der sympathischen Überträgersubstanz ***Noradrenalin*** mit den membranständigen β_1-Receptoren vermittelt wird. In gleicher Weise wirkt das Nebennierenmarkhormon ***Adrenalin,*** das ebenfalls mit den β_1-Receptoren reagiert. Dagegen übt der ***Parasympathicus*** unter Vermittlung seiner Überträgersubstanz ***Acetylcholin*** einen hemmenden Einfluß auf die Herztätigkeit aus.
Diese Wirkungen sind jedoch im Hinblick auf die drei genannten Qualitäten verschieden stark ausgeprägt, was auf die unterschiedliche räumliche Verteilung der sympathischen und der parasympathischen Innervation auf die einzelnen Herzabschnitte zurückzuführen ist (Abb. 3-6). Die Sym-

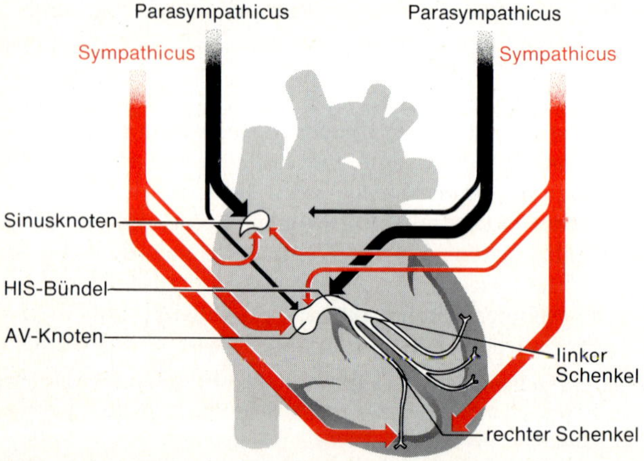

Abb. 3-6. Efferente Innervation des Herzens in schematischer Darstellung. Infolge der unterschiedlichen Verteilung sympathischer und parasympathischer Efferenzen auf Vorhöfe und Ventrikel differieren die nervalen Wirkungen in den verschiedenen Herzabschnitten

pathicusfasern, die das Herz innervieren, haben ihren Ursprung in den Seitenhörnern der oberen spinalen Thorakalsegmente. Die präganglionären Fasern werden im Grenzstrang auf die postganglionären Fasern umgeschaltet, die dann als ***Nn. cardiaci*** das Herz erreichen und sich gleichmäßig auf alle Herzabschnitte verteilen. Die parasympathische Innervation erfolgt über Äste des ***N. vagus,*** die als Rami cardiaci insbesondere die Vorhöfe, jedoch kaum die Ventrikel versorgen. Der rechte Vagus innerviert vorwiegend den rechten Vorhof mit dem Sinusknoten; der linke Vagus dagegen hat sein Hauptinnervationsgebiet im Bereich des AV-Knotens.

Chronotropie. Bei Reizung der zum rechten Herzen ziehenden Vagusfasern oder bei direkter Applikation von Acetylcholin auf den Sinusknoten nimmt die Herzfrequenz ab. Der Vagus hat also eine ***negativ chronotrope Wirkung.*** Bei Sympathicusreizung bzw. bei lokaler Einwirkung von Catecholaminen (Adrenalin, Noradrenalin) zeigt sich der umgekehrte Effekt ***(positiv chronotrope Wirkung).*** In situ kommt dem rechten Vagus die entscheidende Bedeutung für die Einstellung der Herzfrequenz zu. Eine Frequenzsteigerung tritt ein, wenn der Vagustonus abnimmt, d. h. wenn weniger Nervenimpulse über den Vagus zum Herzen geleitet werden. Der Sympathicustonus hat demgegenüber einen geringeren Einfluß auf die Herzfrequenz.

Die chronotrope Wirkung der Herznerven läßt sich folgendermaßen erklären: Unter Vaguseinfluß bzw. bei Acetylcholinfreisetzung kommt es zu einer Zunahme der K^+-Leitfähigkeit, die einer Depolarisation entgegenwirkt. Daher nimmt die Steilheit der diastolischen Depolarisation ab, so daß die Schwelle für die Erregungsbildung erst nach einem größeren Zeitintervall erreicht wird und die Herzfrequenz sinkt (Abb. 3-7). Umgekehrt steigt unter Sympathicuseinfluß die diastolische

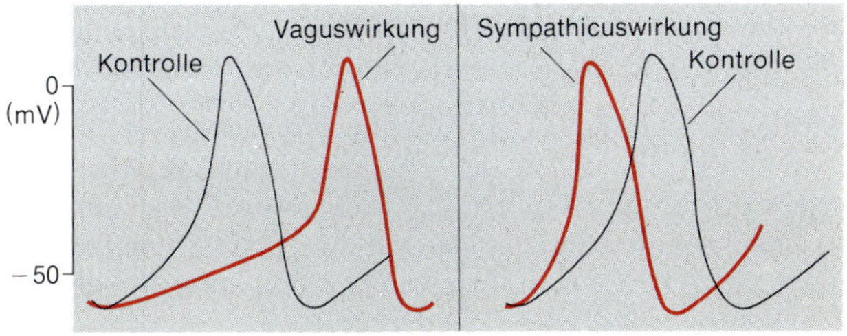

Abb. 3-7. Einflüsse der efferenten Herznerven auf das Aktionspotential der Schrittmacherzellen im Sinusknoten. Unter Vaguseinfluß vermindert sich die Steilheit der diastolischen Depolarisation und damit die Herzfrequenz. Sympathicusaktivierung führt zu einem steileren Anstieg der diastolischen Depolarisation und damit zu einer Zunahme der Herzfrequenz

Depolarisation (aufgrund eines gesteigerten Ca^{2+}-Einwärtsstromes) steiler an, woraus eine schnellere Herzschlagfolge resultiert.

Dromotropie. Die nervale Beeinflussung der Erregungsleitung ist wahrscheinlich auf den Bereich des AV-Knotens beschränkt. Reizung des linken Vagus oder Acetylcholingabe verzögern die atrioventriculäre Erregungsüberleitung ***(negativ dromotrope Wirkung).*** Im Extremfall kann sogar ein totaler Herzblock auftreten. Sympathicusreizung oder Catecholamingabe beschleunigen die Erregungsüberleitung ***(positiv dromotrope Wirkung),*** so daß sich die Zeit zwischen der Vorhofsystole und der Kammersystole verkürzt.

Die dromotropen Wirkungen werden auf Veränderungen der Aufstrichgeschwindigkeit im Aktionspotential zurückgeführt. Der initiale Potentialanstieg verläuft im AV-Knoten besonders langsam (Abb. 3-2), weil hier wahrscheinlich das schnelle Na^{+}-System inaktiviert ist und der langsamere Ca^{2+}-Einstrom die Aufstrichphase bestimmt. Unter Vaguseinfluß wird die Aufstrichsteilheit noch weiter vermindert, während sie unter Sympathicuseinfluß zunimmt.

Inotropie. Die Kontraktionskraft (Kontraktilität) des Myokards kann ebenfalls durch die Herznerven modifiziert werden. Vagusreizung oder lokale Gabe von Acetylcholin vermindern durch eine Verkürzung der Aktionspotentialdauer (aufgrund einer erhöhten K^{+}-Leitfähigkeit) die Kontraktionsstärke der Vorhofmuskulatur ***(negativ inotrope Wirkung).*** Sympathicusaktivierung und direkte Applikation von Catecholaminen steigern die Kontraktionskraft des Vorhof- und Kammermyokards ***(positiv inotrope Wirkung).*** Dabei wird gleichzeitig die Kontraktionsgeschwindigkeit erhöht und die Erschlaffung beschleunigt.

Als Ursache für die positiv inotrope Wirkung wird eine Zunahme des Ca^{2+}-Einstroms in die Zellen und die daraus resultierende Verstärkung der elektromechanischen Kopplung angesehen. Die bei allgemeiner Aktivierung des Kreislaufs in der Regel zu beobachtende Steigerung der Schlagfrequenz hat ebenfalls eine Zunahme der Kontraktionskraft zur Folge, weil durch die vermehrte Zahl der Aktionspotentiale der Ca^{2+}-Einstrom gefördert wird ***(„Frequenz-Inotropie“).***

Afferente Innervation. Sowohl im sympathischen System als auch im Vagus verlaufen neben den efferenten auch afferente (sensible) Fasern. Die afferenten Fasern, die sich dem ***Sympathicus*** anschließen, gehen von dichten subendokardialen Netzen markloser, frei endender Nervenfasern aus. Sie vermitteln wahrscheinlich die starke ***Schmerzempfindung*** bei Durchblutungsstörungen des Herzmuskels.
Die afferenten Nervenfasern, die im ***N. vagus*** verlaufen, haben ihren Ursprung in Mechanoreceptoren der Vorhöfe und des linken Ventrikels. Es handelt sich hierbei um zwei Receptortypen: ***A-Receptoren,*** die auf Zunahme der aktiven Muskelspannung ansprechen, und ***B-Receptoren,*** die bei passiver Wanddehnung erregt werden. Die Fasern von diesen Recep-

toren ziehen zum dorsalen Vaguskern in der Medulla oblongata und stellen die afferenten Leitungswege für die „Entlastungsreflexe" des Herzens dar: Durch lokale Dehnung der Vorhöfe bei erhöhtem Blutangebot kommt es zu einer Steigerung der Harnausscheidung (***Gauer-Henry-Reflex***, S. 372) und zu einem Blutdruckabfall (Vorhofdehnungsreflex); eine vermehrte Dehnung des linken Ventrikels führt auf dem Reflexweg zur Abnahme der Schlagfrequenz und des Blutdruckes ***(Bezold-Jarisch-Reflex).***

3.3 Elektrokardiogramm (EKG)

3.3.1 Grundlagen der Elektrokardiographie

Eine erregte Herzmuskelfaser ist an ihrer Zelloberfläche gegenüber einer unerregten Faser elektronegativ. Während des Erregungsablaufes entstehen daher in der Herzmuskulatur Potentialdifferenzen zwischen den erregten und den unerregten Zellen. Da das Herz in leitende Medien eingebettet ist, breitet sich in seiner Umgebung ein Stromlinienfeld aus (Abb. 3-11 B, S. 95). Aus diesem Grund lassen sich die vom Herzen ausgehenden Potentialänderungen von definierten Orten der Körperoberfläche als Elektrokardiogramm (EKG) ableiten.

Grundform des EKG. Die Form des Elektrokardiogramms ist von dem gesetzmäßigen Erregungsablauf im Herzen und von den jeweils gewählten Ableitformen (S. 94ff.) abhängig. Die charakteristischen Spannungsänderungen des EKG lassen sich am besten für die Ableitung zwischen dem rechten Arm und dem linken Bein (Standardableitung II nach EINTHOVEN, Abb. 3-11, S. 95) erläutern. Abb. 3-8 zeigt ein normales, auf diese Weise abgeleitetes EKG. Man erkennt darin ***Zacken*** und ***Wellen*** mit positiver oder negativer Ausschlagsrichtung, die mit den Buchstaben P bis U bezeichnet werden. Den Abstand zwischen zwei Zacken, in dem die EKG-Kurve auf der Nullinie (isoelektrischen Linie) verläuft, charakterisiert man als ***Strecke*** oder Segment. Zacken und Strecken werden zu ***Intervallen*** zusammengefaßt, deren zeitliches Korrelat man als Dauer bezeichnet. Das Intervall zwischen den Gipfeln zweier aufeinanderfolgender R-Zacken entspricht der Dauer einer Herzperiode, aus der sich die momentane Herzfrequenz errechnen läßt: 60/RR-Dauer (s) = Schläge/min.

Bedeutung der einzelnen EKG-Abschnitte. Die Zacken und Wellen des EKG stehen in Beziehung zum Erregungsablauf im Herzen. Der sog. ***Vorhofteil*** beginnt mit der ***P-Welle;*** sie ist Ausdruck der Erregungsausbreitung

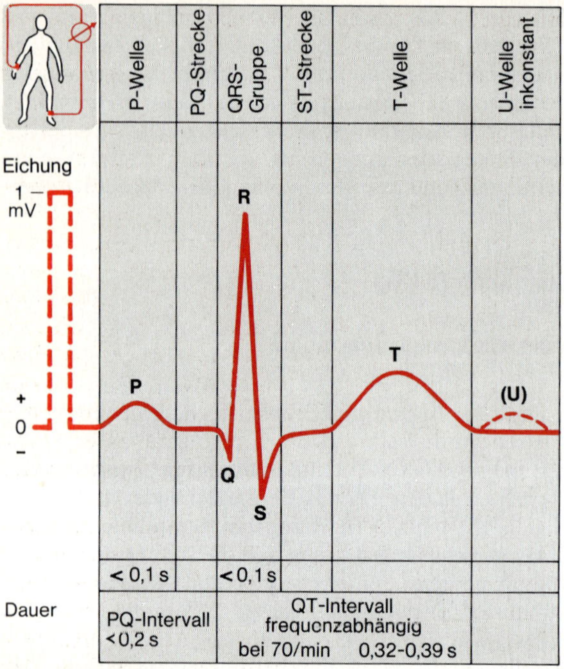

Abb. 3-8. EKG-Normalform bei bipolarer Ableitung von der Körperoberfläche in Richtung der Herzlängsachse (Standardableitung II)

in den Vorhöfen. Im Bereich der ***PQ-Strecke*** ist die gesamte Vorhofmuskulatur gleichmäßig erregt, so daß keine Potentialdifferenzen innerhalb des Vorhofmyokards vorliegen. Die Erregungsrückbildung des Vorhofmyokards wird vom Beginn des Kammerteils (s. u.) überdeckt. Das ***PQ-Intervall*** entspricht der sog. Überleitungszeit, d. h. der Dauer vom Beginn der Vorhoferregung bis zum Beginn der Kammererregung. Es dauert normalerweise 0,12–0,18 s.

Der ***Kammerteil*** reicht vom Beginn der Q-Zacke bis zum Ende der U-Welle. Die ***QRS-Gruppe*** (Kammeranfangsschwankung) entsteht durch die Erregungsausbreitung in den beiden Ventrikeln. Die anschließende ***ST-Strecke*** zeigt durch ihren Nullinien-Verlauf an, daß während dieser Zeit alle Abschnitte des Ventrikelmyokards gleichmäßig erregt sind. Die T-Welle kennzeichnet schließlich die Erregungsrückbildung in den Ventrikeln. Gelegentlich tritt im Anschluß an T noch eine U-Welle auf, deren Bedeutung noch unklar ist. ST-Strecke, T-Welle und U-Welle bilden zusammen den sog. Kammerendteil.

3.3.2 Vektorielle Interpretation des EKG-Verlaufs

Erregungsvektoren. Der spezielle EKG-Verlauf läßt sich in vereinfachter Form folgendermaßen erklären: Da eine erregte Herzmuskelfaser an ihrer Zelloberfläche gegenüber einer unerregten Faser elektronegativ ist, entstehen an der gesamten Front einer sich im Herzen ausbreitenden Erregungswelle Potentialdifferenzen. Jede der lokalen Potentialdifferenzen bildet einen ***Dipol*** und läßt sich nach Richtung und Größe durch einen Vektor darstellen, der von Minus nach Plus, also von der erregten zur unerregten Stelle zeigt. Addiert man alle lokalen Vektoren zu einem bestimmten Zeitpunkt nach der Parallelogramm-Regel, dann erhält man einen ***Integralvektor*** (Summenvektor), der die momentane, vom Herzen ausgehende Spannung charakterisiert. Diese Spannung, die sich mit dem Erregungsablauf verändert, wird allerdings von den Ableitelektroden nur zu dem Teil aufgenommen, welcher der Projektion des Integralvektors auf die Ableitungsrichtung entspricht. In gleicher Weise läßt sich auch der Repolarisationsprozeß durch zeitliche Veränderung eines Integralvektors beschreiben.
In Abb. 3-9 sind die Konsequenzen aus diesen Überlegungen für die Deutung des EKG-Verlaufs schematisch dargestellt. Die zu verschiedenen Zeitphasen von dem Erregungsprozeß erfaßten Myokardanteile sind rot markiert. Die Pfeile stellen den jeweiligen Integralvektor dar, der sich durch Addition der einzelnen Lokalvektoren an der Ausbreitungsfront ergibt. Die in Abb. 3-9 angenommene Ableitungsrichtung, auf die der Summenvektor zu projizieren ist, entspricht der Extremitätenableitung II nach EINTHOVEN (rechter Arm – linker Fuß); sie verläuft annähernd parallel zur anatomischen Herzachse schräg durch den Körper. Für die EKG-Registrierung hat man vereinbart, daß ein ***positiver Ausschlag*** in der Aufzeichnung einer ***Vektororientierung zur Herzspitze*** entsprechen soll. Die zur Positivität des unerregten Gewebes weisende Pfeilspitze bildet die Nullinie für die EKG-Konstruktion.
Abbildung 3-9 macht deutlich, wie sich die Wellen und Zacken des EKG aus der jeweiligen Richtung der Erregungsausbreitung und -rückbildung ergeben. Dabei ist zu beachten, daß die Ausbreitung im AV-Knoten und HISschen Bündel wegen der relativ geringen Fasermassen und der daraus resultierenden kleinen Summenpotentiale im EKG nicht in Erscheinung tritt.

Vektorschleife. Zeichnet man für jeden Zeitpunkt des Erregungsablaufs die momentanen Integralvektoren so auf, daß alle aus einem gemeinsamen Ausgangspunkt hervorgehen und verbindet man die Vektorspitzen miteinander, so entsteht eine dreidimensionale Figur, die Vektorschleife. Eine solche Hüllkurve aller während der Erregungsausbreitung und Erre-

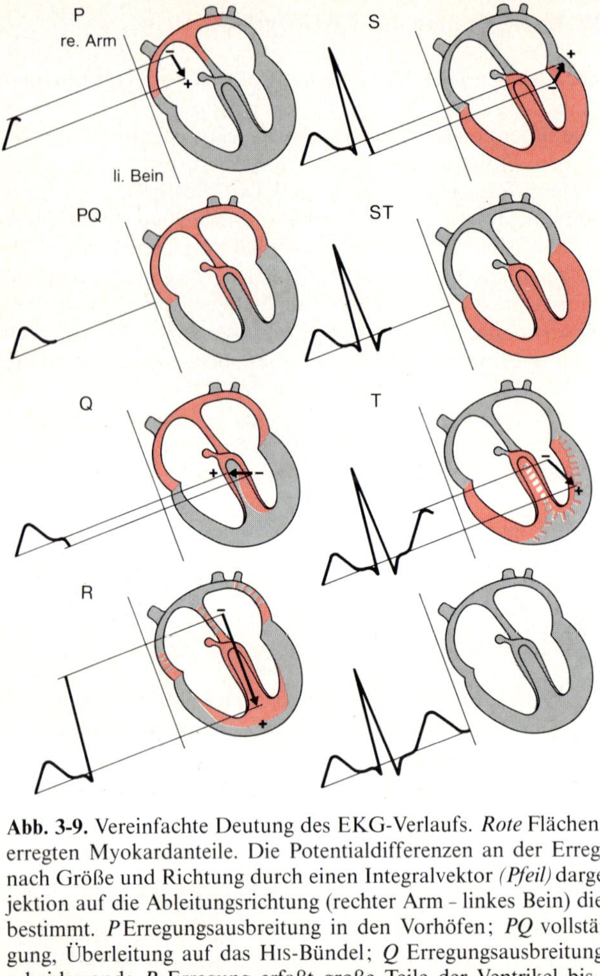

Abb. 3-9. Vereinfachte Deutung des EKG-Verlaufs. *Rote* Flächen kennzeichnen die erregten Myokardanteile. Die Potentialdifferenzen an der Erregungsfront werden nach Größe und Richtung durch einen Integralvektor *(Pfeil)* dargestellt, dessen Projektion auf die Ableitungsrichtung (rechter Arm – linkes Bein) die EKG-Amplitude bestimmt. *P* Erregungsausbreitung in den Vorhöfen; *PQ* vollständige Vorhoferregung, Überleitung auf das His-Bündel; *Q* Erregungsausbreitung in der Kammerscheidewand; *R* Erregung erfaßt große Teile der Ventrikel bis zur Herzspitze, *S* Erregungsausbreitung in den Ventrikelwänden in Richtung auf die Herzbasis; *ST* vollständige Ventrikelerregung; *T* Erregungsrückbildung in den Ventrikeln

gungsrückbildung entstehenden Integralvektoren zeigt Abb. 3-10 zusammen mit ihren Projektionen auf drei Ebenen im Raum. Man erkennt hierin drei Einzelschleifen:

- die ***P-Schleife,*** die der Erregungsausbreitung im Vorhof entspricht,
- die ***QRS-Schleife,*** welche die ventriculäre Erregungsausbreitung charak-

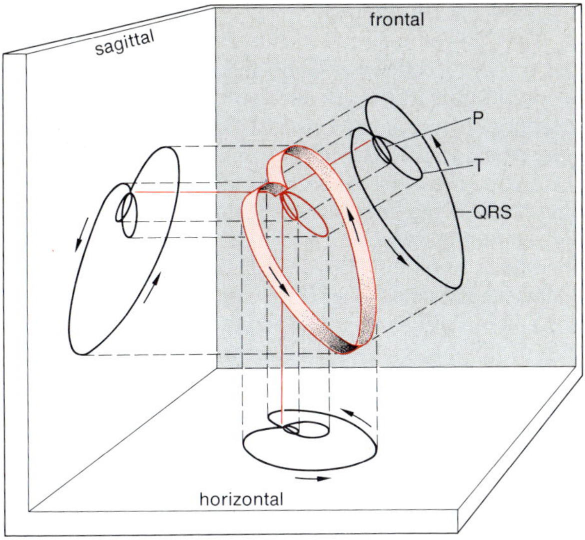

Abb. 3-10. Verläufe der EKG-Vektorschleifen in räumlicher Darstellung und ihre Projektionen auf drei Ebenen. Die Spitze des Integralvektors durchläuft nacheinander eine kleine P-Schleife, eine große QRS-Schleife und eine mittelgroße T-Schleife

terisiert und deren größter Durchmesser, die sog. elektrische Herzachse, etwa mit der anatomischen Herzachse übereinstimmt,
- die ***T-Schleife,*** die bei der Erregungsrückbildung in den Ventrikeln entsteht.

Die Registrierung dieser Schleifen während einer Herzaktion wird ***Vektorkardiographie*** genannt. Um beispielsweise die Projektion der Integralvektoren auf die Brustwand (Frontalebene) aufzuzeichnen, werden die Ableitelektroden in zwei senkrecht aufeinanderstehenden Ableitlinien (re. Arm - li. Arm, Kopf-Symphyse) angebracht und mit den vertikalen bzw. horizontalen Ablenkplatten eines Kathodenstrahloscillographen verbunden. Durch Verlagerung der Ableitelektroden in die Sagittal- oder Horizontalebene lassen sich auch die Projektionen der Vektorschleifen auf diese Ebenen oscillographisch darstellen. Die Vorteile des Vektorkardiogramms gegenüber den einfachen EKG-Aufzeichnungen (s. u.) liegen in der anschaulicheren Darstellung des Erregungsablaufes im Herzen sowie in der besseren Lokalisation von Störungen (z. B. eines Myokardinfarktes).

3.3.3 EKG-Ableitungen

Die von der Körperoberfläche abgeleiteten EKG-Spannungen liegen größenordnungsmäßig im Bereich von 1 mV und müssen daher für die Registrierung entsprechend verstärkt werden. In der Regel wird die Verstärkung so eingestellt, daß ein Ausschlag von 1 cm der Spannung von 1 mV entspricht. Nach der Anordnung der Ableitelektroden unterscheidet man bipolare und sog. unipolare Ableitungen. Bei der ***bipolaren Ableitung*** wird die Spannung zwischen zwei (gleichberechtigten) Punkten der Körperoberfläche registriert. Bei der sog. ***unipolaren Ableitung*** registriert man die Spannung zwischen einer differenten Elektrode auf der Körperoberfläche und einer indifferenten (nahezu potentialkonstanten) Bezugselektrode, die man durch Zusammenschluß mehrerer Ableitstellen erhält.

Bipolare Extremitätenableitungen nach Einthoven. Bei diesen sog. Standardableitungen werden die Potentialänderungen zwischen jeweils zwei Extremitätenelektroden registriert. Sie stellen die in der ärztlichen Praxis gebräuchlichste Ableitungsform dar und erfassen die Vektorprojektionen auf die Frontalebene des Körpers. Aus der Elektrodenlage an den beiden Armen und dem linken Fuß (der rechte Fuß ist mit dem Erdkabel verbunden) ergeben sich folgende Ableitrichtungen (Abb. 3-11, A):

Ableitung I: rechter Arm - linker Arm
Ableitung II: rechter Arm - linker Fuß
Ableitung III: linker Arm - linker Fuß

Einthovensches Dreieck und Herzlage. Durch die gleichzeitige Registrierung der drei Standardableitungen ist es möglich, näherungsweise die Lage des Herzens in der Frontalebene zu bestimmen. Hierzu geht man von einem gleichseitigen Dreieck aus, dessen Seiten die drei Ableitungsrichtungen darstellen (EINTHOVENsches Dreieck, Abb. 3-11, C). Da die drei Ableitstellen etwa gleich weit vom Herzen entfernt liegen, repräsentiert der Mittelpunkt des Dreiecks den Ausgangspunkt der Erregungsvektoren. Projiziert man nun die zeitlich zusammengehörenden Zacken bzw. Wellen der drei EKG-Aufzeichnungen von den Seiten in das Innere des Dreiecks, so erhält man die jeweilige Lage des momentanen Integralvektors. Sofern eine solche Konstruktion nacheinander für jeden Zeitpunkt des Erregungscyclus durchgeführt wird, beschreiben die Vektorspitzen den Verlauf der Vektorschleife in der frontalen Projektion. Man erhält also das gleiche Bild, wie es nach dem Verfahren der Vektorkardiographie direkt vom Kathodenstrahloscillographen registriert wird (S. 91 ff.).

Die Konstruktion mit Hilfe des EINTHOVENschen Dreiecks bietet vor allem den Vorteil, die Lage des Herzens in der Frontalebene näherungsweise bestimmen zu können. Hierzu ist es lediglich erforderlich, die Spitzen der drei R-Zacken in das Dreieck zu projizieren und damit die ***Rich-***

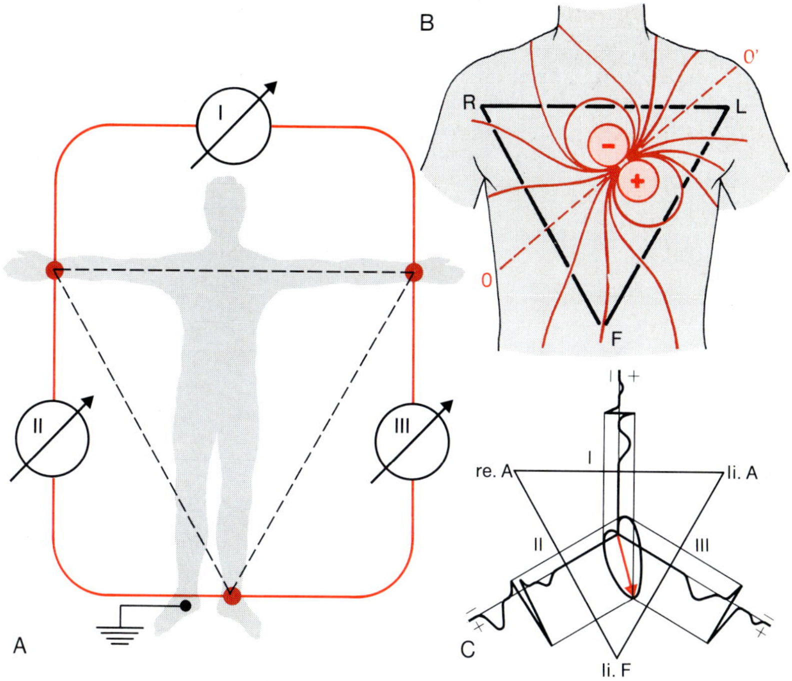

Abb. 3-11. A Elektrodenanordnung bei den EKG-Standardableitungen nach EINTHOVEN. **B** Ausbreitung der Stromlinien, die von einem kardialen Dipol ausgehen, in frontaler Projektion. **C** EINTHOVENsches Dreieck als Basis für die Konstruktion der frontalen Vektorschleife. Die Ecken des Dreiecks repräsentieren die Ableitpunkte, die Seiten die Ableitrichtungen der drei Standardableitungen. Die Projektion der zeitlich zusammengehörenden EKG-Punkte in das Innere des Dreiecks liefert die momentanen Integralvektoren, z. B. den R-Vektor in der QRS-Schleife (die P- und T-Schleifen sind nicht eingezeichnet)

tung des R-Vektors festzulegen, der mit der Richtung der anatomischen Herzachse etwa übereinstimmt. Der Winkel α, den die elektrische bzw. anatomische Herzachse mit der Horizontalen bildet, dient zur Kennzeichnung des jeweils vorliegenden Typs der Herzlage. Danach unterscheidet man die in Tabelle 3-3 angegebenen Lagetypen.

Unipolare Extremitätenableitungen nach Goldberger. Auch diese Ableitungen liegen in der Frontalebene. Hierbei sind jeweils die Elektroden zweier Extremitäten über Widerstände zusammengeschaltet und dienen als Bezugselektrode gegenüber der differenten Elektrode. Die Goldberger-

Tabelle 3-3. Kennzeichnung der Lagetypen des Herzens

Winkel der Herzachse mit der Horizontalen	Lagetyp	Vorkommen bei
$30° < \alpha < 60°$	Normaltyp (Indifferenztyp)	Erwachsenen
$60° < \alpha < 90°$	Steiltyp	Jugendlichen u. Asthenikern
$90° < \alpha < 120°$	Rechtstyp	Kleinkindern u. Rechtsherzüberlastungen
$0° < \alpha < 30°$	Horizontaltyp	älteren Menschen u. Schwangeren
$-30° < \alpha < 0°$	Linkstyp	bluthochdruckbedingter Linksherzüberlastung

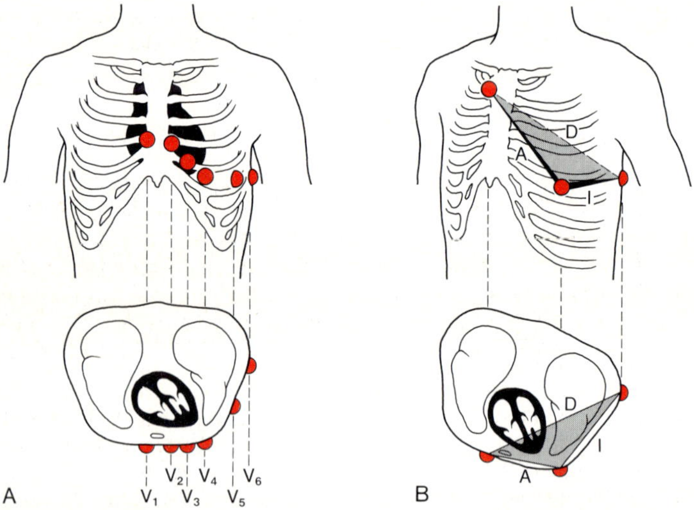

Abb. 3-12. A Lage der differenten Elektroden bei den unipolaren Brustwandableitungen nach WILSON. (Die indifferente Elektrode wird jeweils durch den Zusammenschluß der drei Extremitätenelektroden über Widerstände gebildet.) **B** Lage der Elektroden und Kennzeichnung der Ableitungsrichtungen bei den bipolaren Brustwandableitungen nach NEHB

Ableitungen sind nach der jeweils differenten Elektrode benannt: aVR = rechter Arm, aVL = linker Arm und aVF = linker Fuß.

Unipolare Brustwandableitungen nach Wilson. Bei diesen EKG-Ableitungen, die vor allem über die Vektorprojektion auf die Horizontalebene

Auskunft geben, werden sechs differente Elektroden an genau festgelegten Punkten der Thoraxwand angebracht (Abb. 3-12 A). Als indifferente Elektrode dient der Zusammenschluß der drei Extremitätenelektroden über Widerstände von jeweils 5 kΩ. Die sechs Ableitungsformen nach WILSON werden mit V_1 bis V_6 bezeichnet. Infolge der größeren Herznähe der Elektroden sind die Amplituden im Elektrokardiogramm größer als bei den Standardableitungen nach EINTHOVEN.

Bipolare Brustwandableitungen nach Nehb. Bei dieser Ableitungsform werden drei Elektroden auf die Thoraxwand aufgesetzt, und zwar die erste am Sternalansatz der 2. Rippe rechts, die zweite über der Herzspitze und die dritte in der hinteren Axillarlinie links in Höhe der Herzspitze (Abb. 3-12, B). Ähnlich wie bei den EINTHOVEN-Ableitungen bilden je zwei dieser Elektroden ein bipolares Ableitungspaar, wobei die drei Elektrodenkombinationen durch D (von dorsal), A (von anterior) und I (von inferior) gekennzeichnet werden. Der Vorteil dieser Elektrodenanordnung im „NEHBschen Herzdreieck" besteht darin, daß mit Hilfe der Ableitungen D und I Hinterwandinfarkte besonders gut erfaßt werden können.

3.3.4 Pathologische EKG-Formen

Störungen im Erregungsablauf des Herzens führen zu charakteristischen EKG-Veränderungen, die diagnostisch ausgewertet werden können. Neben Veränderungen der Herzfrequenz im Sinne einer Zunahme (Tachykardie, Ruhefrequenz $> 100\ min^{-1}$) oder Abnahme (Bradykardie, Ruhefrequenz $< 60\ min^{-1}$) sind insbesondere Störungen der Erregungsbildung und -leitung, Veränderungen von extracellulären Elektrolytkonzentrationen und Versorgungsstörungen des Myokards im EKG-Verlauf zu erkennen.

Extrasystolen. Diese Formen der Erregungsbildungsstörung sind durch eine plötzliche Veränderung im Grundrhythmus des EKG gekennzeichnet. Bei einer supraventriculären Extrasystole ist die P-Welle häufig deformiert, während der Kammerkomplex unverändert abläuft (Abb. 3-13). In der Regel folgt der nächste EKG-Komplex nach einer normalen Sinuspause (S. 81). Eine ventriculäre Extrasystole ist häufig durch eine Deformation des Kammerteils charakterisiert, wobei die Formänderung im Einzelfall von der Lage des ektopischen Focus abhängt. Der nächste EKG-Komplex folgt in diesem Fall erst nach einer kompensatorischen Pause.

Flimmern und Flattern. Bei Vorhofflattern ist der EKG-Verlauf durch kleine Potentialschwankungen der Frequenz 200–350 min^{-1} überlagert, von denen nur die steilen QRS-Komplexe nicht betroffen sind (Abb. 3-13). Vorhofflimmern erkennt man an den noch höherfrequenten Schwankungen der EKG-Kurve und vor allem an der unregelmäßigen Folge der Kammerteile (absolute Arrhythmie, S. 82). Kammerflattern ist durch eine totale EKG-Deformation bei noch erkennbarer Synchronisation, Kammerflimmern durch ganz unregelmäßige Potentialschwankungen gekennzeichnet.

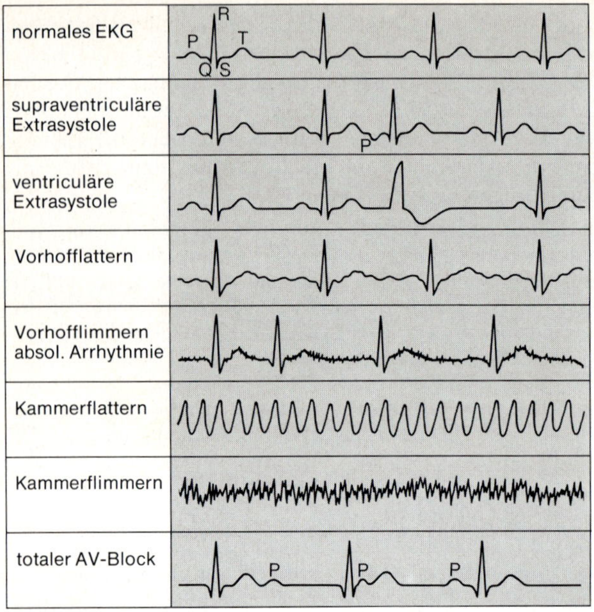

Abb. 3-13. Typische EKG-Veränderungen bei Störungen der Erregungsbildung und Erregungsleitung

Erregungsleitungsstörungen. Beim AV-Block I. Grades findet man eine Verlängerung der PQ-Dauer auf mehr als 0,2 s, beim AV-Block II. Grades den vereinzelten Ausfall von Kammerkomplexen (S. 75). Der AV-Block III. Grades (totaler AV-Block) ist dadurch charakterisiert, daß die P-Welle im Sinusrhythmus und davon unabhängig die Kammerkomplexe im langsameren Kammereigenrhythmus in der EKG-Kurve auftreten (Abb. 3-13).

Elektrolytstörungen. Charakteristische EKG-Veränderungen beobachtet man bei Störungen des K^+- und des Ca^{2+}-Haushalts. Zunahmen oder Abnahmen der extracellulären K^+- bzw. Ca^{2+}-Konzentration wirken sich dabei insbesondere auf den Kammerendteil aus (Abb. 3-14). Während von Veränderungen der K^+-Konzentration vor allem die T-Welle betroffen ist (Negativierung bei Hypokaliämie und Positivierung bei Hyperkaliämie), beeinflussen Veränderungen der Ca^{2+}-Konzentration hauptsächlich die QT-Dauer (Verlängerung bei Hypocalcämie und Verkürzung bei Hypercalcämie).

Coronare Herzkrankheit und Myokardinfarkt. Ein Mißverhältnis zwischen Sauerstoffangebot und Sauerstoffbedarf des Myokards – vor allem infolge einer lokalen Durchblutungseinschränkung – verursacht im EKG häufig eine ST-Senkung sowie

Störung	EKG	Charakteristika
keine	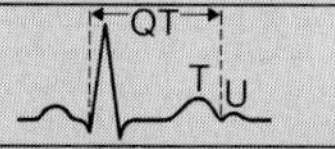	normaler Verlauf
(leichte) Hypokaliämie $[K^+]_e = 2{,}5\text{-}3{,}5$ mmol/l	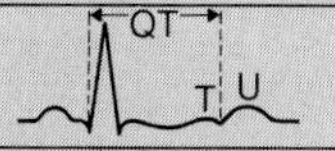	T leicht negativ U positiv
(leichte) Hyperkaliämie $[K^+]_e = 5{,}5\text{-}6{,}5$ mmol/l	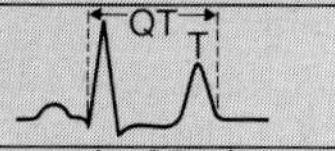	T schmal und stark positiv
Hypocalcämie $[Ca^{++}]_e < 2{,}0$ mmol/l	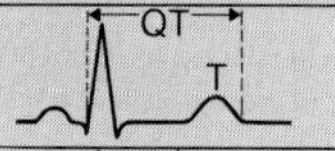	QT verlängert
Hypercalcämie $[Ca^{++}]_e > 2{,}7$ mmol/l	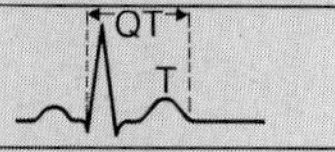	QT verkürzt
O_2-Mangel	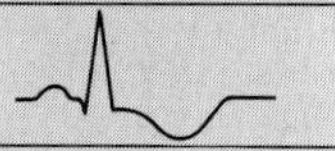	ST - Senkung T negativ
Herzinfarkt Frühstadium	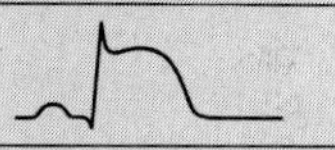	ST - Hebung
Herzinfarkt Spätstadium	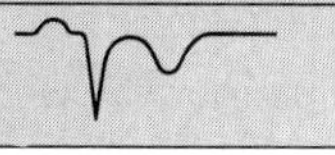	Q stark negativ T negativ

Abb. 3-14. Typische EKG-Veränderungen bei extracellulären Elektrolytstörungen und Störungen der myokardialen O_2-Versorgung

eine Abflachung oder Negativierung der T-Welle (Abb. 3-14). Wird das Mißverhältnis zwischen Sauerstoffangebot und -bedarf zu groß, so ist der Untergang des betroffenen Herzmuskelgewebes die Folge (Myokardinfarkt oder Herzinfarkt). Im Frühstadium (wenige Stunden nach Infarktbeginn) zeigt sich im EKG eine deutliche ST-Anhebung. Wenn sich später der geschädigte Bezirk durch Ausbildung einer isolierenden Grenzschicht von dem erregbaren Gewebe demarkiert, ändert sich auch der EKG-Verlauf. Neben einer starken Negativierung von Q tritt eine negative T-Welle auf, die im Endstadium (nach Monaten und Jahren) wieder positiv werden kann.

3.4 Mechanik der Herzaktion

3.4.1 Klappenfunktion und Phasen der Herztätigkeit

Funktion der Herzklappen. Die rhythmische Kontraktion und Erschlaffung des Herzmuskels wird durch die Ventilwirkung der Herzklappen in eine Pumpwirkung mit gerichtetem Ausstrom umgesetzt. Während der

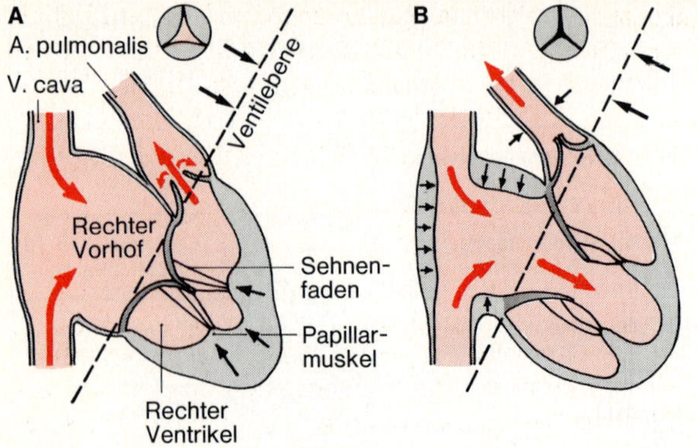

Abb. 3-15 A, B. Klappenfunktion, erläutert an einem Längsschnitt durch das rechte Herz. **A** Ventrikelsystole bei geschlossener Tricuspidalklappe und geöffneter Pulmonalklappe. **B** Ventrikeldiastole bei geöffneter Tricuspidalklappe und geschlossener Pulmonalklappe. *Oben:* Jeweilige Stellung der Pulmonalklappe in der Aufsicht

Ventrikelsystole erfolgt der Auswurf des Schlagvolumens durch die geöffneten Taschenklappen in den Truncus pulmonalis bzw. in die Aorta, wobei die Atrioventricularklappen (Segelklappen) geschlossen sind (Abb. 3-15). In der ***Ventrikeldiastole*** dagegen strömt das Blut durch die geöffneten Atrioventricularklappen in die Kammern ein; in dieser Phase sind die Taschenklappen geschlossen. Das Öffnen und Schließen der Klappensysteme wird dabei allein durch die Druckverhältnisse in den jeweils angrenzenden Räumen bestimmt, d. h. das Klappenspiel erfolgt passiv nach Maßgabe der Druckänderungen im Herzen.

Während das Blut durch eine Klappenöffnung strömt, legen sich die Klappen nicht an die Herz- bzw. Gefäßwände an, sondern bleiben in einer mittleren Öffnungsstellung. Dieses sogenannte „Stellen" der Klappen, das sich aus strömungstechnischen Gründen ***(Bernoulli-Effekt)*** ergibt, hat den Vorteil, daß eine kurzzeitige Druckänderung einen schnellen Klappenschluß herbeiführen kann.

Ventilebenen-Mechanismus. Während der Ventrikelkontraktion nähert sich die Ventilebene (Klappenebene) mit den geschlossenen Atrioventricularklappen schnell der Herzspitze. Durch diese stempelartige Bewegung wird zum einen Blut in die großen Arterien gepreßt, zum anderen aber auch eine ***Sogwirkung*** auf das Blut in den großen herznahen Venen ausgeübt, so daß sich die Vorhöfe in der Systole füllen. Mit der Erschlaffung des Ventrikelmyokards in der Diastole kehrt die Ventilebene bei geöffneten Atrioventricularklappen in ihre Ausgangslage zurück und „stülpt" sich über das in den Vorhöfen befindliche Blut. Durch diesen Vorgang ist eine schnelle Füllung der Ventrikel gewährleistet; die nachfolgende Vorhofsystole unterstützt nur noch unwesentlich die Kammerfüllung. Lediglich bei höherer Herzfrequenz, bei der die Ventrikeldiastole stark verkürzt ist, kann die Vorhofkontraktion einen wirksameren Beitrag zur Kammerfüllung leisten.

Aktionsphasen. In jedem Herzcyclus lassen sich durch den Schluß und die Öffnung der beiden Klappensysteme vier Phasen abgrenzen, die jeweils durch ein bestimmtes Druck- und Volumenverhalten gekennzeichnet sind: In der ersten Phase der Kammersystole, der sog. ***Anspannungsphase,*** sind alle Klappensysteme geschlossen. Die Kontraktion der Muskulatur führt daher zu einem steilen Druckanstieg, ohne daß sich das mit inkompressiblem Blut gefüllte Ventrikelvolumen ändert (isovolumetrische Kontraktion). Wenn der intraventriculäre Druck den diastolischen Druck der wegführenden Arterie übertrifft, öffnen sich die Taschenklappen und die zweite Phase der Systole, die ***Austreibungsphase,*** beginnt. Der Ventrikeldruck steigt dabei zunächst noch weiter bis auf einen Maximalwert an (Tabelle 3-4), um dann gegen Ende der Systole wieder abzufallen. Eine derartige Kontraktionsform, bei der sich Volumen und Druck gleichzeitig ändern, wird als auxotonische Kontraktion bezeichnet. In der Austreibungsphase wirft jeder Ventrikel bei körperlicher Ruhe ein Schlagvolumen von etwa 70 ml aus, während ein etwa gleichgroßes Restvolumen in der Kammer zurückbleibt, d. h. die ***Auswurffraktion*** beträgt etwa 50%.
Der Druckabfall im Ventrikel führt zum Schluß der Taschenklappen. Damit beginnt der erste Abschnitt der Diastole, die ***Entspannungsphase.*** Da in diesem Zeitintervall alle Klappen geschlossen sind, verläuft die Erschlaffung isovolumetrisch, also ohne Änderung des Ventrikelinhalts. Der intraventriculäre Druck fällt rasch auf einen Wert von nahezu Null ab. Bei Unterschreitung des Vorhofdruckes öffnen sich die Atrioventricularklappen, und die letzte Phase, die ***Füllungsphase,*** beginnt. Beim Blutein-

Tabelle 3-4. Physiologische Drücke in den Ventrikeln und in den arteriellen Ausstrombahnen beim Jugendlichen in körperlicher Ruhe

	höchster systolischer Druck		enddiastolischer Druck	
	(mm Hg)	(kPa)	(mm Hg)	(kPa)
rechter Ventrikel	25	3,3	5	0,7
Truncus pulmonalis	25	3,3	10	1,3
linker Ventrikel	120	16,0	10	1,3
Aorta	120	16,0	70	9,3

strom in die Ventrikel, der anfangs schnell und dann immer langsamer erfolgt, steigt der Druck nur wenig an (Tabelle 3-4). Der enddiastolische Füllungszustand ist ein Maß für die sog. ***Vorlast.***

Druck-Volumen-Diagramm. Die Phasen der Herzaktion lassen sich in einem Diagramm darstellen, in dem der Druck auf der Ordinate und das Volumen auf der Abszisse abgetragen wird (Abb. 3-16, links). Eine solche Darstellungsform entspricht dem Kraft-Längen-Diagramm des Skeletmuskels. Wie in diesem wird das Verhalten des erschlafften Muskels bei passiver Dehnung durch die ***Ruhedehnungskurve*** charakterisiert. Für die Herzkammer gibt die Ruhedehnungskurve diejenigen Drücke an, die den verschiedenen Volumina bei passiver Ventrikelfüllung zugeordnet sind. Ihre Steilheit ist ein Maß für den Widerstand, den die Ventrikelmuskulatur einer Dehnung entgegensetzt. Der Kurvenverlauf zeigt, daß die Dehnbarkeit des Ventrikels mit zunehmender Füllung abnimmt.

Wie der Skeletmuskel, so kann auch das isolierte Herz unter zwei verschiedenen experimentellen Bedingungen zur Kontraktion veranlaßt werden. Erfolgt der Auswurf des Blutes aus dem Ventrikel gegen einen vernachlässigbar kleinen Widerstand, so handelt es sich um eine ***isotonische Kontraktion.*** Wird dagegen der Blutauswurf während der Faseranspannung verhindert (unendlich großer Widerstand), dann führt der Muskel eine ***isovolumetrische Kontraktion*** aus. Jedem Füllungszustand, d. h. jedem Punkt der Ruhedehnungskurve, kann man auf diese Weise eine isotonische und eine isovolumetrische Maximalkontraktion zuordnen. Die Verbindungen aller Maximalwerte für die beiden Kontraktionsformen liefern die ***Kurven der isotonischen und der isovolumetrischen Maxima.***

In Abb. 3-16, links, sind zwei Punkte der Ruhedehnungskurve (P_1 und P_2) mit ihren Maximalkontraktionen bei konstantem Druck und bei konstantem Volumen eingezeichnet. Man erkennt deutlich, daß die Maximalkontraktionen mit steigender Ausgangsfüllung zunächst zunehmen, um dann wieder kleiner zu werden, d. h. das Herz ist – in Abhängigkeit von der Ausgangsfüllung – in der Lage, unterschiedliche Drücke zu entwickeln bzw. Auswurfvolumina zu fördern.

Wie bereits auf S. 101 erwähnt, führt die Ventrikelmuskulatur in situ zunächst eine isovolumetrische und danach eine auxotonische Kontraktion aus. Eine solche Kontraktionsfolge ist mit der Unterstützungskontraktion des Skeletmuskels vergleichbar. Die Ventrikelkontraktionen in situ erreichen daher die entsprechend bezeichnete ***Kurve der Unterstützungsmaxima*** (abgekürzt: U-Kurve), die zwischen den Kurven der isotonischen und der isovolumetrischen Maxima verläuft.

In Abb. 3-16, rechts, sind die vier Phasen der Herzaktion für den linken Ventrikel in dem beschriebenen Druck-Volumen-Diagramm dargestellt. Dabei bezeichnen die Strecken A–B die isovolumetrische Anspannungs-

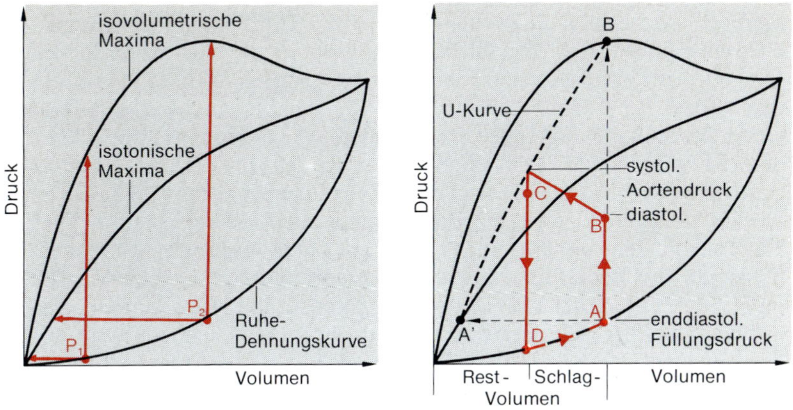

Abb. 3-16. Druck-Volumen-Diagramm des isolierten Herzens. *Links:* Ruhe-Dehnungskurve sowie Kurven der isotonischen und isovolumetrischen Maxima. Von zwei Punkten (P_1 und P_2) ausgehend, sind jeweils die Maximalkontraktionen bei konstantem Druck und konstanten Volumen eingezeichnet. *Rechts:* Arbeitsdiagramm des Herzens *(rot)*. *A–B* isovolumetrische Anspannung; *B–C* auxotonische Austreibung, die Kontraktionskurve erreicht die Kurve der Unterstützungsmaxima (U-Kurve, *gestrichelt*), die zwischen den Kurven der isotonischen und der isovolumetrischen Maxima verläuft; *C–D* isovolumetrische Entspannung; *D–A* Füllung nach Maßgabe der Ruhedehnungskurve

phase, B–C die auxotonische Austreibungsphase, C–D die isovolumetrische Entspannungsphase und D–A die Füllungsphase nach Maßgabe der Ruhedehnungskurve. Diese Phasen sind durch die Änderungen der Klappenstellungen voneinander abgegrenzt und zwar durch den Schluß der Mitralklappe (A), die Öffnung der Aortenklappe (B), den Schluß der Aortenklappe (C) und die Öffnung der Mitralklappe (D).

Eine solche Darstellung des gesamten Herzcyclus in Form einer geschlossenen Druck-Volumen-Schleife, die insbesondere für die Erläuterung der Anpassungsvorgänge (s. u.) nützlich ist, wird nach FRANK auch als ***Arbeitsdiagramm*** des Ventrikels bezeichnet. Die von der Schleife eingeschlossene Fläche stellt ein Maß für die Druck-Volumen-Arbeit des Ventrikels dar (S. 111 f.).

3.4.2 Anpassung der Herzaktion

Herzzeitvolumen unter Ruhe- und Belastungsbedingungen. In körperlicher Ruhe wird bei jeder Herzaktion sowohl vom rechten als auch vom linken Ventrikel jeweils ein ***Schlagvolumen*** von etwa 70 ml ausgeworfen. Die

Schlagfrequenz beträgt im Mittel ca. 70 min^{-1}. Damit ergibt sich für das Herzzeitvolumen, d. h. das Blutvolumen, das in der Zeiteinheit in den Lungen- bzw. Körperkreislauf transportiert wird, ein Wert von etwa 5 l · min^{-1} (bzgl. der Bestimmungsmethoden des Herzzeitvolumens, S. 155 f.). Unter Belastungsbedingungen, insbesondere bei körperlicher Arbeit, kann das Herzzeitvolumen erheblich gesteigert werden. Im Extremfall kommt es zu einer Zunahme des Schlagvolumens auf das Doppelte und zu einem Anstieg der Herzfrequenz auf das 2,5fache des Ruhewertes, so daß ein Herzzeitvolumen von 25 l · min^{-1} resultiert. Diese Anpassung der Herztätigkeit an die Bedürfnisse des Gesamtorganismus erfolgt überwiegend unter dem Einfluß der Herznerven. Der intrakardiale Anpassungsmechanismus spielt hierbei nur eine untergeordnete Rolle.

Intrakardialer Anpassungsmechanismus. Experimentelle Untersuchungen am Säugetierherzen durch STARLING haben gezeigt, daß auch nach Durchtrennung der Herznerven bei konstanter Herzfrequenz eine Anpassung der Herzarbeit möglich ist. Ein ***erhöhtes venöses Angebot*** wird durch eine Zunahme des Schlagvolumens beantwortet. Der Mechanismus dieser Anpassung ist im Druck-Volumen-Diagramm der Abb. 3-17, links, dargestellt. Man erkennt, daß im Vergleich zur Ausgangssituation das größere

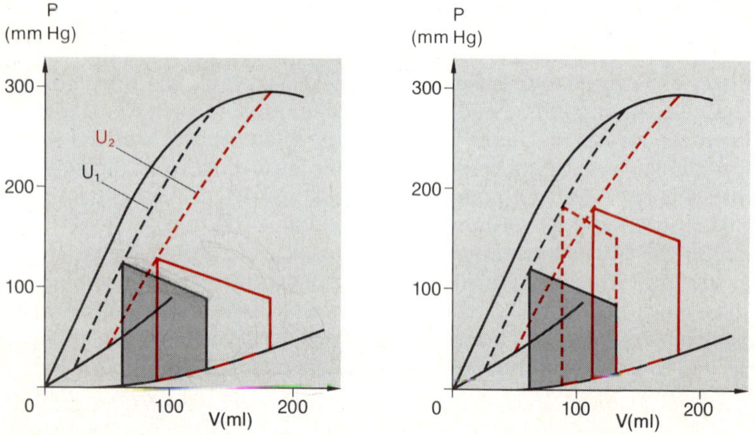

Abb. 3-17. Anpassung des denervierten Herzens nach dem FRANK-STARLING-Mechanismus, dargestellt im Druck-Volumen-Diagramm des linken Ventrikels, nach ANTONI (aus Schmidt und Thews, 1987). *Links:* Anpassung an eine akute Volumenbelastung mit stärkerer diastolischer Füllung. *Rechts:* Anpassung an eine akute Druckbelastung (bei Erhöhung des peripheren Strömungswiderstandes), die stufenweise zu einer Zunahme der diastolischen Füllung führt

venöse Angebot eine ***vermehrte enddiastolische Füllung*** (Vorlast) des Ventrikels zur Folge hat. Die dadurch weiter gedehnten Herzmuskelfasern sind zu einer stärkeren Verkürzung befähigt, und das Schlagvolumen steigt an. Dieser Anpassungsmodus wird als intrakardialer Mechanismus oder auch als ***Frank-Starling-Mechanismus*** bezeichnet. Für das nicht denervierte Herz in situ spielt er lediglich bei kurzfristigem Volumenausgleich (z. B. bei plötzlicher Änderung des venösen Rückstroms durch Wechsel der Körperposition) und bei der Abstimmung der Schlagvolumina von rechtem und linkem Herzen eine Rolle. Für das insuffiziente, dilatierte Herz stellt der FRANK-STARLING-Mechanismus jedoch die einzige Regulationsmöglichkeit dar.

Ebenso wie bei akuter Volumenbelastung ist das isolierte Herz auch bei ***Zunahme des Aortendruckes*** (d. h. der ***Nachlast***), die etwa als Folge eines erhöhten peripheren Widerstandes auftreten kann, zu einer intrakardialen Anpassung befähigt. Ein Anstieg des Auswurfwiderstandes wird durch eine ***verstärkte Druckentwicklung*** des Ventrikels beantwortet. Den Mechanismus dieser in Stufen erfolgenden Anpassung erläutert Abb. 3-17, rechts. Steigt der diastolische Aortendruck plötzlich an, so ist der linke Ventrikel zunächst nur in der Lage, ein reduziertes Schlagvolumen auszuwerfen. Dadurch kommt es zu einer Zunahme des Restvolumens und bei der nächsten Aktion - wegen des unverminderten venösen Rückstroms - zu einer größeren diastolischen Füllung. Die gedehnten Myokardfasern gelangen auf diese Weise in einen Arbeitsbereich, in dem sie eine kräftigere Kontraktion ausführen und so das normale Schlagvolumen mit erhöhtem Druck auswerfen können. Auch in diesem Fall hat also die vermehrte Füllung des Ventrikels entscheidende Bedeutung für den Anpassungsmechanismus.

Extrakardialer Anpassungsmechanismus. Die Anpassung der Herzarbeit an körperliche Belastung erfolgt normalerweise unter dem Einfluß des Sympathicus. Die vom Zentralnervensystem ausgelöste ***Aktivierung des Sympathicus*** führt zu einer ***verstärkten Kontraktionskraft*** (Kontraktilität) der Herzmuskulatur.

Diese positiv inotrope Wirkung des Sympathicus stellt sich im Druck-Volumen-Diagramm als eine ***Linksverlagerung und Versteilerung der Kurve der Unterstützungsmaxima*** dar (Abb. 3-18, Verlagerung von U_1 nach U_2). Wie das rot eingezeichnete Arbeitsdiagramm 1 zeigt, kann in diesem Fall - ausgehend von der gleichen enddiastolischen Füllung - ein vergrößertes Schlagvolumen ausgeworfen werden. Dabei erfolgt eine stärkere Ausschöpfung des Restvolumens. Das Herz zieht sich also in der Systole bei körperlicher Belastung stärker zusammen als unter Ruhebedingungen, was auch durch die direkte Beobachtung mit Hilfe des Röntgenverfahrens bestätigt wird. Die Linksverlagerung der U-Kurve läßt weiterhin erken-

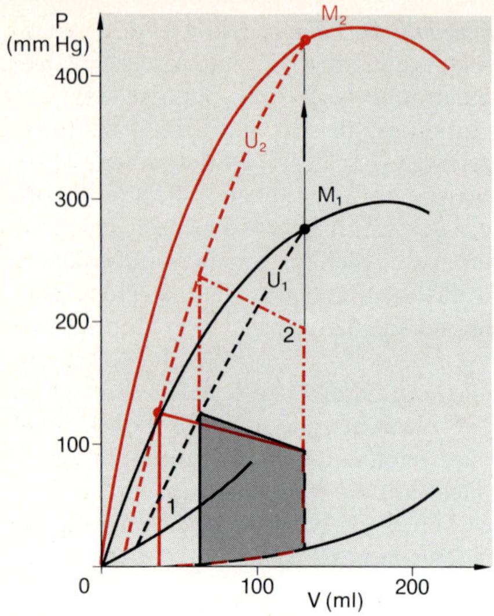

Abb. 3-18. Einfluß des Sympathicus auf die Arbeitsbedingungen des linken Ventrikels, nach ANTONI (aus Schmidt und Thews, 1987). Durch Aktivierung des Sympathicus (positiv inotrope Wirkung) wird die Kurve der isovolumetrischen Maxima zu höheren Drücken verlagert *($M_1 \rightarrow M_2$)*, so daß die Kurve der Unterstützungsmaxima steiler ansteigt *($U_1 \rightarrow U_2$)*. Damit ist der Ventrikel in der Lage, bei unverändertem enddiastolischem Volumen entweder ein größeres Schlagvolumen zu befördern *(1)* oder das ursprüngliche Schlagvolumen gegen einen erhöhten Druck auszuwerfen *(2)*

nen, daß unter dem Einfluß des Sympathicus auch der Auswurf eines normalen Schlagvolumens gegen einen erhöhten Widerstand möglich ist (Abb. 3-18, strichpunktierte Kurve). Je nach der speziellen Kreislaufsituation kann also ein größeres Schlagvolumen ausgetrieben und/oder ein höherer Druck überwunden werden. Den gesamten Anpassungsmodus bezeichnet man wegen der Beteiligung von Herznerven als extrakardialen Mechanismus.

Die Kontraktilitätssteigerung des Herzens unter Sympathicuseinfluß ohne Vergrößerung der enddiastolischen Füllung ist die Folge eines verstärkten Ca^{2+}-Einstroms in die Fasern, der zu einer Beschleunigung der Actin-Myosin-Interaktionen führt. Als Maß für die Kontraktilität dient die ***maximale Druckanstiegsgeschwindigkeit*** (dP/dt max.) in der isovolumetrischen Anspannungsphase. Sie wird durch Druckmessung mit Hilfe eines Herzkatheters ermittelt und beträgt normalerweise linksventrikulär 1500–2000 mm Hg/s (200–270 kPa/s).

Anpassung der Herzfrequenz. Die zweite Möglichkeit, die Herzarbeit an die Bedürfnisse des Gesamtorganismus anzupassen, besteht in der Änderung der Herzschlagfolge. Bei körperlicher Belastung kommt es durch ***Zunahme des Sympathicustonus,*** insbesondere aber durch ***Abnahme des Vagustonus*** zu einer Steigerung der Herzfrequenz (S. 87 f.). Mit der Frequenzsteigerung verändert sich auch das Verhältnis der Systolendauer zur Diastolendauer. Bei der Ruhefrequenz von 70 min^{-1} beträgt dieses Verhältnis etwa 1:2 (Anspannungszeit 60 ms, Austreibungszeit 210 ms, Entspannungszeit 60 ms, Füllungszeit ca. 500 ms). Bei einer Herzfrequenz von 90 min^{-1} steigt die Systolen-Diastolen-Relation auf 1:1 und bei 150 min^{-1} sogar auf 5:3 an. Die Diastolendauer wird also bei einer Frequenzsteigerung stärker verkürzt als die Systolendauer, so daß eine absolut und relativ geringere Zeit für die Ventrikelfüllung zur Verfügung steht. Trotzdem ist bis zu einer Herzfrequenz von 150 min^{-1} noch eine ausreichende Ventrikelfüllung gewährleistet. Die – wenn auch nicht so starke – Abnahme der Systolendauer erfordert eine schnellere Verkürzung der Myokardfasern, die durch die Zunahme des Sympathicustonus gewährleistet ist.

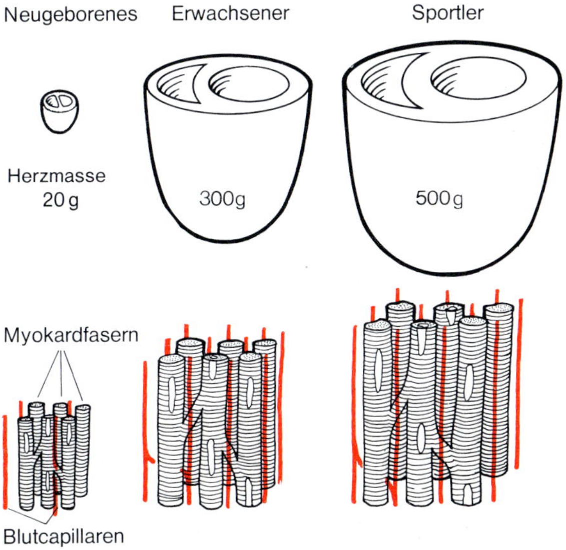

Abb. 3-19. Dicke der Myokardfasern und Abstände der Capillaren *(rot)* bei verschiedenen Herzgewichten, in schematischer Darstellung. Durch Dickenwachstum der Myokardfasern nimmt der Capillarabstand zu. Beim Erwachsenen ist, bezogen auf den Querschnitt, jeder Muskelzelle etwa eine Capillare zugeordnet

Anpassung an langdauernde Belastungen. Wird das Herz wiederholt oder ständig einer erhöhten Arbeitsbelastung ausgesetzt, so tritt außer den funktionellen Regulationen eine strukturelle Anpassung ein. Es kommt zu einer Dicken- und Längenzunahme der einzelnen Muskelfasern ***(Hypertrophie)*** mit gleichzeitiger Erweiterung der Hohlräume ***(Dilatation).*** Das Gewicht des Herzens kann dabei von normalerweise 300 g bis auf 500 g (Sportlerherz) ansteigen (Abb. 3-19). Nach der Beendigung eines Trainings bildet sich die Hypertrophie innerhalb weniger Monate wieder zurück.

Bei Überschreitung dieses ***kritischen Grenzgewichtes*** von 500 g besteht die Gefahr einer ungenügenden Sauerstoffversorgung des Muskelgewebes. Mit Zunahme der Faserradien werden nämlich, wie Abb. 3-19 (unten) zeigt, auch die Diffusionswege zwischen den Capillaren und dem Inneren der Muskelfasern größer, so daß die O_2-Moleküle nicht mehr in ausreichender Menge zu entfernten Orten gelangen können. Unter pathologischen Bedingungen wird dadurch die Entwicklung einer sog. exzentrischen Hypertrophie und einer sog. plastischen Gefügedilatation ausgelöst.

3.4.3 Signale der Herzaktion

Herzfunktionsdiagnostik. Für die Beurteilung der Herzfunktion steht eine Reihe von Meßverfahren zur Verfügung, die in manchen Fällen allerdings einen erheblichen apparativen Aufwand erfordern. Mit Hilfe spezieller ***Röntgenverfahren*** oder durch ***Ultraschall*** (Echokardiographie) können Aufschlüsse über Größe, Form und Bewegungsvorgänge des Herzens gewonnen werden. Die Druckabläufe in den Ventrikeln lassen sich messen, wenn man einen ***Katheter,*** verbunden mit einem Druckaufnehmer, durch die Gefäße bis in die Herzhöhlen einführt. Über Herzkatheter können auch Röntgenkontrastmittel intrakardial appliziert oder Blutproben für die Messung der Sauerstoffsättigung in den Herzhöhlen entnommen werden.

In der Regel versucht man jedoch die Herzfunktion durch einfachere, nichtinvasive Methoden zu analysieren. Geeignet hierfür sind neben der ***EKG-Registrierung*** die Palpation, d. h. das Tasten des ***Herzspitzenstoßes*** (Erschütterung der Thoraxwand durch die Herzaktion), die Aufnahme des ***Arterien- und Venenpulses*** sowie die Auskultation der ***Herzschallerscheinungen.***

Herzschall. Die durch die Herzaktion erzeugten Schwingungen (15–400 Hz) werden auf die Brustwand übertragen und können mit Hilfe eines aufgesetzten Stethoskops wahrgenommen werden. Sie lassen sich auch mit einem der Brustwand aufliegenden Mikrophon erfassen und durch ein Schreibsystem aufzeichnen (Phonokardiogramm, Abb. 3-20).

Die normalerweise auftretenden Schallschwingungen bezeichnet man als ***Herztöne,*** obwohl es sich nicht um rein periodische Schwingungen handelt, wie es die physikalische Definition des Begriffes „Ton" fordert. Von der Norm abweichende, pathologische Schallerscheinungen werden als ***Herzgeräusche*** bezeichnet.
Bei der Aktion des gesunden Herzens kann man in der Regel zwei Herztöne unterscheiden (Abb. 3-20). Der ***I. Herzton,*** der zu Beginn der Systole auftritt, ist lang und dumpf. Er kommt vor allem dadurch zustande, daß sich nach dem Schluß der Atrioventricularklappen das Ventrikelmyokard ruckartig um das inkompressible Blutvolumen anspannt. Dadurch gerät das gesamte System, Myokard und eingeschlossenes Blut, in Schwingungen. Den I. Herzton bezeichnet man aus diesem Grund auch als ***Anspannungston.*** Der ***II. Herzton,*** der zu Beginn der Diastole einsetzt, ist kurz und hell. Er entsteht durch den Schluß der Taschenklappen (Aorten- und Pulmonalisklappe), wobei die Blutsäulen im Anfangsteil der großen Arterien in Schwingungen geraten. Der II. Herzton wird deshalb auch als ***Klappenton*** charakterisiert.

Bei Kindern, deren kleinerer Thorax die Schalleitung begünstigt, läßt sich oft noch ein ***III. Herzton*** wahrnehmen, der durch den Einstrom des Blutes während der Ventrikelfüllung zustande kommt. Ein ***IV. Ton,*** der durch die Vorhofkontraktion ausgelöst wird, ist bei der Auskultation nicht hörbar, kann jedoch bei der Aufzeichnung des Herzschalles registriert werden.

Herzgeräusche entstehen vorrangig durch Turbulenzen des Blutstroms als Folge gestörter Klappenfunktionen; aber auch Defekte des Septums u. a. können für das Auftreten von Herzgeräuschen verantwortlich sein. Wenn bei einer ***Klappenstenose*** (Verengung) das Blut durch das eingeengte Ostium strömt, werden durch die auftretenden Turbulenzen charakteristische Geräusche erzeugt. Ebenso kommt es bei einer ***Klappeninsuffizienz*** (Schlußunfähigkeit) zu Geräuschen, wenn das Blut durch die nicht dicht schließende Klappe in die vorgelagerte Herzhöhle zurückströmt.
Geräusche, die zwischen dem I. und II. Herzton auftreten, werden als systolisch, solche zwischen dem II. und I. Herzton als diastolisch bezeichnet. Auf Grund der Klappenspielfolge im Herzcyclus läßt sich ableiten, daß Stenosen der Taschenklappen oder Insuffizienzen der Segelklappen zu ***systolischen Geräuschen*** führen, während Stenosen der Segelklappen oder Insuffizienzen der Taschenklappen jeweils ***diastolische Geräusche*** verursachen.

Die Beurteilung der Klappenfunktionen erfordert die Zuordnung von evtl. auftretenden Geräuschen zu einem der vier Klappensysteme. Daher hat man vier ***Auskultationsstellen*** festgelegt, von denen aus die wahrgenommenen Schallerscheinungen auf jeweils ein bestimmtes Klappensystem bezogen werden können. Diese Auskultationsstellen stimmen im allgemeinen nicht mit den Orten der Klappenprojektion

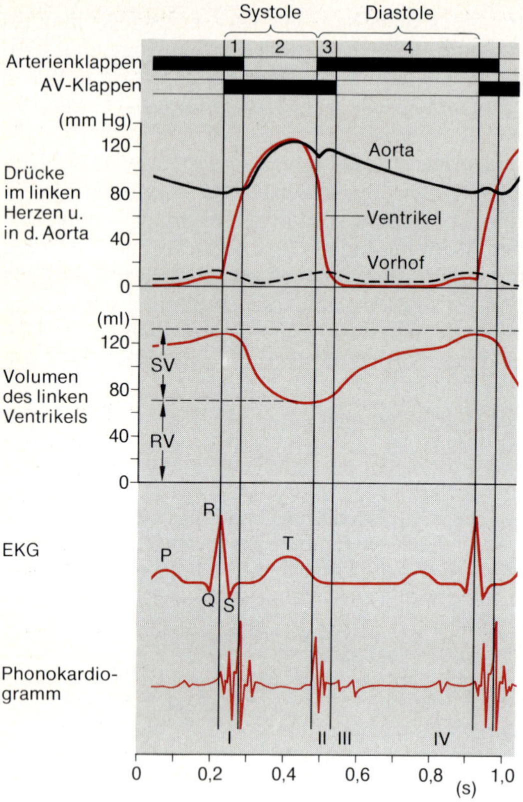

Abb. 3-20. Zeitliche Zuordnung wichtiger Funktionsparameter zu den Aktionsphasen des Herzens: *1* Anspannungsphase, *2* Austreibungsphase, *3* Entspannungsphase, *4* Füllungsphase. Die *schwarzen Querbalken* markieren die Verschlußdauer der betreffenden Klappen. *SV* Schlagvolumen, *RV* Restblutvolumen

auf der Brustwand überein, sondern sind etwas davon entfernt in Richtung des Blutstromes verlagert. Sie werden jeweils durch die Angabe eines Intercostalraumes (ICR) und einer charakteristischen senkrechten Linie lokalisiert. Man auskultiert die Aortenklappe im 2. ICR rechts parasternal, die Pulmonalklappe im 2. ICR links parasternal, die Tricuspidalklappe in Höhe des 4. ICR auf dem Sternum und die Mitralklappe im 5. ICR links medioclavicular.

Synopsis der Funktionsabläufe. In Abb. 3-20 sind die wichtigsten Funktionsparameter der Herzaktion in einer synchronen Aufzeichnung zusammengefaßt. Von oben nach unten sind dargestellt:

- die ***Klappenstellungen*** in den vier Aktionsphasen. Die schwarzen Balken bedeuten geschlossene Klappen.
- die ***Druckverläufe*** im linken Ventrikel und in der Aorta. Während der Austreibungsphase übersteigt der Ventrikeldruck ein wenig den Aortendruck. Am Ende der Austreibung findet sich in der Aortendruckkurve ein kleiner Einschnitt (***Frankscheh Incisur,*** S. 125), der auf den Druckabfall beim Schluß der Aortenklappe zurückzuführen ist und das Ende der Systole markiert.
- die ***Volumenänderung*** im linken Ventrikel. Nach Auswurf des Schlagvolumens (SV) bleibt am Ende der Systole das Restvolumen (RV) im Ventrikel zurück.
- das ***Elektrokardiogramm.*** Die Vorhoferregung (P-Welle) fällt in die späte Ventrikeldiastole. Die Spitze der R-Zacke markiert den Beginn der Ventrikelsystole, das Ende der T-Welle ihren Abschluß.
- das ***Phonokardiogramm.*** Der I. Herzton beginnt am Anfang der Anspannungsphase (Systolenbeginn) und klingt erst in der frühen Austreibungsphase ab. Der II. Herzton, der mit dem Anfang der Entspannungsphase (Diastolenbeginn) einsetzt, weist nur wenige Schwingungen auf.

Daraus ergeben sich folgende Kriterien für die Abgrenzung der beiden Hauptphasen im Cyclus des linken Ventrikels:

	Beginn der Systole	Beginn der Diastole
Klappen:	Schluß der Mitralklappe	Schluß der Aortenklappe
Aortendruck:	Minimum	Incisur der Druckkurve
EKG:	Spitze der R-Zacke	Ende der T-Welle
Herztöne:	Beginn des I. Tons	Beginn des II. Tons

3.5 Energetik der Herzaktion

3.5.1 Herzarbeit und Herzleistung

Formen der physikalischen Herzarbeit. Während der Systole verrichtet die Ventrikelmuskulatur durch Spannungsentwicklung und Faserverkürzung hauptsächlich eine ***Druck-Volumen-Arbeit.*** (Das Produkt aus Druck und Volumen hat – wie das Produkt aus Kraft und Weg – die Dimension einer Arbeit.) Geht man davon aus, daß der linke Ventrikel bei körperlicher Ruhe ein Schlagvolumen von 70 ml ($7 \cdot 10^{-5}$ m^3) mit einem mittleren Druck von 100 mm Hg ($1{,}33 \cdot 10^4$ N/m^2) auswirft, so leistet er eine

Druck-Volumen-Arbeit von etwa 0,93 Nm (0,93 J). Der rechte Ventrikel hat bei gleichgroßem Schlagvolumen (70 ml) nur einen mittleren Druck von 15 mm Hg ($2 \cdot 10^3$ N/m^2) zu erzeugen, so daß seine Druck-Volumen-Arbeit etwa 0,14 Nm (0,14 J) beträgt. Für beide Ventrikel zusammen ergibt sich also pro Systole ein Arbeitsbetrag von etwa 1,1 J.

Außer der Druck-Volumen-Arbeit hat die Ventrikelmuskulatur noch eine ***Beschleunigungsarbeit*** zu leisten, um die träge Masse des Blutes (m) auf die Auswurfgeschwindigkeit (v) zu bringen. Die Beschleunigungsarbeit, die sich aus $\frac{1}{2}mv^2$ berechnet, ist unter Ruhebedingungen gering und für beide Ventrikel gleich groß (0,01 J). Für den linken Ventrikel beträgt sie also nur etwa 1% und für den rechten Ventrikel 7% der Gesamtarbeit. Der Anteil der Beschleunigungsarbeit nimmt jedoch bei körperlicher Belastung und bei Elastizitätsverlust der Aorta im Alter deutlich zu.

Herzleistung. Die Herzleistung, also die Herzarbeit pro Zeiteinheit, läßt sich für die Ruhefrequenz (mit einer Systole pro Sekunde) leicht angeben. Sie ist in diesem Fall etwa 1,1 W (1,1 J/s), was einer Leistung von 23 kcal/Tag (96 kJ/Tag) entspricht. Der ***Wirkungsgrad*** der Herzarbeit, d. h. derjenige Anteil der umgesetzten Energie, der in mechanische Arbeit umgewandelt wird, beträgt 25-30%. Daher müssen für die Herztätigkeit unter Ruhebedingungen 70-90 kcal/Tag (300-400 kJ/Tag) oder 5% des Grundumsatzes (S. 233 ff.) bereitgestellt werden.

3.5.2 Blutversorgung und Energiegewinnung des Myokards

Coronardurchblutung. Das Herz wird von zwei Coronararterien, die aus der Aortenwurzel entspringen, mit Blut versorgt. Die ***linke Coronararterie*** die ⅘ des gesamten Blutstromes aufnimmt, versorgt vor allem den muskelstarken linken Ventrikel und einen schmalen Vorderwandanteil des rechten Ventrikels, die ***rechte Coronararterie*** den rechten Ventrikel und einen kleineren Hinterwandbezirk des linken Ventrikels.
Die ***Durchblutung des Herzmuskelgewebes*** beträgt in körperlicher Ruhe etwa $0{,}8\text{-}0{,}9\ \mathrm{ml} \cdot \mathrm{g}^{-1} \cdot \mathrm{min}^{-1}$. Durch die Coronararterien strömen also bei einem 300 g schweren Herzen etwa 250 ml Blut/min, das sind rund 5% des gesamten Herzzeitvolumens. Bei schwerer körperlicher Arbeit kann die Durchblutung bis auf das Vierfache des Ruhewertes ansteigen (Tabelle 3-5).

Die Coronardurchblutung erfolgt im Gegensatz zur Perfusion anderer Organe nicht kontinuierlich, sondern weist starke ***rhythmische Schwankungen*** in Abhängigkeit von den Kontraktionsphasen auf. Diese Diskontinuität beruht einerseits auf dem systolischen Anstieg und dem diastolischen Abfall des Myokarddruckes, die sich auf den Strömungswiderstand in den myokardialen Gefäßen auswirken und andererseits auf den rhythmischen Änderungen des Aortendrucks, die den Strömungsan-

Tabelle 3-5. Myokarddurchblutung, arterielle und coronarvenöse O_2-Konzentration, O_2-Verbrauch sowie Substrataufnahme des Herzens in Körperruhe und bei starker Belastung. (Die Substrataufnahme ist in prozentualen Substratanteilen am O_2-Verbrauch des Myokards angegeben.)

			Ruhe	Arbeit
Myokarddurchblutung $\dot{Q}$ ($ml \cdot g^{-1} \cdot min^{-1}$)			0,8	3,5
arterielle O_2-Konzentration C_{aO_2} (ml O_2/ml Blut)			0,20	0,20
coronarvenöse O_2-Konzentration C_{vO_2} (ml O_2/ml Blut)			0,07	0,04
arteriovenöse O_2-Differenz avD_{O_2} (ml O_2/ml Blut)			0,13	0,16
O_2-Verbrauch $\dot{V}_{O_2}$ ($ml \cdot g^{-1} \cdot min^{-1}$)			0,10	0,55
Substrate:	Glucose	(%)	31	16
	Milchsäure	(%)	28	61
	freie Fettsäuren	(%)	34	21
	Brenztraubensäure u. a.	(%)	7	2

trieb beeinflussen. Während der Anspannungsphase ist der Einstrom in die linke Coronararterie zeitweise unterbrochen, um dann in der Austreibungsphase vorübergehend leicht anzusteigen und in der Diastole einen Maximalwert zu erreichen. In der rechten Coronararterie sind die cyclischen Schwankungen wegen des geringeren Myokarddruckes weniger deutlich ausgeprägt.

Regulation der Coronardurchblutung. Da bereits in körperlicher Ruhe die O_2-Kapazität des Blutes im Herzmuskelgewebe relativ stark ausgeschöpft wird (Tabelle 3-5), muß eine Steigerung des Sauerstoffbedarfs bei körperlicher Arbeit vorrangig durch eine Mehrdurchblutung gedeckt werden. Wahrscheinlich stellt der bei Arbeitsbeginn eintretende ***Sauerstoffmangel*** (Hypoxie) des Myokards den stärksten ***Dilatationsreiz*** für die Coronargefäße dar. Neben dieser lokal-chemischen Durchblutungsregulation können nervale Einflüsse – wenn auch in geringerem Maße – die Gefäßweite verändern. Im Bereich der Coronargefäße finden sich zahlreiche sympathische β_2-Receptoren, so daß die ***Sympathicusaktivierung*** neben einer Kontraktilitätssteigerung auch eine Gefäßerweiterung bewirken kann.

Sauerstoffversorgung. Der ***Sauerstoffverbrauch*** des Myokards beträgt in körperlicher Ruhe etwa 0,1 $ml \cdot g^{-1} \cdot min^{-1}$. Unter Belastungsbedingungen steigt er mit der entwickelten Faserspannung und mit der Herzfrequenz an und kann im Extremfall mehr als das Fünffache des Ruhewertes erreichen (Tabelle 3-5).

Als Maß für die O_2-Versorgungssituation des Herzmuskelgewebes dient die sog. ***Güte der Coronardurchblutung,*** das Verhältnis von O_2-Angebot zu O_2-Verbrauch (S. 223):

$$\text{Güte der Coronardurchblutung} = \frac{\dot{Q} \cdot C_{aO_2}}{\dot{Q} \cdot avD_{O_2}} = \frac{C_{aO_2}}{avD_{O_2}} \qquad (3)$$

Hierin bedeuten $\dot{Q}$ die Myokarddurchblutung sowie avD_{O_2} die Differenz zwischen der arteriellen O_2-Konzentration C_{aO_2} und der coronarvenösen O_2-Konzentration C_{vO_2}. Unter Ruhebedingungen ergibt sich nach Tabelle 3-5 für die Güte der Coronardurchblutung ein Wert von 1,5. Ein Absinken von C_{aO_2}/avD_{O_2} unter 1,2 ist ein Zeichen dafür, daß eine kritische Situation in der myokardialen O_2-Versorgung eingetreten ist (Coronarinsuffizienz bzw. coronare Herzkrankheit).
Neben der aktuellen Situation interessiert auch die Anpassungsbreite der O_2-Versorgung. Ein Maß hierfür ist die ***Coronarreserve,*** die man in der Regel definiert als Differenz aus maximal möglichem und aktuell vorliegendem O_2-Verbrauch, dividiert durch die letztgenannte Größe:

$$\text{Coronarreserve} = \frac{O_2\text{-Verbrauch}_{max} - O_2\text{-Verbrauch}_{akt}}{O_2\text{-Verbrauch}_{akt}} \qquad (4)$$

Für das voll anpassungsfähige Herz unter Ruhebedingungen hat (nach den Daten der Tabelle 3-5) die Coronarreserve etwa einen Wert von 4,5, d. h. die verfügbare O_2-Reserve ist 4,5mal größer als der O_2-Bedarf des Herzens in Ruhe.

Energiegewinnung. Die wichtigsten Substrate für die Energiegewinnung des Myokards sind ***freie Fettsäuren, Lactat*** und ***Glucose.*** Wie aus Tabelle 3-5 hervorgeht, stellen unter Ruhebedingungen die freien Fettsäuren die dominierenden Energielieferanten des Herzens dar. Mit steigender Belastung nimmt jedoch der Anteil des im Myokard umgesetzten Lactats zu. Das Herz ist also in der Lage, die bei körperlicher Arbeit von der Skeletmuskulatur abgegebene Milchsäure zu verwerten. Da die Verwertung nur über den KREBS-Cyclus in Anwesenheit von Sauerstoff erfolgen kann, ist dieser Stoffwechselweg bei O_2-Mangel versperrt. Bei ungenügender Coronardurchblutung wird daher Milchsäure nicht mehr aus dem Blut extrahiert, sondern von den Herzmuskelzellen produziert. Unter diesen Bedingungen ist also die Lactatkonzentration im abfließenden coronarvenösen Blut größer als im zufließenden arteriellen Blut.

Wiederbelebungszeit des Herzens. Da das Herz seine Energie fast ausschließlich aus dem oxidativen Abbau der Nährstoffe bezieht, kommt es im Falle einer mangelhaften Coronardurchblutung zu einer Funktionseinschränkung des Herzens. Dauert eine plötzliche Unterbrechung der Durchblutung ***(Ischämie)*** oder der O_2-Zufuhr ***(Anoxie)*** länger als 3–4 min, so kann das Herz seine normale Kreislauffunktion nicht mehr erfüllen; nach 5–6 min tritt der Herzstillstand ein. Eine Ischämie bzw. Anoxiedauer von mehr als 30 min führt zu irreversiblen Schäden im Myokard, die eine Wiederbelebung ausschließen. Aus diesem Grund bezeichnet man das Anoxieintervall von 30 min als die Wiederbelebungszeit des Herzens.

3.6 Atrialer natriuretischer Faktor

Die Funktion des Herzens steht unter dem Einfluß verschiedener Hormone. ***Catecholamine*** fördern die Erregungsbildung, Erregungsleitung und Kontraktilität; die ***Schilddrüsenhormone*** beeinflussen ebenfalls die Erregungsvorgänge, und das ***Wachstumshormon*** steuert das Wachstum des Herzmuskels. Für diese Hormone ist demnach das Herz „Zielorgan".
Das Herz selbst ist aber auch ein endokrin aktives Organ, denn in den Myokardzellen des Vorhofs wird ein Peptid synthetisiert, in kernnahen Granula gespeichert und bei ***Vorhofdehnung*** an das Blut abgegeben. Aufgrund seiner wesentlichen Funktion wird es als ***atrialer natriuretischer Faktor*** oder ***atriales natriuretisches Peptid (ANP, Atriopeptin)*** bezeichnet. Wichtigster Stimulus für die Sekretion von ANP ist eine Dehnung des Vorhofmyokards bei Zunahme des venösen Blutangebots. Die wichtigsten physiologischen Effekte des Peptids sind

- Unterdrückung der Aldosteronbiosynthese (S. 374),
- Steigerung der renalen Natriumausscheidung (S. 374), und
- Dilatation peripherer Arteriolen und Venolen (vor allem in der Niere).

Das atriale natriuretische Peptid wirkt demnach auf die Nieren, die Nebennierenrinde und das Gefäßsystem ein. Wahrscheinlich antagonisiert es das Renin-Angiotensin-Aldosteron-System (S. 374).

4 Blutkreislauf

4.1 Aufbau des Gefäßsystems und Strömungsgesetze

4.1.1 Aufgaben und Gliederung des kardiovasculären Systems

Aufgaben. Die Blutgefäße in ihrer Gesamtheit bilden ein geschlossenes System, in dem das Blut - angetrieben vom Herzen - zirkuliert. Dieser Kreislauf des Blutes, der erstmals 1628 von dem englischen Arzt William HARVEY beschrieben wurde, stellt das wichtigste ***Transportsystem*** des menschlichen Organismus dar. In engem Zusammenhang damit dient der Blutkreislauf der ***Homöostase*** des Organismus, d. h. der Konstanz des inneren Milieus. Im einzelnen erfüllt das kardiovasculäre System folgende Aufgaben: Transport von

- Atemgasen, Nährstoffen und Metaboliten im Dienste des Zellstoffwechsels,
- Wasser und Elektrolyten im Dienste des Wasser- und Mineralhaushaltes,
- Säuren und Basen im Dienste der pH-Regulation,
- Wärme zur Körperoberfläche im Dienste der Temperaturregulation,
- hormonalen Informationsträgern,
- cellulären und humoralen Abwehrsystemen.

Die Bedeutung der Kreislauffunktion erkennt man daran, daß bei einem Kreislaufstillstand bereits nach einigen Sekunden die ersten Funktionsstörungen und nach 3-5 min die ersten irreparablen Schäden im Gehirn eintreten.

Funktionelle Gliederung. Das in sich geschlossene Kreislaufsystem besteht aus hintereinander und parallel geschalteten Blutgefäßen, in die als Pumpen das rechte und linke Herz eingefügt sind. Das vom linken Herzen in die ***Aorta*** ausgeworfene Blut verteilt sich auf die parallel geschalteten ***Arterien*** der einzelnen Organe. Unter fortgesetzter Teilung gehen aus den großen Arterien in zunehmender Zahl die kleineren Arterien, aus diesen die ***Arteriolen*** und daraus schließlich die ***Capillaren*** hervor. In den Capillaren, die jeweils dichte Netzwerke bilden, findet der Stoffaustausch zwischen dem Blut und dem umliegenden Gewebe statt. Das Capillarblut fließt in

den kleinsten Venen, den ***Venolen,*** zusammen. Diese gehen unter Abnahme der Zahl und Zunahme des Gefäßlumens in die kleinen Venen über, die sich schließlich zu großen ***Venen*** vereinigen. Das Blut der oberen und unteren Körperhälfte fließt über die V. cava superior bzw. V. cava inferior in den rechten Vorhof zurück. Der Gefäßabschnitt zwischen dem linken Ventrikel und dem rechten Vorhof wird als ***Körperkreislauf*** oder ***großer Kreislauf*** bezeichnet.
Das vom rechten Ventrikel weitertransportierte Blut gelangt zunächst in den ***Truncus pulmonalis*** und von dort in das Lungengefäßsystem, das einen prinzipiell gleichartigen Aufbau wie das Gefäßsystem des Körperkreislaufs aufweist. Das Blut der Lunge wird schließlich über vier große ***Lungenvenen*** dem linken Vorhof zugeleitet. Diesen pulmonalen Abschnitt, den praktisch das gesamte Herzzeitvolumen durchströmt, charakterisiert man

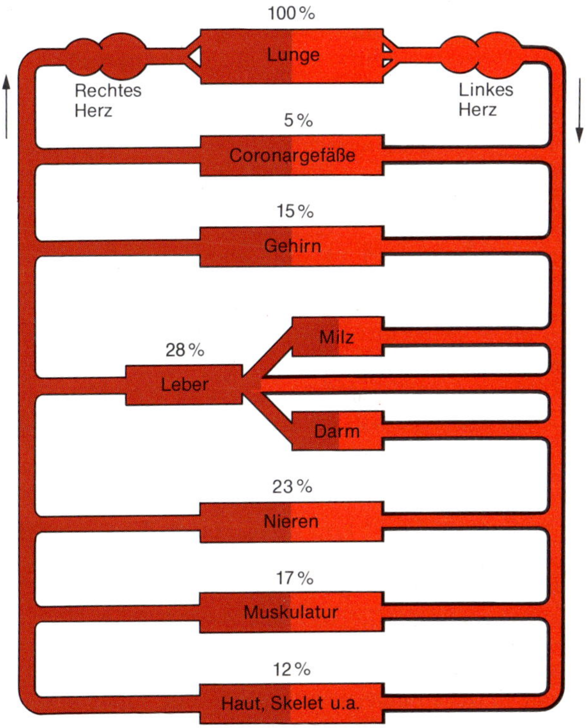

Abb. 4-1. Blutkreislauf in schematischer Darstellung und prozentuale Verteilung des Herzzeitvolumens auf die Organe unter Ruhebedingungen

als ***Lungenkreislauf*** oder ***kleinen Kreislauf.*** Lungenkreislauf und Körperkreislauf sind demnach hintereinander (in Serie) geschaltet. Abb. 4-1 gibt eine schematische Übersicht über das kardiovasculäre System mit der prozentualen Verteilung des Herzzeitvolumens auf die einzelnen Organe. Diese Verteilung gilt allerdings nur unter Ruhebedingungen, bei körperlicher Arbeit oder Wärmebelastung kann die relative Organdurchblutung z. T. erheblich variieren.

4.1.2 Gesetzmäßigkeiten der Strömung im Gefäßsystem

Strömungsgesetze für starre Röhrensysteme. Aufgrund ihres Wandaufbaus besitzen die arteriellen Blutgefäße eine gewisse Dehnbarkeit, so daß ihre Weite in Abhängigkeit vom jeweiligen Innendruck variiert. Näherungsweise läßt sich jedoch ein Überblick über das Verhalten der Blutströmung im Gefäßsystem gewinnen, wenn man die Gesetzmäßigkeiten für die Strömung in starren Röhren anwendet.

Die treibende Kraft für eine Flüssigkeitsströmung ist ein ***Druckgefälle,*** das zur Überwindung des Strömungswiderstandes dient. Am übersichtlichsten sind die Verhältnisse bei der stationären, laminaren Strömung einer homogenen (NEWTONschen) Flüssigkeit in einem starren, cylindrischen Rohr mit benetzbaren Wänden. In diesem Fall ist die ***Volumenstromstärke*** $\dot{Q}$ (syn. Stromzeitvolumen), d. h. das Flüssigkeitsvolumen, das in der Zeiteinheit durch den Rohrquerschnitt strömt, der Druckdifferenz ΔP zwischen Anfang und Ende des Rohres proportional:

$$\dot{Q} = \Delta P / R \qquad (1)$$

In dieser dem OHMschen Gesetz analogen Beziehung stellt R den ***Strömungswiderstand*** dar. R ist von der Länge l und dem Innenradius r des Rohres sowie von der Viscosität der Flüssigkeit η abhängig ($R = 8\,\eta l/\pi r^4$). Damit ergibt sich aus Gl. (1) das ***Hagen-Poiseuillesche Gesetz:***

$$\dot{Q} = \frac{\pi r^4}{8\,\eta\, l}\,\Delta P \qquad (2)$$

Die Stromstärke ist also der 4. Potenz des Innenradius proportional, so daß bei einer Verdopplung des Rohrdurchmessers die Stromstärke um den Faktor 16 ansteigt. Von den vier genannten Voraussetzungen für die Anwendung des HAGEN-POISEUILLEschen Gesetzes – 1. Laminarität der Strömung, 2. Homogenität der Flüssigkeit, 3. Starrheit des Rohres, 4. Benetzbarkeit der Wände – sind im menschlichen Gefäßsystem nur die erste in weiten Bereichen und die vierte voll erfüllt.

Strömungsformen. Unter physiologischen Bedingungen liegt in nahezu allen Gefäßabschnitten eine ***laminare Strömung*** vor. Bei dieser Strömungsform nimmt die Geschwindigkeit der Flüssigkeitsschichten von der Wand bis zur Achse des Gefäßes hin kontinuierlich zu. Während die Flüssigkeitsteilchen unmittelbar an der Gefäßwand praktisch in Ruhe sind, haben die Teilchen im Axialstrom die größte Geschwindigkeit. Es entsteht ein parabolisches Strömungsprofil (Abb. 4-2). Bei der Strömung des Blutes im Gefäßsystem findet man allerdings eine gewisse Abweichung von diesem Strömungsprofil. Die cellulären Bestandteile, insbesondere die Erythrocyten, werden nämlich in den kleinen Gefäßen in den Zentralstrom gedrängt, während das Plasma in den wandnahen Schichten strömt. Der ***zentrale Erythrocytenstrom*** erhält damit zwangsläufig eine höhere Geschwindigkeit als der wandnahe Plasmastrom. Auf diese Weise werden die Erythrocyten schneller als das Plasma durch das Gefäßsystem transportiert.

Die laminare Strömung kann unter bestimmten Bedingungen in eine ***turbulente Strömung*** übergehen, die durch Wirbelbildungen charakterisiert ist. Dabei bewegen sich die Flüssigkeitsteilchen nicht nur parallel sondern auch quer zur Gefäßachse, wodurch das Strömungsprofil abgeflacht wird (Abb. 4-2). Außerdem steigt der Strömungswiderstand an, so daß die Zunahme der turbulenten Strömungsform eine Mehrbelastung für das Herz darstellt.

Normalerweise treten turbulente Strömungen nur in den herznahen Abschnitten der Aorta und des Truncus pulmonalis bei der Austreibung des Blutes aus dem Herzen auf. Turbulenzen können aber auch in herznahen Gefäßen entstehen, wenn bei schwerer Muskelarbeit die mittlere Strömungsgeschwindigkeit stark ansteigt oder wenn bei einer schweren Anämie die Blutviscosität erheblich erniedrigt ist.

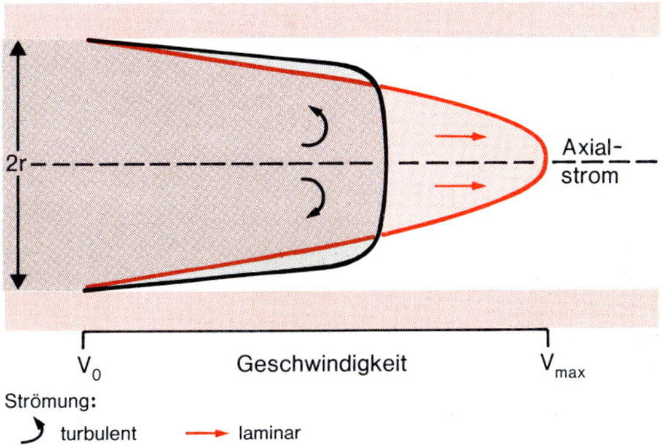

Abb. 4-2. Geschwindigkeitsprofile in größeren Blutgefäßen bei laminarer und turbulenter Strömung, nach WITZLEB (aus Schmidt und Thews, 1987)

Der Übergang in die turbulente Strömungsform hängt von mehreren Parametern ab, die in der dimensionslosen ***Reynoldsschen Zahl*** (Re) zusammengefaßt sind:

$$\mathrm{Re} = \frac{r\,\bar{v}\,\varrho}{\eta} \tag{3}$$

Hierin bedeuten r den Gefäßradius, $\bar{v}$ die mittlere Strömungsgeschwindigkeit, ϱ die Dichte und η die Viscosität der Flüssigkeit. Wenn Re den Wert von 1000–1200 überschreitet, sind die Bedingungen für eine vollständig turbulente Strömung gegeben.

Viscosität des Blutes. Die Viscosität des Blutes, die sowohl die Strömungsform als auch die Stromstärke mit beeinflußt, hängt in erster Linie von dem jeweiligen Erythrocytenanteil, d. h. vom ***Hämatokritwert*** (S. 2) ab. Wie Abb. 4-3 zeigt, steigt die Blutviscosität mit zunehmendem Hämatokrit an. In weiten Röhren hat das Blut normalerweise eine Viscosität, die etwa viermal größer ist als die des Wassers. Die Viscosität des Plasmas entspricht nahezu der doppelten Wasserviscosität.
Die Blutviscosität ist weiterhin in starkem Maße von den einwirkenden Strömungskräften abhängig. Aus diesem Grund spricht man von der ***scheinbaren Viscosität,*** die jeweils genau definierten Strömungsbedingungen zugeordnet ist. Bei starker Strömung mit großer Schubspannung bzw. hohen Schergraden wird die scheinbare Viscosität des Blutes so weit herabgesetzt, daß sie sich asymptotisch der Plasmaviscosität nähert. Bei verlangsamter Strömung mit geringer Schubspannung steigt die Viscosität überproportional an. Unterhalb einer Schubspannung von 0,1 N/m^2 ist die Fließfähigkeit des Blutes in kleineren Gefäßen vollständig aufgeho-

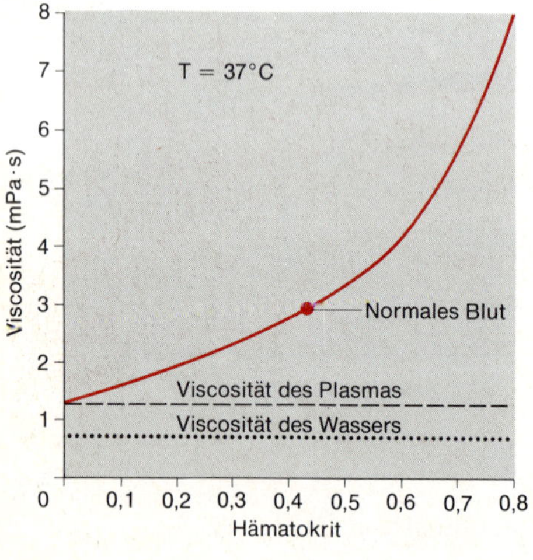

Abb. 4-3. Abhängigkeit der scheinbaren Blutviscosität in Arterien vom Hämatokritwert (1 mPa·s = 1 Centipoise)

ben, so daß eine ***Stase*** (Blutstillstand) die Folge ist. Da auf das Blut in den Venolen besonders kleine Scherkräfte einwirken, sind vor allem diese Gefäßabschnitte für das Auftreten einer Stase prädestiniert.

Die ***Abnahme der scheinbaren Viscosität*** mit ansteigender Schubspannung ist auf die starke Verformbarkeit der Erythrocyten zurückzuführen. Die roten Blutkörperchen haben die Eigenschaft der ***Fluidität,*** d. h. sie sind wie ein Flüssigkeitstropfen fließfähig und können sich der jeweiligen Strömung anpassen. In größeren Gefäßen nehmen sie eine ellipsoide, in den Capillaren durch Vorwölbung ihres Mittelteils oft eine geschoßähnliche Form an (Abb. 4-4). Die ***Steigerung der scheinbaren Viscosität*** des Blutes bei abnehmender Schubspannung beruht auf der Eigenschaft der Erythrocyten, sich zu ***geldrollenartigen Aggregaten*** zusammenzulagern. Diese Gebilde vernetzen in Gegenwart von Fibrinogen und großmolekularen Globulinen weiter zu größeren dreidimensionalen Gebilden. Das Blut hat die Eigenschaft der ***Thixotropie*** oder ***Strukturviscosität*** angenommen. Zusammenfassend läßt sich feststellen: Schnell strömendes Blut verhält sich wie eine extrem dünnflüssige Emulsion, langsam strömendes wie eine dickflüssige, vernetzbare Suspension.
Die Blutviscosität zeigt noch eine weitere Anomalie: Sie ist bei vorgegebener Schubspannung auch vom Gefäßdurchmesser abhängig. In kleineren, relativ schnell durchströmten Gefäßen (∅ < 0,1 mm) vermindert sich die scheinbare Viscosität mit abnehmendem Gefäßdurchmesser und erreicht in den Capillaren nahezu den Plasmawert ***(Fåhraeus-Lindqvist-Effekt).*** Dieser Effekt beruht einmal darauf, daß sich in kleinen Gefäßen der Volumenanteil der strömenden Erythrocy-

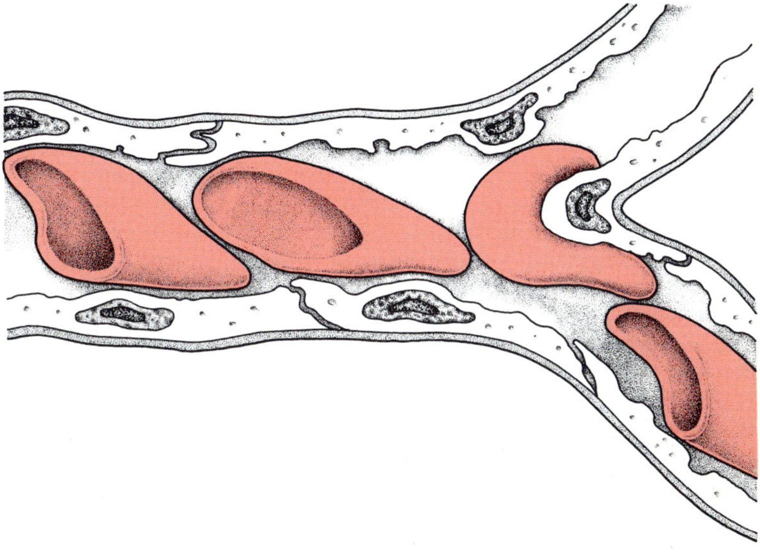

Abb. 4-4. Verformung der Erythrocyten bei der Durchströmung von Capillaren

ten vermindert und damit der Hämatokritwert im Vergleich zu dem in großen Gefäßen erniedrigt ist (FÅHRAEUS-Effekt). Zum anderen passen sich die Erythrocyten in diesen Gefäßen optimal dem Strömungsprofil an (Abb. 4-4), wobei ihre Membranen um den flüssigen Zellinhalt rotieren („Panzerkettenphänomen"). Diese Rotationsbewegung, die in Capillaren besonders ausgeprägt ist, vermindert den viscösen Widerstand.

Strömungswiderstände in Röhrensystemen. Im Blutgefäßsystem sind die Einzelgefäße teils hintereinander, teils parallel geschaltet. Bei hintereinander geschalteten Gefäßen addieren sich, entsprechend der 1. KIRCHHOFFschen Regel, die einzelnen Strömungswiderstände R_i zum Gesamtwiderstand R_s:

$$R_s = R_1 + R_2 + R_3 \ldots \tag{4}$$

Sind dagegen die Gefäße parallel geschaltet, so gilt die 2. KIRCHHOFFsche Regel:

$$\frac{1}{R_s} = \frac{1}{R_1} + \frac{1}{R_2} + \frac{1}{R_3} \tag{5}$$

In diesem Fall ist der reciproke Gesamtwiderstand gleich der Summe der reciproken Einzelwiderstände.

4.2 Arterielles Gefäßsystem

4.2.1 Dehnbarkeit und rhythmische Füllung des Arteriensystems

Dehnbarkeit der Gefäßwände. Wegen des relativ großen Anteils an elastischen Fasern in den Gefäßwänden sind die herznahen Arterien, insbesondere die Aorta, in beschränktem Maße dehnbar (Arterien vom elastischen Typ). Ihr Lumen wird bei zunehmendem Füllungsdruck erweitert und geht bei nachlassendem Druck wieder in den Ausgangszustand zurück. Die Druck-Volumen-Beziehungen folgen jedoch nicht dem HOOKEschen Gesetz, vielmehr nimmt der Dehnungswiderstand der Gefäßwände mit ansteigender Füllung zu. Daher muß zur Erzielung einer bestimmten Volumenzunahme eine umso größere Druckänderung aufgewandt werden, je stärker die Gefäße gefüllt sind. Als Maß für das elastische Verhalten der Gefäße dient der ***Volumenelastizitätskoeffizient*** E', das Verhältnis der Druckänderung ΔP zu der von ihr hervorgerufenen Volumenänderung ΔV:

$$E' = \Delta P / \Delta V \tag{6}$$

E' hat also einen umso größeren Wert, je geringer die Dehnbarkeit der Gefäße ist.

Die quantitative Beziehung zwischen Füllungsdruck und Füllungsvolumen ***(Druck-Volumen-Diagramm)*** für die menschliche Aorta in verschiedenen Lebensaltern ist in Abb. 4-5 dargestellt. Die Rechtsverlagerung der Kurvenzüge mit zunehmendem Alter gibt die Volumenzunahme der Aorta durch Wachstum und alterungsbedingte Umbauprozesse wieder. Man erkennt weiterhin, daß der Volumenelastizitätskoeffizient (im jeweils altersentsprechenden Druckbereich) von der Geburt bis zum jugendlichen Erwachsenenalter abnimmt, um im höheren Alter wieder anzusteigen. Zwischen dem 16. und 40. Lebensjahr besitzt also die Aorta unter physiologischen Bedingungen ihre größte Dehnbarkeit.

Beim jugendlichen Erwachsenen ist die Aorta etwa dreimal dehnbarer als das übrige arterielle System. Für die gesamte arterielle Strombahn beträgt der Volumenelastizitätskoeffizient etwa 1 mm Hg/ml. Als Faustregel gilt deshalb, daß bei einer Füllungszunahme um 1 ml im gesamten arteriellen System der Druck um 1 mmHg (133 Pa) ansteigt. Das venöse System hat einen wesentlich kleineren Volumenelastizitätskoeffizienten, d. h. Venen besitzen bei gleichen Blutdruckwerten eine etwa 13 mal größere Dehnbarkeit als die wandstärkeren Arterien.

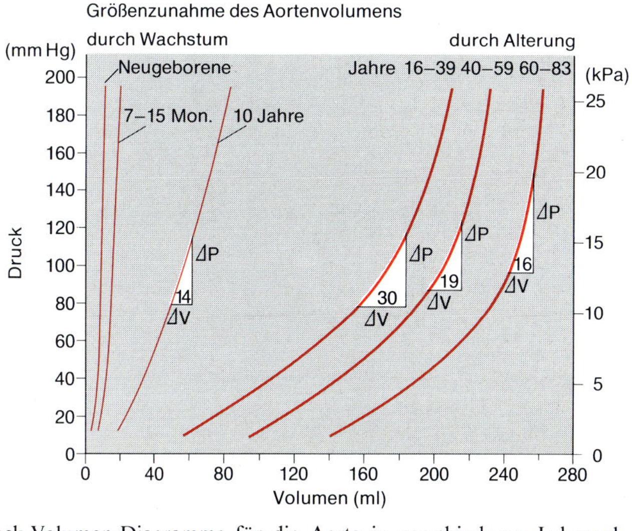

Abb. 4-5. Druck-Volumen-Diagramme für die Aorta in verschiedenen Lebensaltern, nach Simon und Meyer (aus Schmidt und Thews, 1987). Das Gefäßvolumen nimmt mit dem Lebensalter zu. Der Volumenelastizitätskoeffizient $E' = \Delta P/\Delta V$ hat beim jüngeren Erwachsenen den kleinsten Wert, d. h. die Aorta besitzt in diesem Alter die größte Dehnbarkeit. Die angegebenen Volumenänderungen ΔV beziehen sich jeweils auf die altersentsprechenden Druckamplituden

Windkesselfunktion der elastischen Arterien. Mit jeder Systole des Herzens wird ein Blutvolumen von 70 bis 140 ml in das arterielle System ausgeworfen. Die dadurch hervorgerufenen rhythmischen Volumenschwankungen setzen sich jedoch nicht bis in die peripheren Gefäßabschnitte fort, sondern werden infolge der elastischen Wandeigenschaften der Aorta und der herznahen Arterien gedämpft. Während der Austreibungsphase des Herzens speichern diese Gefäße einen Teil des ausgeworfenen Schlagvolumens durch Ausdehnung ihres Lumens (Abb. 4-6). Bei sinkendem Gefäßinnendruck im Verlauf der Diastole wird das gespeicherte Volumen an die sich anschließenden Gefäßabschnitte weitergegeben. Diese sog. Windkesselfunktion der Arterien vom elastischen Typ stellt sicher, daß trotz rhythmischer Herztätigkeit das Blut weitgehend kontinuierlich durch die peripheren Gefäßabschnitte strömt.

Eine genauere Analyse zeigt, daß etwa 50% des Schlagvolumens während der Systole in den herznahen Arterien elastisch gespeichert und in der Diastole wieder abgegeben werden. Vom energetischen Standpunkt aus handelt es sich um eine Umwandlung der vom Herzen erzeugten Strömungsenergie in ***potentielle Energie*** der elastisch gedehnten Gefäßwände. Diese wird in der anschließenden Diastole wieder in ***kinetische Energie*** zurückverwandelt. Damit ist gleichzeitig eine Entlastung des Herzens verbunden, da der Transport der ausgeworfenen Blutmasse eine geringere Beschleunigung erfordert.

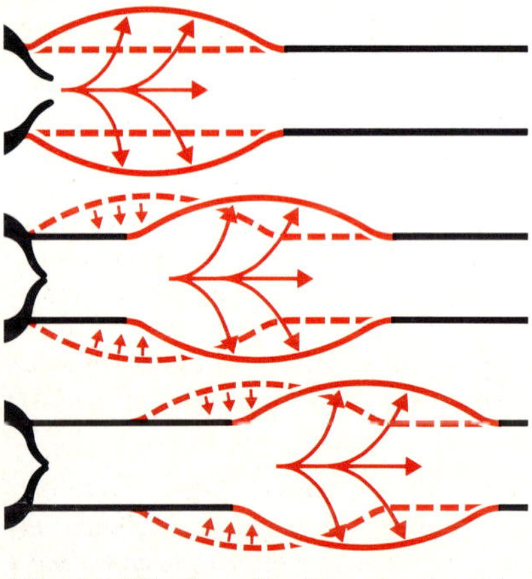

Abb. 4-6. Windkesselfunktion der Aorta in schematischer Darstellung. Der systolischen Wanddehnung mit Volumenspeicherung *(oben)* folgt eine diastolische Entdehnung mit Entspeicherung *(Mitte)*; diese Vorgänge setzen sich kontinuierlich über das elastische Gefäß fort *(unten)*

4.2.2 Arterielle Druck- und Strompulse

Druckpulswelle. Mit dem Auswurf des Schlagvolumens kommt es im Anfangsteil der Aorta zu einem schnellen Druckanstieg. Dadurch wird ein Bewegungsimpuls ausgelöst, der die Drucksteigerung auf den benachbarten Gefäßabschnitt überträgt und dessen Lumen erweitert (Abb. 4-6). Während sich die Druckerhöhung zur Peripherie hin fortsetzt, fällt in den zunächst erfaßten Aortenabschnitten der Druck langsam wieder auf den Ausgangswert ab. Auf diese Weise pflanzt sich eine Welle schnell ansteigenden und langsamer abfallenden Druckes über das gesamte arterielle Gefäßsystem fort, die als Druckpulswelle oder kurz als Pulswelle bezeichnet wird.

Die Pulswelle hat, da sie durch Impulsübertragung von Teilchen zu Teilchen verursacht wird, eine wesentlich größere Geschwindigkeit als die Blutströmung in den Gefäßen. Einen starken Einfluß auf die ***Pulswellengeschwindigkeit*** übt die Dehnbarkeit der Gefäßwände aus. Während in der elastischen Aorta des Jugendlichen die Pulswellengeschwindigkeit 4-6 m/s beträgt, steigt sie in den weniger dehnbaren Arterien vom muskulären Typ (z. B. in den Unterarm- und Unterschenkelarterien) auf 7-12 m/s an. Eine Zunahme der Pulswellengeschwindigkeit findet man im höheren Alter wegen degenerativer Gefäßwandveränderungen mit Verlust an elastischen Fasern und bei erhöhtem Blutdruck wegen Abnahme der Dehnbarkeit mit zunehmender Füllung der Arterien (Abb. 4-5).

Die theoretische Analyse zeigt, daß sich die Pulswellengeschwindigkeit c aus

$$c = \sqrt{\frac{\kappa}{\varrho}} \qquad (6a)$$

ergibt, wobei ϱ die Massendichte des Blutes bedeutet und der sog. ***Volumenelastizitätsmodul*** κ das Produkt aus Volumenelastizitätskoeffizient E' und Volumen V darstellt ($\kappa = E' \cdot V$). Durch ***Messung der Pulswellengeschwindigkeit*** kann man also κ bestimmen und damit Rückschlüsse auf das elastische Verhalten der arteriellen Gefäße ziehen. Für die Messung werden mit Hilfe von Druckaufnehmern die Druckpulse an zwei geeigneten Orten, z. B. an der A. subclavia und der A. femoralis, registriert ***(Sphygmographie).*** Aus der Zeitdifferenz Δt zwischen dem jeweiligen Beginn der beiden Pulse und dem Abstand Δl zwischen der herznahen und der herzfernen Arterie läßt sich die Pulswellengeschwindigkeit zwischen den beiden Registrierstellen ermitteln: $c = \Delta l/\Delta t$.

Zentrale und periphere Pulskurven. Die direkte Registrierung des Druckes in einer herznahen Arterie zeigt den in Abb. 4-7 (links) dargestellten Verlauf. In der Systole des Herzens steigt der Druck von einem Ausgangswert bei 80 mm Hg (10,6 kPa) schnell an und fällt nach Erreichen eines Maximalwertes bei 120 mm Hg (16,0 kPa) wieder ab. Das Ende der Systole wird durch einen scharfen Einschnitt, die ***Frankschе Incisur,*** markiert, die

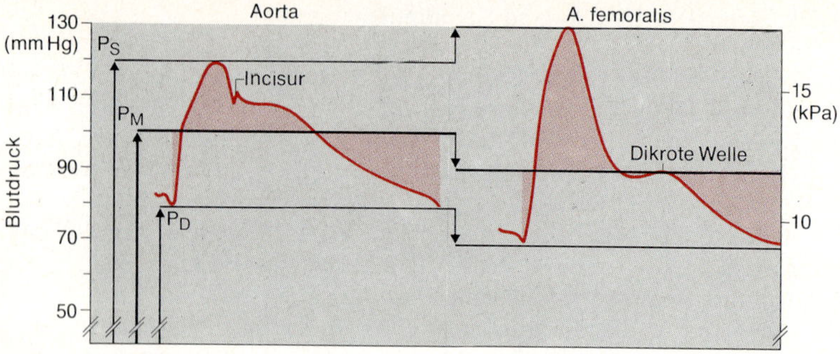

Abb. 4-7. Arterielle Druckpulskurve in der Aorta *(links)* und in der A. femoralis *(rechts)*. P_S Systolischer Blutdruck; P_D Diastolischer Blutdruck; P_M Arterieller Mitteldruck, dessen Höhe sich definitionsgemäß aus der Inhaltsgleichheit der *hellroten* Flächen oberhalb und unterhalb von P_M ergibt

durch eine kurzfristige Drucksenkung beim Schluß der Aortenklappe entsteht. In der Diastole fällt der Druck langsam auf das Ausgangsniveau ab, wobei der periphere Widerstand und die elastischen Eigenschaften des arteriellen Systems den Druckverlauf bestimmen.

In den peripheren Abschnitten des Arteriensystems verändert die Druckpulskurve ihre Form (Abb. 4-7, rechts). Auffällig sind vor allem die Zunahme der Druckamplitude und das Auftreten einer zweiten Welle. Beide Formänderungen können auf ***Reflexionen der Pulswelle*** zurückgeführt werden: Infolge des zunehmenden Wellenwiderstandes (Impedanz) in den starrwandigen peripheren Arterien, insbesondere an Gefäßverzweigungen, wird die Pulswelle zurückgeworfen, wobei es zu einer Überlagerung mit der primären Welle und damit zu einer ***Überhöhung der Amplitude*** kommt. Trotz widerstandsbedingten Absinkens des Basisdruckes übersteigt der Maximaldruck den entsprechenden Wert der zentralen Pulskurve beträchtlich.

Die zurückgeworfene Welle gelangt nach erneuter Reflexion an der Aortenklappe stark gedämpft wieder in die peripheren Arterien und bildet hier einen zweiten Gipfel der Pulskurve, den man als ***dikrote Welle*** bezeichnet. Da die hohen Frequenzanteile bei der Fortpflanzung der Pulswelle besonders stark gedämpft werden, fehlt die FRANKsche Incisur in der Druckkurve der Arm- und Beinarterien.

Strompuls. Infolge der rhythmischen Herztätigkeit kommt es im arteriellen System nicht nur zu periodischen Druckänderungen sondern auch zu ***Schwankungen der Strömungsgeschwindigkeit,*** die als Strompuls bezeichnet werden. Unter Ruhebedingungen erreicht die Strömungsgeschwindigkeit an der Aortenwurzel in der Austreibungsphase einen Maximalwert von etwa 150 cm/s, um danach auf 0 abzufallen. Zu Beginn der Diastole beobachtet man sogar kurzfristig eine Umkehr der Strömungsrichtung. Die ***mittlere Strömungsgeschwindigkeit*** beträgt am Anfang der Aorta 50–70 cm/s, bezogen auf die Austreibungsphase, und 20 cm/s, wenn man den gesamten Herzcyclus berücksichtigt. Mit der Entfernung vom Herzen nehmen sowohl der Mittelwert als auch die Amplitude des Strompulses kontinuierlich ab.

4.2.3 Drücke im arteriellen Gefäßsystem

Charakteristische Werte des arteriellen Blutdruckes. Die periodischen Druckänderungen, die an allen Orten des Arteriensystems auftreten, bilden die Grundlage für die Definition von charakteristischen Blutdruckwerten. Das Maximum der Druckpulskurve während der Systole wird als ***systolischer Blutdruck*** P_S, das Minimum während der Diastole als ***diastolischer Blutdruck*** P_D bezeichnet (Abb. 4-7). Beim Jugendlichen in physischer und psychischer Ruhe findet man in der A. brachialis einen systolischen Blutdruck von etwa 120 mm Hg (16,0 kPa) und einen diastolischen Blutdruck von knapp 80 mm Hg (10,7 kPa). Mit wachsender Entfernung vom Herzen steigt P_S an, während P_D in geringerem Maße abnimmt. Daraus resultiert eine Zunahme der Differenz $P_S - P_D$, die als ***Blutdruckamplitude*** bezeichnet wird.

Neben den beiden Extremwerten stellt der ***mittlere arterielle Blutdruck*** P_M oder ***arterielle Mitteldruck*** eine weitere charakteristische Kreislaufgröße dar. Sie ist definiert als der zeitliche Mittelwert der Drücke an dem jeweiligen Meßort im Arteriensystem und wird durch Integration der Druckpulskurven über die Cycluszeit t_c bestimmt:

$$P_M = \frac{1}{t_c} \int_0^{t_c} P \, dt \qquad (7)$$

Die Lage von P_M ergibt sich aus der Bedingung, daß die roten Flächen in Abb. 4-7 oberhalb und unterhalb von P_M gleich groß sein müssen. In zentralen Arterien entspricht der arterielle Mitteldruck P_M etwa dem arithmetischen Mittel aus P_S und P_D, in peripheren Arterien ist er etwas mehr in Richtung auf P_D verlagert. Die Bedeutung des arteriellen Mitteldruckes besteht darin, daß seine Größe – neben dem peripheren Widerstand – maßgebend ist für die Durchströmung der nachgeschalteten Gefäßabschnitte, sofern diese über keine autoregulativen Mechanismen (S. 147) verfügen.

Blutdruckbeeinflussende Faktoren. Bei der diagnostischen Bewertung des systolischen und diastolischen Blutdruckes ist zu beachten, daß diese Größen nicht nur genetisch bedingte Variationen aufweisen und rhythmischen Schwankungen unterliegen (S. 130), sondern auch durch verschiedene Faktoren beeinflußt werden können. Hierzu zählt die psychische Situation des Probanden. ***Psychische Alterationen,*** wie sie beispielsweise bei der ersten ärztlichen Untersuchung oder in einer Examenssituation auftreten, bewirken einen akuten Anstieg des systolischen und des diastolischen Blutdruckes bis um 40 mm Hg (5,3 kPa). Auch starke ***äußere Reize*** (Schmerz, Kälte, Wärme, Geräusche u. a.) und ***Nahrungsaufnahme*** können zu Blutdrucksteigerungen von unterschiedlichem Ausmaß führen.
Schließlich findet man bei ***körperlicher Arbeit*** deutliche Veränderungen der Blutdruckwerte (Abb. 4-8). Mit Zunahme der Belastungsintensität steigt der systolische Druck an, während der diastolische Druck weitgehend konstant bleibt. Daraus resultiert eine Erhöhung des arteriellen Mitteldrukkes, der zur besseren Durchblutung der arbeitenden Muskulatur beiträgt.

Altersabhängigkeit der Blutdruckwerte. Bestimmt man die systolischen und diastolischen Blutdrücke unter den Bedingungen der psychischen

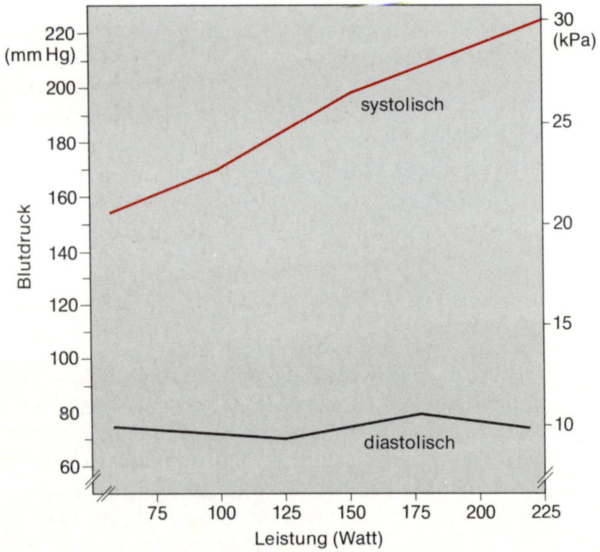

Abb. 4-8. Abhängigkeit des systolischen und des diastolischen Blutdruckes von der Intensität einer körperlichen Belastung

und physischen Ruhe, so findet man neben individuellen Variationen eine deutliche Abhängigkeit von Alter und Geschlecht (Abb. 4-9). Aufgrund der statistischen Altersabhängigkeit verwendet man in der ärztlichen Diagnostik eine Orientierungsregel, die besagt, daß sich der systolische Blutdruck (mm Hg) aus 100 plus Lebensalter minus 10% dieser Summe ergibt:

$$P_S = 0{,}9 \cdot (100 + \text{Lebensalter})\ \text{mm Hg} \qquad (8)$$

Bei Benutzung der Druckeinheit kPa läßt sich der systolische Blutdruck aus der Beziehung

$$P_S = (13 + \tfrac{1}{10} \cdot \text{Lebensalter})\ \text{kPa} \qquad (8\,\text{a})$$

abschätzen.

Die Ursachen für den Altersanstieg der Blutdruckwerte im statistischen Mittel sind noch weitgehend ungeklärt. Verlaufsstudien haben gezeigt, daß die Werte nicht in jedem Einzelfall mit dem Alter zunehmen, sondern bei etwa 30% der Untersuchten unverändert bleiben. Es wird vermutet, daß der statistische Altersanstieg zumindest teilweise auf die Miterfassung von beschwerdefreien Personen mit krankhaft erhöhtem Blutdruck zurückzuführen ist. Von wesentlicher Bedeutung scheinen auch umweltbedingte psychische Faktoren und Ernährungsgewohnheiten zu sein.

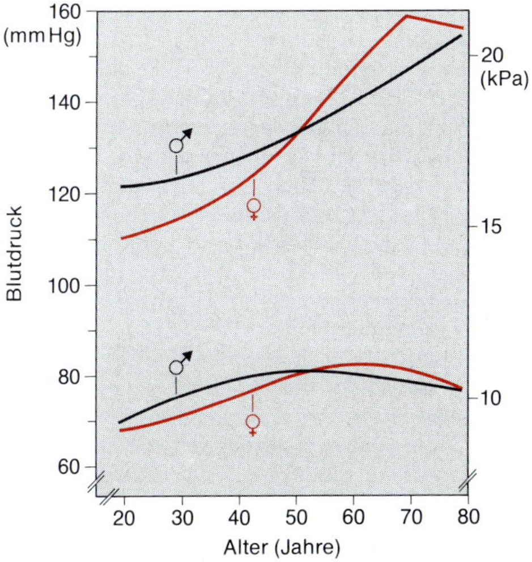

Abb. 4-9. Altersabhängigkeit des systolischen Blutdruckes *(oben)* und des diastolischen Blutdruckes *(unten)* für Männer und Frauen im statistischen Mittel

Rhythmische Spontanschwankungen des Blutdruckes. Neben den pulsatorischen ***Blutdruckwellen I. Ordnung,*** die auf die rhythmische Herztätigkeit zurückzuführen sind, treten noch weitere, langsame Druckschwankungen auf. ***Blutdruckwellen II. Ordnung*** sind im allgemeinen atmungssynchron und beruhen einerseits auf der funktionellen Kopplung der Kreislauf- und Atmungszentren (S. 214), andererseits auf atmungsbedingten Veränderungen des venösen Rückstroms (S. 141) und der Gefäßkapazität in der Lungenstrombahn. ***Blutdruckwellen III. Ordnung*** (HERING-MAYER-TRAUBE-Wellen) weisen eine Periodendauer von 6–20 s auf und sind wahrscheinlich auf Schwankungen des peripheren Gefäßtonus zurückzuführen. Blutdruck und Herzfrequenz unterliegen auch einer ***tageszeitlichen Rhythmik*** mit minimalen Werten in den ersten Stunden nach Mitternacht bzw. am frühen Morgen und höheren Werten im Tagesverlauf. Sie sind Ausdruck einer endogenen circadianen Periodik, wie sie auch bei anderen vegetativen Funktionen vorkommt.

Messungen der arteriellen Blutdrücke. Die Bestimmung der charakteristischen arteriellen Blutdruckwerte ist prinzipiell auf zwei verschiedenen Wegen möglich: 1. durch die direkte Messung nach Punktion einer Arterie und 2. durch indirekte Messung mit Hilfe einer Druckmanschette.

Bei der ***direkten Methode*** wird eine Kanüle oder ein Katheter in das betreffende Gefäß eingeführt und mit einem Manometer verbunden. Heute benutzt man hierfür Meßköpfe, welche die mechanische Größe in eine elektrische Größe umwandeln und daher als ***Druckwandler*** (Transducer) bezeichnet werden. Die elektrischen Signale können dann verstärkt und mit Hilfe eines Registriergerätes aufgezeichnet werden. Das direkte Verfahren ermöglicht eine fortlaufende formgetreue Registrierung der Pulskurve und damit die genaue Bestimmung der systolischen und diastolischen Blutdruckwerte sowie des arteriellen Mitteldrucks. Wegen der notwendigen Gefäßpunktion ist jedoch die Anwendung der direkten Methode auf die klinische Diagnostik beschränkt.
In der ärztlichen Praxis und in der klinischen Routinediagnostik werden die Blutdruckwerte ausschließlich im ***indirekten Verfahren nach Riva-Rocci*** bestimmt. Die Messung erfolgt im allgemeinen am Oberarm des sitzenden oder liegenden Patienten. Das Meßgerät besteht aus einer aufblasbaren Gummimanschette, die von einer undehnbaren Stoffauflage umgeben ist. Mit Hilfe eines Gummiballons als Pumpe und eines Nadelventils für die kontrollierte Entlastung lassen sich bestimmte Drücke in der Manschette einstellen, die an einem seitenständigen Quecksilber- oder Membranmanometer abgelesen werden können (Abb. 4-10).
Diese Einrichtung erlaubt die punktuelle Messung des systolischen und diastolischen Blutdrucks nach dem von KOROTKOFF angegebenen ***auskultatorischen Verfahren.*** Dabei werden die Geräuschphänomene, die distal der Manschette in der Ellenbeuge mittels eines Stethoskops wahrgenommen werden können, als Kriterium für die beiden Blutdruckwerte herangezogen. Nach dem Anlegen der luftleeren Manschette bringt man den Manschettendruck schnell auf einen Wert, der etwas über dem erwarteten systolischen Wert liegt. Die A. brachialis wird dadurch vollständig komprimiert und damit die Blutströmung total unterbrochen. Wenn man nun durch Öffnen des Ventils den Manschettendruck langsam reduziert (2–3 mm Hg/s), tritt mit Unterschreitung des systolischen Druckes ein meist klopfendes Geräusch unterhalb der Manschette über der A. cubitalis auf. Dieses sog.

Korotkoff-Geräusch entsteht durch Strömungsturbulenzen, wenn der Druckgipfel des Pulses die durch den Manschettendruck verursachte Kompression der A. brachialis vorübergehend aufhebt und den Blutstrom dadurch kurzfristig freigibt. Das erste Auftreten des Geräusches markiert also den Zeitpunkt, zu dem der ***systolische Blutdruck*** am Manometer abzulesen ist. Bei weiter abnehmendem Manschettendruck werden die KOROTKOFF-Geräusche zunächst lauter, um dann entweder konstant zu bleiben (Abb. 4-10, a) oder vorübergehend abzuschwellen (Abb. 4-10, b). Eine ausgeprägte zwischenzeitliche Lautstärkenabnahme, die man als auskultatorische Lücke bezeichnet (Abb. 4-10, c), kann den Ungeübten u. U. zu einer Fehlmessung veranlassen. Der diastolische Blutdruck ist nämlich erst erreicht, wenn bei weiter absinkendem Manschettendruck die Geräusche plötzlich dumpfer und schnell leiser werden bzw. verschwinden. Dies ist das Zeichen dafür, daß die turbulente Strömung des periodisch eingeengten Gefäßes in die laminare Strömung des dauernd offenen Gefäßes übergeht. Das Dumpferwerden, spätestens jedoch das

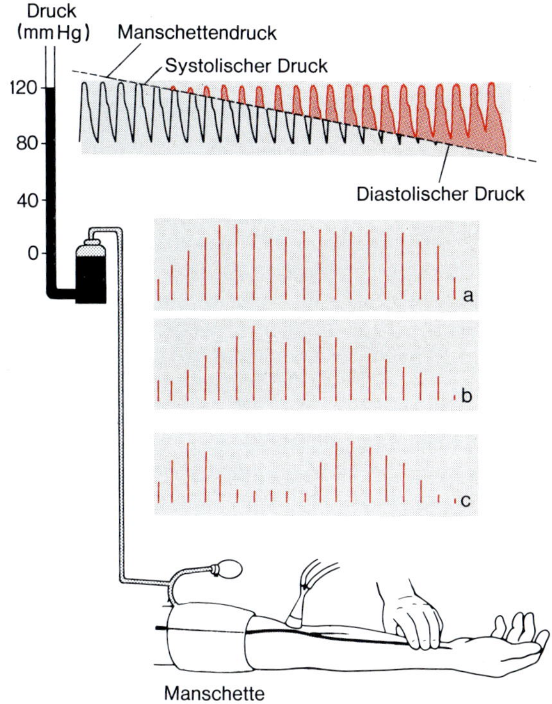

Abb. 4-10. Prinzip der Blutdruckmessung nach RIVA-ROCCI. Die bei Abnahme des Manschettendruckes auftretenden KOROTKOFF-Geräusche sind in drei typischen Verlaufsformen *(a–c)* im Mittelteil der Abbildung markiert, wobei die jeweilige Geräuschintensität durch die Strichlänge symbolisiert ist

endgültige Verschwinden des KOROTKOFF-Geräusches markiert also den Moment in dem der ***diastolische Blutdruck*** am Manometer abzulesen ist.
Blutdruckwerte, die nach der RIVA-ROCCI-Methode bestimmt worden sind, kennzeichnet man meist mit dem Symbol RR. Hat eine Untersuchung z. B. für den systolischen Druck 120 mm Hg und für den diastolischen Druck 80 mm Hg ergeben, so wird das Ergebnis in der Form RR 120/80 dokumentiert. Wichtige Voraussetzungen für eine einwandfreie Blutdruckmessung nach dieser Methode sind die Lage der Manschette in Herzhöhe und die Anpassung der Manschettenbreite an die Weichteildicke des Oberarmes. In der Regel verwendet man Manschetten mit der Standardbreite 12 cm; bei sehr großem Armumfang muß die Messung mit breiteren, bei Kindern mit schmaleren Manschetten erfolgen.
Der systolische Blutdruck kann auch nach dem ***palpatorischen Verfahren*** ermittelt werden. Hierzu stellt man durch Tasten (Palpation) der A. radialis denjenigen Druck fest, bei dem der Puls im Verlaufe eines Druckanstiegs in der Manschette gerade verschwindet und während einer Druckabnahme wieder auftritt.

4.3 Terminale Strombahn

4.3.1 Funktionen und Aufbau der terminalen Strombahn

Funktionen der terminalen Strombahn. Als terminale Strombahn bezeichnet man zusammengefaßt die peripheren Abschnitte des Gefäßsystems, die eine funktionelle Einheit bilden. Neben den ***Capillaren*** (Durchmesser 4–10 μm) gehören hierzu die einspeisenden ***Arteriolen*** und die drainierenden ***Venolen*** (Durchmesser < 250 μm). Die terminale Strombahn bildet die Basis für den Stoff-, Flüssigkeits- und Wärmeaustausch zwischen dem Blut und dem benachbarten Gewebe. Diese Austauschprozesse, die vor allem im Bereich der Capillaren, aber auch in den Venolen stattfinden, werden durch eine große Austauschfläche begünstigt. Die Zahl aller Capillaren wird beim Menschen auf 40 Milliarden und ihre Gesamtoberfläche auf 600 m^2 geschätzt.
Die ***mittlere Strömungsgeschwindigkeit in den Capillaren*** beträgt etwa 0,5 mm/s, die durchschnittliche Länge etwa 0,75 mm, so daß für die Verweildauer der Erythrocyten in der einzelnen Capillare etwa 1,5 s zur Verfügung stehen. Diese kurze Zeit ist jedoch wegen der kleinen Entfernungen im capillären Versorgungsbereich und der großen Permeabilität der Capillarwände ausreichend, um Stoffe durch Diffusion an das Gewebe abzugeben oder in das Capillarblut aufzunehmen.
Die der terminalen Strombahn zugerechneten Arteriolen und Venolen haben vor allem die Aufgabe, die Mikrozirkulation dem lokalen Bedarf anzupassen und den capillären Blutdruck zu regulieren.

Funktionelle Organisation. Die terminale Gefäßbahn der verschiedenen Organe ist entsprechend den speziellen Erfordernissen sehr unterschied-

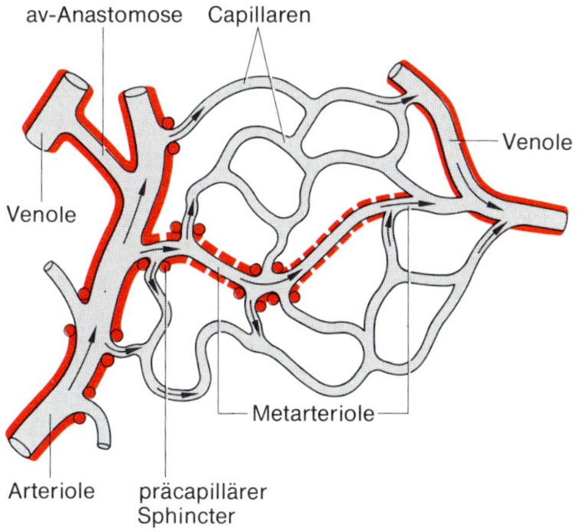

Abb. 4-11. Terminale Strombahn in schematischer Darstellung

lich aufgebaut. Daher soll hier nur die prinzipielle Organisation der Mikrozirkulation dargestellt werden. In den meisten Fällen stellen die Capillaren keine direkte Verbindung zwischen Arteriolen und Venolen her, sondern nehmen von sog. ***Metarteriolen*** ihren Ausgang (Abb. 4-11). Diese verfügen - im Gegensatz zu den Arteriolen - nicht mehr über eine geschlossene Lage glatter Muskulatur, sondern weisen Lücken zwischen den einzelnen Muskelzellen auf. Die Metarteriolen münden in die Venolen und repräsentieren damit die ***Hauptstrombahn*** (Durchgangskanal), die bei unterbrochener Capillarperfusion das arterielle Blut direkt dem venösen System zuleitet. Daneben stellen auch die ***arteriovenösen Anastomosen*** direkte Verbindungen zwischen kleinen Arterien und kleinen Venen bzw. Arteriolen und Venolen her. Die Wände dieser Kurzschlußgefäße sind muskelstark. Man findet sie insbesondere in der Haut der Acren, wo sie thermoregulatorische Funktionen erfüllen (S. 264).

Am Übergang von Metarteriolen zu Capillaren findet sich bei Kaltblütern häufig ein Ring glatter Muskulatur, der als ***präcapillärer Sphincter*** wirkt. Bei Warmblütern konnten an vielen Capillarabgängen contractile Elemente in den Endothelzellen nachgewiesen werden. Diese Mechanismen - zusammen mit spontanen Durchmesserschwankungen der Arteriolen („Vasomotion") - bieten die Möglichkeit, die Capillarperfusion an die jeweilige Stoffwechselaktivität eines Gewebes anzupassen. In der Regel sind unter Ruhebedingungen nur etwa 30% der Capillaren durchblutet. Während in Gehirn und Leber die Capillarperfusion nur geringe Variationen aufweist, sind Durchblutungsänderungen in der Skeletmuskulatur besonders ausgeprägt. Vielfach beobachtet man auch rhythmische Variationen, wobei etwa 6–12mal pro min Phasen freier und unterbrochener Capillarperfusion einander abwechseln („Ebbe und Flut"). Da die Capillaren keine muskulären Wandelemente besitzen, ist ihre Weite von dem jeweils wirksamen transmuralen Druck, d. h. von der Differenz des capillären Blutdruckes und des äußeren Gewebedruckes abhängig. Die Capillarweite variiert also mit Veränderungen der vorgeschalteten Strömungswiderstände.

4.3.2 Stoff- und Flüssigkeitsaustausch, Lymphdrainage

Diffusiver Stoff- und Flüssigkeitsaustausch. Beim Stoffaustausch durch die Capillarwand spielt die Diffusion (S. 58 ff.) in beiden Richtungen die dominierende Rolle. Lipidlösliche Stoffe (z. B. O_2, CO_2) vermögen sehr rasch durch die gesamte Capillaroberfläche zu diffundieren, während wasserlösliche Substanzen (z. B. Na^+, Cl^-, Glucose) ausschließlich durch wassergefüllte Poren, Spalten oder Lücken in der Capillarwand diffusiv transportiert werden. Da die Diffusion gelöster Teilchen durch eine permeable Membran auch mit einem Lösungsmitteltransport verbunden ist, findet auf diese Weise ein ständiger Wasseraustausch zwischen dem Blutplasma und der interstitiellen Flüssigkeit statt, der für die gesamte Capillaroberfläche des Erwachsenen auf 60 l/min geschätzt wird. Dabei ist die Bilanz des Transportes in beiden Richtungen weitgehend ausgeglichen, so daß das Plasmavolumen konstant bleibt. Große Moleküle (z. B. kolloidal gelöste Teilchen) können auch aktiv durch die Capillarwand geschleust werden (Cytopempsis). Die beschriebenen Austauschprozesse finden nicht nur in den Capillaren, sondern auch in einem gewissen Ausmaß in den kleinsten Venolen statt.

Filtration und Reabsorption. Ein weiterer Austausch von Flüssigkeit (und kleinen Molekülen) durch die Capillarwände erfolgt auf Grund von ***Druckdifferenzen zwischen dem intravasalen und dem interstitiellen Raum.*** Dabei werden verhältnismäßig kleine Flüssigkeitsmengen (insgesamt 10–15 ml/min) durch die Capillarwände filtriert (S. 65 f.) bzw. in umgekehrter Richtung reabsorbiert. Nach STARLING ist unter vereinfachenden Annahmen (kontinuierliche Capillardurchblutung, Undurchlässigkeit der Capillarwände für Proteine) die Transportbilanz von folgenden Faktoren abhängig: dem Blutdruck in den Capillaren (capillären hydrostatischen Druck) P_C, dem Gewebsdruck (hydrostatischen Druck in der interstitiellen Flüssigkeit) P_G, dem kolloidosmotischen Druck im Blutplasma π_C und dem kolloidosmotischen Druck in der interstitiellen Flüssigkeit π_G.
Der ***Blutdruck,*** der Hauptfaktor für die Flüssigkeitsfiltration, beträgt im Durchschnitt am arteriellen Capillarende 32 mm Hg (4,3 kPa) und am

venösen Capillarende 17 mm Hg (2,3 kPa). Seine Wirkung vermindert sich um den entgegengesetzt gerichteten ***Gewebsdruck*** von 3 mm Hg (0,4 kPa). Der Hauptfaktor der Reabsorption ist der ***kolloidosmotische Druck des Blutplasmas,*** der am Capillaranfang etwa 25 mm Hg (3,3 kPa) und am Capillarende etwa 26 mm Hg (3,5 kPa) beträgt. Ihm entgegengerichtet ist der ***kolloidosmotische Druck der Gewebsflüssigkeit*** von nahezu 5 mm Hg (0,6 kPa). Damit ergibt sich die folgende Bilanz (Abb. 4-12): Am arteriellen Capillarende entsteht ein ***effektiver Filtrationsdruck*** von $P_C - P_G - \pi_C + \pi_G = 32 - 3 - 25 + 5 = 9$ mm Hg (1,2 kPa), während am venösen Capillarende ein ***effektiver Reabsorptionsdruck*** von $17 - 3 - 26 + 5 = -7$ mm Hg ($-$ 0,9 kPa) auftritt, wobei das negative Vorzeichen die in das Capillarlumen weisende Druckrichtung kennzeichnet.

In Abb. 4-12 sind die capillären Druckverhältnisse schematisch unter der vereinfachenden Annahme dargestellt, daß der Blutdruck in der Capillare linear abfällt. Im Anfangsteil der Capillare, in dem $P_C - P_G$ größer als $\pi_C - \pi_G$ ist, wird Flüssigkeit in den extravasalen Raum abfiltriert. Hier-

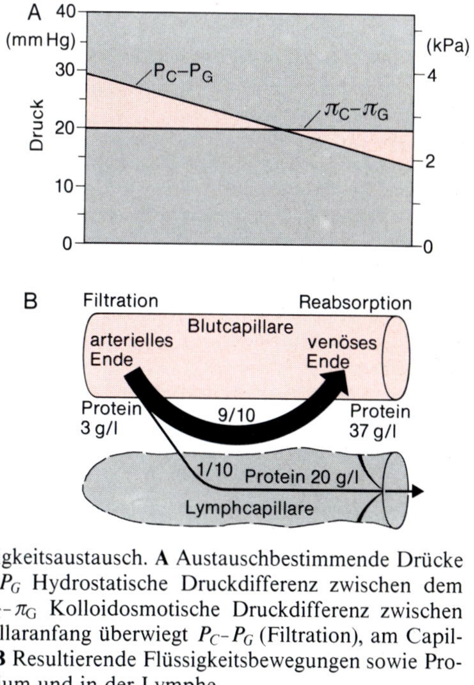

Abb. 4-12 A, B. Capillärer Flüssigkeitsaustausch. **A** Austauschbestimmende Drücke im Verlauf der Capillare. P_C-P_G Hydrostatische Druckdifferenz zwischen dem Intra- und Extravasalraum; π_C-π_G Kolloidosmotische Druckdifferenz zwischen Blut und Interstitium. Am Capillaranfang überwiegt P_C-P_G (Filtration), am Capillarende π_C-π_G (Reabsorption). **B** Resultierende Flüssigkeitsbewegungen sowie Proteinkonzentrationen im Interstitium und in der Lymphe

durch treten im Durchschnitt etwa 0,5% des durch die Capillaren fließenden Plasmavolumens in den interstitiellen Raum über (ca. 15 ml/min bzw. rund 20 l/Tag). Im Endteil, in dem $P_C - P_G$ den Wert von $\pi_C - \pi_G$ unterschreitet, erfolgt die Wiederaufnahme von etwa 90% dieses Flüssigkeitsvolumens in die Capillaren (18 l/Tag). Parallel zur Blutströmung bewegt sich also ein Flüssigkeitsstrom außerhalb der Capillare vom arteriellen zum venösen Ende.

Lymphdrainage. Da der Reabsorptionsdruck am venösen Ende der Capillare etwas niedriger ist als der Filtrationsdruck am arteriellen Ende, kann das filtrierte Flüssigkeitsvolumen nicht vollständig reabsorbiert werden. Der Abtransport des restlichen Volumenanteils (ca. 2 l/Tag) erfolgt über das Lymphgefäßsystem.

Die Flüssigkeit, die als Differenzbetrag zwischen filtriertem und reabsorbiertem Volumen im Interstitium anfällt, gelangt zunächst in die ***Lymphcapillaren,*** die im Zwischenzellraum blind endigen (Abb. 4-12). Diese vereinigen sich zu größeren Lymphgefäßen, die über die großen Lymphgefäßstämme in das Venensystem einmünden. Die Wände der größeren ***Lymphgefäße*** enthalten glatte Muskelfasern, die durch rhythmische Kontraktionen den Weitertransport der Lymphe bewirken. Dabei wird ein Rückstrom durch Klappen verhindert. In der arbeitenden Skeletmuskulatur führen die Muskelkontraktionen zu einem Auspressen der Lymphgefäße und damit zu einer Förderung des Lymphtransportes. In die Lymphgefäße sind ***Lymphknoten*** als biologische Filter eingeschaltet, aus denen auch Lymphocyten in die Lymphe abgegeben werden.
Die ***Zusammensetzung der Lymphe*** gleicht derjenigen der interstitiellen Flüssigkeit. Während der Gehalt an kristallin gelösten Stoffen dem des Blutplasmas entspricht, ist der Eiweißgehalt wesentlich niedriger (im Durchschnitt 20 g/l) und weist regionale Unterschiede auf. So beträgt die Eiweißkonzentration in der Hautlymphe nur 10 g/l, wohingegen die Leberlymphe 60 g/l Eiweiß enthält. Wegen ihres Gehaltes an Fibrinogen (S. 10) ist die Lymphe gerinnbar. Im Bereich des Magen-Darm-Kanals enthält die Lymphe noch Chylomikronen, die wasserlöslichen Transportvehikel für langkettige Fettsäuren (S. 332f.).

Oedementstehung. Eine pathologische Flüssigkeitsansammlung im Interstitium oder in den Zellen des Gewebes wird als Oedem bezeichnet. Als Ursachen für das Auftreten von Oedemen kommen aufgrund des geschilderten capillären Flüssigkeitsaustausches in Frage:

- ein ***Anstieg des capillären Blutdruckes*** als Folge einer allgemeinen Blutdruckerhöhung, einer Dilatation der präcapillären Widerstandsgefäße bzw. Constriktion der postcapillären Venolen oder eines venösen Rückstaus des Blutes bis in die Capillaren (z. B. kardiales Oedem);
- ein ***Absinken des kolloidosmotischen Druckes*** im Blutplasma als Folge eines ernährungsbedingten Eiweißmangels (Hungeroedem), einer dauernden Eiweißausscheidung durch die Nieren (renales Oedem bei

bestimmten Nierenerkrankungen) oder einer gestörten Eiweißsynthese bei schwerer Leberfunktionsstörung;
- eine ***gesteigerte Durchlässigkeit der Capillarwand*** für Plasmaproteine, die zu einem Anstieg des kolloidosmotischen Drucks im interstitiellen Raum führt. Ursächlich können einer solchen Permeabilitätssteigerung eine Überempfindlichkeitsreaktion (S. 41 f.), Entzündungen oder Verbrennungen zugrunde liegen, bei denen durch Histamin oder durch Kinine u. a. eine Capillarwandschädigung hervorgerufen wird.
- eine ***Störung des Lymphabflusses*** nach Operationen oder Verlegung der Lymphwege (regionales Lymphoedem).

In den beiden erstgenannten Fällen ist generell das Gleichgewicht zwischen Flüssigkeitsfiltration und -reabsorption zugunsten der Filtration verändert. Dabei wirkt sich der hydrostatische Druck der Blutsäule, der auf den Capillaren der tiefen Körperpartien lastet, zusätzlich filtrationssteigernd aus. So ist es zu verstehen, daß kardiale Oedeme zuerst im Bereich der Fußknöchel auftreten.

In der Regel bleiben pathologische Flüssigkeitsansammlungen auf das Interstitium beschränkt ***(extracelluläres Oedem).*** Wenn jedoch die Zellwände geschädigt sind oder eine Zunahme des extracellulären Volumens (wie beim Gehirn in der knöchernen Schädelhöhle) nur beschränkt möglich ist, kann auch ein verstärkter Flüssigkeitseinstrom in die Zellen erfolgen ***(celluläres Oedem).***

4.4 Venöses System

4.4.1 Drücke im Venensystem, Venenpuls

Venendrücke beim Liegenden. Im Venensystem des liegenden Menschen nimmt der Blutdruck von 17 mm Hg (2,3 kPa) am Ende der Capillaren bis zum Ende der großen Hohlvenen kontinuierlich ab. Im Bereich der Venolen mit ihrem relativ großen Strömungswiderstand, die daher auch als ***postcapilläre Widerstandsgefäße*** bezeichnet werden, beträgt der Druckabfall etwa 4 mm Hg (0,5 kPa). In den großen Venen dagegen besteht nur ein kleiner Druckgradient, mit einer Ausnahme an der Einengung in der V. cava inf. beim Durchtritt durch das Zwerchfell, wo der Druck plötzlich um etwa 4 mm Hg absinkt. Der Druck am Ende der großen Hohlvenen, der mit dem im rechten Vorhof identisch ist, wird als ***zentraler Venendruck*** bezeichnet. Er beträgt im Mittel 4 mm Hg (0,5 kPa) und zeigt atmungs- und herzschlagsynchrone Schwankungen zwischen 0 und 9 mm Hg (1,2 kPa). Da der Druck im Thorax etwa 4 bis 6 mm Hg (0,4–0,8 kPa) unter dem Atmosphärendruck liegt (S. 189), ist hier der transmurale

Druck, d. h. die Druckdifferenz zwischen Innen- und Außenraum des Gefäßes, positiv, so daß die intrathorakalen Venen nicht kollabieren.

Der zentrale Venendruck ist im starken Maße von der Größe des Blutvolumens abhängig. Die Venendruckmessung (S. 139f.) wird daher zur Kontrolle des Blutvolumens, z. B. bei der Infusionstherapie, eingesetzt. Ein erhöhter zentraler Venendruck (> 15 mm Hg bzw. > 2 kPa) findet sich nicht nur bei einer zu großen parenteralen Flüssigkeitszufuhr, sondern u. a. auch bei einer Rechtsherzschwäche.

Venendrücke bei Orthostase. Beim aufrecht stehenden Menschen (Orthostase) hat das Gravitationsfeld der Erde einen zusätzlichen Einfluß auf die Druckverteilung im Venensystem. Die Schwerkraft bewirkt, daß beim Aufstehen die hydrostatischen Drücke im Venensystem der oberen Körperhälfte um 0,8 mm Hg/cm (0,11 kPa/cm) abnehmen und nach unten im gleichen Maße ansteigen (Abb. 4-13). In den Fußvenen, auf denen die gesamte Blutsäule lastet, beträgt daher der Venendruck bei Orthostase 90-100 mm Hg (12,0-13,3 kPa). Im Bereich des rechten Vorhofs herrscht unter diesen Bedingungen ein subatmosphärischer Druck von −4 mm Hg (− 0,5 kPa), in der V. cava sup. werden noch kleinere Drücke gemessen. Wegen des stärker subatmosphärischen Druckes im Thorax bleiben jedoch die hier lokalisierten Venenabschnitte geöffnet. Dagegen kollabieren die Venen des Halses und der erhobenen Arme unter der Einwirkung des Atmosphärendruckes, wobei sich der intravasale Druck etwa auf Null einstellt. In den kollabierten Gefäßen berühren sich allerdings nicht alle Wandanteile, so daß auch hier der venöse Rückstrom nicht behindert ist.

Derjenige Ort im Venensystem, dessen Druck sich beim Positionswechsel vom Liegen zum Stehen nicht ändert, wird als ***hydrostatischer Indifferenzpunkt***, die zugeordnete Ebene als hydrostatische Indifferenzebene bezeichnet (Abb. 4-13). Der Indifferenzpunkt liegt in der V. cava inf. etwa 5-10 cm unterhalb des Zwerchfells; der hier herrschende Druck beträgt unabhängig von der Körperposition etwa 11 mm Hg (1,5 kPa).

In den Arterien werden die Drücke bei Orthostase durch die Schwerkraft in gleicher Weise wie im Venensystem beeinflußt (Abb. 4-13). Hierdurch bleibt die strömungswirksame Druckdifferenz zwischen Arterien und Venen, der sog. ***Perfusionsdruck***, erhalten. In den unteren Körperpartien steigt jedoch der transmurale Druck erheblich an, so daß insbesondere die leicht dehnbaren Venen ausgeweitet werden. Aus diesem Grund kommt es bei Positionswechsel vom Liegen zum Stehen zur Verlagerung eines Blutvolumens von 400-600 ml in die Beinvenen. Damit verbunden sind deutliche Rückwirkungen auf die allgemeine Kreislaufsituation (vorübergehende Einschränkung des venösen Rückstroms zum Herzen mit einer entsprechenden Verminderung des Herzzeitvolumens, S. 168f.).

Venenpuls. Die Druck- bzw. Volumenschwankungen, die in herznahen Venen als Rückwirkungen der Herzaktion auftreten, werden als Venenpuls bezeichnet. Er ist im wesentlichen ein Abbild der Druckschwankun-

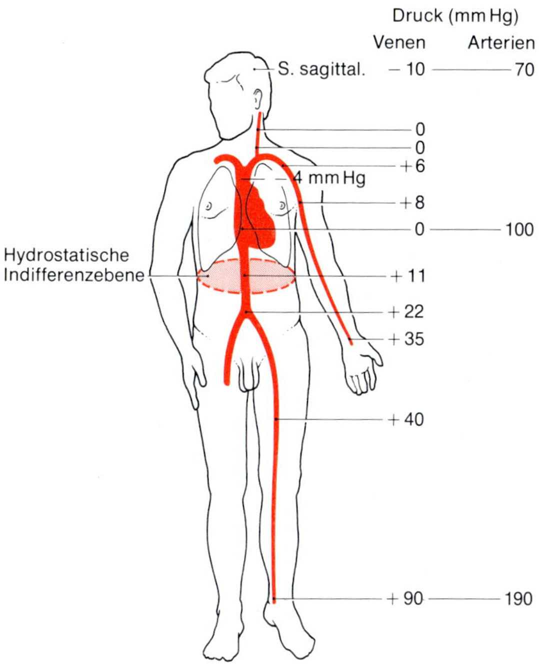

Abb. 4-13. Druckverteilung im arteriellen und venösen Gefäßsystem beim ruhig stehenden Menschen, modifiziert nach GUYTON

gen im rechten Vorhof und kann mit empfindlichen Druckaufnehmern beim liegenden Menschen, z. B. an der V. jugularis, unblutig registriert werden. Die ***Venenpulskurve*** (Abb. 4-14) läßt diagnostische Rückschlüsse auf den Ablauf der Vorhofkontraktion und der Ventilebenenbewegung (S. 100f.) sowie auf die Klappenfunktion im rechten Herzen zu.

Die erste sog. a-Welle der Venenpulskurve wird durch die Vorhofkontraktion, die kurz darauffolgende c-Welle durch die Vorwölbung der Tricuspidalklappe in den rechten Vorhof während der Anspannungsphase des Ventrikels hervorgerufen. Die anschließende tiefe Senkung der Pulskurve (x) entsteht durch die Ventilebenenbewegung zur Herzspitze in der Austreibungsphase. In der Entspannungsphase des Ventrikels steigt der Venendruck etwas an (v) und fällt dann nach Öffnung der Tricuspidalklappe wieder ab (y).

Messung der Venendrücke. Für viele klinische Zwecke wird der ***periphere Venendruck*** meist am liegenden Menschen in einer Armvene gemessen, wobei die Vene genau in Höhe des rechten Vorhofs liegen soll. Zur Messung wird die punktierte Armvene

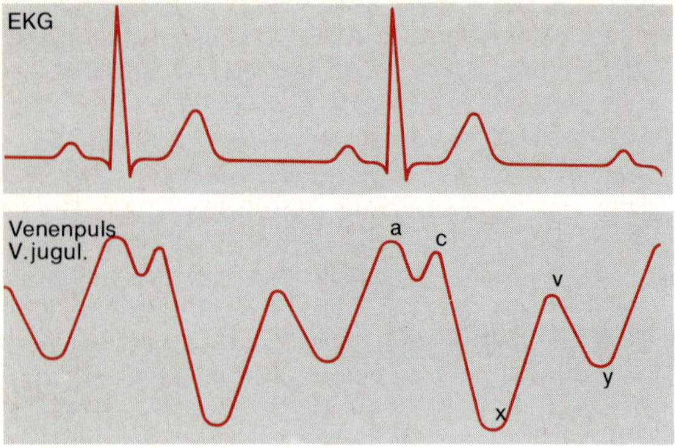

Abb. 4-14. Venenpulskurve, registriert an der V. jugularis. *a*-Welle: Vorhofkontraktion; *c*-Welle: Vorwölbung der Tricuspidalklappe; *x*-Senkung: Ventilebenenbewegung; *v*-Welle: Ventrikelentspannung; *y*-Senkung: Öffnung der Tricuspidalklappe

über einen mit physiologischer Kochsalzlösung gefüllten Katheter an ein Manometer angeschlossen.
Die exakte Messung des ***zentralen Venendruckes*** erfordert die Verwendung eines intravasalen Miniaturmanometers, das bis zum rechten Vorhof vorgeschoben wird. Eine grobe Abschätzung dieses Wertes ist bereits durch die Beurteilung des ***Füllungszustandes der Halsvenen*** möglich. In sitzender Position sind die Halsvenen bei normalem zentralen Venendruck nicht gefüllt. Bei Drücken über 11 mm Hg (1,5 kPa) beginnen die Venen hervorzutreten, bei Werten über 15 mm Hg (2 kPa) sind sie im gesamten Halsbereich deutlich gefüllt.

4.4.2 Venöser Rückstrom zum Herzen

Druckgradient für den venösen Rückstrom. Der Rückstrom des Blutes zum Herzen wird durch die Druckdifferenz zwischen den peripheren und herznahen Abschnitten des venösen Systems bestimmt. Zur Quantifizierung dieses Druckgradienten hat man eine fiktive Größe, den ***statischen Blutdruck*** oder ***mittleren Füllungsdruck,*** eingeführt. Unter dem statischen Blutdruck versteht man den Druck, der sich nach Ausschaltung der Herztätigkeit und Ausgleich der unterschiedlichen Drücke im gesamten kardiovasculären System einstellt. Er ist von der Größe des Blutvolumens und von der Gefäßweite abhängig und beträgt etwa 6 mm Hg (0,8 kPa). Die Differenz zwischen diesem statischen Blutdruck und dem zentralen Venendruck von im Mittel 4 mm Hg (0,5 kPa) stellt den Druckgradienten für den venösen Rückstrom dar. Der kleine Wert der rückflußwirksamen Druckdifferenz von nur 2 mm Hg (0,3 kPa) entspricht dem geringen Strömungswiderstand in den großen Venen. Rückflußfördernd wirken sich darüber hinaus drei Mechanismen aus: 1. der Einfluß der Atmung, 2. der Sogeffekt der Herzaktion und 3. die sog. Muskelpumpe.

Einfluß der Atmung. Der zunehmende negative intrathorakale Druck im Verlauf der Inspiration führt zu einer stärkeren „Entfaltung" der Venenwände infolge einer Steigerung des transmuralen Druckes in den intrathorakalen Gefäßen und damit zu einer Abnahme ihres Strömungswiderstandes. Damit ist ein verstärkter Zufluß aus den vorgeschalteten Venen verbunden. Durch die Zwerchfellsenkung und die damit verknüpfte Druckerhöhung im Bauchraum wird zugleich das Blut in den Thoraxraum befördert, da die Venenklappen einen retrograden Fluß verhindern ***(Druck-Saugpumpen-Effekt der Inspiration).***

Druckerhöhungen im Thoraxraum, wie sie etwa bei Überdruckbeatmung oder beim starken Pressen (Exspiration bei verschlossenen Atemwegen) auftreten, können den venösen Rückstrom erheblich behindern oder – im Extremfall – sogar unterbrechen.

Einfluß der Herztätigkeit. Die Herzaktion übt eine zusätzliche Sogwirkung auf das Blut in den herznahen Venen aus. Den größten Einfluß hat dabei die stempelartige ***Bewegung der Ventilebene*** in Richtung auf die Herzspitze während der systolischen Austreibungsphase (vgl. Sogwirkung des Kolbens einer Spritze bei der Blutentnahme). In dieser Phase erreicht die Strömungsgeschwindigkeit in den herznahen Venen ihr Maximum. Aber auch in der Diastole wird der venöse Rückfluß gefördert, wenn das Blut nach Öffnung der Tricuspidalklappen rasch in den entspannten rechten Ventrikel einströmt.

Einfluß der Muskelpumpe. Die funktionell bedeutsame Wirkung der sog. Muskelpumpe beruht darauf, daß die Venen durch Kontraktion der umgebenden Skeletmuskeln komprimiert werden, wobei die Venenklappen nur Blutbewegungen in Richtung auf das Herz zulassen. Durch abwechselndes Kontrahieren und Erschlaffen der Beinmuskeln beim Gehen wird auf diese Weise der venöse Rückstrom in der arbeitenden Skeletmuskulatur der unteren Extremität wirkungsvoll gefördert. Beinbewegungen reduzieren daher die Gefahr, daß sich bei längerem Stehen Stauungen und evtl. Knöcheloedeme (S. 137) ausbilden.

4.5 Funktionelle Organisation des Gesamtkreislaufes

Nach funktionellen Gesichtspunkten wird das kardiovasculäre System in das arterielle (Hochdruck-) System und in das Niederdrucksystem unterteilt. Zum ***Niederdrucksystem*** rechnet man die Capillaren, die Venolen und die Venen des großen Kreislaufs sowie das rechte Herz, den gesamten Lungenkreislauf, den linken Vorhof und den linken Ventrikel während der Diastole. Zum ***Hochdrucksystem*** zählen demnach der linke Ventrikel während der Systole, die Arterien, die Terminalarterien und die Arteriolen des Körperkreislaufs. Während für das arterielle System vorrangig die Gesetzmäßigkeiten der ***Hämodynamik*** (S. 118 ff.) maßgebend sind, wirken sich im Niederdrucksystem stärker die Gesetzmäßigkeiten der ***Hämostatik*** aus (S. 137 ff.).

4.5.1 Verteilung des Blutvolumens

Kapazitätsgefäße. Als Kapazitätsgefäße werden solche Teile des Gefäßsystems bezeichnet, die aufgrund ihrer ausgeprägten Dehnbarkeit große Blutvolumina aufnehmen können. Hierzu zählen in erster Linie die ***Venen des Körperkreislaufs,*** die etwa 13 mal dehnbarer sind als die Arterien in vergleichbaren Kreislaufregionen (S. 123). Daneben zeichnet sich das gesamte System des ***Lungenkreislaufs*** durch eine große Dehnbarkeit aus. In den Kapazitätsgefäßen führen bereits kleine Druckerhöhungen zu einer starken Volumenzunahme ***(Depotfunktion).*** Bei Kreislaufumstellungen können aus diesen Depots andererseits auch beträchtliche Blutvolumina mobilisiert werden. Eine besonders ausgeprägte Speicherfunktion haben das venöse System der Leber und des Gastrointestinaltraktes sowie das gesamte Lungengefäßsystem.

Volumenverteilung. Aus der unterschiedlichen Dehnbarkeit der Gefäße in den verschiedenen Kreislaufabschnitten resultiert die in Tabelle 4-1 angegebene Verteilung des Blutvolumens. Aus der Tabelle geht hervor, daß auf das arterielle (Hochdruck-)System nur 15%, auf das Niederdrucksystem dagegen 85% des Blutvolumens entfallen. Innerhalb des Niederdrucksystems nehmen die Venen des Körperkreislaufs mit mehr als 60% den Hauptvolumenanteil auf.

Auf das ***intrathorakale Blutvolumen,*** das sich aus dem Inhalt der Lungenstrombahn, des Herzens während der Diastole und der intrathorakalen Venen des Körperkreislaufes zusammensetzt, entfallen etwa 20% des Gesamtvolumens. Seine Bedeutung liegt u. a. darin, daß aus dem intrathorakalen Reservoir bei Bedarf ein beträchtliches Blutvolumen in die Peripherie umverteilt werden kann.

Tabelle 4-1. Verteilung des Blutvolumens auf die verschiedenen Kreislaufabschnitte. Die Absolutwerte beziehen sich auf das durchschnittliche Gesamtblutvolumen des erwachsenen Mannes (5,4 l)

	%		l	
Arterielles System	15		0,8	
große Arterien		6		0,3
kleine Arterien		9		0,5
Niederdrucksystem	85		4,6	
Capillaren (Körperkreislauf)		6		0,3
Venen (Körperkreislauf)		61		3,3
Lungenkreislauf		11		0,6
Herzhöhlen (Diastole)		7		0,4
		100		5,4

Wenn beispielsweise bei orthostatischer Belastung (S. 168f.) 400-600 ml Blut in die Kapazitätsgefäße der unteren Extremitäten verlagert werden, so stammen 80% hiervon aus den intrathorakalen Gefäßabschnitten. Umgekehrt kann das intrathorakale Gefäßbett bei Positionswechsel vom Stehen zum Liegen, beim Eintauchen in ein Vollbad, bei Schwerelosigkeit oder bei einer Bluttransfusion ein größeres Volumen zusätzlich aufnehmen. Die intrathorakalen Kreislaufabschnitte bilden also ein „Ausgleichsgefäß", das - je nach der Kreislaufsituation - die Aufnahme oder Abgabe größerer Blutvolumina leicht ermöglicht.

Im intrathorakalen Bereich kommt dem ***zentralen Blutvolumen*** (ca. 800 ml), das sich aus den Volumina des Lungenkreislaufes (ca. 600 ml) und des linken Herzens in der Diastole (ca. 180 ml) zusammensetzt, eine besondere funktionelle Bedeutung zu: Es stellt ein ***Sofortdepot*** dar, aus dem ein kurzfristiger Volumenbedarf für die Erhöhung des Herzzeitvolumens gedeckt werden kann. Wenn zu Beginn einer körperlichen Arbeit die Herztätigkeit plötzlich aktiviert wird, so steigt der venöse Rückfluß zum rechten Herzen nicht sofort an. Für die Überbrückung dieses Zeitintervalls kann der linke Ventrikel den Mehrbedarf des Auswurfvolumens für 5-10 Herzschläge aus dem zentralen Blutvolumen decken, bis der venöse Rückstrom an das gesteigerte Herzzeitvolumen angepaßt ist.

4.5.2 Widerstandsverteilung und Druckverlauf

Widerstandsgefäße. Zu den Widerstandsgefäßen, die durch große Strömungswiderstände und kleine Kapazitäten ausgezeichnet sind, gehören in erster Linie die ***Terminalarterien*** und ***Arteriolen.*** Sie tragen aufgrund ihrer geringen Weite mit fast 50% zum Gesamtwiderstand des Kreislaufs bei, nehmen jedoch nur 3% des Gesamtblutvolumens auf. Durch eine stark entwickelte Muskelschicht sind diese Gefäße zu einer relativ großen Variation ihres Lumens befähigt, wodurch große Veränderungen ihres Strömungswiderstandes und damit der Durchblutung der nachgeschalteten Gefäßabschnitte ermöglicht werden.

Auf die ***Capillaren*** entfallen nur etwa 25% des gesamten Kreislaufwiderstandes. Obwohl jede einzelne Capillare einen größeren Strömungswiderstand pro Längeneinheit als die einzelne Arteriole aufweist, ist der capilläre Beitrag zum Gesamtwi-

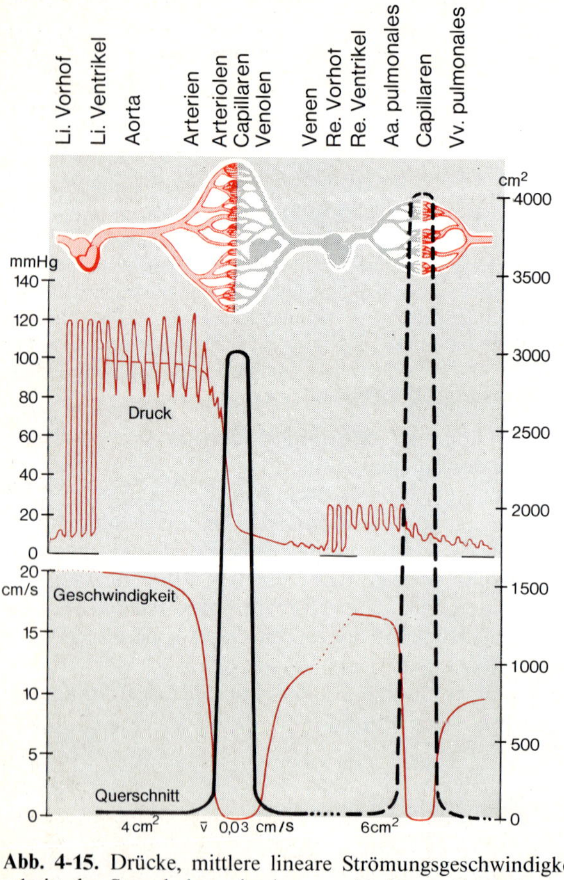

Abb. 4-15. Drücke, mittlere lineare Strömungsgeschwindigkeit und Gesamtquerschnitt der Strombahnen in den verschiedenen Abschnitten des kardiovasculären Systems, nach WITZLEB (aus Schmidt und Thews, 1987)

derstand geringer, weil die Capillaren kürzer und in größerer Zahl parallelgeschaltet sind. Die ***Venolen*** sind als postcapilläre Widerstandsgefäße an der Druckregulation in den Capillaren beteiligt.

Totaler peripherer Widerstand. Der Gesamtwiderstand des Körperkreislaufs wird als totaler peripherer Widerstand (TPR) bezeichnet. Er ergibt sich aus den Widerständen aller in Reihe und parallel geschalteten Kreislaufabschnitte. Legt man für seine Berechnung aus TPR $= \Delta P/\dot{Q}$ (S. 118) eine mittlere Druckdifferenz von 100 mm Hg und eine Volumenstromstärke von 5 l/min (83 ml/s) zugrunde, so resultiert hieraus ein TPR-Wert von 1,2 mm Hg $\cdot$ s $\cdot$ ml^{-1} (0,16 kPa $\cdot$ s $\cdot$ ml^{-1}). Im Lungenkreislauf hat der mittlere Druckabfall bei gleicher Stromstärke einen Wert von nur 8 mm Hg, so daß der Gesamtwiderstand hier mit 0,1 mm Hg $\cdot$ s $\cdot$ ml^{-1} (13 Pa $\cdot$ s $\cdot$ ml^{-1}) weniger als $^1/_{10}$ des TPR beträgt.

Druckverlauf. Aufgrund der Widerstandsverteilung ergibt sich der in Abb. 4-15 dargestellte Druckverlauf im kardiovasculären System. Man erkennt, daß der mittlere Blutdruck in den widerstandsarmen großen Arterien nur schwach absinkt, dagegen in den präcapillären Widerstandsgefäßen den stärksten Abfall aufweist. Im Verlauf der Capillaren, Venolen und Venen wird die Druckabnahme pro Längeneinheit zunehmend kleiner. Die rhythmischen Blutdruckschwankungen im arteriellen System erfahren in den kleineren Gefäßen eine so starke Dämpfung, daß die Drücke in den Arteriolen und nachgeschalteten Gefäßabschnitten zeitlich konstant bleiben.
Im Lungenkreislauf nimmt der vom rechten Ventrikel erzeugte Druck bis zum linken Vorhof mit einem kleinen Gradienten ab. Dabei werden die rhythmischen Druckschwankungen, die sich in der A. pulmonalis etwa zwischen P_S = 22–25 mm Hg (2,7 kPa) und P_D = 8 mm Hg (1,1 kPa) bewegen, in den nachgeschalteten Gefäßen gedämpft, ohne jedoch vollständig zu verschwinden.

4.5.3 Strömungsgeschwindigkeiten und Kreislaufzeiten

Strombahnquerschnitt und Strömungsgeschwindigkeit. Da bei der Zirkulation des Blutes unter stationären Bedingungen die Stromstärke $\dot{Q}$ in allen in Serie geschalteten Kreislaufabschnitten etwa gleich ist, hängt die lineare Strömungsgeschwindigkeit hauptsächlich vom jeweiligen Gesamtquerschnitt q der Strombahn ab. Definitionsgemäß ergibt sich die ***mittlere lineare Strömungsgeschwindigkeit*** $\bar{v}$ aus:

$$\bar{v} = \dot{Q}/q \tag{9}$$

Je kleiner also der Strombahnquerschnitt ist, umso schneller fließt das Blut durch den jeweiligen Gefäßabschnitt. Wie aus Abb. 4-15 hervorgeht, beträgt die mittlere Strömungsgeschwindigkeit in der Aorta (Querschnitt 4 cm^2) bei körperlicher Ruhe etwa 20 cm/s. Im Bereich der kleinsten Arterien und Arteriolen nimmt sie stark ab und erreicht in den Capillaren mit einem Gesamtquerschnitt von etwa 0,3 m^2 die niedrigsten Werte (etwa 0,5 mm/s). Im venösen Abschnitt steigt die Strömungsgeschwindigkeit wieder an, bleibt aber in den Hohlvenen unter derjenigen der Aorta, da der Gesamtquerschnitt beider Venen zusammen größer als der Aortenquerschnitt ist. In der Lungenstrombahn sind die Strömungsgeschwindigkeiten insgesamt etwas kleiner, zeigen jedoch eine ähnliche Verteilung wie im Körperkreislauf.

Kreislaufzeiten. Zur groben Beurteilung der Strömungsverhältnisse im Gefäßsystem dient die Messung der ***partiellen Kreislaufzeiten,*** die ausschließlich in der Klinik erfolgen sollte. Hierzu werden Substanzen intravenös appliziert, die besondere Geruchs- oder Geschmacksempfindungen auslösen. Bei i. v. Injektion von Äther wird dieser nach 5–10 s in der Ausatmungsluft wahrgenommen (Armvenen-Lungencapillaren-Kreislaufzeit). Eine entsprechende Injektion des Präparates Decholin (Dehydrocholsäure) führt nach 10–15 s zum Auftreten eines bitteren Geschmacks auf der Zunge (Armvenen-Zunge-Kreislaufzeit).
Wesentlich aussagekräftiger ist die Bestimmung der ***totalen Kreislaufzeit,*** d. h. der Zeit, die das Blut im Mittel benötigt, um das gesamte Kreislaufsystem einmal zu passieren. Hierzu wird ein Indikator (Farbstoff, radioaktive Substanz) injiziert und seine Rückkehr zum Injektionsort (bzw. zum entsprechenden Ort der anderen Körperseite) in Form einer Konzentrations-Zeit-Kurve registriert. Die auf diese Weise bestimmte mittlere totale Kreislaufzeit beträgt etwa 60 s.

4.6 Organdurchblutung und Durchblutungsregulation

4.6.1 Einflüsse auf Gefäßweite und Durchblutung

Tonus der Blutgefäße. Bereits unter Ruhebedingungen stehen die Blutgefäße unter einem gewissen Spannungszustand der Gefäßwände, den man als ***Ruhetonus*** bezeichnet. Eine Abnahme dieses Tonus führt unter Einwirkung des transmuralen Druckes zu einer Gefäßerweiterung ***(Vasodilatation),*** eine Steigerung des Kontraktionszustandes hat eine Gefäßverengung ***(Vasoconstriction)*** zur Folge.
Der Ruhetonus setzt sich aus zwei Komponenten, dem basalen und neurogenen Tonus, zusammen. Der ***basale Tonus*** wird durch rhythmische Spontanentladungen von sog. Schrittmacherzellen der glatten Gefäßmuskulatur hervorgerufen, wodurch die Muskelzellen zu mäßiger Kontraktion veranlaßt werden ***(myogener Tonus).*** Er verleiht den Gefäßwänden

eine regional unterschiedliche Grundspannung, die auch nach Denervierung und Ausschaltung von hormonalen Einflüssen erhalten bleibt. Der ***neurogene Tonus,*** der sich dem basalen Spannungszustand überlagert, ist auf die ständige Einwirkung von Impulsen des vegetativen Nervensystems zurückzuführen (S. 148 f.).

Myogene Regulation der Gefäßweite. In einigen Organen verändert sich die spontane Erregungsbildung der glatten Gefäßmuskulatur und damit der basale Tonus in Abhängigkeit vom Gefäßinnendruck. Eine Druckerhöhung führt zur Vasoconstriction, eine Druckabnahme zur Vasodilatation ***(Bayliss-Effekt).*** Dieser Effekt beruht auf einer Veränderung des Depolarisationszustandes der Muskelfasermembranen bei Zu- oder Abnahme der Wanddehnung. Der BAYLISS-Effekt bewirkt, daß bei Veränderungen des Gefäßinnendruckes in einem gewissen Bereich die Durchblutung der nachgeschalteten Gefäßabschnitte praktisch konstant bleibt. Man bezeichnet dieses Phänomen als ***Autoregulation der Durchblutung.*** Besonders ausgeprägt ist die autoregulative Reaktion bei den Vasa afferentia der Niere (S. 341 f.), aber auch die kleinsten Arterien und Arteriolen im Gehirn und anderen Organen sind bis zu einem gewissen Grade zur Autoregulation befähigt.

Druck-Stromstärke-Beziehungen. Nach dem HAGEN-POISEUILLEschen Gesetz für starre Röhren besteht eine lineare Beziehung zwischen der Volumenstromstärke und dem einwirkenden Perfusionsdruck (S. 118). In vielen Gefäßgebieten nimmt demgegenüber die Stromstärke mit ansteigendem Druck wesentlich stärker zu, als es nach diesem Gesetz zu erwarten wäre, so daß die Druck-Stromstärke-Kurve konvex zur Abszisse gekrümmt ist (Abb. 4-16, durchgezogene rote Kurve). Gefäße, bei denen eine solche Beziehung besteht, werden offenbar bei einer Drucksteigerung passiv erweitert, wodurch ihr Strömungswiderstand abnimmt. Ein Gefäßgebiet mit besonders ausgeprägtem ***druckpassiven Verhalten*** ist die Lungenstrombahn, da hier die umgebenden Lufträume eine Erweiterung der Gefäße leicht ermöglichen.

In Gefäßen mit ausgeprägtem BAYLISS-Effekt erhöht sich der Strömungswiderstand mit ansteigendem Druck. Bei diesem ***druckreaktiven Verhalten,*** wie es z. B. Nierengefäße zeigen, führt eine Drucksteigerung nur zu einer geringgradigen Zunahme der Stromstärke. Die Druck-Stromstärke-Kurve weist also einen konkav zur Abszisse gekrümmten Verlauf auf (Abb. 4-16, gestrichelte rote Kurve).

Wie aus Abb. 4-16 hervorgeht, weicht das Verhalten der Blutgefäße noch in einer anderen Hinsicht vom HAGEN-POISEUILLEschen Gesetz ab. Die Stromstärke ist auf Null reduziert, wenn ein bestimmter Druckwert, der sog. ***kritische Verschlußdruck,*** unterschritten wird. Dieses Sistieren der Strömung ist darauf zurückzuführen, daß bei sehr kleinen Drücken der Tonus der Gefäßmuskulatur einen Kollaps der Arte-

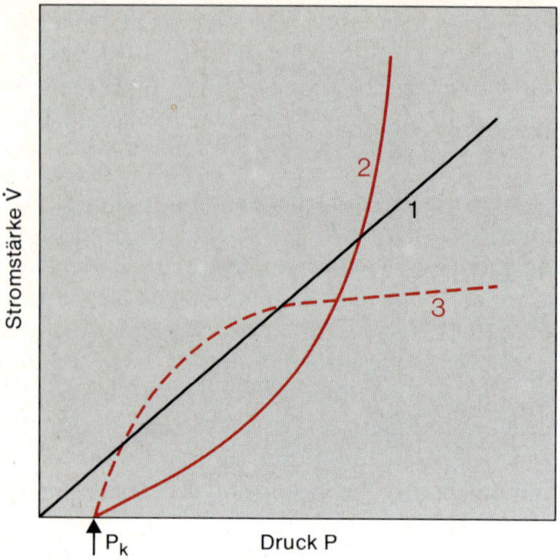

Abb. 4-16. Druck-Stromstärke-Beziehungen für starre Röhren *(1)*, für passiv dehnbare Gefäße, z. B. Lungengefäße *(2)*, und für druckreaktive Gefäße, z. B. Nierengefäße *(3)*. P_k Kritischer Verschlußdruck

riolen, d. h. eine Schließung ihres Lumens, bewirkt. Der kritische Verschlußdruck liegt im Mittel bei 20 mm Hg (2,7 kPa), hängt jedoch bis zu einem gewissen Grade vom jeweiligen Gefäßtonus ab.

Neuronale Einflüsse auf die Vasomotorik. Die Gefäßweite steht unter der Kontrolle des ***vegetativen (autonomen) Nervensystems,*** wobei Dichte und Funktion der vasomotorischen Innervation in den verschiedenen Organen und Gefäßabschnitten stark variieren. Den Haupteinfluß auf die Vasomotorik üben sympathische Fasern aus, die mit Ausnahme der Capillaren und kleinsten Venolen alle Blutgefäße innervieren. Demgegenüber ist der Einfluß der parasympathischen Fasern gering.
Die Nervenfasern mit ***vasoconstrictorischer Wirkung*** gehören ausschließlich dem ***Sympathicus*** an, wobei die Erregungsübertragung von den postganglionären Fasern auf die Gefäßmuskulatur durch ***Noradrenalin*** vermittelt wird (adrenerge Erregungsübertragung). Dieser vasoconstrictorische Einfluß der sympathischen Efferenzen besteht ständig. Auch der Ruhetonus der Gefäße ist teilweise auf die Sympathicusaktivität zurückzuführen, wobei etwa 1–3 Imp./s über die vasoconstrictorischen Fasern geleitet werden. Daher kommt es unmittelbar nach einer operativen Durchtrennung der Sympathicusfasern (Sympathektomie) zu einer Vasodilatation in dem betroffenen Gefäßgebiet.

Eine Erhöhung der ***Impulsfrequenz*** in den vasoconstrictorischen Nervenfasern bewirkt – vor allem im Bereich der arteriellen Widerstandsgefäße (S. 143f.) – eine Gefäßverengung, die bereits bei 8–10 Imp./s ihren stärksten Grad erreicht. Umgekehrt führt eine Verringerung der Impulsfrequenz zu einer Abnahme des Gefäßtonus, so daß unter der Wirkung des transmuralen Druckes eine passive Gefäßerweiterung eintritt. Hierbei ist in der Regel eine Beteiligung von speziellen vasodilatatorischen Nervenfasern nicht erforderlich. Eine besonders dichte sympathische vasoconstrictorische Innervation findet man in der Haut, den Nieren und im Bereich der Nn. splanchnici (Mesenterial-, Leber-, Milz- und Pankreasgefäße), während Skeletmuskulatur und Gehirn schwächer innerviert sind.

Sympathische Nervenfasern können auch vasodilatierend wirken, wenn sie überwiegend β-Receptoren aktivieren (S. 150). In einzelnen Gefäßbezirken kommen ferner cholinerge vasodilatatorische Nervenfasern vor, wobei es sich um parasympathische oder sympathische Fasern handelt, deren Wirkung durch ***Acetylcholin*** vermittelt wird. Die parasympathischen vasodilatatorischen Fasern innervieren die Gefäße der äußeren Genitalorgane (Mehrdurchblutung bei sexueller Erregung) und die kleinen Piaarterien des Gehirns. Für den Skeletmuskel wird eine Beteiligung von sympathischen cholinergen dilatatorischen Fasern an der initialen Vasodilatation bei Muskelarbeit diskutiert (S. 153).

Lokal-metabolische Wirkungen. Die Regulation der regionalen Organdurchblutung erfolgt in einigen Gefäßgebieten vorrangig unter dem Einfluß von Substanzen, die am Zellstoffwechsel beteiligt sind. Eine ***Vasodilatation*** tritt beispielsweise ein bei einem Anstieg des lokalen CO_2-Partialdrucks, bei Abfall des pH-Wertes, bei stärkerem Absinken des O_2-Partialdrucks, bei Erhöhung der Konzentrationen von Adenosindiphosphat (ADP), Adenosinmonophosphat (AMP), Adenosin und K^+. Diese Reize sind allerdings in den verschiedenen Organen in unterschiedlichem Ausmaß wirksam.

Auf die Wirkung der genannten Metaboliten ist wahrscheinlich auch die ***reaktive Hyperämie*** zurückzuführen. Dabei handelt es sich um eine sehr starke Vasodilatation, die im Anschluß an eine vorübergehende Unterbrechung der Blutzufuhr in Haut und Muskeln auftritt. Das Ausmaß der reaktiven Hyperämie ist von der Dauer der Drosselung und von der Stoffwechselaktivität des Gewebes abhängig.

Catecholaminwirkungen. Die Catecholamine ***Adrenalin*** und ***Noradrenalin*** werden als Hormone des Nebennierenmarks (S. 437f.) gebildet und differenziert, d. h. in Anpassung an die jeweilige Kreislaufsituation, an das Blut abgegeben. Mit dem Blutstrom gelangen sie in alle Gefäße und beeinflussen den Kontraktionszustand ihrer Wandmuskulatur. In der Regel sind Adrenalin zu 80% und Noradrenalin zu 20% an der Hormonabgabe beteiligt, bei starkem Blutdruckabfall steigt jedoch die relative Sekretionsrate von Noradrenalin an.

Während Noradrenalin ausschließlich eine Vasoconstriction hervorruft, hat Adrenalin teils constrictorische, teils dilatatorische Gefäßwirkungen. Für das Verständnis dieses Effektes ist es von besonderer Bedeutung, daß die ***adrenergen Receptoren*** der Muskelfasermembran nicht als einheitlich zu betrachten sind. Die unterschiedlichen Wirkungen lassen sich vielmehr nur deuten, wenn mehrere Receptortypen angenommen werden. Danach muß man zwischen ***α-*** und ***β-Receptoren*** unterscheiden, von denen die letzteren nochmals in β_1- (z. B. am Herzen) und β_2-Receptoren (z. B. an der Gefäßmuskulatur) zu unterteilen sind.
An der glatten Muskulatur der Gefäße führt die Aktivierung der α-Receptoren zu einer Kontraktion, während die Aktivierung der β_2-Receptoren eine Erschlaffung zur Folge hat. ***Noradrenalin*** reagiert nach dieser Vorstellung vorrangig mit den ***α-Receptoren*** und bewirkt auf diese Weise eine Vasoconstriction (Abb. 4-17). ***Adrenalin*** dagegen aktiviert ***alle Receptortypen*** gleichermaßen. Dabei können jedoch in verschiedenen Gefäßgebieten unterschiedliche Effekte ausgelöst werden, weil α- und β_2-Receptoren unterschiedlich verteilt sind. Überwiegen die α-Receptoren, so hat Adrenalin eine vasoconstrictorische Wirkung; dominieren die β_2-Receptoren, so wirkt es vasodilatatorisch.
Die Adrenalinwirkung auf die Gefäßmuskulatur hängt nicht nur vom Verteilungsmuster der adrenergen Receptoren, sondern auch von der jeweiligen ***Adrenalinkonzentration*** ab. Da β_2-Receptoren eine niedrigere Aktivierungsschwelle als α-Receptoren haben, bewirkt Adrenalin – sofern beide Receptortypen vorhanden sind – in geringer Konzentration eine Vasodila-

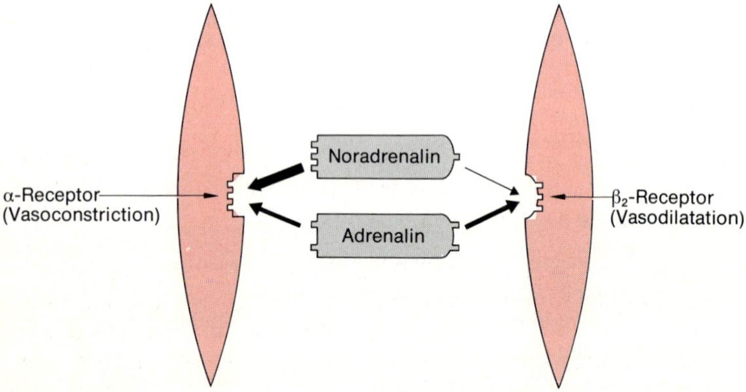

Abb. 4-17. Wirkungsunterschiede von *Adrenalin* und *Noradrenalin* an der glatten Gefäßmuskulatur infolge verschieden starker Aktivierung von α- und β-Receptoren. Die Wirkungsstärke ist durch die Dicke der *Pfeile* angedeutet

tation, in hoher Konzentration eine Vasoconstriction. Aus diesem Grunde führt die i. v. Injektion von Adrenalin in (unphysiologisch) hoher Dosis zu einer erheblichen Blutdrucksteigerung.

Weitere gefäßaktive Substanzen. Bei Aktivierung der Drüsentätigkeit im Verdauungstrakt werden Substanzen freigesetzt, die man unter der Bezeichnung ***Kinine*** zusammenfaßt. Hierzu zählen ***Kallidin*** und ***Bradykinin,*** die eine starke Vasodilatation der Drüsengefäße und darüber hinaus eine Mehrdurchblutung im Bereich des Darmes bewirken. Außerdem steigern die Kinine die Permeabilität der Capillarwände bei entzündlichen und allergischen Reaktionen.
Das Polypeptid ***Angiotensin II,*** das nach Freisetzung von Renin aus der Niere im Blutplasma gebildet wird (S. 374), gehört zu den am stärksten vasoconstrictorisch wirkenden Substanzen. Angiotensin ist an der Blutdruck-Regulation beteiligt (S. 163) und im Rahmen des Renin-Angiotensin-Aldosteron-Systems für die Regulation des Wasser- und Elektrolyt-Haushalts von Bedeutung (S. 372ff.).
Histamin wird vor allem bei Schädigungen der Haut und der Schleimhäute sowie bei bestimmten Antigen-Antikörper-Reaktionen (S. 42) freigesetzt. Es löst eine lokale Dilatation der Arteriolen und Venolen aus und erhöht die Capillarpermeabilität.

4.6.2 Durchblutung spezieller Organe

Durchblutungsgrößen. Zur Quantifizierung der Blutversorgung eines Organs kann die ***Volumenstromstärke*** (ml/min) des Blutflusses in den zuleitenden Gefäßen dienen (absolute Organdurchblutung). Bezieht man diese Größe auf das gesamte Herzzeitvolumen, so erhält man die ***relative Organdurchblutung*** (%). Wegen der unterschiedlichen Größe der einzelnen Organe sagen die absoluten und relativen Durchblutungswerte sehr wenig über die Blutversorgung des speziellen Gewebes und deren Anpassung an die Stoffwechselbedürfnisse aus. Daher verwendet man für die Quantifizierung meist die auf das Organgewicht bezogene Volumenstromstärke ($ml \cdot g^{-1} \cdot min^{-1}$), die als ***spezifische Organdurchblutung*** bezeichnet wird. In Tabelle 4-2 sind die drei Durchblutungsgrößen der wichtigsten Organe für den ruhenden Erwachsenen unter indifferenten klimatischen Bedingungen (S. 259) angegeben. Dabei handelt es sich um Durchschnittswerte, von denen im Einzelfall Abweichungen vorkommen können. Darüber hinaus weist die spezifische Durchblutung einiger Organe z. T. beträchtliche Unterschiede zwischen verschiedenen Organregionen auf.

Hirndurchblutung. Die spezifische Durchblutung des Gehirngewebes beträgt (gemittelt über das gesamte Organ) 0,5–0,6 $ml \cdot g^{-1} \cdot min^{-1}$.

Tabelle 4-2. Mittelwerte der absoluten, relativen und spezifischen Organdurchblutung für den Erwachsenen in körperlicher Ruhe

Organ	Durchblutung absolute ml/min	relative (HZV-bezogene) %	spezifische (gewichtsbezogene) $ml \cdot g^{-1} \cdot min^{-1}$	Organgewicht kg
Gehirn	780	15	0,56	1,4
Myokard	250	5	0,83	0,3
Nieren	1200	23	4,0	0,3
Skeletmuskulatur	900	17	0,03	30
Haut	250	5	0,05	5
Leber	1500	28	1,0	1,5

Allerdings ist zu beachten, daß bei der Hirndurchblutung die regionalen Unterschiede besonders stark ausgeprägt sind. Für die ganglienzellreiche Rinde beträgt der Durchblutungswert etwa 1,0 ml $\cdot$ g^{-1} $\cdot$ min^{-1}, für die faserreiche weiße Substanz dagegen nur 0,2 ml $\cdot$ g^{-1} $\cdot$ min^{-1}.

Bei angespannter geistiger Tätigkeit und gesteigerter Aufmerksamkeit nimmt die spezifische Durchblutung einzelner Hirnareale zu, wodurch jedoch die Gesamtdurchblutung des Organs nur wenig beeinflußt wird. Bei generalisierten Krämpfen mit extrem gesteigerter neuronaler Aktivität können sich die Durchblutungswerte nahezu verdoppeln. Während des Schlafes ist die cerebrale Durchblutung – bedingt durch den Anstieg des CO_2-Partialdrucks (s. u.) – leicht erhöht, dagegen in Narkose normalerweise etwas vermindert.

Die ***Regulation der Hirndurchblutung*** steht in erster Linie unter der Kontrolle metabolischer Faktoren. Die Zunahme der ***H^+-Konzentration*** (Abnahme des pH-Wertes) im perivasculären Raum bewirkt vor allem im Bereich der Widerstandsgefäße eine Vasodilatation und damit eine Steigerung der Hirndurchblutung. Umgekehrt führt die Abnahme der H^+-Konzentration zu Vasoconstriction und Durchblutungsminderung. Veränderungen des arteriellen ***CO_2-Partialdrucks*** haben die gleichen Effekte (Vasodilatation bei P_{CO_2}-Zunahme, Vasoconstriction bei P_{CO_2}-Abnahme), wobei wahrscheinlich die CO_2-Wirkungen auf die Hirngefäße zum großen Teil über H^+-Ionen (aus der Reaktion $CO_2 + H_2O \rightleftharpoons H^+ + HCO_3^-$) vermittelt werden. Der arterielle ***O_2-Partialdruck*** hat nur insofern einen Einfluß auf die Hirngefäße, als bei Unterschreitung des sehr niedrigen P_{O_2}-Wertes von 60 mmHg (8 kPa) die Hirndurchblutung ansteigt. Dabei ist noch nicht geklärt, ob die Abnahme des Gefäßtonus direkt durch O_2-Mangel verursacht oder indirekt durch hypoxiebedingte Veränderungen (z. B. der Konzentrationen von H^+, K^+ oder Adenosin) ausgelöst wird.

Der ***myogenen Autoregulation*** (S. 147) der Hirnarteriolen kommt im Hinblick auf die häufigen Änderungen der Körperposition mit entsprechenden Änderungen des hydrostatischen Druckes im Kopfbereich eine besondere Bedeutung zu. Bei physiologischen O_2- und CO_2-Partialdrükken im arteriellen Blut bleibt die Hirndurchblutung in einem bestimmten Bereich des arteriellen Mitteldruckes, nämlich zwischen 70 und 180 mmHg (9,3–24,0 kPa), weitgehend konstant.

Die Autoregulation der Hirndurchblutung ist eingeschränkt oder aufgehoben, wenn unter pathologischen Bedingungen der CO_2-Partialdruck bzw. die H^+-Konzentration stark ansteigt (Acidose, S. 400 ff.) oder der O_2-Partialdruck tief absinkt. Unterschreitet der arterielle Blutdruck den Regelbereich, so kommt es zu einer druckproportionalen Minderdurchblutung des Gehirns mit entsprechenden Störungen zentralnervöser Funktionen. Bei Überschreiten des Regelbereiches steigt die Hirndurchblutung ebenfalls druckproportional an, wodurch die Drücke im capillären Bereich u. U. so stark zunehmen können, daß ein Hirnoedem auftritt.
Der Einfluß der vegetativen Innervation auf die Hirngefäße tritt gegenüber den genannten metabolischen und autoregulativen Faktoren zurück. Da die Hirngefäße bereits einen hohen Basaltonus haben, kann ihre Weite durch vasoconstrictorische Nervenimpulse nur in geringem Maße verändert werden.

Myokarddurchblutung, S. 112 f.

Nierendurchblutung, S. 341 ff.

Durchblutung der Skeletmuskulatur. Die spezifische Durchblutung des ruhenden Skeletmuskels beträgt im Mittel nur 0,03 ml $\cdot$ g^{-1} $\cdot$ min^{-1}. Die Gefäße der Skeletmuskulatur weisen also einen stark ausgeprägten ***Ruhetonus*** auf, der sowohl auf einen hohen Basaltonus als auch auf die vasoconstrictorische Aktivität des Sympathicus zurückzuführen ist. Bei ***Muskelarbeit*** nimmt die Durchblutung in starkem Maße zu und kann im Extremfall etwa das 20fache des Ruhewertes erreichen. Unter stärkster Belastung aller Muskelgruppen steigt das Herzzeitvolumen auf ca. 20 l/min, wovon dann 80% der Skeletmuskulatur zugeleitet werden.
Für die ***Regulation der Muskeldurchblutung*** sind in den verschiedenen Arbeitsphasen unterschiedliche Faktoren maßgebend. Bereits kurz vor Beginn der körperlichen Belastung kommt es zu einer Mehrdurchblutung der Muskulatur, die vermutlich auf die Aktivierung (hypothetischer) ***cholinerger vasodilatatorischer Fasern des Sympathicus*** zurückzuführen ist. Nach Arbeitsbeginn wird die Muskeldurchblutung insbesondere durch hormonale und metabolische Faktoren dem jeweiligen Bedarf angepaßt: Die Ausschüttung kleiner Mengen von ***Adrenalin*** aus dem Nebennierenmark führt zu einer Aktivierung von β_2-Receptoren und damit zu einer Vasodilatation der Muskelgefäße. Bei längerdauernder Belastung sorgen die im arbeitenden Muskel anfallenden ***Metabolite*** für die Aufrechterhaltung der

Vasodilatation und Feinregulation der Gefäßweite. Metabolische Veränderungen, deren Mitwirkung an der lokalen Vasodilatation diskutiert wird, sind u. a. Abnahme des O_2-Partialdrucks, Zunahme des CO_2-Partialdrucks, Anstieg der Konzentrationen von H^+, K^+, Adenosin und Adenosinphosphaten im Extracellularraum. Die vasoconstrictorischen Einflüsse des Sympathicus bleiben gegenüber diesen dominierenden Faktoren im arbeitenden Muskel ohne Wirkung.

Bei ***dynamischer Muskelarbeit*** weist die im Mittel gesteigerte Durchblutung deutliche Schwankungen im Rhythmus der Muskelkontraktionen auf. Während der Blutstrom jeweils in der Kontraktionsphase mechanisch gedrosselt wird, kommt es in der Erschlaffungsphase bei Entlastung der Gefäße vom äußeren Gewebedruck zu einem starken Anstieg der Stromstärke. Im Gegensatz dazu führt eine dauernde Anspannung der Muskulatur bei ***statischer Arbeit*** (Haltearbeit) zu einer Dauerkompression der Gefäße, so daß infolge Minderdurchblutung des Gewebes eine rasche Ermüdung eintritt (S. 251).

Hautdurchblutung. Die spezifische Hautdurchblutung beträgt unter Ruhebedingungen bei Behaglichkeitstemperatur im Mittel etwa 0,05 $ml \cdot g^{-1} \cdot min^{-1}$. In Abhängigkeit von der Hauttemperatur bestehen jedoch erhebliche regionale Variationen im Bereich zwischen 0,02 und 0,1 $ml \cdot g^{-1} \cdot min^{-1}$. Da die Durchblutung der Haut vor allem im Dienste der ***Thermoregulation*** steht, sind die Durchblutungswerte in der Regel sehr viel größer, als es den Stoffwechselbedürfnissen entspricht. Bei Hitzebelastung steigt die Hautdurchblutung um das 10fache, unter extremen Bedingungen sogar bis um das 20fache des Indifferenzwertes an.
Für die ***Regulation der Hautdurchblutung*** ist vor allem die Aktivität sympathischer adrenerger vasoconstrictorischer Fasern von Bedeutung, die bereits unter thermoindifferenten Bedingungen einen hohen Ruhetonus der Gefäße aufrechterhalten. Bei sinkender Außentemperatur nimmt die ***sympathische vasoconstrictorische Aktivität*** zu, so daß die Hautdurchblutung und damit die Wärmeabgabe reduziert werden. (Bei Temperatursenkung unter den Gefrierpunkt kommt es jedoch zu einer Dilatation der Hautgefäße, wodurch die Haut vor Erfrierungen geschützt wird.) Steigt die Außentemperatur an, so tritt an den Acren (Hand, Fuß, Ohrmuschel, Nase) infolge zentraler Hemmung der sympathischen vasoconstrictorischen Aktivität eine Vasodilatation ein. Dadurch wird – insbesondere wegen der Eröffnung zahlreicher arterio-venöser Anastomosen – die Wärmeabgabe wirkungsvoll unterstützt. Am Körperstamm erfolgt die Vasodilatation vor allem durch ***Bradykinin,*** das bei erhöhter Sekretionstätigkeit der Schweißdrüsen gebildet wird.

Durchblutung der Bauchorgane. Die Durchblutung von Magen, Darm, Pankreas, Leber und Milz wird vor allem durch ***sympathische vasoconstrictorische Fasern*** der Nn. splanchnici kontrolliert. Bei körperlicher Arbeit führt eine Aktivierung der Splanchnicusfasern zu einer starken Reduzierung der Durchblutung im Bereich der Bauchorgane. Da hierbei gleichzeitig das Lumen der Kapazitätsgefäße abnimmt, können bis zu 400 ml Blut aus diesem Gebiet in die arbeitende Muskulatur umgeleitet werden.

Im Darmbereich hat die Zunahme der Drüsentätigkeit eine Durchblutungssteigerung zur Folge, die wahrscheinlich durch Freisetzung von ***Bradykinin*** vermittelt wird. Außerdem zeigen die Widerstandsgefäße in Darm und Leber (bzgl. der Durchblutungsgröße s. Tabelle 4-2) deutliche autoregulative Reaktionen.

Lungendurchblutung. Das Lungengefäßsystem wird von 98% des zirkulierenden Blutes durchströmt, die restlichen 2% umgehen über Kurzschlüsse (S. 204) den Lungenkreislauf. Auf die ***regionale Verteilung*** der Lungendurchblutung haben die Atemgase einen gewissen Einfluß: Im Bereich schlecht belüfteter Alveolen bewirkt die Erniedrigung des O_2-Partialdrucks (bzw. die Erhöhung des CO_2-Partialdrucks) eine Vasoconstriction. Infolge dieser hypoxiebedingten Widerstandszunahme wird der Blutstrom in schlecht ventilierten Lungenregionen reduziert und in gut ventilierte Gebiete umgeleitet ***(Euler-Liljestrand-Mechanismus).*** Die Lungendurchblutung weist außerdem eine von der Körperposition abhängige ungleichmäßige Verteilung auf, die sich jeweils aus dem Zusammenwirken von Perfusionsdruck und hydrostatischem Druck ergibt. Beim aufrechtstehenden Menschen sind die unteren, beim liegenden die dorsalen Lungenpartien besonders gut durchblutet.

4.6.3 Durchblutungsmessung

Für die Messung der Durchblutung wurden mehrere Methoden entwickelt, denen unterschiedliche physikalische Prinzipien zugrunde liegen. Sie liefern als Ergebnis entweder die Volumenstromstärke für den Gesamtkreislauf (Herzzeitvolumen) bzw. für ein arterielles Versorgungsgebiet oder die spezifische (gewichtsbezogene) Durchblutung für einen Gewebebereich.

Venenverschluß-Plethysmographie. Dieses Verfahren erlaubt die Bestimmung der arteriellen Stromstärke in einer Extremität oder in einem Extremitätenabschnitt auf unblutigem Wege, d. h. ohne Eröffnung eines Gefäßes. Hierbei befindet sich der Arm oder das Bein in einem starrwandigen, wassergefüllten Behälter, der nach außen völlig abgedichtet ist. Bei einer plötzlichen Unterbrechung des venösen Rückstroms mit Hilfe einer Stauungsmanschette, die proximal von der Abdichtungsstelle die Extremität umschließt, nimmt – bei unbehindertem arteriellem Zufluß – das Volumen der Extremität zu. Diese Volumenänderung kann über die Zunahme des Behältervolumens oder indirekt über den Anstieg des Behälterdrukkes registriert werden. Aus der Geschwindigkeit der Volumenzunahme in der Anfangsphase ergibt sich dann die Stromstärke des arteriellen Flusses: $\dot{Q} = dV/dt$.

Stromstärkenmessung nach dem Fickschen Prinzip. Dem FICKschen Prinzip liegt die Überlegung zugrunde, daß die in einem Organ aus dem Blut aufgenommene oder an dieses abgegebene Stoffmenge $\dot{m}$ gleich ist der Differenz zwischen der zugeleiteten und abgeführten Menge dieses Stoffes. Drückt man den Stoffmengentransport pro Zeiteinheit jeweils als Produkt aus Stromstärke $\dot{Q}$ und Konzentration C aus, so gilt:

$$\dot{m} = \dot{Q}\, C_1 - \dot{Q}\, C_2 = \dot{Q}\,(C_1 - C_2) \tag{10}$$

Diese Beziehung kann dazu dienen, die Stromstärke des durch die Lunge fließenden Blutes, d. h. praktisch das Herzzeitvolumen HZV, zu bestimmen. Verwendet man als natürlichen Indikator Sauerstoff, so ist für die ausgetauschte Stoffmenge die Sauerstoffaufnahme $\dot{V}_{O_2}$ und für $C_1 - C_2$ die O_2-Konzentrationsdifferenz zwischen arterialisiertem Blut und venösem Mischblut (Art. pulmonalis) $C_{aO_2} - C_{vO_2}$ einzusetzen:

$$HZV = \dot{V}_{O_2} / (C_{aO_2} - C_{vO_2}) \tag{11}$$

$\dot{V}_{O_2}$ kann spirometrisch bestimmt werden (S. 183), C_{aO_2} und C_{vO_2} erhält man durch Analyse des Blutes, das man durch Punktion einer peripheren Arterie und mit Hilfe eines Katheters aus der Art. pulmonalis gewinnt. (Beispiel: Aus $\dot{V}_{O_2}$ = 280 ml/min, C_{aO_2} = 0,21 und C_{vO_2} = 0,16 folgt HZV = 5,6 l/min.)

Indikatorverdünnungsmethode nach Stewart-Hamilton. Diese Methode ermöglicht die Bestimmung des Herzzeitvolumens, ohne daß der Proband (etwa durch eine Herzkatheterisierung) stärker belastet wird. Hierzu injiziert man einen inerten Indikator in die venöse Strombahn und verfolgt die Änderung seiner Konzentration im arteriellen Blut. Geeignet sind Indikatoren (Farbstoffe, radioaktive Substanzen), die den Plasmaraum in der Meßperiode nicht verlassen und eine einfache Konzentrationsbestimmung zulassen. Die schnell injizierte Indikatormenge m verdünnt sich gleichmäßig im Plasmavolumen, das mit der Stromstärke $\dot{Q}_{Pl}$ in einer bestimmten Zeit t_P durch die arterielle Strombahn fließt. Bezeichnet man die mittlere Konzentration des verdünnten Indikators mit C_m, so ergibt die Massenbilanz:

$$m = \dot{Q}_{Pl} \cdot t_P \cdot C_m \quad \text{oder} \quad \dot{Q}_{Pl} = \frac{m}{t_P \cdot C_m} \tag{12}$$

Die Werte für t_P und C_m gewinnt man aus dem zeitlichen Verlauf der arteriellen Indikatorkonzentration (Abb. 4-18), die man bei Verwendung von Farbstoffen photometrisch (z. B. am Ohrläppchen) registrieren kann. Die Konzentrationskurve läßt einen schnellen Anstieg und langsameren Abfall erkennen, dem kleinere Schwankungen folgen. Da diese nachfolgenden Wellen von erneuten Farbstoffumläufen (Rezirkulationen) herrühren, wird nur die erste Welle (Primärkurve) für die Auswertung herangezogen. Extrapoliert man deren abfallenden Schenkel bis zur Abszisse, so entspricht der Abstand vom Kurvenbeginn bis zum Extrapolationsendpunkt der gesuchten Passagezeit t_P. Die mittlere Konzentration C_m gewinnt man durch Flächenintegration, wobei die roten Flächen oberhalb und unterhalb von C_m gleichgroß sein müssen. Für das Beispiel der Abb. 4-18, bei dem von einer injizierten Farbstoffmenge m = 3 mg ausgegangen wird, betragen t_P = 28 s = 0,47 min und C_m = 2,1 mg/l. Daraus ergibt sich eine Plasmastromstärke von $\dot{Q}_{Pl}$ =

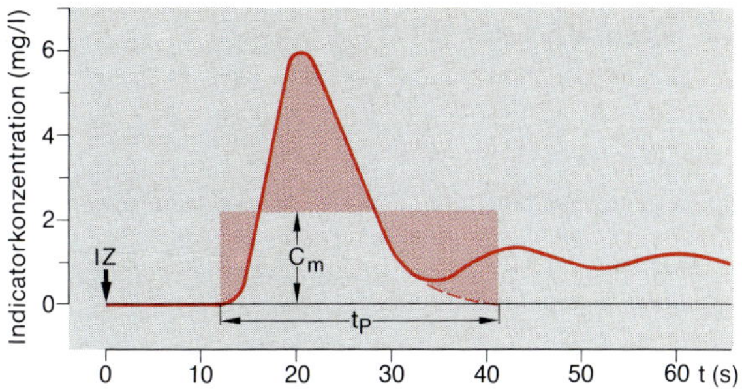

Abb. 4-18. Zeitlicher Verlauf der arteriellen Indikatorkonzentration nach venöser Indikatorinjektion bei *IZ*. Für die Bestimmung des Herzzeitvolumens nach der Indikatorverdünnungsmethode wird die Primärkurve extrapoliert (*gestrichelte* Linie), die Passagezeit t_P ausgemessen und die mittlere Konzentration C_m durch Flächenintegration ermittelt

3,0 l/min. Bei einem Hämatokritwert (S. 2) von 0,45 entspricht das einem Herzzeitvolumen von ca. 5,5 l/min.

Radioisotopen-Clearance. Diese Methode wird zur Bestimmung der spezifischen Gewebedurchblutung von Organen verwendet. Nach Injektion kleinster Mengen einer geeigneten radioaktiven Substanz (z. B. ^{133}Xe, ^{85}Kr) in ein Gewebe diffundiert diese in das Capillarblut und wird nach Maßgabe der jeweiligen Durchblutungsgröße „ausgewaschen". Diesem Auswaschvorgang entspricht der Aktivitätsabfall über der Injektionsstelle, der mit einem Geiger-Müller-Zählrohr oder einem Scintillationszähler gemessen wird. Je stärker die spezifische Gewebedurchblutung, umso schneller klingt die registrierte Aktivität ab. Da hierbei die spezifische Durchblutung in einem relativ kleinen Gewebevolumen erfaßt wird, ist diese Methode insbesondere zur Bestimmung regionaler Durchblutungsunterschiede geeignet.
In einer modifizierten Form kann das Isotop auch in die zuführende Arterie eines Organs injiziert werden. Mit dem Blutstrom gelangt es dann in die Capillaren und von dort durch Diffusion in das Gewebe, so daß man den nachfolgenden Auswaschvorgang an der Organoberfläche registrieren kann.

Weitere Methoden. Durchblutungsmessungen am Gehirn und am Herzmuskel werden häufig mit Hilfe des inerten Fremdgases Stickoxydul (Lachgas) durchgeführt (Inspiration von 15 Vol% N_2O in Luft). Dieser ***Stickoxydulmethode*** nach Kety und Schmidt liegt im wesentlichen das Ficksche Prinzip zugrunde. Die Bestimmung der Stromstärke in größeren Gefäßen ist weiterhin durch die Verwendung ***elektromagnetischer Flußmesser*** möglich. Die Stromstärke und die Strömungsgeschwindigkeit können auch mit Hilfe von ***Ultraschall*** unter Ausnutzung des Doppler-Effektes gemessen werden.

4.7 Regulation des Blutkreislaufes

Während regionale Regulationsmechanismen die Durchblutung der Organe auf den jeweiligen Bedarf einstellen, sorgen gleichzeitig überregionale Regeleinrichtungen für die Anpassung aller kardiovasculärer Funktionen an die wechselnden Kreislaufsituationen. Diese globale Aufgabe umfaßt im einzelnen die Einstellung eines adäquaten Herzzeitvolumens, die Sicherstellung eines ausreichenden Perfusionsdruckes für alle Organe sowie - unter Beteiligung der Nieren - die Konstanthaltung des Blutvolumens. Nach Maßgabe ihres Wirkungseintritts unterteilt man die daran beteiligten Anpassungsvorgänge in kurz-, mittel- und langfristige Regulationsmechanismen.

4.7.1 Mechanismen zur kurzfristigen Blutdruckregulation

Kurzfristige Regulationsmechanismen sind dadurch charakterisiert, daß sie auf veränderte Kreislaufanforderungen innerhalb weniger Sekunden reagieren, jedoch bei dauernder Beanspruchung innerhalb von Tagen ihre Wirksamkeit teilweise oder vollständig verlieren.

Pressoreceptorenreflexe. Der ständigen Überwachung des Blutdruckes im arteriellen Gefäßsystem dienen die sog. ***Pressoreceptoren*** (Baroreceptoren). Diese Receptoren, die durch Dehnung der Gefäßwand erregt werden, finden sich vor allem in der Adventitia und Media des ***Aortenbogens*** und des ***Carotissinus*** (Abb. 4-19). Während die von den Pressoreceptoren im Carotissinus ausgelösten Nervenimpulse über den Carotissinusnerven, einen Ast des N. glossopharyngeus, zum Kreislaufzentrum (S. 165) geleitet werden, gelangen die Impulse vom Aortenbogen über einen Ast des N. vagus zum Zentrum. Auf diese Weise gehen den kreislaufregulierenden Zentren des Stammhirns ständig Informationen über die Druckverhältnisse im arteriellen Gefäßsystem zu.
Die ***Blutdruck-Nervenimpuls-Charakteristik*** der Pressoreceptoren sowie die entsprechenden Kreislaufreaktionen lassen sich im Tierversuch dadurch untersuchen, daß man die Gefäßabschnitte mit pressoreceptorischen Arealen vom übrigen Kreislaufsystem - bei erhaltener sensibler Innervation - isoliert (Carotissinuspräparat). Untersuchungen an solchen Präparaten führen zu folgenden Ergebnissen: Ein akuter Anstieg des arteriellen Druckes bewirkt in den Pressoreceptoren eine Frequenzzunahme, ein plötzlicher Abfall eine Frequenzabnahme der ausgelösten Nervenimpulse (Abb. 4-20). Auch bei stationären transmuralen Drücken im physiologischen Bereich befinden sich die pressoreceptorischen Zonen in mäßiger

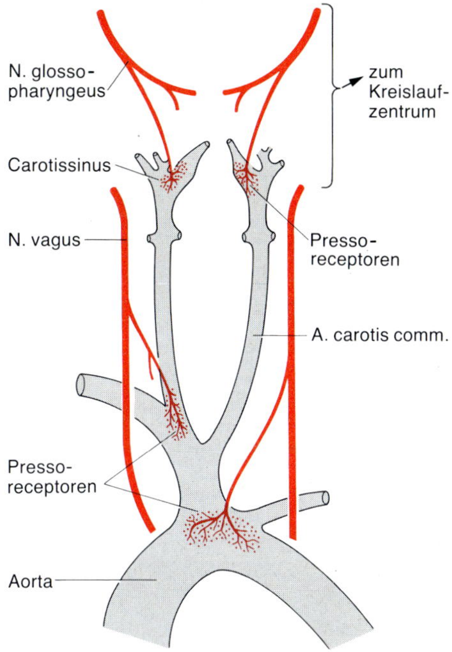

Abb. 4-19. Lokalisation der Pressoreceptoren im Aortenbogen, in der *A. carotis communis* und im *Carotissinus* mit zugehörigen afferenten Nervenbahnen

Erregung, so daß dem Kreislaufzentrum ständig Impulse zugeleitet werden. Die Abhängigkeit der Entladefrequenz vom jeweiligen Mitteldruck zeigt einen charakteristischen S-förmigen Verlauf mit einem linearen Bereich größter Empfindlichkeit zwischen 80 und 180 mmHg (10,7–24,0 kPa).

Die arteriellen Pressoreceptoren signalisieren aber nicht nur die mittlere Intensität, sondern auch die Änderungsgeschwindigkeit von Druckreizen, d. h. sie besitzen die Eigenschaft von ***Proportional-Differential-Receptoren*** (PD-Receptoren). Die rhythmischen Druckschwankungen im arteriellen System erzeugen demnach ein pulssynchrones Impulsmuster, wobei die Impulsfrequenz in der Anstiegsphase der Pulskurve überproportional zunimmt (Abb. 4-20). Auf diese Weise wird das Kreislaufzentrum nicht nur über die Höhe des arteriellen Mitteldruckes, sondern auch über die Anstiegssteilheit der Pulskurve und über die Größe der Blutdruckamplitude sowie über die Herzfrequenz informiert.

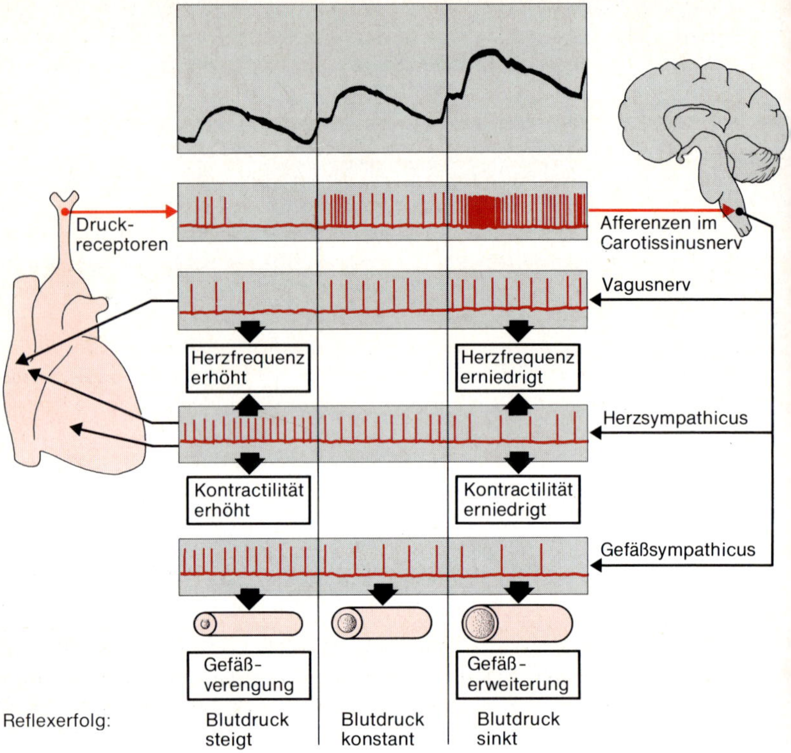

Abb. 4-20. Kreislaufreaktionen bei Senkung und Erhöhung des arteriellen Blutdruckes, modifiziert nach RUSHMER (aus Schmidt und Thews, 1987). Es sind die Impulsfolgen im afferenten Carotissinusnerven sowie in den efferenten parasympathischen Herznerven (Rami cardiaci des N. vagus), in den sympathischen Herznerven (Nn. cardiaci) und in den sympathischen constrictorischen Gefäßnerven dargestellt. Bei Senkung des Blutdruckes nimmt die Erregung der Pressoreceptoren ab. Dadurch wird reflektorisch die parasympathische Aktivität vermindert und die sympathische Aktivität gesteigert, so daß eine Zunahme des Herzzeitvolumens und des peripheren Widerstandes resultiert. Bei erhöhtem Blutdruck kommt es zu entgegengesetzten Reaktionen

Das Kreislaufzentrum beantwortet eine arterielle Drucksenkung mit einer allgemeinen ***Aktivierung des Sympathicus*** und einer Hemmung des Parasympathicus (Abb. 4-20). Hierdurch werden die Herzfrequenz heraufgesetzt, die Kontraktilität des Herzens gesteigert und der periphere Widerstand durch Vasoconstriction (vor allem der Widerstandsgefäße in der Skeletmuskulatur und in den Bauchorganen) erhöht, so daß der arterielle

Mitteldruck wieder ansteigt. Gleichzeitig fördert die Constriction der Kapazitätsgefäße den venösen Zustrom zum Herzen. Eine arterielle Druckerhöhung führt zu entgegengesetzten Reaktionen und löst damit eine depressorische (blutdrucksenkende) Gegenregulation aus.
Die Unterbrechung der afferenten Bahnen von den Pressoreceptoren zum Gehirn (Durchschneidung von Glossopharyngeus und Vagus) beantwortet das Kreislaufzentrum in der gleichen Weise wie das Ausbleiben von Impulsen bei stärkstem Blutdruckabfall, nämlich mit einem exzessiven Anstieg des Blutdruckes ***(„Entzügelungshochdruck“).*** Daher bezeichnet man die afferenten Bahnen, die einer Steigerung des Blutdrucks entgegenwirken, als Blutdruckzügler und den gesamten blutdruckregulierenden Prozeß als ***Depressorreflex.***
Bei Aktivierung des sympathischen Systems infolge eines Blutdruckabfalls werden aus dem (sympathisch innervierten) Nebennierenmark vermehrt ***Catecholamine*** ausgeschüttet. Ihre im Gesamtkreislauf vorwiegend vasoconstrictorische Wirkung unterstützt die nerval vermittelten vasomotorischen Effekte.

Der gesamte Regelvorgang zur Konstanthaltung des arteriellen Mitteldrucks, der im wesentlichen durch das Herzzeitvolumen und den totalen peripheren Widerstand bestimmt wird, läßt sich am besten am Modell eines technischen Regelkreises (S. 67 ff.) beschreiben (Abb. 4-21): Die ***Regelgröße*** ist der ***mittlere Blutdruck*** im arteriellen Gefäßsystem. Der Istwert dieser Regelgröße wird von den Pressoreceptoren im Aortenbogen und im Carotissinus registriert und in Form von Nervenimpulsen an den ***Regler,*** das ***Kreislaufzentrum*** in der Medulla oblongata, übermittelt. Hier findet ein Vergleich mit dem vorgegebenen Sollwert statt. Regelabweichungen führen über Steuersignale des vegetativen Nervensystems zu einer Korrektur an den ***Stellgliedern,*** vor allem dem ***Herzzeitvolumen*** und dem ***totalen peripheren Widerstand.*** Ist

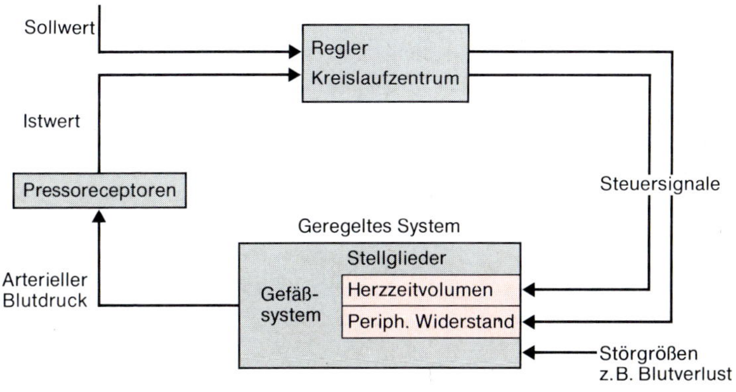

Abb. 4-21. Regelkreis für die kurzfristige Blutdruckregulation

beispielsweise infolge eines größeren Blutverlustes der arterielle Mitteldruck abgesunken, so kommt es auf dem geschilderten Wege zu einer Steigerung des Herzzeitvolumens und zu einer peripheren Vasoconstriction, wodurch der Blutdruck wieder auf den Sollwert zurückgeführt wird. Über diese Regeleinrichtung werden die blutdruckbestimmenden Größen laufend so eingestellt, daß der arterielle Mitteldruck möglichst wenig von dem vorgegebenen Sollwert abweicht.

Dehnungsreceptorenreflexe. Das medulläre Kreislaufzentrum empfängt außerdem ständig Informationen von Dehnungsreceptoren des Herzens und der großen intrathorakalen Venen, deren Impulse über afferente Fasern des N. vagus zum Zentrum geleitet werden. Durch ihre Lokalisation im intrathorakalen Abschnitt des Niederdrucksystems sind sie in der Lage, den Füllungszustand des Gefäßsystems und damit das zirkulierende Blutvolumen ständig zu kontrollieren.
Von besonderer Bedeutung sind dabei die in den Wänden beider Vorhöfe befindlichen A- und B-Receptoren (S. 88). Erstere reagieren auf aktive Spannungsentwicklung, letztere auf passive Dehnung der Vorhofwände. Eine isolierte Erregung der ***B-Receptoren*** führt – wie die Aktivierung der Pressoreceptoren – zu einer ***Hemmung sympathischer Efferenzen*** bzw. zu einer Steigerung der parasympathischen Aktivität. Hierdurch kommt es zu entsprechenden Wirkungen am Herzen (HZV-Abnahme) und an der Gefäßmuskulatur (Vasodilatation, vor allem in der Niere), wie sie bereits für die Aktivierung der Pressoreceptoren geschildert wurden. Die physiologische Bedeutung der A-Receptoren ist noch nicht vollständig geklärt.

Chemoreceptorische und unspezifische Einflüsse. Aktivierungen der peripheren Chemoreceptoren (S. 210f.) durch ***Hypoxie*** oder der zentralen chemosensiblen Strukturen (S. 211) durch ***Hypercapnie*** (Anstieg des CO_2-Partialdrucks) und ***Acidose*** (Zunahme der H^+-Konzentration) können bis zu einem gewissen Grade die Kreislaufregulation beeinflussen. Dabei werden entweder direkt über das Kreislaufzentrum in der Medulla oblongata oder indirekt auf dem Umweg über das Atmungszentrum ***pressorische*** (blutdrucksteigernde) ***Reaktionen*** ausgelöst. Schließlich sind auch unspezifische Reize, die auf Receptoren außerhalb des kardiovasculären Systems einwirken, in der Lage, den Kreislauf zu beeinflussen. Hierzu gehören Schmerz- und Kältereize, Lungendehnung und Skeletmuskelkontraktionen.

4.7.2 Mechanismen zur mittelfristigen Blutdruckregulation

Die mittelfristigen Regulationen setzen bei plötzlicher Blutdruckänderung nach einigen Minuten ein und erreichen erst nach einer gewissen Zeit ihre volle Wirksamkeit. Hieran sind druck- und volumenbeeinflussende Faktoren beteiligt.

Renin-Angiotensin-System. Kommt es infolge eines starken Blutdruckabfalls oder durch eine mechanisch ausgelöste Durchblutungsdrosselung zu einer Einschränkung der Nierendurchblutung, so wird im verstärkten Maße das Gewebshormon Renin aus dem juxtaglomerulären Apparat der Niere (S. 374) freigesetzt. Das daraufhin vermehrt gebildete ***Angiotensin II*** bewirkt eine starke Constriction der arteriellen Widerstandsgefäße, so daß der periphere Widerstand und damit auch der Blutdruck ansteigt (Abb. 4-22). Außerdem hat Angiotensin II einen stimulierenden Einfluß auf das Kreislaufzentrum, wodurch seine ***vasoconstrictorische Wirkung*** noch weiter verstärkt wird. Auf diese Weise trägt das Renin-Angiotensin-System dazu bei, den Blutdruck nach einem Blutverlust oder nach einem Blutdruckabfall aus anderer Ursache mittelfristig auf einem normalen Niveau zu stabilisieren. Aus den geschilderten Zusammenhängen wird auch verständlich, daß bei Nierenerkrankungen, die nicht selten mit einer verstärkten Reninproduktion einhergehen, vielfach besonders hohe Blutdruckwerte auftreten (renale Hypertonie, S. 170).

Transcapilläre Flüssigkeitsverschiebung. Wie bereits auf S. 134f. beschrieben, führt eine Blutdrucksteigerung in der Regel auch zu einer Zunahme des effektiven Filtrationsdruckes, die wiederum eine vermehrte Filtration in den interstitiellen Raum zur Folge hat. Hierdurch nimmt das intravasale Blutvolumen und sekundär auch der arterielle Blutdruck ab. Eine gesteigerte capilläre Reabsorption hat den entgegengesetzten Effekt.

4.7.3 Mechanismen zur langfristigen Blutdruckregulation

Die langfristige Kreislaufregulation beruht vor allem auf einer Anpassung des extracellulären Flüssigkeitsvolumens - und damit gekoppelt des Blutvolumens - an veränderte Kreislaufsituationen. Das Stellglied dieses Regelsystems ist die Flüssigkeitsausscheidung durch die Niere.

Renale Volumenregulation. Arterielle ***Blutdrucksteigerungen*** lösen eine ***vermehrte Harnausscheidung*** aus. Die Folge ist eine Reduktion des extracellulären Flüssigkeitsvolumens und des Blutvolumens, wodurch der venöse Rückfluß zum Herzen vermindert wird (Abb. 4-22). Damit kommt es zu einer Abnahme des Herzzeitvolumens und schließlich zu einer Senkung des zunächst erhöhten arteriellen Blutdrucks. Auf diesem Wege kann auch bei bestimmten Hypertonieformen der Blutdruck durch Gabe von ***Diuretica*** (harntreibenden Substanzen) gesenkt werden. Eine primäre ***Erniedrigung des arteriellen Blutdrucks*** löst eine ***Reduktion der Harnausscheidung*** (H_2O-Retention) aus, wodurch über entgegengesetzte Reaktionen in den geschilderten Zwischenstufen eine Drucksteigerung eintritt. Vermit-

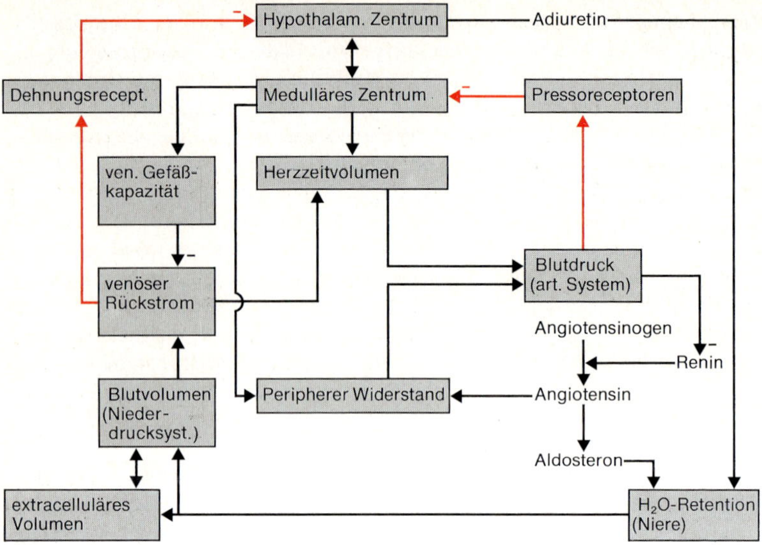

Abb. 4-22. Blockschema der an der Kreislaufregulation beteiligten Mechanismen

telt wird der gesamte Regelprozeß durch die Hormone Aldosteron und Adiuretin.

Renin-Angiotensin-Aldosteron-Mechanismus. Die druckabhängige Reninabgabe, die zur Bildung von Angiotensin II führt (S. 374), beeinflußt auch die Harnausscheidungsrate der Niere. Angiotensin II stimuliert nämlich die Aldosteronsekretion durch die Nebennierenrinde. Unter dem Einfluß von ***Aldosteron*** wird die Na^+-Rückresorption aus dem Tubulussystem der Niere gefördert und damit – osmotisch bedingt – weniger Flüssigkeit ausgeschieden. Das Renin-Angiotensin-Aldosteron-System bewirkt also, daß das Blutvolumen bei Blutdruckabfall erhöht und bei Blutdruckanstieg reduziert wird. Außerdem verstärkt Aldosteron die Erregbarkeit der Gefäßmuskulatur gegenüber vasoconstrictorischen Einflüssen und übt damit auch durch Veränderung des peripheren Gefäßwiderstandes eine blutdruckregulierende Wirkung aus.

Adiuretin-System. Die afferenten Impulse von den Dehnungsreceptoren beeinflussen nicht nur die medullären Zentren, sondern auch bestimmte Regionen des Hypothalamus. In diesen Gebieten wird bei starker Dehnung der Vorhofwände die Bildung und Sekretion von Adiuretin (ADH) eingeschränkt, wodurch die Harnausscheidung zunimmt ***(Gauer-Henry-***

Reflex). Umgekehrt kommt es bei verminderter Erregung der Dehnungsreceptoren zu einer gesteigerten ADH-Abgabe und infolge dessen zu einer Reduktion der Harnausscheidung. Über die veränderte renale Flüssigkeitsretention kann also das Blutvolumen der jeweiligen Kreislaufsituation langfristig angepaßt werden. Daneben hat Adiuretin in höherer Konzentration einen vasoconstrictorischen Effekt.
Auf die Rolle des ***atrialen natriuretischen Faktors*** wurde bereits auf S. 115 hingewiesen.

4.7.4 Zentrale Kontrolle des Kreislaufs

Der Gesamtkontrolle aller Kreislauffunktionen dienen Neuronenpopulationen im Zentralnervensystem, die man vereinfacht als Zentren kennzeichnet. Nach ihrer Lokalisation unterscheidet man medulläre, hypothalamische und corticale an der Kreislaufregulation beteiligte Zentren.

Medulläre Zentren. In der Formatio reticularis der Medulla oblongata und in der benachbarten Hirnstammregion der Brücke sind Strukturen lokalisiert, die als medulläre oder bulbäre Kreislaufzentren zusammengefaßt werden. Nach den Ergebnissen von Reiz- bzw. Ausschaltungsversuchen hat man in diesem sog. ***Vasomotorenzentrum*** ein bilateral gelegenes ***exzitatorisches*** oder ***pressorisches Areal*** und ein mediales, tiefer gelegenes ***inhibitorisches*** oder ***depressorisches Areal*** zu unterscheiden (Abb. 4-23).
Elektrische Reizungen der ***bilateralen Felder*** führen zu einer Steigerung des Sympathicustonus und damit zu einer Aktivierung der Herztätigkeit sowie zu einer Vasoconstriction in den meisten Strombahngebieten. Von diesen Regionen gehen also blutdrucksteigernde (pressorische) Wirkungen aus. Bei Reizungen des ***medialen Feldes*** kommt es zu einer Hemmung des Sympathicustonus und gleichzeitig zu einer Steigerung des Parasympathicustonus, die zusammen eine Minderung der Herztätigkeit und eine Vasodilatation zur Folge haben. Die Aktivierung dieser Region hat daher einen blutdrucksenkenden (depressorischen) Effekt.
Das Vasomotorenzentrum ist ständig aktiv und wirkt durch Nervenimpulse, die über sympathische vasoconstrictorische Fasern geleitet werden, daran mit, den ***Ruhetonus*** der Gefäßmuskulatur aufrechtzuerhalten (S. 146). Eine Durchtrennung des Hirnstamms unterhalb der pressorischen Areale oder eine Ausschaltung der sympathischen Impulse durch Spinalanaesthesie lösen deshalb einen arteriellen Blutdruckabfall bis auf etwa 50 mm Hg (6,7 kPa) aus, der auf einen weitgehenden Verlust des Vasoconstrictorentonus zurückzuführen ist.

Wegen der engen Nachbarschaft des Vasomotorenzentrums zum Atmungszentrum (S. 214) im Rautenhirn bestehen deutliche funktionelle Beziehungen zwischen „respiratorischen“ und „kardiovasculären“ Neuronen, so daß sich Atemtätigkeit

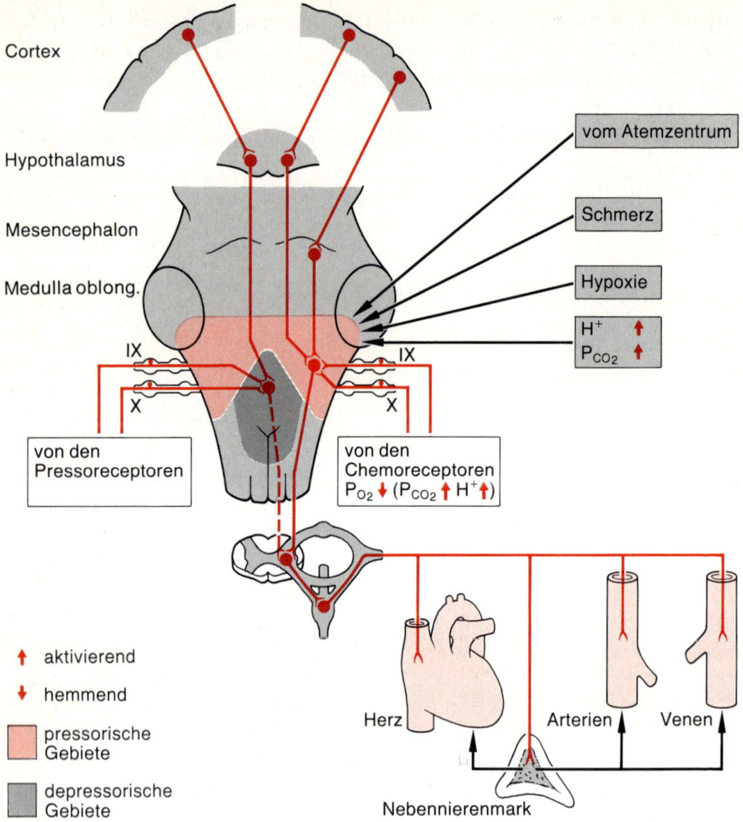

Abb. 4-23. Kreislaufzentren in der *Medulla oblongata* (*rot:* bilaterales exzitatorisches Zentrum; *dunkelgrau:* mediales inhibitorisches Zentrum) mit efferenten Verbindungen sowie afferenten und zentralen Zuflüssen, modifiziert nach UVNÄS (aus Schmidt und Thews, 1987)

einerseits, Herzfrequenz und arterieller Blutdruck andererseits wechselseitig beeinflussen können.

Hypothalamische Zentren. Durch experimentelle Reizung der Formatio reticularis im Mesencephalon und im Hypothalamus lassen sich ebenfalls Kreislaufreaktionen auslösen. Elektrische Reize im Bereich des ***hinteren Hypothalamus*** führen zu einer Vasodilatation in der Skeletmuskulatur, die über sympathische cholinerge Fasern vermittelt wird, und zu einer Vasoconstriction in vielen anderen Organen sowie zu einer Aktivierung der Herztätigkeit. Dagegen bewirken Reize im ***vorderen Hypothalamus*** eine allgemeine Dämpfung der Herz-Kreislauf-Funktion.

Die Bedeutung des Hypothalamus für das Kreislaufgeschehen liegt vor allem darin, daß von hier aus die Funktionen des kardiovasculären Systems an die allgemeine vegetative Reaktionslage angepaßt werden. Bei einer ***ergotropen Reaktionslage,*** die durch gesteigerte Leistungsfähigkeit und Leistungsbereitschaft (Alarm- oder Bereitschaftsreaktion) gekennzeichnet ist, bewirkt die Aktivierung der entsprechenden Hypothalamusregionen eine Zunahme des Herzzeitvolumens, eine Steigerung des Blutdrucks und eine Förderung der Muskeldurchblutung (Angriffs-, Flucht- oder Verteidigungsreaktion bei emotionalen Alterationen, wie Angst oder Wut). In einer ***trophotropen Reaktionslage*** bei Nahrungsaufnahme und Verdauung wird vom Hypothalamus aus die Durchblutung nicht aktiver Organe (z. B. der Skeletmuskulatur) eingeschränkt und somit eine Mehrdurchblutung des Magen-Darm-Trakts ermöglicht.

Für eine enge funktionelle Kopplung der kardiovasculären Funktionen und der ***Thermoregulation*** im Bereich des Hypothalamus sprechen Befunde, nach denen die Erwärmung des vorderen Hypothalamus zu einer Vasodilatation in der Haut (Steigerung der Wärmeabgabe) und einer Vasoconstriction in den Eingeweiden führt. Dagegen wird durch Kühlung eine Constriction der Hautgefäße (Schutz vor Wärmeverlusten) und eine Steigerung des Skeletmuskeltonus, u. U. auch Muskelzittern, ausgelöst.

Corticale Einflüsse. Die Kreislauffunktion kann schließlich auch von der Hirnrinde aus beeinflußt werden. ***Neocorticale Strukturen,*** von denen Kreislaufwirkungen ausgehen, liegen vorrangig in den motorischen und prämotorischen Rindenfeldern. Von ihnen können sowohl pressorische als auch depressorische Reaktionen ausgehen. Besonders deutlich ist der Einfluß dieser neocorticalen Felder bei der sog. ***Erwartungs-*** oder ***Startreaktion,*** welche die vegetative Umstellung vor Beginn einer körperlichen Arbeit bezeichnet. Unabhängig von der nachfolgenden tatsächlichen Leistung kommt es in dieser Situation zu einer Herzfrequenz- und Blutdrucksteigerung. Diese vor und gleichzeitig mit der motorischen Aktivität auftretenden Kreislaufeffekte werden durch ***zentrale Mitinnervation*** des vegetativen Nervensystems hervorgerufen. Die Übertragung der Impulse erfolgt vor allem von der Pyramidenbahn auf die sympathischen Ursprungszellen im Rückenmark.

Auch von ***palaeocorticalen Arealen*** des limbischen Systems aus können sowohl pressorische als auch depressorische Kreislaufreaktionen ausgelöst werden. Diese gehen häufig mit vegetativen Umstellungen anderer Funktionen, z. B. der Atmung, der Magen-Darm-Motilität und der Drüsensekretion einher.

4.7.5 Kreislaufumstellungen

Orthostase. Beim Übergang vom Liegen zum Stehen kommt es infolge hydrostatischer Druckänderungen zu einer Umverteilung des Blutvolumens (S. 142f.). Sowohl der arterielle Blutdruck oberhalb des Herzens als auch der zentrale Venendruck sinken ab (Abb. 4-24). Da der venöse Zufluß zum Herzen vermindert ist, tritt eine Reduktion des Schlagvolumens und damit eine weitere Senkung des arteriellen Blutdruckes ein. Die Informationen über diese Veränderungen, die in Form erniedrigter Impulsfrequenzen von den Dehnungs- und Pressoreceptoren ausgehen, werden von den kreislaufregulierenden Zentren durch eine ***Aktivierung des Sympathicus*** beantwortet. Es kommt infolge dessen zu einer Constriction

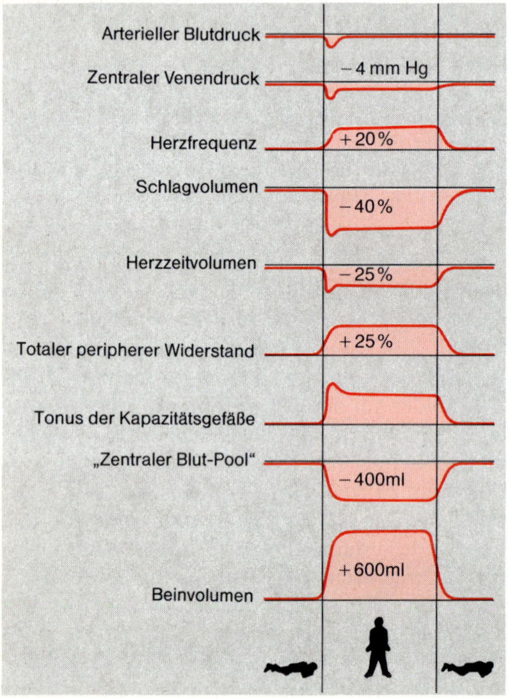

Abb. 4-24. Veränderungen einiger kardiovasculärer Parameter beim Positionswechsel vom Liegen zum Stehen (Orthostasereaktion), nach Witzleb (aus Schmidt und Thews, 1987). Die Zahlenangaben stellen Mittelwerte dar, von denen individuelle Abweichungen vorkommen können

der Widerstands- und Kapazitätsgefäße in Skeletmuskulatur, Haut, Nieren und Bauchorganen sowie zu einer Steigerung der Herzfrequenz. Diese Veränderungen bewirken eine vollständige Normalisierung des arteriellen Blutdruckes. Die Zunahme der Herzfrequenz kann jedoch die Abnahme des Schlagvolumens nicht voll kompensieren, so daß das Herzzeitvolumen – verglichen mit dem Wert im Liegen – erniedrigt bleibt.

Bei 10–15% aller Menschen ist beim plötzlichen Aufstehen nach längerem Liegen mit einer ***orthostatischen Kreislaufregulationsstörung*** zu rechnen. Typische Beschwerden, die als Folge cerebraler Minderdurchblutung bei starkem Blutdruckabfall auftreten, sind hierbei u. a. Schwindel, Sehstörungen, Ohrensausen und Herzklopfen. Bei stark ausgeprägter Regulationsstörung kann es unter diesen Umständen zu einem ***Kollaps*** (orthostatische Synkope) mit vorübergehender Bewußtlosigkeit kommen. Auch beim völlig gesunden Menschen werden gelegentlich ***orthostatische Dysregulationen*** beobachtet, wenn in warmer bzw. schwüler Umgebung oder bei Muskelarbeit die Haut- bzw. Muskelgefäße stark dilatiert sind. Unter diesen Umständen bleiben die im Stehen notwendigen vasoconstrictorischen Reaktionen in diesen Organen aus, weil die Erfordernisse der Thermoregulation und des Stoffwechsels Vorrang haben. Ebenso treten nach stärkeren Blutverlusten orthostatische Dysregulationen infolge des Mißverhältnisses zwischen Blutvolumen und Gefäßkapazität auf.

Muskelarbeit. Bei körperlicher Arbeit erfolgt nicht nur eine Mehrdurchblutung der arbeitenden Muskulatur (S. 153f.), sondern unter dem Einfluß erhöhter Sympathicusaktivität auch eine ***collaterale Vasoconstriction,*** d. h. eine Reduktion der Durchblutung von ruhender Muskulatur, Bauchorganen und Nieren. Dadurch wird ein beträchtliches Blutvolumen aus den Collateralgebieten in die arbeitende Muskulatur umgeleitet. Die starke Abnahme des Strömungswiderstandes in der tätigen Muskulatur kann jedoch durch die collaterale Widerstandszunahme nicht kompensiert werden, so daß der ***totale periphere Widerstand erniedrigt*** ist. Diese Veränderung bewirkt allerdings keinen Blutdruckabfall, da sie durch ***Zunahme des Herzzeitvolumens*** (Erhöhung des Schlagvolumens durch Sympathicusaktivierung, Anstieg der Herzfrequenz durch verminderte Parasympathicuserregung) mehr als ausgeglichen wird. Der arterielle Mitteldruck ist daher – bei gleichzeitiger Zunahme der Blutdruckamplitude – leicht erhöht (S. 128).

Emotionale Kreislaufreaktionen. In emotional gefärbten Angst-, Wut-, Abwehr- und Fluchtsituationen reagiert der Organismus in stereotyper Weise. Derartige Stress-Situationen werden durch ***Alarm-*** oder ***Notfall-Reaktionen*** beantwortet, die wahrscheinlich von Neuronen im Palaeocortex, im Hypothalamus und im Mesencephalon ausgelöst werden. Es kommt dabei zu einer allgemeinen Aktivierung des Sympathicus und zur Catecholaminausschüttung aus dem Nebennierenmark, wobei eine Steigerung der Herzfrequenz, des Herzzeitvolumens und der Muskeldurchblutung eintritt. Gleichzeitig wird die Durchblutung von Haut, Bauchorganen und Nieren eingeschränkt. Darüber hinaus sind Notfallreaktionen durch einen Anstieg der Glucocorticoidkonzentration im Blut gekennzeichnet (S. 426).

4.8 Pathophysiologische Aspekte

4.8.1 Krankhafte Veränderungen des arteriellen Blutdrucks

Arterielle Hypertonie. Die krankhafte Steigerung des arteriellen Blutdrucks wird als Hypertonie bezeichnet. Der Definition der Weltgesundheitsorganisation (WHO) entsprechend, beträgt - unabhängig vom Lebensalter - die obere Normgrenze in körperlicher Ruhe für den systolischen Blutdruck 160 mm Hg (21,3 kPa), für den diastolischen Blutdruck 95 mm Hg (12,6 kPa). Unter klinischen Aspekten unterscheidet man die ***essentielle Hypertonie,*** die in 80-90% aller Fälle vorliegt, und die ***sekundäre Hypertonie,*** die seltener ist (10-20% der Fälle) und lediglich das Symptom einer anderen Erkrankung (z. B. einer Nierenerkrankung, S. 163) darstellt. Die essentielle Hypertonie, die eigentliche Hochdruckkrankheit, kann wahrscheinlich durch verschiedene Faktoren verursacht werden. Man diskutiert u. a. eine genetische Komponente, häufige Streßsituationen, eine Hyperaktivität des Vasomotorenzentrums, einen Konzentrationsanstieg blutdrucksteigernder Substanzen und eine gesteigerte Ansprechbarkeit der Gefäße auf vasoconstrictorische Einflüsse infolge eines erhöhten Na^+-Gehalts im Gewebe.

Hypotonie. Eine Hypotonie liegt vor, wenn der systolische Blutdruck in Ruhe weniger als 100 mm Hg (13,3 kPa) beträgt. Dabei handelt es sich im wesentlichen um eine Verminderung des Herzzeitvolumens, der in der Regel ein verminderter venöser Rückstrom zugrunde liegt. Wie bei der Hypertonie werden auch bei der Hypotonie zwei Formen unterschieden: Während die primäre (essentielle) Hypotonie konstitutionell bedingt ist, stellt die sekundäre (symptomatische) Hypotonie die Folgeerscheinung einer Primärerkrankung dar.

4.8.2 Schock

Schockformen. Der Kreislaufschock ist durch eine akute Minderdurchblutung lebenswichtiger Organe - meist infolge eines Blutdruckabfalls - charakterisiert. Wegen der unzureichenden Sauerstoffversorgung kommt es zu einer Gewebeacidose (pH-Abfall) und dadurch zu Funktionsstörungen der betroffenen Organe. Die verschiedenen Schockformen sind nach ihrer Ätiologie (Krankheitsursache) und ihrer Pathogenese (Entstehungsweise) in Tabelle 4-3 zusammengestellt.

Schockverlauf. In Abb. 4-25 ist der Ablauf des Schockgeschehens am Beispiel des ***Volumenmangelschocks*** (hypovolämischen Schocks) vereinfacht dargestellt. Man

Tabelle 4-3. Entstehungsmechanismen und Ursachen des Schocks

Schockform	bedingt durch	infolge von
Hypovolämischer Schock (Volumenmangelschock)	Verminderung des venösen Rückstroms	Blutverlusten Plasmaverlusten
Kardiogener Schock	Versagen des linken Ventrikels, Verminderung der linksventrikulären Füllung	Herzerkrankungen, Verlegung der Lungenstrombahn
Septischer Schock	periphere Vasodilatation mit Blutverteilungsstörungen	bakteriellen Allgemeininfektionen
Anaphylaktischer Schock	periphere Vasodilatation mit Blutverteilungsstörungen	anaphylaktischen Reaktionen (S. 41 f.)

erkennt, wie die einzelnen Funktionsänderungen die nachgeschalteten Kreislauffunktionen beeinflussen, so daß u. U. ein circulus vitiosus entstehen kann.
Auf einen größeren Blutverlust mit entsprechendem Blutdruckabfall reagiert das Kreislaufzentrum zunächst mit einer allgemeinen Aktivierung des Sympathicus. Dadurch kommt es – neben einer Steigerung der Herzfrequenz – vor allem zu einer peripheren Vasoconstriction, so daß die Durchblutung der Körperperipherie zugunsten der lebenswichtigen Organe (Gehirn, Herz, Lunge) weitgehend einge-

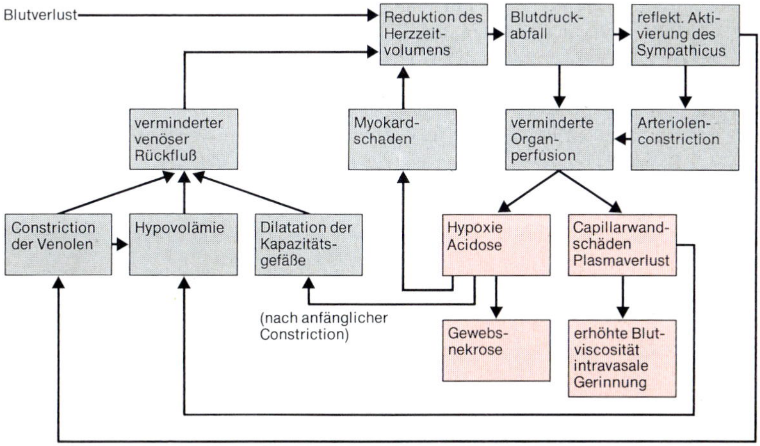

Abb. 4-25. Blockschema zum Ablauf des Kreislaufschocks

schränkt wird (Blässe der Haut!). Daher bezeichnet man diese reversible Schocksituation auch als Stadium der ***Zentralisation.***
Bei weiterem Blutverlust oder längerer Schockdauer kann - sofern keine Behandlung einsetzt - diese sinnvolle Gegenregulation nicht mehr aufrechterhalten werden. Infolge cerebralen Sauerstoffmangels nimmt die Sympathicusaktivität ab, so daß der Parasympathicustonus überwiegt. Gleichzeitig sammeln sich in den schlecht durchbluteten Organen gefäßdilatierende Substanzen an, so daß die zunächst bestehende Arteriolenconstriction aufgehoben wird. Diese Weitstellung der Arteriolen führt - bei erhaltener Constriction der Venolen - zu einer Blutansammlung in den Capillaren. Der venöse Rückfluß wird dadurch reduziert, so daß der Blutdruck weiter abfällt (Stadium der ***Dezentralisation***). Die minimale Durchblutung einzelner Organe führt einerseits zu Gewebeschäden (Gewebsnekrosen), andererseits zum Flüssigkeitsaustritt durch geschädigte Capillarwände. Die Viscosität des Blutes nimmt zu und die Erythrocyten aggregieren (Sludge), bis schließlich der Blutstrom infolge intravasaler Gerinnung (Thrombosierung) sistiert. Der ursprünglich noch reversible Schock ist in ein irreversibles Stadium übergegangen.

4.9 Placentarer und fetaler Kreislauf

4.9.1 Placentakreislauf

Die Placenta dient vor allem dem Stoffaustausch zwischen mütterlichem und fetalem Blut und damit der Ernährung des Feten sowie der Ausscheidung seiner Stoffwechselprodukte. Das ***mütterliche Blut*** strömt über utero-placentare Arterien in die schmalen spaltförmigen Räume zwischen den Zotten, die sog. intervillösen Räume (Fassungsvermögen ca. 200 ml). Angetrieben von einem Druckgefälle von 75 mm Hg (10 kPa), bewegt sich das Blut zwischen den Zotten zu den Randsinus der Basalplatte und gelangt über placento-uterine Venen wieder in den mütterlichen Kreislauf zurück. Hierdurch wird das Blut in den intervillösen Räumen etwa 3-4 mal pro Minute erneuert.
Das ***fetale Blut*** fließt über zwei Nabelschnurarterien in die Gefäße der Zottenbäume, passiert die Zottencapillaren, wird in kleinen Venen der Chorionplatte gesammelt und strömt durch die Nabelschnurvene zurück zum Feten. Das kindliche und das mütterliche Blut sind nur durch eine dünne Gewebeschicht zwischen dem intervillösen Raum und dem Lumen der Zottenkapillaren voneinander getrennt („Placentaschranke").

4.9.2 Fetaler Kreislauf

Funktionelle Organisation des fetalen Kreislaufs (Abb. 4-26). Das in der Placenta mit Sauerstoff und Nährstoffen beladene Blut gelangt über die Nabelvene zum geringen Teil in die Pfortader und versorgt die Leber. Der größere Teil strömt jedoch über einen Kurzschlußweg, den ***Ductus venosus Arantii*** direkt in die untere

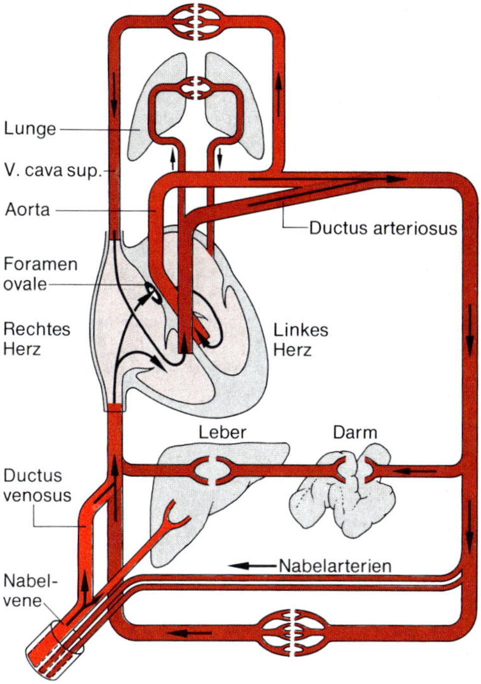

Abb. 4-26. Fetaler Blutkreislauf in schematischer Darstellung

Hohlvene, wodurch das zu etwa 80% mit Sauerstoff gesättigte Blut aus der Nabelvene dem relativ sauerstoffarmen Blut der unteren Hohlvene zugemischt wird (O_2-Sättigung nach der Mischung 65%). Das Blut aus der unteren Hohlvene gelangt in den rechten Vorhof und von dort größtenteils über das ***Foramen ovale*** direkt in den linken Vorhof. Vom linken Ventrikel wird es schließlich über die Aorta in den Körperkreislauf des Feten befördert.

Das sauerstoffarme Blut aus den oberen Körperpartien fließt über die obere Hohlvene in den rechten Vorhof und gelangt – aus strömungstechnischen Gründen am Foramen ovale vorbeigeleitet – in den rechten Ventrikel. Zusammen mit dem Restblut aus der unteren Hohlvene wird es in den Truncus pulmonalis ausgeworfen, fließt jedoch nur zum geringeren Teil durch die nicht entfaltete Lunge. Der Hauptanteil strömt über einen weiteren Kurzschlußweg, den ***Ductus arteriosus Botalli,*** in die Aorta. (Beim Feten ist der mittlere Blutdruck in den Lungenarterien etwas höher als derjenige in der Aorta, so daß ein Rechts-links-shunt besteht.) Da die Arterien, die den Kopf, das Herz und die oberen Extremitäten versorgen, bereits vor der Einmündung des Ductus arteriosus abzweigen, wird diesen Körperpartien relativ sauerstoffreiches Blut zugeleitet.

Über die beiden Nabelarterien, die von den beiden Aa. iliacae abgehen, strömen etwa 60% des Aortenblutes zur Placenta zurück, während 40% wieder in die untere Hohlvene gelangen.

Kreislaufumstellung nach der Geburt. Durch den Verschluß der Nabelschnurgefäße bei der Geburt erhöht sich der periphere Widerstand, so daß der Druck in der Aorta zunimmt. Gleichzeitig steigt mit Unterbrechung des placentaren Kreislaufs der CO_2-Partialdruck im Blut an. Dieser das Atmungszentrum stimulierende Reiz führt zum ***Einsetzen der Atmung*** und damit zur Entfaltung der Lunge. Infolge des herabgesetzten Strömungswiderstandes steigt die Lungenperfusion in starkem Maße an. Dadurch wird der Druck im linken Vorhof erhöht, während der Druck im rechten Vorhof - z. T. auch infolge des verminderten venösen Rückstroms - absinkt. Es resultiert eine ***Druckumkehr zwischen den beiden Vorhöfen,*** wodurch einige Stunden nach der Geburt das Foramen ovale klappenartig verschlossen wird. Eine Verwachsung der Wandstrukturen tritt erst im Kleinkindesalter ein. Der Verschluß der Ductus arteriosus und venosus erfolgt langsam während der ersten Lebensstunden durch Kontraktion der Wandmuskulatur. Dieser funktionelle Verschluß wird dann in den ersten Lebensmonaten morphologisch fixiert (Obliteration).

5 Atmung

Die tierische Zelle gewinnt ihre Energie vorwiegend durch den oxidativen Abbau der Nährstoffe. Sie ist somit auf eine ständige Sauerstoffzufuhr angewiesen. Ebenso wichtig für ihre Funktionsfähigkeit ist der laufende Abtransport der Stoffwechselendprodukte, zu denen in erster Linie das Kohlendioxid gehört. Dieser Gaswechsel zwischen den Zellen und der Umgebung wird insgesamt als ***Atmung*** bezeichnet.
An der Atmung sind vier hintereinandergeschaltete Teilprozesse beteiligt, die in Abb. 5-1 am Beispiel des Sauerstofftransports schematisch dargestellt sind. Es sind dies:

1. der konvektive Transport zu den Lungenalveolen durch die Ventilation,
2. die Diffusion von den Alveolen in das Lungencapillarblut,
3. der konvektive Transport zu den Gewebecapillaren durch den Blutkreislauf,
4. die Diffusion von den Gewebecapillaren in die umgebenden Zellen.

Die Teilprozesse 1 und 2 werden unter der Bezeichnung ***Lungenatmung*** (äußere Atmung) zusammengefaßt. Teilprozeß 3 bezeichnet man als den ***Atemgastransport des Blutes*** und Teilprozeß 4 als ***Gewebsatmung*** (innere Atmung).

5.1 Funktionelle Morphologie des Atmungsapparates

5.1.1 Atmungsexkursionen des Thorax

Die für den Gasaustausch notwendige Belüftung der Alveolen wird durch einen rhythmischen Wechsel von ***Inspiration*** (Einatmung) und ***Exspiration*** (Ausatmung) bewirkt. Mit der Inspiration gelangt sauerstoffreiche Frischluft in den Alveolarraum, während mit der Exspiration sauerstoffarme, mit Kohlendioxid angereicherte Luft an die Umgebung abgegeben wird. Die Luftbewegungen bei Inspiration und Exspiration kommen durch den rhythmischen Wechsel von Brustraumerweiterung und -verengung zustande. Für die Erweiterung des Brustraumes sind zwei Faktoren maß-

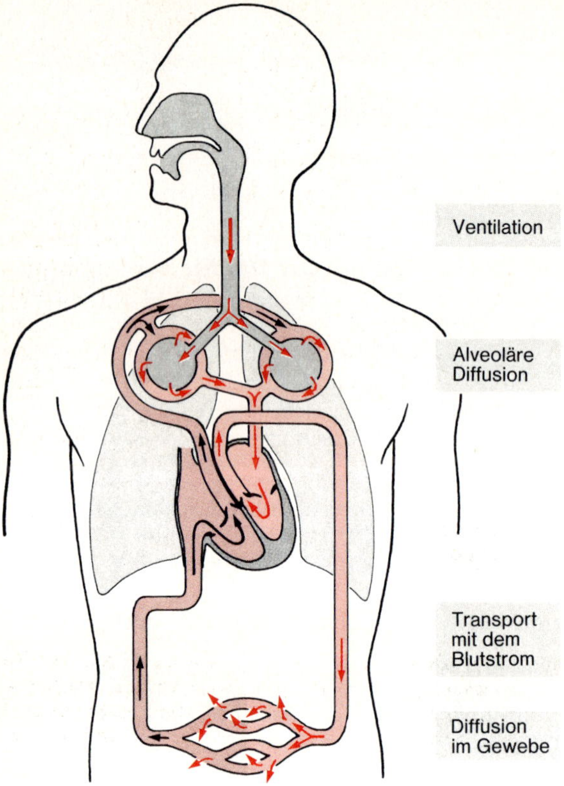

Abb. 5-1. Übersicht über den Transportweg des Sauerstoffs (*rote* Pfeile)

gebend: 1. die Hebung der Rippenbögen und 2. die Abflachung des Zwerchfells (Abb. 5-2).

Rippenbewegungen. Die Rippen sind jeweils mit dem Wirbelkörper und einem Processus transversalis gelenkig verbunden. Um die Verbindungsgerade zwischen den beiden Gelenken, die man als ***Rippenhalsachse*** bezeichnet, können die Rippen eine Drehbewegung ausführen. Bedingt durch die Lage der Drehachse, werden unter den Einwirkungen der Inspirationsmuskeln die Rippenbögen angehoben, wodurch sich Tiefen- und Querdurchmesser des Thorax erweitern.

Die Rippenhalsachse weist im oberen und unteren Bereich des Thoraxskelets eine unterschiedliche Orientierung auf. Bei den oberen Rippen ist sie mehr transversal,

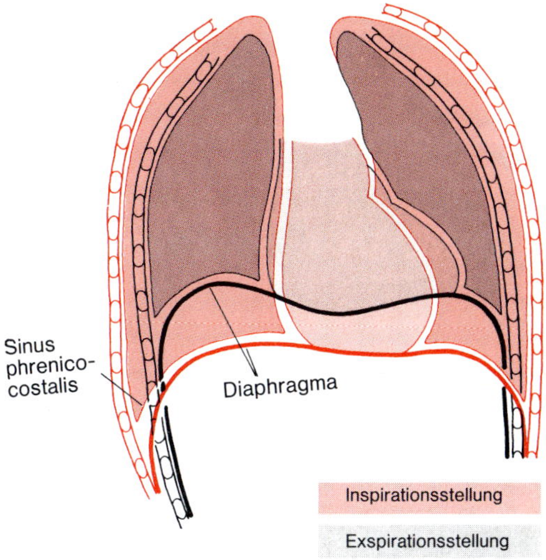

Abb. 5-2. Formänderungen des Thoraxraumes beim Übergang von der Exspirationsstellung *(schwarz)* zur Inspirationsstellung *(rot)*

bei den unteren mehr sagittal ausgerichtet (Abb. 5-3). Dies hat zur Folge, daß bei der Inspiration die Thoraxerweiterung im oberen Bereich überwiegend nach vorn („Vorstoß") und im unteren Bereich mehr in seitlicher Richtung („Seitenstoß") erfolgt. Außerdem hat eine Hebung der unteren Rippen einen größeren Effekt im Hinblick auf die Erweiterung des Brustraumes.

Die inspiratorische Rippenhebung wird hauptsächlich durch die ***äußeren Zwischenrippenmuskeln*** (Mm. intercostales externi) bewirkt. Ihre Faserzüge verlaufen so, daß der Ansatzpunkt jeweils an der unteren Rippe weiter vom Gelenkdrehpunkt entfernt ist als an der oberen Rippe. Bei der Kontraktion wird also auf die jeweils untere Rippe ein größeres Drehmoment ausgeübt, so daß eine Hebung gegen die nächsthöhere Rippe resultiert. Auf diese Weise tragen die äußeren Zwischenrippenmuskeln zusammen zur Thoraxhebung bei. Für die Ausatmung ist normalerweise der größte Teil der ***inneren Zwischenrippenmuskeln*** (Mm. intercostales interni) zuständig. Wenn sie sich kontrahieren, wird aufgrund ihres Faserverlaufs die jeweils obere Rippe der darunterliegenden genähert und damit der Thorax gesenkt.

Bei erhöhten Anforderungen an die Atmungsarbeit, insbesondere bei Atemnot, werden die regulären Atmungsmuskeln durch ***Hilfsmuskeln*** unterstützt. Als Hilfseinatmer wirken alle Muskeln, die am Schultergürtel, am Kopf oder an der Wirbel-

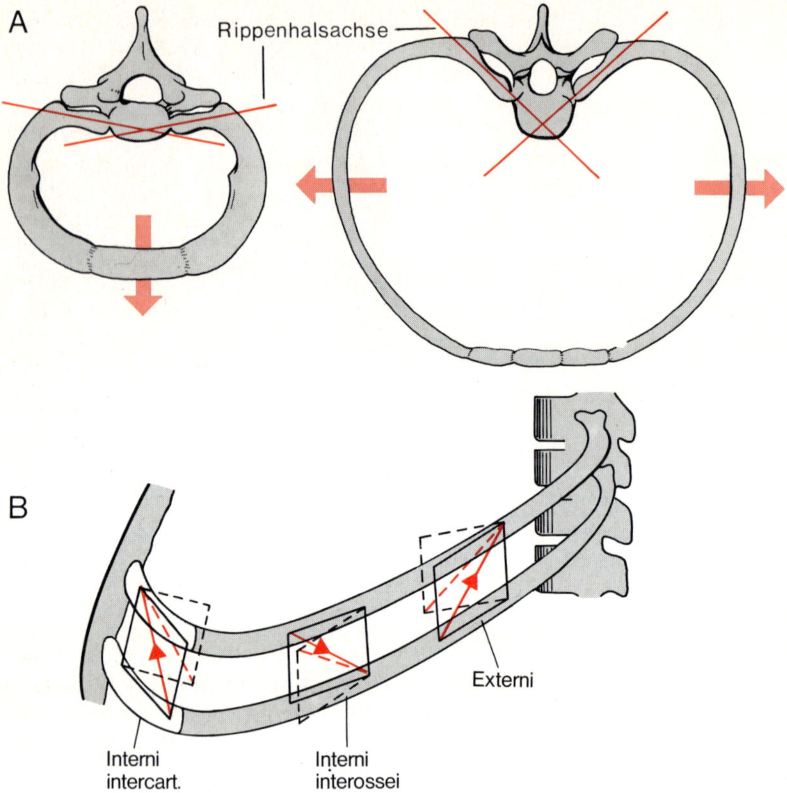

Abb. 5-3. A Lage der Rippenhalsachse *(rot)* bei der 1. Rippe *(links)* und der 6. Rippe *(rechts)*. Die *Pfeile* geben die Hauptrichtungen für die inspiratorischen Erweiterungen der Thoraxquerschnitte an. **B** Faserverlauf der Intercostalmuskulatur *(rot)* in schematischer Darstellung zur Erläuterung der Zugwirkungen bei Inspiration und Exspiration *(Pfeilrichtungen)*. Externi = Mm. intercostales externi; Interni interossei = Mm. intercostales interni interossei; Interni intercart. = Mm. intercostales interni intercartilaginei

säule ansetzen und in der Lage sind, die Rippen zu heben. Hierzu zählen in erster Linie die Mm. pectorales major und minor, die Mm. scaleni und der M. sternocleidomastoideus sowie Teile der Mm. serrati. Voraussetzung für ihren Einsatz als Atmungsmuskeln ist die Fixierung ihres Ansatzpunktes. Typisch hierfür ist das Verhalten eines Menschen in Atemnot, der sich auf einen festen Gegenstand aufstützt und den Kopf nach hinten beugt. Als Hilfsausatmer dienen vor allem die Bauchmuskeln, welche die Rippen herabziehen und als Bauchpresse die Baucheingeweide mit dem Zwerchfell nach oben drängen.

Zwerchfellbewegung. Der wirkungsvollste Inspirationsmuskel ist das Diaphragma. Normalerweise wölbt sich das Zwerchfell kuppelförmig in den Thoraxraum hinein; in Ausatmungsstellung liegt es in einer Ausdehnung von drei Rippenhöhen der inneren Thoraxwand an (Abb. 5-2). Bei der Einatmung kontrahieren sich die Muskelzüge des Zwerchfells. Es kommt zu einer Abflachung, wodurch sich die Muskelplatte von der inneren Thoraxwand entfernt. Die dabei eröffneten Räume, die als Sinus phrenicocostales bezeichnet werden, bieten für die hier lokalisierten Lungenpartien eine gute Entfaltungsmöglichkeit und damit eine entsprechend gute Belüftung.

Je nachdem, ob die Erweiterung des Brustraumes bei normaler Atmung überwiegend durch Hebung der Rippen oder mehr durch Senkung des Zwerchfells zustande kommt, unterscheidet man einen ***costalen Atmungstyp*** (Brustatmung) von einem ***abdominalen Atmungstyp*** (Bauchatmung). Bei der Brustatmung wird die Atmungsarbeit hauptsächlich von der Intercostalmuskulatur geleistet, während das Zwerchfell mehr passiv den Druckänderungen im Thorax folgt. Bei der Bauchatmung bewirkt die stärkere Kontraktion der Zwerchfellmuskulatur eine größere Verlagerung der Baucheingeweide, so daß die Bauchwand inspiratorisch gewölbt wird.

5.1.2 Funktion der Atemwege

Gliederung des Atemwegsystems. Bei der inspiratorischen Erweiterung der Lunge wird die Frischluft über ein verzweigtes Röhrensystem zu den Gasaustauschgebieten geleitet. Über die Trachea gelangt die Luft in die beiden Hauptbronchien und verteilt sich dann auf die immer feineren Verzweigungen des Bronchialbaums. Bis zu den ***Terminalbronchiolen*** der 16. Teilungsgeneration hat das Atemwegsystem ausschließlich eine Leitungsfunktion. Daran schließen sich die ***Bronchioli respiratorii*** an (17.–19. Generation), in deren Wänden bereits einige Alveolen vorkommen. Mit der 20. Aufzweigung beginnen die ***Alveolargänge*** (Ductus alveolares), die mit Alveolen dicht besetzt sind. Dieser Bereich, der überwiegend dem Gasaustausch dient, wird als ***Respirationszone*** bezeichnet.

Bis zu den Terminalbronchiolen erfolgt die Luftbewegung im Atemwegsystem allein durch ***Konvektion.*** In den nachfolgenden Atemwegabschnitten der Übergangs- und Respirationszone erreicht der Gesamtquerschnitt ein solches Ausmaß, daß die Massenbewegung in Längsrichtung nur noch gering ist. In diesem Bereich gewinnt die ***Diffusion*** einen zunehmenden Einfluß auf den Transport der Atemgase.

Innervation der Bronchien. Die Weite der Bronchien wird durch das vegetative Nervensystem kontrolliert. Unter dem Einfluß des ***Sympathicus*** kommt es in der Inspirationsphase zu einer Erschlaffung der glatten Bronchialmuskulatur und damit zu einer Erweiterung der Bronchien (Bronchodilatation). Der ***Parasympathicus*** bewirkt in der späten Exspirationsphase eine Kontraktion der glatten Muskulatur, wodurch die Bronchien verengt werden (Bronchoconstriction). Auf diese Weise unterstützt die vegetative Steuerung der Bronchialweite bis zu einem gewissen Grade die Lungenbelüftung. Eine Fehlregulation im vegetativen Nervensystem, wie sie beispielsweise bei einer bestimmten Form des Asthma bronchiale anfallsweise auftritt, kann zu einem Bronchospasmus und damit zu einer erheblichen Zunahme des Strömungswiderstandes in den Atemwegen führen.

Aufgaben des Atemwegsystems. Die Atemwege dienen nicht nur der Zuleitung von Frischluft während der Inspiration und der Ableitung von „Alveolarluft" während der Exspiration, sondern erfüllen auch eine Reihe von Hilfsfunktionen für die Atmung. Hierzu gehören die Reinigung, Erwärmung und Befeuchtung der eingeatmeten Luft.
Die ***Reinigung der Inspirationsluft*** erfolgt teilweise bereits in der Nase, wo kleinere Partikel, Staub und Bakterien von den Schleimhäuten abgefangen werden. Deshalb besteht bei chronischer Mundatmung eine erhöhte Anfälligkeit für Erkrankungen des Atmungsapparates. Weitere eingeatmete Partikel lagern sich auf der ***Schleimschicht*** ab, welche die Wände der zuleitenden Atemwege überzieht. Der von Becherzellen und subepithelialen Drüsenzellen secernierte Schleim wird ständig durch rhythmische Bewegung der Cilien des Respirationsepithels mundwärts befördert und anschließend verschluckt. Der Schleimtransport sorgt also dafür, daß Fremdpartikel und Bakterien aus dem Atmungstrakt entfernt werden. Sind die Cilien geschädigt, wie dies etwa bei chronischer Bronchitis der Fall ist, so kommt es zu Schleimansammlungen in den Atemwegen und damit zu einem erhöhten Atmungswiderstand.
Größere in die Atemwege gelangte Fremdkörper und Schleimablagerungen lösen durch Reizung der Schleimhäute in der Trachea und den Bronchien den ***Hustenakt*** aus. Dabei handelt es sich um einen reflektorischen Vorgang, der zunächst in einer forcierten exspiratorischen Anstrengung gegen die geschlossene Glottis besteht. Bei plötzlicher Öffnung der Glottis wird dann der Fremdkörper mit dem extrem beschleunigten Ausatmungsstrom herausbefördert.

Die ***Erwärmung*** und ***Befeuchtung*** der Inspirationsluft findet zum überwiegenden Teil bereits im Nasen-Rachenraum statt. Insbesondere bieten hierfür die großen Oberflächen der Nasenmuscheln und die gut durchblutete Nasenschleimhaut mit ihren leistungsfähigen Schleimdrüsen günstige Voraussetzungen. In den tieferen Atemwegen wird die Luft weiter erwärmt und befeuchtet, so daß sie bei Eintritt in die Alveolen die Körpertemperatur (37 °C) angenommen hat und vollständig mit Wasserdampf gesättigt ist.

5.1.3 Funktion der Alveolen

Bedingungen für den alveolären Gasaustausch. Der Austausch der Atemgase zwischen der Gasphase und dem Blut in den Lungencapillaren erfolgt in den Alveolen. Ihre Zahl wird auf etwa 300 Millionen, ihre Gesamtoberfläche auf etwa 80 m^2 geschätzt. Die Alveolen, deren Durchmesser jeweils 0,2–0,3 mm beträgt, sind von einem dichten Capillarnetz umgeben. Das die Capillaren durchströmende Blut wird daher mit großer Oberfläche mit den Alveolen in Kontakt gebracht.
Der alveoläre Gasaustausch zwischen der Gasphase und dem Capillarblut vollzieht sich durch Diffusion. Hierfür ist es wichtig, daß nicht nur eine große Oberfläche vorliegt, sondern auch möglichst kurze Diffusionswege zu überwinden sind (S. 58f.). Im Hinblick auf die letztgenannte Forderung bestehen in der Lunge ebenfalls günstige Voraussetzungen. Das Capillarblut ist vom Gasraum nur durch eine dünne Gewebeschicht getrennt. Diese sog. ***alveolocapilläre Membran,*** die aus dem Alveolarepithel, einem schmalen Interstitium und dem Capillarendothel besteht, hat insgesamt eine Dicke von weniger als 1 µm.

Oberflächenspannung der Alveolen. Die innere Oberfläche der Alveolen ist von einem Flüssigkeitsfilm bedeckt. Wie an jeder Grenzfläche zwischen Gas- und Flüssigkeitsphase sind daher auch in den Alveolen Anziehungskräfte wirksam, welche die Tendenz haben, die Oberfläche zu verkleinern. Auf diese Oberflächenspannung in jeder der vielen Alveolen ist es u. a. zurückzuführen, daß die Lunge das Bestreben hat, sich zusammenzuziehen. Die Oberflächenspannung ist allerdings kleiner, als dies bei der Grenzschicht Wasser gegen Luft zu erwarten wäre. Oberflächenaktive Substanzen, die im alveolären Flüssigkeitsfilm enthalten sind und als ***Surfactants*** bezeichnet werden, bewirken eine Verminderung der Oberflächenkräfte.
Es handelt sich dabei insbesondere um ***Lecithinderivate,*** die von den Alveolarepithelien gebildet werden. Bei einer Verkleinerung der Alveolen nimmt die Oberflächenspannung ab, weil die oberflächenaktiven Substanzen dichter zusammenrücken. Ohne diesen Effekt müßten die kleineren Alveolen unter der Einwirkung der Oberflächenkräfte in sich zusammenfallen (kollabieren). Ist die Bildung oder die Wirksamkeit der oberflächenaktiven Substanzen gestört, so kollabieren viele Alveolen. Dabei können ganze Lungengebiete in sich zusammenfallen. Ein solcher Zustand wird als ***Atelektase*** bezeichnet.

5.2 Ventilation

5.2.1 Lungen- und Atemvolumina

Volumeneinteilung. Das Volumen des einzelnen Atemzuges ist bei der Ruheatmung verhältnismäßig klein, verglichen mit dem in der gesamten Lunge enthaltenen Gasvolumen. Über das normale Atemzugvolumen hinaus können also sowohl bei der Inspiration als auch bei der Exspiration erhebliche Zusatzvolumina aufgenommen bzw. abgegeben werden. Aber auch bei tiefster Ausatmung ist es nicht möglich, alle Luft aus der Lunge zu entfernen; ein bestimmtes Restvolumen bleibt immer in den Alveolen und den zuleitenden Atemwegen zurück. Für die quantitative Erfassung dieser Verhältnisse hat man die folgende Volumeneinteilung vorgenommen, wobei zusammengesetzte Volumina als Kapazitäten gekennzeichnet werden (Abb. 5-4):

1. ***Atemzugvolumen:*** normales In- bzw. Exspirationsvolumen;
2. ***Inspiratorisches Reservevolumen:*** Volumen, das nach normaler Inspiration noch zusätzlich eingeatmet werden kann;
3. ***Exspiratorisches Reservevolumen:*** Volumen, das nach normaler Exspiration noch zusätzlich ausgeatmet werden kann;

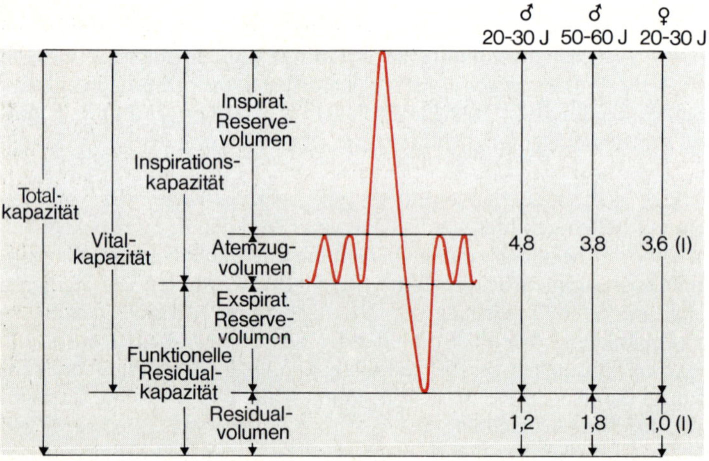

Abb. 5-4. Lungenvolumina und -kapazitäten. Die angegebenen Werte für die Vitalkapazität und das Residualvolumen *(rechts)* sollen die Abhängigkeit dieser Größen von Alter und Geschlecht verdeutlichen

4. ***Residualvolumen:*** Volumen, das nach maximaler Exspiration noch in der Lunge zurückbleibt;
5. ***Vitalkapazität:*** Volumen, das nach maximaler Inspiration maximal ausgeatmet werden kann = Summe aus 1, 2 und 3;
6. ***Inspirationskapazität:*** Volumen, das nach normaler Exspiration maximal eingeatmet werden kann = Summe aus 1 und 2;
7. ***Funktionelle Residualkapazität:*** Volumen, das nach normaler Exspiration noch in der Lunge enthalten ist = Summe aus 3 und 4;
8. ***Totalkapazität:*** Volumen, das nach maximaler Inspiration in der Lunge enthalten ist = Summe aus 4 und 5.

Von diesen Größen kommt neben dem Atemzugvolumen nur der Vitalkapazität und der funktionellen Residualkapazität eine größere Bedeutung zu.

Vitalkapazität. Die Vitalkapazität stellt ein Maß für die Ausdehnungsfähigkeit von Lunge und Thorax dar. Es handelt sich keineswegs, wie man etwa der Bezeichnung entnehmen könnte, um eine „vitale" Größe, denn selbst bei extremen Anforderungen an die Atmung wird die mögliche Atemtiefe niemals voll ausgenutzt. Die Angabe eines „Normalwertes" für die Vitalkapazität ist kaum möglich, da diese von verschiedenen Parametern, wie Alter, Geschlecht, Körpergröße, Körperposition und Trainingszustand, abhängig ist. Für einen jüngeren, 180 cm großen Mann beträgt die Vitalkapazität etwa 4,5–5 Liter (Abb. 5-4).

Die Messung der Vitalkapazität erfolgt gewöhnlich mit einem ***Spirometer,*** einem Gerät, das verschiedene Gasvolumina bei konstantem Druck aufnehmen kann (Abb. 5-6). Eine zylindrische Glocke taucht in einen Wasserbehälter ein, der den Innenraum des Spirometers gegen den Außenraum luftdicht abschließt. Ein weitlumiger Schlauch verbindet das Mundstück des Probanden mit dem Spirometer. Die Volumenänderung bei maximaler Ausatmung nach vorheriger maximaler Einatmung, die zu einer entsprechenden Glockenbewegung führt, kann an einer kalibrierten Skala abgelesen werden.

Funktionelle Residualkapazität. Die physiologische Bedeutung der funktionellen Residualkapazität besteht in einem Ausgleich der inspiratorischen und der exspiratorischen O_2- und CO_2-Fraktionen im Alveolarraum. Würde die Frischluft ohne die Mischung mit der in der Lunge enthaltenen Luft direkt in die Alveolen gelangen, so müßten dort die Atemgasfraktionen je nach der Atmungsphase abwechselnd zu- oder abnehmen. Mit der funktionellen Residualkapazität, deren Volumen mehrfach größer ist als das der eingeatmeten Frischluft, treten jedoch infolge des Mischeffektes nur noch geringe zeitliche Schwankungen in der Zusammensetzung der Alveolarluft auf. Die funktionelle Residualkapazität (FRC) ist in ihrer Größe wieder von verschiedenen Parametern abhän-

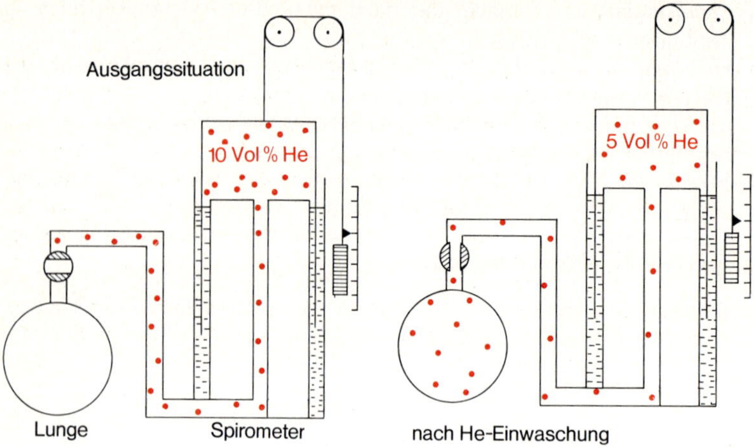

Abb. 5-5. Bestimmung der funktionellen Residualkapazität nach der He-Einwaschmethode. Ausgangssituation *(links):* Helium (*rote* Punkte) befindet sich in einer Fraktion von 0,1 (10 Vol%) nur im Spirometerraum. Endsituation *(rechts):* Helium hat sich gleichmäßig auf den Lungenraum (Residualkapazität) und den Spirometerraum verteilt, wodurch die He-Fraktion auf 0,05 (5 Vol%) abgesunken ist

gig. Im Mittel findet man bei jüngeren Männern einen FRC-Wert von 2,4 l, bei Frauen von etwa 1,8 l.

Da die funktionelle Residualkapazität dasjenige Volumen darstellt, das jeweils am Ende der Exspiration in der Lunge zurückbleibt, kann diese Größe nur mit einem indirekten Verfahren bestimmt werden. Eine Möglichkeit hierfür stellt die ***Helium-Einwaschmethode*** dar (Abb. 5-5): Am Ende einer normalen Exspiration wird der Proband mit einem Spirometer verbunden, das ein Gasgemisch mit einer bestimmten He-Fraktion F_{He_a} enthält (F abgeleitet von engl. fraction). Während der anschließenden Rückatmung verteilen sich die He-Moleküle gleichmäßig auf den Lungenraum V_{FRC} und den Spirometerraum V_{Sp}. Bezeichnet F_{He_e} die He-Endfraktion, so gilt wegen der Gleichheit der He-Mengen am Anfang und am Ende der Messung:

$$V_{Sp}\, F_{He_a} = (V_{Sp} + V_{FRC})\, F_{He_e}. \qquad (1)$$

Hieraus kann – da alle übrigen Größen bekannt sind – die funktionelle Residualkapazität V_{FRC} bestimmt werden. Wenn im Beispiel der Abb. 5-5 das Spirometervolumen 3 l beträgt, so ergibt sich hiernach eine funktionelle Residualkapazität von 3 l.

5.2.2 Toträume

Anatomischer Totraum. Das Volumen der leitenden Atemwege wird als anatomischer Totraum bezeichnet, weil in diesem Bereich kein Gasaustausch stattfindet. Hierzu gehören also die Räume von Nase bzw. Mund, Pharynx, Larynx, Trachea, Bronchien und Bronchiolen. Das Volumen des Totraums hängt von der Körpergröße und der Körperposition ab. Für den sitzenden Probanden gilt die Faustregel, daß die Größe des Totraums (in ml) dem doppelten Körpergewicht (in kg) entspricht. Das Totraumvolumen des Erwachsenen beträgt somit etwa 150 ml.

Bestimmung des Totraumvolumens. Das exspiratorische Atemzugvolumen V_E setzt sich aus zwei Anteilen zusammen: Der eine Teil des ausgeatmeten Volumens entstammt dem Totraum (V_D), der andere dem Alveolarraum (V_{EA}):

$$V_E = V_D + V_{EA}. \tag{2}$$

Die ausgeatmete CO_2-Menge kommt jedoch allein aus dem Alveolarraum, da der Totraum mit Frischluft von der vorausgegangenen Inspiration her gefüllt ist und somit nur eine verschwindend geringe CO_2-Menge enthält. Berücksichtigt man, daß eine Gasmenge jeweils als Produkt aus Volumen (V) und Fraktion (F) angegeben werden kann, so gilt:

$$V_E \, F_{E_{CO_2}} = V_{EA} \, F_{A_{CO_2}} \tag{3}$$

($F_{E_{CO_2}}$ = exspiratorische CO_2-Fraktion, $F_{A_{CO_2}}$ = alveoläre CO_2-Fraktion)
Nach Einsetzen von Gl. (2) und Umformung gewinnt man hieraus die sog. ***Bohrsche Formel:***

$$\frac{V_D}{V_E} = \frac{F_{A_{CO_2}} - F_{E_{CO_2}}}{F_{A_{CO_2}}}. \tag{4}$$

Der Anteil des Totraumvolumens am Exspirationsvolumen ergibt sich also aus den beiden angegebenen CO_2-Fraktionen, die gasanalytisch bestimmt werden können. Beim gesunden Erwachsenen hat das Verhältnis V_D/V_E einen Wert von etwa 30%.

Funktioneller Totraum. Zum funktionellen Totraum rechnet man alle diejenigen Anteile des Atmungstraktes, in denen kein Gasaustausch stattfindet. Vom anatomischen unterscheidet sich der funktionelle Totraum dadurch, daß ihm außer den zuleitenden Atemwegen auch noch diejenigen Alveolarräume zugerechnet werden, die zwar belüftet, aber nicht durchblutet sind. Solche am Gasaustausch nicht beteiligten Alveolen kommen normalerweise nur selten vor, während bei Lungenfunktionsstörungen der funktionelle Totraum häufig erheblich größer ist als der anatomische Totraum.

5.2.3 Atemzeitvolumen und alveoläre Ventilation

Atemzeitvolumen. Unter dem Atemzeitvolumen versteht man das in der Zeiteinheit eingeatmete oder ausgeatmete Gasvolumen. Es ergibt sich definitionsgemäß als Produkt aus ***Atemzugvolumen*** (Volumen des einzelnen Atemzuges) und ***Atmungsfrequenz*** (Anzahl der Atemzüge pro Minute). Bei ruhiger Atmung beträgt das Atemzugvolumen des Erwachsenen 0,5 l. Die Atmungsfrequenz des Erwachsenen liegt unter Ruhebedingungen im Mittel bei 14/min, wobei allerdings größere Variationen (10–18/min) zu beobachten sind. Höhere Atmungsfrequenzen findet man bei Kindern (20–30/min), Kleinkindern (30–40/min) und Neugeborenen (40–50/min). Für die Ruheatmung des Erwachsenen ergibt sich danach ein Atemzeitvolumen von 7 l/min. Bei körperlicher Arbeit steigt das Atemzeitvolumen mit dem erhöhten O_2-Bedarf an, um bei extremer Belastung Werte von 120 l/min zu erreichen.

Alveoläre Ventilation. Entscheidend für den Ventilationseffekt ist derjenige Anteil des Atemzeitvolumens, der in die Alveolen gelangt und dort am Gasaustausch teilnehmen kann. Von dem bei Ruheatmung ventilierten Atemzeitvolumen von 7 l/min entfallen 5 l/min auf die alveoläre Ventilation und 2 l/min auf die Totraumventilation. Die alveoläre Ventilation entscheidet vorrangig darüber, welche Atemgasfraktionen im Alveolarraum aufrechterhalten werden können. Dagegen sagt das Atemzeitvolumen sehr wenig über die Effektivität der Ventilation aus. Nehmen wir beispielsweise an, daß ein normales Atemzeitvolumen von 7 l/min durch eine flache und rasche Atmung (z. B. Atemzugvolumen = 0,2 l, Atmungsfrequenz = 35/min) zustande käme, so würde fast ausschließlich der vorgeschaltete Totraum belüftet, während der nachgeschaltete Alveolarraum von der Frischluft kaum erreicht würde. Eine solche Atmungsform, wie sie manchmal beim Kreislaufschock beobachtet wird, stellt also einen akuten Gefahrenzustand dar.

5.2.4 Künstliche Beatmung

Atemspende. Bei einem plötzlichen Atmungsstillstand gelingt es in manchen Fällen, den Gaswechsel durch künstliche Beatmung solange aufrechtzuerhalten, bis die Spontanatmung wieder einsetzt. Wichtig ist dabei, daß die Beatmung möglichst frühzeitig beginnt, weil nach vollständiger Anoxie nur innerhalb einer Zeit von 4–8 min eine erfolgreiche Wiederbelebung möglich ist. Da bei einem Bewußtlosen die Schutzreflexe fehlen, die normalerweise der Freihaltung der Atemwege dienen, muß die erste Maßnahme in einer schnellen Säuberung des Mund- und Rachenraumes

bestehen, sofern es zu Blutungen oder zum Erbrechen gekommen ist (Aspirationsgefahr).
Für die künstliche Beatmung ohne Hilfsmittel stellt die sog. Atemspende die Methode der Wahl dar. Sie kann als Mund-zu-Nase-Beatmung oder als Mund-zu-Mund-Beatmung durchgeführt werden. Bei der ***Mund-zu-Nase-Beatmung*** wird der Kopf des Patienten nach hinten überstreckt und der Unterkiefer bei gleichzeitiger Mundabdichtung angehoben (Abb. 5-6), um einen Verschluß der Atemwege durch die zurückfallende Zunge zu verhindern. Der Beatmende setzt nach einer tiefen Inspiration seinen geöffneten Mund über die Nase des Patienten fest auf. Während der nachfolgenden Insufflation (Lufteinblasung) muß die Hebung des Thorax beobachtet werden. Danach entfernt der Beatmende seinen Mund vom Gesicht des Patienten, worauf die Luft infolge der Lungenelastizität passiv entweicht. Bei der ***Mund-zu-Mund-Beatmung*** liegen in gleicher Ausgangsstellung die Finger an der Stirn-Haargrenze bzw. unter dem Kinn des Patienten. Der Beatmende setzt seinen Mund über dem Mund des Patienten fest auf und verschließt mit seiner Wange oder mit Daumen und Zeigefinger der über der Stirn liegenden Hand die Nasenöffnung. Bei der Insufflation und dem nachfolgenden Entweichen der Luft sind wiederum die Thoraxbewegungen zu kontrollieren.

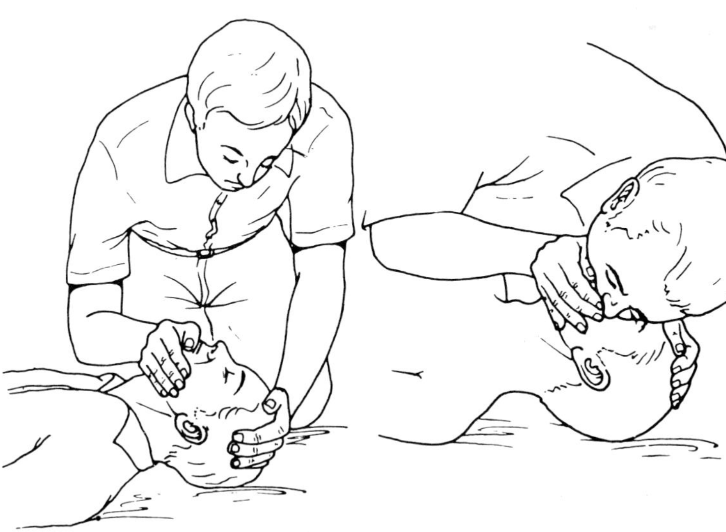

Abb. 5-6. Atemspende

Die Beatmung beginnt bei beiden Verfahren mit 5 bis 10 schnell hintereinander durchgeführten Insufflationen, um das entstandene O_2-Defizit und die CO_2-Ansammlung im Gewebe möglichst schnell zu beseitigen. Anschließend wird die Atemspende im zeitlichen Abstand von etwa 5 s weitergeführt. Bei diesem Vorgehen liegt der O_2-Sättigungswert (S. 215) im arteriellen Blut des Patienten praktisch immer über 90%.

Künstliche Beatmung mit Hilfsmitteln. Zur Wiederbelebung der Atmung können auch, sofern schnell verfügbar, einfache Beatmungsgeräte verwendet werden. Sie bestehen aus einer Atemmaske, die auf das Gesicht des Patienten luftdicht aufgesetzt wird, einem Atemventil und einem angeschlossenen Beutel, der von Hand rhythmisch zusammengepreßt und entlastet wird. Besser geeignet sind Geräte, die mit Hilfe einer O_2-gefüllten Gasflasche und eines druckgesteuerten Ventils einen rhythmischen Beatmungsdruck erzeugen.
Für längerdauernde Beatmung finden Beatmungsmaschinen Verwendung, die über einen in die Trachea luftdicht eingelegten Tubus angeschlossen werden. Ferner besteht die Möglichkeit, bei Patienten mit einer ständigen Atmungslähmung (z. B. bei spinaler Kinderlähmung) die Ventilation mit Hilfe eines Tankrespirators („Eiserne Lunge“) aufrechtzuerhalten.

5.3 Atmungsmechanik

Der Begriff „Atmungsmechanik“ wird gewöhnlich in einem sehr speziellen Sinne verwendet. Man versteht darunter die Analyse und die Darstellung der Druck-Volumen-Beziehungen und der Druck-Stromstärke-Beziehungen, die sich bei den Atmungsexkursionen ergeben. Diese Beziehungen hängen in hohem Maße von den ***Atmungswiderständen*** und ihren Veränderungen unter pathologischen Bedingungen ab. Daher sind atmungsmechanische Aspekte auch für die Lungenfunktionsdiagnostik von Bedeutung.

5.3.1 Elastische Atmungswiderstände

Elastische Retraktion der Lunge. Die Lungenoberfläche steht infolge der Dehnung ihrer elastischen Parenchymelemente und der Oberflächenspannung der Alveolen (S. 181) unter einer gewissen ***Zugspannung*** (Abb. 5-7). Die gedehnte Lunge hat also das Bestreben, ihr Volumen zu verkleinern. Dies hat zur Folge, daß im flüssigkeitsgefüllten Spalt zwischen den beiden Pleurablättern ein subatmosphärischer Druck herrscht. Verbindet man eine Kanüle, deren Spitze sich im Interpleuralspalt befindet, mit einem Manometer, so läßt sich dieser Druck messen. Bei Ruheatmung liegt er

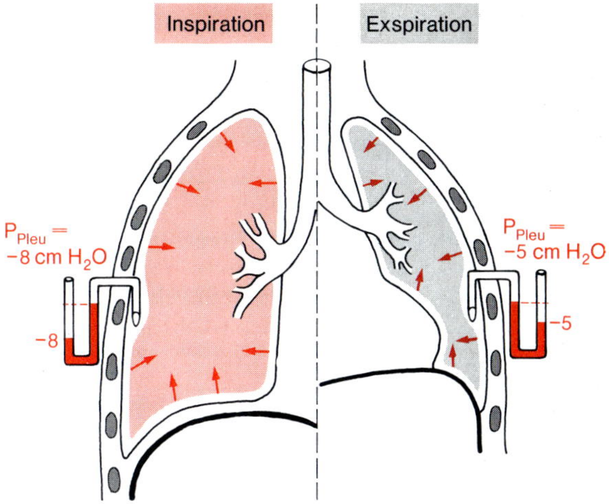

Abb. 5-7. Erläuterung zum intrapleuralen Druck. Der elastische Zug der Lunge (Zugrichtung: *rote* Pfeile) erzeugt im Interpleuralspalt einen (im Vergleich zum Außenraum) „negativen" Druck, der durch ein angeschlossenes Manometer nachgewiesen werden kann

am Ende der Exspiration etwa 5 cm H_2O (0,5 kPa) und am Ende der Inspiration etwa 8 cm H_2O (0,8 kPa) unter dem Atmosphärendruck. Die Druckdifferenz zwischen dem Interpleuralspalt und dem Außenraum wird verkürzt als ***intrapleuraler Druck*** (intrathorakaler Druck) bezeichnet. Nur die Tatsache, daß eigentlich eine Druckdifferenz gemeint ist, macht es verständlich, daß man den intrapleuralen Druck als „negativ" kennzeichnet.

Pneumothorax. Der enge Kontakt zwischen Lungenoberfläche und innerer Thoraxwand ist nur gewährleistet, solange der Interpleuralspalt geschlossen bleibt. Wenn jedoch infolge einer Verletzung der Brustwand oder der Lungenoberfläche Luft in den Spalt eindringen kann, kollabiert die Lunge, d. h. sie zieht sich, ihrer inneren Zugspannung folgend, zum Hilus hin zusammen. Eine solche Luftfüllung des Raumes zwischen den Pleurablättern bezeichnet man als ***Pneumothorax.*** Die kollabierte Lunge, die den Kontakt zur Thoraxwand verloren hat, kann den Atmungsbewegungen nur noch unvollständig oder gar nicht mehr folgen, so daß ein effektiver Gasaustausch unmöglich wird. Ist der Pneumothorax auf eine Seite beschränkt, dann bleibt eine ausreichende Arterialisierung des Blutes durch die Funktion des anderen Lungenflügels gesichert, sofern keine größeren körperlichen Belastungen gefordert werden.

Ruhedehnungskurven. Die Kontraktionskraft der Atmungsmuskulatur hat bei der Ventilation elastische und viscöse Widerstände zu überwinden. Bei sehr langsamer Atmung ist der Einfluß der viscösen Widerstände (S. 192f.) gering, so daß in diesem Fall die Beziehung zwischen dem Lungenvolumen und dem jeweils wirksamen Druck fast ausschließlich durch die elastischen Eigenschaften von Lunge und Thorax bestimmt wird. Mißt man die „statischen" Druck-Volumen-Beziehungen bei vollkommen entspannter Atmungsmuskulatur für verschiedene Füllungszustände, so erhält man Kurven, die das elastische Verhalten der Lunge bzw. des Thorax charakterisieren und die als Ruhedehnungskurven oder auch als Relaxationskurven bezeichnet werden (Abb. 5-8).

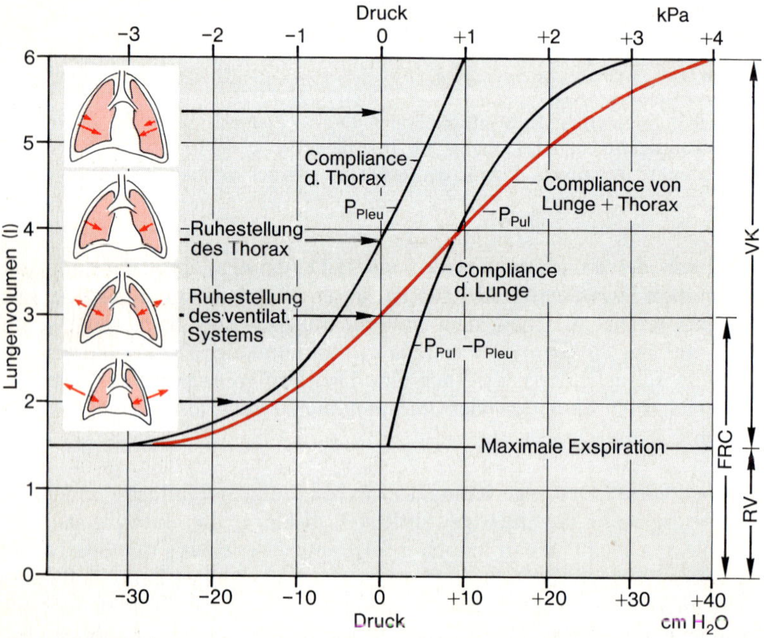

Abb. 5-8. Ruhedehnungskurven des gesamten Atmungsapparates *(rot)*, der Lunge und des Thorax. P_{Pleu} intrapleuraler (intrathorakaler) Druck; P_{Pul} intrapulmonaler (intraalveolärer) Druck; VK Vitalkapazität; RV Residualvolumen; FRC funktionelle Residualkapazität. Die Kurven geben die Abhängigkeit des Lungenvolumens von dem jeweils maßgebenden Druck (P_{Pul}, P_{Pleu} bzw. $P_{Pul} - P_{Pleu}$) bei entspannter Atmungsmuskulatur wieder. Im Einsatzbild sind die am Thorax und an der Lungenoberfläche angreifenden elastischen Kräfte für verschiedene Lungenvolumina veranschaulicht

Für die passive Dehnung von ***Lunge und Thorax*** ist jeweils die Druckdifferenz zwischen dem Alveolar- und dem Außenraum maßgebend. Diese Druckdifferenz bezeichnet man verkürzt als ***intrapulmonalen Druck.*** Die Abhängigkeit der Lungenvolumina von den jeweiligen intrapulmonalen Drücken P_{Pul} charakterisiert daher die Ruhedehnungskurve des gesamten ventilatorischen Systems (rote Kurve in Abb. 5-8). Die elastische Dehnung des ***Thorax*** wird durch die Druckdifferenz zwischen dem Interpleuralspalt und dem Außenraum bestimmt, die man – wie bereits erwähnt – als ***intrapleuralen Druck*** bezeichnet. Die Beziehung zwischen den Lungenvolumina und den intrapleuralen Drücken P_{Pleu} liefert daher die Ruhedehnungskurve für den Thorax allein. Der elastische Dehnungszustand der ***Lunge*** schließlich ergibt sich aus der ***Differenz zwischen dem intrapulmonalen und dem intrapleuralen Druck*** $P_{Pul} - P_{Pleu}$. Die Abhängigkeit der Lungenvolumina von $P_{Pul} - P_{Pleu}$ bestimmt also die Ruhedehnungskurve für die Lunge allein. Aus Abb. 5-8 geht hervor, daß

- am Ende der normalen Ausatmung (funktionelle Residualkapazität, FRC) das ventilatorische System eine elastische Ruhelage einnimmt ($P_{Pul} = 0$),
- bei inspiratorischer Volumenzunahme der nach innen gerichtete elastische Zug der Lunge zunimmt, während gleichzeitig die nach außen gerichtete Zugwirkung des Thorax reduziert wird.

Compliance. Ein Maß für die elastischen Eigenschaften des Atmungsapparates bzw. seiner beiden Teile stellt die Steilheit der jeweiligen Ruhedehnungskurve dar, die als Volumendehnbarkeit oder als Compliance C bezeichnet wird:

$$C = \frac{\Delta V}{\Delta P} \qquad (5)$$

Im Bereich der normalen Atmungsexkursionen ergeben sich nach Abb. 5-8 folgende Compliancewerte:

Thorax u. Lunge:	C_{Th+L}	= 0,1 l/cm H_2O	= 1 l/kPa
Thorax:	C_{Th}	= 0,2 l/cm H_2O	= 2 l/kPa
Lunge:	C_L	= 0,2 l/cm H_2O	= 2 l/kPa

Eine Abnahme der Compliancewerte unter pathologischen Bedingungen deutet darauf hin, daß ein größerer elastischer Widerstand bei der Einatmung zu überwinden ist.

Messung der Compliance. Die Messung der Compliancewerte bereitet wegen der notwendigen Ausschaltung der Atmungsmuskulatur Schwierigkeiten. Daher begnügt man sich oft mit der C_L-Bestimmung, die nach einem einfachen Verfahren durchgeführt werden kann: Wenn nach der Einatmung eines bestimmten Volumens die Thoraxstellung durch die Atmungsmuskulatur fixiert wird und die Glottis geöffnet ist, entspricht der Druck in den Alveolen dem atmosphärischen Druck. In diesem Fall ist $P_{Pul} = 0$ und die Definitionsgleichung

$$C_L = \frac{\Delta V}{\Delta\,(P_{Pul} - P_{Pleu})} \text{ vereinfacht sich zu: } C_L = -\frac{\Delta V}{\Delta P_{Pleu}} \qquad (6)$$

Es genügt also, die Volumenänderung durch die zugehörige Änderung des intrapleuralen Drucks zu dividieren. Anstelle der letztgenannten Größe kann man auch die Änderung des ***Oesophagusdrucks*** über einen Speiseröhrenkatheter messen, da die Druckverhältnisse im Oesophagus etwa denen im Interpleuralspalt entsprechen.

5.3.2 Viscöse Atmungswiderstände

Die nichtelastischen (viscösen) Widerstände, die sowohl bei der Inspiration als auch bei der Exspiration zu überwinden sind, setzen sich aus folgenden Anteilen zusammen: 1. den Strömungswiderständen in den zuleitenden Atemwegen, 2. den nichtelastischen Gewebswiderständen, 3. den Trägheitswiderständen, die so klein sind, daß sie vernachlässigt werden dürfen.

Strömungswiderstände. Die Differenz zwischen dem Munddruck und dem intraalveolären Druck stellt die „treibende Kraft" für die Bewegung der Atemgase dar. Die Strömung in den Atemwegen ist teilweise laminar. Vor allem an Verzweigungsstellen der Bronchien und an pathologisch verengten Stellen treten jedoch Wirbelbildungen (Turbulenzen) auf. Für die laminare Luftströmung gilt, ebenso wie für die laminare Flüssigkeitsströmung, das HAGEN-POISEUILLEsche Gesetz (S. 118). Danach ist die Volumenstromstärke $\dot{V}$ der treibenden Druckdifferenz ΔP proportional:

$$\dot{V} = \frac{\Delta P}{R} = \frac{P_{Pul}}{R}; \qquad R = \frac{\Delta P}{\dot{V}} = \frac{P_{Pul}}{\dot{V}} \qquad (7)$$

Der Strömungswiderstand R, der in diesem Fall als ***Atemwegswiderstand*** oder ***Resistance*** bezeichnet wird, ist vom Querschnitt und der Länge der zuleitenden Atemwege, von ihrer speziellen anatomischen Anordnung und von der Luftviscosität abhängig. Obwohl für die turbulenten Anteile der Gesamtströmung andere Gesetzmäßigkeiten gelten, benutzt man Gl. (7), um den Atemwegswiderstand zu bestimmen. Bei ruhiger Mundatmung findet man normalerweise Resistancewerte, die bei $R = 2\ \text{cm}\ H_2O \cdot s \cdot l^{-1}$ ($0{,}2\ \text{kPa} \cdot s \cdot l^{-1}$) liegen.

Gewebswiderstände. Neben dem Atemwegswiderstand ist bei der Inspiration und der Exspiration noch ein zweiter viscöser Widerstand zu überwinden, der durch die

Gewebereibung und die nichtelastischen Deformationen der Gewebe im Brust- und Bauchraum entsteht:

$$\textit{Viscöser Atmungswiderstand} = \textit{Atemwegswiderstand} + \textit{Gewebswiderstand}$$

Der letztgenannte Widerstand ist jedoch verhältnismäßig klein. 90% des viscösen Widerstandes werden normalerweise durch die Strömung in den Atemwegen und nur 10% durch die Gewebereibung hervorgerufen.

5.3.3 Druck-Volumen-Beziehungen im Atmungscyclus

Intrapulmonale und intrapleurale Drücke. Während der respiratorischen Erweiterung und Verengung des Brustraumes verändern sich der Druck im Alveolarraum und der Druck im Interpleuralspalt in gesetzmäßiger Weise: Bei der inspiratorischen Thoraxerweiterung sinkt der Druck in den Alveolen unter den Außendruck ab. Dies ist u. a. dadurch bedingt, daß die Luft infolge des viscösen Strömungswiderstandes nicht schnell genug in die Alveolen strömen kann. Bezogen auf den Außendruck beträgt der intrapulmonale Druck in der Mitte der Inspiration etwa -1 cm H_2O ($-0{,}1$ kPa). Umgekehrt steigt der intrapulmonale Druck bei der exspiratorischen Thoraxverengung kurzzeitig um etwa $+1$ cm H_2O über den Außendruck an. Die Veränderungen des intrapulmonalen Druckes sind also von den Atmungsexkursionen und dem viscösen Strömungswiderstand abhängig.
Auf den Interpleuralspalt wirkt nun außer dem intrapulmonalen Druck noch die relativ große Zugspannung der Lunge ein. Daher bleibt der intrapleurale Druck während des gesamten Atmungscyclus „negativ" (S. 189). Die Veränderungen des intrapleuralen Druckes sind also von den Atmungsexkursionen, der elastischen Zugspannung und dem viscösen Strömungswiderstand abhängig.

Druck-Volumen-Diagramm. Eine Aufzeichnung der geförderten Atemvolumina in Abhängigkeit von den jeweiligen intrapleuralen (intrathorakalen) Drücken wird vereinfacht als Druck-Volumen-Diagramm der Lunge bezeichnet. Alle hierfür maßgebenden Faktoren sind bereits in den vorhergehenden Abschnitten erläutert worden.
Wären bei der Inspiration allein elastische Widerstände zu überwinden, so müßte nach dem HOOKEschen Gesetz jede Volumenveränderung in der Lunge der jeweiligen Änderung des intrapleuralen Druckes direkt proportional sein. Im Druck-Volumen-Diagramm würde die Abhängigkeit der beiden Größen durch eine Gerade dargestellt (Abb. 5-9, A). Bei der Exspiration müßte dieselbe Gerade in umgekehrter Richtung durchlaufen werden.

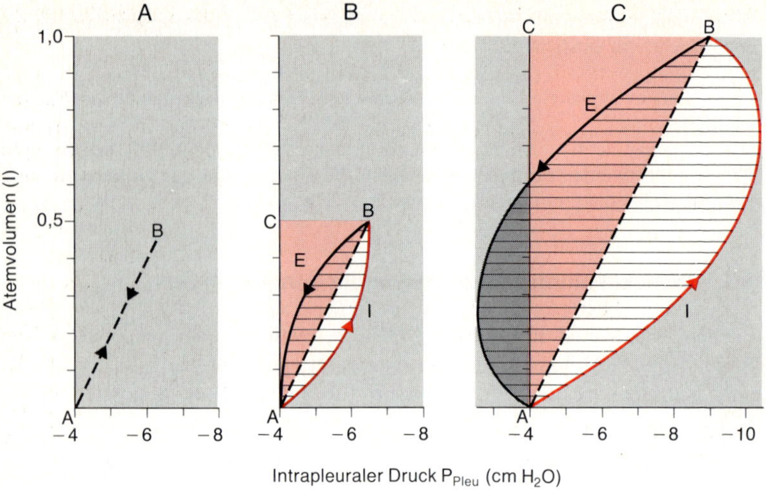

Abb. 5-9 A–C. Atmungscyclus im Druck-Volumen-Diagramm. **A** Fiktive Atmung gegen rein elastische Widerstände. **B** Normale Ruheatmung. **C** Vertiefte und beschleunigte Atmung. *I* Inspiration; *E* Exspiration. Die Anteile der Atmungsarbeit werden durch folgende Flächen dargestellt: *rot:* inspiratorische Arbeit gegen die elastischen Widerstände; *waagrecht schraffiert:* inspiratorische und exspiratorische Arbeit gegen die viscösen Widerstände; *dunkelgrau:* Anteil der Exspirationsarbeit, der durch die Exspirationsmuskeln aufgebracht werden muß

Wegen der zusätzlich zu überwindenden viscösen Atmungswiderstände ist jedoch die während der Inspiration aufgenommene Kurve nach unten durchgebogen (Abb. 5-9, B). Für die Förderung eines bestimmten Volumens ist eine stärkere Abnahme des intrapleuralen Druckes notwendig, als es zur Überwindung der elastischen Widerstände allein erforderlich wäre. Erst am Ende der Einatmung (im Punkt B) erreicht die Inspirationskurve die Gerade, weil jetzt keine Bewegung mehr stattfindet und nur noch die elastische Zugspannung wirksam ist. Die Exspirationskurve ist infolge der viscösen Widerstände in umgekehrter Richtung durchgebogen und erreicht am Ende dieser Atmungsphase wieder den Ausgangspunkt A. Der geschilderte Kurvenverlauf des dynamischen Druck-Volumen-Diagramms wird manchmal auch als ***Atemschleife*** bezeichnet.

Während in Abb. 5-9, B die Atemschleife für die Ruheatmung dargestellt ist, gibt Abb. 5-9, C die entsprechende Kurve bei vertiefter und beschleunigter Atmung wieder. Die Vertiefung kommt in einem verdoppelten Atemzugvolumen, die Beschleunigung in einer stärkeren Durchbiegung der Inspirations- und Exspirationskurve zum Ausdruck. Bei hoher

Atmungsfrequenz wirken sich also die viscösen Atemwegswiderstände stärker aus als bei Ruheatmung.

Atmungsarbeit. Die physikalische Arbeit, die bei der Überwindung der elastischen und viscösen Widerstände geleistet wird, ergibt sich aus dem ***Produkt Druck·Volumen,*** das die gleiche Dimension wie das Produkt Kraft · Weg hat. Ändert sich der Druck während der Arbeit, so tritt anstelle des Produktes das ***Integral*** $\int PdV$.
Der Vorteil des Druck-Volumen-Diagramms besteht vor allem darin, daß in ihm die Integralwerte für die Arbeit als Flächen veranschaulicht werden können.
Die Flächen, welche die Arbeit gegen die elastischen Widerstände repräsentieren, sind in Abb. 5-9 rot wiedergegeben. Unter dynamischen Bedingungen kommt sowohl bei der Inspiration als auch bei der Exspiration noch ein Arbeitsanteil hinzu, der zur Überwindung der viscösen (Strömungs-)Widerstände benötigt wird. Die entsprechenden Flächen sind in Abb. 5-9 waagrecht schraffiert dargestellt. Der viscöse Exspirationsanteil ABEA ist bei ruhiger Atmung (Abb. 5-9, B) kleiner als die zuvor elastisch gespeicherte Energie ABCA. Daher kann die Ausatmung rein passiv, d. h. ohne Mitwirkung der Exspirationsmuskeln erfolgen. Dies gilt jedoch nicht mehr für die beschleunigte Atmung (Abb. 5-9, C). In diesem Fall muß der Arbeitsanteil, welcher der dunkelgrauen Fläche entspricht, von der Exspirationsmuskulatur aufgebracht werden.

5.3.4 Ventilationsstörungen und Funktionsprüfungen

Ventilationsstörungen. Störungen der alveolären Ventilation können durch eine Zunahme der elastischen oder der viscösen Atmungswiderstände verursacht werden. Im ersteren Fall, d. h. bei eingeschränkter Ausdehnungsfähigkeit von Lunge bzw. Thorax, spricht man von einer ***restriktiven Funktionsstörung.*** Das diagnostische Kriterium für eine solche Störung ist die ***Abnahme der Compliance*** (Tabelle 5-1). Sind dagegen primär die Strömungswiderstände erhöht (z. B. bei Einengung des Bronchiallumens durch Schleim oder Spasmen der glatten Muskulatur), so kennzeichnet man diesen Zustand als ***obstruktive Funktionsstörung.*** Das diagnostische Zeichen hierfür ist die ***Zunahme der Resistance.***

Tabelle 5-1. Charakteristische Veränderungen von Funktionsgrößen, die zur Differenzierung der Ventilationsstörungen dienen können

Funktionsstörung	Compliance	Resistance	Vitalkapazität	rel. Sekundenkapazität
restriktive	Abnahme		Abnahme	
obstruktive		Zunahme		Abnahme

Einfache Funktionsprüfungen. Die beiden Formen der Ventilationsstörungen lassen sich nicht nur über die aufwendigen Compliance- und Resistancebestimmungen, sondern auch mit Hilfe einfacherer Funktionsprüfungen differenzieren: Als Zeichen für das Vorliegen einer restriktiven Funktionsstörung kann die Abnahme der ***Vitalkapazität*** (S. 183) gewertet werden. Eine obstruktive Störung läßt sich auf einfache Weise durch die ***Sekundenkapazität*** (1-Sekunden-Ausatmungskapazität, TIFFENEAU-Test) erfassen. Darunter versteht man dasjenige Volumen, das nach stärkster Einatmung innerhalb 1 s so schnell wie möglich ausgeatmet werden kann (Abb. 5-10). Dieses mittels eines Spirometers mit Registriereinrichtung bestimmbare Volumen wird meist als prozentualer Anteil der Vitalkapazität angegeben und dann als relative Sekundenkapazität bezeichnet. Wird der Normwert von 70–80% deutlich unterschritten, so spricht dieser Befund für eine obstruktive Störung. Eine weitere leicht erfaßbare Funk-

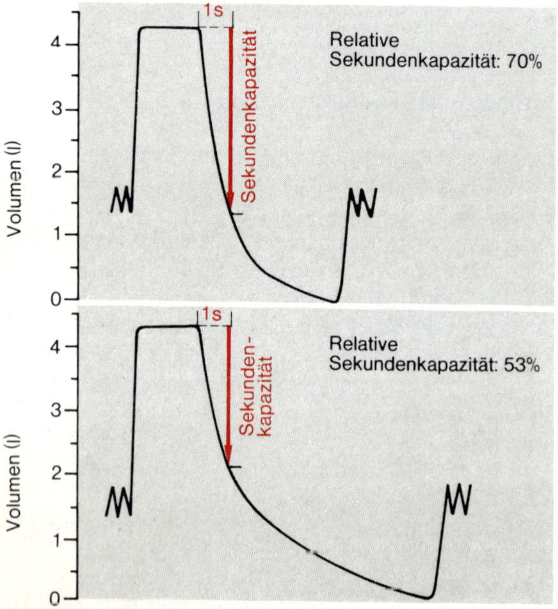

Abb. 5-10. Bestimmung der relativen Sekundenkapazität. Nach tiefer Inspiration und kurzzeitigem Atemanhalten atmet der Proband so schnell wie möglich aus. Das in 1 s exspirierte Volumen wird als prozentualer Anteil der Vitalkapazität VK angegeben. Messung bei einem Lungengesunden *(oben)* und bei einem Patienten mit obstruktiver Funktionsstörung *(unten)*

tionsgröße ist der ***Atemgrenzwert,*** d. h. das Atemzeitvolumen bei maximal forcierter, willkürlicher Hyperventilation. Für den Jugendlichen liegt dieser Wert normalerweise im Bereich zwischen 120 und 170 l/min. Eine Abnahme des Atemgrenzwertes findet man sowohl bei restriktiven als auch bei obstruktiven Funktionsstörungen.

5.4 Austausch der Atemgase

5.4.1 Zusammensetzung des alveolären Gasgemisches

Alveoläre Atemgasfraktionen. Die für den Gasaustausch wichtigen O_2- und CO_2-Fraktionen im alveolären Gasgemisch, das früher als „Alveolarluft" bezeichnet wurde, lassen sich berechnen, wenn man von der folgenden Beziehung ausgeht:

ausgetauschte Gasmenge = inspiratorisch zugeführte Gasmenge − exspiratorisch abgeführte Gasmenge

Wendet man diese Massenbilanz auf Sauerstoff und Kohlendioxid an, dann ergeben sich daraus die folgenden Gleichungen:

$$F_{A_{O_2}} = F_{I_{O_2}} - \frac{\dot{V}_{O_2}}{\dot{V}_A}; \qquad F_{A_{CO_2}} = \frac{\dot{V}_{CO_2}}{\dot{V}_A} \tag{8}$$

(F_A = alveoläre Gasfraktionen, F_I = inspiratorische Gasfraktion, $\dot{V}_{O_2}$ = O_2-Aufnahme, $\dot{V}_{CO_2}$ = CO_2-Abgabe, $\dot{V}_A$ = alveoläre Ventilation).

Es zeigt sich also, daß die alveolären Atemgasfraktionen von der alveolären Ventilation und den Austauschraten für O_2 bzw. CO_2 abhängen. Beim Einsetzen von Zahlenwerten in Gl. (8) ist zu berücksichtigen, daß $\dot{V}_{O_2}$ und $\dot{V}_{CO_2}$ gewöhnlich für Standardbedingungen, $\dot{V}_A$ dagegen für Körperbedingungen angegeben werden (S. 198 f.), so daß noch eine Umrechnung auf die gleichen Zustandsgrößen erforderlich ist. Für den Erwachsenen in körperlicher Ruhe gelten die folgenden Mittelwerte: O_2-Aufnahme $\dot{V}_{O_2}$ = 0,28 l/min, CO_2-Abgabe $\dot{V}_{CO_2}$ = 0,23 l/min und alveoläre Ventilation (umgerechnet auf Standardbedingungen) $\dot{V}_A$ = 4,1 l/min. Damit ergeben sich für das alveoläre Gasgemisch (s. a. Tabelle 5-2)

- die O_2-Fraktion $F_{A_{O_2}}$ = 0,14 l O_2/l Gemisch = 14 Vol% und
- die CO_2-Fraktion $F_{A_{CO_2}}$ = 0,056 l CO_2/l Gemisch = 5,6 Vol%.

Der Rest besteht aus Stickstoff und einem kleinen Anteil an Edelgasen.

Partialdrücke der Atemgase. Nach dem DALTONschen Gesetz übt jedes Gas in einem Gemisch einen Partialdruck (Teildruck) P_{Gas} aus, der seinem

Tabelle 5-2. Inspiratorische, alveoläre und exspiratorische Fraktionen bzw. Partialdrücke der Atemgase bei Ruheatmung in Meereshöhe

	Fraktionen		Partialdrücke	
	O_2	CO_2	O_2	CO_2
Inspirationsluft	0,209 (20,9 Vol%)	0,0003 (0,03 Vol%)	150 mm Hg (20 kPa)	0,2 mm Hg (0,03 kPa)
alveoläres Gasgemisch	0,14 (14 Vol%)	0,056 (5,6 Vol%)	100 mm Hg (13,3 kPa)	40 mm Hg (5,3 kPa)
Exspirationsgemisch	0,16 (16 Vol%)	0,04 (4 Vol%)	114 mm Hg (15,2 kPa)	29 mm Hg (3,9 kPa)

Anteil am Gesamtvolumen, d. h. seiner Fraktion F_{Gas} entspricht. Bei der Anwendung dieses Gesetzes auf die Atemgase ist zu berücksichtigen, daß sowohl die atmosphärische Luft als auch das alveoläre Gasgemisch neben O_2, CO_2, N_2 und Edelgasen auch noch Wasserdampf enthalten, der einen bestimmten Partialdruck P_{H_2O} ausübt. Da die Gasfraktionen für das „trokkene" Gasgemisch angegeben werden, ist bei der Formulierung des DALTONschen Gesetzes der Gesamtdruck (Barometerdruck P_B) um den Wasserdampfdruck P_{H_2O} zu reduzieren:

$$P_{Gas} = F_{Gas} \cdot (P_B - P_{H_2O}) \tag{9}$$

Für die atmosphärische Luft liegt bei mittleren Barometer- und Wasserdampfdrücken der O_2-Partialdruck im Bereich von $P_{I_{O_2}} = 150$ mm Hg; der CO_2-Partialdruck ist mit $P_{I_{CO_2}} = 0{,}2$ mm Hg praktisch zu vernachlässigen. Die zugehörigen Werte in kPa sind in Tabelle 5-2 angegeben. Ebenso lassen sich die alveolären O_2- und CO_2-Partialdrücke aus (9) berechnen, wenn man die oben angegebenen Fraktionsdaten einsetzt. Dabei ist zu berücksichtigen, daß in den Alveolen ein Wasserdampfdruck von 47 mm Hg (6,3 kPa), entsprechend einer 100%igen Wasserdampfsättigung bei 37 °C, herrscht. Für den Gesunden in körperlicher Ruhe ergeben sich dann die alveolären Werte für den O_2-Partialdruck ***$P_{A_{O_2}}$ = 100 mm Hg (13,3 kPa)*** und den CO_2-Partialdruck ***$P_{A_{CO_2}}$ = 40 mm Hg (5,3 kPa).***

Standardbedingungen und Körperbedingungen. Die Atemvolumina sind von dem jeweils herrschenden Barometerdruck P_B, der Temperatur T und dem Wasserdampfdruck P_{H_2O} abhängig. Die Vergleichbarkeit von Meßergebnissen erfordert daher die Festlegung auf bestimmte Werte dieser Einflußfaktoren; dabei unterscheidet man insbesondere die folgenden Bedingungen: Als ***STPD-Bedingungen*** (engl. Abkürzung für ***S***tandard ***T***emperature, ***P***ressure, ***D***ry) kennzeichnet man die physikalischen Standardbedingungen (T = 273 K, P_B = 760 mm Hg und P_{H_2O} = 0 mm Hg). Unter ***BTPS-Bedingungen*** (engl. Abkürzung für ***B***ody ***T***emperature,

*P*ressure, *S*aturated) versteht man die in der Lunge herrschenden Bedingungen (T = 310 K, P_B = variierender Barometerdruck, P_{H_2O} = 47 mmHg). Die Umrechnung der Volumina bei Änderung der Einflußfaktoren erfolgt mit Hilfe der ***allgemeinen Gasgleichung*** $V \cdot P = M \cdot R \cdot T$, worin M die Gasmenge und R die allgemeine Gaskonstante bedeuten. Aus

$$V_{STPD} \cdot 760 = M \cdot R \cdot 273$$
$$V_{BTPS} \cdot (P_B - 47) = M \cdot R \cdot 310$$

$$\text{folgt dann: } \frac{V_{STPD}}{V_{BTPS}} = \frac{P_B - 47}{863}. \qquad (10)$$

Bei einem mittleren Barometerdruck in Meereshöhe (P_B = 760 mm Hg) beträgt also der Faktor für die Umrechnung eines Volumens von Körperbedingungen auf Standardbedingungen etwa 0,83.

Analyse des alveolären Gasgemisches. Bei der Ausatmung wird zunächst die Totraumluft abgegeben; erst der letzte Teil des Exspirationsvolumens stammt aus dem Alveolarraum. Diesen letzten Exspirationsanteil benutzt man für die Messung der alveolären Atemgaskonzentrationen mit einem geeigneten Analysegerät. Nach dem ***Verfahren von Scholander*** werden die Atemgase O_2 und CO_2 nacheinander chemisch absorbiert und die jeweiligen Volumenabnahmen direkt bestimmt. Die verschwundenen Volumina entsprechen dann den Anteilen der absorbierten Gase. Mit ***schnell anzeigenden Meßgeräten*** können außerdem die Atemgasfraktionen in der Exspirationsluft fortlaufend verfolgt werden. Meßgeräte für CO_2 nutzen die spezielle Infrarotabsorption dieses Gases, Meßgeräte für O_2 dessen besondere paramagnetischen Eigenschaften aus. Die fortlaufende Atemgasanalyse kann auch mit Hilfe eines Massenspektrometers erfolgen.

Kennzeichnung veränderter Ventilationszustände. Die alveolären Konzentrationen bzw. Partialdrücke für O_2 und CO_2 sind bei konstanter O_2-Aufnahme $\dot{V}_{O_2}$ und CO_2-Abgabe $\dot{V}_{CO_2}$ vor allem von der Größe der alveolären Ventilation abhängig (Gl. 8). Eine Zunahme der Ventilation führt zu einem $P_{A_{O_2}}$-Anstieg und einen $P_{A_{CO_2}}$-Abfall; eine Ventilationsabnahme hat den umgekehrten Effekt (Abb. 5-11). Solche Veränderungen können willkürlich hervorgerufen werden oder pathologisch bedingt sein. Eine verstärkte Atmung tritt aber auch bei Arbeit als Anpassung an dic Stoffwechselbedürfnisse des Organismus auf, wobei jedoch wegen der gleichzeitigen Zunahme der Austauschraten für O_2 und CO_2 die alveolären Partialdrücke in der Regel kaum verändert sind. Um die verschiedenen Ventilationszustände unter Berücksichtigung ihrer Auswirkungen genauer zu kennzeichnen, hat man die folgenden Fachausdrücke eingeführt:

- ***Normoventilation:*** Normale Ventilation, bei der in den Alveolen ein mittlerer CO_2-Partialdruck von etwa 40 mm Hg (5,3 kPa) aufrechterhalten wird,
- ***Hyperventilation:*** Steigerung der alveolären Ventilation, die über die jeweiligen Stoffwechselbedürfnisse herausgeht ($P_{A_{CO_2}} < 40$ mm Hg),

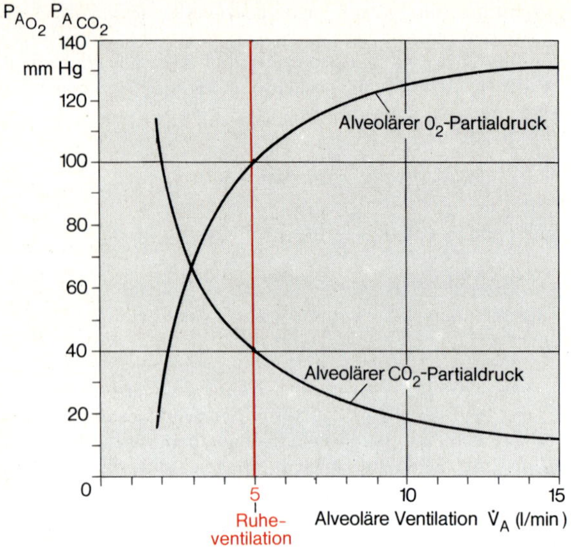

Abb. 5-11. Abhängigkeit der alveolären Atemgaspartialdrücke ($P_{A_{O_2}}$ und $P_{A_{CO_2}}$) von der alveolären Ventilation ($\dot{V}_A$) in körperlicher Ruhe (O_2-Aufnahme: 280 ml/min; CO_2-Abgabe: 230 ml/min) auf Meereshöhe ($P_{I_{O_2}} \approx 150$ mm Hg). *Rote Gerade:* normale Ruheventilation

- ***Hypoventilation:*** Minderung der alveolären Ventilation unter den Wert, der den Stoffwechselbedürfnissen entspricht ($P_{A_{CO_2}} > 40$ mm Hg),
- ***Mehrventilation:*** Atmungssteigerung über den Ruhewert hinaus (etwa bei körperlicher Arbeit), unabhängig von der Höhe der alveolären Partialdrücke,
- ***Eupnoe:*** Normale Ruheatmung,
- ***Hyperpnoe:*** Vertiefte Atmung mit oder ohne Zunahme der Atmungsfrequenz,
- ***Tachypnoe:*** Zunahme der Atmungsfrequenz,
- ***Bradypnoe:*** Abnahme der Atmungsfrequenz,
- ***Apnoe:*** Atmungsstillstand, hauptsächlich bedingt durch das Fehlen des physiologischen Atmungsreizes (Abnahme des arteriellen CO_2-Partialdrucks),
- ***Dyspnoe:*** Erschwerte Atmung, verbunden mit dem subjektiven Gefühl der Atemnot,
- ***Orthopnoe:*** Starke Dyspnoe bei Stauung des Blutes in den Lungencapillaren infolge einer Linksherzinsuffizienz, die im Liegen auftritt und daher den Patienten zum Aufsetzen zwingt,

- ***Asphyxie:*** Atmungsstillstand oder Minderatmung bei Lähmung der Atmungszentren.

5.4.2 Diffusion der Atemgase

Diffusionsbedingungen in der Lunge. In den Lungenalveolen wird ein hoher O_2-Partialdruck (100 mm Hg) aufrechterhalten, während das venöse Blut mit einem niedrigeren O_2-Partialdruck (40 mm Hg) in die Lungencapillaren eintritt. Für CO_2 besteht eine Partialdruckdifferenz in entgegengesetzter Richtung (46 mm Hg am Anfang der Lungencapillaren, 40 mm Hg in den Alveolen). Diese Partialdruckdifferenzen stellen die „treibenden Kräfte“ für die O_2- und CO_2-Diffusion und damit für den pulmonalen Gasaustausch dar.
Nach dem FICKschen Diffusionsgesetz (S. 59) erfordert ein effektiver Diffusionsaustausch eine ***große Austauschfläche*** und einen ***kleinen Diffusionsweg.*** In der Transportrichtung des Sauerstoffs sind nacheinander folgende Medien durch Diffusion zu überwinden: das Alveolarepithel, das Interstitium zwischen den Basalmembranen, das Capillarendothel, das Blutplasma, die Erythrocytenmembran und der Erythrocyteninnenraum. Insgesamt hat der Diffusionsweg nur eine Länge von größenordnungsmäßig 1 μm.
Die CO_2-Moleküle haben den entgegengesetzten Diffusionsweg vom Erythrocyten in den Alveolarraum zurückzulegen. Dies ist allerdings erst möglich, nachdem sie aus ihren jeweiligen chemischen Bindungen freigesetzt worden sind (S. 220f.). Der Diffusionswiderstand hat im Lungengewebe für CO_2 einen etwa 23mal kleineren Wert als für O_2, d. h. unter sonst gleichen Bedingungen diffundiert 23mal mehr CO_2 als O_2 durch eine vorgegebene Schicht. Dies ist der Grund dafür, daß beim Gasaustausch in der Lunge trotz kleiner CO_2-Partialdruckdifferenzen stets eine ausreichende CO_2-Diffusion sichergestellt ist.

Partialdruckangleichung in den Lungencapillaren. Während seiner Passage durch die Lungencapillare steht der einzelne Erythrocyt nur für eine verhältnismäßig kurze Zeit von etwa 0,3 s mit dem Alveolarraum in Diffusionskontakt. Diese ***Kontaktzeit*** reicht jedoch aus, um die Gaspartialdrücke im Blut denen des Alveolarraumes praktisch vollständig anzugleichen. Abb. 5-12 zeigt, wie sich der O_2-Partialdruck im Capillarblut dem alveolären O_2-Partialdruck zunächst schnell, dann immer langsamer nähert. Dieser Modus des O_2-Partialdruckanstiegs ist eine Folge des FICKschen Diffusionsgesetzes: Die anfangs große alveolocapilläre O_2-Partialdruckdifferenz wird im Laufe der Passagezeit immer kleiner, so daß die Diffusionsrate ständig abnehmen muß. Das Blut, das mit einem O_2-Par-

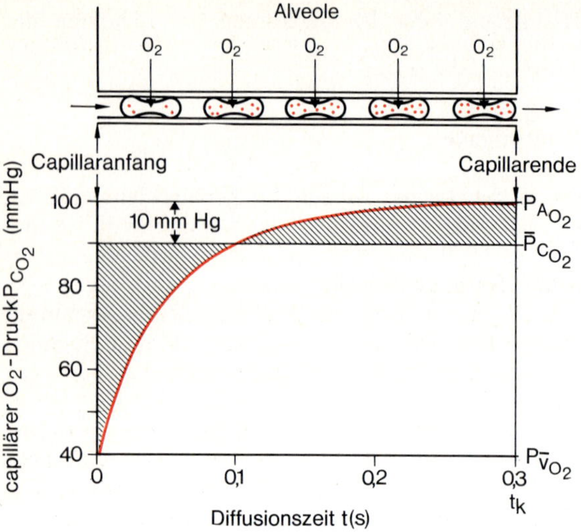

Abb. 5-12. Zunahme des O_2-Partialdrucks im Erythrocyten ($P_{C_{O_2}}$) während der Passage durch die Lungencapillare. $P_{A_{O_2}}$ alveolärer O_2-Partialdruck; $P_{\bar{v}_{O_2}}$ venöser O_2-Partialdruck, $\bar{P}_{C_{O_2}}$ O_2-Partialdruck, gemittelt über die Zeit des Diffusionskontaktes; t_K Kontaktzeit

tialdruck von 40 mm Hg in die Capillare eintritt, verläßt diese mit einem O_2-Partialdruck von 100 mm Hg. Ebenso erfolgt innerhalb der Kontaktzeit eine Angleichung des CO_2-Partialdrucks an den alveolären Wert. Der CO_2-Partialdruck, der am Capillaranfang 46 mm Hg beträgt, fällt mit der Abdiffusion des CO_2 auf 40 mm Hg ab. Dies bedeutet: In der Lunge des Gesunden gleichen sich die Partialdrücke im Blut den alveolären Werten praktisch vollständig an.

Diffusionskapazität der Lunge. Ein Maß für die „Diffusionsfähigkeit" der gesamten Lunge stellt die sog. O_2-Diffusionskapazität D_L dar. Sie ist definiert als die O_2-Aufnahme $\dot{V}_{O_2}$, dividiert durch die mittlere O_2-Partialdruckdifferenz zwischen Alveolen und Lungencapillarblut $\overline{\Delta P}_{O_2} = P_{A_{O_2}} - \bar{P}_{C_{O_2}}$:

$$D_L = \dot{V}_{O_2}/\overline{\Delta P}_{O_2} \qquad (11)$$

Da der O_2-Partialdruck vom venösen zum arteriellen Capillarende ansteigt, muß sich die Mittelbildung über die gesamte Capillarlänge erstrecken (Abb. 5-12). Für den Erwachsenen in körperlicher Ruhe mit einer O_2-Aufnahme $\dot{V}_{O_2}$ von etwa 300 ml/min und einer mittleren O_2-Partialdruckdifferenz $\overline{\Delta P}_{O_2}$ von ca. 10 mm Hg (1,33 kPa) beträgt die O_2-Diffusionskapazität D_L = 30 ml · min^{-1} · mm Hg^{-1}

($225\,ml \cdot min^{-1} \cdot kPa^{-1}$). Eine Abnahme von D_L deutet auf eine Diffusionsstörung hin, die durch eine Reduktion der Austauschfläche oder durch eine Zunahme der Diffusionsschichtdicke verursacht sein kann.

5.5 Lungenperfusion und Arterialisierung des Blutes

5.5.1 Lungenperfusion

Strömungswiderstand und Perfusionsverteilung. Die Lungendurchblutung von 5–6 l/min in Ruhe wird durch eine mittlere Druckdifferenz zwischen Pulmonalarterie und linkem Vorhof von nur 8 mm Hg (1 kPa) aufrechterhalten. Verglichen mit dem Körperkreislauf hat das Lungengefäßsystem also einen sehr kleinen Strömungswiderstand. Wenn bei schwerer körperlicher Arbeit die Lungendurchblutung auf das 4fache des Ruhewertes ansteigt, nimmt der Pulmonalarteriendruck lediglich um den Faktor 2 zu. Dies bedeutet, daß der Strömungswiderstand mit zunehmender Durchblutung reduziert wird. Die Widerstandsminderung erfolgt dabei druckpassiv durch Dilatation der Lungengefäße und durch Eröffnung von Reservecapillaren.

Die Lungendurchblutung weist erhebliche regionale Inhomogenitäten auf, deren Ausmaß hauptsächlich von der Körperlage abhängt. In aufrechter Position sind die basalen Lungenpartien wesentlich stärker durchblutet als die Lungenspitzen. Ursache hierfür ist die hydrostatische Druckdifferenz zwischen den Gefäßregionen im Basis- und Spitzenbereich, die bei einer Höhendifferenz von 30 cm immerhin 23 mm Hg (3 kPa) beträgt. Daher liegt der arterielle Druck in den oberen Lungenpartien unterhalb des alveolären Drucks, so daß die Capillaren weitgehend kollabiert sind. In den unteren Lungenpartien dagegen haben die Capillaren ein weites Lumen, weil der Gefäßinnendruck den alveolären Druck übersteigt. Als Folge dieser regionalen Verteilung der Strömungswiderstände findet man eine fast lineare Abnahme der Durchblutung von der Basis bis zur Spitze der Lunge.

Hypoxische Vasoconstriction. Die regionale Lungenperfusion wird durch die jeweiligen Atemgasfraktionen in den benachbarten Alveolarräumen mit beeinflußt. Insbesondere hat eine Abnahme des alveolären O_2-Partialdrucks eine Constriction der Arteriolen und damit eine Minderdurchblutung zur Folge ***(Euler-Liljestrand-Mechanismus).*** Durch diese hypoxiebedingte Widerstandserhöhung besteht die Möglichkeit, die Durchblutung schlecht ventilierter Lungenbezirke einzuschränken und den Blutstrom in gut ventilierte Gebiete umzuleiten. Bis zu einem gewissen Grade wird also die regionale Lungenperfusion $\dot{Q}$ der jeweiligen alveolären Ventilation $\dot{V}_A$ angepaßt. Allerdings kann dieser Mechanismus nicht verhindern, daß insbesondere unter pathologischen Bedingungen auch Inhomogenitäten des Ventilations-Perfusions-Verhältnisses $\dot{V}_A/\dot{Q}$ auftreten (S. 204).

Venös-arterielle Shuntperfusion. Während der überwiegende Teil des zirkulierenden Blutvolumens mit der Alveolarluft in Diffusionskontakt tritt, wird ein kleiner Anteil von etwa 2% an den Gasaustauschgebieten vorbeigeleitet. Dieses Blut, das nicht an der Arterialisierung teilnimmt, bezeichnet man als ***Kurzschluß-*** oder ***Shuntblut.*** Es gelangt sauerstoffarm direkt in das arterielle System und vermindert hier den O_2-Partialdruck um 5–8 mm Hg. Bei angeborenen Herzfehlern (z. B. Ventrikelseptumdefekt) oder bei Gefäßmißbildungen (z. B. offenem Ductus Botalli) können wesentlich größere Anteile des venösen Blutes in die arterielle Strombahn gelangen und dort zu einer Hypoxie (Senkung des O_2-Partialdrucks) sowie zu einer Hyperkapnie (Erhöhung des CO_2-Partialdrucks) führen.

5.5.2 Arterialisierung des Blutes

Arterialisierungsfaktoren. Unter der Arterialisierung des Blutes in der Lunge versteht man die Veränderung der Atemgaspartialdrücke, durch die der venöse Zustand in den arteriellen überführt wird. Maßgebende Faktoren hierfür sind die ***alveoläre Ventilation,*** die ***Perfusion*** (Durchblutung) und die ***Diffusion*** (Abb. 5-13). Diese Faktoren beeinflussen jedoch den Arterialisierungseffekt nicht unabhängig voneinander. Da die O_2-Aufnahme und die CO_2-Abgabe der Lungenperfusion $\dot{Q}$ proportional sind, werden nach Gl. (8) (S. 197) die alveolären Gasfraktionen vom Ventilations-Perfusions-Verhältnis $\dot{V}_A/\dot{Q}$ bestimmt. Ebenso muß die Diffusionskapazität D_L auf die Perfusion $\dot{Q}$ bezogen werden. Das Verhältnis $D_L/\dot{Q}$ ist also die entscheidende Größe für die Effektivität des Gasaustausches.

Zusätzlich ist noch zu beachten, daß schon beim Gesunden, in besonderem Maße aber beim Lungenkranken, die Faktoren Ventilation, Perfusion und Diffusion nicht gleichmäßig über die verschiedenen Lungenabschnitte verteilt sind. Diese inhomogene Verteilung oder ***Distribution*** mindert den Arterialisierungseffekt. Hat beispielsweise das Ventilations-Perfusions-Verhältnis $\dot{V}_A/\dot{Q}$ in einem Lungengebiet einen großen, in einem anderen einen kleinen Wert, so wird dem gut arterialisierten Blut aus dem stark ventilierten Teilgebiet ständig mäßig arterialisiertes Blut aus dem schwach ventilierten Gebiet zugemischt (Abb. 5-13). Die Folge ist ein Abfall des arteriellen O_2-Partialdrucks und ein geringerer Anstieg des arteriellen CO_2-Partialdrucks.

Arterielle Blutgaswerte. Der Gesamteffekt der Atmung kommt in der jeweiligen Höhe der arteriellen O_2- und CO_2-Partialdrücke zum Ausdruck. Diese Größen weisen neben kleineren statistischen Variationen eine systematische Abhängigkeit vom Lebensalter auf. Während der arte-

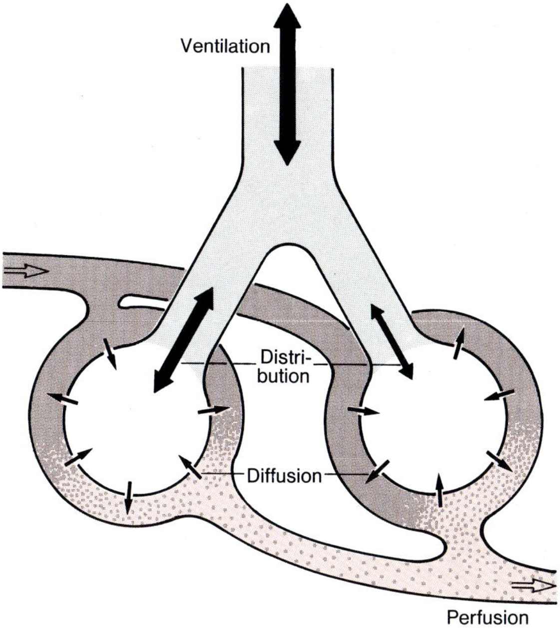

Abb. 5-13. Maßgebende Faktoren für den Arterialisierungseffekt in der Lunge in schematischer Darstellung

rielle O_2-Partialdruck bei gesunden Jugendlichen im Mittel etwa 95 mm Hg (12,6 kPa) beträgt, findet man bei 70jährigen Werte um 70 mm Hg (9,3 kPa). Diese Abnahme ist vor allem auf die mit dem Alter zunehmenden Verteilungsungleichmäßigkeiten in der Lunge zurückzuführen. Der arterielle CO_2-Partialdruck, der beim Jugendlichen etwa 40 mm Hg (5,3 kPa) beträgt, verändert sich dagegen mit dem Alter nur wenig.

5.6 Atmungsregulation

Die komplexen Mechanismen, die an der Regulation der Atmung beteiligt sind, lassen sich am besten verständlich machen, wenn man von dem Ziel ausgeht, dem alle diese Prozesse dienen. Kurz zusammengefaßt lassen sich die ***Aufgaben der Atmungsregulation*** folgendermaßen beschreiben: 1. In Ruhe und Belastung ist die Ventilationsgröße der jeweiligen Stoff-

Tabelle 5-3. Zusammenstellung wichtiger Funktionsdaten für den gesunden jungen Mann (Körperoberfläche 1,7 m^2) in körperlicher Ruhe

Lungen- und Atemvolumina		***Atmungsmechanik***	
Atemzugvolumen	0,5 l	Intrapleurale Drücke	
Totraumvolumen	0,15 l	am Exspirationsende	-5 cm H_2O ($-0{,}5$ kPa)
		am Inspirationsende	-8 cm H_2O ($-0{,}8$ kPa)
Residualvolumen	1,2 l	Compliance der Lunge	0,2 l/cm H_2O (2 l/kPa)
Funkt. Residualkapazität	2,4 l	Compliance des Thorax	0,2 l/cm H_2O (2 l/kPa)
Vitalkapazität	4,8 l	Compliance von Lunge u. Thorax	0,1 l/cm H_2O (1 l/kPa)
Totalkapazität	6 l	Resistance	2 cm $H_2O \cdot s \cdot l^{-1}$ (0,2 kPa $\cdot s \cdot l^{-1}$)
Ventilation		***Gasaustausch***	
Atmungsfrequenz	14 min^{-1}	O_2-Aufnahme $\dot{V}_{O_2}$	280 ml/min
Atemzeitvolumen	7 l/min	CO_2-Abgabe $\dot{V}_{CO_2}$	230 ml/min
Totraumventilation	2 l/min	Respiratorischer Quotient $\dot{V}_{CO_2}/\dot{V}_{O_2}$	0,82
Alveoläre Ventilation	5 l/min	O_2-Diffusionskapazität	30 ml $\cdot$ min^{-1} $\cdot$ mm Hg^{-1} (225 ml $\cdot$ min^{-1} $\cdot$ kPa^{-1})
Alv. Ventilation/Perfusion	0,9		
Relative Sekundenkapazität	75%		
Atemgrenzwert	150 l/min		

wechsellage optimal anzupassen. 2. Dabei sind die Regelgrößen O_2-Partialdruck, CO_2-Partialdruck und pH-Wert des arteriellen Blutes auf vorgegebenen Werten zu halten. 3. Atemtiefe und Atmungsfrequenz sind so aufeinander abzustimmen, daß die Atmungsarbeit unter möglichst ökonomischen Bedingungen erfolgt. 4. Modifikationen des Atmungsrhythmus durch Sprechen, Schlucken usw. dürfen die Regelgrößen nicht in stärkerem Maße beeinflussen. Diese oft gleichzeitig zu erfüllenden Forderungen machen es verständlich, daß für die optimale Anpassung der Atmung ein komplexer und mehrfach kontrollierter Regelmechanismus notwendig ist.

5.6.1 Zentrale Atmungssteuerung

Lokalisation der respiratorischen Neurone. Die Atmungsbewegungen von Thorax und Zwerchfell werden durch die rhythmische Tätigkeit spezieller Neurone in der Medulla oblongata, in der Brücke und im oberen Halsmark gesteuert. Obwohl die rhythmische Bildung der Nervenimpulse

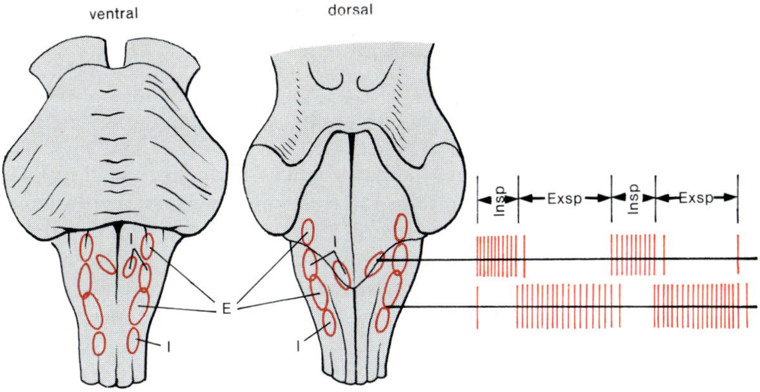

Abb. 5-14. Lage der Inspirationszentren *(I)* und der Exspirationszentren *(E)* in der Medulla oblongata mit den Entladungsmustern der respiratorischen Neurone während der Atmungsphasen

(Rhythmogenese) autonom abläuft, wird sie doch durch periphere Einflüsse ständig an die Bedürfnisse des Organismus angepaßt.
Die respiratorischen Neurone finden sich hauptsächlich in mehreren umgrenzten Arealen der Medulla oblongata (Abb. 5-14). Dabei lassen sich Gebiete unterscheiden, in denen die Zellen vornehmlich in der Inspirationsphase (I) aktiv sind, und andere, in denen die zelluläre Aktivität auf die Exspirationsphase (E) beschränkt ist. Die in Abb. 5-14 dargestellten abwechselnden Impulsfolgen, die von den inspiratorischen und exspiratorischen Neuronen ausgehen, geben die wahren Verhältnisse nur grob vereinfacht wieder. Tatsächlich konnten bisher 6 verschiedene Neuronenpopulationen nachgewiesen werden, die in den verschiedenen Atmungsphasen teils mit zunehmender, teils mit abnehmender Frequenz aktiv sind.

Entstehung des zentralen Atmungsrhythmus. Die komplexe Verschaltung der verschiedenen respiratorischen Neurone macht es schwer, ihr Zusammenwirken bei der zentralen Atmungssteuerung zu verstehen. Daher konnten bisher nur hypothetische Vorstellungen über die Rhythmogenese entwickelt werden. Nach einer dieser Hypothesen übt die Formatio reticularis einen fördernden Einfluß auf die inspiratorischen Neurone aus, die ihrerseits die Inspirationsmuskulatur aktivieren. Während dieser Phase sind die exspiratorischen Neurone über Zwischenneurone gehemmt. Mit der Aufhebung dieser Blockade setzt eine fortschreitende Deaktivierung der inspiratorischen und danach eine Aktivierung der exspiratorischen Neurone ein. Die Ausatmung beginnt also mit einer allmählichen Erschlaffung der Inspirationsmuskulatur, noch bevor die Exspirationsmuskulatur in Tätigkeit tritt.

5.6.2 Mechanisch-reflektorische Kontrolle der Atmung

Der zentrale Atmungsrhythmus kann zusätzlich durch periphere Einflüsse stabilisiert werden. Dies zeigen die folgenden Beobachtungen: Bei einer Blähung der Lunge wird die Inspiration reflektorisch gehemmt und damit die Exspiration eingeleitet. Umgekehrt kommt es bei einer größeren Volumenabnahme der Lunge zur Einleitung einer verstärkten Inspiration. ***Dehnungsreceptoren*** des Lungenparenchyms setzen dabei den Dehnungsreiz in eine Folge von Nervenimpulsen um und leiten diese über den N. vagus den Atmungszentren zu (Abb. 5-15). Sie bewirken dann eine entsprechende Gegenbewegung der Atmungsmuskulatur. Diese reflektorische Kontrolle der Atmungsbewegungen wird als ***Hering-Breuer-Reflex*** bezeichnet.

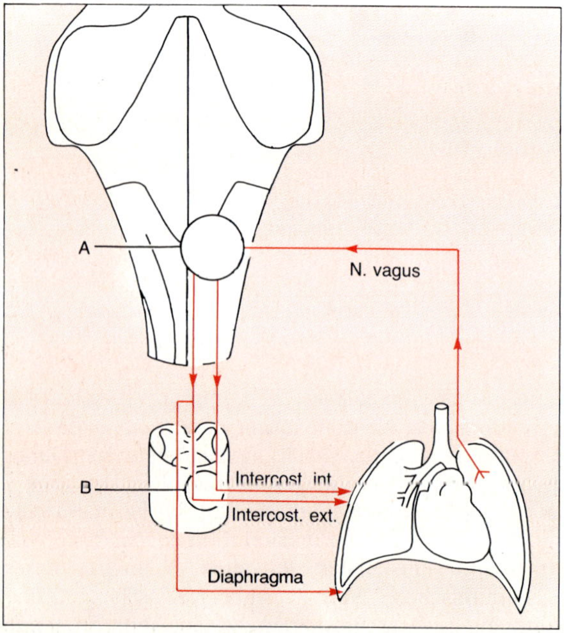

Abb. 5-15. Leitungsbahnen des Lungendehnungsreflexes. *A* = Medulläres Atmungszentrum, *B* = Motoneurone der Atmungsmuskulatur

Die physiologische Bedeutung des HERING-BREUER-Reflexes besteht darin, daß er die Amplitude der Atmungsexkursionen begrenzt. Damit wird die Atemtiefe den jeweiligen Bedingungen ökonomisch angepaßt. Neben den Dehnungsreceptoren in der Lunge können auch die Mechanoreceptoren (Muskelspindeln) der Intercostalmuskulatur in die Feinregulierung des Atmungsablaufes eingreifen.

5.6.3 Chemische Kontrolle der Atmung

Die chemische Atmungsregulation steht im Dienste der Homöostase und sichert die Anpassung der Atmung an die Stoffwechselleistungen des Organismus. Regelgrößen sind dabei der CO_2-Partialdruck, der pH-Wert und der O_2-Partialdruck im arteriellen Blut.

Blutgas- und pH-Wirkungen. Eine Erhöhung des ***arteriellen CO_2-Partialdruckes*** $P_{a_{CO_2}}$ führt zu einer Steigerung des Atemzeitvolumens $\dot{V}_E$. Die quantitative Beziehung zwischen diesen beiden Größen ist in Abb. 5-16, A

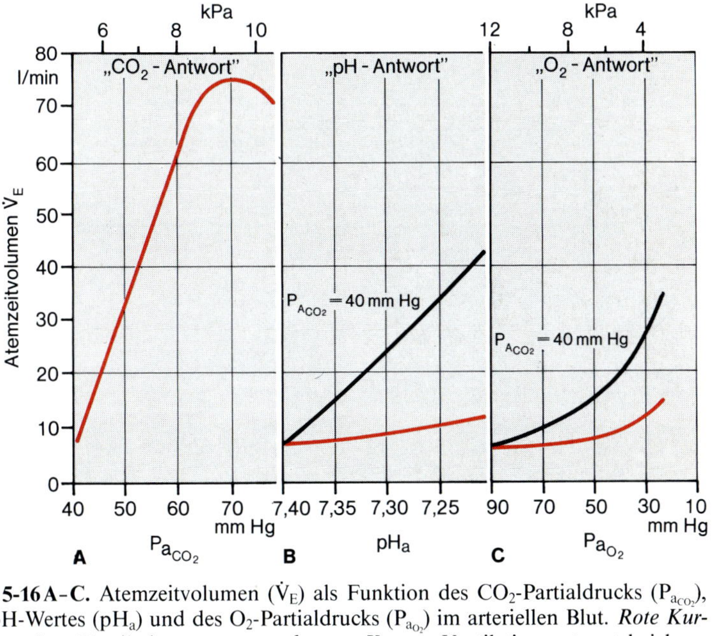

Abb. 5-16 A–C. Atemzeitvolumen ($\dot{V}_E$) als Funktion des CO_2-Partialdrucks ($P_{a_{CO_2}}$), des pH-Wertes (pH_a) und des O_2-Partialdrucks ($P_{a_{O_2}}$) im arteriellen Blut. *Rote Kurven:* reguläre Ventilationsantwort; *schwarze Kurven:* Ventilationsantwort bei konstantem arteriellen CO_2-Partialdruck (40 mm Hg bzw. 5,3 kPa)

als „CO_2-Antwortkurve" dargestellt. Man erkennt, in welch starkem Maße der CO_2-Partialdruck die Atmung beeinflußt. Bei sehr starker Hyperkapnie ($P_{a_{CO_2}}$-Anstieg) können $\dot{V}_E$-Werte von etwa 75 l/min erreicht werden. Steigt jedoch der $P_{a_{CO_2}}$ über 70 mm Hg an, so tritt eine Lähmung der Atmungszentren ein.

Ein Absinken des ***arteriellen pH-Wertes*** unter 7,4 wird durch eine Hyperventilation, ein Ansteigen über die Norm durch eine geringergradige Hypoventilation beantwortet. Wie Abb. 5-16, B (rote Kurve) zeigt, ist die pH-Wirkung auf die Atmung nicht sehr groß. Dies ist auf die Wechselwirkung der beiden „Atmungsantriebe" pH-Wert und CO_2-Partialdruck zurückzuführen. Eine alleinige pH-Änderung hätte einen weit größeren Ventilationseffekt (schwarze Kurve, $P_{a_{CO_2}}$ = 40 mm Hg). Normalerweise führt jedoch die pH-bedingte Ventilationssteigerung zu einer verstärkten CO_2-Abgabe und damit zu einer Minderung des CO_2-Antriebs.

Bei Abnahme des ***arteriellen O_2-Partialdrucks*** $P_{a_{O_2}}$ (Hypoxie) beobachtet man eine mäßige Steigerung der Ventilation (Abb. 5-16, C). Auch in diesem Fall ist der geringe Effekt auf die Wechselwirkung der Atmungsantriebe zurückzuführen. Die O_2-bedingte Hyperventilation bewirkt einen Abfall des arteriellen CO_2-Partialdrucks, so daß dessen Antriebsfunktion gemindert ist.

Periphere Chemoreceptoren. Die Blutgas- und pH-Wirkungen werden z. T. über periphere Chemoreceptoren vermittelt. Diese befinden sich in

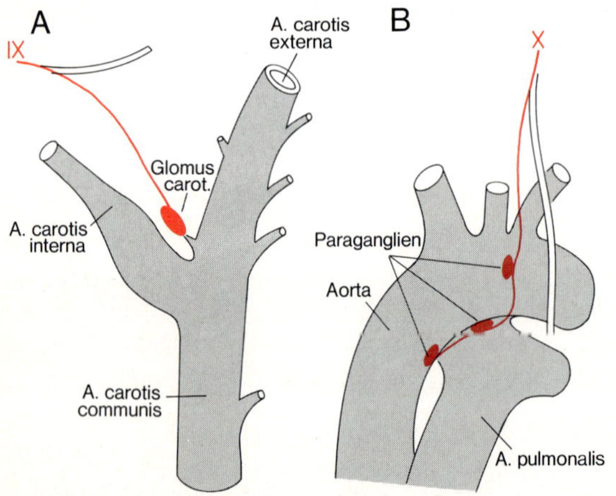

Abb. 5-17 A, B. Lokalisation der Chemoreceptoren im Glomus caroticum (**A**) und in den Paraganglien des Aortenbogens (**B**)

bestimmten Paraganglien, die aus dem Parasympathicus hervorgegangen sind und von denen aus Nervenimpulse zum Zentrum geleitet werden. Ein derartiges Paraganglion liegt beiderseits an der Teilungsstelle der A. carotis communis in die A. carotis externa und die A. carotis interna und wird daher auch als ***Glomus caroticum*** bezeichnet (Abb. 5-17). Weitere Paraganglien finden sich in unmittelbarer Nähe des Aortenbogens.

Die Chemoreceptoren antworten mit einer Aktivitätszunahme, wenn der O_2-Partialdruck abnimmt, der CO_2-Partialdruck zunimmt oder die H^+-Konzentration ansteigt. Ableitungen der Aktionspotentiale von den zugehörigen afferenten Bahnen (N. glossopharyngeus, N. vagus) sowie Denervierungsexperimente zeigen, daß die O_2-Wirkung ausschließlich über die Chemoreceptoren zustande kommt. Dagegen wird der Atmungsantrieb durch CO_2 und H^+ nur zu einem kleinen Teil über die peripheren Chemoreceptoren vermittelt.

Zentrale Chemosensibilität. Der überwiegende Teil des P_{CO_2}- und pH-Einflusses auf die Atmung wird dadurch ausgeübt, daß CO_2 und H^+ auf chemosensible Strukturen im Hirnstamm einwirken. Die graduell differierenden Atmungseffekte des arteriellen P_{CO_2} und des arteriellen pH-Wertes können dabei auf die unterschiedlichen Transportwiderstände für CO_2 und H^+ zurückgeführt werden. CO_2 diffundiert sehr schnell aus dem Blut in das Gehirngewebe, während für H^+-Ionen die biologischen Membranen ein erhebliches Transporthindernis bilden. Man nimmt heute an, daß

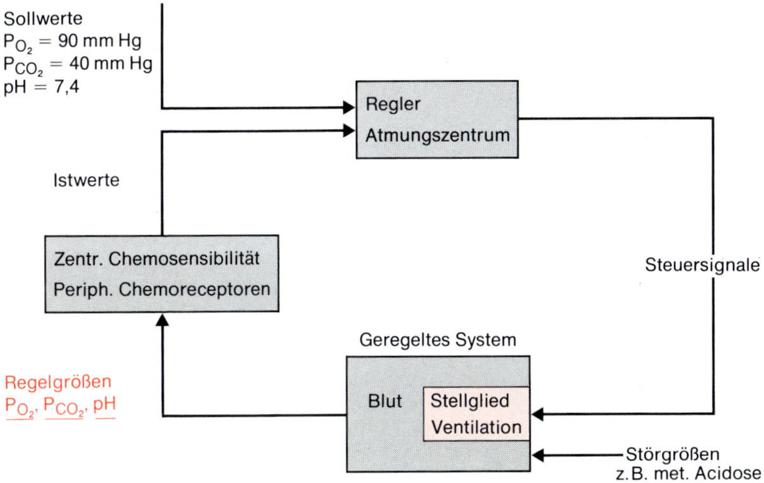

Abb. 5-18. Regelkreis für die chemische Atmungsregulation

die ***H⁺-Konzentration der Extracellularflüssigkeit*** des Hirnstamms den bestimmenden Faktor für alle zentral ausgelösten Atmungsantriebe darstellt. H^+-empfindliche Felder konnten an der ventralen Oberfläche der Medulla oblongata in der Nähe der Wurzeln des N. vagus und des N. hypoglossus nachgewiesen werden.

Chemische Atmungsregulation. Der gesamte ***Regelkreis*** (Kap. 2), der für die Konstanz der arteriellen Blutgaswerte und des arteriellen pH-Wertes sorgt, ist in Abb. 5-18 dargestellt. Die Regelgrößen P_{O_2}, P_{CO_2} und pH werden von peripheren Chemoreceptoren bzw. von zentralen chemosensiblen Strukturen überwacht. Abweichungen der Istwerte von den endogen vorgegebenen Sollwerten veranlassen das Atmungszentrum zu einer Aktivitätsänderung, die, auf dem Nervenwege übertragen, eine entsprechend modifizierte Tätigkeit der Atmungsmuskulatur bewirkt. Damit ändert sich die Ventilation, wodurch die Istwerte der Regelgrößen korrigiert werden. Die drei Regelgrößen beeinflussen das Atemzeitvolumen in differenzierter Weise. Normalerweise ist der arterielle CO_2-Partialdruck die führende Regelgröße. Kommt es jedoch bei Lungenfunktionsstörungen mit ***chronischer Hyperkapnie*** oder bei Barbiturat-Vergiftungen zu einem Verlust der zentralen Chemosensibilität, so wird die Spontanatmung hauptsächlich durch den Hypoxieeinfluß auf die peripheren Chemoreceptoren stimuliert. In diesen Fällen kann das Angebot reinen Sauerstoffs zu einer lebensgefährlichen Apnoe führen, weil der unter diesen Umständen wirksamste Atmungsantrieb ausgeschaltet wird. Bei ***Störungen des Säure-Basen-Status*** (S. 400ff.) erfolgt durch den Regelprozeß vor allem eine Korrektur des arteriellen pH-Wertes. So wird beispielsweise eine metabolische Aci-

Bezeichnung	Atmungsform	Vorkommen bei
normale Ruheatmung	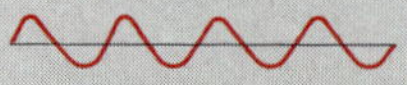	
Cheyne-Stokes-Atmung	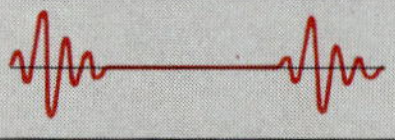	Hypoxie im Schlaf, Vergiftungen
Biot-Atmung	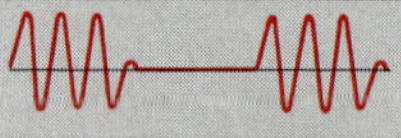	Hirnverletzungen, erhöhtem Liquordruck
Kussmaul-Atmung	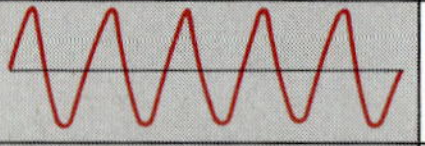	nichtrespiratorischer (metabol.) Acidose
Schnapp-Atmung		Frühgeborenen, Hirnschädigungen

Abb. 5-19. Pathologische Atmungsformen

dose durch eine Hyperventilation mit besonders tiefen Atemzügen (KUSSMAUL-Atmung) beantwortet, wodurch infolge verstärkter CO_2-Abgabe der pH-Wert wieder in den Normbereich zurückgeführt oder ihm zumindest genähert wird. Diese und andere unter pathologischen Bedingungen auftretenden Atmungsformen sind in Abb. 5-19 dargestellt.

5.6.4 Atmungsantriebe bei Muskelarbeit und unspezifische Atmungsantriebe

Muskelarbeit. Die Ventilationssteigerung bei Muskelarbeit kann nicht allein auf die Wirkung der chemischen Atmungsantriebe zurückgeführt werden. Vieles spricht dafür, daß insbesondere in der Startphase eine ***zentrale Mitinnervation*** der Atmungszentren von den motorischen Zentren aus stattfindet. Während der Arbeit sind zusätzlich noch ***nervale Rückmeldungen*** von der arbeitenden Muskulatur und bewegten Gelenken atmungswirksam. In der Erholungsphase schließlich dürften vor allem die ***blutchemischen Faktoren*** den zeitlichen Verlauf der Ventilationsabnahme bestimmen.

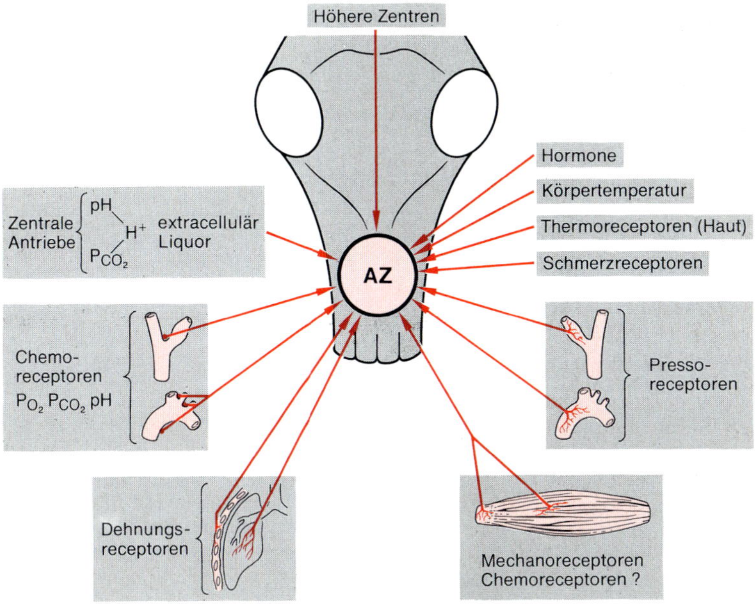

Abb. 5-20. Übersicht über die zentralen Atmungsantriebe und die peripheren Receptoren, von denen aus die Atmung beeinflußt werden kann

Unspezifische Atmungsantriebe. Neben den spezifischen Faktoren, die primär der Atmungsregulation dienen, kann auch eine Reihe von unspezifischen Reizen die Atmung beeinflussen. Hierzu gehören Schmerz- und Temperaturreize sowie arterielle Blutdruckreize, die über die Pressoreceptoren nicht nur auf die Kreislauf-, sondern auch auf die Atmungszentren einwirken. Ferner stellen bestimmte Hormone Antriebe für die Atmung dar. So beobachtet man Ventilationssteigerungen u. a. bei der Ausschüttung von Adrenalin (Arbeit, psychische Erregung) und bei Erhöhung des Progesteronspiegels (Schwangerschaft). Die verschiedenen spezifischen und unspezifischen Atmungsantriebe sind in Abb. 5-20 schematisch zusammengefaßt.

5.7 Atemgastransport des Blutes

Sauerstoff und Kohlendioxid werden im Blut sowohl in physikalisch gelöster als auch in gebundener Form transportiert. Stickstoff und andere Gase, die am Stoffwechsel nicht beteiligt sind, liegen im Blut ausschließlich in physikalischer Lösung vor.

5.7.1 Physikalische Löslichkeit der Atemgase

Äquilibriert man eine Flüssigkeit mit einem Gas, so wird ein kleiner Teil des Gases physikalisch gelöst. Die Gaskonzentration in der Lösung ist dann nach dem ***Henry-Daltonschen Gesetz*** dem Gaspartialdruck direkt proportional:

$$C_{Gas} = \alpha\, P_{Gas} \qquad (12)$$

Für die Beschreibung der Austauschprozesse ist es zweckmäßig, dem Gas in der Flüssigkeit den gleichen Partialdruck P_{Gas} zuzuordnen, wie er in der Gasphase vorliegt. Der Proportionalitätsfaktor α wird als BUNSENscher Löslichkeitskoeffizient bezeichnet; seine Größe hängt von der Art des gelösten Gases, von der Beschaffenheit des Lösungsmittels und von der Temperatur ab.

Der ***O_2-Löslichkeitskoeffizient*** des Blutes bei 37 °C beträgt $\alpha_{O_2} = 0{,}024\ atm^{-1}$ ($2{,}4 \cdot 10^{-4}\ kPa^{-1}$), so daß sich nach der Arterialisierung ($P_{O_2} = 12{,}6$ kPa) für den gelösten Sauerstoff eine Konzentration von 0,003 ml O_2/ml Blut ergibt. Der ***CO_2-Löslichkeitskoeffizient*** hat einen größeren Wert von $\alpha_{CO_2} = 0{,}49\ atm^{-1}$ ($4{,}9 \cdot 10^{-3}\ kPa^{-1}$), daher findet man im arteriellen Blut ($P_{CO_2} = 5{,}3$ kPa) auch eine höhere Konzentration des gelösten Kohlendioxids von 0,026 ml CO_2/ml Blut. Obwohl insgesamt nur verhältnismäßig kleine Volumina physikalisch gelöst werden, kommt dieser Zustandsform jedoch eine große biologische Bedeutung zu. Bevor nämlich die Atemgasmoleküle chemische Bindungen eingehen können, müssen sie in gelöster Form zu ihren Reaktionspartnern diffundieren.

5.7.2 Hämoglobin-Sauerstoff-Bindung

O_2-Kapazität. Der weitaus größte Teil des mit dem Blut transportierten Sauerstoffs ist an das Hämoglobin gebunden. Wegen des tetrameren Molekülaufbaus (S. 18f.) kann 1 mol Hämoglobin maximal 4 mol O_2 binden. Daraus ergibt sich, daß 1 g Hämoglobin 1,39 ml O_2 anlagern kann. Bei der Blutgasanalyse findet man einen etwas kleineren Wert von 1,34–1,36 ml O_2/g Hb ***(Hüfnersche Zahl).*** Das Produkt aus Hüfnerscher Zahl und Hb-Konzentration ergibt die (maximale) O_2-Kapazität des Blutes: O_2-Kapazität = 1,36 ml/g · 150 g/l = ***0,20 ml O_2/ml Blut.*** Diese O_2-Konzentration wird allerdings nur erreicht, wenn nach Äquilibrierung mit einem sauerstoffreichen Gasgemisch (P_{O_2} > 300 mm Hg) das Gleichgewicht der Reaktion

$$Hb + 4\,O_2 \rightleftharpoons Hb(O_2)_4 \tag{13}$$

ganz auf die rechte Seite verlagert ist. Unter den im Organismus vorliegenden Verhältnissen wird jedoch Hämoglobin nur zum Teil in Oxyhämoglobin überführt.

O_2-Bindungskurve. Nach dem Massenwirkungsgesetz bestimmt die jeweilige Konzentration des gelösten Sauerstoffs, welcher Anteil des Hämoglobins als Oxyhämoglobin (HbO_2) vorliegt. Diesen Konzentrationsanteil des HbO_2 an der Gesamthämoglobinkonzentration bezeichnet man als ***O_2-Sättigung*** (S_{O_2}) des roten Blutfarbstoffes:

$$S_{O_2} = \frac{[HbO_2]}{[Hb]_{gesamt}}, \tag{14}$$

wobei S_{O_2} gewöhnlich in % angegeben wird. Da die Konzentration des gelösten O_2 dem jeweiligen O_2-Partialdruck proportional ist, besteht auch eine Abhängigkeit der O_2-Sättigung S_{O_2} vom O_2-Partialdruck P_{O_2}. Dieser Zusammenhang wird graphisch durch die sog. ***O_2-Bindungskurve*** dargestellt. Wie Abb. 5-21 zeigt, ist das Hämoglobin zu 50% mit Sauerstoff gesättigt, wenn der O_2-Partialdruck etwa 26 mm Hg (3,5 kPa) beträgt (***Halbsättigungsdruck*** P_{50}). Der charakteristische S-förmige Verlauf der O_2-Bindungskurve ist auf die Konformationsänderung des Hb-Moleküls bei den nacheinander erfolgenden Anlagerungen der vier O_2-Moleküle

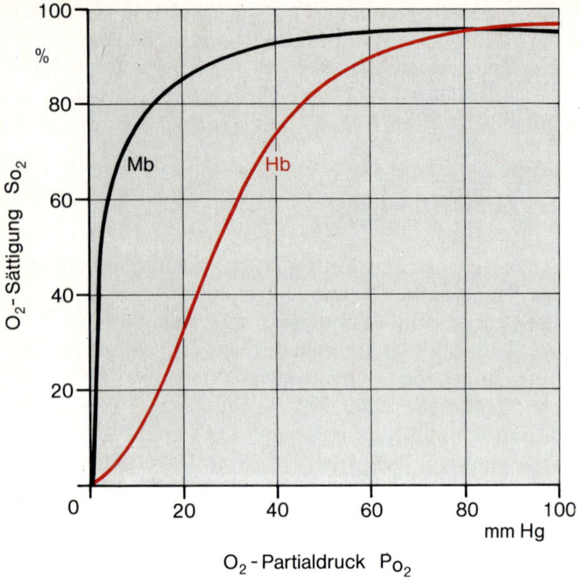

Abb. 5-21. O_2-Bindungskurven des Hämoglobins Hb (Blut bei pH = 7,4 und T = 37 °C) und des Myoglobins Mb

zurückzuführen. Der rote Muskelfarbstoff ***Myoglobin*** Mb dagegen, der ähnlich wie eine der vier Grundeinheiten des Hämoglobins aufgebaut ist und daher jeweils nur ein O_2 anlagern kann, weist eine (steilere) hyperbelförmige O_2-Bindungskurve auf (Abb. 5-21).

Biologische Bedeutung der O_2-Bindungskurve. Dem speziellen Verlauf der O_2-Bindungskurve kommt eine wichtige biologische Bedeutung zu. Bei der ***Sauerstoffaufnahme in der Lunge*** gleicht sich der O_2-Partialdruck des Blutes weitgehend dem O_2-Partialdruck in den Alveolen an. Wie aus Abb. 5-21 hervorgeht, ist nach der Arterialisierung (P_{O_2} = 95 mm Hg beim Jugendlichen) das Hämoglobin zu etwa 97% mit Sauerstoff gesättigt. Im Alter und insbesondere bei Lungenfunktionsstörungen kann der arterielle O_2-Partialdruck erheblich absinken. Der flache Verlauf der O_2-Bindungskurve im Endteil verhindert jedoch in diesen Fällen einen stärkeren Abfall der O_2-Sättigung.

Für die ***Sauerstoffabgabe im Gewebe*** erweist sich darüber hinaus der steile Verlauf der O_2-Bindungskurve im Mittelteil als außerordentlich günstig. In den Geweben kommt es darauf an, ohne größere Schwankungen des O_2-Partialdrucks die Sauerstoffabgabe dem wechselnden Bedarf anzupassen. In körperlicher Ruhe liegt am venösen Capillarende im Mittel ein P_{O_2} von 40 mm Hg und damit eine O_2-Sättigung von etwa 73% vor (Tabelle 5-4). Tritt etwa bei körperlicher Arbeit ein erhöhter O_2-Verbrauch in der Muskulatur ein, so kann durch Senkung der O_2-Sättigung eine

Tabelle 5-4. Blutgasdaten und pH-Werte im arteriellen und venösen Blut des gesunden Jugendlichen in körperlicher Ruhe

	P_{O_2}	S_{O_2}	$[O_2]$	P_{CO_2}	$[CO_2]$	pH
Arterielles Blut	95 mm Hg (12,6 kPa)	97%	0,20 (20 Vol%)	40 mm Hg (5,3 kPa)	0,48 (48 Vol%)	7,40
Venöses Blut	40 mm Hg (5,3 kPa)	73%	0,15 (15 Vol%)	46 mm Hg (6,1 kPa)	0,52 (52 Vol%)	7,37
Arterio-venöse Konz.-Differenz			0,05 (5 Vol%)		0,04 (4 Vol%)	

größere O_2-Menge zur Verfügung gestellt werden, ohne daß dabei der diffusionswirksame O_2-Partialdruck in nennenswertem Maße abfällt.

O_2-Konzentrationen im arteriellen und venösen Blut. Der Gehalt des Blutes an gebundenem Sauerstoff hängt von der jeweils vorliegenden O_2-Sättigung ab. Unter Berücksichtigung der HÜFNERschen Zahl errechnet sich die O_2-Konzentration (ml O_2/ml Blut) aus

$$[O_2] = 1{,}36 \cdot [Hb] \cdot S_{O_2} \cdot 10^{-5}, \qquad (15)$$

sofern S_{O_2} in % und [Hb] in g/l angegeben werden. Für das arterielle Blut ($S_{O_2} = 97\%$) ergibt sich danach eine O_2-Konzentration von 0,20 und für das venöse Blut ($S_{O_2} = 73\%$) von 0,15 ml O_2/ml Blut (Tabelle 5-4). Die arteriovenöse O_2-Konzentrationsdifferenz beträgt also 0,05. Hieraus geht hervor, daß normalerweise im Mittel nur 25% des arteriellen O_2-Angebots in den Organen und Geweben ausgeschöpft werden. Bei schwerer körperlicher Arbeit kann jedoch die arteriovenöse O_2-Differenz über 0,1 ansteigen.

Affinitätsbeeinflussende Faktoren. Der Verlauf der O_2-Bindungskurve hängt zwar vorwiegend von der Reaktionsweise des Hämoglobins ab, spezielle Faktoren können jedoch die O_2-Affinität des roten Blutfarbstoffs modifizierend beeinflussen. Eine Affinitätsabnahme, die in einer Rechtsverlagerung der O_2-Bindungskurve mit einem Anstieg des P_{50}-Wertes zum Ausdruck kommt, findet man bei Zunahme

- der H^+-Konzentration (pH-Senkung),
- des CO_2-Partialdrucks P_{CO_2},
- der Temperatur und
- der intraerythrocytären Konzentration von 2,3-Diphosphoglycerat (2,3-DPG, 2,3-Bisphosphoglycerat).

Die Abnahme dieser Größen hat den umgekehrten Effekt.

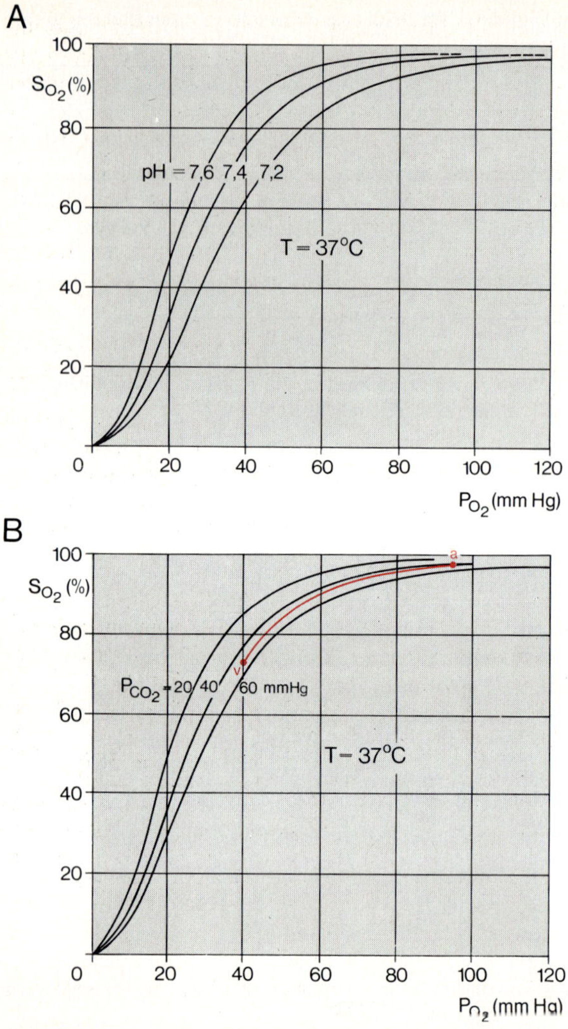

Abb. 5-22 A, B. Abhängigkeit der O_2-Bindungskurve des Blutes vom (extracellulären) pH-Wert (**A**) und vom CO_2-Partialdruck P_{CO_2} (**B**). Die *rote* „effektive" O_2-Bindungskurve zwischen den Punkten *a* (arterielles Blut) und *v* (venöses Blut) ist für den Gasaustausch unter Ruhebedingungen maßgebend

Der ***pH-Einfluß*** auf die O_2-Bindungskurven (Abb. 5-22, A), der bei Störungen des Säure-Basen-Status besonders zu beachten ist, wird als ***Bohr-Effekt*** charakterisiert. Der ebenso bezeichnete ***P_{CO_2}-Einfluß*** kann überwiegend auf die P_{CO_2}-abhängige Änderung der H^+-Konzentration zurückgeführt werden; zum geringeren Teil beeinflußt CO_2 direkt die O_2-Affinität des Hämoglobins. Der ***Temperatureinfluß*** ist beim Menschen nur unter besonderen Bedingungen (z. B. bei Operationen in Hypothermie) von Bedeutung. Der ***2,3-DPG-Einfluß*** wirkt sich insbesondere dann aus, wenn bei schweren Anämien oder nach größeren Blutverlusten 2,3-DPG in den Erythrocyten ansteigt und dadurch die O_2-Affinität des Hämoglobins sinkt [gemäß $Hb\,(O_2)_4 + DPG \rightleftharpoons Hb\text{-}DPG + 4\,O_2$].

Ganz allgemein hat eine Affinitätsabnahme (Rechtsverlagerung der O_2-Bindungskurve) eine geringfügige Erschwerung der O_2-Aufnahme in den Lungencapillaren und eine stärker ins Gewicht fallende Erleichterung der O_2-Abgabe in den Gewebecapillaren zur Folge. Durch die CO_2-Aufnahme des Blutes bei der Passage der Gewebecapillaren wird infolge des Bohr-Effektes die O_2-Bindungskurve etwas nach rechts verlagert (rote Kurve in Abb. 5-22, B in Richtung von a nach v) und damit die O_2-Abgabe unterstützt. In den Lungencapillaren tritt wegen der CO_2-Abgabe wieder eine Linksverlagerung (Richtung von v nach a) und damit eine geringfügige Erleichterung der O_2-Aufnahme ein.

Blockade des O_2-Transports durch CO. Kohlenmonoxid CO, das bei der unvollständigen Verbrennung organischen Materials entsteht, kann in Konkurrenz zu O_2 mit dem Hämoglobin eine reversible Bindung eingehen. Die Affinität von CO zum Hämoglobin ist bedeutend größer als die von O_2, so daß die CO-Bindungskurve extrem steil und nach links verlagert verläuft. Dies ist darauf zurückzuführen, daß CO im Vergleich zu O_2 mit etwa gleicher Geschwindigkeit an Hämoglobin angelagert, aber ca. 200mal langsamer aus der Bindung freigegeben wird. Daher ist CO bereits bei sehr kleinen Partialdrücken in der Lage, O_2 aus der Hämoglobinbindung zu verdrängen. Bei einem CO-Gehalt von 0,7 ml/l in der Einatmungsluft sind nach einigen Stunden bereits 50% des Hämoglobins für den O_2-Transport blockiert. Außerdem weist unter diesen Bedingungen die O_2-Bindungskurve einen stark nach links verlagerten Verlauf auf, wodurch die O_2-Partialdrücke in den Gewebecapillaren noch zusätzlich gesenkt werden.

5.7.3 Kohlendioxidtransport des Blutes

Kohlendioxid CO_2, das als Endprodukt des oxidativen Stoffwechsels in den Körperzellen entsteht, wird zu 12% in physikalisch gelöster und zu 88% in chemisch gebundener Form zur Lunge transportiert.

CO_2-Bindung. Nach seiner Bildung im Zellstoffwechsel diffundiert CO_2 in die jeweils benachbarte Capillare, wo eine Hydratisierung zu Kohlensäure mit anschließender Dissoziation in Bicarbonat-(Hydrogencarbonat-) und Wasserstoffionen erfolgt (Abb. 5-23):

$$CO_2 + H_2O \rightleftharpoons H_2CO_3 \rightleftharpoons HCO_3^- + H^+ \qquad (16)$$

Die Hydratisierungsreaktion läuft im Blutplasma nur sehr langsam ab, während im Erythrocyten eine etwa 10000mal höhere Reaktionsgeschwindigkeit erreicht wird. Diese Beschleunigung der Reaktion ist auf die Anwesenheit des Enzyms ***Carboanhydrase*** zurückzuführen. Die fortschreitende Erhöhung der HCO_3^--Konzentration im Inneren des Erythrocyten schafft ein Diffusionsgefälle in Richtung auf den Plasmaraum. Die HCO_3^--Ionen können diesem Gefälle nur folgen, wenn dadurch das Ladungsgleichgewicht nicht wesentlich gestört wird. Daher müssen Cl^--Ionen im Austausch gegen HCO_3^--Ionen in den Erythrocyten eintreten.

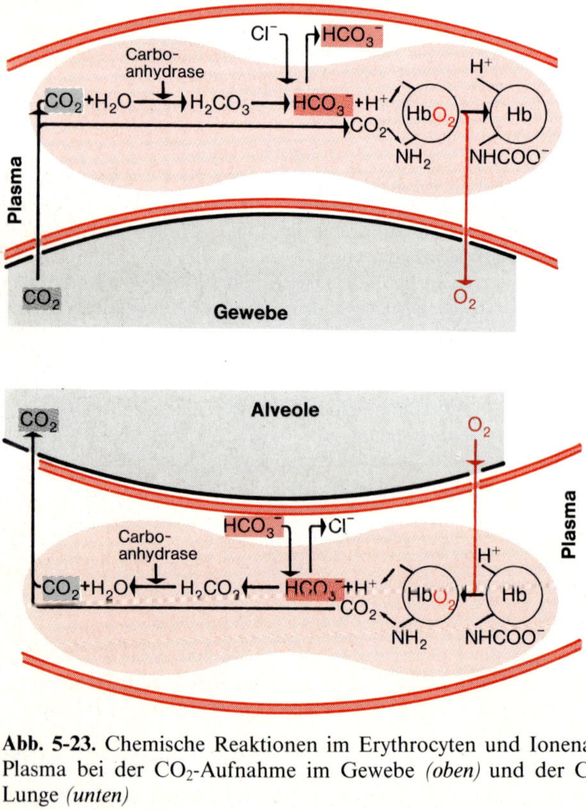

Abb. 5-23. Chemische Reaktionen im Erythrocyten und Ionenaustausch mit dem Plasma bei der CO_2-Aufnahme im Gewebe *(oben)* und der CO_2-Abgabe in der Lunge *(unten)*

Diesen HCO_3^--Cl^--Austausch durch die Erythrocytenmembran bezeichnet man als ***Hamburger-Shift*** oder auch als ***Chloridverschiebung.*** Auf diese Weise werden 77% des vom Blut aufgenommenen CO_2 in ***Bicarbonat*** umgesetzt, von denen 27% in den Erythrocyten verbleiben und 50% in das Plasma diffundieren. Die bei der Bildung von Bicarbonat anfallenden Protonen führen nur zu einer geringen pH-Änderung, da sie im Erythrocyten durch das Hämoglobin, im Plasma durch die dort vorliegenden Proteine abgepuffert werden (S. 396f.).

Eine weitere Möglichkeit der CO_2-Bindung besteht in der Anlagerung von CO_2 an freie Aminogruppen des Hämoglobins, wobei als Reaktionsprodukt ***Carbamat*** (Carbamino-Hämoglobin) entsteht

$$HbNH_2 + CO_2 \rightleftharpoons HbNHCOO^- + H^+ \qquad (17)$$

In diese Form werden etwa 11% des aufgenommenen CO_2 überführt. Alle geschilderten Reaktionen laufen bei der CO_2-Abgabe in der Lunge in umgekehrter Richtung ab.

CO_2-Bindungskurven des Blutes. Die CO_2-Gesamtaufnahmefähigkeit des Blutes läßt sich in Form der CO_2-Bindungskurve darstellen. Diese gibt die

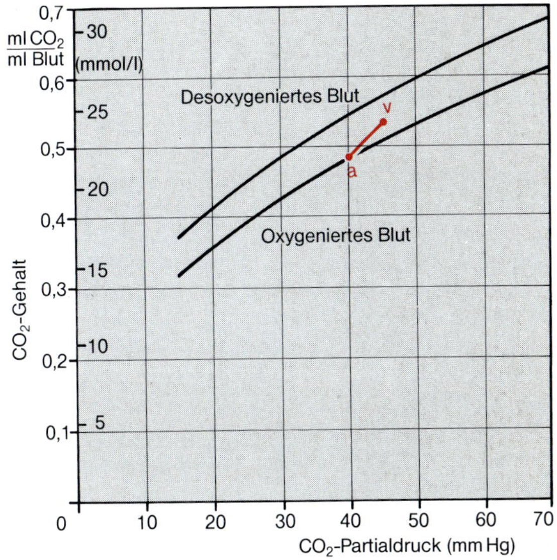

Abb. 5-24. CO_2-Bindungskurven für das oxygenierte und desoxygenierte Blut. Für den Gasaustausch unter Ruhebedingungen ist die *rote* „effektive“ CO_2-Bindungskurve zwischen den Punkten *a* (arterielles Blut) und *v* (venöses Blut) maßgebend

gesamte Konzentration des physikalisch gelösten und chemisch gebundenen CO_2 in Abhängigkeit vom jeweiligen CO_2-Partialdruck an. Wie Abb. 5-24 zeigt, besitzt die CO_2-Bindungskurve keine Sättigungscharakteristik. Außerdem erkennt man, daß das oxygenierte Blut im Vergleich zum desoxygenierten ein geringeres CO_2-Bindungsvermögen hat. Dieser Unterschied ist hauptsächlich auf die stärkere Acidität des Oxyhämoglobins zurückzuführen (S. 396f.), die eine geringere Dissoziation der Kohlensäure in HCO_3^- und H^+ zur Folge hat. Die geschilderte Abhängigkeit der CO_2-Bindung vom Oxygenierungsgrad des Hämoglobins wird als ***Christiansen-Douglas-Haldane-Effekt*** oder manchmal auch kurz als HALDANE-Effekt bezeichnet.

Die biologische Bedeutung des CHRISTIANSEN-DOUGLAS-HALDANE-Effekts besteht darin, daß der CO_2-Austausch durch die Desoxygenierung des Blutes in den Gewebecapillaren und die Oxygenierung in den Lungencapillaren begünstigt wird. In den Gewebecapillaren nimmt die CO_2-Bindungsfähigkeit infolge der gleichzeitig stattfindenden O_2-Abgabe zu. Obwohl der CO_2-Partialdruck nur von 40 auf 46 mm Hg ansteigt, erhöht sich die CO_2-Konzentration von 0,48 auf 0,52 ml CO_2/ml Blut (Abb. 5-24, rote Kurve in Richtung von a nach v). In den Lungencapillaren führt die O_2-Aufnahme zu einer Herabsetzung der CO_2-Bindungsfähigkeit des Blutes und damit zu einer Begünstigung der CO_2-Abgabe (rote Kurve in Richtung von v nach a).

5.8 Gewebsatmung

Grundlagen der Gewebsatmung. Der Austausch der Atemgase O_2 und CO_2 zwischen dem Blut, das die Capillaren des Körperkreislaufs durchströmt, und dem Gewebebereich, den die Capillaren jeweils versorgen, wird als Gewebsatmung bezeichnet. Dieser Gasaustausch erfolgt - wie in der Lunge - durch ***Diffusion.*** Aufgrund der bestehenden Partialdruckdifferenzen diffundieren ***O_2-Moleküle*** aus Capillaren in die von ihnen versorgten Zellen, wo sie in den ***Mitochondrien*** durch Elektronenübertragung aus der Atmungskette (Cytochrom-System) reduziert werden. Der „Verbrauch" des molekularen Sauerstoffs ist also in den Mitochondrien lokalisiert. ***CO_2-Moleküle*** diffundieren in umgekehrter Richtung aus den Zellen, in denen sie im Intermediärstoffwechsel gebildet werden, in die jeweils nächstgelegene Capillare.

Da in der Regel die Stoffwechselvorgänge und damit die Zellfunktionen in stärkerem Maße durch O_2-Mangel als durch unzureichenden CO_2-Abtransport beeinflußt werden, kommt im Rahmen der Gewebsatmung den Fragen der O_2-Versorgung besondere Bedeutung zu. Auf diese Frage beschränkt sich daher die folgende Darstellung.

5.8.1 Sauerstoffversorgung der Organe und Gewebe

O_2-Angebot. Das O_2-Angebot, d. h. die einem Organ oder Gewebe in der Zeiteinheit zugeführte O_2-Menge, ergibt sich als Produkt aus Durchblutung $\dot{Q}$ und arterieller O_2-Konzentration $C_{a_{O_2}}$:

$$O_2\text{-Angebot} = \dot{Q} \cdot C_{a_{O_2}} \qquad (18)$$

Da die arterielle O_2-Konzentration für alle Organe die gleiche Größe besitzt, variiert das regionale O_2-Angebot mit der jeweiligen spezifischen Durchblutung. Gewebe mit einer besonders starken spezifischen Durchblutung (S. 151) erhalten demnach auch ein entsprechend großes O_2-Angebot (wie z. B. die Nierenrinde, die Hirnrinde und die Leber).

O_2-Verbrauch. Den O_2-Verbrauch $\dot{V}_{O_2}$ eines Organs oder Gewebes erhält man nach dem FICKschen Prinzip (S. 155f.) aus der Durchblutungsgröße $\dot{Q}$, multipliziert mit der arteriovenösen O_2-Konzentrationsdifferenz avD_{O_2} ($= C_{a_{O_2}} - C_{v_{O_2}}$):

$$O_2\text{-Verbrauch } \dot{V}_{O_2} = \dot{Q} \cdot avD_{O_2} \qquad (19)$$

Bei vorgegebener Durchblutung hat also ein Gewebe einen umso höheren O_2-Verbrauch, je größer der avD_{O_2}-Wert, d. h. je kleiner die O_2-Konzentration im venösen Blut dieser Region ist. Der O_2-Verbrauch der einzelnen Organe hängt von dem Funktionszustand ihrer Zellen ab. Unter den Bedingungen der körperlichen Ruhe gelten die in Tabelle 5-5 angegebenen Mittelwerte, wobei der O_2-Verbrauch – entsprechend der spezifischen

Tabelle 5-5. Mittelwerte für den spezifischen O_2-Verbrauch $\dot{V}_{O_2}$, die arteriovenöse O_2-Konzentrationsdifferenz avD_{O_2} und die O_2-Utilisation verschiedener Gewebe bei körperlicher Ruhe

	$\dot{V}_{O_2}$ ($ml \cdot g^{-1} \cdot min^{-1}$)	avD_{O_2} (ml O_2/ml Blut)	O_2-Utilisation (%)
Gehirn (insgesamt)	$3{,}5 \cdot 10^{-2}$	$6 \cdot 10^{-2}$	30
Rinde	$9 \cdot 10^{-2}$	$9 \cdot 10^{-2}$	45
Mark	$1 \cdot 10^{-2}$	$5 \cdot 10^{-2}$	25
Myokard	$10 \cdot 10^{-2}$	$13 \cdot 10^{-2}$	65
Nieren (insgesamt)	$6 \cdot 10^{-2}$	$1{,}5 \cdot 10^{-2}$	8
Rinde	$8 \cdot 10^{-2}$	$1{,}5 \cdot 10^{-2}$	8
äußeres Mark	$6 \cdot 10^{-2}$	$5 \cdot 10^{-2}$	25
inneres Mark	$0{,}4 \cdot 10^{-2}$	$1 \cdot 10^{-2}$	5
Skeletmuskulatur	$0{,}3 \cdot 10^{-2}$	$9 \cdot 10^{-2}$	45
Leber	$5 \cdot 10^{-2}$	$5 \cdot 10^{-2}$	25
Milz	$1{,}1 \cdot 10^{-2}$	$1 \cdot 10^{-2}$	5

Durchblutung – jeweils auf die Gewichtseinheit bezogen ist. Hieraus geht hervor, daß der O_2-Verbrauch unter Ruhebedingungen in der Hirnrinde, im Myokard und in der Nierenrinde besonders groß ist, während das innere Nierenmark und die ruhende Skeletmuskulatur einen sehr kleinen O_2-Verbrauch haben. Bei schwerer körperlicher Arbeit steigt allerdings die O_2-Aufnahme des Skeletmuskelgewebes bis auf ca. 0,1 ml $\cdot$ g^{-1} $\cdot$ min^{-1} an.

O_2-Utilisation. Als Maß für die O_2-Versorgungssituation eines Organs dient die O_2-Utilisation, das Verhältnis von O_2-Verbrauch zu O_2-Angebot:

$$O_2\text{-Utilisation} = \frac{O_2\text{-Verbrauch}}{O_2\text{-Angebot}} = \frac{avD_{O_2}}{C_{a_{O_2}}} \qquad (20)$$

Organe, die reichlich mit Sauerstoff versorgt werden, haben eine kleine avD_{O_2} und damit einen niedrigen Utilisationswert, wie beispielsweise die Nieren (8%). Dagegen beträgt die O_2-Utilisation des Herzens bereits in körperlicher Ruhe 65%; bei schwerer Arbeit kann sie in diesem Organ sogar auf 75–85% ansteigen.

O_2-Partialdruckverteilung im Gewebe. Während der Passage des Blutes durch die Gewebecapillaren diffundiert Sauerstoff in die benachbarten Zellen, so daß innerhalb der Capillaren der O_2-Partialdruck vom arteriellen zum venösen Ende absinkt. Ein O_2-Partialdruckgefälle besteht auch außerhalb der Capillaren jeweils in radialer Richtung, da infolge des O_2-Verbrauchs der Diffusionsstrom mit wachsender Entfernung von den Capillaren abnimmt. Ein vereinfachtes Bild von der O_2-Partialdruckverteilung im Gewebe vermittelt das Modell des sog. ***Kroghschen Gewebezylinders.*** Dabei betrachtet man die Situation in einem zylinderförmigen Gewebebezirk, der von einer zentral gelegenen, geraden Capillare mit Sauerstoff versorgt wird. Abb. 5-25 zeigt in Form einer Reliefdarstellung, wie sich die O_2-Partialdrücke P_{O_2} in einem solchen Gewebezylinder verteilen. Man erkennt, daß infolge des ***P_{O_2}-Abfalls in longitudinaler und radialer Richtung*** diejenigen Zellen am schlechtesten versorgt sind, die im venösen Bereich am weitesten von der Capillare entfernt liegen. Eine O_2-Mangelsituation führt daher hier, in der sog. ***tödlichen Ecke,*** am ehesten zu Funktionsausfällen oder Schädigungen der Zellen. In der Großhirnrinde, für welche die Daten der Abb. 5-25 gelten, liegt der O_2-Partialdruck in der tödlichen Ecke nahe bei Null. In vivo ist die O_2-Versorgungssituation wesentlich komplexer als im KROGHschen Modell, da nicht nur der Verlauf und die Dichte der Capillaren variieren, sondern auch der O_2-Verbrauch, der capilläre Hämatokrit und andere Funktionsgrößen inhomogen verteilt sind.

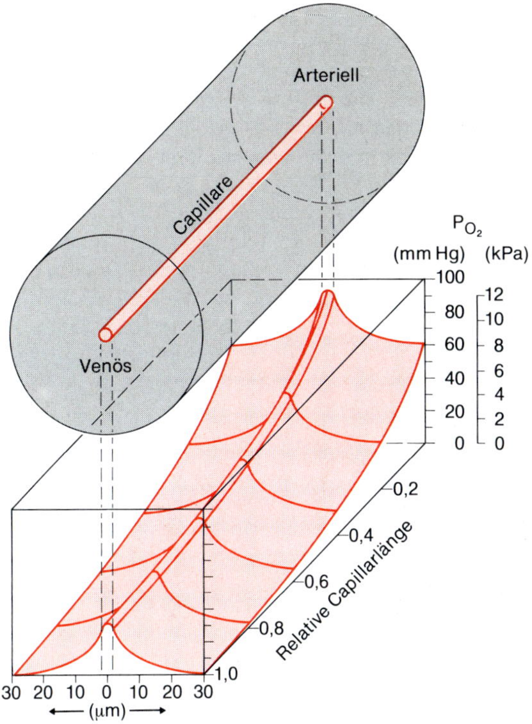

Abb. 5-25. O_2-Partialdruckverteilung im Modell des KROGHschen Gewebezylinders, der von einer zentralen Capillare versorgt wird. Die angegebenen Werte gelten für die O_2-Versorgungsbedingungen der Großhirnrinde

Aussagen über die O_2-Versorgung der Organe lassen sich auch durch direkte ***Messung der O_2-Partialdrücke im Gewebe*** gewinnen. Hierzu verwendet man glasummantelte Mikroelektroden aus Platin oder Gold (Spitzendurchmesser 1–5 μm), die in das Gewebe eingestochen werden und in einer polarographen Meßanordnung die lokalen P_{O_2}-Werte anzeigen.

5.8.2 Störungen der Sauerstoffversorgung

Ursachen mangelhafter O_2-Versorgung. Wenn der O_2-Bedarf eines Gewebes nicht mehr durch ein adäquates O_2-Angebot gedeckt werden kann, ist eine ***Gewebehypoxie*** (P_{O_2} < normal) oder im Extremfall eine ***Gewebeanoxie*** (P_{O_2} = 0) die Folge. Da die Zellen im venösen Capillarbereich bei einer

O_2-Mangelversorgung besonders gefährdet sind (S. 224), stellt das Absinken des venösen O_2-Partialdrucks ***(venöse Hypoxie)*** die Voraussetzung für eine Gewebehypoxie bzw. -anoxie dar. Eine solche Störung kann durch eine arterielle, durch eine anämische oder durch eine ischämische Hypoxie verursacht werden.

Eine ***primär arterielle Hypoxie*** liegt vor, wenn der O_2-Partialdruck und damit auch die O_2-Konzentration im arteriellen Blut vermindert ist. Bei einer solchen Versorgungsstörung, die oft auch als hypoxämische Hypoxie bezeichnet wird, erhalten also die Organe ein vermindertes O_2-Angebot. Als Folge der arteriellen O_2-Partialdruckabnahme kommt es dann sekundär auch zu einer venösen Hypoxie, sofern nicht die Gewebedurchblutung entsprechend gesteigert werden kann. Eine arterielle Hypoxie kann durch eine schwere Lungenfunktionsstörung oder durch einen inspiratorischen Sauerstoffmangel (Aufstieg in große Höhen, Druckabfall im Flugzeug) verursacht werden.

Störungen im Zentralnervensystem treten erst bei einer beträchtlichen Senkung des arteriellen O_2-Partialdruckes (unter 40 mm Hg) auf. Das wäre z. B. der Fall, wenn ein Atemgasgemisch, entsprechend einer Höhe von ca. 6000 m eingeatmet würde. Bei Lungenfunktionsstörungen beobachtet man nur in seltenen Fällen einen Abfall des arteriellen O_2-Partialdrucks unter 40 mm Hg.

Die ***ischämische Hypoxie*** ist durch eine Einschränkung der Organdurchblutung bedingt. Dies hat zur Folge, daß – bei normaler arterieller O_2-Konzentration – die O_2-Kapazität des Blutes während der Capillarpassage stärker ausgeschöpft wird, d. h. die avD_{O_2} zunimmt. Es tritt eine venöse Hypoxie und damit eine mangelhafte O_2-Versorgung der Zellen im venösen Capillarbereich ein. Als Ursachen der ischämischen Hypoxie bzw. Anoxie sind hauptsächlich zu nennen: starker Blutdruckabfall (Schock, S. 170f.), Zunahme des Strömungswiderstandes in der arteriellen Strombahn (Atherosklerose), Arterienverschluß und Störungen der Mikrozirkulation. Im Gehirn kommt es zu hypoxischen Funktionsstörungen, wenn die Durchblutung um mehr als ⅓ eingeschränkt ist.

Die ***anämische Hypoxie*** wird durch eine verminderte O_2-Kapazität des Blutes (Konzentrationsabnahme des funktionsfähigen Hämoglobins) verursacht. Auch in diesem Fall fällt der O_2-Partialdruck des Blutes bei der Capillarpassage stärker als normal ab, so daß eine venöse Hypoxie resultiert. Eine anämische Hypoxie kann als Folge eines starken Blutverlustes bzw. einer schweren Anämie auftreten, wobei cerebrale Störungen erst bei Reduktion der Hb-Konzentration um mehr als 50% einsetzen. Den gleichen Effekt hat die Blockade des Hämoglobins (funktionelle Anämie) durch Methämoglobinbildung oder CO-Bindung (S. 219).

Von einer ***cytotoxischen*** oder ***stoffwechselchemischen „Hypoxie“*** spricht man, wenn die Energiegewinnung der Zellen durch die Einwirkung von Stoffwechselgiften (z. B.

von Cyaniden oder 2,4-Dinitrophenol) blockiert ist. In diesem Fall kommt es trotz ausreichender O_2-Versorgung zu einer verminderten oder unterbrochenen ATP-Bildung und damit zu schweren Störungen der Zellfunktionen.

Folgen einer akuten Gewebeanoxie. Neben dem Grad einer O_2-Mangelversorgung ist die Zeitdauer ihres Bestehens von entscheidender Bedeutung für die Funktions- und Überlebensfähigkeit der betroffenen Zellen. Dies wird besonders deutlich an den Folgeerscheinungen, die nach einer plötzlichen Unterbrechung des O_2-Angebots (z. B. infolge eines totalen Gefäßverschlusses oder eines Luftdruckabfalls im Flugzeug in 10000 m Höhe) eintreten. In Abb. 5-26 ist die zeitliche Abnahme des Energieumsatzes in den Gehirnzellen während einer solchen vollständigen Gewebeanoxie schematisch dargestellt. Nach einem sehr kurzen ***freien Intervall,*** in dem die Zellfunktionen noch voll erhalten sind, kommt es mit Unterschreiten

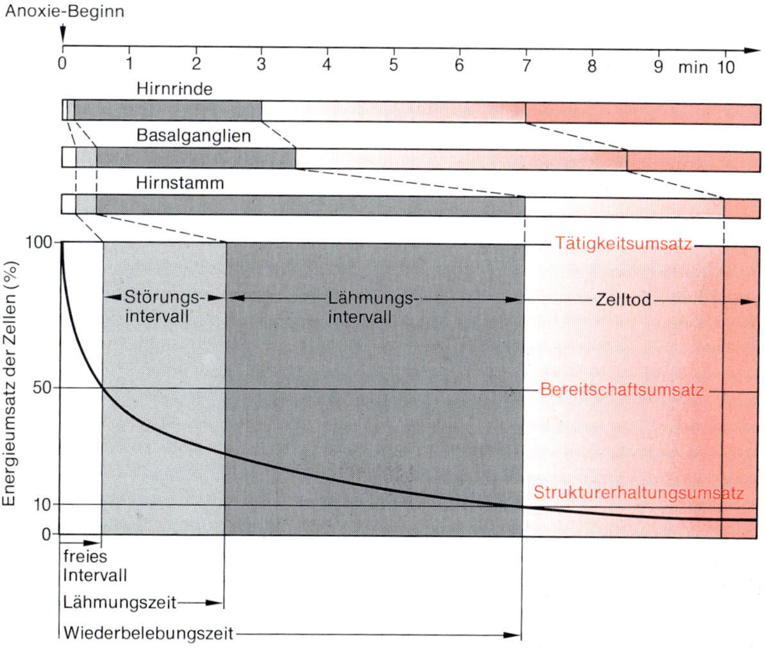

Abb. 5-26. Abnahme des Energieumsatzes in Gehirnzellen während einer akuten Gewebeanoxie *(Kurve)* und deren Folgen. *Oben:* Charakteristische Zeitintervalle, in denen zunächst reversible Funktionsstörungen und später irreversible Zellschäden auftreten, für verschiedene Hirnregionen. *Unten:* Definition der Lähmungs- und der Wiederbelebungszeit

des Bereitschaftsumsatzes (S. 233) zu funktionellen Störungen (z. B. ersten EEG-Veränderungen). Die fortschreitende Einschränkung des Zellstoffwechsels führt schließlich zur Funktionsunfähigkeit der Zellen (Lähmung der Organfunktion), beispielsweise bei Gehirnanoxie nach einem kurzen Krampfstadium zur Bewußtlosigkeit. Die Zeit vom Beginn der Anoxie bis zum Eintritt der vollständigen Organlähmung wird als ***Lähmungszeit*** (Funktionserhaltungszeit) bezeichnet. Bei fortbestehender Anoxie unterschreitet der Zellstoffwechsel den Strukturerhaltungsumsatz, so daß zunächst einige, später alle Zellen irreversibel geschädigt werden und schließlich absterben. Die Zeit vom Anoxiebeginn bis zum Eintritt der ersten irreversiblen Zellschäden bezeichnet man als ***Wiederbelebungszeit*** (Strukturerhaltungszeit).

Für die ***Großhirnrinde,*** deren Zellen gegenüber O_2-Mangel besonders empfindlich sind, wurden die folgenden Werte ermittelt: Dauer des freien Intervalls ca. 4 s, Lähmungszeit ca. 10 s, Wiederbelebungszeit 3 min, Zeit bis zum Untergang aller Zellen 7 min. In den weiter caudal gelegenen Kerngebieten verlängern sich diese Zeiten in der in Abb. 5-26 (oben) angegebenen Reihenfolge.
Wenn innerhalb der Wiederbelebungszeit die O_2-Zufuhr wieder einsetzt, so kommt es zu einer vollständigen Wiederherstellung aller Zellfunktionen, wobei die ***Erholung*** umso länger dauert, je später die O_2-Zufuhr erfolgt. Nach Ablauf der Wiederbelebungszeit sind die Zellschäden nur noch ***partiell reversibel*** (hellrotes Feld in Abb. 5-26), nach noch längerer Anoxiedauer vollkommen ***irreversibel*** (dunkelrotes Feld).

O_2-Therapie und O_2-Vergiftung. Bei primär arterieller Hypoxie, d. h. insbesondere bei schweren Lungenfunktionsstörungen (alveolärer Hypoventilation, Diffusionsstörung, Verteilungsstörung, Rechts-Links-Kurzschluß) kann die O_2-Versorgung der Gewebe durch Erhöhung des O_2-Angebotes in der Inspirationsluft verbessert werden. Dabei läßt man den Patienten entweder ein Gasgemisch mit hoher O_2-Konzentration einatmen ***(isobare O_2-Therapie)*** oder setzt ihn einem langsam ansteigenden Überdruck in einer Druckkammer aus ***(hyperbare O_2-Therapie).*** Durch diese Maßnahmen wird der inspiratorische und damit auch der arterielle O_2-Partialdruck erhöht.
Eine solche O_2-Therapie darf nur über eine begrenzte Zeit (bei inspiratorischem Angebot von reinem Sauerstoff nur über etwa 4 Stunden) durchgeführt werden, da die langdauernde Erhöhung des O_2-Partialdrucks (Hyperoxie) in den Zellen zu einer ***O_2-Vergiftung*** führt. In einem solchen Fall kommt es zu einer Reihe von funktionellen Störungen: Die Oxidationsprozesse werden insbesondere in den Gehirnzellen gehemmt (Auftreten von Schwindel und Krämpfen), der Vagustonus nimmt zu, die Mikrozirkulation in lebenswichtigen Organen ist gestört. Bei Neugeborenen, die über Tage mit reinem Sauerstoff beatmet worden waren, traten Veränderungen der alveolocapillären Membran und Lungenoedeme sowie Schädigungen der Retina auf, die zu Sehstörungen bzw. Erblindung führten. Aus diesem Grunde werden heute bei langdauernder O_2-Therapie Gasgemische verwendet, deren O_2-Partialdrücke unter 300 mm Hg (40 kPa) liegen.

5.9 Höhenphysiologie

Beim Aufenthalt in der Höhe sind die Umweltbedingungen für den Organismus durch die Abnahme des Luftdrucks entscheidend verändert. Die Zusammensetzung der Inspirationsluft ist zwar die gleiche wie auf Meereshöhe, mit dem Luftdruck vermindert sich jedoch der inspiratorische und damit auch der alveoläre O_2-Partialdruck (Tabelle 5-6). Die Veränderungen der Organfunktionen beim Höhenaufenthalt erklären sich daraus, daß der Organismus versucht, der eintretenden Gewebehypoxie entgegenzuwirken. Dabei hat man zwischen Reaktionen auf eine akute bzw. schnell einsetzende Hypoxie und Anpassungen an langen Höhenaufenthalt zu unterscheiden.

5.9.1 Reaktionen auf höhenbedingten O_2-Mangel

Kompensationszone. Bei einer ***akuten O_2-Partialdruckabnahme*** (z. B. bei Druckabfall im Flugzeug) oder einem ***schnellen Höhenaufstieg*** sind die funktionellen Veränderungen von der jeweiligen Höhe abhängig (Tabelle 5-6). In einem Höhenbereich zwischen 2000 und 4000 m beobachtet man eine zunehmende Steigerung des Atemzeitvolumens sowohl in Ruhe als auch bei Arbeit. Durch diese ***Höhenhyperventilation*** werden der alveoläre und damit auch der arterielle O_2-Partialdruck erhöht, gleichzeitig sinkt der arterielle CO_2-Partialdruck ab, so daß eine ***respiratorische Alkalose*** resultiert. Außerdem steigen die Herzfrequenz und der Blutdruck an. Die körperliche Leistungsfähigkeit nimmt um 10–20% ab. Oberhalb von etwa 3000 m kann

Tabelle 5-6. Luftdruck, inspiratorischer und alveolärer O_2-Partialdruck in Abhängigkeit von der Höhe mit Kennzeichnung der Schwellen und Zonen für die O_2-Mangelwirkungen

Höhe ü. M.	Luftdruck		inspirat. O_2-Partialdruck		alveol. O_2-Partialdruck		
(km)	(mm Hg)	(kPa)	(mm Hg)	(kPa)	(mm Hg)	(kPa)	
							Indifferenzzone
0	760	101	150	20,0	100	13,3	
2	600	80	115	15,3	76	10,1	Reaktionsschwelle
							Kompensationszone
4	460	61	87	11,6	50	6,7	Störungsschwelle
							Störungszone
7	308	41	55	7,3	35	4,7	Kritische Schwelle
							Höhentod
10	200	27	32	4,3			

sich eine betont euphorische Stimmungslage einstellen, die u. U. zum Verkennen von Gefahren und Fehlentscheidungen führt ***(Höhenrausch).***

Störungszone. Im Höhenbereich zwischen 4000 und 7000 m ist die körperliche und geistige Leistungsfähigkeit infolge des O_2-Mangels erheblich eingeschränkt. Nach Maßgabe der erreichten Höhe und der Aufstiegsgeschwindigkeit treten verschiedene Störungssymptome auf, die unter der Bezeichnung ***Höhenkrankheit*** zusammengefaßt werden. Hierzu gehören: Atemnot, Tachykardie, Muskelzuckungen, Müdigkeit, Apathie, aber auch Euphorie und Kopfschmerzen. Schließlich kommt es zum Blutdruckabfall und zur Bewußtlosigkeit. Oberhalb von ca. 7000 m Höhe wird bei schnell einsetzender Hypoxie die kritische Grenze für die Strukturerhaltung der Gehirnzellen unterschritten, so daß nach einigen Minuten der ***Höhentod*** eintritt.

5.9.2 Höhenakklimatisation

Bei ***langem Aufenthalt*** in großen Höhen reagiert der Organismus auf die chronische Erniedrigung des inspiratorischen O_2-Partialdrucks mit Anpassungsvorgängen, die vor allem das Blut betreffen. Schon nach wenigen Tagen kommt es zu einer verstärkten Erythropoiese, die Zahl der Reticulocyten und Erythrocyten nimmt zu ***(Höhenerythrocytose).*** Nach mehreren Monaten ist dieser Prozeß abgeschlossen, wobei Höchstwerte der Erythrocytenkonzentration von $8 \cdot 10^{12}/l$ und der Hämoglobinkonzentration von 270 g/l erreicht werden können. Dies ermöglicht eine weitgehende Kompensation der arteriellen Hypoxie, so daß die arterielle O_2-Konzentration etwa dem Normwert von 0,2 entspricht. Gleichzeitig nimmt die Konzentration von 2,3-DPG in den Erythrocyten zu, wodurch die O_2-Bindungskurve leicht nach rechts verlagert wird (S. 219).
Mit dem Anstieg der Erythrocytenkonzentration ist eine Zunahme des Hämatokritwertes bis auf maximal 0,7 (70%) verbunden. Diese Veränderung hat eine starke Belastung des Herz-Kreislauf-Systems zur Folge, da sich der Strömungswiderstand mit dem Hämatokrit erhöht (S. 120f.). Die durch Hyperventilation bedingte respiratorische Alkalose wird im Zuge der Höhenanpassung durch eine verstärkte HCO_3^--Ausscheidung durch die Niere zumindest teilweise kompensiert (S. 402). In der Muskulatur kommt es zu einer dichteren Capillarisierung und zu einer Anpassung bestimmter Enzymaktivitäten. Alle genannten Akklimatisationsprozesse bilden die Grundlage dafür, daß Menschen in Höhen bis etwa 5000 m dauernd leben und arbeiten können.

6 Energiehaushalt und Arbeitsphysiologie

6.1 Energiehaushalt

6.1.1 Energieumsatz der Zellen

Energieumwandlung im Organismus. Zur Aufrechterhaltung der Körperfunktionen und der Körperstruktur ist eine ständige Energiezufuhr in Form von Nährstoffen erforderlich. Die beim Abbau der Nährstoffe anfallende Energie kann nur teilweise in Arbeit umgesetzt werden, ein anderer Teil wird zwangsläufig - dem 2. Hauptsatz der Thermodynamik entsprechend - als Wärme frei. Darüber hinaus dient die Stoffwechselenergie zur Biosynthese von Enzymen, Hormonen und cellulären Strukturelementen sowie zur Anlage von Nährstoffdepots.
Das Verhältnis der für Arbeitsleistungen verfügbaren Energie zur insgesamt umgesetzten Energie bezeichnet man als ***Wirkungsgrad*** oder Nutzeffekt:

$$\eta = \frac{\text{geleistete Arbeit}}{\text{umgesetzte Energie}} \qquad (1)$$

Der maximale Wirkungsgrad der Skeletmuskulatur liegt bei 30-35% und erreicht damit den für moderne Verbrennungsmaschinen geltenden Wert. Allerdings vermindert sich der Nutzeffekt beim Einsatz der Muskulatur in vivo, so daß unter günstigen Bedingungen (Radfahren, Steigen, Laufen) allenfalls Wirkungsgrade von 20-25% erzielt werden.

Energieumsatz und Sauerstoffverbrauch. Die Energieausbeute der Stoffwechselprozesse ist von der Art der umgesetzten Nährstoffe (Kohlenhydrate, Eiweiße, Fette, Kap. 8) abhängig. Für die vollständige Oxidation der Glucose gilt beispielsweise die Bruttobeziehung:

$$C_6H_{12}O_6 + 6\,O_2 \rightarrow 6\,CO_2 + 6\,H_2O + \Delta G \qquad (2)$$

ΔG, die freie Energie (freie Enthalpie), hat unter physiologischen Bedingungen einen Wert von −683 kcal/mol (−2,86 MJ/mol). Beim oxidativen Abbau von 1 mol Glucose werden also 683 kcal (2,86 MJ) freigesetzt und

Tabelle 6-1. Respiratorischer Quotient RQ und energetisches (calorisches) Äquivalent des Sauerstoffs beim Umsatz verschiedener Nährstoffe

	RQ	Energetisches Äquivalent	
		$kcal/l_{O_2}$	kJ/l_{O_2}
Kohlenhydrate	1,0	5,05	21,1
Eiweiße	0,8	4,48	18,8
Fette	0,7	4,69	19,6
Mitteleuropäische Kost	0,82	4,83	20,2

dabei 6 mol = 6 · 22,4 l = 134 l Sauerstoff verbraucht. Den Energiegewinn, bezogen auf 1 l O_2-Verbrauch, bezeichnet man als ***energetisches (calorisches) Äquivalent des Sauerstoffs.*** Dieses beträgt für die Glucoseoxidation nach obiger Rechnung 5,1 kcal/l (21,4 kJ/l) und hat für den Kohlenhydratabbau insgesamt einen ähnlichen Wert. Beim Umsatz von Eiweißen und Fetten ist das energetische Äquivalent des Sauerstoffs aus stöchiometrischen Gründen kleiner (Tabelle 6-1). Auf der Basis dieser Werte kann man aus dem Sauerstoffverbrauch des Organismus auf seinen Energieumsatz schließen (S. 238 ff.), sofern die Relation zwischen den am Umsatz beteiligten Nährstoffen bekannt ist.

Einen Hinweis auf die Beteiligung der einzelnen Nährstoffgruppen an den Stoffwechselprozessen liefert der ***Respiratorische Quotient:***

$$RQ = CO_2\text{-Abgabe}/O_2\text{-Aufnahme} \qquad (3)$$

Bei Oxidation der Glucose und anderer Kohlenhydrate ist die Zahl der gebildeten CO_2-Mole gleich der der verbrauchten O_2-Mole (s. Gl. 2) und damit der RQ = 1,0. Bei Eiweißabbau hat der RQ einen Wert von 0,8, bei Fettabbau beträgt er 0,7 (Tabelle 6-1). Wenn man nun berücksichtigt, daß die mitteleuropäische Kost einen recht konstanten Eiweißanteil mit einem Beitrag von 15% zum Energieumsatz enthält, so liefert der meßbare RQ-Wert eine Aussage über die Kohlenhydrat-Fett-Relation beim Nährstoffumsatz. Unter dieser Bedingung (15% Eiweißumsatz) kann also jedem RQ eine eindeutige Nährstoffrelation und auch ein definierter Wert für das energetische Äquivalent des Sauerstoffs zugeordnet werden (Tabelle 6-2).

Der RQ-Wert kann in Ausnahmefällen auch außerhalb des Bereiches 0,7–1,0 liegen: Größer als 1 wird er bei Kohlenhydratmast (Synthese von Speicherfett), kleiner als 0,7 bei langdauernden Hungerzuständen (Umbau von Speicherfett in Glucose) und bei Diabetes mellitus (S. 443). Außerdem können extrem hohe oder niedrige RQ-Werte aus den Atemgasen bestimmt werden, wenn vorübergehend der Atmungs-RQ (respiratorische RQ) nicht mit dem Stoffwechsel-RQ (metabolischen

Tabelle 6-2. Abhängigkeit des energetischen (calorischen) Äquivalents des Sauerstoffs vom Respiratorischen Quotienten bei einem Eiweißbeitrag von 15% zum Energieumsatz (Mittelwerte hervorgehoben)

Respiratorischer Quotient RQ		1,0	0,9	***0,82***	0,8	0,7
energetisches	(kcal/l_{O_2})	5,05	4,93	***4,83***	4,81	4,69
Äquivalent	(kJ/l_{O_2})	21,1	20,6	***20,2***	20,1	19,6

RQ) übereinstimmt: So erfolgt beispielsweise am Beginn einer willkürlichen Hyperventilation (S. 199) oder bei Ausbildung einer metabolischen Acidose (S. 400ff.) eine stärkere respiratorische CO_2-Abgabe, als es der CO_2-Bildung im Stoffwechsel entspricht, wodurch der Atmungs-RQ kurzzeitig über 1,0 (u. U. bis auf 1,5) ansteigt.

Umsatzgrößen der Zellen. Der Energieumsatz der Zellen hängt nicht nur von ihrem Aktivitätsgrad, sondern auch von dem jeweiligen Substrat- und O_2-Angebot ab. Unter dem Aspekt einer limitierten Energiegewinnung unterscheidet man drei Umsatzgrößen auf cellulärer Ebene.
Als ***Tätigkeitsumsatz*** bezeichnet man den Energieumsatz der ausreichend versorgten aktiven Zelle, der nach Maßgabe der jeweiligen Zellaktivität in weiten Grenzen variieren kann. Beispielsweise steigt der Energieumsatz arbeitender Muskelzellen bei Dauerleistungen bis um das 30fache des Ruhewertes an. Bei einer Mangelversorgung bezeichnet der ***Bereitschaftsumsatz*** den minimalen Energieumsatz, der noch die volle Funktionsbereitschaft der Zellen gewährleistet. Erregbare Zellen sind z. B. nur funktionsbereit, wenn genügend Energie für die Aufrechterhaltung des Ruhepotentials zur Verfügung steht. Die Größe des Bereitschaftsumsatzes ist organspezifisch, für das Gehirn liegt sie bei etwa 50% des Tätigkeitsumsatzes (Abb. 5-26, S. 227). Der ***Strukturerhaltungsumsatz*** stellt schließlich den minimalen Energieumsatz dar, der für die Vermeidung von Strukturschäden auf Dauer erforderlich ist. Für das Gehirn beträgt er 10–15% des Tätigkeitsumsatzes. (Bzgl. der Folgen eines reduzierten Energieumsatzes vgl. S. 227.)

6.1.2 Umsatzgrößen des gesamten Organismus

Grundumsatz. Messungen haben gezeigt, daß nicht nur bei Muskelarbeit, sondern auch im Anschluß an die Nahrungsaufnahme und bei Änderungen der Umgebungstemperatur – insbesondere zu niedrigen Temperaturen hin – der Energieumsatz des Menschen ansteigt. Aus diesem Grund hat man folgende Standardisierung für die Bestimmung des Energieumsatzes eingeführt: Die Messung muß ***morgens*** nach ***12-stündiger Nahrungskarenz*** („nüchtern“) in ***physischer und psychischer Ruhe*** und bei ***indifferenter***

Umgebungstemperatur (22–25° C bei leichter Bekleidung) durchgeführt werden. Der so ermittelte, meist auf die Zeit von 24 Stunden bezogene Energieumsatz wird als Grundumsatz bezeichnet.

Der Grundumsatz eines Menschen hängt von seinen Körpermaßen (Größe und Gewicht) sowie von Alter und Geschlecht ab. Die Werte für den ***Sollumsatz*** des Gesunden als Funktion dieser vier Parameter können aus Tabellen entnommen werden. Zur Orientierung genügt die Angabe, daß der Grundumsatz des erwachsenen Mannes ***pro kg Körpergewicht und Stunde 1 kcal (4,2 kJ)*** beträgt; bei einem Gewicht von 70 kg entspräche das einem Wert von etwa 1,7 Mcal/Tag (7,1 MJ/Tag). Gleichschwere Frauen haben – vermutlich wegen der stärkeren Ausbildung des Fettgewebes – einen um etwa 10% niedrigeren Grundumsatz. Vielfach werden auch die Grundumsatzwerte auf die Körperoberfläche bezogen, die man aus Größe und Gewicht mit Hilfe von Formeln oder Nomogrammen

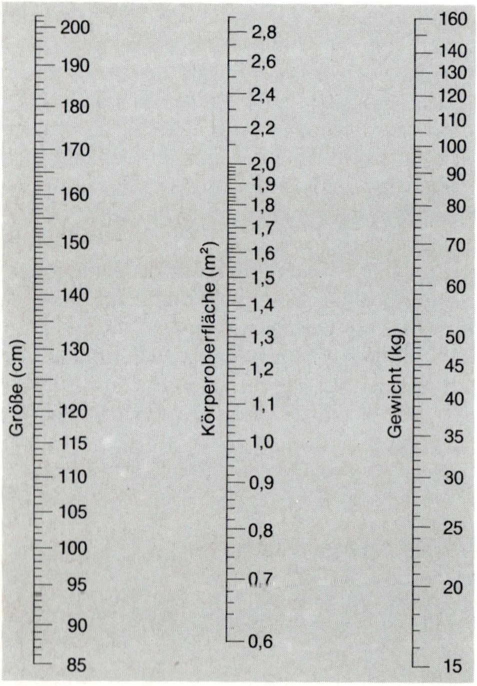

Abb. 6-1. Nomogramm zur Ermittlung der Körperoberfläche des Erwachsenen aus Körpergewicht und Körpergröße. Die Verbindungsgerade zwischen den Gewichts- und Größenwerten schneidet die Oberflächenleiter in dem gesuchten Wert

(Abb. 6-1) ermitteln kann. Abb. 6-2 zeigt, wie der Grundumsatz (pro m^2 Körperoberfläche und pro Stunde) vom Lebensalter und vom Geschlecht abhängt. Bemerkenswert ist die starke Abnahme der oberflächenbezogenen Umsatzwerte vom 10. bis zum 20. Lebensjahr.

Die schon lange bekannte Tatsache, daß kleinere Lebewesen einen relativ höheren Energieumsatz als größere Tiere haben, gab Anlaß zu der Frage, in welcher ***Relation*** die ***Umsatzgröße*** zu den ***Körpermaßen*** steht. In Abb. 6-3 sind die Grundumsatzwerte (W = J/s) für verschiedene Spezies in Abhängigkeit vom Körpergewicht (kg) eingetragen. In einer solchen doppelt-logarithmischen Darstellung, müßten die Meßpunkte der durch n = 1 gekennzeichneten Geraden folgen, wenn der Grundumsatz dem Körpergewicht proportional wäre. Eine Meßpunktanordnung auf der Geraden n = 0,67 würde eine Proportionalität zur Oberfläche anzeigen. Man erkennt, daß die tatsächlich gefundene rote Regressionsgerade n = 0,75 zwar nicht der Umsatz-Oberflächen-Relation voll entspricht, ihr jedoch nahe kommt. Da die beim Energieumsatz gebildete Wärme zum großen Teil über die Körperoberfläche an die Umgebung abgegeben wird, erscheint eine solche Relation plausibel, obwohl noch andere Faktoren hierbei eine Rolle spielen. Bezogen auf das Gewicht, beträgt der Energieumsatz beispielsweise für die Maus ca. 10 W/kg, für den Elefanten jedoch nur ca. 0,5 W/kg. Die Tatsache, daß der Energieumsatz pro kg Körpergewicht von den kleinen zu den großen Tieren abnimmt, wird häufig auch als „Gesetz der Stoffwechselreduktion“ bezeichnet.

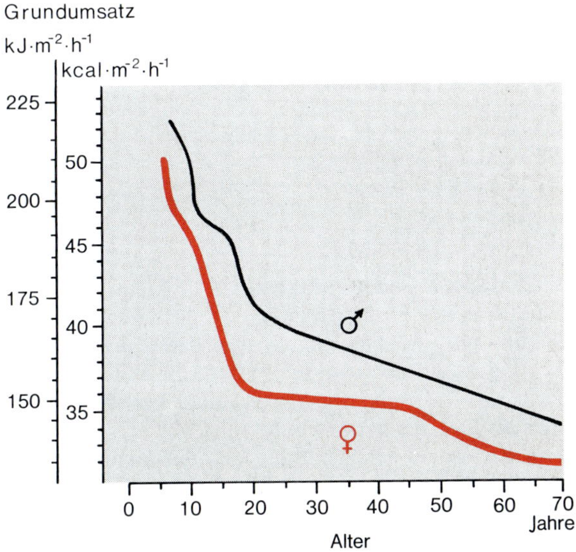

Abb. 6-2. Abhängigkeit des Grundumsatzes (pro m^2 Körperoberfläche und Stunde) von Lebensalter und Geschlecht, nach Boothby et al. (aus Schmidt und Thews, 1985)

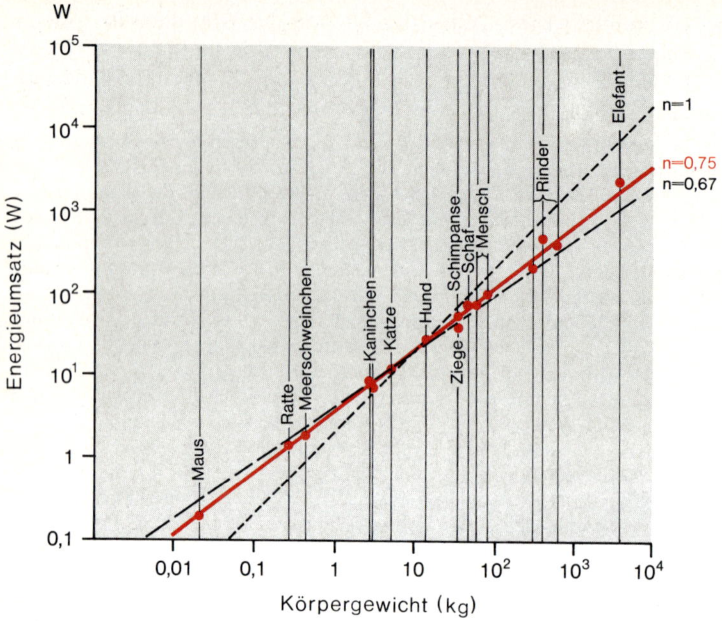

Abb. 6-3. Beziehung zwischen Energieumsatz und Körpergewicht im Tierreich, dargestellt in doppelt-logarithmischem Maßstab, nach KLEIBER (aus Schmidt und Thews, 1987). Die *rote Gerade* korreliert mit den experimentell gewonnenen Werten. Es sind ferner die Geraden angegeben, die einer Proportionalität zwischen Energieumsatz und Körpergewicht (n = 1) sowie zwischen Energieumsatz und Körperoberfläche (n = 0,67) entsprechen würden

Umsatzbeeinflussende Faktoren. Die Regulation des Gesamtstoffwechsels und damit des Grundumsatzes erfolgt unter Mitwirkung der Schilddrüsenhormone ***Trijodthyronin*** T_3 und ***Thyroxin*** T_4 (S. 420ff.). Daher findet man bei Störungen der Schilddrüsenfunktion veränderte Grundumsatzwerte, die früher häufig für die diagnostische Bewertung herangezogen wurden. Bei Schilddrüsenüberfunktion (Hyperthyreose) kommt es zu einer Zunahme, bei Schilddrüsenunterfunktion (Hypothyreose) zu einer Abnahme des Grundumsatzes. Eine umsatzsteigernde Wirkung haben ferner ***Adrenalin, Somatotropin*** und die ***Sexualhormone.*** Die allgemeine Aktivierung des ***Sympathicus*** führt zu einer Zunahme, die Aktivierung des Parasympathicus zu einer Abnahme der Umsatzgröße. In Tabelle 6-3 sind einige wichtige Ursachen für Veränderungen des Energieumsatzes zusammengestellt und die zugehörigen Entstehungsmechanismen angegeben.

Tabelle 6-3. Physiologische und pathophysiologische Veränderungen des Energieumsatzes (in körperlicher Ruhe)

	führt infolge	zur Umsatz-
Geistige Tätigkeit	Zunahme des Muskeltonus	Steigerung
Schlaf, Narkose	Abnahme des Muskeltonus	Minderung
Emotionale Reaktion (z. B. Angst)	Sympathicusaktivierung, Adrenalinfreisetzung	Steigerung
Abnahme der Umgebungstemperatur T	der Kälteabwehrmechanismen (S. 259)	Steigerung (um 40% bei T = 20 °C →0 °C)
Fieber	Stoffwechselsteigerung	Steigerung (um 14% pro °C Temperaturanstieg)
Hyperthyreose	Anstieg des T_3- und T_4-Spiegels	Steigerung (bis um 100%)
Hypothyreose	Abnahme des T_3- und T_4-Spiegels	Minderung (bis um 40%)
Schock (S. 170f.)	peripherer O_2-Mangelversorgung	Minderung

Arbeitsumsatz. Der Energiebedarf unter Freizeitbedingungen, d. h. ohne spezielle körperliche Arbeitsleistung, beträgt im Mittel für den Mann 2,3 Mcal/Tag (9,6 MJ/Tag) und für die Frau 2,0 Mcal/Tag (8,4 MJ/Tag). Bei Berufstätigkeit erhöht sich der Energiebedarf, wobei die Zunahme von der Schwere der jeweiligen Arbeitsbelastung abhängt. In Tabelle 6-4 sind zur Orientierung die Werte für den täglichen Energieumsatz des Mannes in vier Belastungsbereichen angegeben, die sich jeweils durch einen zusätzlichen Energiebedarf von 0,6 Mcal/Tag (2,5 MJ/Tag) unterscheiden. Der über den Freizeitumsatz hinausgehende, für die körperliche Arbeitsleistung benötigte Energieumsatz wird als Arbeitsumsatz (Leistungszuschlag) bezeichnet.

Bei langdauernder Schwerstarbeit sollte bei Männern eine ***Umsatzgrenze*** von 4,8 Mcal/Tag (20 MJ/Tag) nicht überschritten werden, weil die limitierte Resorptionsleistung des Gastrointestinaltraktes eine Nährstoffaufnahme für einen höheren Energieumsatz in der Regel nicht zuläßt. Bei Frauen liegt diese Grenze für den Energieumsatz auf Dauer bei 3,7 Mcal/Tag (15,5 MJ/Tag). Für Saisonarbeiter und trainierende Leistungssportler sind allerdings noch höhere Umsatzwerte von bis zu 8 Mcal/Tag (33 MJ/Tag), über mehrere Monate gemessen worden.

Tabelle 6-4. Mittlere Werte des (Gesamt-) Energieumsatzes und des Arbeitsumsatzes für Männer unter typischen Bedingungen

	Energieumsatz		Arbeitsumsatz	
	Mcal/Tag	MJ/Tag	Mcal/Tag	MJ/Tag
Grundumsatz	1,7	7,1		
Ruheumsatz	2,0	8,4		
Freizeitumsatz	2,3	9,6		
leichte Arbeit	2,4–3,0	10,1–12,6	0,1–0,7	0,4–2,9
mittelschwere Arbeit	3,0–3,6	12,6–15,1	0,7–1,3	2,9–5,4
schwere Arbeit	3,6–4,2	15,1–17,6	1,3–1,9	5,4–8,0
sehr schwere Arbeit	4,2–4,8	17,6–20,1	1,9–2,5	8,0–10,5

6.1.3 Messung des Energieumsatzes

Direkte Energieumsatzbestimmung. Die Bestimmung des Energieumsatzes ist durch die Erfassung der Wärmeabgabe möglich, da in körperlicher Ruhe die insgesamt umgesetzte Energie nahezu vollständig in Wärme übergeht. Dieses Verfahren der ***direkten „Calorimetrie“*** wird im allgemeinen nur bei Umsatzbestimmungen an Tieren angewandt. Das Tier befindet sich dabei in einem wärmeisolierten Behälter (Prinzip der Thermosflasche), in dem sich die produzierte Wärmemenge auf verschiedenen Wegen bestimmen läßt. Häufig leitet man Kühlwasser durch einen Wärmeaustauscher im Inneren des Behälters, wobei der Wasserstrom so gesteuert wird, daß die Temperatur im Meßraum konstant bleibt. Die vom Tier abgegebene und vom Kühlwasser quantitativ aufgenommene Wärmemenge kann dann aus der Wasserstromstärke und der Temperaturdifferenz zwischen zu- und abfließendem Wasser berechnet werden.

Indirekte Energieumsatzbestimmung. Der Energieumsatz des Menschen wird in der Regel nach dem Verfahren der ***indirekten „Calorimetrie“*** bestimmt, wobei die Sauerstoffaufnahme als Maß für die Umsatzgröße dient (S. 231 ff.). Dies ist möglich, weil der Organismus seine Energie praktisch vollständig durch biologische Oxidationsprozesse gewinnt und im stationären Zustand die respiratorische O_2-Aufnahme dem metabolischen O_2-Verbrauch entspricht. Die Messung der Sauerstoffaufnahme kann dabei im geschlossenen oder im offenen spirometrischen System erfolgen.

Bei der ***Messung im geschlossenen System*** (Abb. 6-4) atmet der Proband reinen Sauerstoff aus einem Spirometer ein. Das Ausatmungsgemisch wird durch ein CO_2-Absorptionsgefäß geleitet und der verbleibende Stickstoff-

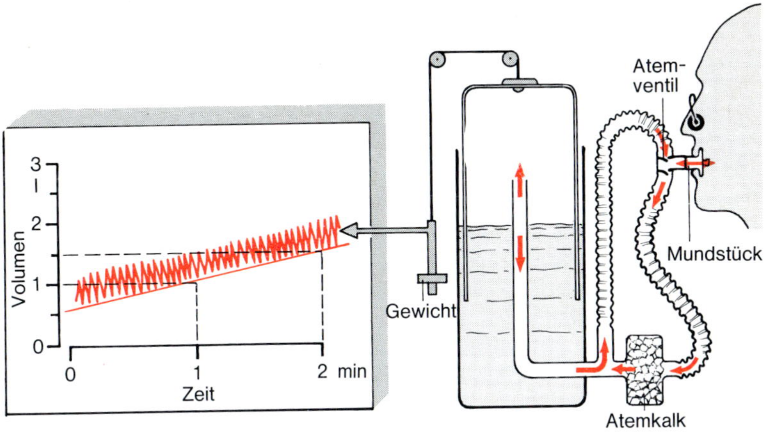

Abb. 6-4. Messung der O_2-Aufnahme im geschlossenen spirometrischen System. Der Proband inspiriert reinen Sauerstoff aus einem Tauchglockenspirometer; das Exspirationsgemisch wird durch einen Behälter mit CO_2-absorbierendem Atemkalk geleitet. Der Anstieg des registrierten Spirogramms *(links)*, der durch eine Verbindungsgerade der Umkehrpunkte festgelegt wird, entspricht der O_2-Aufnahme des Probanden (im Beispiel der Abbildung 0,5 l/min)

anteil in das Spirometer zurückgeführt. Nach Maßgabe der O_2-Aufnahme durch den Probanden vermindert sich das Spirometervolumen, so daß das registrierte Spirogramm von Atemzug zu Atemzug ansteigt (oder bei umgekehrter Führung des Schreibsystems abfällt). Die Anstiegs- bzw. Abfallssteilheit des Kurvenzugs bestimmt die an einer Skala abzulesende Volumenänderung und damit die O_2-Aufnahme pro Zeiteinheit.
Für die ***Berechnung des Energieumsatzes*** ist die gemessene O_2-Aufnahme $\dot{V}_{O_2}$ nach der allgemeinen Zustandsgleichung der idealen Gase zunächst auf Standardbedingungen (STPD, S. 198f.) zu reduzieren:

$$\dot{V}_{O_2(STPD)} = \dot{V}_{O_2} \frac{P_B - P_{H_2O}}{760} \, \frac{273}{273 + t} \qquad (4)$$

P_B = Barometerdruck (mm Hg), P_{H_2O} = Wasserdampfdruck im Spirometer (mm Hg), t = Spirometertemperatur (°C).

Die Multiplikation von $\dot{V}_{O_2(STPD)}$ (l/min) mit dem energetischen Äquivalent des Sauerstoffs liefert dann den gesuchten Energieumsatz. Sofern der Respiratorische Quotient nicht gesondert bestimmt wird, kann man hierbei ohne großen Fehler einen (dem RQ von 0,82 entsprechenden) Durchschnittswert von 4,83 kcal/l (20,2 kJ/l) einsetzen (Tabelle 6-2):

$$\text{Energieumsatz} = \dot{V}_{O_2(STPD)} \cdot 4{,}83\ (\text{kcal/min}) \qquad (5)$$
$$= \dot{V}_{O_2(STPD)} \cdot 20{,}2\ (\text{kJ/min}).$$

Für das Beispiel in Abb. 6-4 ist $\dot{V}_{O_2}$ = 0,5 l/min. Wenn bei der Messung P_B = 750 mm Hg, P_{H_2O} = 17 mm Hg und t = 20 °C betrugen, ergibt sich nach Gl. (4) $\dot{V}_{O_2(STPD)}$ = 0,45 l/min und damit ein Energieumsatz von 2,17 kcal/min bzw. 9,1 kJ/min.

Bei der ***Messung im offenen System*** atmet der Proband über ein Mundstück Frischluft ein, deren O_2- und CO_2-Fraktionen bekannt sind ($F_{I_{O_2}}$ = 0,209, $F_{I_{CO_2}}$ = 0). Das Ausatmungsgemisch wird - gesteuert durch ein Ventil - auf einem gesonderten Weg in einen Sammelbeutel geleitet. In dem gesammelten Gasgemisch können die exspiratorischen O_2- und CO_2-Fraktionen ($F_{E_{O_2}}$, $F_{E_{CO_2}}$) mit geeigneten Analysegeräten (S. 199) erfaßt werden. Mit Hilfe eines in den Ausatmungsweg eingebauten Meßgerätes („Gasuhr") bestimmt man außerdem das exspiratorische Atemzeitvolumen $\dot{V}_E$. Die O_2-Aufnahme $\dot{V}_{O_2}$ und die CO_2-Abgabe $\dot{V}_{CO_2}$ ergeben sich dann jeweils als Produkt aus Atemzeitvolumen und inspiratorisch-exspiratorischer Fraktionsdifferenz (S. 197):

$$\dot{V}_{O_2} = \dot{V}_E\,(F_{I_{O_2}} - F_{E_{O_2}}); \qquad \dot{V}_{CO_2} = \dot{V}_E\, F_{E_{CO_2}}. \qquad (6)$$

Aus dem Meßwert für die O_2-Aufnahme, der noch auf Standardbedingungen zu reduzieren und wegen des kleinen Unterschieds zwischen Inspirations- und Exspirationsvolumen zu korrigieren ist, kann schließlich der Energieumsatz mit Hilfe des energetischen Äquivalents berechnet werden. Da in diesem Fall der RQ = $\dot{V}_{CO_2}/\dot{V}_{O_2}$ genau bekannt ist, besteht die Möglichkeit, den jeweils aktuellen Wert des energetischen Äquivalents nach Tabelle 6-2 einzusetzen.

Wenn die Bestimmung des Energieumsatzes bei ***Arbeitsuntersuchungen*** ortsunabhängig erfolgen soll, wird das Ausatmungsgemisch zunächst in einen luftdichten ***Douglas-Sack*** eingeleitet, den der Proband auf dem Rükken trägt. Das in einer definierten Zeit gesammelte Gasvolumen und die exspiratorischen Atemgasfraktionen können dann nachträglich bestimmt werden. Auf diese Weise ist es möglich, die bei einer speziellen Arbeitsleistung umgesetzte Energie zu bestimmen.

6.2 Arbeitsphysiologie

6.2.1 Grundlagen der Arbeitsphysiologie

Aufgabenbereiche. Die Arbeitsphysiologie - einschließlich des Teilgebiets Sportphysiologie - behandelt die Funktionen des menschlichen Organismus unter physischen und psychischen Belastungsbedingungen. Hieraus ergeben sich Hinweise auf die zweckmäßige, d. h. humane Arbeitsgestaltung (Arbeitsdauer, Pausenlänge, Anpassung des Arbeitsplatzes). Zum Gegenstand der Arbeitsphysiologie gehören ferner die Erfassung der maßgebenden Faktoren für die verschiedenen Arbeitsleistungen des Menschen und die Untersuchung der Leistungsgrenzen sowie der leistungsbestimmenden Einflüsse (Motivation, Trainingszustand, u. a.). Schließlich bilden arbeitsphysiologische Aspekte die Grundlage für präventivmedizinische Maßnahmen, z. B. für die Forderung, durch körperliche Betätigung in der Freizeit dem zunehmenden Bewegungsmangel im Berufsleben entgegenzuwirken.

Begriffsdefinitionen (Abb. 6-5). Unter ***Belastung*** versteht man eine von außen vorgegebene Forderung, eine bestimmte Arbeit unter bestimmten Bedingungen durchzuführen. Bei der Erfüllung einer solchen Aufgabe erbringt der Mensch eine (Arbeits-) ***Leistung***, die z. B. bei dynamischer Arbeit (s. u.) in Watt gemessen werden kann. Die individuellen Reaktionen der Organfunktionen auf die Arbeitssituation werden unter dem Begriff ***Beanspruchung*** zusammengefaßt. Der Grad der Beanspruchung hängt dabei einmal von dem ***Wirkungsgrad*** (S. 231) der jeweiligen Arbeitsform und zum anderen von der individuellen ***Leistungsfähigkeit***, d. h. vom Gesundheits- und Trainingszustand sowie von der Eignung für eine bestimmte Tätigkeit (Begabung), ab.

Leistungsarten. Bei der Arbeit des Menschen unterscheidet man verschiedene Leistungsarten. ***Physische (körperliche) Leistungen*** beanspruchen in erster Linie die Skeletmuskulatur, darüber hinaus jedoch auch viele

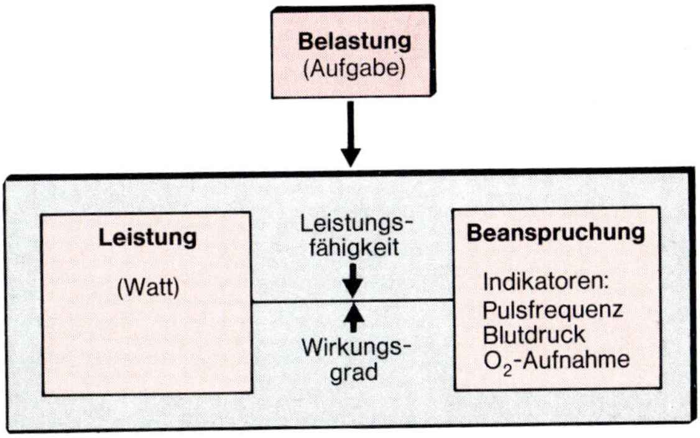

Abb. 6-5. Schema zur Begriffsbestimmung arbeitsphysiologischer Größen, nach Ulmer (aus Schmidt und Thews, 1987)

andere Organsysteme, wie z. B. die Herz-Kreislauf-Funktion und die Atmung. Handelt es sich dabei um eine ***dynamische Arbeit,*** so wird die Muskelkraft für die Überwindung von Bewegungswiderständen längs eines Weges eingesetzt (Arbeit im physikalischen Sinne). In diesem Fall läßt sich die erbrachte Leistung in physikalischen Einheiten (W) quantifizieren (1 W = 1 J/s ≈ 0,1 mkp/s). Bei der ***statischen Arbeit*** halten isometrische Muskelkontraktionen nach dem Gesetz von actio und reactio einer von außen einwirkenden Kraft das Gleichgewicht (Haltearbeit). Obwohl hierbei keine physikalische Arbeit geleistet wird, zeigen sich - bei gesteigertem Energieumsatz - oft erhebliche Beanspruchungsreaktionen. Als Maß für die statische „Leistung" verwendet man in diesem Fall das Produkt aus Kraft und Zeit.

Bei ***psychischen Leistungen*** werden in erster Linie die Funktionen des Zentralnervensystems in Anspruch genommen. Viele berufliche Tätigkeiten erfordern in zunehmendem Maße vor allem intellektuelle (mentale) Fähigkeiten (Denkvermögen, Konzentrations- und Reaktionsfähigkeit). Die mentalen Leistungen, die ebenfalls mit organischen Beanspruchungsreaktionen einhergehen, unterliegen in besonders starkem Maße emotionalen und Umwelt-Einflüssen.

Eine Reihe von beruflichen Aufgaben ist nur durch eine Kombination von physischen und psychischen Leistungen zu erfüllen. Einen Sonderfall stellen hierbei die ***sensomotorischen Leistungen*** dar, die bei geringem Krafteinsatz ein hohes Maß an Koordination der Bewegungsabläufe (Geschicklichkeit) und Konzentration erfordern (chirurgische Tätigkeit, Montage elektronischer Geräte u. a.).

6.2.2 Organfunktionen bei dynamischer Arbeit

Muskulatur. Zu Beginn einer Muskelarbeit wird der erhöhte O_2-Bedarf der Muskelzellen durch das regionale O_2-Angebot nicht gedeckt. Auch der rote Muskelfarbstoff Myoglobin (S. 216) kann nur geringe O_2-Mengen zusätzlich zur Verfügung stellen. Daher ist die arbeitende Muskulatur zunächst überwiegend auf eine ***anaerobe Energiegewinnung*** angewiesen (Abb. 6-6). Die unmittelbare Energiequelle für die Muskelkontraktion stellt die hydrolytische Spaltung von ***Adenosintriphosphat*** (ATP) in Adenosindiphosphat (ADP) und Phosphat dar. Die geringen ATP-Vorräte sind jedoch rasch erschöpft, so daß eine Nachlieferung erforderlich ist. Als Quelle für die ATP-Synthese dient ***Creatinphosphat*** (CP), durch dessen Spaltung in Creatin und Phosphat erhebliche Energiemengen übertragen werden. Bevor noch die Vorräte an Creatinphosphat erschöpft sind, übernimmt der ***anaerobe Glucoseabbau*** (Glykolyse) die führende Rolle bei der Energiegewinnung.

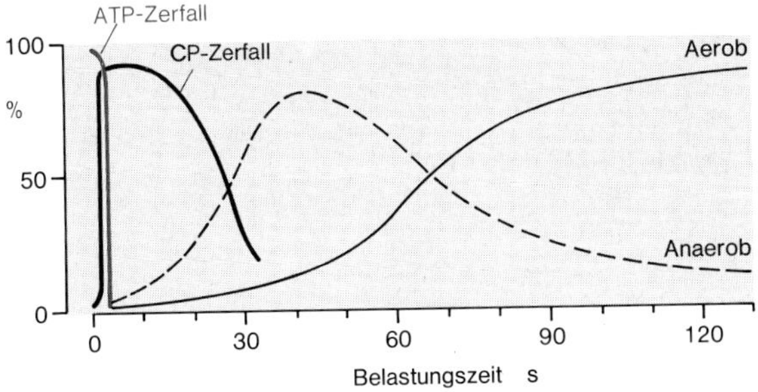

Abb. 6-6. Prozentualer Anteil der energieliefernden Prozesse (Spaltung von Adenosintriphosphat ATP und Creatinphosphat CP, anaerober und aerober Glucoseabbau) an der Energiebereitstellung zu Beginn einer leichten Arbeit, nach KEUL, DOLL und KEPPLER

Erst langsam werden die Regulationsmechanismen wirksam, welche die Durchblutung der arbeitenden Muskulatur an den erhöhten O_2-Bedarf anpassen. Im selben Maße steigt die aerobe Energienachlieferung durch ***oxidativen Abbau*** von Glucose, z. T. auch von freien Fettsäuren an. Bei leichter Arbeit erreicht die aerobe Energiegewinnung erst nach etwa 2 min ihre volle Wirksamkeit.
Bei schwerer Arbeit muß infolge eines inadäquaten O_2-Angebots ein Teil der Energie ständig auf anaeroben Weg gewonnen werden, so daß die Konzentration der ***Milchsäure*** (Endprodukt des anaeroben Glucoseabbaus) ansteigt und zur muskulären Ermüdung beiträgt. Bei dieser Abbauform ist die ***Energieausbeute*** gering (2 mol ATP pro mol Glucose), während durch oxidativen Abbau ein Nettogewinn von 38 mol ATP pro mol Glucose erzielt wird.

Herz-Kreislauf-System. Der bei dynamischer Arbeit erhöhte O_2-Bedarf der Muskulatur erfordert eine Steigerung des Herzzeitvolumens. Neben einer Zunahme des Schlagvolumens um 20–30% steigt insbesondere die ***Herzfrequenz*** an, wobei das Ausmaß der Frequenzsteigerung vom Grad der Beanspruchung abhängig ist (Abb. 6-7). Bei leichter Arbeit mit konstanter Leistung erreicht die Pulsfrequenz nach 5–10 min einen Plateauwert ***(steady state),*** der auch bei stundenlanger Arbeit beibehalten wird. Je größer die Beanspruchung, umso höher liegt der Plateauwert. Bei schwerer Arbeit mit konstanter Leistung zeigt die Pulsfrequenz nach der initialen Zunahme einen weiteren ***Ermüdungsanstieg,*** ohne daß sich ein Plateauwert einstellt.
Der zeitliche Verlauf des Pulsfrequenzabfalls auf den Ausgangswert nach

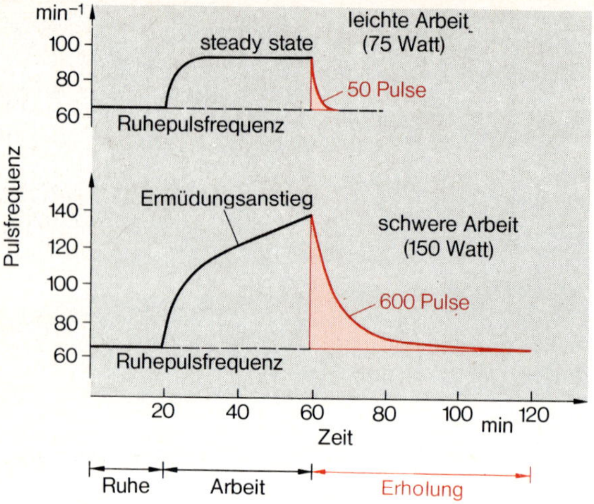

Abb. 6-7. Pulsfrequenzänderungen während und nach leichter bzw. schwerer dynamischer Arbeit (konstanter Intensität) bei Probanden mit durchschnittlicher Leistungsfähigkeit. *Rote Fläche:* Erholungspulssumme

Beendigung der Arbeit hängt ebenfalls vom Beanspruchungsgrad ab. Die ***Erholungszeit*** (Zeit bis zum Erreichen des Pulsfrequenzausgangswertes) beträgt bei leichter Arbeit 3–5 min und dauert bei schwerer Arbeit erheblich länger (1 Stunde und mehr). Die Anzahl der Pulse, die in der Erholungszeit über dem Ausgangswert liegen (hellroter Bereich in Abb. 6-7) wird als ***Erholungspulssumme*** bezeichnet. Diese Größe stellt – ebenso wie die Pulsfrequenzzunahme während der Arbeit – ein Maß für den Grad der Beanspruchung dar.
Die Veränderungen des Blutdrucks bei Arbeit sind auf S. 128 dargestellt.

Sauerstoffaufnahme. Die O_2-Aufnahme zeigt während und nach dynamischer Arbeit ein ähnliches Verhalten wie die Herzfrequenz. Bei leichter Arbeit steigt die O_2-Aufnahme – entsprechend der Zunahme der Muskeldurchblutung – langsam an (Abb. 6-8) und erreicht nach 3–5 min einen konstanten Wert (steady state). Dagegen nimmt bei schwerer Arbeit die O_2-Aufnahme fortlaufend zu, ohne daß sich ein steady-state-Wert einstellt.
Zu Beginn der Arbeit entspricht die O_2-Aufnahme nicht dem Energiebedarf der arbeitenden Muskulatur, die diese Zeit durch anaerobe Energiegewinnung überbrückt. Das O_2-Volumen, welches gegenüber dem anfänglichen O_2-Bedarf zu wenig aufgenommen wird (dunkelrote Fläche in

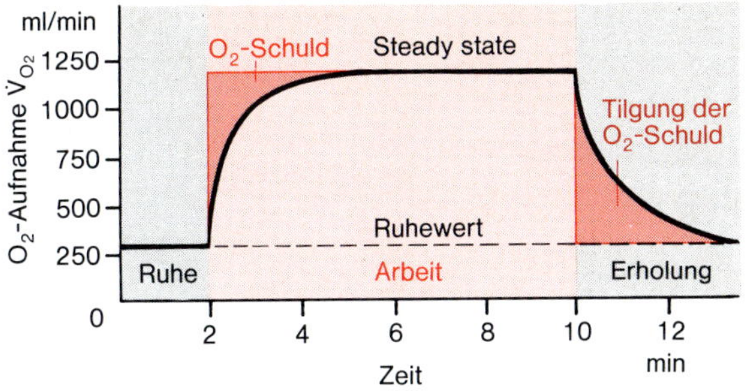

Abb. 6-8. Änderung der O_2-Aufnahme während und nach leichter dynamischer Arbeit konstanter Intensität

Abb. 6-8), bezeichnet man als ***Sauerstoffschuld.*** Sie kann maximal 5 l O_2 betragen.

Nach Beendigung der Arbeit geht die O_2-Aufnahme nur langsam auf den Ausgangswert zurück ***(Tilgung der Sauerstoffschuld).*** Der in der Erholungsphase vermehrt aufgenommene Sauerstoff dient in erster Linie zur Restitution der Energiespeicher in der Muskulatur, darüber hinaus jedoch auch zur Deckung des Bedarfs anderer Organsysteme, deren Funktionen in dieser Phase noch nicht auf den Ruhewert abgeklungen sind (Herz, Atmung u. a.). Daher ist das O_2-Volumen für die Tilgung (4 l nach leichter Arbeit, bis zu 20 l nach schwerer Arbeit) größer als die anfangs eingegangene Sauerstoffschuld.

Die O_2-Aufnahme steigt – wie bereits erwähnt – mit zunehmender Leistung an. Für eine Arbeit, die mit gleicher Bewegungsgeschwindigkeit durchgeführt wird, besteht dabei eine ***lineare Beziehung*** zwischen ***O_2-Aufnahme*** und erbrachter ***Leistung.*** Dies ist verständlich, da in diesem Fall der Wirkungsgrad η der Muskelarbeit konstant bleibt. Der O_2-Verbrauch ist andererseits dem Energieumsatz der Muskulatur über das energetische Äquivalent EÄ linear zugeordnet. Daher besteht zwischen einer Leistungszunahme ΔL und dem hierfür erforderlichen Anstieg der O_2-Aufnahme $\Delta\dot{V}_{O_2}$ die Beziehung:

$$\Delta L = \eta \cdot EÄ \cdot \Delta\dot{V}_{O_2} \qquad (7)$$

Abbildung 6-9 zeigt ein Beispiel für diesen Zusammenhang, ermittelt mit Hilfe einer häufig angewandten Untersuchungsmethode: Bei einer Arbeit auf dem Fahrradergometer werden (unter Konstanthaltung der Tretzahl) die Bremskraft und damit die geforderte Leistung kontinuierlich erhöht und gleichzeitig O_2-Aufnahme sowie Pulsfrequenz in bestimmten Abständen gemessen. Da der Belastungsanstieg nur langsam erfolgt, bestehen während der jeweiligen Messung annähernd Gleichgewichtsbedingungen.

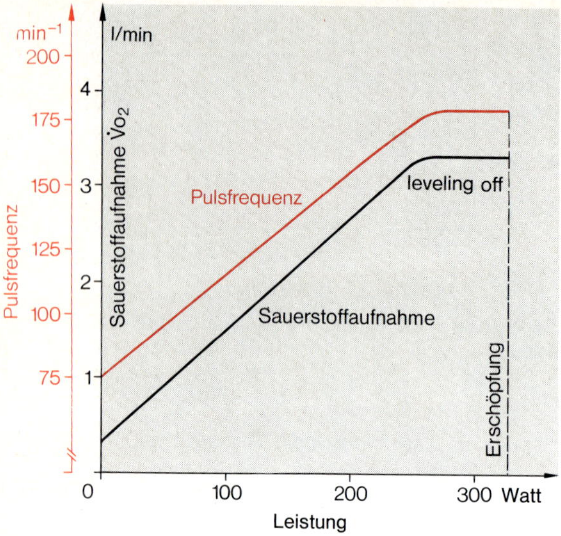

Abb. 6-9. Verhalten von O_2-Aufnahme und Pulsfrequenz bei kontinuierlich ansteigender Leistung auf dem Fahrradergometer. In diesem Beispiel betragen die maximale O_2-Aufnahme 3,3 l/min und der Leistungspulsindex 0,26 $min^{-1} \cdot W^{-1}$

Man erkennt, daß die O_2-Aufnahme linear ansteigt, bis bei stärkster Belastung ein Höchstwert ***(leveling off)*** erreicht ist. Da das Herzzeitvolumen nicht mehr weiter gesteigert werden kann, bleibt von da an die O_2-Aufnahme konstant. In diesem Stadium besteht eine starke Diskrepanz zwischen O_2-Bedarf der Muskulatur und O_2-Angebot, so daß schnell Erschöpfung eintritt.

Die ***Pulsfrequenz*** zeigt ein ähnliches Verhalten. Sie steigt in einem weiten Bereich linear mit der geforderten Leistung an, wobei die Anstiegssteilheit von der Beanspruchung des jeweiligen Probanden abhängt. Bei Kindern und leistungsschwachen Erwachsenen ist der Pulsfrequenzanstieg Δf bei einem bestimmten Leistungsanstieg ΔL größer als bei trainierten Sportlern. Die Anstiegssteilheit $\Delta f/\Delta L$, die man unter den genannten Meßbedingungen als ***Leistungspulsindex*** LPI bezeichnet, beträgt im Mittel bei Männern 0,28 $min^{-1}W^{-1}$ und bei Frauen 0,50 $min^{-1}W^{-1}$.

Der Leistungspulsindex wird gelegentlich als Maß für die Ausdauerleistungsfähigkeit verwendet (kleiner LPI-Wert = große Leistungsfähigkeit). Es hat sich jedoch gezeigt, daß er für eine solche Aussage nur beschränkt geeignet ist.

Für die lineare Abhängigkeit der Pulsfrequenz von der Leistung sind die Kopplungsmechanismen bisher nur unzureichend bekannt. Man nimmt an, daß hypothetische Muskelreceptoren die Stoffwechselaktivität registrieren und die zum Kreislaufzentrum geleiteten Nervenimpulse eine entsprechende Einstellung der Herzfrequenz veranlassen. Da sowohl die Herzfrequenz als auch die O_2-Aufnahme der Leistung linear zugeordnet sind, besteht auch eine lineare Beziehung zwischen den beiden erstgenannten Größen.

Stoffwechselparameter im Blut. Während sich bei Arbeit die arterielle O_2-Konzentration und die Glucosekonzentration im Blut nur wenig ändern, zeigt die ***Lactatkonzentration*** des Blutes erhebliche arbeitsbedingte Schwankungen. In Ruhe und bei leichter Arbeit beträgt die arterielle Lactatkonzentration ca. 1 mmol/l. Bei mittelschwerer und schwerer Arbeit steigt der Lactatspiegel infolge des anaeroben Muskelstoffwechsels zunächst auf das 2–3fache des Ruhewertes an. Im weiteren Arbeitsverlauf beobachtet man dann jedoch wieder einen Abfall, da Lactat in der nicht beanspruchten Skeletmuskulatur und im Herzen oxidativ abgebaut, in der Leber hauptsächlich zu Glykogen resynthetisiert und in geringem Maße mit dem Schweiß ausgeschieden wird. Bei Schwerstarbeit mit einem großen Anteil anaerober Energiegewinnung nimmt dagegen die Lactatkonzentration im Blut laufend zu und kann im Extremfall Werte von mehr als 15 mmol/l erreichen. Der Anstieg des Lactatspiegels führt zu einer Acidose (S. 400 ff.), die ihrerseits eine Ventilationssteigerung mit verstärkter CO_2-Abgabe (arterielle P_{CO_2}-Senkung) verursacht.

6.2.3 Organfunktionen bei statischer Arbeit

Muskeldurchblutung. Übersteigt bei einer Haltearbeit die Kontraktionskraft der eingesetzten Muskulatur 15% ihrer Maximalkraft, so kommt es zu einer ungenügenden Muskeldurchblutung. Ursache hierfür ist die intramuskuläre Druckentwicklung, die den Capillardruck übersteigt und damit die Capillarperfusion behindert. Die Reduktion der Muskeldurchblutung hat eine mangelhafte O_2-Versorgung der Muskelzellen und – dadurch bedingt – eine verstärkte Lactatbildung zur Folge, die zur schnellen Ermüdung führt.

Herzfrequenz. Bei statischer Arbeit steigt die Herzfrequenz an, und zwar umso höher je schwerer die Last ist und je länger die Haltezeit dauert. Beispielsweise tritt eine Steigerung der Herzfrequenz auf über 100 min^{-1} ein, wenn eine Last von 120 kg für die Dauer von 3 min getragen wird. Für die Frequenzsteigerung werden die bereits erwähnten hypothetischen Muskelreceptoren verantwortlich gemacht, die bei anaerober Stoffwechsellage stimulierend auf das Kreislaufzentrum wirken sollen.

6.2.4 Reaktionen auf psychische Belastungen

Mentale Belastungen längerer Dauer führen zu einer Steigerung des Gesamtenergieumsatzes, da unter diesen Bedingungen der Muskeltonus reflektorisch erhöht wird. Außerdem findet man häufig einen Anstieg der Herzfrequenz sowie eine Zunahme der Hautdurchblutung und der Schweißsekretion. Bei ***emotionalen Belastungen*** beobachtet man ähnliche Reaktionen, deren vegetative Steuerung im Zusammenhang mit den Kreislauffunktionen dargestellt sind (S. 165ff.).

6.2.5 Leistungsfähigkeit und leistungsbeeinflussende Faktoren

Bereiche und Tagesperiodik der Leistungsfähigkeit. Die körperliche Leistungsfähigkeit hängt von verschiedenen individuellen Faktoren (Alter, Körperbau, Gesundheitszustand, Trainingszustand, Talent) ab und variiert dementsprechend innerhalb der Bevölkerung in weiten Grenzen. Die maximale Leistungsfähigkeit eines Menschen wird kaum jemals - selbst nicht bei sportlichen Höchstleistungen - voll ausgenutzt. In der Regel beansprucht die berufliche Arbeit nur einen bestimmten Prozentsatz der maximalen Leistungsfähigkeit, so daß eine entsprechende ***Leistungsreserve*** erhalten bleibt. In Abb. 6-10 sind verschiedene Leistungsbereiche in Beziehung zur individuellen (maximalen) Leistungsfähigkeit schematisch

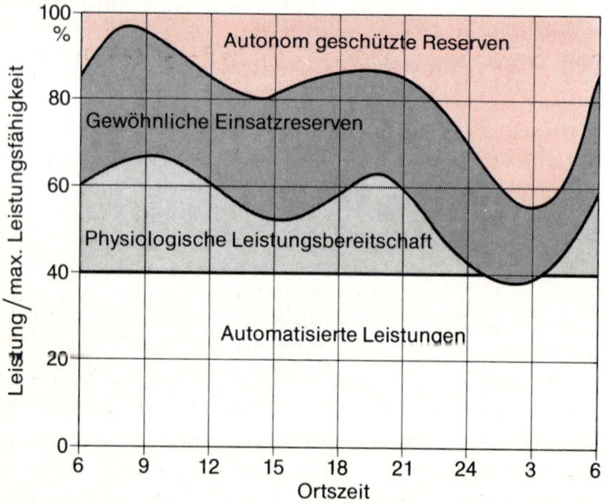

Abb. 6-10. Tagesperiodik der Leistungsbereitschaft und Kennzeichnung der Leistungsbereiche, nach GRAF

dargestellt. Leistungen, die weniger als 40% der maximalen Leistungsfähigkeit erfordern, können im allgemeinen ohne Willensanstrengung durchgeführt werden (automatisierte Leistungen). Darüber liegt der Bereich der ***physiologischen Leistungsbereitschaft,*** der nur mit Willenseinsatz zu erschließen ist, ohne daß die Arbeit jedoch zur Ermüdung führt. Leistungen in dem anschließenden Bereich der ***gewöhnlichen Einsatzreserven*** erfordern - wie etwa sportliche Höchstleistungen - einen starken Willenseinsatz und gehen mit Ermüdungen einher. Der vierte Bereich der ***autonom geschützten Reserven*** kann durch den Willen nicht erschlossen werden und ist nur in Notfallsituationen (Adrenalinausschüttung), z. B. in Lebensgefahr, zugänglich. Versucht man durch Dopingmittel die autonom geschützten Leistungsreserven zu mobilisieren, so besteht ein erhebliches Gesundheitsrisiko.

Wie Abb. 6-10 zeigt, unterliegen die Grenzen der Leistungsbereiche tagesrhythmischen Schwankungen. Die ***Leistungsbereitschaft,*** die von der (physischen) Leistungsfähigkeit und dem (psychischen) Leistungswillen abhängt, folgt dem gleichen Tagesrhythmus. Danach besteht gegen 9 und 19 Uhr (Ortszeit) die höchste, gegen 3 Uhr die geringste Leistungsbereitschaft. Diese Schwankungen der Leistungsbereitschaft gehören zu den ***circadianen Rhythmen,*** denen viele vegetative Funktionen, z. B. auch das Wach-Schlaf-Verhalten, unterliegen. Hierbei wird die jeweilige Funktion von einem endogenen Oscillator („biologische Uhr“) beeinflußt, der beim Fehlen von äußeren Reizen eine Periodendauer von ungefähr 24 Stunden (circadian) besitzt. Unter dem Einfluß äußerer Zeitgeber (Hell-Dunkel-Wechsel, soziale Faktoren) erfolgt die Synchronisation der Periodik auf genau 24 Stunden.

Untersuchungen an Schichtarbeitern haben gezeigt, daß auch bei längerer ***Nachtarbeit*** die Phasenlage der circadianen Periodik nur wenig verändert wird, so daß z. B. die Leistungsbereitschaft in den Nachtstunden vermindert bleibt. Wahrscheinlich verhindern die sozialen Kontakte mit der Umwelt eine vollständige Umstellung. Dagegen paßt sich die circadiane Rhythmik bei ***Zeitzonensprüngen*** (z. B. Interkontinentalflügen) mit einer gewissen Verzögerung der neuen Ortszeit vollständig an. Dabei gilt die Regel, daß eine Zeitverschiebung von 2 Stunden eine Umstellungszeit von einem Tag benötigt. Bei Zeitzonensprüngen in östlicher Richtung sind allerdings die Anpassungsschwierigkeiten häufig größer als bei solchen in westlicher Richtung.

Leistungsgrenzen. Bei beruflicher Arbeit, die für die Dauer von 8 Stunden ohne physische Ermüdung durchgeführt werden soll, muß die Belastung unterhalb der ***Dauerleistungsgrenze*** liegen. Für untrainierte Jugendliche ist diese Grenze durch folgende Beanspruchungskriterien charakterisiert: Pulsfrequenz $< 130\,\text{min}^{-1}$, Erholungspulssumme < 100 Pulse, konstante O_2-Aufnahme, Lactatspiegel $< 2{,}2$ mmol/l. Die Dauerleistungsgrenze liegt für 20–30jährige untrainierte Männer unter den Arbeitsbedingungen

des Fahrradergometers bei 100 W, entsprechend einer O_2-Aufnahme von etwa 1,5 l/min.
Leistungen, die über die Dauerleistungsgrenze hinausgehen, führen zur Ermüdung und sind daher zeitlich limitiert. Die ***Höchstleistungsgrenze*** in diesem Bereich liegt umso höher, je kürzer die Belastungszeit ist. Dies geht aus Tabelle 6-5 hervor, in der die Energieumsätze bei sportlichen Höchstleistungen verschiedener Dauer angegeben sind.

Körperliche Höchstleistungen werden durch die Geschwindigkeit der Energiebereitstellung in der arbeitenden Muskulatur limitiert. Bei ***Kurzleistungen*** (bis zu 10 s Dauer) stellt der Vorrat an ATP und Creatinphosphat den begrenzenden Faktor dar (Tabelle 6-5). Bei ***Mittelleistungen*** (bis zu 3 min Dauer) hängt die erreichte Leistung zusätzlich von der anaeroben Glykolyserate und vom oxidativen Nährstoffabbau nach Maßgabe der ansteigenden O_2-Nachlieferung ab (Abb. 6-6, S. 243). Bei ***Ausdauerleistungen*** (länger als 3 min) verliert die anaerobe gegenüber der oxidativen Energiegewinnung an Bedeutung. Die Höchstleistungsfähigkeit hängt also vor allem von der Geschwindigkeit der O_2-Nachlieferung, d. h. von dem Ausmaß der O_2-Aufnahme ab. Diese wird nicht etwa von der Atmungsfunktion, sondern beim Gesunden in der Regel durch die O_2-Transportkapazität des Blutkreislaufs, d. h. letztlich durch die Leistungsfähigkeit des Herzens, begrenzt. Bei kurzen Ausdauerleistungen

Tabelle 6-5. Energieumsatz bei sportlichen Höchstleistungen und leistungsbegrenzende Faktoren in Abhängigkeit von der Leistungsdauer

	Dauer	Beispiel	Energieumsatz (kW)	limitierende Faktoren der Energiegewinnung
Kurzleistungen	< 10 s	100-m-Lauf	20	Vorrat an ATP Creatinphosphat
Mittelleistungen	10–60 s	400-m-Lauf	10	Energiespeicher + anaerobe Glykolyserate + O_2-Aufnahme (ansteigend)
	1–3 min	800-m-Lauf	4,3	
	3–10 min	1500-m-Lauf	2,6	max. O_2-Aufnahme ($\dot{V}_{O_2\,max}$)
	10–30 min	5000-m-Lauf	1,8	O_2-Aufnahme (90% von $\dot{V}_{O_2\,max}$)
Ausdauerleistungen	> 30 min	Marathonlauf	1,6	O_2-Aufnahme (80% von $\dot{V}_{O_2\,max}$) + Glykogenspeicher
		Skilanglauf (15 km/h)	1,6	
		Radfahren (43 km/h)	1,4	

(3–10 min) kann die ***maximale O_2-Aufnahme*** erreicht werden, die im Mittel für untrainierte Männer 3,2 und Frauen 2,3 l/min, für trainierte Männer 4,8 und Frauen 3,3 l/min beträgt. Bei längeren Ausdauerleistungen lassen sich diese Maximalwerte nicht mehr über die gesamte Belastungszeit aufrechterhalten, wodurch eine Reduktion des Energieumsatzes eintritt (Tabelle 6-5). Dauert die Höchstleistung länger als 30 min, so kommt als weiterer leistungsbegrenzender Faktor die Erschöpfung der Substratreserven, insbesondere der Glykogenspeicher, hinzu.

Bei ***statischen Höchstleistungen*** besteht ein reziproker Zusammenhang zwischen der aktivierbaren Muskelkraft und der maximalen Belastungsdauer. Während die Maximalkraft nur für einige Sekunden aufrechterhalten werden kann, beträgt die Haltezeit 1 min, wenn 50% der Maximalkraft eingesetzt werden und etwa 4 min, wenn die Kraft auf 25% des Maximalwertes reduziert ist. Bei Haltearbeiten, die mit einem Einsatz von weniger als 15% der Maximalkraft erfolgen, wird dann die Haltezeit unabhängig von der Höhe der Belastung (vgl. hierzu S. 247).

Ermüdung und Erholung. Unter Ermüdung versteht man einen komplexen Vorgang, der bei schwerer Arbeit infolge von Veränderungen somatischer und/oder psychischer Funktionen zu einer Abnahme der Leistungsfähigkeit führt. Bei schwerer körperlicher Arbeit steht die physische (muskuläre) Ermüdung im Vordergrund, bei anstrengender geistiger oder monotoner Tätigkeit überwiegt der Einfluß der psychischen (zentralen) Ermüdung.
Die ***physische Ermüdung*** wird durch unzureichende Energiegewinnung und durch Anhäufung der Milchsäure in der arbeitenden Muskulatur hervorgerufen. Bei ***dynamischer Arbeit*** unterhalb der Dauerleistungsgrenze kommt es zwar während der Muskelkontraktion zur Abnahme der Energiereserven und zur Zunahme der Lactatkonzentration, in der nachfolgenden Erschlaffungsphase können jedoch die Energiespeicher wieder aufgefüllt und die Milchsäure abtransportiert werden. Oberhalb der Dauerleistungsgrenze reicht dagegen die Erschlaffungszeit für eine vollständige Restitution nicht aus, so daß ein „Ermüdungsrückstand" bestehen bleibt, der mit jedem Kontraktionscyclus weiter zunimmt. Bei häufigen Muskelkontraktionen kann nach längerer Dauer auch eine „Ermüdung" der Erregungsübertragung in den motorischen Endplatten eintreten. ***Statische Arbeit*** mit mehr als 15% der Maximalkraft führt infolge mangelhafter Muskeldurchblutung zu schneller Erschöpfung der Energiereserven und starker Zunahme der Lactatkonzentration.

Die ***Erholung*** nach Beendigung einer körperlichen Arbeit besteht in der Wiederauffüllung der Energiespeicher und der Elimination der Milchsäure, wobei gleichzeitig die kardiovasculären und respiratorischen Funktionen zuerst schnell, dann langsamer abnehmen. Im selben Maße steigt die Leistungsfähigkeit wieder an. Die Tatsache, daß die Restitution zu Beginn der Erholungsphase besonders schnell erfolgt (z. B. Abb. 6-7, S. 244), gibt einen Hinweis auf die richtige ***Festlegung von Arbeits-***

pausen: Bei vorgegebener Arbeitszeit ist es zweckmäßiger, viele kurze, als wenige lange Pausen einzulegen.

Die ***psychische Ermüdung*** ist auf die Störung zentralnervöser Funktionen zurückzuführen. Sie tritt nicht nur bei anstrengender psychischer Arbeit (Denk-, Konzentrations-, Reaktions- und Geschicklichkeitsleistungen), sondern unter bestimmten Bedingungen auch bei physischer Belastung (Schwerarbeit, monotoner Fließbandarbeit) auf und kann durch verschiedene Faktoren (Lärm, schlechte Beleuchtung, klimatische Belastung, Interessenlosigkeit, Sorgen, Schmerzen u. a.) verstärkt werden. Zeichen der psychischen Ermüdung sind neben einem allgemeinen Unlustgefühl insbesondere Störungen der Sinneswahrnehmung, sowie der Konzentrations-, Reaktions- und Entscheidungsfähigkeit. Vermutlich handelt es sich bei dieser Ermüdungsform um eine Beeinträchtigung des von der Formatio reticularis aufsteigenden und die Großhirnrinde aktivierenden Systems ***(ARAS),*** das die Bewußtseinshelligkeit und die Aufmerksamkeit steuert.

Im Gegensatz zur muskulären Ermüdung kann die zentrale Ermüdung schlagartig aufgehoben werden. Dies ist ein Hinweis darauf, daß nicht etwa die Beseitigung eines „Ermüdungsstoffes" im Zentralnervensystem, sondern die Reaktivierung des aufsteigenden reticulären Systems hierfür erforderlich ist. Eine ***Aufhebung der psychischen Ermüdung*** läßt sich durch Wechsel der Tätigkeit oder der Umgebung sowie durch Motivation erreichen und tritt in der Regel stets bei Alarmreaktionen (Angst, Wut u. a.) ein.

Trainingseinfluß. Unter Training versteht man die Summe aller Maßnahmen, die zur Erhaltung oder planmäßigen Steigerung der Leistungsfähigkeit dienen. Dieses Ziel läßt sich insbesondere durch die wiederholte Durchführung einer Arbeit erreichen, wodurch entsprechende Anpassungsvorgänge im Organismus ausgelöst werden. Der jeweils erzielte Trainingseffekt, der in einer bestimmten Leistungssteigerung zum Ausdruck kommt, hängt vom ***Trainingspensum,*** d. h. sowohl von der Intensität als auch von der Dauer des Trainings ab. Beim Absolvieren eines Trainingspensums steigt die erzielte Leistung zuerst schnell, dann langsamer an, um schließlich einen Plateauwert, die sog. ***Grenzleistung,*** zu erreichen (Abb. 6-11). Eine weitere Leistungssteigerung ist dann nur noch durch Ausweitung des Trainingspensums möglich. Wird das größtmögliche Pensum absolviert, entspricht das erreichte Leistungsplateau der ***Endleistung.***
Um eine optimale Anpassung der Organfunktionen zu erzielen, muß die Trainingsform so gewählt werden, daß sie dem speziellen Bewegungsablauf und der Dauer der geforderten Leistung entspricht. Für die Verbesserung von Ausdauerleistungen ist also ein spezifisches ***Ausdauertraining*** erforderlich, bei dem eine langdauernde, aber nicht erschöpfende Arbeit über Wochen und Monate täglich wiederholt wird.

Für eine meßbare Leistungssteigerung muß die tägliche Trainingsdauer mindestens 10 min, für die Erzielung sportlicher Höchstleistungen 5 Stunden und mehr betra-

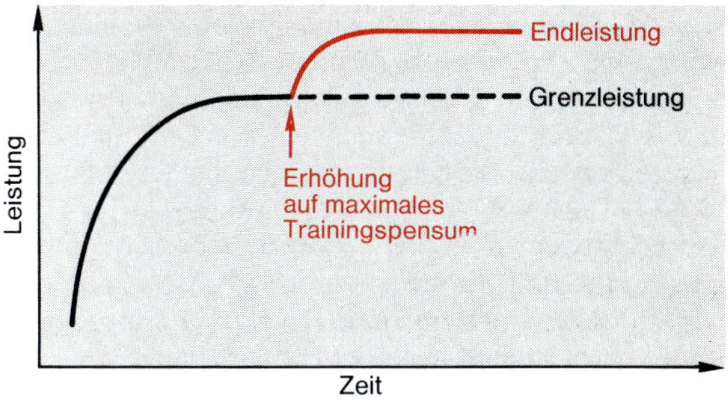

Abb. 6-11. Abhängigkeit der erzielten Leistung von Trainingsdauer und Trainingspensum. Definition der Begriffe Grenzleistung und Endleistung

gen. Die Trainingsintensität soll dabei so gewählt werden, daß eine Pulsfrequenz (min^{-1}) von 170 minus Lebensalter überschritten wird. Eine Sonderform des Ausdauertrainings stellt das ***Intervalltraining*** dar, bei dem Belastungs- und Erholungsphasen einander abwechseln. Auf eine 0,5–2minütige Maximalbelastung folgt eine Erholungspause, bis die Pulsfrequenz unter 130 min^{-1} abgesunken ist und die erneute Belastung beginnt.

Die Veränderungen der ***kardiovasculären*** und ***respiratorischen Funktionen*** unter dem Einfluß eines intensiven Ausdauertrainings sind in Tabelle 6-6 zusammengefaßt. Die strukturellen Veränderungen des Herzens (Dilata-

Tabelle 6-6. Wichtige Funktionsparameter vor und nach einem langen, intensiven Ausdauertraining (Tr.) für einen 25jährigen, 70 kg schweren Mann

	Ruhewerte		Maximalwerte bei Belastung	
	vor Tr.	nach Tr.	vor Tr.	nach Tr.
Pulsfrequenz (min^{-1})	70	45	190	190
Schlagvolumen (ml)	70	110	100	160
Herzzeitvolumen (l/min)	5	5	18	30
Atemzeitvolumen (l/min)	7	7	100	200
Sauerstoffaufnahme (l/min)	0,3	0,3	3,1	5,0

	vor Tr.	nach Tr.
Herzvolumen (l)	0,7	1,3
Herzgewicht (kg)	0,3	0,5
Blutvolumen (l)	5,6	6,0

tion, Hypertrophie, S. 108) ermöglichen sowohl in Ruhe als auch bei Belastung eine Zunahme des Schlagvolumens. Die Herzfrequenz wird in Ruhe unter dem Einfluß des Parasympathicus stark vermindert, erreicht jedoch bei Belastung den Maximalwert des Untrainierten. Insgesamt resultiert eine erhebliche Steigerung des maximalen Herzzeitvolumens und damit der O_2-Transportkapazität des Blutkreislaufes. Die für Dauerleistungen entscheidende Größe der maximalen O_2-Aufnahme liegt bei ausdauertrainierten Leistungssportlern um 50–70% über dem Durchschnittswert einer vergleichbaren untrainierten Bevölkerungsgruppe. In der beanspruchten Muskulatur kommt es außerdem zu einer Zunahme der Capillarisierung und zu einer Anpassung von Enzymaktivitäten.

Zur Steigerung der Muskelkraft dient ein spezifisches ***Krafttraining***, bei dem kurzzeitige Maximalleistungen mit einem großen Anteil an Haltearbeit (isometrischer Kontraktion) erbracht werden müssen. Um dabei einen optimalen Effekt zu erzielen, genügt es, die betreffende Muskelgruppe 3–5mal täglich zu kontrahieren, wobei beim Einsatz der maximalen Muskelkraft jeweils eine Kontraktionsdauer von 2–3 s, beim Einsatz der halben Maximalkraft jedoch eine Dauer von 15–20 s erforderlich ist. Ein solches Krafttraining stimuliert das Dickenwachstum der einzelnen Muskelfasern (Hypertrophie). Bei dem genannten Trainingspensum nehmen innerhalb von 20 Wochen der ***Muskelquerschnitt*** und damit auch die ***Muskelkraft*** um ca. 100% zu, d. h. die Endkraft erreicht den doppelten Wert der Ausgangskraft. Im Verlauf des Trainings bleibt die auf den Querschnitt bezogene (willkürliche) Muskelkraft, die unter physiologischen Bedingungen etwa 60 N/cm^2 beträgt, weitgehend unverändert.

Ergometrie. Unter dem Begriff Ergometrie faßt man die Verfahren zusammen, bei denen definierte Belastungen vorgegeben und die Beanspruchungsreaktionen in Abhängigkeit von der erbrachten Leistung gemessen werden. Neben den schlecht quantifizierbaren Methoden der Belastung durch Kniebeugen oder Stufensteigen, die bei klinischen Untersuchungen gelegentlich noch Anwendung finden, bevorzugt man heute Verfahren, bei denen bestimmte Leistungen durch ein Ergometer (Fahrrad-, Laufband- oder Drehkurbelergometer) vorgegeben werden.

Bei dem ***Fahrradergometer*** handelt es sich um ein Standfahrrad, das mit einer mechanischen oder elektromagnetischen Bremseinrichtung ausgerüstet ist. Die geforderte mechanische Leistung, die von der Bremskraft und der Tretgeschwindigkeit abhängt, läßt sich am Gerät einstellen und wird vielfach auch automatisch angezeigt. Das ***Laufbandergometer*** besteht aus einem geneigten Laufband, auf dem der Proband seine Laufgeschwindigkeit der Bandgeschwindigkeit anpaßt und somit auf der Stelle läuft. Die geforderte Leistung hängt dann von der Geschwindigkeit und Neigung des Laufbandes sowie vom Körpergewicht des Probanden ab.

Die Ergometerarbeit kann mit der Messung der O_2-Aufnahme im offenen spirometrischen System (S. 240) kombiniert werden ***(Spiroergometrie).*** Auf diese Weise läßt sich der Energieumsatz für die spezielle Arbeit und damit deren ***Wirkungsgrad*** bestimmen: Wenn man von dem Gesamtenergieumsatz, der bei einer bestimmten mechanischen Leistung gemessen wird, den Energieumsatz unter Ruhebedingungen abzieht, so erhält man den für diese Tätigkeit erforderlichen Arbeitsumsatz (Gesamtenergieumsatz – Ruheumsatz = Arbeitsumsatz). Damit läßt sich der für die spezielle Arbeitsform gültige (Netto-)Wirkungsgrad aus der Beziehung

$$\eta = \frac{\text{mechanische Leistung (W)}}{\text{Arbeitsumsatz (W)}} \qquad (8)$$

berechnen.

Beispiel: Bei einer auf dem Fahrradergometer erbrachten Leistung von 50 W werde ein Gesamtenergieumsatz von 18 kJ/min = 300 W gemessen. Der Ruheumsatz betrage 6 kJ/min = 100 W. Daraus ergibt sich ein Wirkungsgrad von 0,25 = 25%. Für Arbeiten auf dem Fahrrad- und dem Laufbandergometer liegen die erzielten Wirkungsgrade im Bereich von 20–25%, am Drehkurbelergometer um 20%.

Bei Anwendung der Ergometrie zur ***Prüfung der Leistungsfähigkeit*** ist zu beachten, daß nur gesunde Probanden bis an die Grenze der Erschöpfung belastet werden dürfen. Für Patienten wurden daher Leistungstests entwickelt, die bereits bei submaximaler Belastung gewisse Aussagen über ihre Leistungsfähigkeit zulassen. Zur Prüfung der Ausdauerleistungsfähigkeit des Gesunden haben sich vor allem folgende Verfahren bewährt:

Messung der ***maximalen O_2-Aufnahme*** bei erschöpfender Belastung (leveling off, Abb. 6-9, S. 246). Bzgl. der Normwerte, s. S. 251.

Messung der ***Arbeitskapazität*** (working capacity, PWC_{170}). Bei ansteigender Ergometerbelastung wird diejenige Leistung (W) bestimmt, bei der die Pulsfrequenz den Wert 170 min^{-1} erreicht. Die Normwerte betragen für untrainierte Männer 200 W bzw. Frauen 125 W; nach intensivem Ausdauertraining können sich diese Werte verdoppeln.

Messung des ***Herzvolumens*** mit röntgenologischen Verfahren. Diese Größe stellt insbesondere ein Maß für den Ausdauertrainingszustand dar (Tabelle 6-6).

7 Wärmehaushalt

7.1 Grundlagen des Wärmehaushalts

7.1.1 Homoiothermie

Infolge der erheblichen Wärmeproduktion, die mit dem Energieumsatz in den Organen und Geweben verbunden ist, findet ein ständiger Wärmestrom vom Körperinnern zur -oberfläche und eine Wärmeabgabe an die Umgebung statt. Dabei ist die Abgaberate so geregelt, daß sie mit der Wärmebildung und einer eventuellen Wärmeaufnahme im Gleichgewicht steht. Weil auf diese Weise die Körpertemperatur unabhängig von der Umgebungstemperatur relativ konstant bei 37 °C gehalten wird, rechnet man den Menschen zu den ***homoiothermen*** oder gleichwarmen Lebewesen. (Bei den ***poikilothermen*** oder wechselwarmen Tieren ist die Wärmebildung deutlich geringer, und die Körpertemperatur folgt etwa den Schwankungen der Umgebungstemperatur.) Die Konstanz der Körpertemperatur ist beim Warmblüter eine Grundvoraussetzung für den normalen Ablauf der Lebensvorgänge, da die optimale Funktion der Enzymsysteme nur in einem engen Temperaturbereich gewährleistet ist.

7.1.2 Körpertemperatur

Kern- und Schalentemperatur. Durch die Wärmeproduktion im Inneren des Organismus, vor allem in den Körperhöhlen, besteht ein Temperaturgefälle zwischen den inneren und äußeren Abschnitten des Körpers. An den Extremitäten nimmt die Temperatur nicht nur von innen nach außen (radiales Temperaturgefälle), sondern auch in der Längsrichtung (axiales Temperaturgefälle) ab. Wegen der unregelmäßigen geometrischen Form des Körpers entsteht ein kompliziertes räumliches Temperaturfeld, in dem ***Isothermen,*** d. h. Flächen gleicher Temperatur, angegeben werden können (Abb. 7-1). Nach Maßgabe der Isothermen läßt sich von einer mehr oder weniger poikilothermen Körperschale ein homoiothermer Körperkern abgrenzen. Zur Körperschale gehören die Haut und die Extremitäten, zum Körperkern das Innere des Rumpfes und des Kopfes.

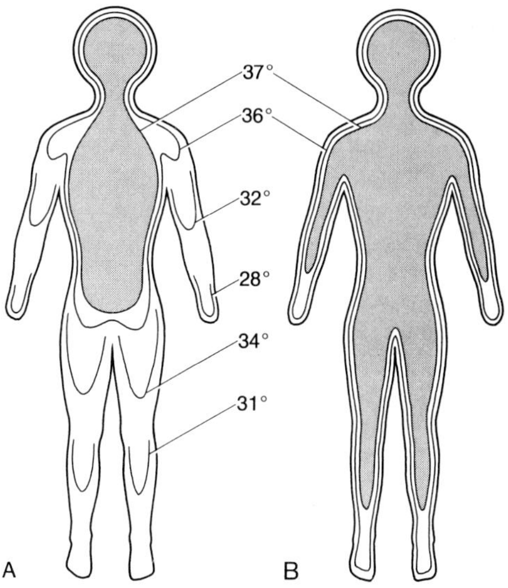

Abb. 7-1 A, B. Temperaturfeld des Körpers mit Isothermen in kalter (**A**) und in warmer Umgebung (**B**), nach ASCHOFF und WEVER (aus Schmidt und Thews, 1987). *Graues* Feld: Körperkern

Je nach Außentemperatur unterliegt die Steilheit des inneren Temperaturgefälles erheblichen Schwankungen. Bei hohen Außentemperaturen weisen Kern und Schale nur geringe Temperaturunterschiede auf; bei niedrigen Umgebungstemperaturen sinkt die Temperatur an den Extremitätenenden dagegen stark ab. Die Grenzen zwischen Kern und Schale sind demnach variabel.

Temperaturmessung. Auch innerhalb des Körperkerns bestehen kleine Temperaturdifferenzen, so daß das Ergebnis einer Temperaturmessung bis zu einem gewissen Grade vom Meßort abhängig ist. Als Maß für die Kerntemperatur wird meist die ***Rectaltemperatur*** (Temperatur im Mastdarm) benutzt, deren Beurteilung für klinische Zwecke völlig ausreichend ist. Wird das Meßinstrument unter der Zunge plaziert, spricht man von der Mundhöhlen- oder ***Oraltemperatur.*** Sie liegt im allgemeinen 0,3 bis 0,5 °C unter der Rectaltemperatur und ist oft stärkeren Schwankungen unterworfen. Durch festes Andrücken des Oberarmes an die seitliche Brustwand soll das Temperaturfeld so verändert werden, daß sich der Körperkern gewissermaßen bis zur Achselhöhle vorschiebt. Die Messung der ***Axillartemperatur*** ist jedoch relativ ungenau und wenig brauchbar, vor allem auch deshalb, weil die Einstellung eines konstanten Endwertes eine verhältnismäßig lange Zeit benötigt.

Der Normwert oder Sollwert der ***Kerntemperatur*** liegt im Mittel bei 37 °C. Dagegen hat die ***mittlere Hauttemperatur,*** die sich durch Mittelbildung aus den an mehreren Hautstellen gemessenen Temperaturen ergibt, einen von den klimatischen Bedingungen abhängigen Wert. Für den unbekleideten Menschen bei behaglicher Umgebungstemperatur beträgt sie ca. 33 °C.

Schwankungen der Kerntemperatur. Die Kerntemperatur zeigt deutliche Schwankungen im Tagesgang mit einem Minimum am frühen Morgen und einem Maximum am späten Abend (Abb. 7-2). Die Amplitude dieser ***tagesrhythmischen Schwankungen*** beträgt im Mittel knapp 1 °C. Hierbei handelt es sich – ähnlich wie beim Blutdruck (S. 130) und bei der Leistungsfähigkeit (S. 249) – um eine endogene circadiane Periodik, die durch äußere Zeitgeber auf genau 24 Stunden synchronisiert wird. Bei Langstreckenflügen mit Zeitzonensprüngen tritt eine Anpassung an die neue Ortszeit erst im Laufe mehrerer Tage ein.

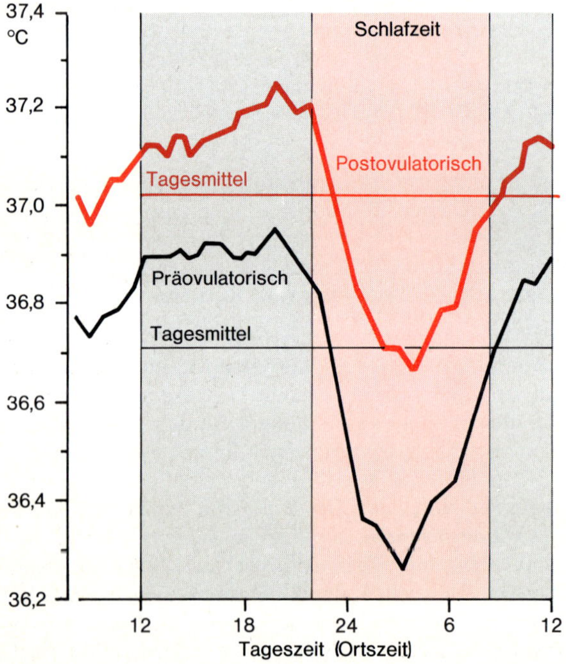

Abb. 7-2. Tagesrhythmische Schwankungen der Körpertemperatur (Rectaltemperatur) für die erste Hälfte *(schwarz)* und die zweite Hälfte *(rot)* des menstruellen Cyclus, nach T. H. SCHMIDT (aus Schmidt und Thews, 1987)

Temperaturschwankungen mit längerer Periodendauer sind mit dem ***Menstruationscyclus*** verknüpft. Im Zeitabschnitt zwischen der Menstruation und der Ovulation befindet sich die Kerntemperatur auf einem niedrigen Niveau. Mit der Ovulation steigt die Temperatur plötzlich um etwa 0,4 °C an und bleibt auf diesem erhöhten Niveau bis zur nächsten Menstruation (S. 434).

Diese Temperatursteigerung, die auch bei Eintritt einer Schwangerschaft erhalten bleibt, ist Ausdruck einer Progesteronwirkung auf den Sollwert der Temperaturregulation. Regelmäßige Messungen der ***Basaltemperatur*** (morgendliche Aufwachtemperatur unter Grundumsatzbedingungen) erlauben daher eine Aussage über den Verlauf des Progesteronspiegels und damit über den Zeitpunkt der Ovulation (Methode nach Knaus-Ogino zur Bestimmung des Conceptionsoptimums bzw. der fruchtbaren und unfruchtbaren Tage). Die Zuverlässigkeit der Methode ist allerdings begrenzt.

Die Kerntemperatur wird außerdem durch ***körperliche*** und ***emotionale Belastungen*** beeinflußt. Bei leichter Arbeit und bei Emotionen steigt die Kerntemperatur um ca. 1 °C, bei schwerer Arbeit um 2–3 °C an.

7.2 Wärmebildung und innerer Wärmestrom

7.2.1 Wärmebildung

Wärmebildung und Umgebungstemperatur. Die Wärmebildung des Organismus wird in hohem Maße von den äußeren Temperaturbedingungen beeinflußt. Wie Abb. 7-3 zeigt, ist ein bestimmter Bereich der Umgebungstemperatur (T_2–T_3) dadurch gekennzeichnet, daß die Wärmebildung ein Minimum aufweist und gleichzeitig noch keine Schweißsekretion (evaporative Wärmeabgabe) stattfindet. Dieser Bereich der ***Indifferenztemperatur,*** der auch als ***thermische Neutralzone*** bezeichnet wird, liegt für den unbekleideten, ruhenden Erwachsenen (relative Luftfeuchte 50%, Windstille) zwischen 28 und 30 °C.
Unterhalb von 28 °C steigt die Wärmebildung mit abnehmender Umgebungstemperatur stetig an. Diese Zunahme der Wärmeproduktion dient dazu, die erhöhten Wärmeverluste genau in dem Maße zu kompensieren, wie es die Konstanthaltung der Kerntemperatur erfordert. Die Mechanismen hierfür sind ***Zunahme des Muskeltonus*** und schließlich bei sehr tiefen Temperaturen ***Kältezittern,*** wodurch im Extremfall die Wärmeproduktion des Körpers um mehr als das Dreifache gesteigert wird. Sind diese ***Kälteabwehrmechanismen*** nicht mehr in der Lage, die Wärmeverluste auszugleichen (Unterschreitung der unteren Grenze des Regelbereiches T_1 = 1–5 °C), fällt die Kerntemperatur ab. Oberhalb von T_3 nimmt die Wärme-

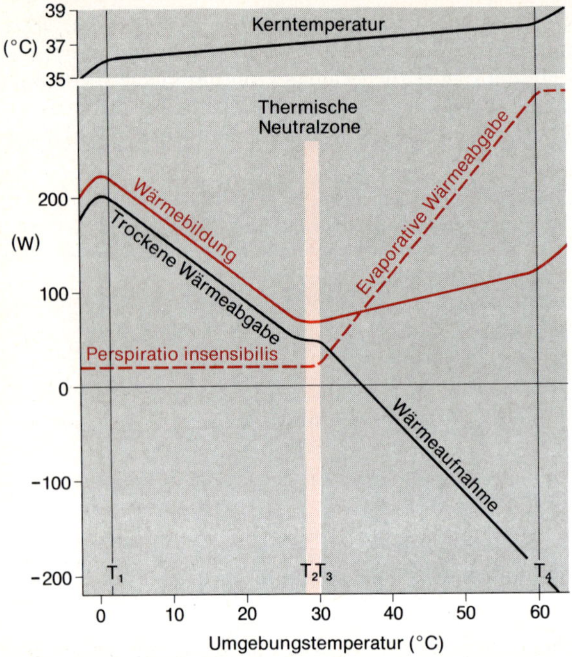

Abb. 7-3. Wärmebildung sowie trockene und evaporative Wärmeabgabe in Abhängigkeit von der Umgebungstemperatur für den ruhenden, unbekleideten Erwachsenen. Im Regelbereich zwischen T_1 und T_4 ist die Wärmebilanz ausgeglichen, so daß die Körpertemperatur *(oben)* weitgehend konstant gehalten werden kann. Umgebungstemperaturen unterhalb von T_1 führen zur Hypothermie, oberhalb von T_4 zur Hyperthermie. Im Bereich der thermischen Neutralzone zwischen T_2 und T_3 liegt das Minimum der Wärmebildung

bildung, infolge der Aktivierung von Wärmeabwehrmechanismen (S. 266) geringgradig zu. Steigt bei sehr hoher Umgebungstemperatur die Kerntemperatur stärker an (Überschreitung der oberen Grenze des Regelbereiches T_4 = 60 °C in trockener Luft), so erhöht sich auch die Wärmeproduktion in stärkerem Maße, weil hierbei die Stoffwechselrate gemäß der RGT-Regel (Reaktionsgeschwindigkeit-Temperatur-Regel) zunimmt. (Zur Wärmebildung des Neugeborenen, S. 268 ff.).

Beiträge der Organe zur Wärmeproduktion. Die Wärmeproduktion der Organe ist naturgemäß von ihrem Energieumsatz abhängig. In körperlicher Ruhe und bei Indifferenztemperatur liefern die einzelnen Organe und Gewebe folgende Beiträge zur gesamten Wärmeproduktion: Organe der Brust- und Bauchhöhle 56%, Gehirn 16%, Muskulatur und Haut 18%, restliche Gewebe 10%. Bei körperlicher Arbeit steigt die Wärmebildung infolge des erhöhten Energieumsatzes in der Muskulatur stark an und kann hier im Extremfall das 10fache des Wertes unter Ruhebedingungen erreichen. In diesem Fall beträgt der Anteil der Muskulatur an der gesamten Wärmeproduktion etwa 90%.

7.2.2 Wärmetransport im Körper

Konvektiver Wärmetransport. Wegen der geringen Wärmeleitung in den Geweben wird die im Körper gebildete Wärme vorwiegend durch Konvektion mit dem Blutstrom zur Körperoberfläche transportiert. Dieser innere Wärmestrom $\dot{q}_i$ pro Flächeneinheit ist von der Kerntemperatur T_K und der Hauttemperatur T_H abhängig:

$$\dot{q}_i = \alpha\,(T_K - T_H) \qquad (1)$$

Der Proportionalitätsfaktor α, der sich mit der Durchblutung der Körperschale verändert, wird als ***Wärmedurchgangszahl*** (Wärmetransportzahl), der reziproke Wert $w = 1/\alpha$ als ***Wärmedurchgangswiderstand*** bezeichnet.

Innerer Wärmestrom und Hautdurchblutung. Durch Änderung der Hautdurchblutung kann der innere Wärmestrom in der Körperschale wesentlich beeinflußt werden. Bei Kälte wird die Hautdurchblutung durch die Aktivierung sympathischer Nerven eingeschränkt (Hautblässe), woraus eine Zunahme des Wärmedurchgangswiderstandes resultiert. In warmer Umgebung kommt es dagegen infolge Abnahme der Sympathicusaktivität zu einer Vasodilatation und damit zu einer Steigerung der Hautdurchblutung, die den Wärmetransport begünstigt (Rötung der Haut). Der mittlere Wärmedurchgangswiderstand der gesamten Körperschale kann durch Veränderungen der Hautdurchblutung im Verhältnis 1:4 bis 1:7 variiert werden. Besonders stark sind daran die Durchblutungsänderungen der Extremitäten beteiligt, in denen - insbesondere bei eingeschränkter Hautdurchblutung - ein größerer Wärmeanteil aus dem Arterienblut direkt auf das zurückfließende Blut der begleitenden Venen übergeleitet wird.

7.3 Wärmeabgabe an die Umgebung

7.3.1 Mechanismen der Wärmeabgabe

Die Wärmeabgabe an die Umgebung erfolgt im wesentlichen über die Haut und die Lunge. Der Wärmeabstrom, der bei konstanter Kerntemperatur quantitativ der Wärmebildung entspricht, wird dabei durch drei Teilprozesse, Wärmeleitung und -konvektion, Wärmestrahlung sowie Wasserverdunstung, vermittelt.

Wärmeleitung und -konvektion. Die Körperoberfläche ist in der Regel von einer kühleren Luftgrenzschicht umgeben, so daß Wärme – dem Temperaturabfall folgend – an die Umgebung abgeleitet werden kann. Die Wärmeabgabe durch Leitung ***(Konduktion)*** ist der jeweiligen Temperaturdifferenz proportional. Bezeichnen $\dot{q}_L$ den Wärmestrom je Flächeneinheit, T_H die Hauttemperatur und T_L die Temperatur der Luftgrenzschicht, so gilt:

$$\dot{q}_L = \alpha_L (T_H - T_L). \tag{2}$$

α_L, die sog. ***Wärmeübergangszahl,*** hat bei Luftkontakt einen verhältnismäßig kleinen Wert. Ist die Hautoberfläche jedoch von Wasser umgeben, wobei der Wert von α_L um den Faktor 22 ansteigt, oder besteht ein direkter Kontakt zu einem kühleren festen Material mit großer Wärmeübergangszahl, so kann es schnell zu einer Auskühlung des Körpers kommen. Die in die Luftgrenzschicht abgeleitete Wärme wird durch ***Konvektion*** (Luftbewegung) weitertransportiert. Die Konvektion sorgt also für die Aufrechterhaltung eines großen Temperaturgradienten für die Wärmeleitung. Je stärker die Luft bewegt wird (Windeinfluß), um so dünner ist die Grenzschicht an der Haut und um so schneller erfolgt die Wärmeabgabe. Tiere haben die Möglichkeit, durch Aufrichten von Haaren und Federn die Luftgrenzschicht zu erweitern und sich damit in kalter Umgebung vor starken Wärmeverlusten zu schützen. Der Mensch kann den gleichen Effekt durch die Wahl zweckmäßiger Kleidung (Wollfasern halten Luftbläschen fest) erzielen.

Wärmestrahlung. Ein weiterer Teilprozeß des Wärmeaustausches mit der Umgebung ist der Wärmetransport durch langwellige Strahlung, der nach dem STEFAN-BOLTZMANNschen Gesetz der 4. Potenz der absoluten Temperatur proportional ist. Bezeichnen T_H die Hauttemperatur und T_W die Temperatur der strahlenden Flächen, z. B. der Wände in der Umgebung, so gilt für den Wärmestrom je Flächeneinheit $\dot{q}_S$, sofern T_H und T_W in Kelvin angegeben werden:

$$\dot{q}_S = \alpha_S (T_H^4 - T_W^4). \tag{3}$$

Der Proportionalitätsfaktor α_S ist von den ***Emissions-*** bzw. ***Absorptionseigenschaften*** der Haut und der umgebenden Flächen abhängig; hinsichtlich der Strahlungsemission verhält sich die Haut ähnlich wie ein schwarzer Körper. Es muß betont werden, daß Wärmeabgabe durch Strahlung wohl von der Hauttemperatur, jedoch nicht von der Lufttemperatur abhängig ist. Im Gegensatz zur Wärmeleitung, die in der Regel Wärme in die Umgebung transportiert, kann der strahlungsbedingte Wärmestrom auch körperwärts gerichtet sein. Dies ist beispielsweise bei intensiver Sonneneinstrahlung und kühler Haut der Fall, wobei die Absorption zusätzlich von der Hautpigmentierung beeinflußt wird. Weiße Kleidung kann unter diesen Bedingungen die strahlungsbedingte Wärmeaufnahme etwa auf die Hälfte reduzieren.

Wasserverdunstung. Durch Wasserverdunstung an der Hautoberfläche und in den Atemwegen werden dem Körper erhebliche Wärmemengen entzogen (evaporative Wärmeabgabe). Dabei gelangt Wasserdampf per diffusionem an die Haut- bzw. Schleimhautoberfläche und wird unmerklich an die Umgebung abgegeben ***(Perspiratio insensibilis).*** Auf diese Weise (ohne Schweißsekretion) verliert der Körper täglich etwa ***1 l Wasser,*** was einer Wärmeabgabe von ***580 kcal (2,4 MJ)*** oder einem Drittel des Grundumsatzes entspricht.
Für die Wärmeabgabe durch Verdunstung je Flächeneinheit $\dot{q}_V$ sind die Wasserdampfdrücke der Haut (P_H) und der Luft (P_L) maßgebend:

$$\dot{q}_V = \alpha_V (P_H - P_L) \qquad (4)$$

Den Proportionalitätsfaktor α_V bezeichnet man als ***Verdunstungszahl.*** Die Wasserdampfdrücke werden vom Wassergehalt und der Temperatur der Haut bzw. der Luft bestimmt. Solange die Hauttemperatur höher als die Umgebungstemperatur ist, findet eine Verdunstung auch noch bei einer relativen Luftfeuchte von 100% statt, da unter diesen Bedingungen der Dampfdruck der Haut den der Luft übersteigt.
Bei höheren Außentemperaturen kommt ein weiterer Mechanismus der Wärmeabgabe durch Verdunstung, die ***Schweißsekretion (Perspiratio sensibilis),*** zum Tragen. Sie setzt beim ruhenden, unbekleideten Menschen oberhalb einer Umgebungstemperatur von 30 °C ein (Abb. 7-3). Die Schweißabsonderung wird durch cholinerge sympathische Nervenfasern ausgelöst und stellt einen aktiven Sekretionsvorgang dar.

7.3.2 Wärmeabgabe und Umweltfaktoren

Anpassung der Wärmeabgabe. Bei ***Indifferenztemperatur,*** einer Luftfeuchte von 50% und Windstille tragen die einzelnen Wärmetransportmechanismen mit den in Tabelle 7-1 angegebenen Anteilen zur Wärmeabgabe des

Tabelle 7-1. Anteile der einzelnen Wärmetransportmechanismen an der Gesamtwärmeabgabe (Indifferenztemperatur, Luftfeuchte 50%, Windstille)

Haut		Atemwege	
Strahlung	45%		
Leitung und Konvektion	25%	Leitung und Ventilation	2%
Wasserverdunstung	20%	Wasserverdunstung	8%
	90%		10%

ruhenden Menschen bei. Unter diesen Bedingungen dominieren also Wärmestrahlung sowie Wärmeleitung und -konvektion, die man unter dem Begriff „trockene Wärmeabgabe" zusammenfaßt. Im Bereich der thermischen Neutralzone kann die trockene Wärmeabgabe durch ***Variation der Hautdurchblutung*** sehr genau der Wärmebildung angepaßt werden (Vasodilatation erhöht, Vasoconstriction vermindert die Wärmeabgabe). Dabei kommt der Durchblutungsregulation an den Acren, vor allem an den Fingern, die wegen der günstigen Oberflächen-Volumen-Relation für den Wärmetransport besonders prädestiniert sind, eine große Bedeutung zu. An den Fingern kann die Hautdurchblutung von $2 \cdot 10^{-3}$ in kälterer Umgebung auf $1{,}2\,\text{ml} \cdot \text{g}^{-1} \cdot \text{min}^{-1}$ in wärmerer Umgebung ansteigen, d. h. im Verhältnis 1 :600 variieren. Bei Zunahme der Durchblutung werden teils die versorgenden Capillaren, vor allem jedoch die als Wärmeaustauscher dienenden arteriovenösen Anastomosen stärker perfundiert (S. 133).

Sinkt die Raumtemperatur stärker ab, so nimmt – trotz maximaler Vasoconstriction – die trockene Wärmeabgabe erheblich zu (Abb. 7-3 u. Gl. (2)). In sehr kalter Umgebung beobachtet man dabei vielfach eine eigentümliche Reaktion, die sog. ***Kältevasodilatation*** (LEWISsche Reaktion). Hierbei handelt es sich um eine temporäre Erweiterung der Hautgefäße, die durch direkte Einwirkung der tiefen Temperatur auf die Gefäßmuskulatur und durch Ansammlung gefäßaktiver Substanzen in der vorausgegangenen Phase der Minderdurchblutung hervorgerufen wird. Diese Reaktion, die sich periodisch wiederholen kann, schützt bis zu einem gewissen Grade die Haut vor einer Mangelversorgung, ist jedoch bei langer Kälteeinwirkung nicht in der Lage, Frostschäden (Frostbeulen, Gewebenekrosen) zu verhindern.

Steigt die Raumtemperatur über den Bereich der thermischen Neutralzone hinaus an, so nimmt – trotz Dilatation der Hautgefäße – die trockene Wärmeabgabe ab (Abb. 7-3). Je wärmer die Umgebung, um so kleiner wird die Differenz zwischen Haut- und Lufttemperatur, die nach Gl. (2) für die Wärmeleitung maßgebend ist. Dafür übernimmt mit einsetzender Schweißsekretion die Wasserverdunstung die führende Rolle bei der Wär-

meabgabe. Oberhalb von 35 °C stellt die Verdunstung im Bereich der Haut und des Atmungstraktes praktisch die einzige Möglichkeit dar, Wärme an die Umgebung abzuführen. In sehr warmer Umgebung kann die Schweißsekretion Werte von $2\,l \cdot h^{-1}$, bei Akklimatisierten (S. 270) von $4\,l \cdot h^{-1}$ erreichen.
Bei ***körperlicher Arbeit*** wird die in verstärktem Maße anfallende Wärme ebenfalls überwiegend (zu etwa 75%) durch Wasserverdunstung abgegeben. Die durchschnittliche Schweißsekretion beträgt bei schwerer Arbeit unter normalen klimatischen Bedingungen etwa $1\,l \cdot h^{-1}$. Dabei sinkt die Hauttemperatur ab, während gleichzeitig die Kerntemperatur bis um 3 °C zunimmt.

Klimafaktoren. Der Wärmeaustausch mit der Umgebung wird von vier physikalischen Faktoren beeinflußt, deren Gesamtheit man unter dem Begriff Klima zusammenfaßt. Diese Klimafaktoren sind: ***Lufttemperatur, Luftfeuchte, Windgeschwindigkeit*** und ***Strahlungstemperatur*** (z. B. die Temperatur der umgebenden Wände). Die Bedeutung der Luftfeuchte ergibt sich daraus, daß hohe Außentemperaturen bei feuchter Luft schlechter als bei trockener Luft vertragen werden, da eine hohe Luftfeuchte die Wasserverdunstung an der Körperoberfläche einschränkt. Die Bedeutung der Windgeschwindigkeit liegt darin, daß sie die Ausdehnung der ruhenden Grenzschicht auf der Körperoberfläche beeinflußt. Die Wirkung der Strahlungstemperatur macht sich z. B. dadurch bemerkbar, daß in Räumen mit indifferenter Lufttemperatur, aber niedriger Wandtemperatur die Umgebung als kühl empfunden wird.
Für die quantitative Beurteilung der Wärmeaustauschbedingungen kann man die genannten Faktoren nach besonderen Vorschriften in einem sog. ***Klimasummenmaß*** zusammenfassen. Die so gewonnenen Werte lassen sich dann mit dem thermischen Wohlbefinden bzw. mit dem Grad der thermischen Belastung in Beziehung setzen. Unter den Bedingungen, daß die Luftfeuchte 50% beträgt, Windstille herrscht und die Wände die gleiche Temperatur wie die Luft haben, liegt die ***Behaglichkeitstemperatur*** für den unbekleideten Menschen bei 28 °C, für den leicht bekleideten Menschen bei 25 °C und für Büroarbeiter bei 22 °C.

Wärmeabgabe im Wasser. Die Bedingungen für die Wärmeabgabe im Wasser unterscheiden sich in mehrfacher Hinsicht von denen in einer Luftumgebung. Die Wärmeverluste durch Strahlung sind im Wasser sehr gering. Der Wärmeübergang von der Körperoberfläche zum Wasser erfolgt praktisch ausschließlich durch Leitung und Konvektion. Infolge der wesentlich größeren Wärmeübergangszahl (S. 262) verliert der Körper trotz ausgeprägter Verengung der Hautgefäße in kaltem Wasser sehr viel mehr Wärme als in gleichtemperierter Luft. Daher können bereits bei Wassertemperaturen von 20 °C kritische Wärmeverluste auftreten. Da diese von der Dicke des Unterhautfettgewebes abhängen, kühlen magere Menschen im kalten Wasser schneller aus als Personen mit stark ausgeprägtem Fettpolster.

7.4 Thermoregulation

Die Thermoregulation hat die Aufgabe, die Körpertemperatur trotz Schwankungen der Wärmebildung, -aufnahme und -abgabe auf einem vorgegebenen Sollwert konstant zu halten. Die hieran beteiligten Einrichtungen bilden einen Regelkreis mit negativer Rückkopplung (Abb. 7-4).

7.4.1 Glieder und Funktion des Regelkreises

Thermoreception. Als Fühler des Regelkreises dienen die ***Kalt- und Warmreceptoren*** in der Haut. Die Impulsfolgen, welche in diesen cutanen Thermoreceptoren auf Kalt- bzw. Warmreize hin ausgelöst werden, gelangen auf dem Nervenwege zu den „Zentren" der Thermoregulation im Hypothalamus. Daneben konnten in Tierversuchen ***thermosensitive Strukturen im Zentralnervensystem,*** nachgewiesen werden: Eine umschriebene Erwärmung des vorderen Hypothalamus (Regio praeoptica) führt zu Wärmeabwehrreaktionen (cutaner Vasodilatation, Schweißsekretion), eine Kühlung dieses Gebietes zu Kälteabwehrreaktionen (Vasoconstriction, Stoffwechselsteigerung). Ähnliche Wirkungen lassen sich auch vom Rückenmark,

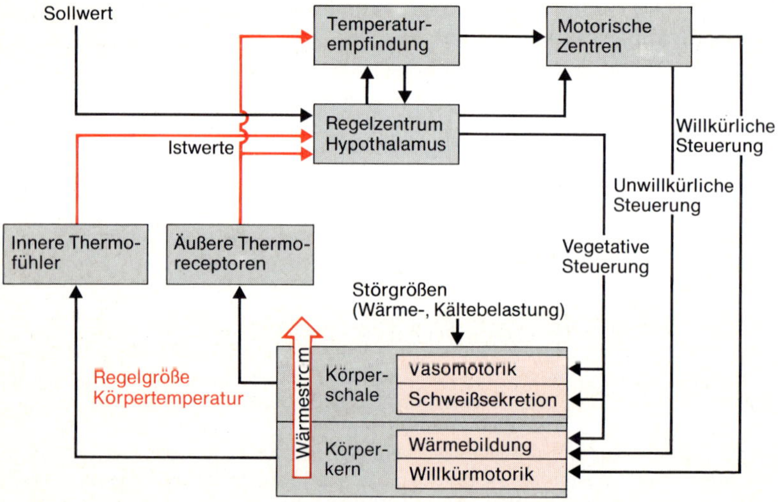

Abb. 7-4. Regelkreis der thermoregulatorischen Mechanismen zur Konstanthaltung der Körpertemperatur

insbesondere vom Cervicalmark, her auslösen. Aus der Lokalisation der inneren Temperaturfühler im Hypothalamus und Rückenmark geht hervor, daß sie zur direkten Registrierung der Kerntemperatur dienen.

Zentrale Informationsverarbeitung. Die für die thermische Informationsverarbeitung zuständigen Strukturen sind im ***hinteren Hypothalamus*** lokalisiert. Die einlaufenden Impulse von den Thermoreceptoren der Haut und den inneren Temperaturfühlern werden hier integriert und - sofern eine Abweichung vom Sollwert dies erfordert - in Steuersignale für die Stellglieder des Regelkreises umgesetzt. Da die cutanen Thermoreceptoren auf äußere Temperaturänderungen schnell ansprechen, können zweckmäßige Kälte- oder Wärmeabwehrreaktionen bereits ausgelöst werden, bevor noch eine Änderung der Kerntemperatur eintritt. Für den Vergleich der Ist- und Sollwerte ist also nicht nur die Kerntemperatur, sondern darüber hinaus auch die Hauttemperatur maßgebend, wobei beide Informationen teils additiv, teils multiplikativ miteinander verrechnet werden.
Eine Modellvorstellung von der ***neuronalen Verschaltung*** im Regelzentrum des hinteren Hypothalamus vermittelt Abb. 7-5. Afferente Impulse von den Kältereceptoren der Haut aktivieren die efferenten Neurone, die eine Steigerung der Wärmebildung bewirken, und hemmen gleichzeitig über Zwischenneurone die efferenten Zellen, welche auf die Mechanismen der Wärmeabgabe einwirken. Von den äußeren und inneren Warmreceptoren her werden dagegen die wärmeabgabefördernden Efferenzen aktiviert und über Zwischenneurone die wärmebildungsfördernden Efferenzen gehemmt (reciproke Verschaltung der Kalt- und Warmafferenzen).

Stellglieder. Wenn infolge einer Störgrößeneinwirkung (Kälte- oder Wärmebelastung) der Istwert der integrierten Temperaturinformation vom vorgegebenen Sollwert abweicht, so werden diejenigen Stellglieder aktiviert, die dieser Abweichung entgegenwirken. Stellglieder der Thermoregulation sind die ***Vasomotorik*** der Hautgefäße, die ***Schweißsekretion*** und die ***Wärmebildung.*** Bei äußerer Wärmebelastung oder bei gesteigerter Wärmebildung während körperlicher Arbeit besteht die Gegenregulation in einer Dilatation der Hautgefäße und in einer Aktivierung der Schweißsekretion. Bei Kältebelastung wird einerseits die Wärmeabgabe durch Constriction der Hautgefäße gedrosselt und andererseits die Wärmebildung durch Zunahme des Muskeltonus bzw. durch Muskelzittern gesteigert.

Verhaltensanpassung. Der Mensch besitzt die Möglichkeit, sein Verhalten den klimatischen Bedingungen zweckentsprechend anzupassen und damit die autonomen Mechanismen der Thermoregulation zu unterstützen. Solche Verhaltensanpassungen, die durch die jeweilige Temperaturempfindung ausgelöst werden (Abb. 7-4), sind einerseits Verkleinerung der effektiven Körperoberfläche (Einnahme der Hockstellung) oder Aktivierung der Willkürmotorik bei Kältebelastung und ande-

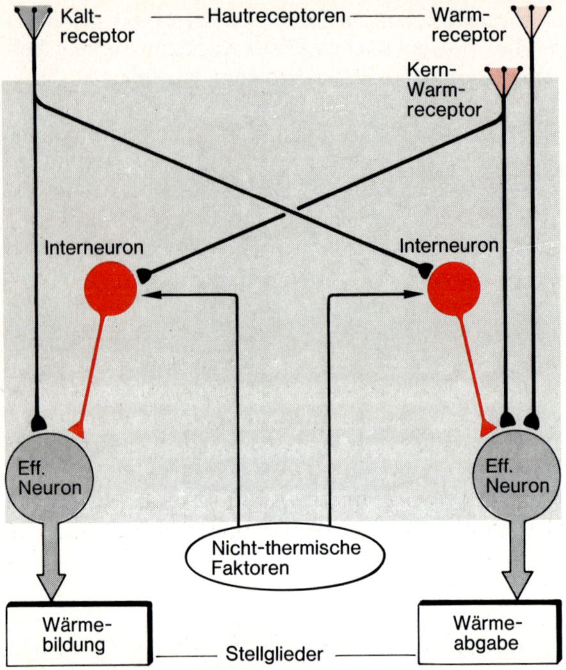

Abb. 7-5. Verschaltung der thermoregulatorischen Neurone im Hypothalamus *(graues Feld)*. Die Afferenzen von den Kalt- und Warmreceptoren wirken fördernd *(schwarz)* und über Zwischenneurone hemmend *(rot)* auf die efferenten Neurone ein, welche die Stellglieder steuern

rerseits Bevorzugung geringer motorischer Aktivität bei Wärmebelastung (z. B. in den Tropen). Außerdem kann die Wärmeabgabe bzw. -aufnahme durch zweckmäßige Kleidung reguliert werden. Schließlich und vor allem schafft sich der Mensch durch den Aufenthalt in entsprechend temperierten Räumen Lebensbedingungen, durch die er extremen klimatischen Belastungen weitgehend entzogen ist.

7.4.2 Thermoregulation des Neugeborenen

Zitterfreie Wärmebildung. Das menschliche Neugeborene ist bereits unmittelbar nach der Geburt in der Lage, seine Körpertemperatur zu regulieren. Die Stellglieder der Thermoregulation (Wärmebildung, Vasomotorik und Schweißsekretion) sind bereits zu diesem Zeitpunkt voll funktionsfähig. Allerdings besitzt das Neugeborene noch nicht die Fähigkeit, seine Wärmebildung durch unwillkürliches Muskelzittern ausreichend zu steigern. Dafür setzt es zur Kälteabwehr einen anderen Mechanismus, die zitterfreie Wärmebildung, ein. Die Quelle dieser Wärmeproduktion ist das ***braune Fettgewebe,*** das im Bereich zwischen den Scapulae, in der Axilla und an einigen anderen Orten vorkommt. Die zitterfreie Wärmebildung wird durch Aktivierung des Sympathicus ausgelöst, wobei das an den Nervenendigungen abgegebene Noradrenalin die Freisetzung von freien Fettsäuren stimuliert, deren Oxidation zu einer gesteigerten Wärmeproduktion führt.

Wärmebilanz des Neugeborenen. Das reife Neugeborene hat im Vergleich zum Erwachsenen ein etwa dreimal größeres Oberflächen-Volumen-Verhältnis. Wegen dieser ungünstigen Relation und der geringen Dicke der isolierenden Körperschale (dünnes Fettpolster), ist das Neugeborene - trotz erhöhten relativen Energieumsatzes - leicht der ***Gefahr der Auskühlung*** ausgesetzt. Wärmeverluste können nur bei hohen Umgebungstemperaturen vermieden werden. Die ***thermische Neutralzone,*** in der bei minimalem Energieumsatz ohne Schweißsekretion die Wärmebilanz ausgeglichen ist, liegt beim Neugeborenen im Bereich von 32-34 °C (Abb. 7-6). Sinkt

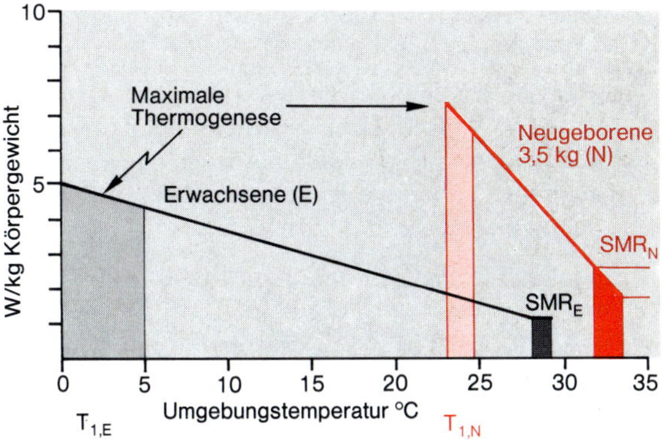

Abb. 7-6. Wärmebildung des Neugeborenen *(rot)* und Erwachsenen *(schwarz)* in Abhängigkeit von der Umgebungstemperatur, nach BRÜCK (aus Schmidt und Thews, 1987). Die Zunahme der Wärmeproduktion mit abnehmender Umgebungstemperatur erfolgt beim Neugeborenen durch zitterfreie Wärmebildung, beim Erwachsenen durch Steigerung des Muskeltonus bzw. durch Muskelzittern. Beim Neugeborenen sind die Zone des minimalen Energieumsatzes *SMR* (Standard Metabolic Rate) und die untere Grenze des Regelbereiches T_1 zu höheren Temperaturen hin verlagert

die Umgebungstemperatur ab, so nimmt die zitterfreie Wärmebildung zu und erreicht bei ca. 23 °C einen Maximalwert. Wenn diese untere Grenze des Regelbereiches ($T_{1,N}$) unterschritten wird, kommt es zur Abnahme der Kerntemperatur. Die Thermoregulation des Neugeborenen ist also nur in einem - im Vergleich zum Erwachsenen - höheren und enger begrenzten Bereich der Umgebungstemperatur ausreichend wirksam.

7.4.3 Akklimatisation

Der Organismus ist nicht nur in der Lage, durch kurzfristige Regelprozesse die Körpertemperatur unter wechselnden klimatischen Bedingungen konstant zu halten, sondern kann sich auch langfristig an ständige oder wiederholte Hitze- bzw. Kältebelastungen anpassen. Diese Umstellungen, die sich in einem Zeitraum von Tagen bis zu mehreren Monaten vollziehen, beruhen im wesentlichen auf einer ***Ökonomisierung der Temperaturregulation.*** Einen langfristigen Anpassungsvorgang dieser Art bezeichnet man als Akklimatisation oder ***Temperaturadaptation.***

Der Begriff „Adaptation" wird in der Biologie für mehrere ganz verschiedenartige Anpassungsvorgänge verwendet. Die Temperaturadaptation ist aus funktioneller Sicht z. B. streng zu unterscheiden von den genetischen Adaptationsprozessen, die sich auf der Basis von Mutation und Selektion in sehr viel längeren Zeiträumen abspielen, oder von der Receptoradaptation, die in einer Abnahme des Receptorpotentials und der daraus resultierenden Erregungsfrequenz bei längerer Reizeinwirkung besteht.

Hitzeakklimatisation. Bei längerer Hitzebelastung, z. B. bei Aufenthalt im Tropen- oder Wüstenklima, aber auch bei dauernder Schwerarbeit, insbesondere in warmer Umgebung, kommt es zu thermoregulatorischen Umstellungen, die in erster Linie die ***Schweißsekretion*** betreffen. Unter diesen Bedingungen beobachtet man eine

- Zunahme der Schweißsekretionsrate (bis auf 4 l/h),
- Abnahme des Elektrolytgehaltes im Schweiß (von normalerweise 3 g/l bis auf 0,3 g/l), wodurch die Gefahr eines übermäßigen Elektrolytverlustes gemindert wird,
- sehr kontinuierliche Schweißabgabe, die bereits frühzeitig, d. h. bei tiefen Hauttemperaturen einsetzt,
- Zunahme der Zahl aktiver Schweißdrüsen,
- Zunahme des Durstgefühls, die auf einen Anstieg der Plasma-Osmolarität zurückzuführen ist und eine entsprechend große Wasserzufuhr erfordert.

Kälteakklimatisation. Im Gegensatz zu vielen Tierspezies, die sich durch Pelzwachstum oder stärkere Ausbildung von braunem Fettgewebe an langdauernde Kältebelastung adaptieren können, besitzt der Mensch nur geringe Möglichkeiten zur Kälteakklimatisation. Beim Aufenthalt in kalten Zonen ist er daher im wesentlichen auf entsprechende Verhaltensanpassungen (S. 267f.) angewiesen. Allerdings findet man bei Angehörigen einiger Populationen, die sich ständig starker Kälte aussetzen (Eskimos, Indianern, japanischen Perlentaucherinnen, australischen Eingeborenen, die bei nahe 0 °C fast unbekleidet im Freien übernachten) deutliche Zeichen einer Kälteakklimatisation:

- Nachlassen der subjektiven Kälteempfindung,
- Senkung der Schwelle für das Einsetzen des Kältezitterns, so daß infolge verminderter Kälteabwehr eine mäßige Senkung der Körpertemperatur (Hypothermie) eintritt (***hypotherme Kälteakklimatisation,*** Toleranzadaptation),
- Steigerung des Energieumsatzes (um 25–50%), wodurch die erhöhten Wärmeverluste kompensiert werden ***(metabolische Kälteakklimatisation).***

Die Verlagerung der Zitterschwelle zu tieferen Temperaturen läßt sich bereits durch mehrmalige 30–60minütige Kältebelastung innerhalb weniger Tage hervorrufen. Noch kürzer ist die Zeit für die Ausbildung einer ***lokalen Adaptation.*** Wenn man beispielsweise allein die Hände wiederholt der Kälte aussetzt, der Körper im übrigen jedoch warm gehalten wird, so beobachtet man nach einiger Zeit eine Verminderung des Kälteschmerzes und eine Zunahme der lokalen Hautdurchblutung.

7.4.4 Pathophysiologie der Thermoregulation

Fieber. Eine regelmäßig auftretende Begleiterscheinung fast aller Infektionen ist das Fieber. Bakterielle Produkte und Viren können als sog. ***exogene Pyrogene*** den Fieberprozeß auslösen. Die exogenen Pyrogene wirken dabei wahrscheinlich so, daß sie zunächst die Makrophagen (S. 39) zur Bildung des ***endogenen Pyrogens Interleukin-1*** anregen, welches anschließend im Thermoregulationszentrum des Hypothalamus den Sollwert der Körpertemperatur nach oben verstellt. Als Mediator wirkt dabei ***Prostaglandin*** $\boldsymbol{E_2}$***;*** second messenger ist das ***cAMP.*** Das Ergebnis ist – bei intaktem Regelkreis – eine ***Thermoregulation auf einem höheren Temperaturniveau.*** Unmittelbar nach Umstellung des Sollwertes auf ein höheres Niveau wirkt die normale Kerntemperatur von 37 °C wie eine Unterkühlungstemperatur. Der ***Fieberanstieg*** ist daher durch Drosselung der Wärmeabgabe (Constriction der Hautgefäße) und Steigerung der Wärmebildung (Kältezittern, „Schüttelfrost") sowie durch subjektives Kältegefühl charakterisiert. Bei ***Fieberabfall*** und damit Rückkehr auf den normalen Sollwert ist der Körper dagegen zu warm. Schweißausbrüche, Dilatation der Hautgefäße und subjektives Wärmegefühl kennzeichnen diese Entfieberungsphase.

Hyperthermie. Eine Überwärmung des Organismus infolge unzureichender Wärmeabgabe oder infolge Wärmezufuhr von außen bezeichnet man als Hyperthermie. Der Sollwert der Körpertemperatur bleibt hierbei unverändert. Da die Wärmeabgabemechanismen voll aktiviert sind, wird eine Hyperthermie als weitaus unangenehmer empfunden als gleich hohes Fieber. In heißer und trockener Umgebung tritt eine Überlastung der Stellglieder für die Wärmeabgabe und damit ein Anstieg der Kerntemperatur erst auf, wenn die Umgebungstemperatur einen Wert von etwa 60 °C überschreitet (obere Grenze des Regelbereiches, T_4 in Abb. 7-3). Kurzfristig werden jedoch auch Umgebungstemperaturen von mehr als 100 °C ohne Schaden vertragen.
Die obere, mit dem Leben noch zu vereinbarende Kerntemperatur liegt sowohl für Hyperthermie als auch für Fieber bei ***42–43 °C.*** Unterhalb dieser Grenze kann bei Kerntemperaturen über 40 °C die Hyperthermie zu einem Kreislaufversagen führen. Ein solcher ***Hitzekollaps*** tritt bei längerem Stehen unter Hitzeeinwirkung und eingeschränkter Wärmeabgabe auf (typisches Beispiel: Kollabieren des bärenfellbemützten britischen Paradesoldaten). Ursache für den Ohnmachtsanfall ist eine Mangeldurchblutung des Gehirns, da die thermoregulatorisch bedingte Dilatation der Hautgefäße einen Blutdruckabfall auslöst (S. 169). In der Konkurrenzsituation der beiden Regelsysteme dominiert also die Thermoregulation über die Kreislaufregulation.

Hypothermie. Bei langdauernder Kälteexposition kann die Kerntemperatur durch zu starke bzw. durch nicht eingeschränkte Wärmeabgabe (z. B. bei alkoholisierten Personen) unter den Sollwert absinken (Hypothermie). Bis zu einer Kerntemperatur von 35 °C reagiert der Körper mit Kältezittern und allgemeiner zentraler Erregung (Exzitationsstadium). Muskelstarre mit Teilnahmslosigkeit und Schläfrigkeit entwickeln sich zwischen 34 und 30 °C (Adynamiestadium). Bei Rectaltemperaturen unter 30 °C ist die Sprache beeinträchtigt und das Bewußtsein getrübt (Paralysestadium), ***unter 27–25 °C*** tritt der Tod meist durch Kammerflimmern ein. Allerdings sind auch Fälle bekanntgeworden, in denen Hypothermien von 24–21 °C ohne Dauerschäden überlebt wurden.

In der Herz- und Gefäßchirurgie wurde vor Einführung der Herz-Lungen-Maschine von der Möglichkeit der ***„induzierten Hypothermie“*** häufig Gebrauch gemacht, um den Sauerstoff- und Energiebedarf der Gewebe, besonders des Herzens und des Gehirns, zu senken. Die Wiederbelebungszeiten von Herz und Gehirn werden dadurch deutlich verlängert. Natürlich müssen bei der Anwendung dieser Verfahren die Kälteabwehrmechanismen durch ***Narkose*** ausgeschaltet sein.

Hitzeschäden. Bei einem ***Hitzschlag*** handelt es sich um eine schwere Störung der Thermoregulation nach längerer Hitzeeinwirkung in Verbindung mit intensiver Sonneneinstrahlung. Infolge einer unzureichenden Wärmeabgabe kommt es zu einem Wärmestau mit extremem Anstieg der Kerntemperatur. Kennzeichnend für das Krankheitsbild sind eine trockene und heiße Haut sowie Schocksymptome (S. 170ff.) und Bewußtseinstrübung. Bei weiterem Anstieg der Kerntemperatur tritt Bewußtlosigkeit und schließlich bei ca. 43 °C der Tod ein.

Ein ***Sonnenstich*** entsteht durch direkte Einwirkung langwelliger Sonnenstrahlung auf den ungeschützten Kopf, die zu einem Wärmestau im Kopfbereich und infolge dessen zu einer Reizung der Hirnhäute (Meningismus) führt. Gefährdet sind vor allem Säuglinge und Kleinkinder. Symptome dieser Erkrankung sind heißer Kopf bei meist kühler Körperhaut, Übelkeit und Nackensteifigkeit.

Eine sog. ***Hitzeerschöpfung*** kann nach längerer Hitzebelastung auftreten, wenn infolge starker Schweißsekretion und ungenügender Flüssigkeitsaufnahme ein extracellulärer Flüssigkeitsmangel entsteht. Daraus erklären sich die zu beobachtenden Symptome eines Volumenmangelschocks mit peripherer Vasoconstriction (blaße Haut). Aufgrund der behinderten Wärmeabgabe steigt die Körpertemperatur mäßig an.

Zu ***Hitzekrämpfen*** kann es bei körperlicher Schwerstarbeit in heißer Umgebung kommen, wenn die Schweißverluste durch Zufuhr kochsalzfreier Flüssigkeit ausgeglichen werden. Dadurch entsteht ein NaCl-Defizit, das Muskelkrämpfe - meist in der beanspruchten Muskulatur - zur Folge hat.

8 Ernährung

Die Ernährung bildet die Voraussetzung für die Energiegewinnung des Organismus sowie für die Biosynthese von Körpersubstanzen und Wirkstoffen. Die mechanische und chemische Arbeit sowie die Transportarbeit, die der Organismus ständig zu leisten hat, erfordern die laufende Zufuhr adäquater Energiemengen in Form von Nährstoffen. Im Zellstoffwechsel wird die zugeführte Energie auf Verbindungen übertragen, in denen sie gespeichert für die Zellarbeit mittel- oder unmittelbar zur Verfügung steht ***(Energiewechsel).*** Die wichtigste Form dieser zellulären Energiespeicher stellt das Adenosintriphosphat (ATP) dar. Der gesamte Prozess der Umwandlung von chemischer Energie in Arbeit ist mit einem Verlust an nutzbarer Energie verbunden, der sich in der Wärmeabgabe an die Umgebung manifestiert.

Neben der Energiegewinnung dienen die Nährstoffe bzw. ihre Abbauprodukte als Bausteine für die Synthese körpereigener Substanzen ***(Baustoffwechsel).*** Diese Synthese ist nicht nur für den wachsenden Organismus von Bedeutung, sondern findet während des gesamten Lebens statt, da der ständige Abbau und Umbau von Körpersubstanzen einen laufenden Ersatz erforderlich macht. Daneben müssen Wirkstoffe (Hormone, Enzyme, Abwehrstoffe) immer wieder neu synthetisiert werden. Der lebende Organismus befindet sich also sowohl im Hinblick auf die Energieumwandlung als auch bezüglich des Stoffumbaus in einem dynamischen Gleichgewicht (Fließgleichgewicht).

Die ***Nahrungsmittel*** des Menschen bestehen, abgesehen von Wasser und Mineralien, ausschließlich aus organischen Substanzen pflanzlicher und tierischer Herkunft. Resorbierbare Nahrungsbestandteile sind die Abbauprodukte der Nährstoffe sowie Vitamine, Mineralien, Spurenelemente und Wasser.

8.1 Energetische Aspekte der Ernährung

8.1.1 Nährstoffe als Energiequellen

Als ***Nährstoffe*** bezeichnet man energiereiche Substanzen bzw. Substanzgruppen, die im Organismus zu energieärmeren oder energielosen chemischen Verbindungen abgebaut werden können und vorwiegend der Energiegewinnung, daneben z. T. auch dem Baustoffwechsel dienen. Hierzu gehören Kohlenhydrate, Fette und Eiweiße.

Physikalische und physiologische Brennwerte der Nährstoffe. Die Nährstoffe werden im Organismus vorwiegend zu CO_2 und Wasser abgebaut. Da die gleichen Endprodukte auch bei der Verbrennung in der Calorimeterbombe nach BERTHELOT entstehen, liefern die auf diesem Wege bestimmten Energieinhalte der Nährstoffe einen Anhalt für ihre energetische Nutzung im Organismus. Die im Verbrennungscalorimeter bestimmten Energiewerte werden als „physikalische Brennwerte" bezeichnet.
Für die meisten Kohlenhydrate und Fette stimmen die „physikalischen Brennwerte" weitgehend mit den Energiemengen überein, die beim Abbau im Organismus freigesetzt und daher als „physiologische Brennwerte" („biologische Brennwerte") bezeichnet werden (Tabelle 8-1). Bei den Eiweißen führt der Abbau im Stoffwechsel nur bis zum Harnstoff. Daneben werden noch Peptide, Aminosäuren und andere energiehaltige Substanzen mit dem Harn ausgeschieden. Daher ist in diesem Fall der physiologische Brennwert kleiner als der physikalische.
Aus Tabelle 8-1 geht hervor, daß beim Abbau von 1 g ***Kohlenhydrate*** oder ***Eiweiß*** in gemischter Kost etwa 4,1 kcal (17 kJ) freigesetzt werden, während die gleiche Menge ***Fett*** mit 9,3 kcal (39 kJ) mehr als die doppelte Energiemenge liefert. Bei Energiebilanzen darf der ***Äthylalkohol*** wegen seines hohen Brennwertes nicht unberücksichtigt bleiben. Die Zufuhr von 40 g Äthylalkohol deckt bereits 10% des täglichen Energiebedarfs eines Menschen, der leichte körperliche Arbeit leistet.

Ausnutzungsgrad der Nahrungsbestandteile. Der Ausnutzungsgrad gibt an, welcher Energieanteil eines Nahrungsstoffes nach Maßgabe der Resorption (Kap. 9) im Organismus verwendet werden kann. In der Regel sind tierische Nahrungsmittel und reine Nährstoffe fast vollständig (>95%) nutzbar, während pflanzliche Nahrungsmittel normalerweise nur zu etwa 80% verwertet werden können, da einzelne ihrer Bausteine (wie z. B. Cellulosemembranen) auch nach Aufbereitung der Speisen der Verdauung und Resorption nicht zugänglich sind. Bei gemischter mitteleuropäischer Kost beträgt der Ausnutzungsgrad ***90–95%.*** Wegen dieses hohen Nut-

Tabelle 8-1. Physiologische Brennwerte von Kohlenhydraten, Eiweißen und Fetten in gemischter mitteleuropäischer Kost und physikalische Brennwerte von ausgewählten Nährstoffen

	Physiologischer Brennwert			Physikalischer Brennwert	
	kcal/g	kJ/g		kcal/g	kJ/g
Kohlenhydrate	4,1	17	Stärke	4,2	18
			Dextrin	4,1	17
Eiweiße	4,1	17	Muskeleiweiß	5,7	24
			Casein	5,8	24
Fette	9,3	39	Pflanzenfett	9,5	40
			Butterfett	9,2	39
Äthylalkohol	7,1	30			

zungsgrades darf man näherungsweise die in Tabellen angegebenen Energieinhalte der Nahrungsmittel zugrunde legen, wenn die Ernährung eines Menschen seinem Energiebedarf angepaßt werden soll.

8.1.2 Austauschbarkeit und umsatzsteigernde Wirkung der Nährstoffe

Isodynamie. Die Nährstoffe Kohlenhydrate, Fette und Eiweiße können bezüglich ihres Energiegehaltes bis zu einem gewissen Grade ausgetauscht werden. Diese wechselseitige Vertretbarkeit der Nährstoffe, die auf den gemeinsamen Endabbau des jeweiligen Kohlenstoffgerüstes im Citratcyclus zurückzuführen ist, wird als Isodynamie bezeichnet. Sofern es sich nur um die Deckung des Energiebedarfs handelt, sind hiernach

1 g Kohlenhydrat = 1 g Eiweiß = 0,44 g Fett

als isodyname Nährstoffmengen anzusehen. Diese Aussage gilt allerdings nur mit Einschränkungen, da die einzelnen Nährstoffe bei der ATP-Synthese in wechselndem Maße wirksam sind. Die gleiche Energiemenge kann bei der Zufuhr in Form von Kohlenhydraten, Fetten oder Eiweißen bis zu ***20% unterschiedliche ATP-Mengen*** liefern. Eine Beurteilung der wechselseitigen Vertretbarkeit der Nährstoffe wäre deshalb exakt nur auf der Grundlage der jeweiligen ATP-Ausbeute möglich, die von der aktuellen Stoffwechselsituation abhängig und im Einzelfall schwer zu erfassen ist.

Das Postulat von der Isodynamie der Nährstoffe muß jedoch nicht nur unter energetischen, sondern vorwiegend auch unter stofflichen Aspekten eingeschränkt werden, da bestimmte Nährstoffbestandteile für den Aufbau körpereigener Substanzen erforderlich sind. So können die Eiweiße nicht vollständig durch Kohlenhydrate oder Fette ersetzt werden, weil der Organismus nicht in der Lage ist, die im Baustoffwechsel benötigten ***essentiellen Aminosäuren*** (S. 281 f.) zu synthetisieren. Ebenso müssen bestimmte Mengen ***essentieller Fettsäuren*** (S. 280) über das Nahrungsangebot dem Körper zugeführt werden.

Postprandiale Energieumsatzsteigerung. Die nach jeder Nahrungsaufnahme auftretende Steigerung des Energieumsatzes wurde früher als spezifisch-dynamische Wirkung bezeichnet. Sie zeigt bezüglich ihres Ausmaßes und ihrer Dauer eine deutliche Abhängigkeit von der Menge und der Zusammensetzung der aufgenommenen Nahrung. Bei Eiweißumsatz ist sie besonders ausgeprägt, geringer bei Kohlenhydraten und vernachlässigbar klein bei Fetten. Die große umsatzsteigernde Wirkung der ***Eiweiße*** ist hauptsächlich auf die geringere ATP-Ausbeute beim Abbau der Aminosäuren zurückzuführen: Um den gleichen ATP-Gewinn zu erzielen, müssen beim Aminosäurenabbau etwa 20% mehr Energieeinheiten umgesetzt werden als beim Abbau anderer Stoffklassen. Außerdem trägt der zusätzliche Energiebedarf für die Harnstoffsynthese und die Synthese körpereigener Eiweiße in der Leber zur Umsatzsteigerung bei. Nach Aufnahme gemischter Kost steigt der Energieumsatz – im Vergleich zu einer vorausgegangenen Fastenperiode – um ca. 6% an.

8.2 Nährstoffe

8.2.1 Kohlenhydrate

Chemischer Aufbau und physiologischer Bedarf. Kohlenhydrate sind Polyhydroxycarbonylverbindungen mit – von Ausnahmen abgesehen – der Summenformel $C_x(H_2O)_n$. Neben Mono-, Di-, Oligo- und Polysacchariden rechnet man auch alle Substanzen dazu, die zu den Zuckern in naher Beziehung stehen (z. B. Aminozucker, Zuckeralkohole).
Der ***tägliche Bedarf*** an Kohlenhydraten ist von den jeweiligen Lebensumständen abhängig. Als Minimum sind 2–3 g/kg Körpergewicht erforderlich, für eine ausgewogene Ernährung werden etwa ***5–6 g/kg*** empfohlen. Durch Kohlenhydrate sollen etwa 50–55% des gesamten Energiebedarfs gedeckt werden. Der größte Anteil der Kohlenhydrate in der menschlichen Nahrung entfällt auf die ***Stärke,*** deren Hauptquellen Getreide, Kar-

toffeln und Reis sind. Auch ***Glykogen,*** die Speicherform der Glucose im tierischen Organismus, zählt zu den in der Nahrung enthaltenen polymeren Kohlenhydraten. Durch enzymatische Hydrolyse von Stärke und Glykogen entsteht im Verdauungstrakt Glucose, die von der Darmschleimhaut resorbiert wird (S. 329).

Zu den für den Menschen unverwertbaren pflanzlichen Polysacchariden gehören ***Cellulose*** und die ***Hemicellulosen*** (Bestandteile der Wände pflanzlicher Zellen), die jedoch als ***Ballast-*** oder ***Faserstoffe*** von Bedeutung sind, da sie eine ausreichende Darmfüllung hervorrufen und dadurch die Darmperistaltik anregen. Zu den unverwertbaren Polysacchariden gehören weiterhin Pectin (in vielen Früchten) und Alginsäure (in Braunalgen).

Bei ***ungenügender Kohlenhydratzufuhr*** mit der Nahrung muß zur Deckung des Energiebedarfs vermehrt Fett abgebaut werden, da die Glykogen-Speicher in der Muskulatur und in der Leber (Gesamtvorrat 300–400 g) bei Hunger rasch erschöpft sind. Infolge der vermehrten ***Lipolyse*** im Fettgewebe treten dabei ***Ketonkörper*** im Blut auf, die eine Acidose (pH-Senkung) hervorrufen können. Außerdem wird die ***Gluconeogenese*** aus den glucoplastischen Aminosäuren in der Leber gesteigert, wodurch der Eiweißabbau zunimmt. Untergewicht und eine verminderte Leistungsfähigkeit sind die Folgen. Bei kohlenhydratfreier Ernährung kommt es außerdem zu Störungen im Bereich des Wasser- und Mineralhaushaltes. Eine ***einseitige Kohlenhydraternährung*** führt zur sog. Kohlenhydratmast, da bei übermäßigem Angebot Kohlenhydrate in Fett umgewandelt werden. Außerdem nehmen in diesem Fall die Gärungsvorgänge im Darm zu.

Glucose (Traubenzucker). Das am weitesten verbreitete und zugleich wichtigste Kohlenhydrat ist das Monosaccharid D-Glucose. Traubenzucker hat sowohl als Baustein zahlreicher wichtiger körpereigener Substanzen (z. B. von Ribose, Desoxyribose, Glykoproteinen und Mucopolysacchariden) als auch als Energielieferant eine große Bedeutung. (Normalerweise decken das Gehirn, das Nierenmark und die Erythrocyten ihren Energiebedarf fast ausschließlich durch Traubenzucker.) Über die Glykolyse und den Citratcyclus wird Glucose zu CO_2 und Wasser abgebaut.

Saccharose („Zucker"). Rohrzucker ist ein Disaccharid aus einem Molekül D-Glucose und einem Molekül D Fructose. Sein Verbrauch ist in den westlichen Industriestaaten in den letzten Jahrzehnten auf mehr als 100 g Zucker pro Kopf und Tag angestiegen. Das entspricht etwa 15–20% des Nährstoffbedarfs. Der hohe Zuckerkonsum muß als bedenklich angesehen werden, da er in hohem Maße mit der Zunahme von Zahncaries, Diabetes mellitus (S. 443), Übergewicht und Atherosklerose korreliert ist. Wesentlich vernünftiger wäre es, den Kohlenhydratbedarf durch hochpolymere Kohlenhydrate – wie Stärke – zu decken, da in diesem Fall der

Körper nicht plötzlich mit Glucose überschwemmt wird und der Blutzuckerspiegel verhältnismäßig langsam ansteigt.

Lactose. Milchzucker ist ebenfalls ein Disaccharid, das neben D-Glucose als weiteren Bestandteil D-Galaktose enthält. Als mengenmäßig weitaus bedeutsamstes Kohlenhydrat der Kuh- und Muttermilch ist Lactose für den Säugling praktisch das einzige Kohlenhydrat, das er mit der Nahrung erhält. Sie hat bei der Entstehung und Aufrechterhaltung einer geeigneten Darmflora des Säuglings eine wichtige Funktion und fördert außerdem die Calciumresorption.

Zuckeraustauschstoffe. Bei Störungen der Glucoseverwertung (z. B. Diabetes mellitus) oder bei parenteraler Ernährung werden häufig anstelle von Glucose ***Fructose*** und die beiden Zuckeralkohole ***Sorbit*** und ***Xylit*** verwendet, deren Stoffwechsel unabhängig von Insulin verläuft. Wegen der langsamen und unvollständigen Resorption besteht bei der Einnahme größerer Mengen der Zuckeralkohole die Gefahr osmotisch bedingter Durchfälle.

8.2.2 Fette

Chemischer Aufbau und physiologischer Bedarf. Natürlich vorkommende Fette sind vor allem Gemische von Triacylglycerinen (Triacylglycerolen, Triglyceriden), d. h. Ester von Glycerin mit Fettsäuren ***(Neutralfette).*** Die Fettsäuren besitzen stets eine gerade Kohlenstoffzahl, da sie aus Acetateinheiten aufgebaut werden, und sind entweder ***gesättigt*** oder enthalten eine oder mehrere Doppelbindungen (***ungesättigte*** Fettsäuren).
Fette dienen – wie die Kohlenhydrate – als Energielieferanten und darüber hinaus als Ausgangsstoffe für Biosynthesen. Ferner sind sie bedeutsam für die Zufuhr essentieller Fettsäuren (S. 280) und für die Resorption fettlöslicher Wirkstoffe (z. B. bestimmter Vitamine). Infolge des hohen Energiegehaltes der Fette (39 kJ/g) kann bei Fettaufnahme das Nahrungsvolumen relativ klein gehalten werden (Ernährung von Schwerstarbeitern). Darüber hinaus besitzt Fett wegen seiner langen Verweildauer im Magen (S. 296) einen hohen Sättigungswert. Der Organismus ist außerdem in der Lage, Fett – im Gegensatz zu Kohlenhydraten und Eiweißen – in fast unbegrenzter Menge zu speichern (Energiespeicherfunktion).
Bei einer ausgewogenen Ernährung soll die Fettaufnahme etwa 25–30% der gesamten Energiezufuhr entsprechen. Der ***Tagesbedarf*** bei leichter körperlicher Arbeit beträgt etwa ***1 g/kg*** Körpergewicht. Dabei ist es wichtig zu erwähnen, daß neben dem sichtbaren Fett (z. B. Ölen, Speisefett u. a.) auch verhältnismäßig viel unsichtbares („verborgenes") Fett mit der Nahrung aufgenommen wird, das in den Nahrungsmitteln (z. B. in Wurst und Schokolade) fein verteilt ist. Dieses „verborgene" Fett wird vielfach bei der Bewertung der täglichen Nahrungsaufnahme nicht berücksichtigt.

In den westlichen Industriestaaten hat der Fettkonsum innerhalb der letzten 30 Jahre erheblich zugenommen und macht heute bereits 40–45% der gesamten Energiezufuhr aus. Dieser ***übermäßige Fettgenuß*** und als dessen Folge Übergewicht stellen – neben Zigarettenrauchen und Bluthochdruck – einen wesentlichen Faktor für die Entstehung der Atherosklerose und deren Begleiterkrankungen (Herzinfarkt, Schlaganfall u. a.) dar.

Ein ***unzureichendes Fettangebot*** wirkt sich erst nach längerer Dauer nachteilig aus, da es durch den Abbau von Reservefett und verstärkte Synthese zeitweise ausgeglichen werden kann. Neben den Mangelerscheinungen, die sich aus dem Fehlen essentieller Fettsäuren (s. u.) und der gestörten Resorption fettlöslicher Vitamine (Tabelle 8-2, S. 284) ergeben, führt langdauernder Fettmangel zu Untergewicht und verminderter Leistungsfähigkeit.

Nach ihrer Zusammensetzung können die ***Nahrungsfette*** eingeteilt werden in solche mit einem hohen Gehalt an

- gesättigten Fettsäuren (z. B. Butter, Schmalz, Kokosfett),
- einfach ungesättigten Fettsäuren (z. B. Olivenöl, Erdnußöl),
- zweifach ungesättigter, essentieller Linolsäure (z. B. Sonnenblumenöl, Maisöl),
- mehrfach ungesättigten Polyensäuren (z. B. Leinöl, Fischöle).

Eine besondere diätetische Bedeutung haben in den letzten Jahren Triacylglycerine aus ***mittelkettigen Fettsäuren*** (C_8–C_{12}) erlangt, da sie gut resorbiert und rasch abgebaut werden sowie die Lipolyse und die Cholesterinsynthese hemmen.

Essentielle Fettsäuren. Als essentiell bezeichnet man diejenigen Bausteine der Nährstoffe, die für bestimmte biochemische Prozesse benötigt, jedoch nicht im Organismus synthetisiert werden, so daß ihre ständige Zufuhr mit der Nahrung erforderlich ist. Hierzu zählen die zweifach ungesättigte ***Linolsäure*** und die dreifach ungesättigte ***Linolensäure.*** Diese essentiellen Fettsäuren sind Bestandteile der Phospholipide, die für die Permeabilität der Zellmembranen, die Fixierung von Enzymen an den Mitochondrienleisten und wahrscheinlich auch für den Ionentransport unentbehrlich sind. Aus Linolsäure entsteht außerdem die Arachidonsäure, die als Vorstufe der Prostaglandine (S. 448) von Bedeutung ist.
Der ***Mindestbedarf*** an essentiellen Fettsäuren wird im allgemeinen mit etwa 10 g/Tag angegeben. Empfehlenswert ist jedoch eine Zufuhr von 10–30 g/Tag. Ein ***Mangel*** an essentiellen Fettsäuren führt zu Hautveränderungen, Störungen im Wasserhaushalt und bei der Fortpflanzung sowie zu Organveränderungen, insbesondere der Nieren. Da jedoch Linolsäure ubiquitär vorkommt und daher stets mit der Nahrung zugeführt wird, sind solche Mangelerscheinungen beim Menschen sehr selten.

Cholesterin. Dieses wichtige Sterin kommt nur in tierischen Nahrungsmitteln vor. Seine Aufnahme ist daher allein durch den Verzehr tierischer

Lebensmittel möglich (durchschnittliche Zufuhr 0,5–0,8 g/Tag). Doch ist der Organismus zur Eigensynthese von Cholesterin (0,4–1,2 g/Tag) aus Acetateinheiten befähigt. Hauptorte der Cholesterinsynthese sind die Mucosazellen der Darmwand und die Leber.

Aufgrund der gesicherten Rolle des Cholesterins bei der Entstehung der ***Atherosklerose*** und des Herzinfarktes sollte die Cholesterinzufuhr auf 0,3–0,5 g/Tag eingeschränkt werden. Ferner ist darauf hinzuweisen, daß der Plasma-Cholesterinspiegel (S. 10) durch die Aufnahme von Fetten, die vorwiegend aus gesättigten Fettsäuren bestehen, erhöht und durch Zufuhr von Fetten mit einem hohen Gehalt an mehrfach ungesättigten Fettsäuren erniedrigt wird.

8.2.3 Eiweiße

Physiologischer Bedarf und biologische Wertigkeit. Nahrungseiweiß wird vor allem für die Zufuhr von Aminosäuren benötigt, die für die Biosynthese von körpereigenem Eiweiß sowie von bestimmten stickstoffhaltigen Verbindungen (z. B. von Purinen und Pyrimidinen) erforderlich sind. Als Energielieferant dient es nur bei Aufnahme überschüssiger Mengen oder unter pathologischen Bedingungen (z. B. Diabetes mellitus).
Der minimale Eiweißbedarf ergibt sich aus der Stickstoffbilanz des Organismus. Ein Gleichgewicht zwischen Stickstoffaufnahme in Form von Proteinen und Stickstoffausscheidung ist dann erreicht, wenn bei gemischter Kost die tägliche Eiweißzufuhr 0,5–0,7 g/kg Körpergewicht beträgt. Man bezeichnet diese Eiweißmenge als ***Bilanzminimum*** oder ***physiologisches Eiweißminimum.*** Da die verschiedenen Nahrungsproteine einen unterschiedlichen Aminosäurengehalt aufweisen, ist das Bilanzminimum von der Art der zugeführten Eiweiße abhängig. Der Gehalt an Aminosäuren und ihre Kombination bestimmt die sog. biologische Wertigkeit der Proteine. Bei Zufuhr von Volleiprotein, dem man die Wertigkeit 100 zuordnet, beträgt das Bilanzminimum etwa 0,5 g/kg, während geringer wertige Proteine (z. B. in Mais und Weizen) in größerer Menge zugeführt werden müssen, um das Bilanzminimum zu erreichen. Wegen dieser Schwankungen wird als ***„Eiweißoptimum“*** die tägliche Zufuhr von ***0,8–1 g/kg*** Körpergewicht empfohlen.

Kleinkinder haben wachstumsbedingt einen höheren täglichen Bedarf (2,0–2,4 g/kg Körpergewicht), ebenso Schulkinder, Schwangere, Stillende und Schwerstarbeiter (1,2–2,0 g/kg Körpergewicht).

Essentielle Aminosäuren. Die zugeführten Nahrungsproteine müssen zu einem gewissen Prozentsatz essentielle Aminosäuren enthalten, die im Organismus nicht synthetisiert werden können. Hierzu gehören: Isoleucin, Leucin, Lysin, Methionin, Phenylalanin, Threonin, Tryptophan und

Valin. Für Säuglinge ist auch Histidin essentiell. Arginin stellt eine semiessentielle Aminosäure dar, da unter bestimmten Umständen ihre endogene Bildung nicht ausreicht und dann eine exogene Zufuhr erforderlich ist. Biologisch hochwertige Eiweiße (z. B. in Eiern, Milch und Fleisch) enthalten etwa 50%, biologisch geringer wertige Eiweiße (z. B. im Getreide) 20–30% essentielle Aminosäuren.

Eiweißmangel, ein ernstes Problem in den Entwicklungsländern, ist meist mit einem Mangel an anderen Nährstoffen verbunden. Es kommt zu einem Abbau von Muskel- und Fettgewebe und als deren Folge zu Gewichtsabnahme, Einschränkung der körperlichen Leistungsfähigkeit und bei Kindern zum Wachstumsstillstand ***(Marasmus).*** Wegen der reduzierten Albuminkonzentration im Plasma und der dadurch bedingten Erniedrigung des kolloidosmotischen Drucks (S. 8 f.) treten bei schweren Formen des Eiweißmangels (Hunger-) Oedeme auf. Darüber hinaus kommt es häufig zu psychischen Veränderungen. Eine besondere Form der chronischen Unterernährung stellt der ***Kwashiorkor*** dar, der durch eine unzureichende Zufuhr biologisch hochwertiger Eiweiße bei gleichzeitig ausreichender Aufnahme von Kohlenhydraten (Reis, Mais, Hirse) verursacht wird.

Bei ***übermäßiger Eiweißaufnahme*** überwiegen die Fäulnisprozesse im Darm, weil das vermehrt anfallende Nahrungseiweiß unzureichend verdaut und durch anaerobe Darmbakterien zersetzt wird.

8.3 Vitamine

8.3.1 Bedeutung und Einteilung der Vitamine

Biologische Bedeutung. Vitamine sind lebensnotwendige, physiologisch wirksame, organische Verbindungen, die im menschlichen Organismus entweder nicht oder unter bestimmten äußeren Bedingungen (z. B. Mangel an UV-Strahlung) nur unzureichend gebildet werden können. Vitamine müssen daher dem Organismus als solche oder in Form ihrer Vorstufen, der ***Provitamine,*** zugeführt werden. Dies erfolgt einmal mit der Nahrung, zum anderen werden einige Vitamine auch von Darmbakterien synthetisiert und in resorbierbarer Form in den Darm abgegeben.
Vitamine erfüllen im Zellstoffwechsel zahlreiche ***Aufgaben:*** Viele von ihnen sind Bausteine von Coenzymen oder prosthetischen Gruppen von Enzymen. Andere dienen als Redoxvermittler, als Induktoren der Proteinbiosynthese oder beeinflussen den Membrantransport.

Eine vollwertige Nahrung, die – von Hungergebieten abgesehen – heute zur Verfügung steht, enthält ***ausreichende Vitaminmengen.*** Allerdings schwankt der Vitamingehalt in den Nahrungsmitteln je nach Produktionsbedingungen, Lagerung und Zubereitung. Beim gesunden Erwachsenen tritt, da die benötigten Vitaminmengen sehr klein sind, ein Vitamindefizit selten auf. Zusätzliche Vitamingaben sind nur erforderlich bei

- ungenügender Vitaminzufuhr (einseitiger oder nicht ausreichender Ernährung),
- erhöhtem Vitaminbedarf (z. B. im Säuglingsalter, während Schwangerschaft und Stillzeit),
- verminderter Vitaminresorption (z. B. fehlendem Intrinsic-Faktor, S. 305, oder Behandlung mit Breitbandantibiotica, welche die Darmflora zerstören).

Unzureichende oder fehlende Zufuhr von Vitaminen führt zu Mangelkrankheiten, die man als ***Hypovitaminosen*** bzw. ***Avitaminosen*** bezeichnet. Sie lösen meist charakteristische Krankheitserscheinungen aus, die durch Zufuhr des betreffenden Vitamins beseitigt werden können.

Einteilung. Aufgrund ihrer unterschiedlichen Löslichkeit werden die Vitamine in zwei Gruppen, die ***fettlöslichen*** und die ***wasserlöslichen Vitamine*** unterteilt. Diese zunächst willkürlich erscheinende Unterteilung ist aus folgenden Gründen gerechtfertigt: Sie gibt einen Hinweis darauf, in welchen Nahrungsmitteln voraussichtlich die Vitamine vorkommen. Außerdem kann eine Überdosierung ***(Hypervitaminose)*** fettlöslicher Vitamine, vor allem von Vitamin A und D, schwere Gesundheitsschäden hervorrufen, während Überdosierungen wasserlöslicher Vitamine keine nachteiligen Folgen haben, da letztere bei Überangebot mit dem Harn ausgeschieden werden.

8.3.2 Vitamine in tabellarischer Übersicht

Die ***Vitamine A, D, E*** und ***K*** sind fettlöslich. Einen Überblick über ihre biologischen Funktionen, ihr Vorkommen, Mangelerscheinungen und den täglichen Bedarf des Erwachsenen gibt Tabelle 8-2. Zu den wasserlöslichen Verbindungen zählen die ***Vitamine*** B_1, B_2, B_6, B_{12} und ***C, Niacin, Folsäure, Pantothensäure*** sowie ***Biotin.*** Angaben zu diesen Stoffen finden sich in Tabelle 8-3. (Bzgl. der chemischen Konstitution der Vitamine und ihrer Beteiligung an den verschiedenen Stoffwechselprozessen vgl. Lehrbücher der Biochemie.)

Tabelle 8-2. Fettlösliche Vitamine: Bezeichnungen, Vorkommen, biologische Funktionen, Mangelkrankheiten und mittlerer Tagesbedarf bzw. empfohlene tägliche Zufuhr (Erwachsene; Dt. Gesellschaft für Ernährung, 1985)

Kennzeichen	Name	Vorkommen	biolog. Funktionen	Mangelkrankheiten	mittl. Tagesbedarf (mg)
A	Retinol	grüne Gemüse, Früchte, Karotten, Leber, Milch	Sehvorgang, Epithelschutz, Wachstum	Nachtblindheit, Xerophthalmie, Wachstumsstörung	0,8–1,2
D	Calciferol	Leber, tierische Öle und Fette	Ca^{2+}-Stoffwechsel	Rachitis, Osteomalacie	0,005–0,01
E	Tocopherol	Pflanzenöle, Getreidekeime	Oxidationsschutz für ungesättigte Fettsäuren	unbekannt	10–15
K	Phyllochinon (K_1), Menachinon (K_2)	grüne Pflanzen, Leber	Synthese von Blutgerinnungsfaktoren	Blutungsneigung	0,07–0,15[a]

[a] Empfehlung des US Food and Nutrition Board

Tabelle 8-3. Wasserlösliche Vitamine: Bezeichnungen, Vorkommen, biologische Funktionen, Mangelkrankheiten und mittlerer Tagesbedarf bzw. empfohlene tägliche Zufuhr (Erwachsene; Dt. Gesellschaft für Ernährung, 1985)

Kennzeichen	Name	Vorkommen	biolog. Funktionen	Mangelkrankheiten	mittl. Tagesbedarf (mg)
B_1	Thiamin	Leber, Getreidekörner, Hefe	Coenzym	Beri-Beri, Polyneuritis, Herzschwäche	1,0–1,5
B_2	Riboflavin	Leber, Milch, Hefe	Coenzym	Entzündungen von Haut und Schleimhäuten	1,5–2,0
B_6	Pyridoxin	grüne Gemüse, Hefe, Leber, Getreide	Coenzym	Krämpfe	1,8–2,0
B_{12}	Cobalamin	Leber, Eier, Milch	Blutbildung	Perniziöse Anämie	0,005
Niacin	Nicotinsäureamid, Nicotinsäure, Nicotinamid	Leber, Hefe, Milch	Coenzym	Pellagra	15–20
	Folsäure	grüne Blattgemüse	Coenzym, Blutbildung	Anämie, Leukopenie	0,4
	Pantothensäure	Leber, Eier, Hefe	Coenzym	Beinkrämpfe	8
H	Biotin	Leber, Eier, Hefe	Coenzym	Hautentzündung	0,1–0,3
C	L-Ascorbinsäure	Citrusfrüchte, Kartoffeln, grüne Blattgemüse, Paprika	Redoxeigenschaften	Scorbut, Infektanfälligkeit	75

8.3.3 Antivitamine

Stoffe, die mit den Vitaminen strukturell verwandt sind und sich von diesen durch geringfügige Veränderungen an der Wirkgruppe unterscheiden, können die entsprechenden Vitamine von ihren Wirkorten verdrängen. Da sie auf diese Weise die Vitaminwirkungen aufheben, werden sie als Antivitamine ***(Vitaminantagonisten)*** bezeichnet. Ein natürliches Antivitamin ist das Avidin im Eiklar, das Biotin bindet und inaktiviert. Künstliche Antivitamine haben als Medikamente Eingang in die klinische Medizin gefunden (z. B. Cumarinderivate als Vitamin-K-Antagonisten (S. 57), Folsäureantagonisten u. a.).

8.4 Wasser, Salze und Spurenelemente

Neben einer ausgewogenen Nährstoffzufuhr ist eine ausreichende Aufnahme von Wasser, Mineralstoffen und Spurenelementen für die normale Aufrechterhaltung der Lebensvorgänge unerläßlich. Angaben zum täglichen ***Wasser- und Elektrolytbedarf*** finden sich in Kap. 11 (S. 383 ff.).
Als ***Spurenelemente*** bezeichnet man Elemente, die nur in äußerst geringen

Tabelle 8-4. Essentielle Spurenelemente: Bestand, mittlerer Tagesbedarf und hauptsächliche Mangelerscheinungen (Erwachsene; Dt. Gesellschaft für Ernährung, 1985)

Element	Körperbestand (g)	Tagesbedarf (mg)	Mangelerscheinungen
Eisen	4–5	10–12[a]	mikrocytäre Anämie
Zink	2–3	15	Wachstumsstörungen, Haarausfall, verzögerte Wundheilung
Kupfer	0,10–0,15	1–5[a]	mikrocytäre Anämie, Wachstumsstörungen
Mangan	0,01–0,03	2–5	Sterilität, Knochenmißbildungen
Molybdän	0,001	0,2–0,5	unbekannt
Jod	0,01–0,02	0,1–0,2	Hypothyreose, Kretinismus
Cobalt	0,01	<1	makrocytäre Anämie[b]
Chrom	0,006	0,02	unbekannt
Fluor	ca. 3	0,5–1,0	Zahncaries

[a] Abhängig von Alter, Geschlecht und Funktionszustand des Organismus (Schwangerschaft usw.)
[b] Vitamin-B_{12}-Mangel

Mengen („in Spuren") in der Nahrung und im Organismus vorkommen. Hierbei lassen sich drei Gruppen unterscheiden:

- Spurenelemente mit physiologischen Funktionen (essentielle Spurenelemente),
- entbehrliche Spurenelemente (z. B. Aluminium, Gold, Silber),
- toxische Spurenelemente (z. B. Antimon, Arsen, Blei, Quecksilber, Thallium).

Zu den ***essentiellen Spurenelementen*** gehören Eisen als Baustein des Hämoglobins und der Cytochrome, Cobalt als Baustein von Vitamin B_{12}, Chrom, Kupfer, Mangan, Molybdän, Selen und Zink, die in Enzymen enthalten sind, Jod, das für die Biosynthese von Schilddrüsenhormonen benötigt wird, und Fluor, das wahrscheinlich beim Zahnschmelzaufbau eine biologische Bedeutung hat. Eine Zusammenstellung des Bestandes und des Tagesbedarfs sowie der wichtigsten Symptome bei Mangel an essentiellen Spurenelementen enthält Tabelle 8-4.

8.5 Ernährung und Körpergewicht

Bilanzierte Ernährung. Darunter versteht man eine ausgewogene Kost, in der

- die zugeführte Energie dem Bedarf, entsprechend der jeweiligen Arbeitsleistung, angepaßt ist,
- die Grundnährstoffe in optimaler Relation enthalten sind,
- die Vitamine, Salze und Spurenelemente in ausreichenden, jedoch nicht überdosierten Mengen vorliegen.

Die erstgenannte Bedingung wird von der Bevölkerung in industrialisierten Ländern in vielen Fällen nicht eingehalten. Dies zeigt Tabelle 8-5, in der die Soll- und Istwerte der zugeführten Nährstoffenergien für die deutsche Bevölkerung angegeben sind. Daraus geht hervor, daß im statistischen Mittel die Energieaufnahme den -bedarf um fast 15% übersteigt. Als Folge davon hat in den letzten Jahrzehnten die Zahl der Übergewichtigen, die einem erhöhten Krankheitsrisiko ausgesetzt sind (S. 290), stark zugenommen. Die optimale ***Relation der Nährstoffanteile*** ist seit mehr als 100 Jahren in umfangreichen Studien unter wechselnden Ernährungsbedingungen untersucht worden. Für die Verhältnisse in Mitteleuropa hat sich dabei eine Relation der ***Gewichtsanteile*** Eiweiß : Fett : Kohlenhydrate von 1 : 1 : 4, entsprechend einem Verhältnis der ***Energieanteile*** von 3 : 6 : 11, als besonders zweckmäßig erwiesen. Wie aus Tabelle 8-5 hervorgeht, wer-

Tabelle 8-5. Mittleres Kostmaß der Bevölkerung in der Bundesrepublik Deutschland 1969/70

	Soll	Ist	Gewichtsanteile Soll	Ist
Energieumsatz	2,66 Mcal/Tag 11,15 MJ/Tag	3,02 Mcal/Tag 12,65 MJ/Tag		
Eiweiß	77 g	92 g	14%	17%
Fett	80 g	132 g	15%	23%
Kohlenhydrate	395 g	340 g	71%	60%

den in der durchschnittlichen Kost zu viel Fett und zu wenig Kohlenhydrate aufgenommen.

Körpergewicht. Unter dem ***Durchschnittsgewicht*** versteht man den Mittelwert des Körpergewichts in einer Bevölkerungsgruppe. Da es ein Maß für die Ernährungssituation einer Population darstellt, ist es regional sehr unterschiedlich und u. U. zeitlichen Schwankungen (Hungerzeiten, Überernährungsphasen) unterworfen.
Als ***Normalgewicht*** gilt das über den sog. BROCA-Index ermittelte Gewicht:

$$\text{Sollgewicht (kg)} = \text{Körperlänge (cm)} - 100.$$

In der Präventivmedizin spielt der Begriff ***Idealgewicht*** eine große Rolle. Die umstrittenen Idealgewichtstabellen wurden 1988 durch neue Gewichtsempfehlungen ersetzt, die den individuellen Knochenbau mitberücksichtigen (s. Tabelle 8-6). Als Kriterium hierfür hat man die Ellenbogenspanne, d. h. den (mit der Schieblehre gemessenen) Abstand zwischen Epicondylus medialis und lateralis bei angewinkeltem Arm gewählt. In Tabelle 8-6 ist der jeweilige Bereich der Ellenbogenspanne für mittelschweren Knochenbau in Abhängigkeit von der Körpergröße angegeben. Werte unterhalb dieses Bereiches sind Kennzeichen für leichten, Werte oberhalb für schweren Knochenbau. Tabelle 8-6 enthält ferner die neuen ***Sollgewichte,*** die im Gegensatz zu früher in Form relativ weiter Bereiche angegeben sind und damit den biologischen Variationen besser gerecht werden. Man erkennt, daß die Sollgewichte für mittleren Knochenbau bei Männern nicht sehr stark von den über den BROCA-Index berechneten Normalgewichten abweichen. In anderen Fällen bestehen jedoch beträchtliche Unterschiede. In der jetzt vorliegenden Form stellen die Sollgewichte der Tabelle 8-6 wohl den z. Zt. am besten geeigneten Orientierungsmaßstab dar.

Es besteht kein Zweifel darüber, daß, ebenso wie in Entwicklungsländern ernährungsbedingte Mangelerscheinungen eine häufige Krankheitsursache darstellen, in

Tabelle 8-6. Ellbogenspanne für mittleren Knochenbau und Sollgewicht für Männer (♂) und Frauen (♀) in Abhängigkeit von der Körpergröße (Quelle: Metropolitan Life Insurance Company, 1988)

Größe (cm)	***Ellenbogenspanne (cm)*** mittelschwerer Knochenbau		***Sollgewicht (kg)*** leichter Knochenbau		mittelschwerer Knochenbau		schwerer Knochenbau	
	♂	♀	♂	♀	♂	♀	♂	♀
145		5,7–6,4		46,5–60,5		49,5–55,0		53,5–59,5
150				47,0–52,0		51,5–57,0		55,5–62,0
155	6,4–7,3	5,7–6,4	58,0–61,0	49,0–55,0	59,5–64,0	53,5–60,0	62,5–68,0	58,0–65,0
160			60,0–62,5	51,5–57,5	61,0–66,0	56,5–62,5	64,5–71,0	61,0–68,5
165	6,7–7,3	6,0–6,7	61,5–64,5	54,5–60,5	63,0–68,5	59,0–65,5	66,0–74,5	63,5–72,0
170			63,5–67,0	57,0–63,0	66,0–71,0	61,5–68,0	69,0–78,0	66,0–76,0
175	7,0–7,6	6,0–6,7	65,5–70,0	60,0–66,0	68,5–74,0	64,5–71,0	71,5–81,5	69,0–78,5
180			67,5–72,5	62,5–68,5	71,0–77,0	67,0–73,5	74,5–85,5	71,5–81,0
185	7,0–7,9		70,5–76,0		74,5–80,5		78,0–89,5	
190			73,5–80,0		77,5–85,0		82,0–94,0	

den Industrienationen die Lebenserwartung großer Teile der Bevölkerung durch Übergewicht (Überschreiten des Sollgewichts um 10%–20%) infolge Überernährung verringert wird. So nimmt ab einem Gewicht von mehr als 20% über dem Sollgewicht die Gefahr von kardiovaskulären Erkrankungen (Herzinfarkt, Schlaganfall) signifikant zu. Dies gilt insbesondere dann, wenn das Übergewicht durch eine Zunahme des Körperfettanteils (und nicht z. B. durch Zunahme der Muskelmasse infolge Bodybuilding) hervorgerufen ist, d. h. wenn eine Fettsucht (Adipositas; Überschreiten des Sollgewichts um mehr als 20%) vorliegt. Aus diesem Grund kommt einer dem tatsächlichen Bedarf angepaßten Ernährung erhebliche Bedeutung im Gesundheitswesen zu.

9 Funktion des Gastrointestinaltrakts

Die Hauptaufgabe des Gastrointestinaltrakts besteht in der Überführung der Nahrung in resorbierbare Bestandteile und in deren Aufnahme in den Körperkreislauf. Der erstgenannte Teilprozeß, die ***Verdauung,*** wird durch mechanische Vorgänge, durch Zerkleinerung, Transport und Durchmischung eingeleitet. In engem Zusammenhang damit erfolgt die Sekretion von Verdauungssäften. Die Einwirkung der Enzyme, die in den Verdauungssäften enthalten bzw. auf der inneren Darmwand lokalisiert sind, führt dann zur hydrolytischen Spaltung der Eiweiße, Kohlenhydrate und Fette. Im zweiten Teilprozeß, der ***Resorption,*** werden die Endprodukte der Verdauung ebenso wie Wasser, Mineralstoffe und Vitamine aus dem Darmlumen über die Darmschleimhaut in das Blut oder in die Lymphe aufgenommen.
Nachfolgend werden zunächst die Bewegungsvorgänge des Verdauungskanals (gastrointestinale Motilität) sowie die Sekretionsprozesse behandelt. Im Anschluß daran erfolgt die Beschreibung der enzymatischen Nährstoffspaltung und der Resorptionsvorgänge.

9.1 Motilität und Sekretion

9.1.1 Mundhöhle, Pharynx, Oesophagus

Kauvorgang. Der Kauvorgang, an dem Zähne, Kaumuskulatur, Zunge, Wangen, Mundboden und Gaumen beteiligt sind, dient der Zerkleinerung der Nahrungsbestandteile und ihrer Durchmischung mit dem Speichel. Der Gesamtprozess ist zwar willkürlich beeinflußbar, die Koordination der komplizierten Teilvorgänge erfolgt jedoch auf reflektorischem Wege. Durch Bewegungen von Zunge, Wangen und Lippen wird die Speise mehrfach zwischen die Zähne geschoben, deren Schneide- und Mahlbewegungen die größeren Nahrungsstücke zerkleinern. Dabei beträgt die ***Kaukraft*** in der Regel etwa 100 N, bei sehr starken Widerständen bis zu 1000 N. Schließlich erfolgt die Bildung eines mit Speichel durchmischten Bissens ***(Bolus),*** der durch eine Zungenbewegung in den Pharynx befördert wird.

Saugreflex. Dieser Nutritionsreflex wird durch Berührungsreize von den Lippen oder von der Mundschleimhaut des Säuglings her ausgelöst. Bei luftdichtem Abschluß zwischen Lippen und Warzenhof der mütterlichen Brust sowie nach Abdichtung der nasalen und trachealen Luftwege erfolgt zunächst eine Senkung des Mundbodens. Der dadurch im Mundraum entstehende Unterdruck saugt die Muttermilch an. Anschließend werden die Kiefer zusammengedrückt und damit die Milchgänge der Brustdrüse ausgepreßt. Der gesamte komplexe Vorgang, der mit einer rhythmischen Freigabe der Nasenatmung koordiniert ist, steht unter der Kontrolle von Neuronen in der Medulla oblongata.

Speichelsekretion. Die Sekretion des Mundspeichels erfolgt vorwiegend durch drei große, paarig angelegte Drüsen: Die serösen Glandulae parotideae sind zu etwa 25%, die serös-mucösen Glandulae submandibulares zu etwa 70% und die mucösen Glandulae sublinguales zu ca. 5% an der täglichen Speichelproduktion beteiligt. In den Drüsenacini wird zunächst ein nahezu ***isotones Primärsekret*** gebildet, das auf dem Weg durch die Drüsengänge infolge von Sekretions- und Resorptionsprozessen sekundäre Veränderungen erfährt, wodurch schließlich der ***hypotone Mundspeichel*** entsteht (vgl. Abb. 9-1). Außerdem geben zahlreiche kleine Drüsen (Glandulae labiales, buccales, linguales) fortlaufend kleine Mengen eines dünnflüssigen Sekretes ab.
Alle Speicheldrüsen zusammen produzieren täglich ***1,0–1,5 l Speichel,*** dessen Menge und Zusammensetzung sich mit der Beschaffenheit der aufgenommenen Nahrung verändern. Trockene Speisen rufen eine starke Sekretion von ***dünnflüssigem Spülspeichel*** hervor. Dagegen führt die Aufnahme von flüssigkeitshaltigen Speisen zur Sekretion eines ***viscösen Verdauungsspeichels.*** Der Speichel enthält ***Ptyalin,*** eine kohlenhydratspaltende α-Amylase, und ***Mucin,*** einen Schleim, in dem hauptsächlich Glykoproteine enthalten sind. Durch den Schleimgehalt des Speichels wird die Gleitfähigkeit des Bissens erhöht. Der Speichel hat ferner durch seine Spülfunktion eine reinigende und durch seinen Gehalt an Rhodanid-Ionen auch eine geringe antibakterielle Wirkung.
Er enthält ferner bei vielen Menschen AB0-Blutgruppensubstanzen (S. 45ff.) und Immunglobulin A (IgA, S. 37f.). Sein pH-Wert liegt bei Ruhesekretion zwischen 5,5 und 6,0 und steigt nach Stimulation auf 7,6–7,8 an.

Regulation der Speichelsekretion. Auch ohne Nahrungsaufnahme findet immer eine geringe Basalsekretion (Ruhesekretion) von Mundspeichel (ca. 0,7 l/Tag) statt. Kommt es zu einer Berührung der Mundschleimhaut mit aufgenommenen Speisen, so wird die Speichelsekretion reflektorisch gesteigert. Aber auch der Anblick, der Geruch oder die bloße Vorstellung von Speisen „lassen das Wasser im Mund zusammenlaufen". Dabei wird die Zusammensetzung des Speichels durch die differenzierte Innervation

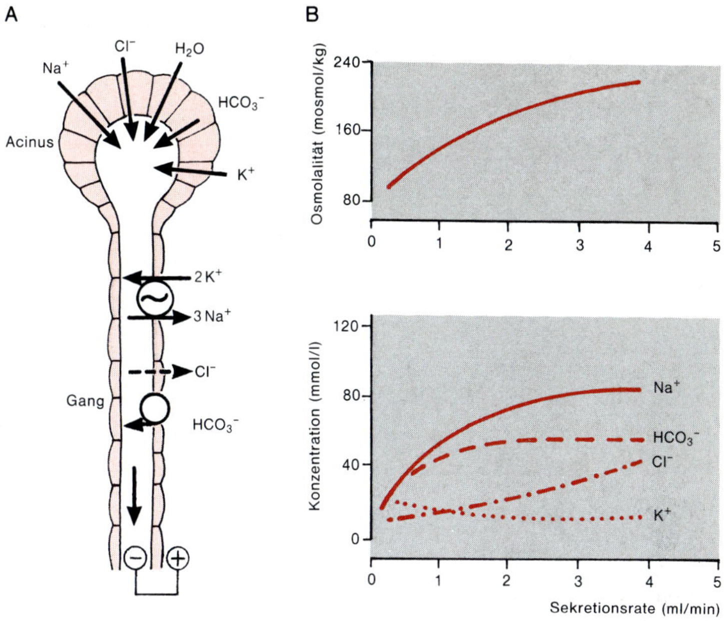

Abb. 9-1 A, B. Elektrolyttransport in Speicheldrüsen **(A)** und Elektrolyte im Speichel in Abhängigkeit von der Sekretionsrate **(B)**. Das nahezu isotone Primärsekret der Acini wird in den Drüsengängen durch Resorption oder Sekretion von Ionen verändert. Wegen der sehr geringen Permeabilität für Wasser wird der Speichel hypoton. Die Zusammensetzung ändert sich am stärksten bei niedriger Sekretionsrate. Bei hoher Sekretionsrate bleibt für die Austauschprozesse weniger Zeit, und das Sekret nähert sich der Beschaffenheit des Primärsekrets

der Speicheldrüsen über das vegetative Nervensystem variiert. Eine Aktivierung des ***Parasympathicus*** bewirkt in allen Drüsen die reichliche Absonderung eines dünnflüssigen, Protein-, K^+- und HCO_3^--armen Speichels. Die Erregung des ***Sympathicus*** liefert durch Stimulation der Glandulae submandibulares geringe Mengen eines viscösen, Protein-, K^+- und HCO_3^--reichen Speichels.

Schluckakt. Der mit Speichel durchmischte Bolus wird durch den Schluckakt in die Speiseröhre befördert. Der erste Teil dieses komplizierten motorischen Vorgangs besteht in einer ***willkürlichen*** Zungenbewegung, die den Bolus in den Rachen befördert (Abb. 9-2, A). Durch Berührung der Gaumenbögen, des Zungengrundes und der Pharynxhinterwand wird

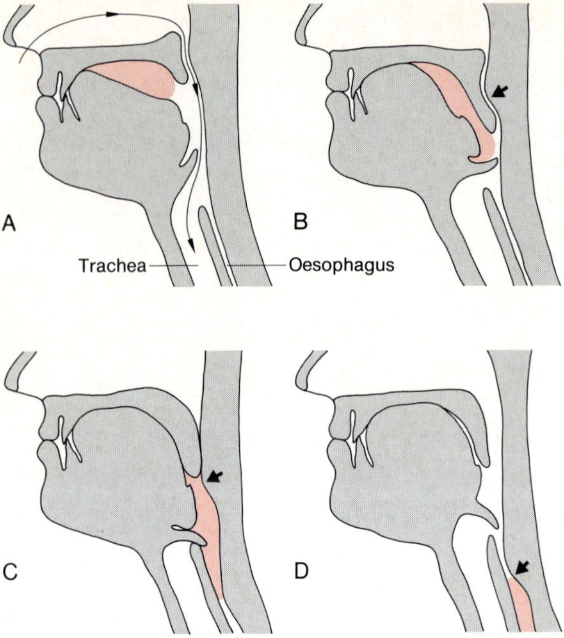

Abb. 9-2 A–D. Phasen des Schluckaktes in schematischer Darstellung

dann der zweite, ***reflektorisch*** ablaufende Teilprozeß ausgelöst. Da der Bolus beim Schluckakt den Luftweg kreuzt, muß zunächst die Verbindung zum Nasenraum durch Heben des Gaumensegels verschlossen werden (Abb. 9-2, B). Danach erfolgt der Verschluß des Kehlkopfeingangs durch Vorschieben des Kehlkopfes und Umklappen des Kehldeckels (Abb. 9-2, C). Durch koordinierte Tätigkeit der Schlundmuskulatur findet dabei der Transport des Bissens in den oberen Abschnitt der Speiseröhre statt (Abb. 9-2, D). An dem gesamten reflektorischen Vorgang sind mindestens 20 Muskeln beteiligt, die unter der Kontrolle eines Reflexzentrums („Schluckzentrums") in der Medulla oblongata zu koordinierter Kontraktion veranlaßt werden.

Oesophaguspassage. Im cranialen und caudalen Abschnitt der Speiseröhre finden sich muskuläre Verschlußeinrichtungen, die als ***oberer*** und ***unterer Oesophagussphincter*** bezeichnet werden. Der muskuläre Ruhedruck ist an diesen Stellen gegenüber der Umgebung deutlich erhöht.
Während des Schluckaktes erschlafft der obere Oesophagussphincter,

wodurch der Eintritt des Bissens in die Speiseröhre ermöglicht wird. Der weitere Transport erfolgt dann durch eine magenwärts fortschreitende Kontraktion der Ringmuskulatur in der Oesophaguswand. Eine solche Kontraktionswelle, der eine Erschlaffungswelle vorausläuft, wird als ***Peristaltik*** bezeichnet. Wenn die peristaltische Welle den unteren Oesophagusabschnitt erreicht, öffnet sich der untere Sphincter, und der Bolus wird in den Magen befördert. Der gesamte koordinierte Transportprozeß in der Speiseröhre steht unter zentraler Kontrolle, wobei die steuernden Nervenimpulse über den ***N. vagus*** zur Oesophagusmuskulatur gelangen.

9.1.2 Magenmotilität und -entleerung

Im Magen werden die Bissen mit dem Magensaft gemischt, homogenisiert und damit in den Speisebrei ***(Chymus)*** umgewandelt. Nach einer kürzeren oder längeren Verweildauer erfolgt die Abgabe des Chymus an den Dünndarm in kleineren Portionen.

Magenmotilität. Der leere Magen stellt einen kontrahierten Muskelschlauch dar, dessen Innenwände dicht aneinanderliegen. Lediglich im kuppelförmigen Fundus befindet sich stets eine – im Röntgenbild sichtbare – Gasblase. Bei der ***Füllung des Magens*** kommt es zur Ausdehnung der Magenwände, ohne daß dabei eine Drucksteigerung im Lumen auftritt. Dies wird initial durch eine Erschlaffung der glatten Muskulatur (receptive Relaxation) und später durch eine plastische Verlängerung der Muskelfasern ermöglicht. Die Steuerung erfolgt durch den N. vagus (inhibitorische Fasern!) und Cholecystokinin (S. 299f.). Nach der Aufnahme fester Speisen weist der Mageninhalt eine Schichtung auf, wobei die zuletzt aufgenommenen Nahrungsbestandteile an der kleinen Kurvatur, die am längsten im Magen befindlichen im Pylorusbereich liegen.
Die ***Durchmischung des Speisebreis*** erfolgt durch ***peristaltische Kontraktionen,*** die als ringförmige Einschnürungen im oberen Corpusbereich („Schrittmacherzone", s. u.) beginnen und im zeitlichen Abstand von etwa 20 s pyloruswärts wandern. Abb. 9-3, A zeigt, wie bei geschlossenem Magenausgang der Chymus durch eine peristaltische Welle in zwei entgegengesetzte Richtungen gedrückt und dabei intensiv durchmischt wird. Die peristaltischen Wellen kommen in der Regel im Antrum zum Stehen. Bei leerem Magen treten gelegentlich sog. Hungerkontraktionen auf („Magenknurren"), die sich jedoch – im Gegensatz zu den peristaltischen Wellen – nicht koordiniert ausbreiten.

Magenentleerung. Die Magenentleerung findet portionsweise durch kräftige peristaltische Kontraktionen im Antrumbereich bei gleichzeitiger Öffnung des Pylorus statt (Abb. 9-3, B). Hat eine Chymusportion den Magen

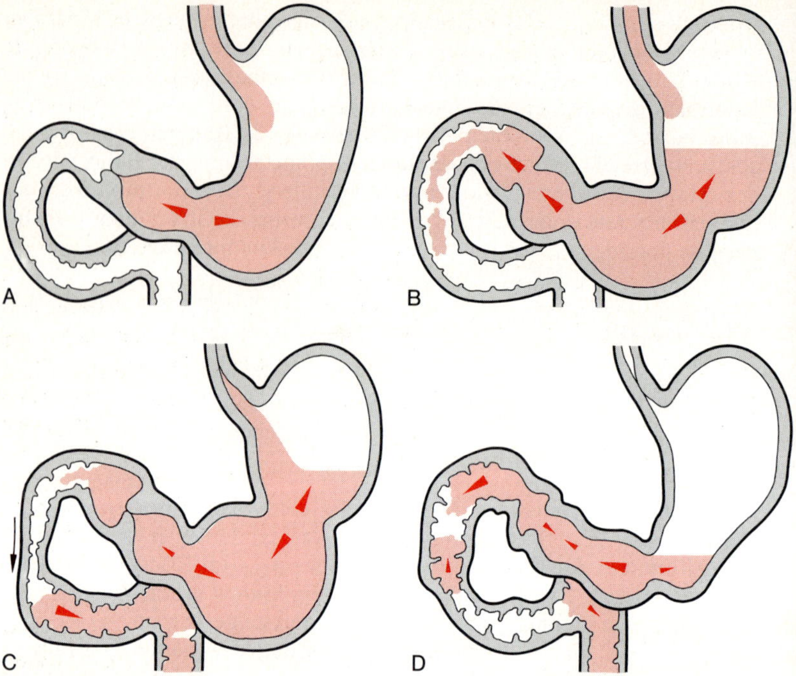

Abb. 9-3 A–D. Motilität und Entleerung des Magens, **A** Magenperistaltik während der Füllung; **B** Öffnung des Pylorus und Entleerung; **C** Pyloruskontraktion, Peristaltik von Magen und Duodenum; **D** Spätentleerung

verlassen, so erfolgt sofort wieder der Verschluß des Pylorus (Abb. 9-3, C). Die Entleerung ist unmittelbar nach der Mahlzeit am intensivsten und wird dann immer schwächer. Der zeitliche Ablauf hängt dabei von der Menge, der Zusammensetzung, der Aufbereitung und der Partikelgröße der Nahrung ab. Während breiförmige und kohlenhydratreiche Nahrung nach relativ kurzer Zeit entleert wird, kann die Verweildauer schlecht gekauter oder fettreicher Nahrung bis zu 5 Stunden betragen. Abb. 9-3, D zeigt eine Spätentleerung des Magens.

Regulation von Motilität und Entleerung. Die Motilität und die Entleerung des Magens werden vom intramuralen, d. h. in der Wand gelegenen Nervenplexus, vom N. vagus sowie von gastrointestinalen Hormonen (S. 298 ff.) gesteuert. Allein durch den mechanischen Reiz der ***Magenwanddehnung*** kommt es zur Auslösung peristaltischer Kontraktionen. Unter dem Einfluß parasympathischer Nervenimpulse, die über den ***N. vagus***

geleitet werden, tritt eine erhebliche Steigerung der Motilität ein. So ist es auch zu verstehen, daß durch die Gabe eines Parasympatholytikums (z. B. Atropin) eine Hemmung von Tonus und Peristaltik bewirkt wird.

Die ***Entleerung*** des Magens erfolgt, vermittelt durch den N. vagus, ***auf reflektorischem Wege.*** Allerdings wird der zeitliche Ablauf des Entleerungsvorganges vom Füllungszustand des Duodenums und den dort herrschenden chemischen Bedingungen mit beeinflußt. Eine starke Füllung, hohe Fettkonzentration und saure Reaktion im Duodenum hemmen den Entleerungsreflex. Diese Hemmung wird durch ***gastrointestinale Hormone*** (S. 298 ff.), insbesondere durch Secretin, GIP und Cholecystokinin (CCK) bewirkt, die in der Dünndarmschleimhaut gebildet werden und auf dem Blutweg zum Magen gelangen (vgl. Tabelle 9-1). Die Magenentleerung steht somit unter dem Einfluß eines humoralen Rückkopplungsprozesses.

Das ***Erbrechen*** stellt einen Schutzreflex dar. Nach vorausgehender Übelkeit (Nausea), starker Speichel- und Schweißsekretion, Verlangsamung und Vertiefung der Atmung setzt der Brechreflex ein. Dabei wird der Inhalt des Magens nach einer tiefen Inspiration bei verschlossenem Kehlkopfeingang und bei erschlafften Oesophagusspincteren durch Kontraktionen der Bauchmuskulatur und des Zwerchfells entleert. Die komplizierten motorischen Vorgänge beim Erbrechen stehen unter der Kontrolle von Neuronen in der Medulla oblongata.

Myogene Automatie. Die peristaltischen Wellen – und ebenso die rhythmischen Segmentationen des Darmes (S. 308) – werden durch ***spontane Depolarisationen*** in der glatten Wandmuskulatur ausgelöst. Die Spontandepolarisationen sind jeweils von einer Repolarisation gefolgt, so daß ***langsame Potentialwellen*** im Sekunden- oder Minutenrhythmus entstehen. Auf der Höhe der Depolarisation wird mit Überschreitung der Schwelle eine Folge von Ca^{2+}-getragenen Aktionspotentialen (sog. ***Spike-Potentialen***) ausgelöst, die sich den langsamen Potentialwellen überlagern (Abb. 9-4). Für die Auslösung solcher Erregungsfolgen sind bestimmte

Tabelle 9-1. Regulationsmechanismen der Magenentleerung

Beschleunigte Entleerung bei (vermittelt durch)
Magendehnung (N. vagus, Gastrin)
hohem Eiweißgehalt der Nahrung (Gastrin)
Chymuspartikelgröße <2 mm
Verlangsamte Entleerung bei (vermittelt durch)
niedrigem pH-Wert im Duodenum (Secretin)
hypertonem Chymus (Hormone, reflektorisch)
hohem Fettgehalt des Chymus (Cholecystokinin, GIP)
Dehnung des Duodenums (N. vagus)
L-Tryptophan-reicher Nahrung (Cholecystokinin)

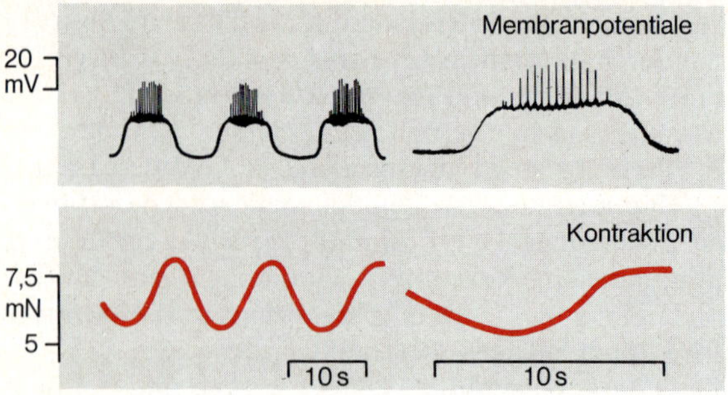

Abb. 9-4. Auslösung von rhythmischen Kontraktionen der glatten Muskulatur im Magen-Antrum, nach GOLENHOFEN (aus Schmidt und Thews, 1987). *Oben:* Rhythmische Depolarisation des Membranpotentials mit überlagernden Salven von Spike-Potentialen (*rechts* in Zeitdehnung). *Unten:* Rhythmische Muskelkontraktionen, die durch diese Salven ausgelöst werden

glatte Muskelzellen prädestiniert, die eine besonders niedrige Erregungsschwelle besitzen. Von einer Gruppe dieser sog. ***Schrittmacherzellen*** ausgehend, werden die Erregungen jeweils auf die benachbarten Muskelzellen weitergeleitet, wobei die Kontaktstellen zwischen den einzelnen Zellen (Nexus) eine leichte Überleitung ermöglichen. Auf diese Weise erfaßt die Erregungsfolge die gesamte Umgebung der Schrittmacherzellen und führt zu einer synchronen Muskelkontraktion, die sich wellenförmig ausbreitet.

Motilitätsmuster des Magen-Darm-Kanals. Die Funktionen des gesamten Magen-Darm-Trakts hängen - wie bereits am Beispiel der Magenmotilität erläutert - wesentlich von der Motorik der Wandmuskulatur ab. Die wichtigsten Motilitätsmuster sind in Abb. 9-5 wiedergegeben.

9.1.3 Gastrointestinale Hormone

Gastrointestinale Hormone sind Gewebshormone (S. 446ff.), die im Gastrointestinaltrakt und in der Bauchspeicheldrüse produziert werden und vor allem die Funktion der Verdauungsorgane beeinflussen.

Einteilung der gastrointestinalen Hormone. Alle gastrointestinalen Hormone sind Polypeptide mit einem breiten Wirkungsspektrum bzgl. der gastrointestinalen Motilität und Sekretion. Aufgrund struktureller Verwandtschaft lassen sie sich in zwei Gruppen einteilen:

- Gastrine und Cholecystokinin

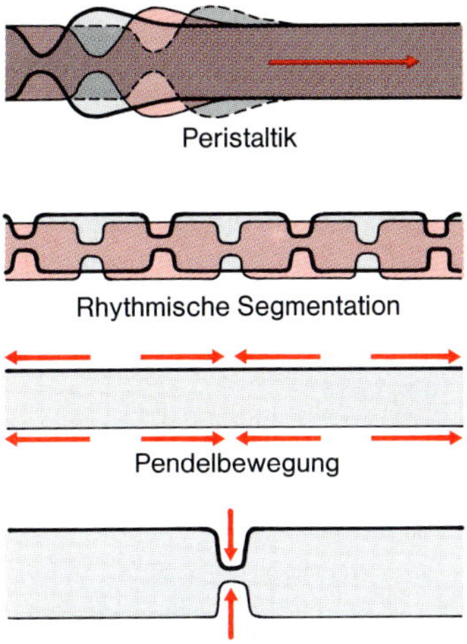

Motilitätsmuster	Vorkommen	Funktion
Peristaltik	Oesophagus Magen Dünndarm	Propulsiv führt zum Transport, nicht propulsiv führt zur Durchmischung
Rhythmische Segmentation	Dünndarm Dickdarm	Durchmischung
Pendelbewegung	Dünndarm Dickdarm	Längsverschiebung der Darmwand über der Chymussäule
Tonische Kontraktion	Gastrointe-stinale Sphincteren	Verschluß Abtrennung

Abb. 9-5. Motilitätsformen des Gastrointestinaltrakts und ihre funktionelle Bedeutung in schematischer Darstellung

- Secretingruppe: Secretin, Enteroglucagon, Glucose-abhängiges insulinotropes Peptid, vasoaktives intestinales Polypeptid.

Daneben gibt es eine Reihe weiterer gastrointestinaler Polypeptide (vgl. Tabelle 9-2), die im Gastrointestinaltrakt hormonartig wirken.

Bildung und Funktion der gastrointestinalen Hormone. Die hauptsächlich von den G-Zellen der Antrumschleimhaut des Magens produzierten ***Gastrine*** treten in mehreren Molekülgrößen (Big-, Little- und Mini-Gastrin) im Blutplasma und Gewebe auf. Man unterscheidet bei jedem dieser Typen die unveresterte Form I und die sulfatierte Form II. Die Hauptwirkung der Gastrine ist die Steigerung der HCl-Sekretion durch die Belegzellen.

Cholecystokinin (CCK) wird vor allem in bestimmten Zellen der Schleimhaut des Duodenums gebildet. Die Sekretion von CCK wird durch Kontakt der Duodenalschleimhaut mit Polypeptiden, Aminosäuren, Fetten und Säuren (Gallensäuren) ausgelöst. Die wichtigsten Wirkungen des CCK sind die Stimulation der Sekretion von Verdauungsenzymen der Bauchspeicheldrüse (S. 319) und die Auslösung der Gallenblasenentleerung (s. S. 313).

Tabelle 9-2. Gastrointestinale Hormone (Auswahl)

Hormon	Bildungsorte	Hauptwirkung
Gastrin	G-Zellen des Antrums und des oberen Dünndarms	Stimulation der HCl-Sekretion im Magen
Cholecystokinin (CCK)	I-Zellen des oberen Dünndarms	Stimulation der Sekretion von Pankreasenzymen, Gallenblasenkontraktion
Secretin	K-Zellen des Antrums und des oberen Dünndarms	Hemmung der HCl-Sekretion, Stimulation der Wasser- und HCO_3^--Sekretion des Pankreas
(Entero-) Glucagon	A-Zellen des Magens, EG-Zellen des Darms	Hemmung der HCl-Sekretion und der Magen-Darm-Motilität
Glucose-abhängiges insulinotropes Peptid (GIP)	K-Zellen des Antrums und des oberen Dünndarms	Insulinfreisetzung
Somatostatin	D-Zellen des Magen-Darm-Trakts	Hemmung der Gastrin- und Pepsinogensekretion, Stimulation der Schleimproduktion (Magen)
Vasoaktives intestinales Polypeptid (VIP)	D_1-Zellen des Magen-Darm-Trakts	Hemmung der Magensaftsekretion, Stimulation der Pankreassekretion
Neurotensin	N-Zellen des Magen-Darm-Trakts	Hemmung der Magensaftsekretion und Magenentleerung
Motilin	MO-Zellen des oberen Dünndarms	Stimulation der Magenmotilität und der Pepsinogensekretion

Secretin wird vorwiegend im oberen Dünndarm gebildet. Seine Hauptwirkung liegt in der Stimulierung der Wasser- und Bicarbonatsekretion durch die Bauchspeicheldrüse und in der nicht-kompetitiven Hemmung der Gastrin-induzierten Säuresekretion des Magens.

Das ***Glucose-abhängige insulinotrope Peptid*** (GIP) steigert die Insulinfreisetzung. ***(Entero-)Glucagon*** hemmt die HCl-Sekretion und die Magen-Darm-Motilität. ***Somatostatin,*** das nicht nur im Hypothalmus (S. 419), sondern auch in der Schleimhaut des Magen-Darm-Kanals gebildet wird, unterdrückt die Sekretion verschiedener gastrointestinaler Hormone und stimuliert die Schleimsekretion im Magen. Die Hauptwirkung des ***Vasoaktiven intestinalen Polypeptids*** (VIP) ist die Gefäßerweiterung im Bauchraum und

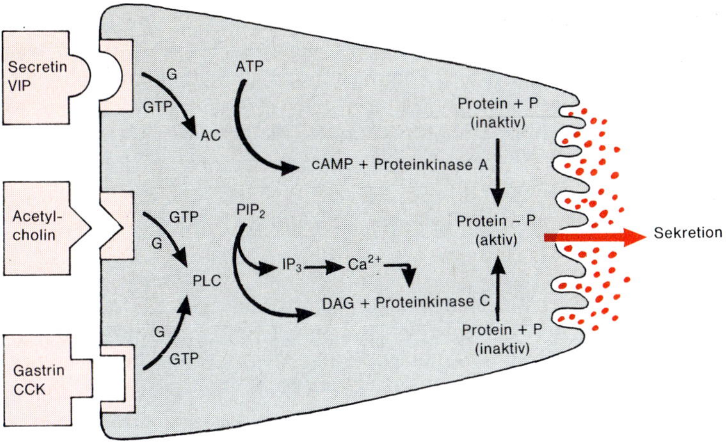

Abb. 9-6. Intracelluläre Vermittlung der Wirkung gastrointestinaler Hormone über die Botenstoffe *cAMP*, Inositoltriphosphat *(IP_3)* und *Ca^{2+}*. *G* = G-Protein, *GTP* = Guanosintriphosphat, *AC* = Adenylatcyclase, *PLC* = Phospholipase *C*, *PIP_2* = Phosphatidylinositol - 4,5 - diphosphat, *DAG* = Diacylglycerol (modifiziert nach BERRIDGE)

eine damit verbundene intestinale Durchblutungssteigerung. ***Neurotensin*** reduziert die Magensaftsekretion und verzögert die Magenentleerung. ***Motilin*** steigert die Magenmotilität und die Pepsinogensekretion.

Intracelluläre Vermittlung der Wirkung gastrointestinaler Hormone. Die gastrointestinalen Hormone reagieren zunächst mit jeweils spezifischen membranständigen Receptoren, wodurch deren Konformation verändert wird. Als Folge davon werden, vermittelt durch ein Guanosintriphosphat (GTP)-abhängiges Kopplungsprotein (G-Protein), Enzyme aktiviert, die sich an der Membraninnenseite befinden. ***Secretin*** und ***VIP*** stimulieren auf diesem Weg die Adenylatcyclase (AC), welche ATP in 3'5'-cAMP umwandelt, das als intracellulärer Botenstoff fungiert und die Proteinkinase A aktiviert. (Abb. 9-6). ***Cholecystokinin*** (CCK) und ***Gastrin*** (wie auch Acetylcholin) aktivieren die Phospholipase C (PLC), die wiederum Phosphatidylinositol-4,5-diphosphat (PIP_2) in Inositoltriphosphat (IP_3) und Diacylglycerol (DAG) spaltet. Der Botenstoff IP_3 diffundiert zum endoplasmatischen Reticulum und setzt dort Ca^{2+} frei, das dann als weiterer Signalträger wirkt. Der Botenstoff DAG aktiviert eine membranständige Proteinkinase C, welche die Phosphorylierung von Proteinen stimuliert, die schließlich die Sekretion auslösen (s. Abb. 9-6).

9.1.4 Magensaftsekretion

Während der Verweildauer im Magen wird der Speisebrei mit dem Magensaft, einem Sekret der Magenschleimhaut intensiv durchmischt.

Die tägliche Magensaftproduktion beträgt *2-3 l.* Während im nüchternen Zustand nur geringe Mengen eines neutralen oder leicht alkalischen Sekrets abgegeben werden, kommt es im Zusammenhang mit der Nahrungsaufnahme jeweils zur Bildung von 0,6-1,2 l eines stark sauren ***(pH = 0,8-1,5)***, nahezu blutisotonen (⅓ osmol/l) Sekrets. Der Magensaft enthält neben Salzsäure, die für die saure Reaktion verantwortlich ist, proteolytische (eiweißspaltende) Enzyme (Pepsin), Magenschleim (Mucin), den Intrinsic-Faktor sowie verschiedene Kationen (Na^+, K^+, Mg^{2+}) und Anionen (HPO_4^{2-}, SO_4^{2-}).

Aufbau der Magenschleimhaut. An der Cardia geht das mehrschichtige Plattenepithel des Oesophagus in das einreihige Zylinderepithel des Magens über. Während im pylorusnahen Abschnitt und im Cardiabereich die zylindrischen Drüsenzellen - wie die Oberflächenzellen des Magens - nur Schleim bilden, stellen die magensaftproduzierenden Drüsen im Corpus- und Fundusbereich dicht gepackte, tiefe Epitheleinsenkungen dar, in denen drei Zellarten vorkommen (s. Abb. 9-7). Die Nebenzellen haben den Charakter von Oberflächenzellen und finden sich am Drüsenhals, sie

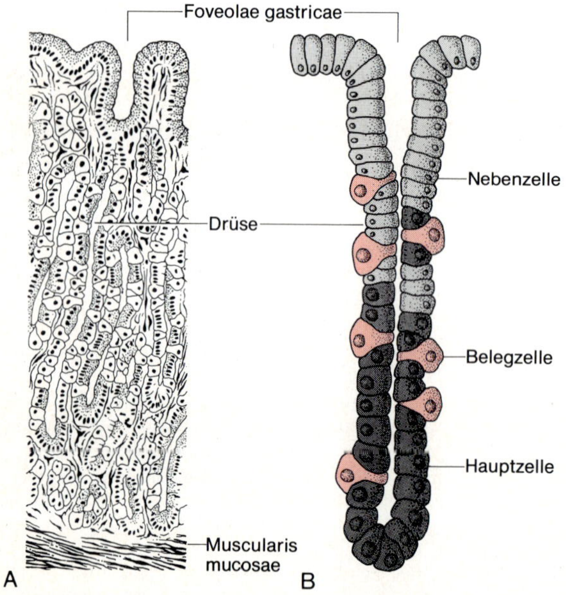

Abb. 9-7 A, B. Schleimhaut (**A**) und Drüse (**B**) des Magenfundus, nach LEONHARDT (aus Thews, Mutschler und Vaupel, 1989)

liefern das Mucin, einen zähen Schleim. Im Mittelteil der Drüsen kommen gehäuft Belegzellen vor, die vom Drüsenlumen etwas abgedrängt sind und mit diesem durch intercelluläre Sekretkanälchen in Verbindung stehen. Diese Zellen sind auf die Produktion der Salzsäure spezialisiert. Im Bereich der Drüsenbasis liegen die Hauptzellen, welche die proteolytischen Enzyme des Magensaftes bilden.

Salzsäuresekretion. Die Salzsäure des Magensaftes wird durch die ***Belegzellen*** gebildet, deren intrazelluläre Sekretkanälchen mit dem Drüsenlumen in Verbindung stehen. Der wesentliche Teil des Sekretionsprozesses besteht dabei in einem ***aktiven Transport von H^+- und Cl^--Ionen*** durch die Membran der Sekretkanälchen in deren Lumen (Abb. 9-8). Dieser Transport erfolgt gegen ein großes H^+-Gefälle, da der pH-Wert in der Zelle 7,0–7,2, im Sekretkanälchen jedoch etwa 1,0 beträgt (Gradient = $1:10^6$). Die Energie für den aktiven Transport von Protonen aus der Belegzelle in den Magensaft wird durch ATP-Spaltung bereitgestellt. Das Enzym, das diesen Vorgang katalysiert, ist die ***K^+/H^+-ATPase*** in der Membran der sekretorischen Microvilli. Hierbei wird im gleichen Verhältnis H^+ gegen K^+ ausgetauscht. H^+ entstammt vor allem der Dissoziationsreaktion der

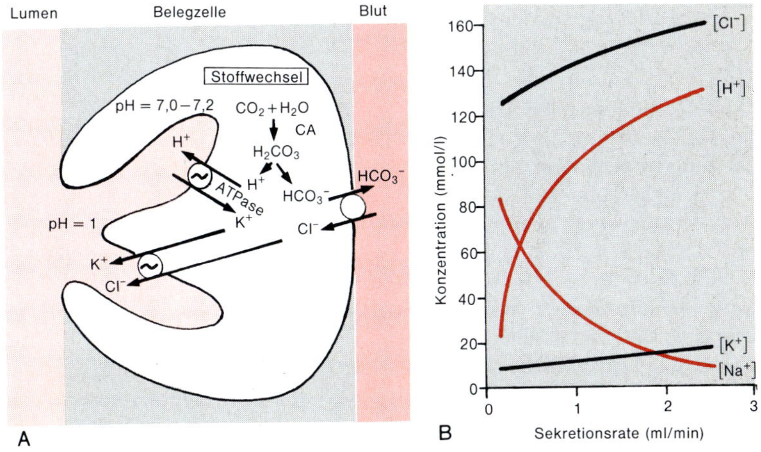

Abb. 9-8 A, B. Schema der H^+- und Cl^--Sekretion der Belegzelle **(A)** und Elektrolytkonzentration im Magensaft in Abhängigkeit von der Sekretionsrate **(B).** Die Belegzellen secernieren nach Stimulation H^+, Cl^- und K^+, die Schleim- bzw. Nebenzellen dauernd Na^+ und HCO_3^-. Mit ansteigender Sekretionsrate nimmt der Sekretanteil der Belegzellen zu, derjenige der schleimproduzierenden Zellen ab (CA = Carboanhydrase)

Kohlensäure, wobei äquivalente HCO_3^--Mengen entstehen. Die Dissoziation von Wasser spielt demgegenüber nur eine geringe Rolle. HCO_3^- tritt dem Konzentrationsgefälle folgend im Austausch gegen Cl^- ins Blut über. Auf dem Höhepunkt dieses Vorgangs kommt es zur „Alkalisierung" des venösen Blutes, das den Magen verläßt.
Gleichzeitig mit den H^+-Ionen werden auch Cl^--Ionen in den Magen secerniert. Dieser Vorgang erfolgt gegen einen Konzentrations- und einen elektrischen Gradienten. Es handelt sich dabei ebenfalls um einen aktiven Transportprozeß (Cotransport mit K^+). Dem aktiven Transport der Ionen folgt ein osmotisch bedingter Wasserstrom.

Die Cl^--Sekretion ist während der Sekretionsphase größer als die H^+-Sekretion. Dies führt zu einer elektrischen Potentialdifferenz (35–60 mV) zwischen Magenlumen (negativ) und Schleimhaut (positiv). Die Potentialdifferenz ist Ausdruck der Intaktheit der Membran. Eine Schädigung dieser Grenzschicht, z. B. durch Gallensäuren, Lysolecithin oder exogen durch Salicylate oder Alkohol, führt zu einer Rückdiffusion von H^+ und einem Austritt von Na^+ und Eiweiß in das Magenlumen sowie zu einem Abfall der Potentialdifferenz.

Die Salzsäure des Magensaftes erfüllt drei wichtige Aufgaben:

- Überführung von Pepsinogen in aktives Pepsin
- Einstellung eines optimalen pH-Wertes für die Pepsinwirkung und
- Denaturierung von Eiweißkörpern, wodurch u. a. auch Bakterien abgetötet werden.

Drei-Receptorenmodell der Belegzelle. Mediatoren, die als first messenger die HCl-Sekretion auslösen, sind ***Acetylcholin, Histamin*** und ***Gastrin.*** Diese Substanzen reagieren mit spezifischen Receptoren in der Zellmembran und bewirken über second messenger (cAMP bei Histamin bzw. Ca^{2+} bei Acetylcholin und Gastrin) die HCl-Bildung. Man geht heute davon aus, daß Belegzellen dementsprechend 3 unterschiedliche Receptoren besitzen (s. Abb. 9-9): für Acetylcholin ***Muscarinreceptoren,*** für Histamin ***H_2-Receptoren*** und für Gastrin ***Gastrinreceptoren.*** Dabei wird eine starke und obligate Interaktion zwischen H_2- und Gastrinreceptoren und eine schwächere, fakultative zwischen H_2- und Acetylcholinreceptoren angenommen. Dies erklärt auch, warum eine Blockade des H_2-Receptors sowohl die Gastrin- als auch die Acetylcholin-stimulierte Sekretion herabsetzt. Kompetitive H_2-Receptorenblocker spielen dementsprechend in der Ulcustherapie eine große Rolle.

Magenschleim. In ***Oberflächenzellen*** der Magenmucosa und in den ***Nebenzellen*** der Drüsen wird der Magenschleim ***(Mucin)*** produziert. Seine Zähigkeit und Haftfähigkeit ist auf den Gehalt an hochmolekularen Gly-

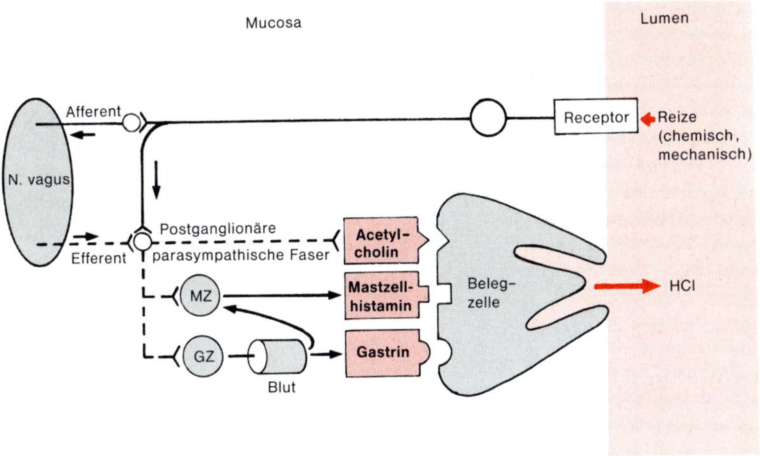

Abb. 9-9. Stimulation der Belegzellen über 3 Receptortypen. *MZ* = Mastzelle, *GZ* = G-Zelle. Efferente cholinerge Neurone: *rot gestrichelt;* afferente (sensible) Neurone: *rot durchgezogen*

koproteinen zurückzuführen. Der Schleim überzieht die Magenwände und trägt möglicherweise zum Schutz gegen Selbstverdauung durch HCl und Pepsin bei („Mucosabarriere"). Der wesentliche Schutzfaktor ist jedoch die Intaktheit der Membranen aller Oberflächenzellen, die durch eine gute Schleimhautdurchblutung gewährleistet wird.

Pepsinbildung. In den ***Hauptzellen*** der Magendrüsen wird Pepsinogen, die inaktive Vorstufe von proteolytischen Enzymen, gebildet. ***Pepsinogen,*** das in intracellulären Bläschen (Zymogengranula) dieser Zellen gespeichert ist, stellt ein Gemisch von mindestens 7 Enzymvorstufen dar. Nach der Freisetzung erfolgt die ***Aktivierung zu Pepsin,*** wobei durch Abspaltung von Inhibitoren die verschiedenen aktiven Proteasen entstehen. Diese Reaktionen werden durch die Salzsäure des Magensaftes eingeleitet und autokatalytisch fortgesetzt.

Intrinsic-Faktor. Der Magensaft enthält außerdem als lebenswichtigen Bestandteil ein Glykoprotein, das als ***Intrinsic-Faktor*** bezeichnet und von den ***Belegzellen*** gebildet wird. Es ist für die intestinale Resorption von ***Vitamin*** $\boldsymbol{B_{12}}$, dem Extrinsic-Faktor, notwendig. Fehlt der Intrinsic-Faktor, so kommt es zu einer schweren Störung im blutbildenden System, der perniziösen Anämie (S. 285).

Regulation der Magensaftsekretion. Die Sekretion des Magensaftes im Zusammenhang mit der Nahrungsaufnahme kann durch eine Reihe von fördernden und hemmenden Mechanismen beeinflußt werden. Obwohl die Magensaftsekretion einer einheitlichen Regulation unterliegt, teilt man ihren Ablauf der besseren Übersicht wegen in drei Phasen, die cephalische, gastrische und intestinale Sekretionsphase ein (Abb. 9-10).
Als ***cephalische Sekretionsphase*** wird der Anteil der Magensaftsekretion bezeichnet, der unter dem Einfluß nervaler Impulse aus dem Zentralnervensystem steht. Vor und während der Nahrungsaufnahme lösen die Geruchs- und Geschmacksreize reflektorisch eine Sekretion aus. Ebenso wirkt der Anblick oder die Vorstellung von Speisen sekretionsfördernd. Die efferenten Nervenimpulse werden dabei über den ***N. vagus*** geleitet. Die Aktivierung des N. vagus führt nach Umschaltung in der Magenwand zu einer Freisetzung von ***Acetylcholin,*** das die HCl- und Pepsinogen-Sekretion ***direkt*** stimuliert. Die Sekretionsauslösung kann jedoch auch auf

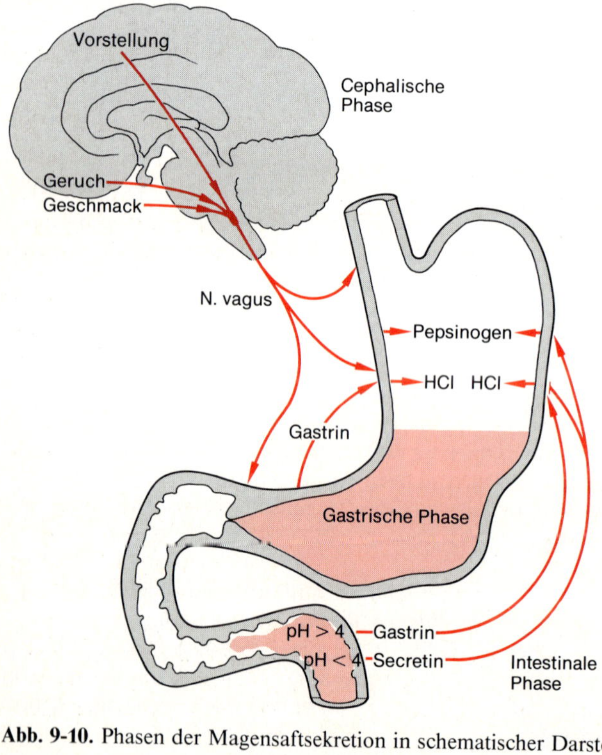

Abb. 9-10. Phasen der Magensaftsekretion in schematischer Darstellung

einem ***indirekten*** Weg erfolgen. Die Vagusaktivierung bewirkt nämlich außerdem die Freisetzung des gastrointestinalen Hormons ***Gastrin*** (S. 304) aus den G-Zellen des Antrums. Gastrin erreicht dann auf dem Blutweg die Belegzellen im Corpus- und Fundusbereich und regt diese zur Sekretion an (Abb. 9-9). Die Vagusaktivierung fördert außerdem die Freisetzung von ***Histamin*** aus Mastzellen der Corpusschleimhaut. Histamin führt – wie Gastrin – zu einer Steigerung der HCl-Sekretion.

Die anschließende ***gastrische Phase*** der Magensaftsekretion wird ausgelöst, wenn die Nahrung in den Magen gelangt. Durch den ***mechanischen Dehnungsreiz*** erfolgt eine Sekretionssteigerung über lokale (intramurale) Reflexe und die Freisetzung von Gastrin. Aber auch ***chemische Reize,*** z. B. durch Proteinabbauprodukte, Äthylalkohol (Aperitif-Effekt), Coffein oder alkalische Reaktion des Mageninhalts sind in der Lage, die Gastrin-Ausschüttung zu stimulieren.

Die dritte, die ***intestinale Phase,*** wird durch den Übertritt der frisch aufgenommenen, nicht sauren Nahrung in den Dünndarm ausgelöst. Die Sekretionssteigerung beruht vermutlich auf der Freisetzung von ***Gastrin*** aus den G-Zellen des Duodenums. Tritt später saurer Chymus in den Dünndarm über, so erfolgt bei einem pH <4 die Freisetzung von ***Secretin,*** das zwar die Pepsinogensekretion fördert, die HCl-Sekretion jedoch hemmt. Auch ***GIP*** und ***Neurotensin*** können die Magensaftsekretion hemmen, insbesondere dann, wenn fetthaltiger Chymus in die oberen Dünndarmabschnitte übertritt.

Die in Phasen ablaufende Stimulation der Magensaftsekretion wurde in ihren Grundzügen bereits von Pawlow mit Hilfe der folgenden Versuchsanordnung aufgeklärt: Bei einem Hund mit einer operativ angelegten Oesophagusfistel kann die Nahrung nicht in den Magen gelangen. Über eine Magenfistel wird der secernierte reine Magensaft abgeleitet und seine jeweilige Menge und Zusammensetzung bestimmt. Auf diese Weise läßt sich die reflektorische Auslösung der Magensaftsekretion in der cephalischen Phase nachweisen. Pawlow erweiterte nun die Versuchsanordnung dadurch, daß er jedesmal mit dem Nahrungsangebot ein bestimmtes Umweltsignal, z. B. einen Glockenton, koppelte. Nach einer gewissen Trainingszeit trat dann eine Magensaftsekretion allein auf das Glockensignal hin ein, auch wenn die Nahrung dabei fortgelassen wurde. Solche erlernten Auslösungen vegetativer Reaktionen, die von Pawlow als ***bedingte Reflexe*** bezeichnet wurden, ließen sich später in modifizierten Versuchsanordnungen für viele andere Funktionsabläufe nachweisen. In diesem Sinne stellt auch die Sekretion von Speichel und Magensaft, die beim Menschen durch einen bestimmten Umweltreiz, etwa Tellerklappern, ausgelöst wird, einen bedingten Reflex dar.

Auch ***Emotionen*** haben Einfluß auf die Magensaftsekretion: Aggressionen, Ärger oder Streß können sekretionssteigernd, Trauer oder Angst hemmend wirken. Die efferenten Impulse werden in diesen Fällen – wie auch während der cephalischen Phase – über den N. vagus geleitet, dessen Durchschneidung (Vagotomie) diese Einflüsse unwirksam macht.

9.1.5 Dünndarm

Dünndarmmotilität. Durch die Bewegung des Dünndarms wird der Chymus mit den Verdauungssäften, insbesondere mit dem Pankreassaft und der Galle, intensiv durchmischt. Dabei unterscheidet man verschiedene Bewegungsformen, die durch Kontraktionen der Ring- oder der Längsmuskulatur (Abb. 9-11) zustande kommen (S. 299). ***Peristaltische Wellen,*** die sich ohne vorausgehende Erschlaffung nur über kürzere Strecken ausbreiten, entstehen durch Kontraktionen der Ringmuskulatur ***(nicht-propulsive Peristaltik).*** Eine weitere Bewegungsform, die ebenfalls durch Ringmuskelkontraktionen erzeugt wird, stellt die ***rhythmische Segmentation*** dar (Abb. 9-5). Dabei handelt es sich um tiefe Einschnürungen im Abstand von 15–20 cm, die 8–10 mal pro min an wechselnden Orten auftreten. Segmentale Kontraktionen der Längsmuskulatur bewirken ***Pendelbewegungen,*** durch die kürzere Abschnitte des Darmrohres über dem Darminhalt verschoben werden. Schließlich fördert die stempelartige ***Bewegung der Darmzotten*** die Chymusdurchmischung im Darmwandbereich. Die rhythmische Kontraktion und Erschlaffung der Darmzotten, die durch die Fasern der Schleimhautmuskulatur hervorgerufen wird, fördert gleichzeitig den Transport der Lymphe im zentralen Chylusgefäß (Abb. 9-12). Allen diesen Bewegungen sind vorwärtstreibende Kontraktionswellen

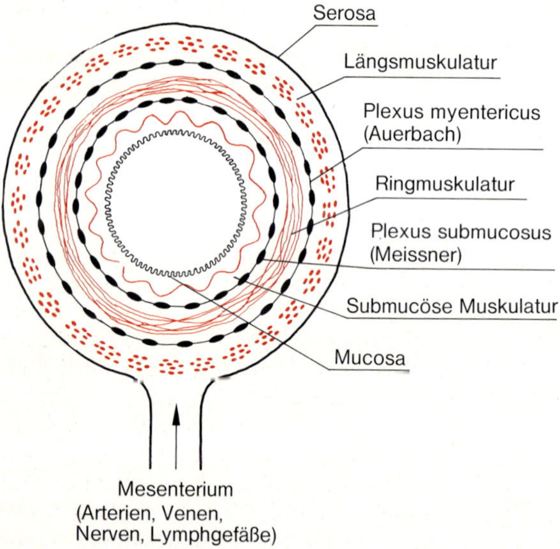

Abb. 9-11. Wandaufbau des Dünndarms in schematischer Darstellung

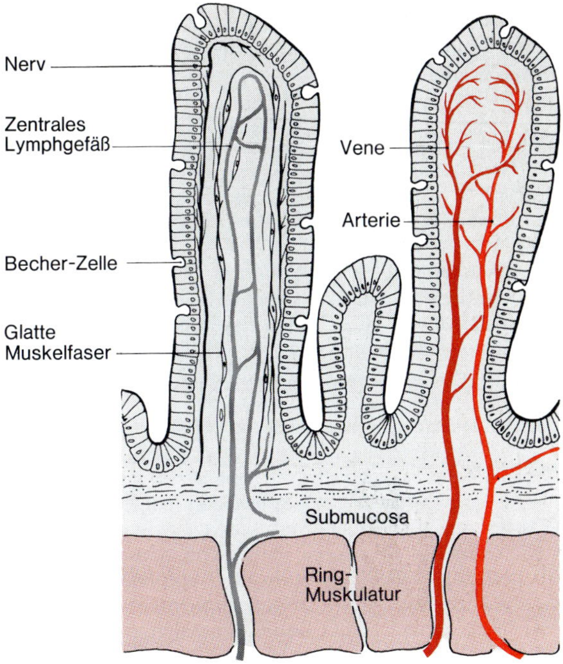

Abb. 9-12. Aufbau der Darmzotten in halbschematischer Darstellung

(propulsive Peristaltik) überlagert, die den Chymus in 6–10 Stunden durch den gesamten Dünndarm befördern.

Kontrolle der Dünndarmmotilität. Die Dünndarmmotorik wird durch die Dehnung der Darmwand ausgelöst und unterhalten. Die Koordination der Muskelzellen bei den Bewegungsabläufen erfolgt – wie im Magen – durch langsame ***Depolarisationswellen*** (S. 297 f.), die sich in Längsrichtung des Darmrohres ausbreiten. Dabei nimmt die Frequenz dieser Wellen vom Duodenum bis zum Ileum laufend ab (Frequenzgradient des Depolarisationsrhythmus von 12/min auf 8/min). Während die Pendelbewegungen allein auf myogener Basis gesteuert werden, stehen die Segmentationen und peristaltischen Wellen unter der zusätzlichen Kontrolle durch den ***Plexus myentericus*** (Abb. 9-11). Dagegen haben Parasympathicus und Sympathicus nur einen geringen Einfluß auf die Dünndarmmotilität. Die Zottenbewegungen unterliegen der Kontrolle durch den ***Plexus submucosus*** (Abb. 9-11), wobei eine Aktivierung des N. vagus stimulierend wirkt.

Außerdem verstärken sich die Zottenbewegungen unter der Einwirkung eines Peptids, das bei Kontakt des sauren Chymus mit der Duodenalschleimhaut gebildet wird.

Der Plexus myentericus und Plexus submucosus, die - weitgehend unabhängig vom Parasympathicus und Sympathicus - die gastrointestinale Aktivität steuern, sind Hauptbestandteile des sog. ***enterischen Nervensystems.*** Letzteres enthält ca. 10^8 Neurone, d. h. etwa ebensoviele wie das Rückenmark. Es besteht aus Neuronen, deren Axone Receptoreigenschaften besitzen, aus Interneuronen und Motoneuronen.
Der adäquate Reiz für die Auslösung einer Darmbewegung ist die Dehnung der Darmwand, die mit hoher Wahrscheinlichkeit durch Neurone des Plexus submucosus perzipiert und über Zwischenneurone an den Plexus myentericus vermittelt wird. Durch eine Kontraktion vor und gleichzeitige Erschlaffung der glatten Muskulatur hinter dem Speisebrei wird der Darminhalt in aborale Richtung transportiert. Die aborale Erschlaffung wird durch hemmende Neurone vermittelt, deren Überträgersubstanz wahrscheinlich ***ATP*** ist ***(purinerge Erregungsübertragung,*** auch als nicht-adrenerge, nicht-cholinerge Erregungsübertragung bezeichnet).
Das enterische Nervensystem stellt ein in sich geschlossenes System dar, in welches der ***Parasympathicus*** und der ***Sympathicus*** lediglich modulierend eingreifen. Einige Motoneurone des Darmnervensystems, besonders im Magen und im Enddarm, sind gleichzeitig postganglionäre parasympathische Neurone.
Die postganglionären sympathischen Neurone hemmen im allgemeinen die Erregungsübertragung an den erregenden Neuronen. Die glatte Sphinctermuskulatur wird dagegen durch sie zur Dauerkontraktion gebracht und damit eine funktionelle Trennung verschiedener Abschnitte des Magen-Darm-Kanals erreicht.

Darmsaftsekretion. Die Absonderung des Darmsaftes (Tagesmenge etwa 2,5 l) erfolgt unter der Einwirkung mechanischer und chemischer Reize. Die LIEBERKÜHNschen Dünndarmdrüsen secernieren eine blutisotone Flüssigkeit, die fast keine Enzyme enthält. Durch Abschilferung von Mucosazellen können allerdings sekundär Enzyme, die im Bürstensaum dieser Zellen lokalisiert sind, ins Darmlumen gelangen. Die BRUNNERschen Duodenaldrüsen produzieren ein hochviscöses, schleimhaltiges Sekret, das aufgrund seiner hohen Bicarbonatkonzentration einen pH-Wert von 8-9 aufweist. Die Sekretionsleistung der Duodenaldrüsen kann durch Gastrin, Secretin und Cholecystokinin beeinflußt werden.

9.1.6 Gallensekretion

Bildung der Lebergalle. Bei der Sekretion der Galle durch die Leberzellen (Cholerese) wirken zwei Mechanismen zusammen:

- Durch die ***Ausscheidung der konjugierten Gallensäuren*** (S. 313) und anderer organischer Substanzen (Bilirubin, organ. Anionen) entsteht ein osmotischer Gradient, der den Übertritt von Wasser aus den Hepatocyten in die Gallencapillaren bewirkt (***gallensäurenabhängige Sekretion;*** s. Abb. 9-13).

- Durch einen ***aktiven Na^+-Transport*** aus den Hepatocyten in die Gallencapillaren wird ebenfalls ein osmotischer Gradient aufgebaut, der eine Flüssigkeitsverschiebung zur Folge hat ***(gallensäurenunabhängige Sekretion,*** ATP-abhängiger $3Na^+/2K^+$-Austausch).

Auf dem weiteren Weg durch die intrahepatischen Gallengänge (Ductuli) werden die Menge und die Zusammensetzung der primär secernierten Galle verändert. Teils erfolgt eine ***duktuläre Rückresorption,*** teils eine ***duktuläre Sekretion*** von Elektrolyten und Wasser. Durch einen aktiven Transport von Na^+, Cl^- und HCO_3^- in Richtung der Ganglumina wird ein osmotischer Gradient aufgebaut, dem ein gleichgerichteter Wasserstrom folgt. Secretin stimuliert die aktive HCO_3^--Sekretion im Bereich der intrahepatischen Gallengänge.

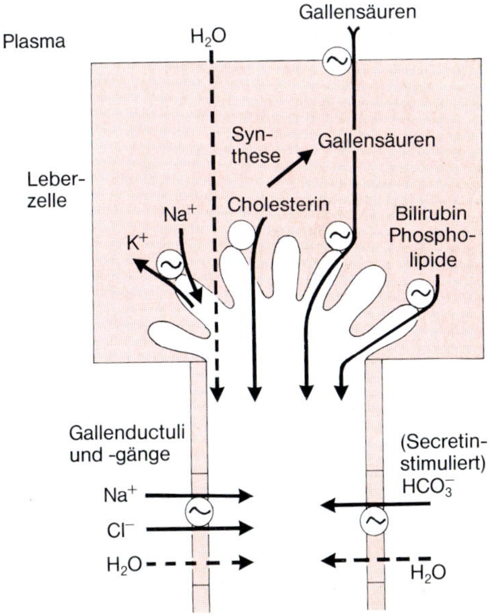

Abb. 9-13. Mechanismen der Gallensekretion aus den Leberzellen in die Gallencapillaren *(obere Bildhälfte)* und Veränderungen des Primärsekrets in den Gallengängen

Menge und Zusammensetzung der Lebergalle. Die tägliche Gallenproduktion liegt bei 600–800 ml. Etwa 80% gehen hierbei auf die hepatocytäre, ca. 20% auf die duktuläre Sekretion zurück. Flußgeschwindigkeit und Zusammensetzung der Galle variieren in Abhängigkeit von Art und Menge der Nahrungszufuhr. Die Galle ist dem Blutplasma annähernd isoton, ihr pH-Wert liegt zwischen 7,4 und 8,5.
Die wesentlichen ***organischen Verbindungen*** in der Gallenflüssigkeit sind die Gallensäuren, Gallenfarbstoffe, Cholesterin, Phospholipide (vorwiegend Lecithin) und zahlreiche Enzyme (z. B. alkalische Phosphatase). Die Konzentration ***anorganischer Kationen*** der Galle entspricht derjenigen des Blutplasmas. Die Konzentration der ***anorganischen Anionen*** (vor allem Cl^- und HCO_3^-) liegt etwas unter derjenigen der anorganischen Kationen, da zusätzlich organische Anionen (Gallensäuren) in der Galle vorhanden sind.

Mit der Galle werden auch Medikamente und Abbauprodukte des Stoffwechsels, darunter auch abgebaute Hormone, ausgeschieden. Mit iodhaltigen organischen Säuren können die Gallenwege und die Gallenblase im Röntgenbild sichtbar gemacht werden (Cholangiographie bzw. Cholecystographie).

Extrahepatische Gallenkonzentrierung. Die außerhalb der Verdauungsphase gebildete Lebergalle fließt – bei geschlossenem Sphincter ODDI – in die Gallenblase. Dabei kommt es in den Gallengängen, vor allem aber in der Gallenblase (Fassungsvermögen 50–70 ml), zu einer beträchtlichen Eindickung des Sekrets. Der hierfür maßgebliche Prozeß ist eine ***aktive Na^+-Resorption*** unter Aufwendung von Stoffwechselenergie durch die Schleimhaut in die Blutgefäße der Gallenblasenwand, was einen osmotisch bedingten Wassertransport in gleicher Richtung zur Folge hat ***(isotonische Wasserresorption).*** Cl^- und HCO_3^- folgen aufgrund des elektrischen Gradienten. Wegen der HCO_3^--Verschiebung aus der Blasengalle ins Blut fällt der pH-Wert leicht ab. Diese Resorption von Elektrolyten und Wasser bewirkt eine Konzentrierung von Gallensäuren, Gallenfarbstoffen, Cholesterin und Phospholipiden auf das 5- bis 10fache (s.

Tabelle 9-3. Zusammensetzung der Leber- und Blasengalle

	Lebergalle	Blasengalle
Wasser (g/l)	950–980	920
Gallensäuren (g/l)	10	30–100
Bilirubin (g/l)	2	6–20
Cholesterin (g/l)	1	3–9
Fettsäuren (g/l)	1	3–12
Lecithin (g/l)	0,5	1–4
anorganische Elektrolyte (mmol/l)	280	235

Tabelle 9-3). Das Volumen der täglich secernierten Lebergalle wird dabei auf 50–70 ml reduziert.

Regulation der Gallensekretion. Während der Verdauungsphasen, in denen die Lebergalle über den Ductus hepaticus und den Ductus choledochus unmittelbar in das Duodenum abfließt, steigt die Gallenproduktion auf etwa das Doppelte des Nüchternwertes an. Dabei nimmt gleichzeitig die Bicarbonatkonzentration im Sekret zu. Die ***Stimulation der Gallenproduktion*** erfolgt durch ***Secretin*** und durch ***Gallensäuren,*** die über den enterohepatischen Kreislauf (s. u.) zur Leber gelangen. Ebenso wird durch ***Aktivierung des N. vagus*** und durch Steigerung der Leberdurchblutung die Gallenproduktion gefördert.
Die bei Verdauungsruhe eingedickte und gespeicherte Blasengalle entleert sich nach der Nahrungsaufnahme durch Kontraktion der Gallenblase bei gleichzeitiger Erschlaffung des Sphincter Oddi in das Duodenum. Die ***Gallenblasenentleerung*** wird durch Freisetzung von ***Cholecystokinin*** (CCK) vermittelt, kann jedoch auch durch Zufuhr von Öl, Eidotter und $MgSO_4$ provoziert werden.

Enterohepatischer Kreislauf der Gallensäuren. In der Leber werden die beiden ***primären Gallensäuren*** Cholsäure und Chenodesoxycholsäure aus Cholesterin gebildet und mit Taurin und Glycin säureamidartig verknüpft („konjugiert“). Neben dieser Konjugation mit Glycin und Taurin findet in der Leber auch eine Veresterung der freien und konjugierten Gallensäuren mit Schwefelsäure und eine Kopplung an Glucuronsäure statt. Die konjugierten primären Gallensäuren, die etwa 70 bis 80% aller Gallensäuren ausmachen, gelangen über die Gallengänge als gemischte Micellen (S. 331) in den Dünndarm. Den restlichen Anteil bilden die ***sekundären Gallensäuren,*** Desoxycholsäure und Lithocholsäure, die ausschließlich im Darm aus den primären Gallensäuren unter Mitwirkung von Darmbakterien entstehen.
Die Gallensäuren werden im unteren Ileum zu einem hohen Prozentsatz ***aktiv resorbiert.*** Eine zusätzliche passive Rückdiffusion im gesamten Dünndarm und im geringen Ausmaß auch im Colon führt dazu, daß lediglich ca. 15% des gesamten Gallensäuren-Pools ausgeschieden werden. Dieser Ausscheidungsverlust wird durch Neusynthese in der Leber ausgeglichen (vgl. Abb. 9-14). Die resorbierten Gallensäuren gelangen mit dem Pfortaderblut wieder zur Leber und von dort aus erneut in die Galle. In diesem ***enterohepatischen Kreislauf*** zirkulieren die primären und sekundären Gallensäuren bis zu 10mal täglich.
Die wichtigste ***physiologische Funktion*** der Gallensäuren ist die Lösungsvermittlung für wasserunlösliche Verbindungen durch Ausbildung von Micellen, die auf die gleichzeitigen lipo- und hydrophilen Eigenschaften

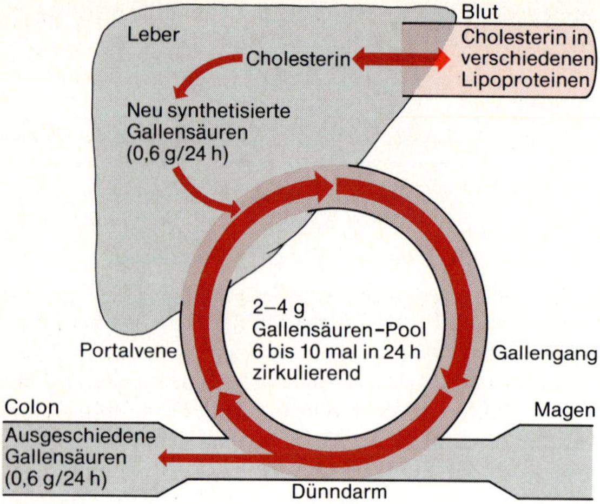

Abb. 9-14. Enterohepatischer Kreislauf der Gallensäuren, nach Dietschy

der Gallensäuren zurückzuführen ist. Daneben sind die Gallensäuren an der Aktivierung der Pankreaslipase und der Hemmung der Magensaftsekretion beteiligt.

Enterohepatischer Kreislauf des Bilirubins. Beim Abbau von Hämoglobin und anderen Hämoproteinen (z. B. Cytochromen, Myoglobin) entstehen Porphyrine, die nicht mehr weiter verwertet werden können. Der dabei zuerst auftretende Gallenfarbstoff ist das grüne ***Biliverdin,*** das durch Hydrierung zu ***Bilirubin,*** dem wichtigsten Gallenfarbstoff, reduziert wird. Das in Milz, Leber und Knochenmark gebildete Bilirubin ist in Wasser praktisch unlöslich; es wird im Blut an Albumin gebunden transportiert und von den Leberzellen aufgenommen. Dort wird der überwiegende Teil mit Glucuronsäure konjugiert und als wasserlösliches Bilirubindiglucuronid aktiv mit der Galle ausgeschieden.
Im Darm, insbesondere im Dickdarm, erfolgt der weitere Abbau des Bilirubins unter der Einwirkung von Darmbakterien zu verschiedenen stereoisomeren ***Urobilinogenen.*** Dehydrierung führt schließlich zur Bildung von ***Urobilin*** und ***Stercobilin,*** die mit dem Kot ausgeschieden werden.
Die verschiedenen Abbauprodukte des Bilirubins werden im unteren Ileum und im Dickdarm teilweise wieder resorbiert, über die Pfortader der Leber zugeleitet und erneut in die Galle ausgeschieden ***(enterohepatischer Kreislauf).*** Der nicht im Darm rückresorbierte Teil wird mit dem Stuhl eliminiert und ist für die gelbbraune Stuhlfarbe verantwortlich. Ein weiterer kleiner Anteil (ca. 10%) gelangt über den Körperkreislauf zur renalen Ausscheidung.

Cholesterin und Phospholipide. Die Leber stellt für ***Cholesterin*** das zentrale Stoffwechselorgan dar. Sie ist nicht nur der Hauptort der Synthese, sondern auch das

Zentrum für den Abbau und die Ausscheidung mit der Galle. Das wasserunlösliche Cholesterin kann nur Micellen-gebunden in der Galle in Lösung gehalten werden. Wie einige Gallenfarbstoffe und die Gallensäuren durchläuft auch das Cholesterin einen ***enterohepatischen Kreislauf.***

Die ebenfalls mit der Galle ausgeschiedenen ***Phospholipide*** (vor allem Lecithin) unterliegen einem indirekten enterohepatischen Kreislauf, da sie im Darm vollständig hydrolysiert und ihre Bestandteile anschließend resorbiert werden. Die Phospholipide sind fast wasserunlöslich und bilden gemischte Gallensäuren-Phospholipid-Cholesterin-Micellen.

Gallensteine. Für die Löslichkeit des Cholesterins in der Galle ist das Verhältnis der Cholesterinkonzentration zu den Konzentrationen von Gallensäuren und Phospholipiden entscheidend. Diese Abhängigkeit läßt sich mit einem triangulären Koordinatensystem beschreiben, dessen drei Seiten die Relativkonzentrationen von Gallensäuren, Cholesterin und Phospholipiden repräsentieren (Abb. 9-15). Jedes Konzentrationsverhältnis der drei Substanzgruppen zueinander läßt sich durch einen Schnittpunkt in dem Koordinatensystem angeben. Fällt dieser Punkt in den roten Bereich (A), dann liegt das gesamte Cholesterin in micellärer Lösung vor.

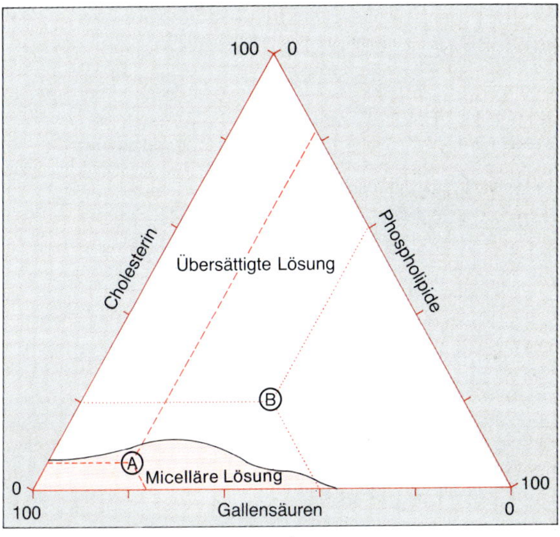

Abb. 9-15. Löslichkeit von Cholesterin in der Galle in Abhängigkeit vom Verhältnis der Konzentrationen von Gallensäuren, Phospholipiden und Cholesterin. Im *roten* Bereich liegt Cholesterin in micellärer Lösung vor. Bei Abnahme der Konzentrationen von Gallensäuren und Phospholipiden (oberhalb des *roten* Bereichs) fällt Cholesterin aus

Alle Mischungsverhältnisse, die durch einen Schnittpunkt außerhalb dieses Bereichs charakterisiert sind (B), sprechen für eine Cholesterinübersättigung der Galle. Da jede Übersättigung die Voraussetzung für ein Auskristallisieren von Cholesterin und damit für die Bildung von Cholesterin-Gallensteinen ist, kann ein relativer Konzentrationsanstieg des Cholesterins (z. B. durch Verringerung der Gallensäurenkonzentration) oder eine absolute Vermehrung des Cholesterins in der Galle (z. B. bei Steigerung der Cholesterinsynthese) zu einer Gallensteinbildung führen.

9.1.7 Sekretion des Pankreassaftes

Menge und Zusammensetzung des Pankreassaftes. Das blutisotone Pankreassekret (Bauchspeichel) wird in einer mittleren Tagesmenge von 1–1,5 l gebildet und über den Ausführungsgang der Bauchspeicheldrüse in das Duodenum abgegeben. Der bei Nahrungsaufnahme secernierte Pankreassaft hat einen pH-Wert von 8,0–8,4, was auf einen besonders ***hohen Bicarbonatgehalt*** (bei maximaler Sekretion bis zu 125 mmol/l) zurückzuführen ist. Zusammen mit den ebenfalls alkalischen Sekreten Galle und Darmsaft neutralisiert er den sauren Magensaft, so daß der Chymus im Jejunum neutral oder leicht alkalisch reagiert. Hierdurch wird ein günstiges Wirkungsmilieu für die Enzyme des Pankreassaftes geschaffen, deren pH-Optimum bei 7–8 liegt.

Tabelle 9-4. Hydrolytische Enzyme des Pankreassaftes

1 Eiweiß-(Peptid-)spaltende Enzyme
– *Endopeptidasen*
Trypsin (Trypsinogen)
Chymotrypsin (Chymotrypsinogen)
Elastase (Proelastase)
– *Exopeptidasen*
Carboxypeptidase A (Procarboxypeptidase A)
Carboxypeptidase B (Procarboxypeptidase B)
2 Fett-spaltende Enzyme
Lipasen
Phospholipase (Prophospholipase)
Esterasen
3 Kohlenhydrat-spaltendes Enzym
α-Amylase
4 Nucleinsäure-spaltende Enzyme
Ribonuclease
Desoxyribonuclease

Der Pankreassaft enthält eine Reihe von Enzymen, die für die Aufschließung von Eiweißen, Fetten und Kohlenhydraten erforderlich sind (Tabelle 9-4). Die ***eiweißspaltenden Enzyme,*** Trypsin, Chymotrypsin und Carboxypeptidasen, werden in Form von inaktiven Vorstufen (Proenzymen) secerniert. Ihre Aktivierung erfolgt im Duodenum durch Enterokinase, ein in der Dünndarmschleimhaut gebildetes Glykoprotein, sowie durch Trypsin auf autokatalytischem Wege. Da die proteolytischen Pankreasenzyme erst nach Kontakt mit der Dünndarmschleimhaut in aktiver Form vorliegen, ist das intakte Pankreas vor der „Selbstverdauung" geschützt.
Die ***fettspaltenden Enzyme*** des Bauchspeichels sind Lipase, Phospholipase und Esterasen. Die Pankreaslipase, das wichtigste Enzym der Fettverdauung, wird in aktiver Form secerniert, ist aber auf die Gegenwart von Gallensäuren angewiesen, um seine volle Wirksamkeit entfalten zu können. Dagegen wird die Phospholipase in inaktiver Form secerniert und erst im Duodenum durch die Einwirkung von Trypsin aktiviert.
Das ***kohlenhydratspaltende Enzym*** α-Amylase liegt im Pankreassekret bereits in aktiver Form vor. Dem ***Abbau von Nucleinsäuren*** dienen Ribo- und Desoxyribonucleasen.

Bildung des Pankreassaftes. Die Enzyme bzw. die inaktiven Proenzyme des Pankreassaftes werden in den Acinuszellen gebildet und in deren Zymogengranula gespeichert. Bei Stimulation der Sekretion entleeren die Bläschen ihren Inhalt in die Lumina der Drüsenendstücke, wobei gleichzeitig eine intensive Neusynthese einsetzt. Ebenso werden Elektrolyte in die Lumina abgegeben. Die wichtigsten Kationen des Pankreassaftes sind Na^+ und K^+, deren Konzentrationen im Bauchspeichel mit denen des Blutes vergleichbar sind. Die Kationenkonzentrationen sind unabhängig von der jeweiligen Sekretionsrate. Als wichtigste Anionen sind im Bauchspeichel HCO_3^- und Cl^- enthalten. Insbesondere in bezug auf die Anionenkonzentration erfährt das ***Primärsekret*** der Drüsenendstücke auf dem Weg durch die Drüsengänge noch ***sekundäre Veränderungen.*** Die unter Mitwirkung des Enzyms Carboanhydrase in den Acinuszellen (bei spontaner Basalsekretion) sowie in den Microvilli der kleineren Ausführungsgänge (bei stimulierter Sekretion) gebildeten HCO_3^--Ionen werden während der Passage durch das Gangsystem in einem aktiven Prozeß gegen Cl^--Ionen ausgetauscht („Anionen-Austausch-Hypothese"). Die Austauschrate ist dabei von der Sekretionsrate abhängig: Bei geringer Sekretproduktion besteht eine hohe Austauschrate. Mit steigender Sekretproduktion vermindert sich der Austausch wegen des schnelleren Durchflusses, und die HCO_3^--Konzentration sowie der pH-Wert des Bauchspeichels steigen an, während die Cl^--Konzentration entsprechend abnimmt (vgl. Abb. 9-16). Im Gegensatz zum Mundspeichel ist der Pankreassaft – unabhängig von der Sekretionsrate – plasmaisoton.

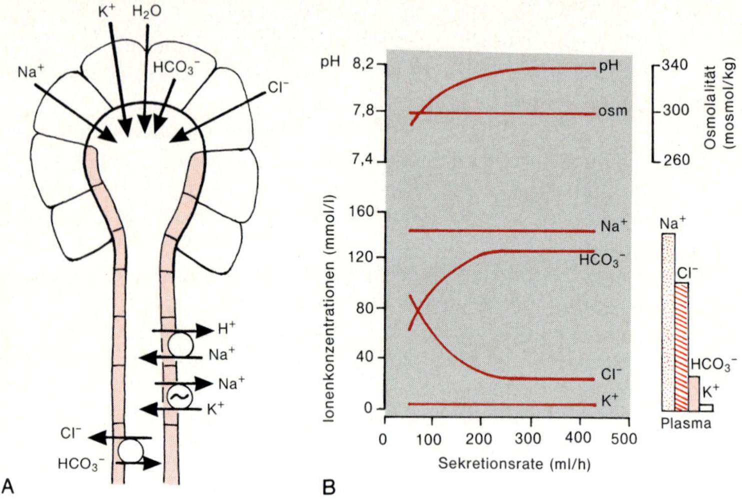

Abb. 9-16 A, B. Mechanismen der Pankreassekretion **(A)** und Veränderungen des Pankreassekrets in Abhängigkeit von der Sekretionsrate **(B)**

Regulation der Pankreassekretion. Das Pankreas secerniert auch außerhalb der Verdauungsphasen Bauchspeichel in geringer Menge ***(Basalsekretion).*** Im Zusammenhang mit der Nahrungsaufnahme erfolgt eine ***Stimulation der Sekretion*** auf nervalem und hormonalem Wege.

Als ***cephalische Sekretionsphase*** wird der Anteil der Bauchspeichelsekretion bezeichnet, der unter dem Einfluß nervaler Impulse aus dem Zentralnervensystem steht. Vor und während der Nahrungsaufnahme lösen Geruchs- und Geschmacksreize reflektorisch eine Sekretion aus. Ebenso wirkt der Anblick oder die Vorstellung von Speisen sekretionsfördernd. Die efferenten Nervenimpulse werden dabei über den ***N. vagus*** geleitet. Die Aktivierung des N. vagus führt nach Umschaltung der Nervenimpulse im Organ zu einer Freisetzung von ***Acetylcholin,*** das die Abgabe eines enzymreichen, bicarbonatarmen Bauchspeichels direkt stimuliert. Eine Sekretionsstimulation kann jedoch auch auf einem indirekten Weg erfolgen. Die Vagusaktivierung bewirkt nämlich außerdem die Freisetzung ***gastrointestinaler Hormone*** (S. 298 ff.), welche die Bauchspeichelsekretion anregen. Sympathische adrenerge Nervenfasern hemmen die Pankreassekretion. Entsprechend wirken Atropin und die Catecholamine sekretionshemmend.

Die anschließende ***gastrische Phase*** der Bauchspeichelsekretion wird ausgelöst, wenn die Nahrung in den Magen gelangt. Vor allem durch einen

mechanischen Dehnungsreiz erfolgt eine Sekretionssteigerung über lokale Reflexe und die Freisetzung der ***gastrointestinalen Hormone*** Sekretin, Cholecystokinin und Gastrin. ***Secretin*** bewirkt - unter Vermittlung von cAMP - die Ausscheidung größerer Mengen eines stark alkalischen, aber enzymarmen Pankreassekretes, wobei insbesondere die Zellen des Gangsystems stimuliert werden. ***Cholecystokinin*** steigert dosisabhängig die Enzymsekretion der Drüsenacini. In diesem Fall wirken Ca^{2+}-Ionen als „second messenger". ***Gastrin*** erhöht ebenfalls die Bildung eines enzymreichen Pankreassaftes.
Die dritte, die ***intestinale Phase,*** wird durch den Übertritt sauren Mageninhalts (pH $<4{,}5$) bzw. von Fett- und Eiweißabbauprodukten in das Duodenum ausgelöst. Die intestinale Reizung fördert die Pankreassekretion über die Freisetzung von ***Secretin*** und ***Cholecystokinin.*** Auch Gallensalze sollen die exokrine Pankreasfunktion stimulieren.

9.1.8 Colon und Rectum

Colonmotilität. Durch die an der Ileum-Einmündung gelegene Valva ileocaecalis wird der Chymus portionsweise an das Colon abgegeben. Die Bewegungen der Dickdarmwand bewirken eine Durchknetung des Darminhaltes und schaffen damit die Voraussetzung für den hier stattfindenden Flüssigkeitsentzug. ***Langsame peristaltische Wellen*** der Ringmuskulatur laufen über kürzere Darmabschnitte und vermitteln das Bild von einem Fließen der Haustren. Diesen Bewegungen überlagern sich zwei- bis dreimal am Tag ***große peristaltische Wellen,*** die vom Caecum ausgehen und bis zum Colon sigmoideum ziehen. Sie treten insbesondere nach der Nahrungsaufnahme auf und verschieben den Darminhalt in das Rectum. Alle diese Bewegungsabläufe stehen unter der Kontrolle der intramuralen Nervenplexus, wobei über den Parasympathicus ein fördernder und über den Sympathicus ein hemmender Einfluß ausgeübt wird.

Defäkation. Die Defäkation (Stuhlentleerung) stellt einen willkürlich beeinflußbaren, reflektorisch ablaufenden Vorgang dar (Abb. 9-17). Durch Reizung von Dehnungsrezeptoren im Rectum werden Nervenimpulse ausgelöst, die über afferente Fasern zum Centrum anospinale im Sacralabschnitt des Rückenmarks geleitet werden. Von hier aus erfolgt die ***Aktivierung parasympathischer Fasern,*** die eine Erschlaffung des inneren Sphincters bewirken. Die Darmentleerung kann jedoch nur eintreten, wenn gleichzeitig der unter willkürlichem Einfluß stehende äußere Sphincter entspannt und der Druck im Bauchraum durch Kontraktion der Bauchmuskulatur und Senkung des Zwerchfells erhöht wird (Bauchpresse).

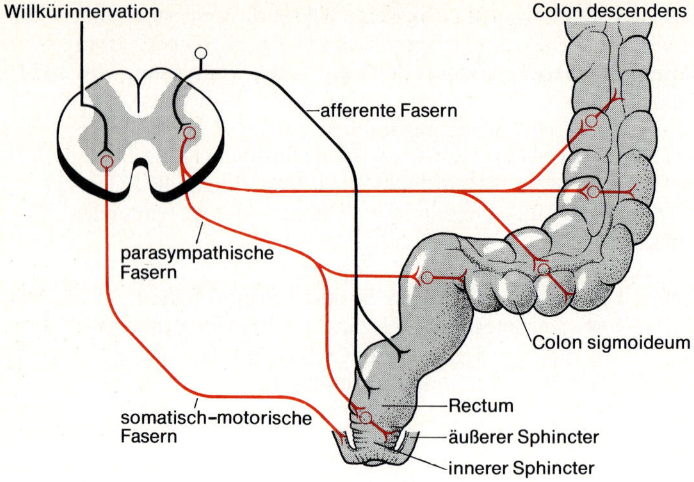

Abb. 9-17. Afferente und efferente Bahnen sowie spinale Umschaltung des Defäkationsreflexes

9.1.9 Gase im Gastrointestinaltrakt

Die Gasmenge im Magen-Darm-Trakt beträgt normalerweise <200 ml. Das Gasvolumen, das über das Rectum ausgeschieden wird, liegt im Mittel bei etwa 0,5 l/Tag (mit erheblichen individuellen Schwankungen zwischen 0,2 und 2 l/Tag). Die Gasmenge kann durch zellulosehaltige Nahrung, welche im Colon bakteriell abgebaut wird, erheblich zunehmen. (Eine bohnenhaltige Mahlzeit steigert beispielsweise den Gasausstoß auf das 10fache.)

Das intestinale Gasgemisch enthält vor allem N_2, O_2, CO_2, H_2 und CH_4, die alle geruchlos sind. Der unangenehme Geruch der Flatus wird durch Spuren flüchtiger bakterieller Eiweißabbauprodukte (wie Indol, Skatol, Mercaptane oder H_2S) hervorgerufen.

Sieht man von verschluckter Luft ab, die größtenteils durch Aufstoßen wieder aus dem Magen entfernt wird, können die Darmgase im wesentlichen 2 Quellen zugeordnet werden: Sie bilden sich durch

- bakteriellen Abbau von Nahrungsbestandteilen im Kolon und
- Diffusion von Blutgasen in das Darmlumen.

9.2 Enzymatische Spaltung und Resorption

9.2.1 Grundlagen der Verdauungs- und Resorptionsvorgänge

Verdauungsenzyme. Die hochmolekularen Kohlenhydrate, Eiweiße und Fette werden bei ihrer Passage durch den Gastrointestinaltrakt hydrolytisch gespalten und auf diese Weise in resorbierbare Bestandteile zerlegt. Die meisten der hierfür notwendigen Enzyme sind im Speichel, im Magensaft und im Pankreassekret enthalten. Einige Enzyme, die für den Abbau der Oligosaccharide und der Oligopeptide von Bedeutung sind, finden sich an der Oberfläche der Dünndarm-Epithelzellen (Enterocyten, Abb. 9-18, A). Die Zelloberfläche trägt Microvilli, die in ihrer Gesamtheit den Bürstensaum bilden. Die Microvilli sind von einer filamentösen Schicht, der ***Glycocalyx,*** überzogen, die aus Mucopolysacchariden mit eingelagerten Enzymen besteht (Abb. 9-18, B). Enzyme des Pankreassaftes können adsorptiv an die Glycocalyx gebunden werden.

Resorptionsprozesse. Die Resorption von Endprodukten der Verdauung erfolgt im Dünndarm, vorwiegend im Duodenum- und Jejunum-Bereich (Abb. 9-19). Die durch KERCKRINGsche Falten, Zotten und Microvilli

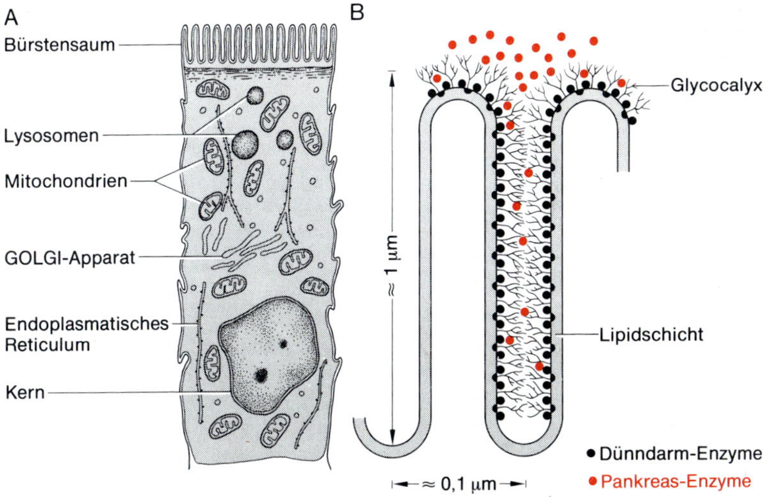

Abb. 9-18 A, B. Aufbau des Enterocyten (**A**) und Feinstruktur des Bürstensaums (**B**) in schematischer Darstellung

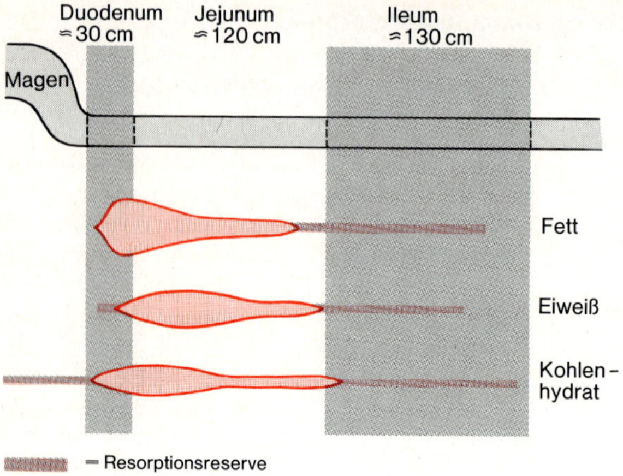

Abb. 9-19. Resorptionsbereiche für Fette, Eiweiße und Kohlenhydrate in schematischer Darstellung. (Die Längenangaben für die Dünndarmabschnitte beziehen sich auf die Verhältnisse in situ)

stark vergrößerte Oberfläche des Dünndarms, die insgesamt auf 200 m^2 geschätzt wird, bietet hierfür günstige Voraussetzungen.

Für den Transport von Wasser und gelösten Teilchen durch das Darmschleimhautepithel stehen dabei 2 Wege zur Verfügung: Transport durch

- die Enterocyten (transcellulär) und
- den Intercellularraum (paracellulär).

An dem Transport durch das Epithel sind passive und aktive Mechanismen beteiligt.

Bei einem ***transcellulären Transport*** durch den Enterocyten hindurch muß die Substanz über die luminale Membran in die Zelle aufgenommen, durch das Cytosol transportiert und über die basolaterale Membran in den Intercellularraum ausgeschleust werden. Durch diese in Serie geschalteten Barrieren ist der passive Transport durch den Enterocyten erheblich erschwert. Insbesondere für hydrophile und negativ geladene Substanzen stellt die Lipidgrenzmembran ein wesentliches Hindernis dar.

Die eigentliche Leistung der Epithelzelle liegt im ***aktiven Transport*** von Substanzen aus dem Darmlumen in die subepithelialen Capillaren und Lymphgefäße. Für diese Transportleistung ist Energie notwendig. Häufig arbeitet das System für den aktiven Transport erst dann optimal, wenn der Pumpmechanismus durch eine weitere Substanz angetrieben wird ***(Cotransport).***

Der ***paracelluläre Transport*** von Substanzen ist dagegen ***immer passiv*** (Diffusion oder Transport mit einer Wasserbewegung aufgrund osmotischer oder hydrostatischer Kräfte). Besonders in den oberen Darmabschnitten, die gut durchgängige tight junctions aufweisen, ist die Resorption von Wasser und Elektrolyten über den paracellulären Weg von großer Bedeutung.
Die resorbierten Substanzen gelangen überwiegend in die Zottencapillaren und von dort mit dem Blutstrom über die Pfortader in die Leber. Sofern sie nicht im Leberstoffwechsel verwertet werden, erreichen sie schließlich den allgemeinen Kreislauf. Bestimmte Stoffe werden nach Resorption in die Lymphgefäße der Zotten (Chylusgefäße) aufgenommen und über den Ductus thoracicus in den Blutkreislauf eingeschleust.

Substanzen, die über die Mundschleimhaut (buccale Applikation) oder über die unteren ⅔ der Rectumschleimhaut (rectale Applikation) resorbiert werden, treten – unter Umgehung des Pfortadersystems – direkt in den allgemeinen Kreislauf ein.

9.2.2 Resorption von Wasser und Elektrolyten

Wasserresorption im Dünndarm. Durchschnittlich 9 l Flüssigkeit werden täglich in den Gastrointestinaltrakt eingeleitet. Der kleinere Teil hiervon (etwa 2 l/Tag) stammt aus der exogenen Zufuhr durch Speisen und Getränke, der größere Teil (ca. 7 l/Tag) aus den Sekreten von Speicheldrüsen, Magen, Leber, Pankreas und Dünndarm. Von diesem zugeführten Flüssigkeitsvolumen werden 99% hauptsächlich im Dünndarm – zum geringen Teil auch im Colon – resorbiert. Der Rest von 1% (100 ml/Tag) gelangt mit dem Stuhl zur Ausscheidung (vgl. Abb. 9-20).
Die stärkste Wasserresorption findet normalerweise schon im oberen Dünndarm statt. Es handelt sich hierbei um einen ***passiven Transportvorgang*** aufgrund der entstehenden osmotischen Gradienten für Elektrolyte und Nichtelektrolyte, wobei der Wasserstrom so lange andauert, bis das osmotische Gefälle abgebaut ist. Da osmotische Wasserverschiebungen durch die Darmmukosa generell in beiden Richtungen möglich sind, ist der Inhalt des Dünndarms und zum größten Teil auch des Dickdarms isoton zum Blutplasma. Sofern die Osmolarität des Chymus von der des Blutes abweicht, erfolgt innerhalb von wenigen Minuten im Duodenum ein Ausgleich: Ist der Darminhalt hyperosmolar, strömt Wasser in das Darmlumen, ist er hyposmolar, wird Wasser aus dem Darmlumen resorbiert.

Na^+-Resorption im Dünndarm. Für die normale Funktion des Dünndarms ist die Natriumresorption von großer Bedeutung. So sind Natriumionen z. B. an aktiven Transportprozessen beteiligt (S. 325). Wie effektiv die Natriumresorption im Dünndarm ist, geht daraus hervor, daß von den pro

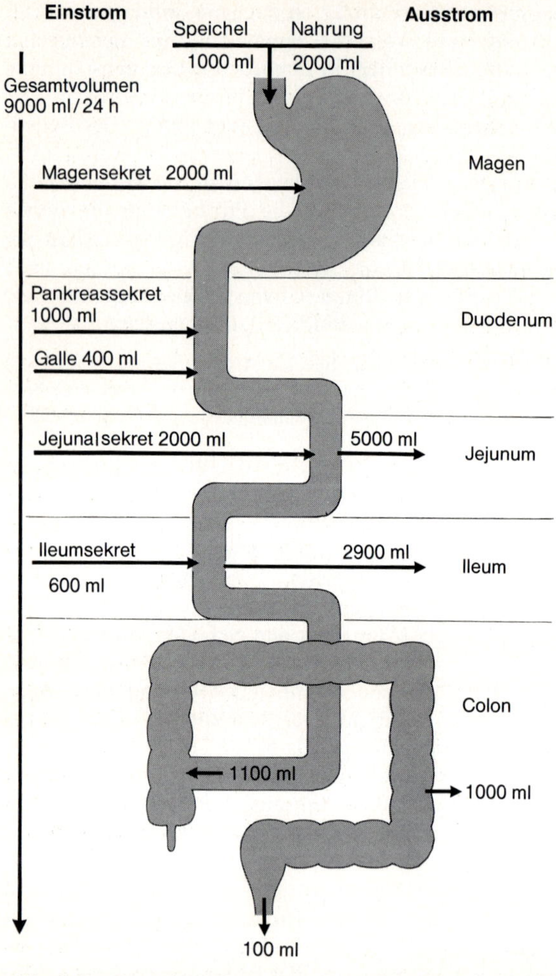

Abb. 9-20. Gastrointestinale Flüssigkeitsbilanz. Von der Gesamtflüssigkeitsmenge (ca. 2 l aus der Nahrung und 7 l aus den Sekreten) verlassen nur ca. 100 ml den Körper mit dem Stuhl

Tag mit der Nahrung aufgenommenen (250–300 mmol) und in das Darmlumen secernierten Natriumionen (ca. 200 mmol) nur 3–7 mmol mit den Faeces ausgeschieden werden. Die Natriumionenresorption erfolgt dabei durch aktive und passive Transportprozesse der Dünndarmmucosa.
Der ***aktive transcelluläre Na^+-Transport*** wird durch eine in der basolateralen Membran lokalisierte ***3 Na^+/2 K^+-ATPase*** angetrieben (Abb. 9-21). Die damit verbundene Konzentrationsabnahme der Na^+-Ionen im Enterocyten führt zu einem passiven Na^+-Einstrom durch die luminale Zellmembran. Je nach den Membraneigenschaften kann dieser Transport elektrogen oder elektroneutral sein. Beim ***elektrogenen Transport*** gelangen die Na^+-Ionen ohne Partner oder im Cotransport mit organischen Substanzen (u. a. mit Glucose, Aminosäuren, Gallensäuren) in den Intracellularraum. Ein ***elektroneutraler Transport*** liegt vor, wenn Na^+-Ionen zusammen mit Cl^--Ionen aufgenommen werden. Elektroneutralität besteht aber auch, wenn im doppelten Gegentransport ein Austausch Na^+ gegen H^+ und Cl^- gegen HCO_3^- stattfindet.
Die aktive Natriumresorption führt aus osmotischen Gründen zu einem paracellulären Wasserstrom, mit dem weitere Na^+-Ionen mitgerissen werden und auf diese Weise aus dem Lumen in das Interstitium gelangen. Dieser ***passive paracelluläre Na^+-Transport*** durch ***solvent drag*** ist im oberen Dünndarm zu ca. 85% an der Natriumresorption beteiligt.

Resorption von Kalium, Chlorid und Bicarbonat im Dünndarm. Der ***K^+-Transport*** erfolgt im wesentlichen im Jejunum durch Diffusion aus dem Lumen paracellulär in die Schleimhaut. Die ***Cl^--Resorption*** im Jejunum ist ebenfalls vor allem passiv, während im Ileum eine aktive Cl^--Resorption aufgrund des elektroneutralen NaCl-Transportes stattfindet (vgl. Abb. 9-21, 3). ***Bicarbonat*** wird im oberen Dünndarm – und zwar im Duodenum durch die BRUNNERschen Drüsen und im Ileum durch den in Abb. 9-21, 4 beschriebenen Gegentransport – in das Lumen secerniert. Im Jejunum findet dagegen eine HCO_3^--Resorption statt.

Resorption von Wasser und Elektrolyten im Dickdarm. Täglich gelangt etwa 1,1 l flüssiger Chymus in das Caecum; über 90% dieses Wassers werden im Colon resorbiert, so daß nur ca. 100 ml den Körper mit dem Stuhl verlassen. Die maximale Resorptionskapazität bei stetigem Anfluten von Flüssigkeit liegt bei 5 l/Tag. Die Wasserresorption ist dabei an die aktiven Resorptionsvorgänge der Elektrolyte gebunden.
Natriumionen diffundieren wie bei der elektrogenen Resorption im Dünndarm in die Zelle und werden dann durch die Na^+/K^+-ATPase aktiv in das Interstitium transportiert.
Kaliumionen diffundieren infolge eines elektrischen Gradienten durch die für sie durchlässigen tight junctions in das Lumen des Colons. Ein geringer Teil diffundiert auch infolge der hohen intracellulären Konzentration von 80 mmol/l direkt durch die Zellmembran in das Lumen.

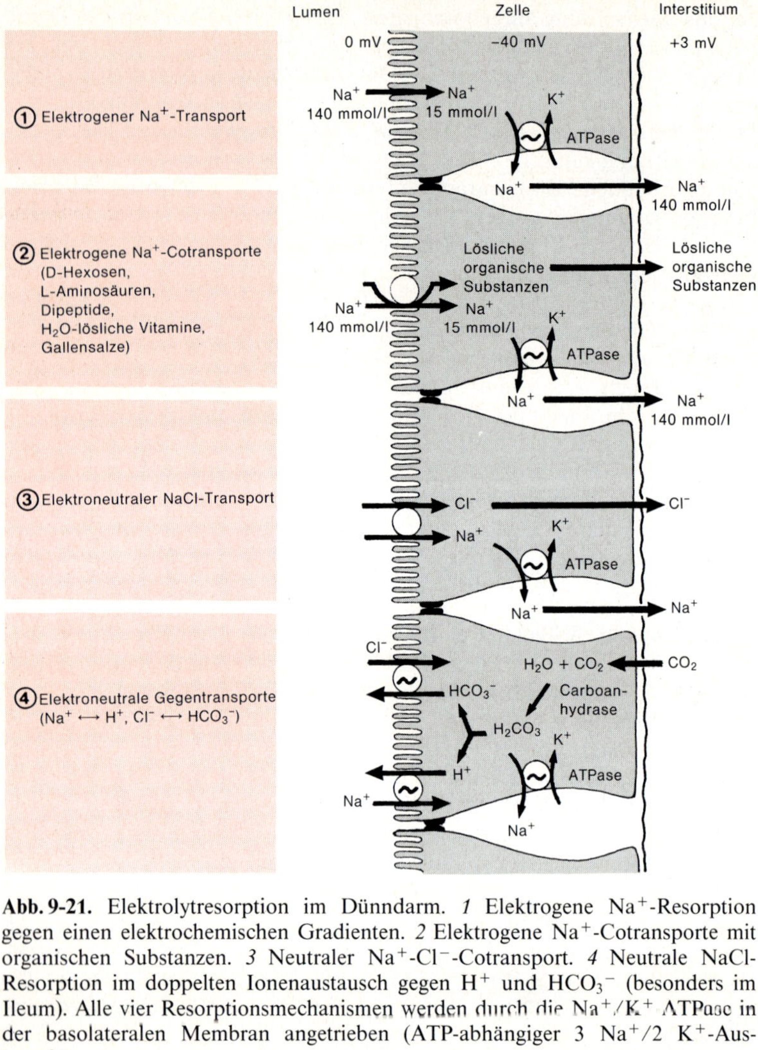

Abb. 9-21. Elektrolytresorption im Dünndarm. *1* Elektrogene Na^+-Resorption gegen einen elektrochemischen Gradienten. *2* Elektrogene Na^+-Cotransporte mit organischen Substanzen. *3* Neutraler Na^+-Cl^--Cotransport. *4* Neutrale NaCl-Resorption im doppelten Ionenaustausch gegen H^+ und HCO_3^- (besonders im Ileum). Alle vier Resorptionsmechanismen werden durch die Na^+/K^+-ATPase in der basolateralen Membran angetrieben (ATP-abhängiger 3 Na^+/2 K^+-Austausch)

Sowohl die Natriumresorption als auch die Kaliumsekretion werden durch Mineralocorticoide gesteigert. Wie in der Niere erhöht Aldosteron (S. 427 f.) indirekt – vermittelt durch ein Aldosteron-induziertes Membranprotein – die Natriumpermeabilität.
Chlorid wird im Colon gegen einen großen chemischen Gradienten aktiv resorbiert. Die Cl^--Resorption ist mit einer HCO_3^--Sekretion über ein Gegentransportsystem gekoppelt. Die HCO_3^--Anreicherung im Lumen führt dazu, daß der Stuhl leicht alkalisch ist.

Calcium- und Magnesiumresorption. Calciumionen werden vor allem im oberen Dünndarm resorbiert, bei niedrigen Konzentrationen aktiv, in höheren Konzentrationen aktiv und passiv. Bei dem aktiven Transport ist an der Aufnahme in die Enterocyten ein Ca^{2+}-bindendes Protein, an der Ausschleusung aus der Epithelzelle eine Calcium-ATPase beteiligt. Das Ausmaß der Calciumresorption wird dabei durch Parathormon (S. 443 f.) und 1,25-Dihydroxycolecalciferol (S. 444) gesteuert.
Magnesium wird im gesamten Dünndarm resorbiert. Die Aufnahme in die Darmschleimhaut erfolgt wahrscheinlich passiv durch Diffusion und solvent drag.

Eisenresorption. Die Resorption von Eisen erfolgt sowohl in zweiwertiger als auch – deutlich langsamer – in dreiwertiger Form vorwiegend im oberen Dünndarm. Ähnlich wie beim Calcium handelt es sich sowohl bei der Aufnahme aus dem Darmlumen als auch bei der Ausschleusung aus den Enterocyten ins Blut um ***aktive Prozesse.*** Die Eisenresorption ist dabei an den jeweiligen Bedarf des Organismus angepaßt. Dadurch wird im Falle eines Eisenmangels eine hohe Resorptionsquote (etwa 20% des Nahrungseisens) gewährleistet und bei geringem Eisenbedarf die Resorption reduziert (max. 10% des Nahrungseisens).
Bei großem Eisenbedarf gelangt das resorbierte Eisen sofort ins Blut, wo es an ***Transferrin*** (S. 9) gebunden wird. In dieser Form erfolgt der Transport auf dem Blutweg vorwiegend zum Knochenmark; hier wird das Eisen durch Bindung an das Protein ***Apoferritin*** in die Speicherform ***Ferritin*** überführt. Bei ausgeglichenem Eisenhaushalt verbleibt ein Teil des aufgenommenen Eisens – ebenfalls nach Bindung in Form von Ferritin – in der Darmmucosa und wird nach wenigen Tagen mit abgestoßenen Epithelzellen ausgeschieden.

Das Eisentransportsystem in der Darmmucosa, das der optimalen Nutzung der geringen Eisenmengen in der Nahrung dient, kann den Organismus jedoch nicht vor einem übermäßigen Eisenangebot schützen. Sofern die Kapazität des Transportsystems überschritten wird, kommt es zu einer Epithelschädigung, wonach das Eisen ungehindert in das Blut gelangen kann. Bei einem Überangebot von Eisen wird dieses in Form von ***Hämosiderin*** gespeichert.

9.2.3 Enzymatische Spaltung und Resorption der Kohlenhydrate

Enzymatische Spaltung. Der größte Anteil (ca. 60%) der täglich aufgenommenen Kohlenhydrate besteht aus dem Polysaccharid ***Stärke.*** Etwa 30% entfallen auf die ***Saccharose*** (in Form des Rüben- oder Rohrzuckers) und ungefähr 10% auf die ***Lactose*** (Milchzucker). Neben diesen beiden Disacchariden werden auch geringe Mengen an Monosacchariden als ***Glucose*** (Traubenzucker) und ***Fructose*** (Fruchtzucker) verzehrt. Einen weiteren Kohlenhydratbestandteil der Nahrung bildet das tierische ***Glykogen.***
Stärke ist zu etwa 20% aus linearer Amylose und zu etwa 80% aus verzweigtem Amylopectin zusammengesetzt. Das tierische Glykogen hat einen ähnlichen Aufbau wie Amylopektin. Der Amyloseanteil wird durch die 1,4-α-Amylase des Mundspeichels und des Pankreassaftes gespalten.

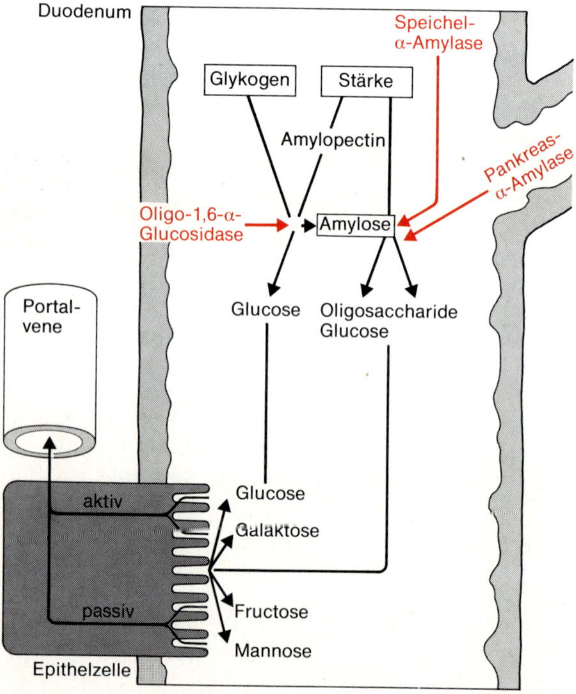

Abb. 9-22. Enzymatischer Abbau der Kohlenhydrate und Resorption der Hexosen

Die Endprodukte dieser Spaltung sind Maltose und Maltotriose. Am Amylopektin und am Glykogen erfolgt die Abspaltung der Glucosereste durch die 1,6-α-Glucosidase, die im Bürstensaum der Enterocyten lokalisiert ist. Hier befinden sich auch Disaccharidasen, welche Lactose, Maltose und Saccharose in Monosaccharide aufspalten.

Resorption. Die Spaltprodukte (Hexosen und Pentosen) werden im Duodenum und Jejunum resorbiert und über die Pfortader abtransportiert (vgl. Abb. 9-22). Die rasche Resorption von ***Glucose*** erfolgt über einen ***Cotransportmechanismus,*** dessen Kinetik von der jeweiligen Na^+-Konzentration im Chymus abhängig ist (S. 325 f.). Galaktose benutzt wahrscheinlich dasselbe Transportsystem. Dagegen gelangen Fructose, Mannose und Pentosen durch Diffusionsprozesse in die Enterocyten und von dort in das Capillarblut. Die nicht resorbierten Kohlenhydratanteile werden im Colon durch bakterielle Gärung teilweise zersetzt.

9.2.4 Enzymatische Spaltung und Resorption der Eiweiße

Enzymatische Spaltung. Die Spaltung der Eiweißmoleküle erfolgt durch ***Endopeptidasen,*** die vorzugsweise die Peptidbindungen innerhalb der Moleküle hydrolysieren. Proteine werden dabei in Polypeptide, Polypeptide in Oligopeptide zerlegt (Abb. 9-23). Die ***Exopeptidasen*** haben dann die Aufgabe, Aminosäuren am C- oder am N-terminalen Ende abzuspalten und auf diese Weise die Poly- und Oligopeptide schrittweise abzubauen. Zu den Endopeptidasen gehören das Pepsin des Magensaftes (pH-Optimum 1,5–3,5) sowie das Trypsin und das Chymotrypsin des Pankreassaftes (pH-Optimum 7,5–8,5). Exopeptidasen kommen im Pankreassaft (Carboxypeptidasen) und im Bürstensaum der Enterocyten vor.

Die Eiweißverdauung beginnt bereits im Magen. Sie ist hier jedoch von untergeordneter Bedeutung, weil nur bis zu 10–15% des Nahrungseiweißes durch Pepsin hydrolysiert werden. Die Produktion der Pankreaspeptidasen setzt 10–20 min nach dem Essen ein und bleibt bestehen, solange sich Protein im Darm befindet.

Resorption. Die Resorption der natürlichen ***L-Aminosäuren*** findet zum überwiegenden Teil im Duodenum und Jejunum statt. Sie wird durch ***aktive, z. T. Na^+-abhängige Transportprozesse*** vermittelt, für die bisher vier spezifische Systeme nachgewiesen werden konnten. Diese transportieren selektiv neutrale Aminosäuren, basische Aminosäuren, Iminosäuren und Aminodicarbonsäuren. Ein gesondertes Transportsystem existiert darüber hinaus für Glycin. Der Transportmechanismus für die 3 ersteren Gruppen entspricht dem beschriebenen gekoppelten Na^+-Transport (S. 325 f.), während die Aminodicarbonsäuren zwar carriervermittelt, aber passiv resor-

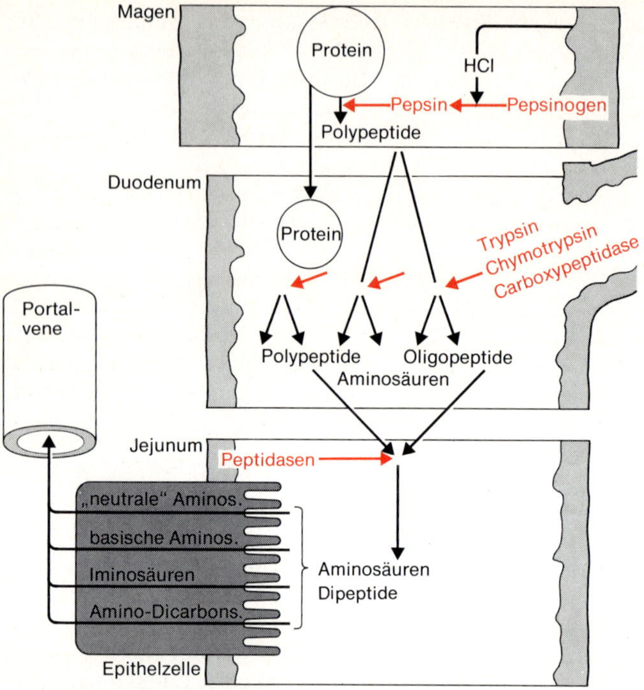

Abb. 9-23. Enzymatischer Abbau der Proteine und Resorption der Aminosäuren

biert werden. Die einzelnen Aminosäuren derselben Gruppe hemmen sich wechselseitig beim Besetzen desselben Carriers (kompetitive Hemmung). Oligopeptide werden als Di- und Tripeptide über Carrier aktiv oder passiv resorbiert. Das Transportsystem für ***Dipeptide*** ist wesentlich effizienter als dasjenige für Aminosäuren, so daß davon ausgegangen werden kann, daß die Resorption von Proteinabbauprodukten hauptsächlich in der Form von Dipeptiden erfolgt. Etwa 10% des mit der Nahrung zugeführten Proteins erreichen das Colon und werden dort unter dem Einfluß von Fäulniserregern teilweise zersetzt.

Die Fähigkeit, native, ***nicht hydrolysierte Proteine*** zu resorbieren, ist in der Regel auf die ersten Lebenstage und -wochen beschränkt. Die in der Muttermilch enthaltenen Antikörper (γ-Globuline) können – wahrscheinlich durch Pinocytose oder paracellulär – in das Blut des Neugeborenen gelangen und die Abwehrfunktionen des Säuglings unterstützen. In geringem Maße werden intakte Eiweißmoleküle aber auch vom Erwachsenen pinocytotisch resorbiert. Eine solche Resorption hat keine nutritive, wohl aber immunologische Bedeutung, da sie zur Sensibilisierung und Allergie gegen Nahrungseiweiße führen kann.

Verdauung und Resorption von Kernsubstanzen. Die Kernproteine werden wie andere Proteine gespalten und resorbiert. Die Nucleinsäuren DNA und RNA werden durch spezifische Enzyme aus dem Pankreas (Desoxyribonuclease und Ribonuclease) hydrolysiert. Durch Phosphodiesterasen in der Bürstensaummembran und Nucleotidasen erfolgt der weitere Abbau in Nucleoside, welche durch spezielle Transportmechanismen in den Enterocyten eingeschleust werden.

9.2.5 Enzymatische Spaltung und Resorption der Lipide

Enzymatische Spaltung. Die im Magen grob verteilten Fette mit einem Tröpfchendurchmesser von rund 100 nm werden im alkalischen Milieu des Dünndarms in Gegenwart von Proteinen und bereits vorhandenen Fettabbauprodukten, Lecithin sowie Gallensäuren in eine ***Emulsion*** mit einer Tröpfchengröße von ca. 5 nm überführt. Im Duodenum lagert sich Pankreaslipase mit Hilfe einer Colipase an die Phasengrenzflächen der emulgierten Tröpfchen an. Bei der dann einsetzenden Hydrolyse werden die Fettsäuren der Neutralfette (Triacylglycerine, Triacylglycerole, Triglyceride) am C-1 und C-3 des Glycerinteils abgespalten, so daß β-Monoacylglycerine übrig bleiben. Vom Pankreas wird soviel Lipase secerniert, daß ca. 80% des Fettes bereits gespalten ist, wenn dieses die Mitte des Duodenums erreicht hat.
Außer der Lipase sind noch andere Pankreasenzyme bei der Lipidspaltung wirksam. Phospholipase A spaltet in Anwesenheit von Calcium und Gallensäuren von Lecithin eine Fettsäure ab, wodurch Lysolecithin entsteht. Die in der Nahrung vorhandenen Cholesterinester werden durch eine entsprechende Esterase zu Cholesterin und Fettsäuren hydrolysiert.
Die bei der Lipolyse entstehenden Spaltprodukte sind größtenteils schlecht wasserlöslich. Sie werden daher in ***Micellen*** eingebaut, deren Durchmesser in der Regel kleiner als 10 nm ist. Durch die Aufnahme von Fettsäuren, Monoacylglycerinen, Phospholipiden und Cholesterin entstehen aus ursprünglich reinen Gallensäurenmicellen sog. gemischte Micellen. Auf diese Weise wird eine Erhöhung der Konzentration von Fettabbauprodukten im Darmlumen um den Faktor 1000 ermöglicht.

Resorption. Die Resorption der Lipolyseprodukte erfolgt hauptsächlich im Duodenum und im Anfangsteil des Jejunums. Etwa ⅓ der ***kurz- und mittelkettigen Triacylglycerine*** diffundiert ungespalten in die Enterocyten, wo die Fettsäuren durch Esterasen abgespalten werden. Zusammen mit kurz- und mittelkettigen Fettsäuren (≤ 10 C-Atome), die direkt in die Zellen diffundieren, verlassen sie die Mucosazellen und werden mit dem Blut über die Pfortader in die Leber transportiert.

Langkettige Fettsäuren sowie ***Di- und Monoacylglycerine*** gelangen zusammen mit den anderen Stoffen der gemischten Micellen in die Enterocyten (vgl. Abb. 9-24). Das größte Diffusionshindernis auf dem Weg in die Mucosazelle stellt eine unbewegte Wasserschicht (sog. unstirred water layer) dar, die der Zelloberfläche aufliegt. Wenn die Micelle die Lipidmembran der Enterocyten erreicht hat, löst sie sich auf, und die Inhaltsstoffe treten – unter Zurücklassung der Gallensäuren – in das Cytoplasma über. Die Gallensäuren werden im unteren Ileum durch Diffusion und über einen aktiven Na^{+}-Cotransport resorbiert.

Nach der Passage durch die Zellmembran werden die langkettigen Fettsäuren und Monoacylglycerine zum endoplasmatischen Reticulum transportiert, wo sie unter Energiezufuhr zu Triacylglycerinen rückverestert werden. Außerdem erfolgt in den Enterocyten eine Resynthese von Cholesterinestern und eine Veresterung zu Phospholipiden. Die neugebil-

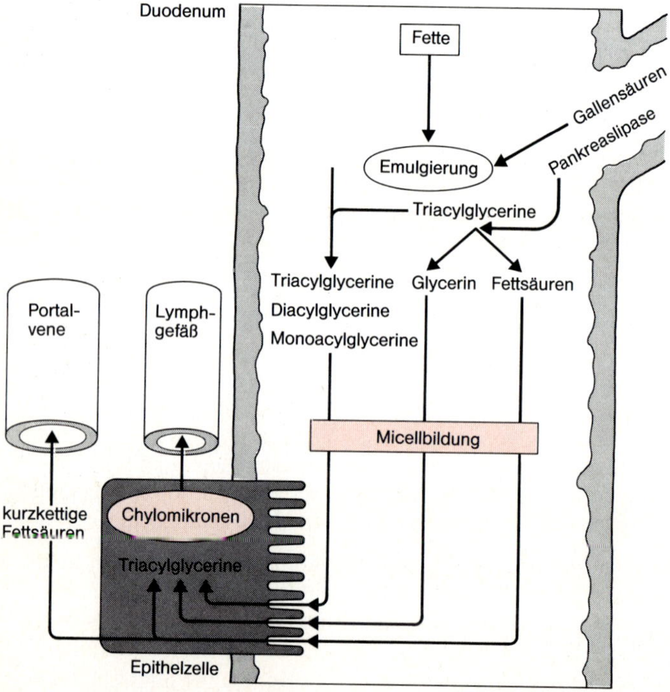

Abb. 9-24. Enzymatischer Abbau der Triacylglycerine sowie Resorption von Fettsäuren, Glycerin und Acylglycerinen

deten Triacylglycerine und Lipide können die Enterocyten nicht verlassen, bevor sie mit einer Hülle umgeben sind, die neben Phospholipiden auch die im Golgi-Apparat gebildeten Glykoproteine enthält. Durch die Proteinhülle entstehen wasserlösliche Transportvehikel, die sog. ***Chylomikronen.*** Ihre Größe schwankt zwischen 60 und 75 nm in Abhängigkeit von der Fettresorption und Resyntheserate.

Die Chylomikronen gelangen dann in sekretorische Vesikel, die mit der Zellmembran fusionieren, und werden schließlich in den Intercellularraum ausgestoßen. Von dort führt ihr weiterer Transportweg über die Lymphbahnen ins Blut. Nach einer fettreichen Mahlzeit sind die Chylomikronen in solchen Mengen im Plasma enthalten, daß dieses milchigtrüb erscheint. Außer den Chylomikronen gelangen auch noch Lipoproteine mit sehr niedriger Dichte (Very-Low-Density-Lipoproteine, s. u.), die ebenfalls in den Enterocyten gebildet werden, in die Lymphgefäße.

Unmittelbar nach Erscheinen im Blut werden von den Triacylglycerinen der Chylomikronen durch die Lipoproteinlipase (LPL) der Capillarendothelzellen Fettsäuren abgespalten. Diese gelangen in das Fettgewebe (Speicherung) und zur Muskulatur (Brennstoff). Die verbleibenden Überreste, die einen hohen Gehalt an Cholesterinestern aufweisen, werden nun an einen speziellen Receptor, der nur in Leberzellen vorkommt, gebunden und durch diesen in die Leberzelle eingeschleust (s. Abb. 9-25). Das in die Leberzelle aufgenommene Cholesterin wird einerseits in

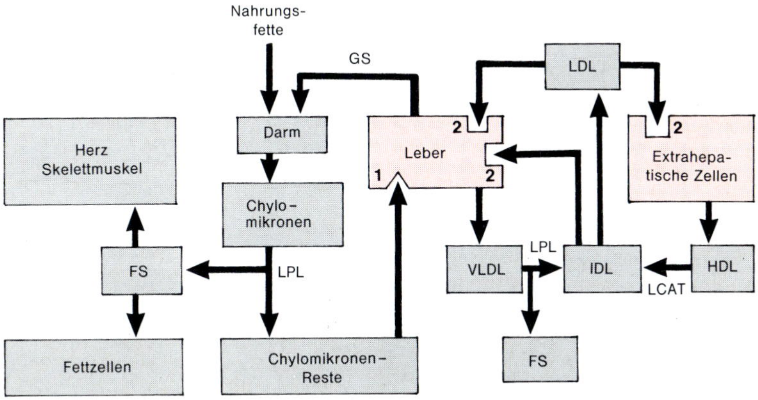

Abb. 9-25. Lipoproteinstoffwechsel in schematischer Darstellung. *FS* Fettsäuren; *LPL* Lipoproteinlipase; *GS* Gallensäuren; *VLDL* Very-low-density-Lipoproteine; *LDL* Low-density-Lipoproteine; *IDL* Intermediate-density-Lipoproteine; *HDL* High-density-Lipoproteine; *LCAT* Lecithin-Cholesterin-Acyltransferase; *1* Rest-Receptor; *2* LDL=Receptor

Gallensäuren umgewandelt, die dann mit der Galle in den Darm abgegeben werden, andererseits zusammen mit Apoproteinen, Phospholipiden und Triacylglycerinen in Form von ***Very-low-density-Lipoproteinen (VLDL)*** wieder in den Kreislauf eingeschleust. Von den VLDL nimmt - wie bei den Chylomikronen - das Fett- und Muskelgewebe die durch die Lipoproteinlipase abgespaltenen Fettsäuren auf, wodurch ***Intermediate-density-Lipoproteine (IDL)*** entstehen. Ein Teil der IDL bindet sich an LDL-Receptoren der Leber und wird schnell in die Zellen aufgenommen, ein anderer Teil geht durch Abspaltung von Lipoprotein E in ***Low-density-Lipoproteine (LDL)*** über. Diese binden ebenfalls an die LDL-Receptoren und gelangen durch Endocytose in Leber- oder andere Körperzellen. Durch intracellulären enzymatischen Abbau der IDL und LDL wird in der Leber Cholesterin frei, das durch Blockade der Synthese von Hydroxymethyl-glutaryl-Coenzym-A-Reduktase die Neusynthese von Cholesterin hemmt und gleichzeitig durch Aktivierung der Acetyl-CoA-Cholesterin-Acyltransferase die Bildung von Cholesterinestern stimuliert. Dadurch sowie durch die Hemmung der Neusynthese von LDL-Receptoren bei einem Anstieg der intracellulären Cholesterinkonzentration wird der Cholesterinstoffwechsel gesteuert.

High-density-Lipoproteine (HDL), die in der Leber, in extrahepatischen Zellen sowie aus Chylomikronen gebildet werden, können Cholesterin aus den Zellen aufnehmen und dieses nach Veresterung mittels der Lecithin-Cholesterin-Acyltransferase (LCAT) auf IDL übertragen, womit der Kreislauf von neuem beginnt.

10 Nierenfunktion und Miktion

10.1 Allgemeine Grundlagen

10.1.1 Grundzüge der Nierenmorphologie

Gliederung des Nierenparenchyms. Die Niere gliedert sich in die ***Nierenrinde*** und das ***Nierenmark,*** in dem sich wiederum eine Außenzone und eine Innenzone unterscheiden lassen (Abb. 10-1). Das Mark ist durch Säulen der Rindensubstanz in 8–16 Markpyramiden unterteilt, deren Spitzen zum Zentrum hin konvergieren. Diese Spitzen, die Nierenpapillen, sind von den schlauchförmigen Nierenkelchen überzogen. Sie fangen den fertigen Harn auf und leiten ihn über den Sammelraum des Nierenbeckens in den Ureter.

Aufbau des Nephrons (Abb. 10-1). Die kleinste morphologische und funktionelle Einheit des Nierenparenchyms ist das Nephron. Jede Niere enthält etwa 1,2 Mio. dieser harnbildenden Systeme. Sie bestehen aus dem ***Nierenkörperchen,*** in dem der Primärharn abfiltriert wird, und dem ***Tubulusapparat*** (Nierenkanälchen), in dem die Bereitung des Endharns stattfindet. Mehrere Tubuli münden in der Nierenrinde in ein Sammelrohr ein, das unter funktionellen Aspekten häufig dem Nephron zugerechnet wird, da es an der Harnkonzentrierung beteiligt ist.

Glomerulum (Abb. 10-2, A). Das Nierenkörperchen (mittlerer Durchmesser etwa 200 μm) wird von einer Vielzahl untereinander anastomosierender ***Capillarschlingen,*** dem Glomerulum (Glomerulus), gebildet, das sich in den blind endenden erweiterten Tubulusabschnitt, die ***Bowmansche Kapsel,*** einstülpt. Über eine zuführende Arteriole (Vas afferens) gelangt das Blut in das Glomerulum und wird nach der Capillarpassage über eine abführende Arteriole (Vas efferens) weitergeleitet. Alle Glomerula liegen in den Rindenzonen, entweder als corticale Glomerula in der Außenrinde oder als juxtamedulläre Glomerula in Marknähe.

Ultrastruktur des glomerulären Filters (Abb. 10-2, B, C). Die Gewebeschicht zwischen Capillarlumen und Kapselraum, die als Filter für die Bildung des Primärharns dient, besteht aus dem Capillarendothel, einer Basalmembran und dem inne-

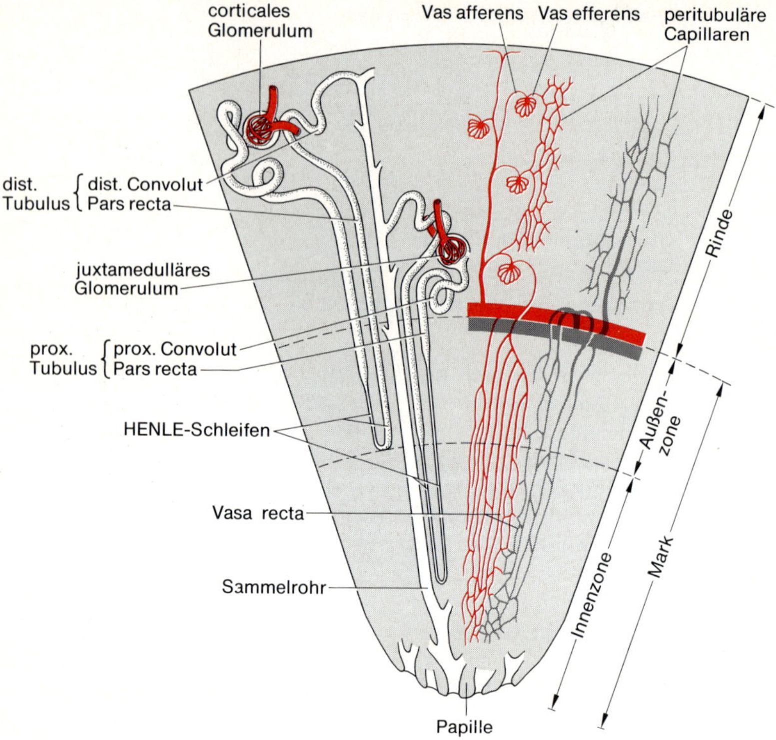

▲ **Abb. 10-1.** Gliederung des Nierenparenchyms sowie Aufbau der Nephrone *(links)* und Anordnung der feineren Nierengefäße *(rechts)* in schematischer Darstellung

► **Abb. 10-2. A** Aufbau des Nierenkörperchens mit Glomerulumcapillaren, die vom inneren Blatt der BOWMANschen Kapsel überzogen sind. Die Macula densa des distalen Tubulus *(oben)* bildet mit den Epitheloidzellen des Vas afferens den juxtaglomerulären Apparat. **B** Wandaufbau einer Capillarschlinge (Ausschnitt aus A). **C** Vergrößerter Längsschnitt durch das glomeruläre Filter mit Podocyten, die das innere Blatt der BOWMANschen Kapsel bilden (1), Basalmembran (2) und fenestriertem Capillarendothel (3)

ren Blatt der BOWMANschen Kapsel. Das ***Capillarendothel*** weist stellenweise Fenestrationen mit einem Durchmesser von 50–100 nm auf und ist daher nur geeignet, die corpusculären Bestandteile des Blutes zurückzuhalten. Die ***Basalmembran*** wird durchzogen von einem dreidimensional verflochtenen Netz von stark polyanionisch geladenen Glykoproteinen, die in einer elektronenoptisch homogen erscheinenden Matrix eingebettet liegen. Die Basalmembran wirkt offensichtlich als Sieb für die größeren Proteinmoleküle des Plasmas.

A

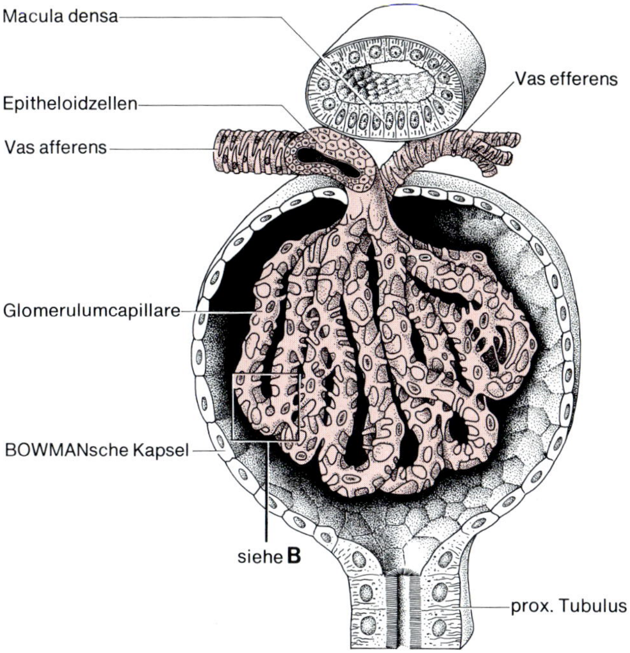

Macula densa
Vas efferens
Epitheloidzellen
Vas afferens
Glomerulumcapillare
BOWMANsche Kapsel
siehe B
prox. Tubulus

B

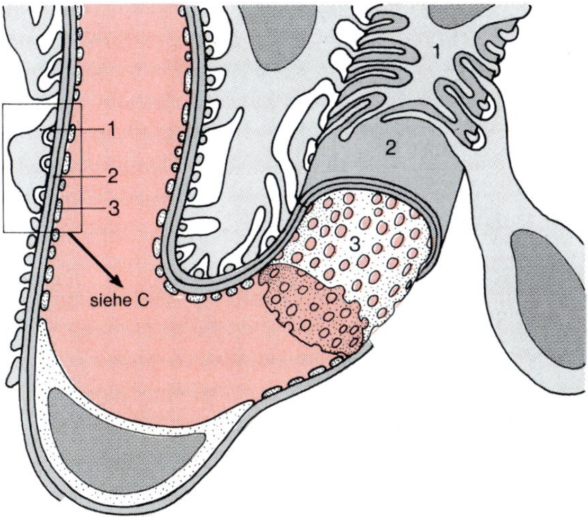

1
2
3
1
2
3
siehe C

C

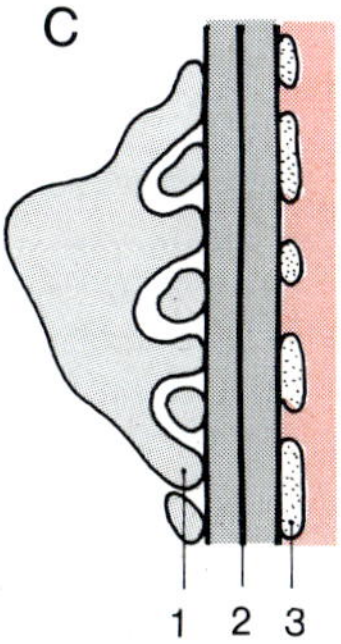

1
2
3

Das dichteste Filter und damit die trennschärfste Filtrationsbarriere scheint erst in der dritten Schicht, dem ***Epithel der Bowman-Kapsel*** gelegen zu sein. An den Stellen, an denen das Epithel den Capillarschlingen aufliegt, ist es zu sog. Podocyten umgeformt. Durch die vielfach miteinander verzahnten Fußfortsätze dieser Zellen werden Filtrationsschlitze mit einer Weite von 20–50 nm gebildet. Diese sind in Art einer Glycocalyx mit Glykoproteinen (Sialoprotein) ausgefüllt und zur Basalmembran hin mit einer dünnen Membran, der sog. slit membrane, verschlossen. Diese stellt vermutlich die wichtigste Filtrationsbarriere dar.
Ab einem effektiven Molekülradius von 1,5 nm wird der Durchtritt von Makromolekülen durch die Glycocalyx zunehmend eingeschränkt, bis schließlich bei einem Radius von 4,5 nm die Permeabilität ganz aufgehoben ist („glomeruläres Sieb"). Der Durchtritt anionisch geladener Makromoleküle aus den Capillaren in den Kapselraum wird außerdem durch die negative Ladung von Glykoproteinen in den verschiedenen Schichten behindert („elektrisches Filter").

Tubulusapparat (Abb. 10-1). An den etwa 22–28 mm langen Nierenkanälchen lassen sich verschiedene Teilstücke abgrenzen, die sich sowohl in morphologischer als auch funktioneller Hinsicht unterscheiden. Der an die BOWMANsche Kapsel anschließende Kanälchenabschnitt wird als ***proximaler Tubulus*** bezeichnet. Er beginnt mit einem stark verknäulten Abschnitt (proximales Convolut), der in der Nierenrinde liegt. Es schließt sich ein gestreckter Abschnitt (Pars recta) an, der in die Markzone absteigt.
Die Pars recta geht in das dünne, meist haarnadelförmig gebogene ***Überleitungsstück*** über. Der ***distale Tubulus*** beginnt mit der aufsteigenden gestreckten Pars recta, an die sich in der Nierenrinde die Pars convoluta anschließt. Das distale Convolut berührt das Vas afferens des zu ihm gehörenden Nierenkörperchens und mündet dann in das Sammelrohr ein. Jedes ***Sammelrohr*** ist etwa 22 mm lang und hat mehrere Zuflüsse aus benachbarten Nephronen.
Die gestreckt verlaufenden Anteile des proximalen und distalen Tubulus im Nierenmark bilden zusammen mit dem dünnen Überleitungsstück die ***Henlesche Schleife.*** Die Scheitel dieser Schleifen liegen entweder in der äußeren Markzone (Tubuli der corticalen Glomerula) oder in der Papillenspitze (Tubuli der juxtamedullären Glomerula).

Juxtaglomerulärer Apparat (Abb. 10-2, A). An der Berührungsstelle mit dem Vas afferens findet sich im distalen Tubulus ein Epithelbezirk mit besonders kernreichen, hohen Zellen. Dieser Bezirk wird als ***Macula densa*** bezeichnet. In der Nachbarschaft der Macula densa liegen in der Media des Vas afferens ***epitheloide Zellen,*** die auf die Produktion von Renin spezialisiert sind (S. 374). Epitheloidzellen und Macula densa bilden zusammen den sog. juxtaglomerulären Apparat.

Gefäßversorgung des Nierenparenchyms (Abb. 10-1). Aus den zur Rindenoberfläche aufsteigenden kleinen Läppchenarterien (Aa. interlobulares) entspringen die ***Vasa afferentia,*** welche die Capillarschlingen der Glomerula mit Blut versorgen. Über die

Vasa efferentia gelangt dann das Blut in ein zweites, nachgeschaltetes Capillarnetz, das den Tubulusapparat der Rinde und der äußeren Markzone umspinnt ***(peritubuläres Capillarnetz).*** Die innere Markzone wird von langgestreckten, schleifenförmigen Capillaren ***(Vasa recta)*** versorgt, die vorwiegend aus den Vasa efferentia der juxtamedullären Glomerula, teilweise aber auch aus den Aa. arcuatae stammen.

10.1.2 Grundzüge der Nierenfunktion

Aufgaben der Nieren. Durch die Nieren werden Wasser, überzählige physiologische Bedarfsstoffe (z. B. Elektrolyte) und sog. harnpflichtige Substanzen ausgeschieden. Die Wasser- und Elektrolytausscheidung ist vor allem von Bedeutung für die ***Kontrolle der extracellulären Flüssigkeit,*** und zwar im einzelnen für die Konstanthaltung ihres Volumens ***(Volumenkontrolle),*** der osmotischen Konzentration ***(Isotonie),*** der ionalen Zusammensetzung ***(Isoionie)*** und des pH-Wertes ***(Isohydrie).*** Trotz größerer Schwankungen der täglichen Wasser- und Salzaufnahme kann auf diese Weise ein gleichbleibendes inneres Milieu aufrechterhalten werden.
Die Nieren scheiden darüber hinaus ***harnpflichtige Substanzen*** aus, zu denen Harnstoff, Harnsäure und Creatinin zählen, und eliminieren damit solche Stoffwechselprodukte, die für den Organismus nicht weiter verwertbar bzw. schädlich sind. Auch bestimmte Arzneimittel bzw. deren Abbauprodukte werden auf diesem Wege aus dem Organismus entfernt. Allgemein läßt sich diese zweite Hauptaufgabe als ***Klärfunktion*** der Nieren beschreiben.

Kommt es zu einer erheblichen Störung der renalen Ausscheidungsfunktion, so entsteht im fortgeschrittenen Krankheitsstadium eine ***Urämie.*** Sie ist durch einen Konzentrationsanstieg an harnpflichtigen Substanzen sowie an Natrium-, Kalium-, Sulfat- und Phosphationen in der extracellulären Flüssigkeit gekennzeichnet. Gleichzeitig tritt eine extracelluläre Volumenzunahme und eine nichtrespiratorische Acidose (S. 400f.) auf. In diesem Fall bietet die ***Dialyse*** des Blutes mit Hilfe einer „künstlichen Niere" die Möglichkeit, die ausgefallene Klärfunktion der erkrankten Nieren zu ersetzen.

Die Nieren sind ferner Produktionsstätten von ***Wirkstoffen:*** Erythropoietin stimuliert die Neubildung von Erythrocyten (S. 16). Renin ist an der Regulation des arteriellen Blutdruckes und des extracellulären Flüssigkeitsvolumens beteiligt. Weitere intrarenal produzierte Wirkstoffe sind die Prostaglandine (S. 448f.) und 1,25-Dihydroxycolecalciferol (Vitamin-D_3-Hormon; S. 444).

Harnbildung (Abb. 10-3). An der Harnbildung sind alle Abschnitte des Nephrons beteiligt. Im Glomerulum wird zunächst ein ***Ultrafiltrat*** (Primärharn) aus dem durchfließenden Blutplasma abgepreßt. Während der

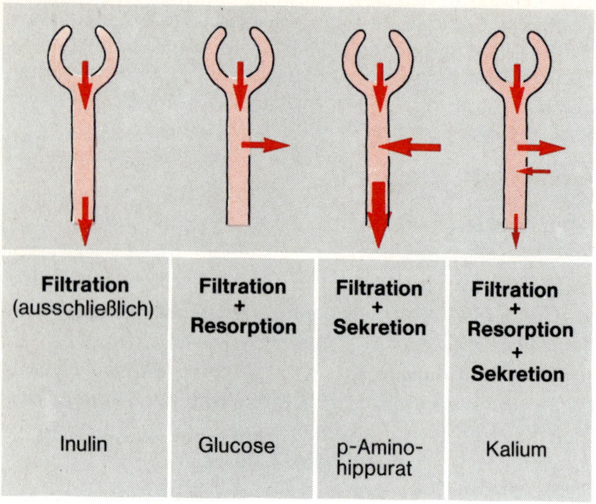

Abb. 10-3. Mechanismen, die an der Harnbildung beteiligt sind, in schematischer Darstellung. An typischen Beispielen ist erläutert, wie Filtration und tubuläre Transportprozesse (Resorption bzw. Sekretion) den Ausscheidungsmodus der jeweiligen Substanz bestimmen

anschließenden Passage des Filtrats durch den Tubulus und das Sammelrohr kommt es aufgrund von transtubulären Transportprozessen zu einer grundlegenden Veränderung des Primärharns, die sowohl das Volumen als auch die Zusammensetzung betrifft. Der größte Teil der gelösten Bestandteile und 99% des Wasservolumens werden durch ***Resorption*** (Rückresorption, Reabsorption) der Tubulusflüssigkeit entzogen und dem Blutkreislauf wieder zugeführt. Einige Stoffe gelangen auch durch ***Sekretion*** aus benachbarten Capillaren (transcelluläre Sekretion) oder aus den Tubuluszellen (celluläre Sekretion) in das Tubuluslumen. Diese Resorptions- und Sekretionsprozesse beruhen teils auf ***aktiven Transportleistungen*** der Tubuluszellen, wofür eine Energiezufuhr notwendig ist (S. 63f.), teils auf ***passiven Transportprozessen,*** die durch osmotische Druckdifferenzen, Konzentrationsdifferenzen und elektrische Potentialdifferenzen unterhalten werden. Ein Teil dieser aktiven und passiven Transportprozesse unterliegt der hormonalen Kontrolle, so daß die Menge und die Zusammensetzung des aus den Sammelrohren abfließenden Endharns (Urins) situationsentsprechend variiert werden kann.

10.2 Durchblutung, O_2-Verbrauch und Stoffwechsel der Nieren

10.2.1 Nierendurchblutung

Die ***Gesamtdurchblutung*** beider Nieren beträgt bei einem 70 kg schweren Erwachsenen etwa 1,2 l/min oder etwa 1700 l/Tag. Das sind 23% des Herzzeitvolumens in körperlicher Ruhe. Bei einem mittleren Gesamtgewicht der Nieren von 300 g ergibt dies eine ***spezifische Durchblutung*** von $4\,ml \cdot g^{-1} \cdot min^{-1}$. Diese im Vergleich zu anderen Organen sehr hohe Durchblutung ist notwendig, um eine ausreichende Filtratmenge abzupressen und damit die Voraussetzung für eine effektive Klärfunktion zu schaffen. Der renale Plasmafluß (RPF) beträgt – unter Berücksichtigung eines Anteils von 0,55 Plasma am Blutvolumen – 650 ml/min.

Intrarenale Durchblutungsverteilung. Die Durchblutung ist auf die verschiedenen Zonen des Nierengewebes ungleichmäßig verteilt. Der höchste Wert der spezifischen Durchblutung findet sich mit $5\,ml \cdot g^{-1} \cdot min^{-1}$ in der Nierenrinde, auf die 93% der Gesamtdurchblutung des Organs entfallen. Die spezifische Durchblutung der äußeren Markzone ist mit etwa $1{,}2\,ml \cdot g^{-1} \cdot min^{-1}$ (6% der Gesamtdurchblutung) wesentlich geringer. Die niedrigste Durchblutungsgröße hat die innere Markzone mit $0{,}3\,ml \cdot g^{-1} \cdot min^{-1}$ (1% der Gesamtdurchblutung), wofür der hohe Strömungswiderstand der extrem langen Vasa recta und die Zunahme der Viscosität bei der Passage des Blutes durch das hypertone Milieu der Papillenregion (S. 366 f.) die Ursachen sind.

Blutdruckverlauf im Gefäßsystem der Niere. In Abb. 10-4 ist der Blutdruckabfall von der Nierenarterie bis zur Nierenvene schematisch dargestellt. Vor den beiden hintereinandergeschalteten Capillarabschnitten finden sich muskelstarke Widerstandsgefäße, die jeweils für einen starken Blutdruckabfall in der Nierenstrombahn verantwortlich sind. Der Druckabfall im Bereich der Vasa afferentia verändert sich bei Variation des arteriellen Mitteldruckes zwischen 90 und 190 mm Hg (12,0–25,3 kPa) in der Weise, daß der Druck in den Glomerulumcapillaren weitgehend konstant gehalten wird (50–55 mm Hg bzw. 6,7– 7,3 kPa). Während der variable Strömungswiderstand in den Vasa afferentia somit dafür sorgt, daß sich Änderungen des arteriellen Blutdruckes nicht bis in die Glomerulumcapillaren fortsetzen, wird durch den Widerstand in den Vasa efferentia der glomeruläre Blutdruck auf einem relativ hohen Niveau gehalten.

Autoregulation der Nierendurchblutung und der Glomerulumfiltration. Die beschriebene Anpassung des Strömungswiderstandes in den Vasa afferentia, durch welche die Glomerulumdurchblutung bei Variation des arteriellen Mitteldruckes zwischen 90 und 190 mm Hg (12,0–25,3 kPa) weitgehend konstant gehalten wird, bezeichnet man als Autoregulation der

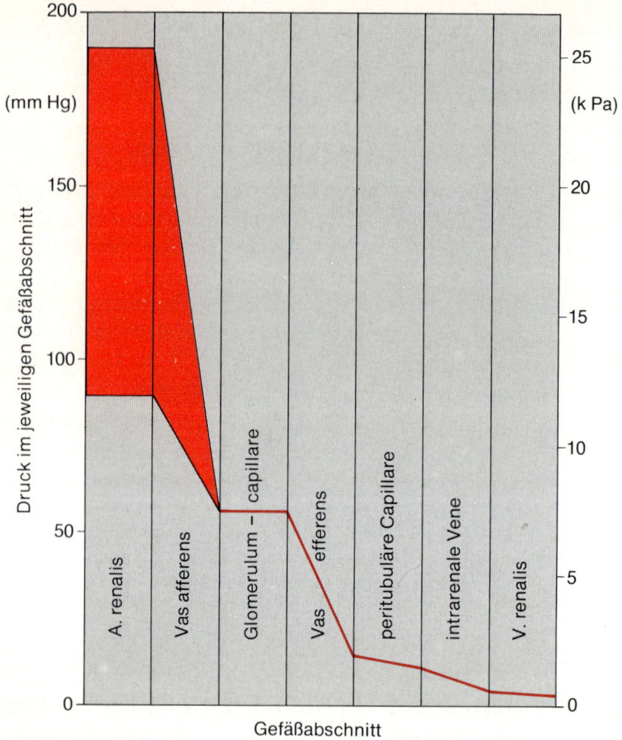

Abb. 10-4. Blutdruckabfall in den verschiedenen Abschnitten des Nierengefäßsystems, modifiziert nach THURAU und WOBER (aus Thews, Mutschler und Vaupel, 1987). Der Druck in der Glomerulumcapillare bleibt aufgrund der autoregulativen Widerstandsanpassung im Vas afferens weitgehend konstant, wenn sich der arterielle Mitteldruck im Bereich zwischen 90 und 190 mm Hg ändert

Nierendurchblutung. Lediglich außerhalb des genannten Regelbereiches besteht eine lineare Abhängigkeit der Durchblutungsgröße vom arteriellen Druck (Abb. 10-5). Das autoregulative Verhalten läßt sich auch an der denervierten Niere (z. B. an der transplantierten Niere) nachweisen, so daß eine Beteiligung vasomotorischer Nerven an der Regulation ausscheidet. Die Regulation beruht vielmehr auf der direkten Reaktion der glatten Muskulatur in den Vasa afferentia ***(myogenen Reaktion)*** auf eine veränderte Druckbelastung der Gefäßwände (***Bayliss-Effekt,*** S. 147).

Unterstützt wird dieser Mechanismus wahrscheinlich durch eine Tonuseinstellung der Vasa afferentia über das Renin-Angiotensin-System, dessen Aktivität wiederum

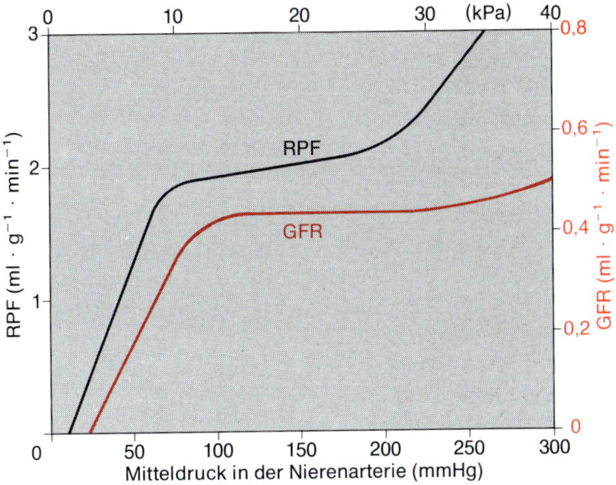

Abb. 10-5. Abhängigkeit des renalen Plasmaflusses (RPF) und der glomerulären Filtrationsrate (GFR) vom arteriellen Mitteldruck. In einem weiten Druckbereich werden beide Größen durch die Autoregulation der Nierendurchblutung weitgehend konstant gehalten

von der Na^+-Konzentration an der Macula densa beeinflußt wird. Dies würde bedeuten, daß der Strömungswiderstand der Vasa afferentia zusätzlich unter dem Einfluß „tubulärer Signale" steht, die über den juxtaglomerulären Apparat vermittelt werden.

Das autoregulatorische Verhalten der Durchblutung ist auf die Nierenrinde beschränkt und betrifft nicht das Nierenmark. Da aber die Markdurchblutung lediglich etwa 7% der Gesamtdurchblutung ausmacht, fällt die Zunahme der Markdurchblutung mit ansteigendem Blutdruck bei Untersuchungen zur Autoregulation des Gesamtorgans nicht ins Gewicht. Die Druckabhängigkeit der Markdurchblutung ist allerdings bei arterieller Hypertonie (S. 170) von Bedeutung: Da die Harnkonzentrierung im Nierenmark in enger Beziehung zur Markdurchblutung steht (S. 369 f.), verursacht eine Blutdruckerhöhung, die zu einer verstärkten Durchströmung des Nierenmarks führt, eine vermehrte Ausscheidung von Na^+ und Wasser ***(Druckdiurese).***

Die Nierengefäße werden von sympathischen, vasoconstrictorischen Nervenfasern innerviert. Diese haben aber lediglich in extremen Kreislaufsituationen (z. B. nach Blutverlusten, bei schwerer Muskelarbeit oder bei starker Hitzebelastung) einen Einfluß auf die Nierendurchblutung.

Die autoregulatorische Widerstandsanpassung in den Vasa afferentia ist für den glomerulären Filtrationsprozeß von entscheidender Bedeutung. Neben einer konstanten Durchblutung wird auf diese Weise nämlich auch die ***Konstanz des glomerulären Blutdruckes*** gewährleistet (Abb. 10-4), die wiederum die Voraussetzung für die ***Konstanz der glomerulären Filtrationsrate*** (GFR) bildet (Abb. 10-5). Man spricht daher auch von einer Autoregulation der glomerulären Filtrationsrate.

10.2.2 O_2-Verbrauch und Stoffwechsel der Nieren

O_2-Verbrauch. Das stoffwechselaktive Nierengewebe hat einen relativ hohen spezifischen O_2-Verbrauch von im Mittel ***0,06 ml · g⁻¹ · min⁻¹***. Von dem gesamten O_2-Verbrauch des Organs entfallen etwa 84% auf die Rinde, 15% auf die äußere Markzone und weniger als 1% auf die innere Markzone. Wegen der sehr starken Durchblutung des Nierengewebes beträgt die arteriovenöse O_2-Konzentrationsdifferenz nur 0,015 ml O_2/ml Blut (vgl. Tabelle 5-5, S. 223). Da ein erheblicher Teil der Energie, welche durch oxidative Stoffwechselprozesse gewonnen wird, die ***tubuläre Na^+-Resorption*** unterhält, besteht eine enge Beziehung zwischen der pro Zeiteinheit resorbierten Na^+-Menge und dem O_2-Verbrauch der Niere. Oberhalb eines bestimmten Basalverbrauches nimmt der O_2-Verbrauch linear mit der Na^+-Resorptionsrate zu (Abb. 10-6).

Sofern unter bestimmten Bedingungen die ***Nierendurchblutung*** ansteigt, erhöht sich auch der renale O_2-Verbrauch. Diese Abhängigkeit, die in anderen Organen nicht besteht, erklärt sich daraus, daß mit der gesteigerten Durchblutung auch die glomeruläre Filtrationsrate zunimmt. Dadurch erhöht sich die im Tubulusapparat zur Resorption angebotene Na^+-Menge (Na^+-load) und infolge dessen die Na^+-Resorptionsrate, wofür wiederum eine Zunahme des oxidativen Stoffwechsels erforderlich ist.

Stoffwechsel. In der ***Nierenrinde*** erfolgt die Energiegewinnung für die aktiven tubulären Transportprozesse fast ausschließlich durch oxidativen

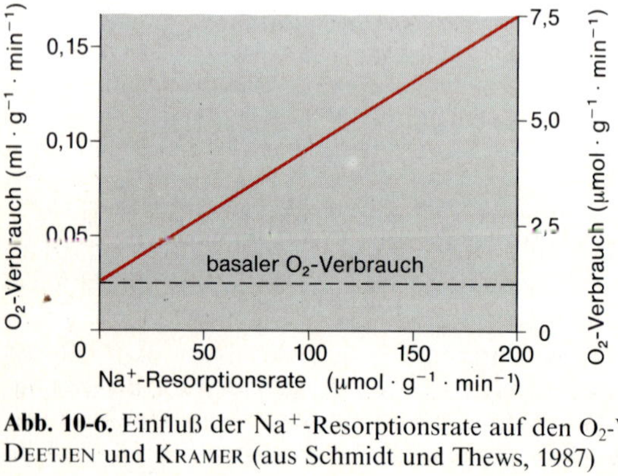

Abb. 10-6. Einfluß der Na^+-Resorptionsrate auf den O_2-Verbrauch der Niere, nach DEETJEN und KRAMER (aus Schmidt und Thews, 1987)

Nährstoffabbau. Als Substrate dienen hierbei vor allem Glutamin (35%), Lactat (20%), Glucose (15%) und freie Fettsäuren (15%) sowie Citrat und Ketonkörper. Da in der Nierenrinde eine beträchtliche Gluconeogenese aus Lactat und glucoplastischen Aminosäuren stattfindet, enthält das venöse Nierenblut mehr Glucose als das zufließende arterielle Blut. Die ***innere Markzone,*** der nur wenig Sauerstoff zugeführt wird, deckt ihren Energiebedarf vorwiegend durch Glykolyse.

10.3 Glomeruläre Filtration

10.3.1 Bildung des Primärharns

Der Primärharn, der durch den glomerulären Filtrationsprozeß entsteht, wird in seiner Zusammensetzung und Menge vor allem durch die Eigenschaften der Filtermembran und die Höhe des wirksamen Filtrationsdrukkes bestimmt.

Molekulare Siebung. Das wasserdurchlässige glomeruläre Filter kann aufgrund seiner Porengröße (S. 338) von kleinmolekularen gelösten Stoffen (z. B. Na^+, Cl^-, Harnstoff, Glucose und Creatinin) ungehindert passiert werden. Bei Molekülen, die in ihrer Größe etwa dem Inulin (Molekulargewicht = 5500, effektiver Molekülradius = 1,5 nm) entsprechen, beginnt eine Behinderung des Durchtritts. Mit weiter steigendem Molekülradius nimmt die Filtrierbarkeit ab (molekulare Siebung), so daß die Konzentrationen solcher Substanzen im Glomerulumfiltrat gegenüber denen im Plasma vermindert sind. Für Myoglobin (MG = 17100) beträgt die Filtrierbarkeit ca. 75%, für Hämoglobin (MG = 64500) etwa 3% und für Serumalbumin (MG = 69000) weniger als 1%. Stoffe mit einem größeren Molekulargewicht (z. B. Globuline) sind normalerweise nicht mehr im Filtrat enthalten.

Zusammensetzung des Glomerulumfiltrats. Der durch Filtration gebildete Primärharn enthält kleinmolekulare Bestandteile weitgehend in der gleichen Konzentration wie im Blutplasma, sofern diese nicht partiell an Plasmaproteine gebunden sind. Im Primärharn finden sich nur geringe Mengen an Makromolekülen und praktisch keine corpusculären Bestandteile des Blutes. Das Glomerulumfiltrat stellt also ein ***Ultrafiltrat*** des Blutplasmas dar.

Kleine Konzentrationsunterschiede zwischen Filtrat und Blutplasma bestehen für bivalente Kationen (z. B. Ca^{2+} und Mg^{2+}), da diese teilweise an Plasmaproteine gebunden sind, und für Anionen, da negative Festladungen in der Glomerulummembran den Anionendurchtritt behindern. Für einwertige Kationen (z. B. Na^+ und K^+) sollte aufgrund der DONNAN-Verteilung an der Glomerulummembran die Konzentration im Filtrat um 5% niedriger sein als im Plasma. Dieser Effekt wird jedoch dadurch genau kompensiert, daß die Proteine, die den Lösungsraum für Ionen reduzieren, nicht in das Filtrat gelangen. Im Plasmawasser und damit im Filtrat sind nämlich die Ionenkonzentrationen um 5% höher als im Gesamtplasma unter Einschluß des Proteinvolumens. Im Endeffekt bestehen daher keine Konzentrationsunterschiede für Na^+ und K^+ zwischen Plasma und Filtrat.

Effektiver Filtrationsdruck. Die pro Zeiteinheit gebildete Menge des Primärharns hängt nicht nur von der Durchlässigkeit und der Flächengröße des glomerulären Filters, sondern auch von dem wirksamen Filtrationsdruck ab, der letztlich durch die Herztätigkeit erzeugt wird. Wie in anderen Capillarabschnitten bestimmen die hydrostatischen und kolloidosmotischen Druckdifferenzen zwischen dem intra- und extravasalen Raum den Filtrationsprozeß (S. 65 und S. 134f.). Der effektive Filtrationsdruck für die Nierenkörperchen ergibt sich danach aus der ***Differenz der hydrostatischen Drücke*** in den Glomerulumcapillaren und im Kapselraum ($\Delta P = P_{Cap} - P_{Bow}$), abzüglich der ***Differenz der kolloidosmotischen Drücke*** im Capillarblut und im Ultrafiltrat ($\Delta\pi = \pi_{Cap} - \pi_{Bow}$):

$$P_{eff} = \Delta P - \Delta\pi \qquad (1)$$

Da π_{Bow} näherungsweise gleich Null gesetzt werden kann, ist

$$P_{eff} = P_{Cap} - P_{Bow} - \pi_{Cap} \qquad (2)$$

Setzt man den capillären Blutdruck mit 52 mm Hg (6,9 kPa), den Kapseldruck mit 12 mm Hg (1,6 kPa) und den kolloidosmotischen Druck am Capillaranfang mit 25 mm Hg (3,3 kPa) an, so beträgt der anfängliche effektive Filtrationsdruck:

$$P_{eff} = 52 - 12 - 25 = 15 \text{ mm Hg } (2{,}0 \text{ kPa}) \qquad (3)$$

Wegen der Abfiltration von Plasmawasser steigt der kolloidosmotische Druck des Blutes während der Capillarpassage bis auf etwa 36 mm Hg (4,8 kPa) an (s. Abb. 10-7), so daß im letzten Abschnitt der Capillarschlingen

$$P_{eff} = 48 - 12 - 36 = 0 \text{ mm Hg } (0 \text{ kPa}) \qquad (4)$$

beträgt. Da P_{eff} im Endabschnitt der Capillaren auf Null absinkt, kommt die Filtration hier zum Stillstand ***(Filtrationsgleichgewicht).***

Über den Verlauf von P_{eff} in Längsrichtung der Glomerulumcapillare ist bisher sehr wenig bekannt. Vermutlich erfolgt bereits im Anfangsteil der Capillare eine so starke Filtration, daß der kolloidosmotische Druck zunächst steil, dann flacher ansteigt und damit P_{eff} nach demselben Modus abnimmt (Abb. 10-7). Es ist aller-

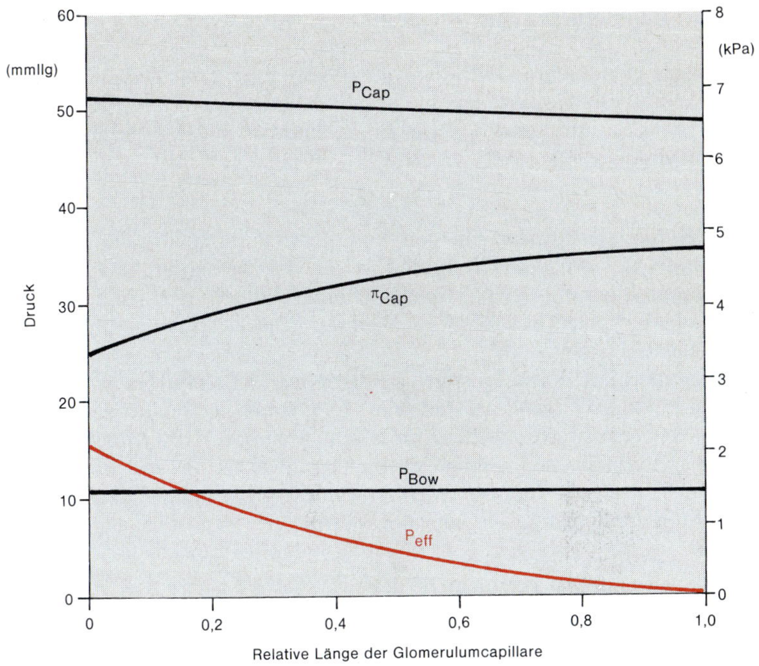

Abb. 10-7. Modell für die Filtrationsbedingungen an der Glomerulumcapillare. Es sind die Verläufe des capillären Blutdrucks P_{Cap}, des Kapseldrucks P_{Bow}, des kolloidosmotischen Drucks des Plasmas π_{Cap} und des effektiven Filtrationsdrucks $P_{eff} = P_{Cap} - P_{Bow} - \pi_{Cap}$ längs der Capillare angegeben

dings gesichert, daß die Menge des gebildeten Filtrats mit ***ansteigendem Plasmafluß*** zunimmt. Diese Abhängigkeit erklärt sich daraus, daß bei erhöhtem Plasmafluß der kolloidosmotische Druck π_{Cap} längs der Filtrationsstrecke weniger steil ansteigt. In diesem Fall sind also weitere Capillarstrecken in den Filtrationsprozeß einbezogen als bei normalen Plasmafluß.

Eine ***Erhöhung des Capillardrucks*** führt ebenfalls zu einer Steigerung der Filtratmenge. Da hierbei gleichzeitig der kolloidosmotische Druck in den Capillaren steiler als normal ansteigt, ist die Filtrationszunahme jedoch nicht so stark, wie es aufgrund der Capillardruckerhöhung zu erwarten wäre. Der capillären Drucksteigerung kann eine Abnahme des Strömungswiderstandes im Vas afferens oder eine Widerstandszunahme im Vas efferens zugrunde liegen. Im ersteren Fall nimmt die Filtration deutlicher zu, weil hierbei gleichzeitig der Plasmafluß ansteigt (s. o.), während im letzteren Fall der Plasmafluß und damit auch die Filtrationszunahme reduziert sind.

10.3.2 Glomeruläre Filtrationsrate

Werte der glomerulären Filtrationsrate (GFR). Das in der Zeiteinheit gebildete Filtratvolumen, die sog. glomeruläre Filtrationsrate (GFR), ist eine Funktion des Filtrationskoeffizienten K_F und des mittleren effektiven Filtrationsdruckes $\overline{P}_{eff}$:

$$GFR = K_F \cdot \overline{P}_{eff} \qquad (5)$$

Der ***Filtrationskoeffizient*** gibt den Volumenfluß durch die Glomerulummembran pro Druckeinheit an und ist von der Wasserdurchlässigkeit der Membran abhängig. K_F hat für das Glomerulum einen besonders hohen Wert, der beispielsweise den K_F - Wert der Muskelcapillaren um etwa das 180fache übersteigt.

Die glomeruläre Filtrationsrate (beider Nieren) beträgt beim Mann im Mittel etwa ***125 ml/min,*** bei der Frau ca. ***110 ml/min.*** Bei Kindern ist der GFR-Wert entsprechend kleiner. Bezieht man die GFR jedoch auf die Körperoberfläche, so ergeben sich für Heranwachsende und Erwachsene etwa gleiche Werte. Im höheren Alter fällt die GFR stetig ab, bei 70-jährigen Menschen beträgt sie nur noch etwa 50% der oben angegebenen Werte.

Aus der glomerulären Filtrationsrate des erwachsenen Mannes errechnet sich ein Filtratvolumen von 180 l pro Tag. Das bedeutet, daß das gesamte Plasmavolumen von ca. 3 l etwa 60mal am Tag dem Filtrations- und Klärungsprozeß in der Niere unterworfen wird. Bezogen auf die gesamte extracelluläre Flüssigkeit von ca. 14 l sorgt die Filtration etwa 13 mal täglich für die Kontrolle der gelösten Bestandteile. Von dem filtrierten Primärharnvolumen werden mehr als 99% während der anschließenden Tubuluspassage resorbiert, so daß lediglich ***1,5 l Urin pro Tag*** zur Ausscheidung gelangen.

Filtrationsfraktion. Da durch Autoregulation sowohl die Glomerulumdurchblutung als auch die glomeruläre Filtrationsrate weitgehend konstant gehalten werden, vermindert sich auch das Plasmavolumen bei der Glomerulumpassage um einen konstanten Anteil. Das Verhältnis von glomerulärer Filtrationsrate (GFR) zu renalem Plasmafluß (RPF) bezeichnet man als Filtrationsfraktion (FF). Sie beträgt normalerweise:

$$FF = \frac{GFR}{RPF} = \frac{125\ ml/min}{650\ ml/min} = 0{,}2 \qquad (6)$$

Dies bedeutet, daß bei der Glomerulumpassage ⅕ des Plasmavolumens abfiltriert wird.

Messung der glomerulären Filtrationsrate. Das in der Zeiteinheit filtrierte Volumen läßt sich indirekt über eine Massenbilanz bestimmen. Man benutzt dazu Substanzen wie die Fructosepolysaccharide ***Inulin*** oder ***Polyfructosan S,*** die frei filtriert, jedoch im Tubulus weder resorbiert noch secerniert werden. Diese Stoffe sind außerdem nicht toxisch, beeinträchtigen nicht die Nierenfunktion und werden renal weder abgebaut noch gespeichert. Für eine solche Substanz (z. B. Inulin) gilt, daß die in der Zeiteinheit filtrierte Stoffmenge ($C_{P_I} \cdot GFR$) gleich der Stoffmenge ist, die mit dem Urin pro Zeiteinheit ausgeschieden wird ($C_{U_I} \cdot \dot{V}$):

$$C_{P_I} \cdot GFR = C_{U_I} \cdot \dot{V} \qquad (7)$$

Hierin bedeuten: C_{P_I} die Inulinkonzentration im Plasma, C_{U_I} die Inulinkonzentration im Urin, $\dot{V}$ die Urinausscheidung pro Zeiteinheit (Harnzeitvolumen). Die glomeruläre Filtrationsrate ergibt sich also aus

$$GFR = \frac{C_{U_I} \cdot \dot{V}}{C_{P_I}}, \qquad (8)$$

d. h. aus der in der Zeiteinheit ausgeschiedenen Inulinmenge, dividiert durch die Plasmakonzentration des Inulins, also aus Größen, die der Messung leicht zugänglich sind. Dieses Verfahren ist ein Spezialfall der sog. Clearance-Technik (S. 379f.). Inulin bzw. Polyfructosan S sind körperfremde Substanzen, die über eine intravenöse Dauerinfusion zugeführt werden müssen, um ihre Plasmakonzentration während der Meßperiode konstant zu halten. Zur Vereinfachung benutzt man daher als Indikator für die GFR-Bestimmung häufig das endogen gebildete ***Creatinin*** (Konzentration im Plasma etwa 10 mg/l). Da Creatinin bei erhöhtem Plasmaspiegel nicht nur filtriert, sondern auch in geringem Maße secerniert wird, ist die Messung der GFR auf diesem Wege weniger genau als bei Anwendung der Inulin-Methode. In neuerer Zeit sind außerdem Verfahren zur direkten Bestimmung der ***Filtrationsrate für das einzelne Glomerulum*** entwickelt worden. Dabei ergibt sich in Übereinstimmung mit dem aus Gesamt-GFR und Zahl der Nierenkörperchen gewonnenen Ergebnis ein Mittelwert von etwa 50 nl/min.

10.4 Tubuläre Transportprozesse

Der abfiltrierte Primärharn passiert den Tubulus- und Sammelrohrapparat und wird auf diesem Wege durch Resorptions- bzw. Sekretionsprozesse in den Endharn (Urin) umgewandelt.

10.4.1 Tubuläre Natrium- und Wasserresorption

Etwa 80% der im Ultrafiltrat gelösten Substanzen sind Natriumsalze, insbesondere NaCl und $NaHCO_3$. Die Na^+-Resorption und die damit gekoppelte Wasserverschiebung stehen daher im Vordergrund der tubulären Transportprozesse.

Lokalisation der Na^+- und Wasserresorption (Abb. 10-8). Der Hauptanteil (etwa 65%) der filtrierten Na^+-Ionen wird bereits im ***proximalen Convolut*** resorbiert und gelangt über das Interstitium ins Blut. Da hierbei auch

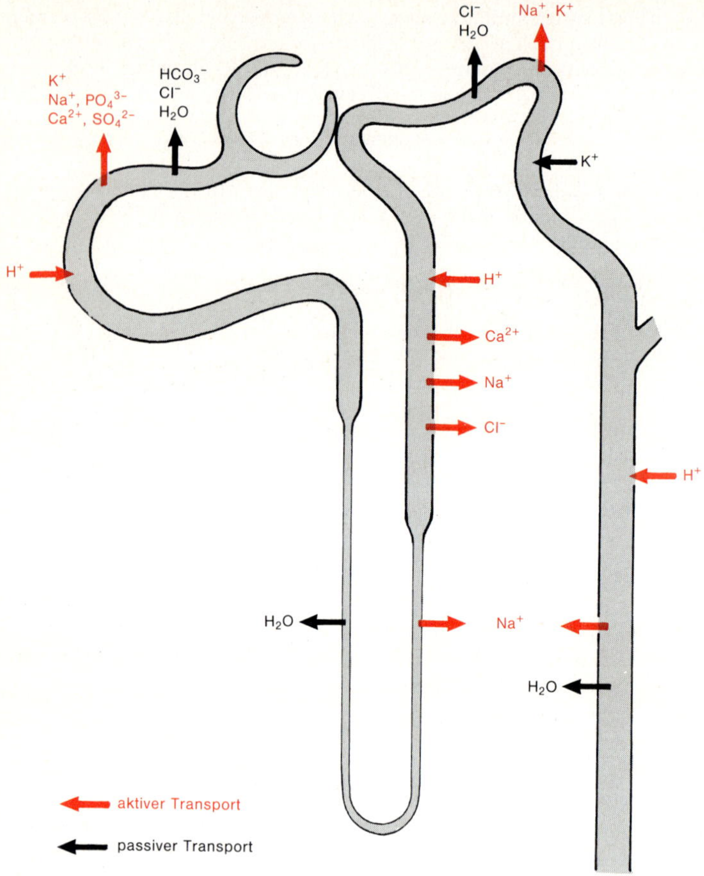

Abb. 10-8. Lokalisation, Richtung und Modus des tubulären Transportes von Elektrolyten und Wasser

Wasser – dem osmotischen Gradienten folgend – im gleichen Verhältnis das Tubuluslumen verläßt, bleibt die osmotische Konzentration im Tubuluslumen unverändert (0,3 osmol/l). Im proximalen Convolut findet also eine ***isotonische Resorption*** statt. Die Flüssigkeitsresorption ist in diesem Bereich unabhängig von der Harnausscheidungsrate (Abb. 10-9) und wird daher auch als ***obligatorischer Wassertransport*** bezeichnet.
Entlang der ***Henleschen Schleife*** werden weitere 25% der filtrierten Na^+-Menge resorbiert. Da der aufsteigende Schleifenschenkel für Wasser

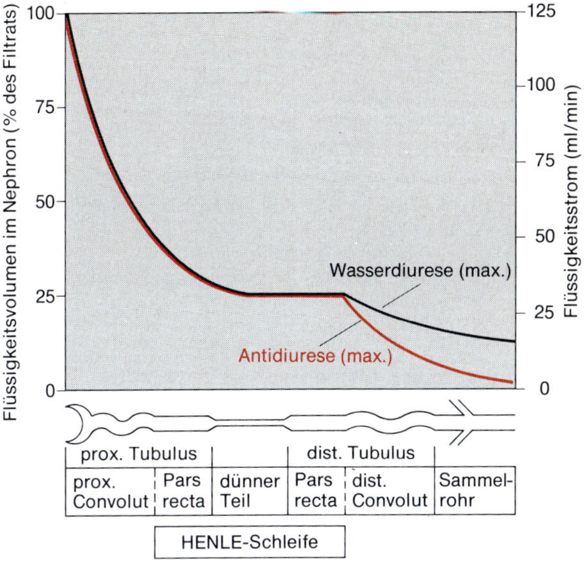

Abb. 10-9. Prozentuale Abnahme des Flüssigkeitsvolumens und Reduktion des Flüssigkeitsstroms bei der Passage durch den Tubulusapparat unter den Bedingungen der maximalen Antidiurese und der maximalen Wasserdiurese, modifiziert nach DEETJEN (aus Schmidt und Thews, 1987)

nahezu undurchlässig ist, findet in der Henleschen Schleife eine – im Vergleich zum Na^+-Transport – geringe Wasserresorption von nur etwa 15% des Filtratvolumens statt. Aus diesem Grund ist die Tubulusflüssigkeit am Anfang des distalen Convoluts hypoton (Abb. 10-18, S. 369).

Die restlichen 10% des filtrierten Natriums erreichen das ***distale Convolut.*** Hier und im ***Sammelrohr*** findet eine Na^+-Resorption, allerdings in abnehmender Rate statt. Die Tubulusflüssigkeit, die am Beginn des distalen Convoluts noch etwa 20% des Filtratvolumens ausmacht, wird bei der Passage durch die nachgeschalteten Abschnitte weiter vermindert. Dabei unterliegt das Ausmaß der Wasserresorption erheblichen Schwankungen (Abb. 10-9): Wenn der Wasserhaushalt des Organismus dies erfordert, ist die distale Resorption so stark, daß nur 0,5–1% des Filtratvolumens als Endharn zur Ausscheidung gelangen ***(Antidiurese).*** Wenn jedoch – z. B. nach starker Flüssigkeitsaufnahme – Wasser in größeren Mengen zu eliminieren ist, kann die distale Wasserresorption soweit eingeschränkt werden, daß 10–20% des Filtratvolumens in den Endharn übergehen ***(Wasserdiurese).*** Wegen dieser Variationsmöglichkeit bezeichnet man die Resorption des Wassers im distalen Convolut und im Sammelrohr als ***fakultativen Wassertransport.*** Die distale Wasserresorption (bei Antidiurese) erfolgt auf Grund des osmotischen Druckgefälles, das zwischen der Tubulus- bzw. Sammelrohrflüssigkeit und dem hypertonen Interstitium besteht (S. 366f.).

Die Zuordnung der tubulären Transportprozesse zu den verschiedenen Nephronabschnitten ist erst seit Anwendung spezieller ***Mikropunktionstechniken*** möglich. Hierbei werden oberflächlich gelegene Nephronanteile des proximalen und distalen Convoluts punktiert und die entnommenen Flüssigkeitsproben auf ihre Zusammensetzung analysiert. Auch die Beteiligung der einzelnen Nephronabschnitte an der Resorption der Tubulusflüssigkeit läßt sich mit Hilfe solcher Methoden bestimmen.

Mechanismen des tubulären Na^+-Transportes. Die Na^+-Resorption im ***proximalen Tubulus*** erfolgt ***aktiv*** durch eine membranständige ***Na^+/K^+-ATPase,*** die an der contraluminalen (= basolateralen) Seite des Tubulusepithels lokalisiert ist (Abb. 10-10, A). Durch diese Pumpe werden Na^+-Ionen gegen einen elektrochemischen Gradienten aus dem Zellinneren in die intercellulären Spalträume und in die basalen Einbuchtungen der Zellen („basales Labyrinth") befördert. Pro Molekül ATP werden dabei 3 Na^+ in das Interstitium und 2 K^+ in das Zellinnere transportiert. Dem aktiv transportierten Na^+ folgen HCO_3^- (transcellulär; vor allem frühproximal), aber auch Cl^- (paracellulär; vor allem spätproximal; Abb. 10-10, B) als Begleitionen. Durch den Ionentransport erhöht sich der osmotische Druck in den Spalträumen und Einbuchtungen, was wiederum einen osmotischen Wasserstrom durch die Schlußleisten in diese Räume zur Folge hat. Dadurch erhöht sich hier der hydrostatische Druck, und die Flüssigkeit strömt – inzwischen wieder isotonisch geworden – durch die Basalmembran in das Interstitium und von dort in die peritubulären Capillaren.
Der aktive Na^+-Transport aus den Tubuluszellen ins Interstitium vermindert die Na^+-Konzentration im elektro-negativen Intracellularraum. Infolge dessen gelangen Na^+-Ionen, dem elektrischen bzw. chemischen Gradienten folgend, aus dem Tubuluslumen in die Zellen. Bei diesem Na^+-Einstrom durch die lumenseitige Membran werden im ***Cotransport (Symport)*** Zucker, Aminosäuren, Phosphat, Sulfat und Lactat mitgenommen sowie H^+-Ionen im ***Gegentransport (Antiport)*** in das Lumen secerniert (Abb. 10-10A). Beide Transporte stellen also sekundär- aktive Vorgänge dar. Der K^+-Einstrom vom Lumen in die Zellen des proximalen Tubulus wird ebenfalls als Cotransport gedeutet.

Genaue Analysen haben ergeben, daß lediglich etwa ⅓ der im proximalen Convolut resorbierten Na^+-Ionen in der geschilderten Weise aktiv transportiert werden. Die Resorption der restlichen ⅔ erfolgt passiv durch ***Diffusion*** und ***solvent drag***

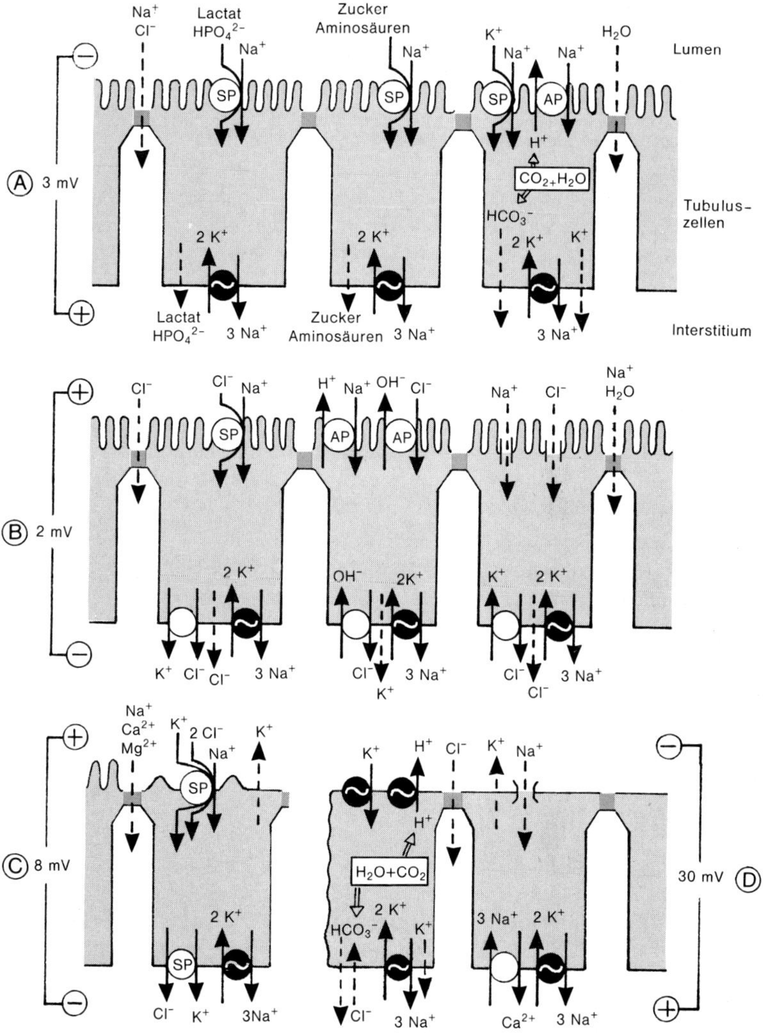

Abb. 10-10 A–D. Wichtige Stofftransporte im Tubulussystem in schematischer Darstellung, nach BRENNER. **A** Transporte im frühproximalen Tubulus. **B** Transporte im spätproximalen Tubulus. **C** Transporte im dicken aufsteigenden Schenkel der HENLEschen Schleife. **D** Transporte in den sog. dunklen *(links)* und hellen Zellen *(rechts)* des Sammelrohrs. **AP** Antiport; **SP** Symport. —●→ primär-aktiver, ATP-abhängiger Transport; —○→ sekundär-aktiver, carriervermittelter Transport; - - -→ passiver Transport

(S. 66). Als treibende Kräfte für den diffusiven Na^+-Transport, bei dem vor allem Cl^- das Begleition ist, kommen chemische und elektrische Gradienten in Frage.

Der ***absteigende Schenkel der Henleschen Schleife*** weist die gleichen Transporteigenschaften wie der proximale Tubulus auf. Die Kapazität zur Resorption von Elektrolyten und Wasser ist jedoch vernachlässigbar gering. Im aufsteigenden Schenkel, vor allem im ***dicken aufsteigenden Schleifenschenkel*** werden ca. 25% des filtrierten NaCl resorbiert, wobei die Schlußleisten praktisch undurchlässig für Wasser, aber gut passierbar für Kationen sind. Der grundlegende Unterschied zum proximalen Tubulus besteht darin, daß zwar (wie im gesamten Tubulusapparat) auch in diesem Abschnitt der aktive Ionentransport durch die ***Na^+/K^+-ATPase*** in der basolateralen Membran erfolgt, daß aber mit Hilfe eines ***Cotransportsystems*** 1 Na^+, 1 K^+ und 2 Cl^- gemeinsam aus dem Tubuluslumen in die Zellen eingeschleust werden (Abb. 10-10C). Für K^+ besteht an der luminalen Membran eine relativ gute Leitfähigkeit, so daß es größtenteils wieder in das Tubuluslumen zurückdiffundiert. Ein geringer Teil des über den Cotransport in die Zelle gelangten K^+ verläßt diese wieder an der basolateralen Seite in einem Cotransport mit Cl^- (Abb. 10-10C).

Das $Na^+/2\,Cl^-/K^+$-Carriersystem kann spezifisch durch das Arzneimittel Furosemid (und andere Schleifendiuretica) gehemmt werden. Es steigert demnach die Na^+-Ausscheidung (und damit auch die Wasserausscheidung). Eine bedeutsame Nebenwirkung ist jedoch der gleichzeitige Kaliumverlust.

Auch in den Zellen des ***distalen Convoluts und des Sammelrohrs*** bildet die basolaterale ***Na^+/K^+-ATPase*** die Grundlage der aktiven Rückresorptionsmechanismen. Die Na^+-Aufnahme aus dem Lumen in die Tubuluszellen erfolgt im distalen Convolut über einen ***Na^+/Cl^--Cotransport.*** Im Sammelrohr gelangen Natriumionen zunehmend durch spezielle ***Na^+-Kanäle*** in die sog. ***hellen Zellen*** (s. Abb. 10-10D). Wegen der in den Sammelrohren vorherrschenden Na^+-Resorption ist das Lumen elektrisch negativ gegenüber dem Interstitium. Diese Potentialdifferenz begünstigt die passive, paracelluläre Cl^--Resorption sowie die passive K^+-Sekretion (bei reichlicher K^+-Zufuhr). Dieser Sekretionsvorgang beruht auf der hohen intracellulären K^+-Konzentration verbunden mit einer guten Durchlässigkeit der luminalen Membran für K^+. In den sog. ***dunklen Zellen*** des Sammelrohrs findet sich in der luminalen Membran eine ***ATP-getriebene Protonenpumpe,*** die H^+-Ionen primär-aktiv aus den Zellen in das Lumen pumpt sowie ein primär-aktives K^+-Transportsystem, das für die K^+-Reabsorption (bei K^+-armer Ernährung) in diesen Zellen verantwortlich ist.

Eine enge Beziehung zur Na^+-Resorption im distalen Nephronabschnitt zeigt auch die Resorption von ***Calciumionen.*** Bedeutsam ist ein 3 Na^+/Ca^{2+}-Gegentransport in der basolateralen Membran. Die Feinregulierung der Calciumionenresorption erfolgt hier hormonal mittels Parathormon (S. 443 f.) bzw. 1,25-Dihydroxycolecalciferol (S. 444). Vom Magnesium werden nur noch ca. 5% der filtrierten Menge im distalen Tubulus rückresorbiert.

Hormonale Einflüsse auf die tubuläre Na^+- und Wasser-Resorption. Die Na^+-Resorption im spätdistalen Tubulus und im Sammelrohr steht unter hormonaler Kontrolle, so daß Na^+ in Anpassung an die jeweiligen Bedürfnisse des Organismus ausgeschieden wird. Die Steuerfunktionen üben dabei die in der Nebennierenrinde gebildeten Mineralocorticoide aus, deren Hauptvertreter das ***Aldosteron*** ist (S. 427 ff.). Dieses Hormon stimuliert eine messenger-RNA, die wiederum an der luminalen Zellseite die Biosynthese eines Membranproteins (Na^+-Kanal) auslöst, das für die ***Na^+-Rückresorption*** verantwortlich ist. Unter dem Einfluß von Aldosteron wird nicht nur die Na^+-Rückresorption, sondern auch die ***H^+-Sekretion*** gesteigert.

Das unter der Aldosteronwirkung vermehrt in die Zelle gelangte Na^+ stimuliert die Na^+/K^+-ATPase in der basolateralen Membran, so daß die Na^+-Aufnahme weiter verstärkt wird. Aldosteron steigert auch die ***K^+-Sekretion.*** Diese Wirkung ist auf eine direkte Verbesserung der K^+-Permeabilität in der luminalen Membran (ohne Zwischenschaltung eines Proteins) zurückzuführen. Da Aldosteron den Na^+-Transport in der Niere (und in anderen Organen) beeinflußt, ist es gleichzeitig auch an der Kontrolle des extracellulären Flüssigkeitsvolumens beteiligt (S. 372 f.).

Aldosteronmangel (z. B. bei Nebennierenrindeninsuffizienz, S. 428 f.) hat zur Folge, daß nicht – wie unter normalen Bedingungen – mehr als 99%, sondern nur noch etwa 97% des filtrierten Natriums resorbiert werden. Dadurch kommt es zu einer gesteigerten Na^+-Elimination mit dem Urin ***(Natriurese)*** und zu einer verminderten K^+- und H^+-Ausscheidung. Die Natriurese führt darüber hinaus zu einer Zunahme des Endharnvolumens. Die Folgen eines Aldosteronmangels sind also Hyponatriämie, Hyperkaliämie, Acidose und Hypovolämie.

Hyperaldosteronismus, d. h. eine gesteigerte Produktion von Aldosteron in der Nebennierenrinde (S. 429), führt zu einer verminderten Na^+-Ausscheidung und entsprechend zu einer verstärkten K^+- und H^+-Abgabe mit dem Urin. Die Folgen dieser hormonalen Störung sind also Hypernatriämie, Hypokaliämie, Alkalose und Hypervolämie.

Müssen bei einer Hypernatriämie vermehrt Natriumionen ausgeschieden werden, so kommt es zur Abgabe des sog. ***atrialen natriuretischen Faktors (ANF)*** aus den Vorhöfen des Herzens (S. 115). ***ANF*** verringert die Na^+-Rückresorption am Ende des Nephrons.

Die renale Wasserausscheidung wird vor allem durch das Hypophysenhinterlappenhormon ***Adiuretin*** (***ADH,*** S. 410 f.) beeinflußt. Nach Bindung an Receptoren wird eine membranständige Adenylatcyclase aktiviert und vermehrt ***cAMP*** gebildet. Dieses führt über komplexe Veränderungen der luminalen Zellmembran zu einer Steigerung der Wandpermeabilität für Wasser am distalen Convolut und insbesondere am Sammelrohr. Unter dem Einfluß von Adiuretin kann also Wasser – dem osmotischen Gradienten folgend – den distalen Nephronabschnitt verlassen, so daß nur geringe Mengen eines hypertonen Harns ausgeschieden werden ***(Antidiurese).*** Fehlt der ADH-Einfluß, so sind die Wände des distalen Nephrons praktisch undurchlässig für Wasser. Eine Wasserresorption ist daher nur in geringem Umfang möglich, und der am Ende der HENLEschen Schleife hypotone Zustand der Tubulusflüssigkeit bleibt bis zum Austritt aus dem Sammelrohr bestehen. In diesem Fall werden also große Mengen eines hypotonen Harns ausgeschieden ***(Wasserdiurese).*** Der Organismus ist also in der Lage, über eine kontrollierte ADH-Abgabe die renale Ausscheidungsrate der jeweiligen Flüssigkeitsaufnahme anzupassen.

Bei ***ADH-Mangel*** besteht eine permanente Wasserdiurese, wobei ständig große Urinmengen (in Extremfällen bis zu 40 l pro Tag) ausgeschieden werden. Diese Krankheit bezeichnet man als ***Diabetes insipidus*** (S. 411). Aufgrund der gesteigerten Ausscheidung hypotonen Harns nimmt die osmotische Konzentration des Blutes und damit das Durstgefühl zu, wodurch die Patienten zur Aufnahme großer Flüssigkeitsmengen veranlaßt werden (Polydipsie).

Medikamentöse Beeinflussung der Harnausscheidungsrate. Zur Steigerung der Harnausscheidung können Substanzen dienen, die glomerulär filtriert, jedoch nur schwer oder gar nicht tubulär resorbiert werden (z. B. Mannit oder Sorbit). Die Substanzen binden durch ihre osmotische Wirksamkeit Wasser im Tubuluslumen. Dadurch sinkt die tubuläre Na^+-Konzentration ab, so daß die Na^+-Resorption erschwert wird. Aus diesem Grund bleibt auch unter diesen Bedingungen die proximale Tubulusflüssigkeit plasmaisoton. Ein gegenüber der Norm erhöhtes Flüssigkeitsvolumen verläßt also den proximalen Tubulus und durchströmt relativ schnell die HENLEsche Schleife und die distalen Nephronabschnitte, wodurch sich – trotz ADH-Einwirkung – die Wasserresorption vermindert und die Harnausscheidungsrate zunimmt. Eine solche Ausscheidungsförderung durch osmotisch wirksame Substanzen ***(osmotische Diurese)*** kann lebensrettend sein, wenn Gifte (z. B. bei Schlafmittelvergiftungen) beschleunigt ausgeschieden werden müssen oder wenn im Schockzustand ein ausreichender Harnfluß aufrechterhalten werden soll.
Eine gesteigerte Harnausscheidung läßt sich auch durch die Gabe sog. ***Diuretica*** erreichen, die primär die tubuläre Elektrolytresorption hemmen. Sie werden deshalb auch als „Natriuretica" oder „Saluretica" bezeichnet. Die Resorptionshemmung führt sekundär zu einer gesteigerten Wasserausscheidung und damit auch zu einer Abnahme des extracellulären Flüssigkeitsvolumens. Diuretica werden daher zur Ausschwemmung von Oedemen und zur Behandlung der Hypertonie eingesetzt, wobei – um K^+-Verluste zu vermeiden – häufig sog. „kaliumsparende Diuretica" Anwendung finden.

10.4.2 Tubuläre Kalium- und Calciumtransporte

K^+-Resorption und -Sekretion. Wie Mikropunktionsuntersuchungen zeigen, werden – unabhängig von der jeweiligen Situation des Kaliumhaushaltes – im ***proximalen Convolut*** 65% der filtrierten Kaliummenge resorbiert. Auf dem Weg durch die ***Henlesche Schleife*** verlassen weitere 25–30% das Tubuluslumen. Die Resorption der K^+-Ionen findet dabei analog der Na^+-Resorption (S. 352ff.) z. T. durch aktiven, z. T. durch passiven Transport statt.

Die Feineinstellung der variablen K^+-Ausscheidung erfolgt – wie bei der Na^+- und Wasser-Elimination – im Bereich des ***distalen Nephrons*** (Abb. 10-11). Hier ist die Transportrichtung von der Situation des Kaliumhaushaltes abhängig: Bei K^+-armer Ernährung findet überwiegend eine K^+-***Resorption*** in den sog. dunklen Zellen statt, so daß nur noch etwa 1% der filtrierten Menge mit dem Urin ausgeschieden werden. Wahrscheinlich liegt dieser Resorption ein aktiver Transportprozess zugrunde. Bei reichlicher K^+-Zufuhr mit der Nahrung findet zusätzlich eine ***K^+-Sekretion*** in das Tubuluslumen statt, wodurch im Extremfall mehr K^+-Ionen ausgeschieden als glomerulär filtriert werden (Abb. 10-11). Die distale

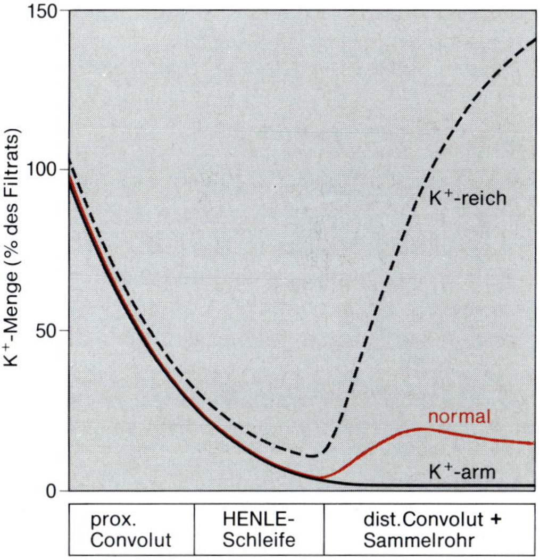

Abb. 10-11. Prozentuale Änderung der filtrierten K^+-Menge bei der Passage durch den Tubulusapparat unter Normalbedingungen sowie bei K^+-armer und K^+-reicher Ernährung

K^+-Sekretion in den sog. hellen Zellen ist ein passiver Vorgang, bei dem die K^+-Ionen dem elektrischen Potentialgefälle folgen, das durch den transtubulären Na^+-Transport entsteht. Durch den geschilderten Richtungswechsel des distalen Nettotransports kann die K^+-Ausscheidung der jeweiligen K^+-Aufnahme sinnvoll angepaßt werden.

Die K^+-Ausscheidung wird durch eine Reihe von Faktoren beeinflußt: ***Aldosteron*** fördert neben der Na^+-Resorption auch die K^+-Sekretion in das Tubuluslumen und damit die K^+-Ausscheidung. Störungen des Säure-Basen-Haushalts (S. 400ff.) wirken sich in der Weise aus, daß die K^+-Ausscheidung bei ***Alkalose*** zunimmt und bei ***Acidose*** vermindert wird. Ein erhöhtes ***Na^+-Angebot*** im distalen Tubulus, z. B. nach Gabe von Diuretica, steigert die K^+-Sekretion und hemmt die K^+-Resorption, so daß die Ausscheidungsrate für K^+-Ionen zunimmt.

Ca^{2+}-Resorption. In den Glomerula wird nur das frei diffusible, ionale Calcium filtriert, während das an Plasmaproteine gebundene Calcium im Capillarblut zurückbleibt. Anschließend erfolgt in den verschiedenen Tubulusabschnitten eine Resorption der filtrierten Ca^{2+}-Ionen, die analog zur Na^+-Resorption abläuft: Im proximalen Convolut werden 65%, in der HENLEschen Schleife 25%, im distalen Convolut und im Sammelrohr ein weiterer Anteil resorbiert, so daß nur 0,5–3% zur Ausscheidung gelangen. Wahrscheinlich liegt der Ca^{2+}-Resorption in allen Abschnitten ein aktiver Transportmechanismus zugrunde. Unter dem Einfluß des ***Parathormons*** (S. 443f.) nimmt die tubuläre Resorption der Ca^{2+}-Ionen zu, während sie durch ***Calcitonin*** (S. 445) gehemmt wird.

10.4.3 Glucoseresorption

Resorptionsmechanismus. Obwohl Glucose glomerulär uneingeschränkt filtriert wird, ist der Urin normalerweise bis auf einige Spuren glucosefrei. Es erfolgt also im Tubulusapparat eine nahezu quantitative Glucoseresorption, die hauptsächlich im proximalen Tubulus und hier vor allem im Anfangsteil des proximalen Convoluts stattfindet (Abb. 10-14). Der Glucosetransport ist an den aktiven Transport von Na^+ gekoppelt (Abb. 10-10, S. 352). Man spricht daher auch von einem ***Na^+-Glucose-Cotransport.*** Dieser sekundär-aktive Transport kann durch das Glykosid Phlorizin selektiv und vollständig gehemmt werden.

Tubuläres Transportmaximum. Normalerweise hat die Glucosekonzentration im Blutplasma bzw. im Primärharn einen Wert von 0,6–1 g/l (3,3–5,6 mmol/l), so daß bei einer glomerulären Filtrationsrate von 110–125 ml/min ein Glucoseangebot („load") von 70–125 mg/min in die Tubuli gelangt. Diese Glucosemenge wird nahezu quantitativ resorbiert (Abb. 10-12). Auch bei einer mäßigen Steigerung des Glucoseangebots –

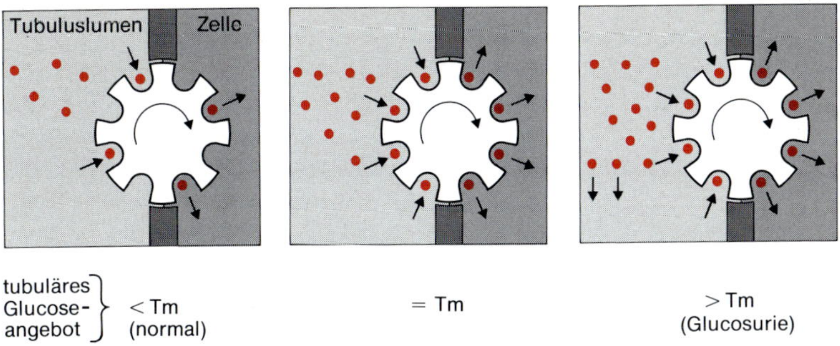

Abb. 10-12. Schema zur Erläuterung des Schwellenverhaltens bei der Glucoseresorption. Das Transportmaximum Tm ist erreicht, wenn alle „Transportplätze" besetzt sind

entweder durch Erhöhung der Glucosekonzentration im Plasma oder durch Zunahme der Filtrationsrate – ist das Transportsystem in der Lage, fast alle Glucosemoleküle aus dem Tubuluslumen zu entfernen. Steigt jedoch das Angebot so stark an, daß die Maximalkapazität des tubulären Transportsystems überschritten wird, dann kommt es zur Glucoseausscheidung mit dem Urin ***(Glucosurie).*** Die in der Zeiteinheit maximal resorbierbare Stoffmenge bezeichnet man als ***tubuläres Transportmaximum*** Tm. Der Tm-Wert für Glucose beträgt im Mittel ***300 mg/min*** bei der Frau und ***375 mg/min*** beim Mann. Eine solche begrenzte Transportleistung hat nicht nur das Resorptionssystem für Glucose, sondern auch eine Reihe von Transportsystemen für weitere Substanzen (Aminosäuren, Phosphat, Sulfat, Proteine u. a.), die man unter der Bezeichnung ***Schwellensubstanzen*** zusammenfaßt.

Abbildung 10-13 zeigt die Transportcharakteristik für Glucose bei einer glomerulären Filtrationsrate von 125 ml/min. Es sind die Kurven für die Filtrations- und die Resorptionsrate sowie als Differenz dieser beiden Größen die Kurve der Ausscheidungsrate in Abhängigkeit von der Glucosekonzentration im Plasma angegeben. Man erkennt hieraus, daß bei Überschreiten einer ***Schwellenkonzentration*** (S) von etwa ***1,8–2,0 g/l*** Glucose im Plasma die Glucosurie einsetzt und im Bereich über 3,5 g/l die Ausscheidungsrate linear mit der Plasmakonzentration ansteigt.

Der abgerundete Kurvenabschnitt in der Resorptions- bzw. Ausscheidungskurve („splay") kommt dadurch zustande, daß die dargestellten Beziehungen sich durch Summation der Transportraten einer großen Zahl von Nephronen ergeben, die etwas unterschiedliche GFR- und Tm-Werte aufweisen. Die Kurven der Abb. 10–13 gelten nur für eine glomeruläre Filtrationsrate von 125 ml/min. Nimmt die GFR zu, so erhöht sich auch der Tm-Wert; sinkt sie ab, so vermindert er sich.

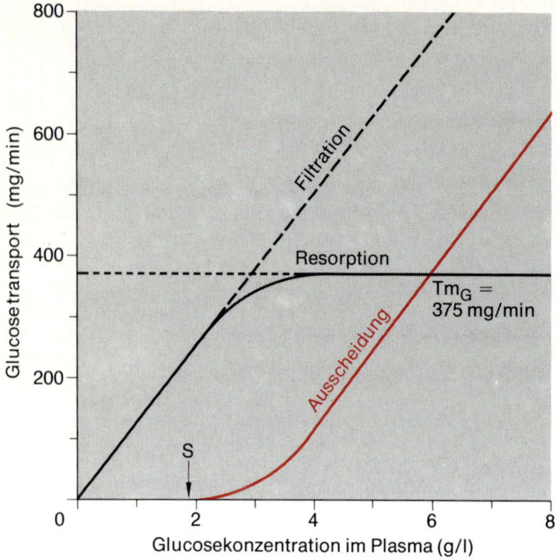

Abb. 10-13. Filtration, Resorption und Ausscheidung von Glucose in Abhängigkeit von der Glucosekonzentration im Plasma, nach Pitts. Die angegebenen Beziehungen und der Wert für das tubuläre Transportmaximum Tm_G gelten nur für eine normale glomeruläre Filtrationsrate *GFR*. Nach Überschreiten der Schwellenkonzentration *S* kommt es zur Glucoseausscheidung, da die Filtrationsrate die Resorptionsrate übersteigt

Diese Tatsache erklärt sich daraus, daß die Na^+-Resorption von der GFR abhängt und Glucose im Cotransport mit Na^+ resorbiert wird.

Glucosurie bei Diabetes mellitus. Die Zuckerkrankheit (Diabetes mellitus, S. 443) ist durch einen Anstieg der Glucosekonzentration im Blutplasma gekennzeichnet. Überschreitet diese die Nierenschwelle, so wird Glucose mit dem Urin ausgeschieden ***(Glucosurie).*** Die nicht resorbierten Glucosemoleküle bewirken dabei eine osmotische Diurese (S. 356), so daß die Harnausscheidungsrate zunimmt ***(Polyurie),*** wodurch wiederum zur Kompensation eine erhöhte Flüssigkeitsaufnahme ***(Polydipsie)*** erforderlich wird. Beim ***Diabetes mellitus renalis*** handelt es sich um einen genetischen Defekt des Glucosetransportsystems im proximalen Tubulus. In diesem Fall tritt bereits bei normalen Glucosekonzentrationen im Plasma eine Glucosurie auf. Experimentell läßt sich ein Diabetes mellitus renalis durch Vergiftung des Transportsystems für Glucose mit Phlorizin (S. 358) erzeugen.

10.4.4 Resorption von Aminosäuren und Proteinen

Aminosäurenresorption (Abb. 10-14). Die frei filtrierbaren Aminosäuren werden im Anfangsteil des proximalen Convoluts nahezu vollständig resorbiert. Wie im Falle der Glucose handelt es sich hierbei um einen ***Na^+-Cotransport mit begrenzter Transportleistung*** (Abb. 10-10, S. 353). Befunde, die bei experimentellen Hemmungen und bei genetischen Störungen des Transports erhoben wurden, lassen den Schluß zu, daß für mehrere Gruppen von Aminosäuren unterschiedliche Transportsysteme existieren. Man hat danach jeweils spezielle Transportsysteme anzuneh-

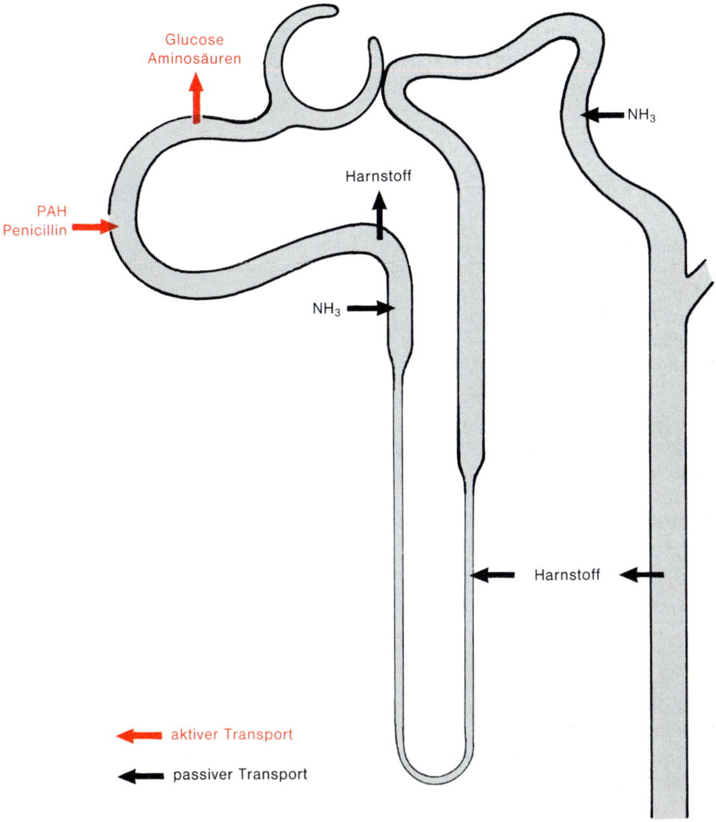

Abb. 10-14. Lokalisation, Richtung und Modus des tubulären Transportes von Nichtelektrolyten

men für basische Aminosäuren (Arginin, Lysin, Ornithin), für saure Aminosäuren (Glutamin- und Asparaginsäure), für Cystin und Cystein, für Prolin, Hydroxyprolin und Glycin sowie für die restlichen neutralen Aminosäuren.

Störungen der Aminosäurenresorption. Genetische Defekte der genannten Transportsysteme führen bereits im Kindesalter zu Resorptionsstörungen und damit zur Ausscheidung einzelner oder mehrerer Aminosäuren ***(Aminoacidurie).*** Die häufigste Erkrankung dieser Art ist die Cystinurie. Sie kann als isolierte Cystinurie oder in der klassischen Form kombiniert mit der Ausscheidung basischer Aminosäuren auftreten. Wegen der geringen Löslichkeit von Cystin treten bei den Betroffenen häufig Nierensteine auf.

Proteinresorption. Durch die Glomerulummembran können nur geringste Mengen an Plasmaalbumin in den Primärharn gelangen (Proteinkonzentration < 0,05 g/l). Hiervon werden 99% in den Tubuli resorbiert, so daß der Endharn des Nierengesunden praktisch proteinfrei ist. Die Proteinresorption erfolgt in Form der Pinocytose.

10.4.5 Resorption von anorganischem Phosphat und Sulfat

Phosphatresorption (Abb. 10-8, S. 350). Zwischen der Resorption von Phosphat und Glucose bestehen gewisse Parallelen. Anorganisches Phosphat wird hauptsächlich im proximalen Tubulus resorbiert, wobei auch in diesem Fall ein ***Na^+-Cotransport*** anzunehmen ist. Im Gegensatz zur Glucoseresorption liegt die Schwellenkonzentration jedoch im Bereich der normalen Plasmakonzentration, so daß die Niere unmittelbar an der Regulation des Phosphathaushaltes beteiligt ist. An der Kontrolle wirken extrarenale Faktoren mit: ***Parathormon*** setzt die Nierenschwelle für Phosphat herab und führt damit zu einer verstärkten Phosphatausscheidung. ***Calcitonin*** fördert ebenfalls – jedoch in geringerem Maße – die Ausscheidung von Phosphat. ***Vitamin-D_3-Hormon*** steigert dagegen die tubuläre Phosphatresorption.

Sulfatresorption. Die tubuläre Resorption von Sulfat erfolgt ebenfalls im ***Cotransport*** mit den Na^+-Ionen. Die Schwellenkonzentration für die Sulfatausscheidung (1,0–1,5 mmol/l) liegt auch in diesem Fall nur wenig über der normalen Plasmakonzentration (S. 4), so daß ein erhöhtes Sulfatangebot durch die Niere eliminiert wird.

10.4.6 Tubulärer Transport von Harnstoff und Harnsäure

Harnstofftransport (Abb. 10-14). Harnstoff, das wichtigste Endprodukt des Eiweißstoffwechsels, wird glomerulär frei filtriert und nimmt unter den Nichtelektrolyten des Primärharns – neben Glucose – quantitativ die erste Stelle ein. Als unpolare Substanz mit niedrigem Molekulargewicht kann Harnstoff relativ gut durch die meisten Zellmembranen permeieren, so daß er durch ***Diffusion*** die Tubuluswände passieren kann. Im Lumen des proximalen Tubulus kommt es zunächst infolge der Wasserresorption zu einem Anstieg der Harnstoffkonzentration. Dadurch entsteht ein Konzentrationsgefälle, das die Harnstoffdiffusion aus dem Tubulus in den peritubulären Raum und von dort in das Blut unterhält. Zu einem geringeren Anteil erfolgt die Resorption auch durch ***solvent drag.*** Unter Einschluß des diffusiven Transportes im Sammelrohr werden im Mittel etwa 70% der filtrierten Harnstoffmengen passiv resorbiert.

Die Rate der Harnstoffresorption ist bis zu einem gewissen Grad von der Geschwindigkeit des tubulären ***Harnstroms*** abhängig (Abb. 10-15). Da die Harnstoffdiffusion nicht zu einem vollständigen Konzentrationsausgleich zwischen der Tubulusflüssigkeit und dem Blut führt, vermindert sich die Resorptionsrate bei stärkerer Tubulusdurchströmung, d. h. bei verkürzter Zeit des Diffusionskontaktes. Daher führt eine Zunahme der Diurese normalerweise zu einer gesteigerten Harnstoffausscheidung. Entsprechend hat eine Abnahme der Diurese eine verstärkte Resorption und verminderte Ausscheidung des Harnstoffs zur Folge. Bei der normalerweise vorliegenden Antidiurese werden etwa 50% der filtrierten Harnstoffmenge mit dem Urin ausgeschieden.

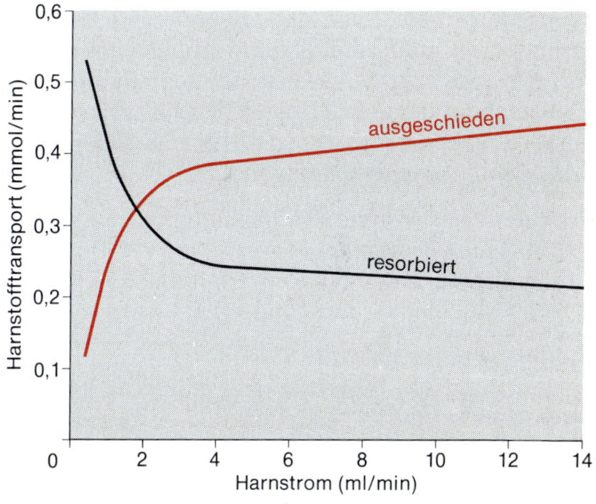

Abb. 10-15. Abhängigkeit der Resorptions- und Ausscheidungsrate für Harnstoff von der Stärke des Harnstroms. (Die Beziehungen gelten für eine Harnstoffkonzentration im Plasma von 5 mmol/l und eine glomeruläre Filtrationsrate von 125 ml/min.) Die Ausscheidungsrate ist bei Antidiurese $<0{,}3$ mmol/min und nimmt bei Wasserdiurese zu

Da trotz eines Resorptionsanteils von 70% noch 50% des filtrierten Harnstoffs zur Ausscheidung gelangen, muß zusätzlich eine ***Harnstoffsekretion*** in das Tubuluslumen stattfinden. Dies geschieht auf folgendem Wege (Abb. 10-14): Harnstoff, der aufgrund der starken Konzentrierung im Sammelrohr in das Interstitium diffundiert, gelangt von hier - ebenfalls durch Diffusion - in das Lumen der benachbarten HENLESCHEN Schleife. Mit der Tubulusflüssigkeit wird er dann über das distale Convolut wieder in das Sammelrohr zurücktransportiert. Durch diesen ***intrarenalen Kreislauf*** des Harnstoffs bleibt ein Teil der Substanz ständig im Nierenparenchym und trägt zur Erhöhung der osmotischen Konzentration im Bereich der Papillenspitzen bei (S. 368).

Harnsäureresorption. Harnsäure, das Endprodukt des Purin- bzw. des Nucleoproteinstoffwechsels wird im Glomerulum frei filtriert. Im proximalen Tubulus kommt es anschließend zu einer fast vollständigen diffusionsbedingten Harnsäureresorption. Daneben wird Harnsäure jedoch - wie auch andere organische Säuren - in das Tubuluslumen secerniert. Auf diese Weise gelangen etwa 10% der filtrierten Harnsäuremenge zur Ausscheidung.

10.4.7 Tubulärer Transport von organischen Säuren und Basen

Aktive Sekretionsmechanismen. Körperfremde organische Säuren und Basen werden nicht nur filtriert, sondern vielfach auch aktiv in das Tubuluslumen befördert und dadurch schnell eliminiert. Die Transportsysteme für diese Substanzen sind in der contraluminalen (lumenabgewandten) Zellmembran der Tubulusepithelien lokalisiert. Bisher konnten drei voneinander unabhängige Transportsysteme dieser Art nachgewiesen werden, und zwar für die Sekretion von

- organischen Säuren (Paraaminohippursäure, Etacrynsäure, bestimmte Röntgenkontrastmittel u. a.),
- organischen Basen (Cocain, Chinin u. a.),
- Äthylendiamintetraessigsäure (EDTA).

Stoffe, die durch dasselbe System transportiert werden, konkurrieren miteinander um die begrenzte Transportkapazität und können sich daher wechselseitig bei der Sekretion und Ausscheidung hemmen ***(kompetitive Hemmung)***.

Als Beispiel für den Ausscheidungsmodus der genannten Substanzen ist in Abb. 10-16 die Transportcharakteristik für die ***Paraaminohippursäure (PAH)*** dargestellt. Die Ausscheidung stellt jeweils die Summe aus Filtration und Sekretion dar, wobei die Sekretionskurve ein tubuläres Transportmaximum Tm = 80 mg/min erkennen läßt. Tm ist erreicht, wenn die PAH-Plasmakonzentration den Wert von 0,2 g/l überschreitet. Der Para-

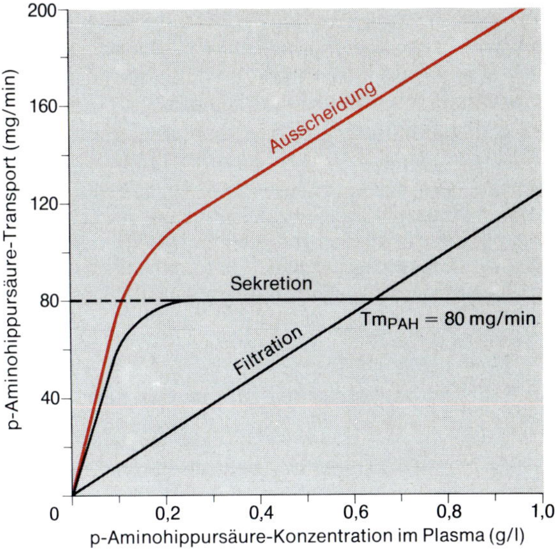

Abb. 10-16. Filtration, Sekretion und Ausscheidung von Paraaminohippursäure (PAH) in Abhängigkeit von der PAH-Konzentration im Plasma, nach PITTS. Die Sekretionsrate ist durch ein tubuläres Transportmaximum (Tm_{PAH}) begrenzt. Die Ausscheidungsrate ergibt sich aus der Summe der jeweiligen Filtrations- und Sekretionsrate

aminohippursäure kommt in der Funktionsdiagnostik eine besondere Bedeutung zu, weil bereits bei einmaliger Nierenpassage 92% der PAH-Menge aus dem Blutplasma extrahiert werden. Wegen dieser Eigenschaft verwendet man PAH als Indikatorsubstanz für die näherungsweise Bestimmung des renalen Plasmaflusses (S. 380).

Passiver Transport von schwachen organischen Säuren und Basen. Schwache organische Säuren und Basen sind in undissoziierter Form lipidlöslich und daher membrangängig, während sie in dissoziierter Form die Zellmembranen praktisch nicht passieren können. Der tubuläre Austausch dieser Substanzen erfolgt daher nur in undissoziierter Form, wobei die Konzentrationsdifferenz zwischen Tubuluslumen und Interstitium die treibende Kraft darstellt ***(nichtionische Diffusion,*** non ionic diffusion, S. 378). Aus diesem Grund variiert die Resorption von schwachen Säuren und Basen mit ihrem Dissoziationsgrad, der wiederum vom pH-Wert in der Tubulusflüssigkeit abhängig ist. Schwache Säuren liegen bei niedrigem pH-Wert, schwache Basen bei hohem pH-Wert vorwiegend undissoziiert vor. Dementsprechend fördert ein saures Tubulusmilieu die Resorption von schwachen Säuren und ein alkalisches Milieu die Resorption von schwachen Basen. In umgekehrter Weise werden die jeweiligen Ausscheidungsraten vom Tubulus-pH beeinflußt.

Bei bestimmten Vergiftungen lassen sich diese Gesetzmäßigkeiten der nichtionischen Diffusion therapeutisch nutzen. Im Falle einer Vergiftung mit Barbitursäure (Schlafmittel) oder Acetylsalicylsäure (Schmerzmittel) kann man die Ausscheidung dieser Substanzen durch eine Alkalisierung des Tubulusharns beschleunigen, weil dadurch die Dissoziation gesteigert und die Resorption reduziert wird. Bei Vergiftungen mit basischen Stoffen (z. B. mit Atropin oder mit dem Dopingmittel Amphetamin) kann man durch Ansäuerung des Harns die Ausscheidung fördern.

10.5 Harnkonzentrierung im Gegenstrom

Die bisherige Betrachtung der tubulären Transportprozesse bezog sich hauptsächlich auf die Leistungen von Zellen in verschiedenen Abschnitten des Tubulusapparates, ohne daß ihre räumliche Beziehung zueinander beachtet wurde. Die spezielle Form der langgestreckten HENLEschen Schleife deutet jedoch darauf hin, daß der räumlichen Anordnung im Nierenmark eine funktionelle Bedeutung zukommen muß. Tatsächlich bildet die HENLEsche Schleife die Basis für den Aufbau einer hohen osmotischen Konzentration im Nierenmark nach dem sog. ***Haarnadelgegenstromprinzip*** und damit für die Harnkonzentrierung in den Sammelrohren.

10.5.1 Mechanismen der Harnkonzentrierung

Prinzip der Gegenstromkonzentrierung. Die Grundlagen dieses Prinzips erläutert Abb. 10-17 an Hand eines Modells, in dem speziell die Auswirkungen des ***aktiven*** $\boldsymbol{Na^+}$***-Transports*** untersucht werden. Die links dargestellte haarnadelförmige Röhre symbolisiert die HENLEsche Schleife, die dicken Pfeile geben die Flußrichtungen der Tubulusflüssigkeit an. Vor allem im aufsteigenden dicken Schleifenschenkel erfolgt ein aktiver Transport von Na^+-Ionen aus dem Tubuluslumen in das Interstitium. Ein Wassertransport ist damit nicht verbunden, weil der aufsteigende Schenkel für Wasser praktisch impermeabel ist. Die Na^+-Konzentration nimmt also in jedem Teilabschnitt des aufsteigenden Schenkels ein wenig ab. Gleichzeitig steigt die Na^+-Konzentration im Interstitium an, wodurch Wasser – dem osmotischen Gradienten folgend – aus dem absteigenden Schleifenschenkel austritt. Aus diesem Grund und infolge der Na^+-Diffusion in

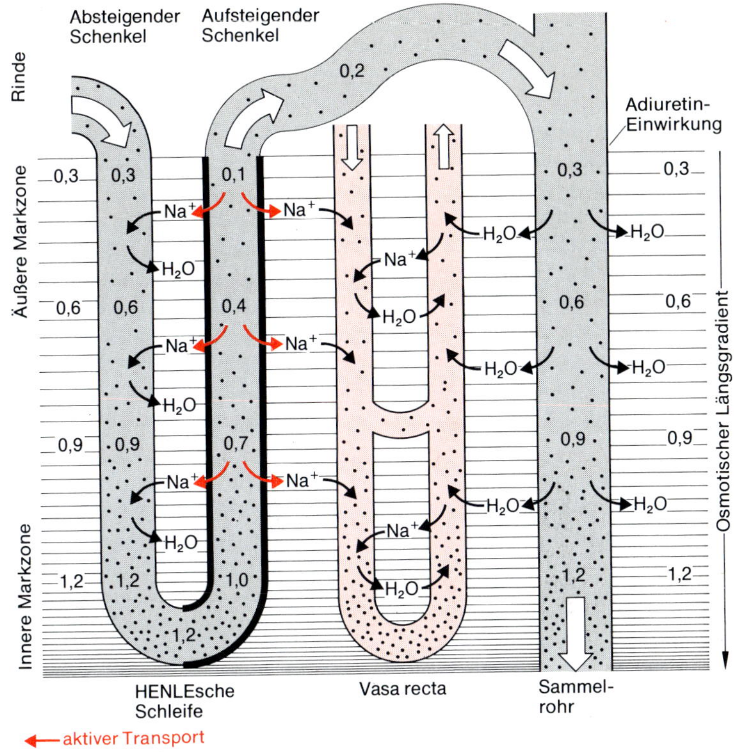

Abb. 10-17. Modell der Gegenstromkonzentrierung im Nierenmark bei Antidiurese. Die Höhe der osmotischen Konzentrationen ist innerhalb des Tubulus durch die Dichte der Punktierung und im Interstitium durch die Dichte der Schraffierung angedeutet. (Zahlenangaben in osmol/l)

das Tubuluslumen nimmt die osmotische Konzentration in jedem Teilabschnitt des absteigenden Schenkels ein wenig zu.

Betrachten wir nun die zusätzliche Auswirkung des ***Flüssigkeitsstroms:*** Hat sich im oberen Abschnitt des absteigenden Schenkels die Na^+-Konzentration etwas erhöht, so erfolgt im nächsten Abschnitt, den die Tubulusflüssigkeit passiert, eine weitere Konzentrierung. Im übernächsten Abschnitt steigt die Na^+-Konzentration noch weiter an und so fort. Es kommt zu einem laufenden Konzentrationsanstieg bis hin zur Schleifenspitze, weil der jeweilige Einzeleffekt infolge der Flüssigkeitsbewegung im Schleifensystem multipliziert wird. Diese ***Gegenstrommultiplikation*** hat einen exponentiellen Konzentrationsanstieg im absteigenden Schleifenschenkel und einen ähnlichen Konzentrationsabfall im aufsteigenden Schenkel zur Folge.

Osmotischer Längsgradient im Nierenmark. Der in dieser Weise aufgebaute osmotische Längsgradient in Richtung auf die Papillenspitze besteht nicht nur in der HENLEschen Schleife, sondern auch im gesamten Interstitium: Infolge des Wasserausstroms aus dem absteigenden Schleifenschenkel stellt sich in allen Flüssigkeitsräumen, die auf gleicher Höhe liegen, dieselbe Osmolarität ein. (Eine Ausnahme bildet nur der aufsteigende Schleifenschenkel, in dem - als Folge der Wasserundurchlässigkeit seiner Wandstrukturen - die osmotische Konzentration jeweils geringer ist als im umgebenden Interstitium.) Wie aus Abb. 10-17 hervorgeht, nimmt die Osmolarität der interstitiellen Flüssigkeit von 0,3 osmol/l in der Rinde auf 1,2 osmol/l in der Papillenspitze zu.

Harnkonzentrierung in den Sammelrohren. Die aus dem aufsteigenden Schleifenschenkel austretende hypotone Tubulusflüssigkeit wird im distalen Convolut - in Anwesenheit von Adiuretin - soweit konzentriert, daß ein isotoner Tubulusharn in die Sammelrohre eintritt. Wegen des Wasserentzugs im distalen Convolut nimmt dabei die Volumenstromstärke erheblich ab. Die Sammelrohre werden also nur langsam durchströmt, so daß ein osmotischer Konzentrationsausgleich mit der hypertonen Flüssigkeit in der Umgebung stattfinden kann. Sofern unter dem Einfluß von Adiuretin die Membranen für Wasser permeabel sind, kommt es bei der Harnpassage durch die Sammelrohre zu einem starken Wasserausstrom in das Interstitium. Dadurch nimmt die Osmolarität des Harns laufend zu, bis schließlich im Endharn bei maximaler Antidiurese Werte von ***1,2-1,4 osmol/l*** erreicht werden. Verglichen mit dem Blutplasma weist also ein solcher Endharn eine um den Faktor 4-4,5 erhöhte osmotische Konzentration auf. Die Dichte des Urins beträgt in diesem Fall 1,030-1,035 kg/l.

Bedeutung des Harnstoffs für den Konzentrierungseffekt. Der Harnstoffkreislauf (S. 362ff.) liefert - neben dem aktiven Na^+-Transport - einen erheblichen Beitrag zur Aufrechterhaltung eines großen osmotischen Längsgradienten im Nierenmark und damit zur Harnkonzentrierung: Im distalen Tubulus und im Anfangsteil der Sammelrohre besteht nur eine geringe Harnstoffpermeabilität, so daß in diesen Nephronabschnitten die Harnstoffkonzentration infolge des Wasserentzugs ansteigt. Erst im Innenmark, wo die Sammelrohrwände in Anwesenheit von Adiuretin für Harnstoff gut durchlässig sind, kann der angereicherte Harnstoff in das Interstitium diffundieren. Dadurch erhöht sich die Osmolarität in diesem Markbereich; bei Antidiurese trägt der Harnstoff etwa 30% zur osmotischen Gesamtkonzentration des Innenmarks bei.

10.5.2 Einflüsse auf die Osmolarität des Endharns

Harnverdünnung bei Wasserdiurese. Ohne die Einwirkung von Adiuretin sind die Wände des distalen Convoluts und des Sammelrohrs nahezu impermeabel für Wasser. Die bereits beim Eintritt in das distale Convolut hypotone Tubulusflüssigkeit erfährt in diesem Fall bei der Sammelrohrpassage keine Konzentrierung. Vielmehr nimmt die osmotische Konzentration weiter ab, weil durch die Sammelrohrepithelien Na^+ aktiv resorbiert wird. Bei maximaler Wasserdiurese beträgt daher die Osmolarität des Endharns nur 0,05 osmol/l (Abb. 10-18), was einer Dichte des Urins von 1,001-1,003 kg/l entspricht.

Markdurchblutung und Harnkonzentrierung. Die Wirksamkeit der harnkonzentrierenden Mechanismen wird durch die Markdurchblutung mit beeinflußt. Über den relativ langsamen Blutstrom in den ***Vasa recta*** erfolgt

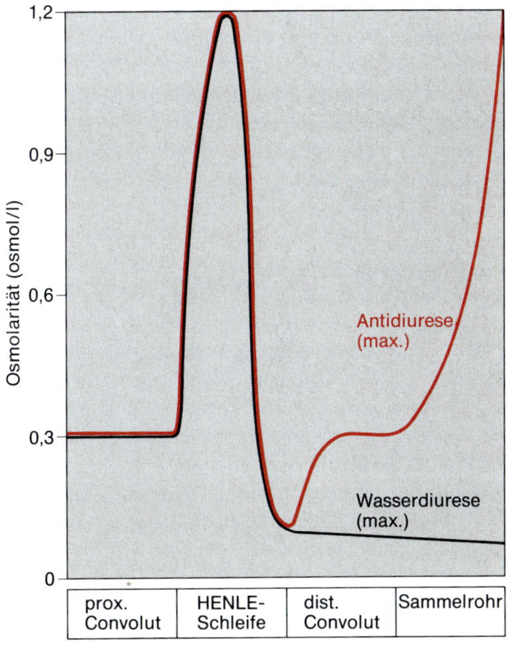

Abb. 10-18. Osmolarität der Tubulusflüssigkeit in den verschiedenen Abschnitten des Tubulus- und Sammelrohrsystems bei maximaler Antidiurese (ADH-Einwirkung) und maximaler Wasserdiurese (ADH-Abwesenheit)

der Abtransport der im Nierenmark resorbierten Substanzen. Wegen ihrer langgestreckten, haarnadelförmigen Anordnung bilden die Vasa recta andererseits ein zweites ***Gegenstromsystem,*** das einen Teil der osmotisch wirkenden Substanzen in der Markzone zurückhält (Abb. 10-17): Bei der Passage des Blutes zur Papillenspitze diffundieren gelöste Substanzen aus dem Interstitium in den absteigenden Schenkel der Gefäßschleifen, während dem Blutplasma gleichzeitig Wasser entzogen wird. Dies führt zu einer Zunahme der Blutviscosität (Bildung stechapfelförmiger Erythrocyten) und damit zu einem Anstieg des Strömungswiderstandes. Wenn nun das Blut den aufsteigenden Schenkel passiert, gelangt es in Bezirke abnehmender osmotischer Konzentration. Hier diffundiert ein Teil der aufgenommenen Substanzen in das Interstitium zurück, während Wasser in das Gefäßlumen einströmt. Da die rückdiffundierten Substanzen z. T. wieder in den absteigenden Gefäßschenkel gelangen, werden sie durch den Mechanismus der ***Gegenstromdiffusion*** im System zurückgehalten.
Bei ***Zunahme der Markdurchblutung*** vermindert sich der Effekt der Gegenstromdiffusion, so daß mehr osmotisch wirksame Substanzen aus dem Nierenmark abtransportiert werden. Dies führt zu einer Abnahme des osmotischen Längsgradienten und damit zu einer geringeren Konzentrierung des Endharns sowie zu einer verstärkten Wasserausscheidung. Eine solche Durchblutungszunahme kann als Folge eines arteriellen Blutdruckanstiegs auftreten (Druckdiurese, S. 343). Auch Coffein und andere Xanthinderivate steigern die Markdurchblutung und bewirken auf diesem Wege eine Diurese.

10.6 Regulatorische Leistungen der Niere

Um eine weitgehende Konstanz im inneren Milieu des Organismus sicherzustellen, muß die Nierenfunktion bei wechselndem Anfall von Elektrolyten, Wasser und harnpflichtigen Substanzen ständig variiert werden. Diese Anpassung erfolgt im allgemeinen über Regelkreise, die einer zentralen Kontrolle unterliegen. Die Niere ist damit ein wichtiges Stellglied in den Systemen, die der Regulation des Wasser-und Elektrolythaushalts sowie des Säure-Basen-Status dienen.

10.6.1 Regulation der Wasserausscheidung

Regulation der osmotischen Konzentration. Die osmotische Konzentration des Extracellularraums hängt in hohem Maße von der ***Wasserbilanz*** des Organismus ab. Überwiegt die Flüssigkeitsaufnahme und die Bildung von

Oxidationswasser über die Flüssigkeitsabgabe, so sinkt die extracelluläre Osmolarität, und umgekehrt. Daher erfordert die notwendige Konstanz der osmotischen Konzentration eine ausgeglichene Wasserbilanz. Nach starker Flüssigkeitsaufnahme, etwa nach Trinken oder nach parenteraler Infusion, setzt eine entsprechend verstärkte Harnausscheidung ***(Wasserdiurese)*** ein. Umgekehrt wird Wassermangel bei reduzierter Trinkmenge oder nach starken Blutverlusten durch eine verminderte Harnausscheidung ***(Antidiurese)*** beantwortet. Diese Anpassung der Nierenfunktion an den Wasserhaushalt des Organismus steht unter der Kontrolle eines hormonalen Regelsystems.

Das Zentrum für diesen Regelprozeß liegt in der Zwischenhirnregion des ***Hypothalamus,*** wo ***Osmoreceptoren*** die osmotische Konzentration überwachen (s. Abb. 10-19). Steigt die Konzentration an, so wird aus dem benachbarten Hypophysenhinterlappen (Neurohypophyse) ***Adiuretin (ADH)*** freigesetzt und mit dem Blutkreislauf zur Niere transportiert. Wie auf S. 355f. dargestellt, erhöht das antidiuretische Hormon die Wasserpermeabilität im distalen Convolut und im Sammelrohr. Damit findet eine gesteigerte Rückresorption des Wassers und als Folge davon eine stärkere Harnkonzentrierung statt.

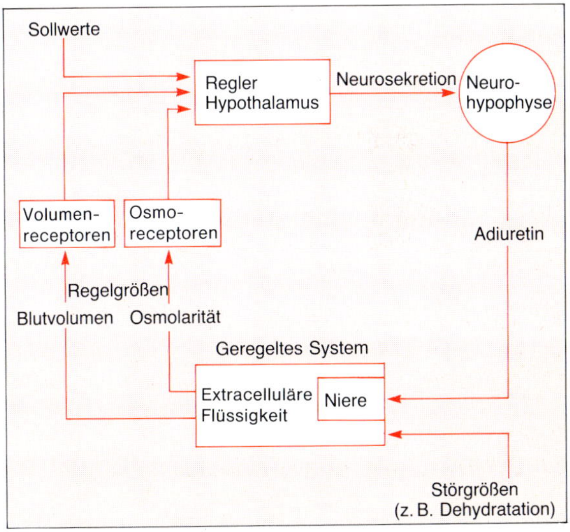

Abb. 10-19. Vereinfachter Regelkreis für die Konstanthaltung des Blutvolumens unter Mitwirkung von Adiuretin

Unter dem Einfluß von Adiuretin werden auf diese Weise je nach der Situation im Wasserhaushalt wechselnde Wasservolumina mit einem Durchschnittswert von 25 l/Tag rückresorbiert. Die Regulation ist so empfindlich, daß bereits eine Zunahme des osmotischen Druckes um 1% eine verstärkte Adiuretinausschüttung veranlaßt. Gleichzeitig führt die Zunahme der Osmolarität des Blutes zum ***Durstgefühl*** (hyperosmotischer Durst), das zu einer Flüssigkeitsaufnahme motiviert, wodurch das Wasserdefizit beseitigt wird.
Bei einem Wasserüberschuß dagegen wird infolge der verminderten osmotischen Konzentration die ADH-Freisetzung gehemmt und damit die Wasserdiurese gefördert.

10.6.2 Regulation des extracellulären Flüssigkeitsvolumens

Während die extracelluläre Osmolarität hauptsächlich durch die Wasserbilanz bestimmt wird, ist das Volumen der extracellulären Flüssigkeit, in erster Linie vom Bestand des Organismus an ***Na^+-Ionen*** abhängig. Eine Erhöhung des Na^+-Bestandes führt – sofern eine ausreichende Flüssigkeitszufuhr gewährleistet ist – zu einer Volumenzunahme, eine Erniedrigung (z. B. bei kochsalzarmer Diät) zu einer Volumenabnahme. Dabei bleibt die Osmolarität der extracellulären Flüssigkeit weitgehend unverändert.
Gauer-Henry-Diuresereflex. Das Zentrum für den Wasserhaushalt im Hypothalamus spricht nicht nur auf Änderungen der Osmolarität an, sondern wird auch von Volumenreceptoren in den Vorhöfen des Herzens beeinflußt (S. 88 f.). So führt eine ***Abnahme des centralen Blutvolumens*** (z. B. bei Blutverlust) zur Freisetzung von ADH und damit zu einer verminderten Harnausscheidung. Sofern die Hypervolämie einen Blutdruckanstieg zur Folge hat, kann auch die Durchblutung des Nierenmarks zunehmen. Die dadurch erzeugte ***Druckdiurese*** unterstützt die Ausscheidung des Flüssigkeitsüberschusses. Umgekehrt wird bei ***Zunahme des Blutvolumens*** die ADH-Freisetzung über die Volumenreceptoren der Vorhöfe gehemmt und auf diese Weise die Harnausscheidung gefördert. Diesen Einfluß des Blutvolumens auf die Diurese bezeichnet man als Gauer-Henry-Reflex.

Einer Hypervolämie im Niederdrucksystem wirkt auch der ***atriale natriuretische Faktor*** (ANF, S. 115) entgegen, der bei Volumenzunahme eine kurzfristige Diurese auslöst.

10.6.3 Regulation der Elektrolytausscheidung

Regulation der Na^+-Ausscheidung. Das Volumen der extracellulären Flüssigkeit wird in erster Linie von ihrem Na^+-Gehalt bestimmt. Daher kommt der Regulation der Na^+-Ausscheidung für die Volumenregulation

große Bedeutung zu. Sie erfolgt wie die Wasserausscheidung unter der Kontrolle eines hormonalen Regelkreises (s. Abb. 10-20).
Das hierfür zuständige Hormon ist das Mineralocorticoid ***Aldosteron*** (S. 427f.), das in der Nebennierenrinde gebildet wird und auf dem Blutweg zur Niere gelangt. Im distalen Tubulus fördert es die Na^+-Rückresorption und erhöht gleichzeitig die Ausscheidung von Kaliumionen und Protonen.

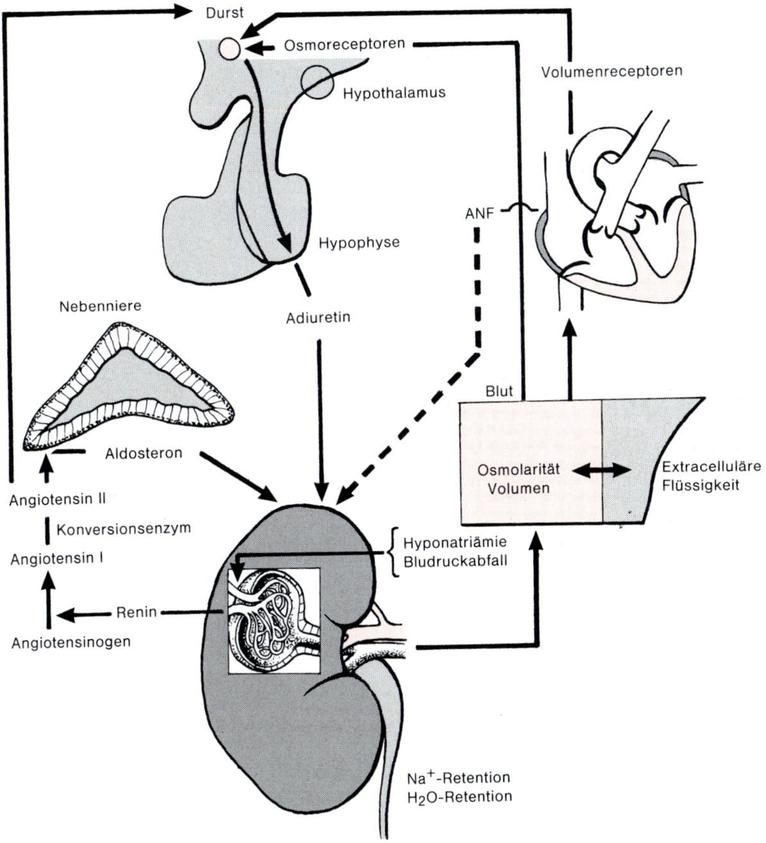

Abb. 10-20. Synopsis der Regeleinrichtungen für die Kontrolle von Osmolarität und Volumen des Blutes und der extracellulären Flüssigkeit. *ANF* Atrialer natriuretischer Faktor (bei Na^+-Mangel keine Freisetzung)

Die Freisetzung von Aldosteron erfolgt über einen mehrstufigen Prozeß, der von der Niere seinen Ausgang nimmt. In den glomerulumnahen Epitheloidzellen des Vas afferens (s. Abb. 10-2), die zum sog. juxtaglomerulären Apparat zählen, wird das Gewebshormon ***Renin*** gebildet. Dieses wandelt als Protease das Angiotensinogen des Blutplasmas in ***Angiotensin I*** um, aus dem dann mittels des sog. ***Konversionsenzyms*** (converting enzyme) ***Angiotensin II*** entsteht (s. Abb. 10-20). Dieses und in noch stärkerem Maße das aus diesem durch Abspaltung einer weiteren Aminosäure gebildete ***Angiotensin III*** bewirken schließlich die Freisetzung von Aldosteron aus der Nebennierenrinde.
Ein wirksamer ***Reiz für die Reninabgabe*** des juxtaglomerulären Apparats und damit für die Auslösung des ***Renin-Angiotensin-Aldosteron-Mechanismus*** ist eine ***Hyponatriämie,*** die über einen noch unklaren Mechanismus an der Macula densa die benachbarten Epitheloidzellen zur Freisetzung von Renin veranlaßt. In bezug auf den Na^+-Haushalt liegt somit ein geschlossener Regelkreis vor, durch den in einer Mangelsituation die Na^+-Ausscheidung durch die Niere vermindert wird. Der atriale natriuretische Faktor ***(ANF)*** wirkt dem Renin-Angiotensin-Aldosteron-Mechanismus entgegen.
Auch eine ***Aktivierung des Sympathicus*** stimuliert die Epitheloidzellen zur verstärkten Abgabe von Renin. Vermutlich wird dieser Effekt – ebenso wie der stimulierende Einfluß von Adrenalin – durch β_1-Receptoren vermittelt. Die nerval ausgelöste Reninfreisetzung ist beispielsweise für die Blutdruckregulation bei leichten Blutverlusten von Bedeutung.
Eine ***Abnahme des Blutvolumens*** und ein ***Abfall des Blutdrucks*** stimulieren ebenfalls die Reninproduktion. Ein druckempfindlicher Mechanismus ***(intrarenaler Baroreceptormechanismus),*** der wahrscheinlich im Vas afferens lokalisiert ist, bewirkt bei Druckabfall die verstärkte Abgabe des Gewebehormons und damit die Bildung von Angiotensin II. ***Angiotensin II*** gehört zu den wirksamsten gefäßverengenden Substanzen, so daß unter seinem Einfluß der periphere Gefäßwiderstand und damit der Blutdruck ansteigt. Auch in diesem Fall liegt also ein geschlossener Regelkreis vor, durch den etwa im Falle eines Blutverlustes ein kritischer Blutdruckabfall verhindert wird. Außerdem steigert Angiotensin das ***Durstgefühl*** (hypovolämischer Durst) und damit die Motivation zur Flüssigkeitsaufnahme, wodurch das Blutvolumen zunimmt und der Blutdruck ansteigt.

Die Stimulation der Reninabgabe über den Macula densa – Mechanismus und den renalen Baroreceptormechanismus wird wahrscheinlich durch intrarenal gebildetes ***Prostaglandin*** E_2 vermittelt.

Regulation der Ca^{2+}- und Phosphat-Ausscheidung. Die Rückresorption von Ca^{2+} und anorganischem Phosphat im proximalen Tubulus wird ähnlich wie die Na^+-Rückresorption hormonal kontrolliert. ***Parathormon*** aus den Nebenschilddrüsen (S. 443 f.) hemmt die Rückresorption von Phosphat und fördert damit dessen Ausscheidung mit dem Harn. Gleichzeitig erhöht es die Rückresorption von Calciumionen und drosselt auf diese Weise den Ca^{2+}-Verlust. Diese Parathormonwirkungen kommen teilweise indirekt über die Förderung der renalen Hydroxylierung von 25-Hydroxycolecalciferol zu 1,25-Dihydroxycolecalciferol, der eigentlichen Wirkform von Vitamin D_3 (S. 283 f.), zustande. Die Niere ist damit - ebenso wie der Magen-Darm-Kanal und die Knochen, die anderen Angriffsorte von Parathormon bzw. 1,25-Dihydroxycolecalciferol - an der Regulation des Calcium- und Phosphathaushalts beteiligt.

10.6.4 Regulation der Säure-Basen-Ausscheidung

Neben den Puffersystemen in den Körperflüssigkeiten und der Atmung ist die Nierenfunktion an der ***Kontrolle des Säure-Basen-Haushalts*** beteiligt. Im Gegensatz zu den beiden erstgenannten Mechanismen benötigt jedoch die renale Regulation eine längere Zeit (Stunden bis Tage), um Störungen des Säure-Basen-Gleichgewichts zu beseitigen.

Protonenausscheidung und Urin-pH. In den Stoffwechselprozessen des Organismus werden ständig fixe (nicht-flüchtige) Säuren (Schwefelsäure, Phosphorsäure, organische Säuren) gebildet, deren Ausscheidung durch die Niere erfolgt. Bei gemischter Kost beträgt die Ausscheidungsrate der zugehörigen ***H^+-Ionen 50–80 mmol/Tag.*** In einer acidotischen Stoffwechsellage (S. 400 ff.) fallen mehr, in einer alkalotischen Stoffwechsellage (z. B. bei überwiegend pflanzlicher Kost) entsprechend weniger H^+-Ionen aus fixen Säuren an. Unter diesen Bedingungen ist die Niere in der Lage, die H^+-Ausscheidungsrate jeweils der veränderten Situation anzupassen und damit zur Regulation des Säure-Basen-Status beizutragen.
Während normalerweise ein leicht saurer Urin mit einem mittleren pH = 6 ausgeschieden wird, kann der Urin-pH bei Acidose bis auf 4,5 absinken und bei Alkalose bis auf 8,2 ansteigen. Die normalerweise relativ hohen pH-Werte zeigen an, daß die H^+-Ionen nur zu einem geringen Teil (etwa 0,1%) in freier Form, überwiegend jedoch gebunden mit dem Endharn zur Ausscheidung gelangen.

H^+-Sekretion. Wasserstoffionen werden vor allem im proximalen Tubulus, zum Teil auch im distalen Tubulus aus den Epithelzellen in das Lumen seceniert. Im proximalen Tubulus werden die H^+-Ionen im Austausch gegen Na^+-Ionen (Antiport), im distalen Tubulus durch ein ATPase - abhängiges aktives Transportsystem gegen eine elektrische Potentialdifferenz durch die luminale Zellmembran befördert (Abb. 10-10).

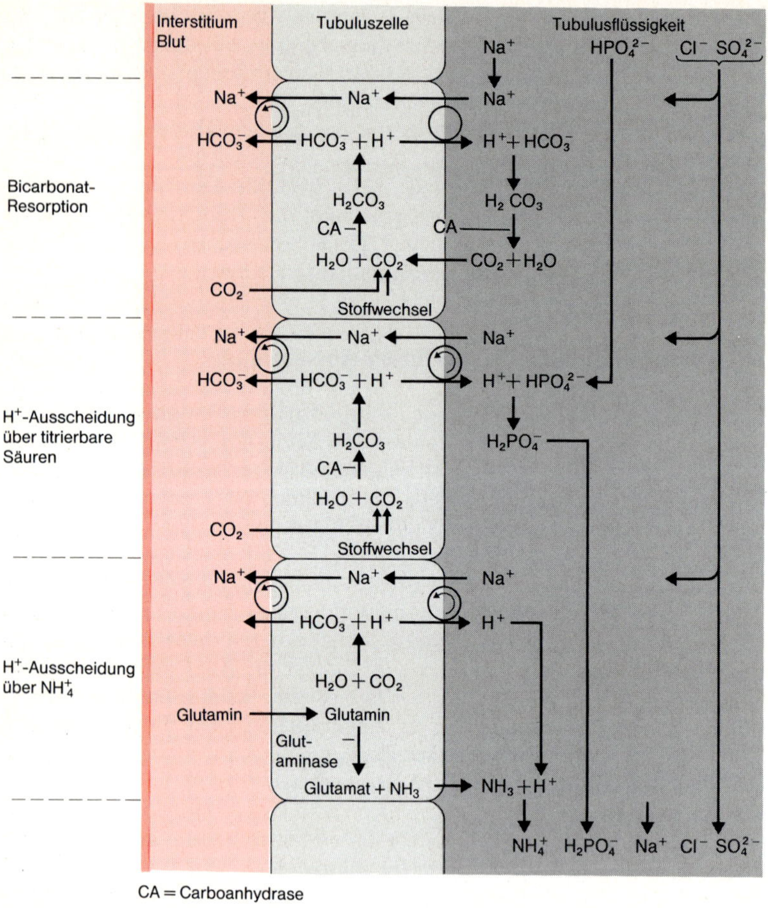

Abb. 10-21. Mechanismen der HCO_3^--Resorption und der H^+-Ausscheidung im Tubulussystem. Kreise mit Pfeilen symbolisieren aktive Transportprozesse

Im distalen Tubulus treten ***H^+-Ionen*** und ***K^+-Ionen*** miteinander in Konkurrenz um den Na^+-Gegentransport. Bei starkem Anfall von H^+-Ionen (Acidose) und K^+-Mangel überwiegt die distale H^+-Sekretion. Bei geringer Nachlieferung von H^+-Ionen (Alkalose) und K^+-Überschuß verlagert sich der Transport mehr auf die Seite der K^+-Sekretion (S. 357f.). Steigt die Na^+-Resorptionsrate (z. B. bei Hyperaldosteronismus) an, so nimmt die Sekretionsrate beider Ionen (H^+ und K^+) gleichsinnig zu. Entsprechend werden bei verminderter Na^+-Resorption sowohl H^+ als auch K^+ retiniert.

Die secernierten H^+-Ionen stammen aus dem Blut oder aus dem Stoffwechsel der Tubuluszellen. Durch die Hydratisierung des Stoffwechselendproduktes CO_2 entsteht - unter Mitwirkung der Carboanhydrase (CA) - Kohlensäure, die in H^+-Ionen und Bicarbonat-Ionen dissoziiert. Das bei dieser Reaktion gebildete Bicarbonat (Hydrogencarbonat) gelangt durch einen passiven Vorgang in das Blut. Im Hinblick auf den Säure-Basen-Haushalt besteht also die Aufgabe der Niere in der HCO_3^--Resorption und in der H^+-Ausscheidung, die hauptsächlich in Form von titrierbaren Säuren und Ammonium erfolgt (S. 378).

HCO_3^--Rückresorption (Abb. 10-21, oben). Bicarbonat, dessen Plasmakonzentration im arteriellen Blut im Mittel 24 mmol/l beträgt, wird im Glomerulum frei filtriert und bei der Tubuluspassage zu 99,9% resorbiert. Die HCO_3^--Ionen können jedoch nicht direkt das Tubuluslumen verlassen, da die luminale Membran nur eine geringe HCO_3^--Durchlässigkeit besitzt. Vielmehr verbinden sie sich mit secernierten H^+-Ionen zu Kohlensäure, die sofort dehydratisiert wird, wobei die im Bürstensaum der Tubuluszellen lokalisierte Carboanhydrase (CA) die Reaktion beschleunigt. Das dabei entstehende CO_2 diffundiert in die Zellen und stellt hier eine Quelle für die Bildung von H^+-Ionen und HCO_3^--Ionen dar. Diese HCO_3^--Ionen gelangen dann ***passiv*** - der elektrischen Potentialdifferenz folgend - in das Interstitium und von dort ins Blut. Der gesamte Prozeß wird zwar durch die H^+-Sekretion angetrieben, fördert jedoch nicht die Ausscheidung von H^+-Ionen, sondern lediglich die HCO_3^--Resorption ***(Basensparmechanismus der Niere).***

Die HCO_3^--Resorption stellt eine ganz erhebliche Transportleistung des Tubulusapparates dar: Geht man von einer Filtrationsrate von 180 l/Tag aus, so gelangen 4,5 mol HCO_3^--Ionen in den Tubulusharn, aus dem sie praktisch vollständig resorbiert werden. Da für jedes resorbierte HCO_3^--Ion ein H^+-Ion in das Tubuluslumen secerniert wird, beträgt auch die H^+-Sekretionsrate 4,5 mol/Tag. (Diese secernierten H^+-Ionen gehen jedoch überwiegend in H_2O über, während nur ca. 1% zur Ausscheidung gelangen.) Bei einem Anstieg der glomerulären Filtrationsrate nimmt die HCO_3^--Resorption proportional zu, so daß auch unter diesen Bedingungen ein renaler HCO_3^--Verlust vermieden wird.

Bicarbonat zählt zu den Schwellensubstanzen und erscheint normalerweise erst im Urin, wenn eine ***Schwellenkonzentration*** im Blutplasma von ***28 mmol/l*** überschritten wird. Die Nierenschwelle liegt demnach nur wenig über der physiologischen HCO_3^--Plasmakonzentration. Wenn die HCO_3^--Konzentration im Blutplasma stärker ansteigt (Alkalose), kommt es infolgedessen zur Ausscheidung von HCO_3^-, die zur Regulation des Säure-Basen-Status beiträgt.

Die HCO_3^--Resorption ist außerdem vom ***CO_2-Partialdruck*** P_{CO_2} abhängig. Ein Anstieg des arteriellen P_{CO_2} (respiratorische Acidose, S. 400ff.) fördert die

HCO_3^--Resorption, während ein P_{CO_2}-Abfall (respiratorische Alkalose) die HCO_3^--Resorptionsrate vermindert. Diese Abhängigkeit erklärt sich daraus, daß mit dem CO_2-Partialdruck in den Tubuluszellen auch die intracelluläre H^+-Bildung und damit die H^+-Sekretion zunimmt, wodurch sich wiederum die HCO_3^--Resorption beschleunigt. Dieser Mechanismus sorgt dafür, daß respiratorische Störungen des Säure-Basen-Status durch Anpassung der HCO_3^--Resorption kompensiert werden (S. 400).

H^+-Ausscheidung in Form titrierbarer Säuren (Abb. 10-21, Mitte). Trotz der hohen H^+-Sekretionsrate im proximalen Tubulus nimmt der pH-Wert in der Tubulusflüssigkeit hier nur geringfügig um etwa 0,3 ab. Dies ist – neben der H^+-Elimination durch Bindung von HCO_3^- – auf die beträchtliche Pufferkapazität des Filtrats zurückzuführen. Unter den filtrierten Puffersystemen kommt dem ***Phosphatpuffer*** die größte Bedeutung zu. Da sein pK'-Wert (S. 397) mit 6,8 im Bereich der pH-Werte in der Tubulusflüssigkeit liegt, ist dieses System besonders pufferwirksam. Die secernierten H^+-Ionen reagieren dabei mit dem sekundären Phosphat HPO_4^{2-} unter Bildung von primärem Phosphat $H_2PO_4^-$. In dieser Form des tubulär gebildeten primären Phosphats werden täglich etwa ***20 mmol H^+-Ionen*** eliminiert.

H^+-Ausscheidung in Form von Ammonium (Abb. 10-21, unten). Die Niere ist außerdem in der Lage, einen H^+-Acceptor in Form des Ammoniaks selbst zu produzieren. ***NH_3*** entsteht in allen Tubuluszellen hauptsächlich aus Glutamin unter der Einwirkung der reichlich vorhandenen Glutaminase. Aufgrund seiner Lipidlöslichkeit und seiner geringen Molekülgröße kann NH_3 durch ***nichtionische Diffusion*** leicht in das Tubuluslumen gelangen und hier H^+ unter Bildung von NH_4^+ binden. Da die Membranen der Tubuluszellen für NH_4^+ nahezu undurchlässig sind, können die gebildeten Ionen die Tubulusflüssigkeit nicht mehr verlassen. Zusammen mit neutralisierenden Anionen (Cl^-, SO_4^{2-}) gelangen sie daher mit dem Endharn zur Ausscheidung.
Normalerweise werden durch den Ammonium-Mechanismus täglich etwa ***40 mmol H^+-Ionen*** ausgeschieden. Bei chronischer Acidose kommt es darüber hinaus zu einer gesteigerten NH_3-Produktion, so daß mehr secernierte H^+-Ionen gebunden werden können. Im Extremfall verzehnfacht sich dadurch die Rate der auf diesem Wege ausgeschiedenen H^+-Ionen, wobei gleichzeitig durch die Zunahme freier H^+-Ionen der pH-Wert des Urins bis auf 4,5 absinkt.

10.7 Funktionsprüfungen der Niere

10.7.1 Clearance-Definition und Inulin-Clearance

Definition der renalen Clearance. Für die Quantifizierung wichtiger Teilfunktionen der Niere unter physiologischen und pathologischen Bedingungen kommt den sog. ***Clearance-Verfahren*** eine besondere Bedeutung zu. Die renale Clearance ist ein Maß für die Elimination eines Stoffes bei der Nierenpassage; sie stellt also ein Maß für die Klärfunktion der Niere dar. Der Clearancewert Cl_S gibt den Teil des renalen Plasmaflusses an, der pro Minute von dem betreffenden Stoff völlig befreit wird. Um Cl_S zu berechnen, geht man von der Bilanzbetrachtung aus, daß die pro Zeiteinheit aus dem Plasma eliminierte Stoffmenge gleich der pro Zeiteinheit mit dem Urin ausgeschiedenen Stoffmenge sein muß. Die Eliminationsrate der Substanz S aus dem Plasma ist gleich dem Produkt aus der Plasmakonzentration C_P und dem pro Zeiteinheit vollständig befreiten Plasmavolumen Cl_S. Die Ausscheidungsrate ist das Produkt aus der Substanzkonzentration im Urin C_U und dem Harnzeitvolumen $\dot{V}$. Daher gilt:

$$C_P \cdot Cl_S = C_U \cdot \dot{V} \qquad (9)$$

und nach Umformung

$$Cl_S = \frac{C_U \cdot \dot{V}}{C_P} \qquad (10)$$

Die Clearance ergibt sich also aus der pro Minute mit dem Urin ausgeschiedenen Menge einer Substanz, dividiert durch deren Konzentration im Plasma. Da die drei Werte der rechten Seite in der Clearanceformel (10) auch beim Menschen der Messung zugänglich sind, bietet die Cl_S-Bestimmung eine einfache Möglichkeit, die Nierenfunktion zu analysieren. Dabei ist zu beachten, daß je nach den Eigenschaften der für die Untersuchung verwendeten Substanz S dem Clearancewert jeweils eine ganz bestimmte funktionelle Bedeutung zukommt (s. u.).

Inulin-Clearance. Wie bereits auf S. 348 ausgeführt, ist Inulin eine Substanz, die ausschließlich glomerulär filtriert wird. In diesem speziellen Fall wird ein bestimmter Teil des renalen Plasmastroms, nämlich der glomerulär filtrierte, vollständig von Inulin befreit. Die glomeruläre Filtrationsrate (GFR) entspricht daher der Inulin-Clearance: $Cl_{Inulin} = GFR = 125\ ml/min$ (S. 348).

10.7.2 Clearance für tubulär resorbierte und secernierte Stoffe

Clearancewerte für Stoffe mit Nettoresorption. Für Stoffe, die nicht nur filtriert, sondern auch rückresorbiert werden, ist die Klärrate kleiner als die für Inulin: $\boldsymbol{Cl_S < Cl_{Inulin}}$. Wenn im Extremfall eine filtrierte Substanz vollständig rückresorbiert wird, so ist ihre Urinkonzentration $C_U = 0$ und damit nach Gl. (10) der Clearancewert $Cl_S = 0$. Dies gilt beispielsweise für ***Glucose,*** sofern das Glucoseangebot das tubuläre Transportmaximum nicht überschreitet (S. 358ff.). Handelt es sich dagegen um eine partielle Rückresorption, so muß der Clearancewert zwischen 0 und 125 ml/min liegen. Für Stoffe, die sowohl resorbiert als auch secerniert werden, kommt es dabei auf die Nettoresorptionsrate, d. h. auf die Differenz zwischen den auswärts und einwärts gerichteten Transporten an. Eine solche partielle Nettoresorption ist z. B. für den ***Harnstoff*** gegeben, dessen Clearance etwa 60 ml/min beträgt.

Clearancewerte für Stoffe mit Nettosekretion. Für den Fall, daß ein Stoff filtriert und noch zusätzlich secerniert wird, muß der Clearancewert über 125 ml/min liegen: $\boldsymbol{Cl_S > Cl_{Inulin}}$. Die höchste Klärrate ist offenbar dann erreicht, wenn bei einem einzigen Nierendurchgang ein Stoff vollständig aus dem Blutplasma eliminiert wird. In diesem Fall ist definitionsgemäß der Clearancewert identisch mit dem renalen Plasmafluß (RPF). Eine Substanz, die näherungsweise diese Forderung erfüllt, ist die ***Paraaminohippursäure*** (PAH), sofern ihr tubuläres Transportmaximum nicht überschritten wird (S. 364f.). Die PAH-Clearance des Erwachsenen beträgt normalerweise $Cl_{PAH} = 650$ ml/min. Die auf diese Weise bestimmte Plasmadurchströmung der Niere wird als ***effektiver renaler Plasmafluß*** (ERPF) bezeichnet. Der wahre Plasmafluß ist um etwa 8% größer als der ERPF-Wert, weil die Paraaminohippursäure bei einem Nierendurchgang nur zu 92% aus dem Blut extrahiert wird. Die Berechnung der ***effektiven Nierendurchblutung*** (ERBF) unter Berücksichtigung des Hämatokritwertes (Hkt) nach der Beziehung

$$\mathrm{ERBF} = \mathrm{ERPF}/(1\text{-}\mathrm{Hkt}) = Cl_{PAH}/(1\text{-}\mathrm{Hkt}) \qquad (11)$$

ergibt dann für den nierengesunden Erwachsenen einen Wert von 1,2 l/min

10.8 Funktion der Harnblase und Miktion

10.8.1 Funktion der Harnblase

Die Harnblase dient als Reservoir für den von der Niere kontinuierlich ausgeschiedenen Urin. Ihr Fassungsvermögen beträgt beim Erwachsenen etwa 1 l. Bevor jedoch dieses Volumen erreicht wird, tritt schon bei einer Ansammlung von 150–300 ml Urin der Drang zur Blasenentleerung auf. Mit beginnender Füllung steigt der Druck innerhalb der Blase zunächst etwas an, um bei weiterer Volumenzunahme weitgehend konstant zu bleiben. Bei stärkerer Füllung setzt dann die aktive Blasenentleerung ein, bevor der Druck weiter ansteigen kann. Die Blasenmuskulatur paßt sich also dem jeweiligen Füllungszustand so an, daß ein weitgehend konstanter Blasentonus aufrechterhalten wird. Dieses Verhalten ist wahrscheinlich auf die viscös-elastischen Eigenschaften der glatten Blasenmuskulatur zurückzuführen. Nervale Einflüsse sind an der Erzeugung des Tonus praktisch nicht beteiligt.

10.8.2 Miktion

Miktionsmechanismus. Die Blasenentleerung (Miktion) stellt einen willkürlich ausgelösten, danach reflektorisch ablaufenden Vorgang dar, an dem mehrere Teilprozesse beteiligt sind:

- Kontraktion des Detrusor vesicae (glatte Muskulatur der Blasenwand),
- Erweiterung der Harnröhre im Bereich des inneren Sphincters durch die Kontraktion des Detrusor vesicae,
- Erschlaffung des äußeren Sphincters der Harnröhre (quergestreifte Muskulatur des Beckenbodens),
- Kontraktion der Bauchmuskulatur, Fixierung des Zwerchfells.

Miktionsreflex (Abb. 10-22). Der Füllungszustand der Harnblase wird von Dehnungsreceptoren in der Wand registriert. Die afferenten Nervenimpulse laufen im N. pelvicus zum Sacralmark (S_2–S_4) und über Zwischenneurone zu übergeordneten Strukturen in der vorderen Brückenregion. Steigt das Füllungsvolumen über 150 ml an, so nimmt die Frequenz der afferenten Nervenimpulse zu, wodurch die Empfindung des Harndrangs ausgelöst wird. Bei Fortfall von zentralen Hemmungsmechanismen (s. u.) kommt es dann über einen ***Reflexbogen,*** der die vordere Brückenregion im Hirnstamm durchläuft, zur Aktivierung von motorischen Neuronen im Sacralmark. Die efferenten Impulse gelangen hierbei über die parasympathischen Anteile des N. pelvicus zum Detrusormuskel (Kontraktion) und über den N. pudendus zum äußeren Sphincter (Erschlaffung).
Der Entleerungsmechanismus der Blase unterliegt der ***zentralen Kontrolle.*** Unter dem Einfluß hemmender Impulse aus dem Mittelhirn und vor allem aus der Hirnrinde kann der Miktionsreflex unterdrückt werden. An dieser Hemmung sind sympathische Fasern beteiligt, die vom Lumbalmark (L_1–L_3) ausgehen und im N.

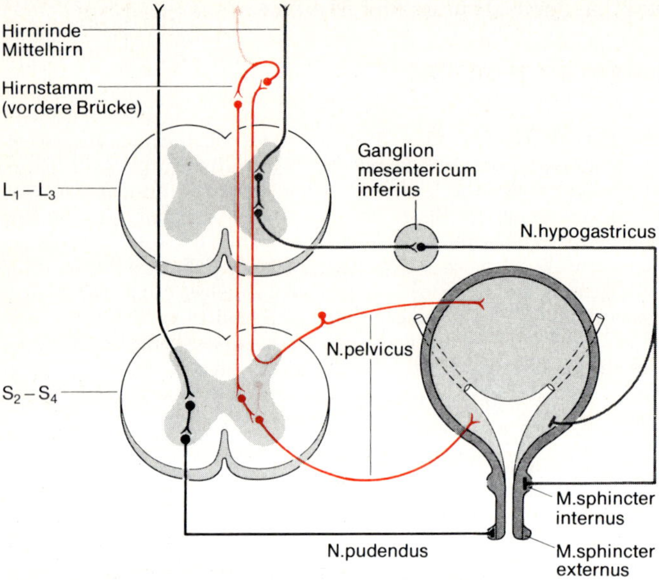

Abb. 10-22. Auslösung und Hemmung des Miktionsreflexes. *Rot:* Reflexbogen mit parasympathischer Efferenz. *Hellrot:* Spinaler Reflexbogenschluß, der bei Rückenmarksläsion in Funktion tritt. *Grau:* Sympathische Hemmungsbahn. *Schwarz:* Willkürinnervation des äußeren Sphincters

hypogastricus zur Blasenmuskulatur ziehen. Die Aufhebung der zentralen Hemmung löst bei entsprechender Blasenfüllung den Miktionsreflex aus.
Nach einer akuten ***Durchtrennung des Rückenmarks*** oberhalb des Sacralmarks kann zunächst keine reflektorische Entleerung mehr stattfinden. Erst nach einigen Wochen ist der Miktionsreflex wieder auslösbar. Der Reflexbogen verläuft jetzt - wie beim Säugling - über die spinalen Zentren im Sacralmark.

11 Wasser-, Elektrolyt- und Säure-Basen-Haushalt

11.1 Wasserhaushalt

11.1.1 Wassergehalt des Körpers

Unter den Bestandteilen des Körpers nimmt das Wasser den größten Anteil ein. Beim Neugeborenen entfallen darauf etwa 75%, beim Erwachsenen 50-66% des Körpergewichts. Bei Frauen ist der Wassergehalt des Organismus deutlich geringer als bei Männern, weil Fettgewebe, das nur 10-30% Wasser enthält, bei Frauen relativ stärker ausgebildet ist. Bezieht man den Wassergehalt des Organismus auf die fettfreie Körpermasse, so ergibt sich für beide Geschlechter ein relativ konstanter Wasseranteil von 73%. Der relative Wassergehalt der verschiedenen Organe und deren Anteile am Körpergewicht des Erwachsenen sind in Tabelle 11-1 angegeben.

Tabelle 11-1. Relativer Wassergehalt einzelner Organe und deren Anteil am Körpergewicht für den Erwachsenen

Organgewebe	Wassergehalt (%)	Anteil am Körpergewicht (%)
Blut	83	7,5
Nieren	83	0,4
Lunge	79	0,7
Herz	79	0,5
Muskel	76	41
Milz	76	0,2
Gehirn	75	2
Darm	75	2
Haut	72	18
Leber	68	2
Skelet	22	16
Fettgewebe	10-30	10

11.1.2 Wasserbilanz

Beim Erwachsenen besteht normalerweise ein dynamisches Gleichgewicht zwischen der Wasseraufnahme und den Wasserverlusten des Organismus. Wie Tabelle 11-2 zeigt, beträgt unter den klimatischen Bedingungen und Ernährungsgewohnheiten in Mitteleuropa der mittlere tägliche ***Wasserumsatz 2,4 l.*** Die Wasserzufuhr erfolgt zur Hälfte durch Trinken, zur anderen Hälfte durch Wasseraufnahme mit der festen Nahrung und Bildung von Oxidationswasser. Die Wasserabgabe findet überwiegend durch Harnproduktion in der Niere, zum geringeren Teil durch unmerkliche Wasserverdunstung (Perspiratio insensibilis, S. 263) über die Haut und die Atemluft statt. Ein kleiner Anteil wird weiterhin mit dem Faeces ausgeschieden.

Unter Berücksichtigung einer Bilanzsumme von 2,4 l ergibt sich ein täglicher Wasserumsatz des Erwachsenen von etwa 3–4% des Körpergewichts. Beim Säugling ist der relative Wasserumsatz erheblich größer (ca. 10% des Körpergewichts), so daß es leicht zu Störungen der Wasserbilanz kommen kann. Die Bilanzsumme steigt bei Gewöhnung an excessive Trinkmengen oder bei Wärmebelastung stark an. Bei Arbeiten in großer Hitze (z. B. in einer Gießerei) kann der Wasserverlust 1,6 l/Std. erreichen, wobei infolge der Schweißabgabe gleichzeitig ein erheblicher Kochsalzverlust eintritt, der durch zusätzliche Salzzufuhr ausgeglichen werden muß.

Der ***minimale Wasserbedarf*** des Erwachsenen beträgt ***1,5 l/Tag,*** weil der Verlust von 0,9 l/Tag durch Verdunstung unvermeidlich ist und die Niere für die Ausscheidung harnpflichtiger Substanzen ein Harnvolumen von mindestens 0,5 l/Tag bilden muß. Für den Säugling ist der minimale Wasserbedarf mit 0,3 l/Tag anzusetzen.

Tabelle 11-2. Tägliche Wasserbilanz für den Erwachsenen

Wasseraufnahme	l	Wasserabgabe	l
Trinken	1,2	Urin	1,4
mit der festen Nahrung	0,9	Lungen und Haut	0,9
Oxidationswasser[a]	0,3	Faeces	0,1
Bilanzsumme	2,4		2,4

[a] Beim oxidativen Abbau entstehen pro g Kohlenhydrat 0,6 ml Wasser, pro g Fett 1,09 ml Wasser, pro g Eiweiß 0,44 ml Wasser

11.1.3 Flüssigkeitsräume des Organismus

Einteilung der Flüssigkeitsräume. Unter funktionellen Aspekten unterteilt man das Gesamtkörperwasser in zwei große Flüssigkeitsräume, in den intracellulären und den extracellulären Flüssigkeitsraum. Auf den ***intracellulären Flüssigkeitsraum*** entfallen etwa 45% des Körpergewichts (30 l), während der ***extracelluläre Flüssigkeitsraum*** ca. 21% des Körpergewichts (14,5 l) ausmacht (Abb. 1-1, S. 3). Der extracelluläre Flüssigkeitsraum wiederum gliedert sich in den interstitiellen Flüssigkeitsraum, das Blutplasmavolumen und die transcellulären Flüssigkeiten.

Die ***interstitielle Flüssigkeit,*** deren Anteil am Körpergewicht etwa 15% (10,5 l) beträgt, umfaßt die extracelluläre Flüssigkeit in den Spalträumen der Gewebe und die Lymphe. Auf das ***Plasmavolumen*** entfallen 4,5% des Körpergewichts (3 l). Zu den ***transcellulären Flüssigkeiten*** rechnet man den Liquor cerebrospinalis, die Drüsensekrete, die Flüssigkeiten in den Körperhöhlen, das Kammerwasser des Auges und die Synovialflüssigkeit in den Gelenken. Ihr Anteil macht beim Menschen etwa 1,5% des Körpergewichts (1 l) aus.

Bestimmung der Flüssigkeitsvolumina. Das Volumen der einzelnen Flüssigkeitsräume kann auf indirektem Wege mit Hilfe der ***Indikatorverdünnungsmethode*** bestimmt werden. Hierzu verwendet man Substanzen, die sich in dem zu bestimmenden Raum gleichmäßig verteilen, d. h. deren Verteilungsvolumen dem jeweiligen Flüssigkeitsraum entspricht. Die nicht toxischen Indikatorsubstanzen müssen nach Erreichen des Verteilungsgleichgewichts im Verteilungsraum in der gleichen Konzentration wie im Blutplasma vorliegen; sie dürfen darüber hinaus im Stoffwechsel weder synthetisiert noch metabolisiert werden.

Zur Durchführung des Indikatorverdünnungsverfahrens appliziert man zunächst eine bestimmte Indikatormenge M intravenös. Nach gleichmäßiger Verteilung der Testsubstanz in dem zu bestimmenden Flüssigkeitsvolumen V wird ihre Konzentration C im Blutplasma ermittelt. Aufgrund der Massenbilanz errechnet sich dann das Verteilungsvolumen V aus:

$$V = M/C. \qquad (1)$$

Zur Bestimmung des ***Gesamtkörperwassers*** benutzt man Substanzen, die durch Zellmembranen diffundieren können. Solche Indikatoren sind Antipyrin, schweres Wasser (D_2O) und mit Tritium oder ^{18}O markiertes Wasser (THO bzw. $H_2{}^{18}O$). Die Größe des ***Extracellularraumes*** wird mit Substanzen ermittelt, welche die Capillarwände passieren, aber Zellmembranen nicht durchdringen können. Diese Bedingungen erfüllen z. B. Inulin, Thiosulfat, Thiocyanat und radioaktiv markiertes Sulfat. Die mit diesen Substanzen bestimmten Verteilungsräume sind nicht völlig identisch, weshalb man korrekterweise das ermittelte Volumen als Sulfatraum, Inulinraum usw. kennzeichnet. Die Bestimmung des ***Plasmavolumens*** wurde bereits auf S. 2 erläutert.

Geeignete Testsubstanzen für das intracelluläre und das interstitielle Flüssigkeitsvolumen existieren nicht. Beide Teilvolumina lassen sich jedoch anhand von experimentell ermittelten Verteilungsräumen errechnen: Das ***intracelluläre Volumen*** ergibt sich aus der Differenz des Gesamtkörperwassers und des extracellulären Flüssigkeitsvolumens, das ***interstitielle Volumen*** aus der Differenz des Extracellularvolumens und des Plasmavolumens.

11.2 Elektrolythaushalt

11.2.1 Elektrolytkonzentrationen in den Körperflüssigkeiten

Elektrolytverteilung. Die großen Flüssigkeitsräume des Organismus, der Extracellularraum mit seinen beiden Hauptanteilen (Plasmaraum und interstitieller Raum) sowie der Intracellularraum weisen jeweils eine charakteristische Verteilung der Kationen und Anionen auf. In Abb. 11-1 sind die Elektrolytkonzentrationen des Blutplasmas, der interstitiellen und der intracellulären Flüssigkeit in Form von Säulendiagrammen ***(Ionogrammen)*** angegeben.

Im ***Blutplasma*** entfällt der größte Konzentrationsanteil in der Kationengruppe auf Na^+, in der Anionengruppe auf Cl^- (s. a. Tabelle 1-1, S. 4). Danach liefern Bicarbonat (Hydrogencarbonat) und Proteinat die nächstgrößeren Beiträge zur Gesamtkonzentration.

Eine ganz ähnliche Zusammensetzung wie das Blutplasma hat die ***interstitielle Flüssigkeit*** mit dem Unterschied, daß – infolge der sehr geringen Durchlässigkeit der Capillarwände für Eiweißkörper – hier nur eine niedrige Proteinkonzentration vorliegt. Die sonstigen kleinen Unterschiede zwischen den Ionenkonzentrationen im Plasma und im interstitiellen Raum ergeben sich aus der DONNAN-Verteilung und der Korrektur für das Eiweißvolumen (Plasmawasserkorrektur).

Grundsätzlich verschieden davon sind die Ionenkonzentrationen in der ***intracellulären Flüssigkeit.*** Auf der Kationenseite wird der größte Teil des Natriums durch Kalium ersetzt, auf der Anionenseite nimmt Phosphat die Stelle von Chlorid ein. Man hat daher auch NaCl als das „Säftesalz", K_2HPO_4 als das „Zellsalz" bezeichnet. Ein beträchtlicher Anteil der intracellulären Anionen entfällt außerdem auf die Proteine.

Die grundlegenden Unterschiede zwischen Zelle und Außenmedium, die vor allem hinsichtlich der K^+- und Na^+-Konzentrationen bestehen, sind eine wesentliche Voraussetzung für viele Lebensprozesse (z. B. die Erregungsleitung und -übertragung an Nerven- und Muskelzellen). Aufrechterhalten werden diese Konzentrationsunterschiede für K^+ und Na^+ durch membranständige, stoffwechselgetriebene Na^+/K^+-Pumpen.

Regulation der osmotischen Gesamtkonzentration. Wie aus Tabelle 1-1 (S. 4) hervorgeht, beträgt die Summe der molaren Konzentrationen aller Anionen und Kationen im Blutplasma 288 mmol/l. Dies entspricht einer

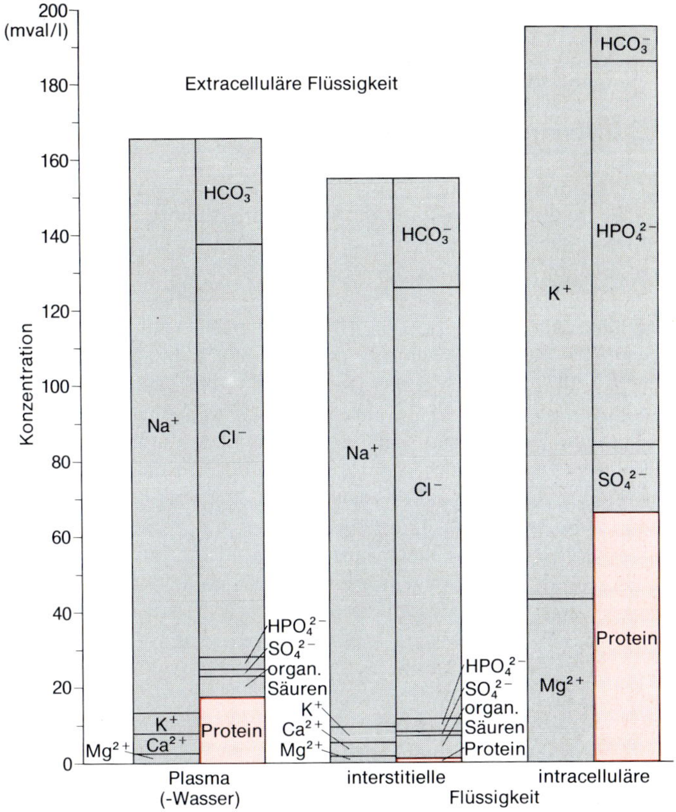

Abb. 11-1. Elektrolytkonzentrationen im Blutplasma, in der interstitiellen und in der intracellulären Flüssigkeit

Lösung mit einer Gefrierpunktserniedrigung von 0,54 °C und einem osmotischen Druck von rund 7,4 atm (750 kPa). Da die osmotische Wirksamkeit der nichtionisierten Substanzen im Plasma gering ist, beträgt dessen gesamte Osmolarität knapp ***0,3 osmol/l.*** Das Blutplasma übt demnach den gleichen osmotischen Druck aus wie eine knapp 0,3-molare Lösung eines Nichtelektrolyten.

Die Konzentration aller osmotisch wirksamen Teilchen wird im Blutplasma und damit auch im interstitiellen Raum in engen Grenzen konstant gehalten ***(Isotonie).*** Dies geschieht über einen hormonalen Regelkreis unter Mitwirkung des Hormons Adiuretin (S. 410f.). Auch das Renin-Angiotensin-Aldosteron-System ist an der Regulation der Plasmaosmolarität beteiligt (S. 374).

11.2.2 Kontrolle der Isoionie

Für die Funktionsfähigkeit der Organe und Gewebe ist es von entscheidender Bedeutung, daß innerhalb und außerhalb der Zellen die Konzentrationen der einzelnen Ionen in einem ausgewogenen Verhältnis zueinander konstant gehalten werden ***(Isoionie).***

Natrium und Chlorid. Im Durchschnitt werden vom Erwachsenen täglich 3-4 g (130-180 mmol) Natrium und 4-5 g (110-140 mmol) Chlorid aufgenommen und ausgeschieden. Trotz variierender Zufuhr bleiben die extracellulären Na^+- und Cl^--Konzentrationen weitgehend unverändert. Dies ist für den Organismus von besonderer Bedeutung, weil hauptsächlich diese Konzentrationen das Volumen der extracellulären Flüssigkeit bestimmen. Die Regulation der Na^+-Konzentration erfolgt dabei über den ***Renin-Angiotensin-Aldosteron-Mechanismus,*** der die Na^+-Ausscheidung durch die Niere beeinflußt (S. 374). Eng damit verbunden ist die Regulation der Cl^--Konzentration, wobei sich jedoch der jeweilige Säure-Basen-Status dadurch modifizierend auswirkt, daß bei der renalen Ausscheidung Cl^- durch HCO_3^- ersetzt werden kann.

Kalium. Die tägliche Aufnahme von Kalium, das vor allem für den Intracellularraum von Bedeutung ist, beträgt beim Erwachsenen 2-4 g (50-100 mmol). K^+-Ionen bestimmen wesentlich die Elektroneutralität und die Osmolarität im Inneren der Zellen, beeinflussen Enzymaktivitäten und schaffen die Voraussetzung für die Erregungsleitung der Nerven- und Muskelzellen. Die Kontrolle der extracellulären K^+-Konzentration erfolgt über die renale Ausscheidung unter Mitwirkung von ***Aldosteron,*** wobei die Ausscheidungsrate dem Angebot zweckmäßig angepaßt wird (S. 357 f.). Für die Aufrechterhaltung der K^+-Konzentration im Zellinneren, die etwa 30 mal höher ist als die im extracellulären Raum, sorgen aktive Transportprozesse (Ionenpumpen) in den Zellmembranen.

Calcium und Phosphat. Für den Erwachsenen beträgt der tägliche Bedarf an Calcium 0,8 g (20 mmol) und an anorganischem Phosphat ca. 0,9 g (30 mmol). Gemeinsam sind beide am Aufbau des Knochens und der Zähne beteiligt. Ca^{2+} hat darüber hinaus die Aufgabe, die Erregbarkeit von Nerven- und Muskelzellen zu dämpfen. Es dient ferner der elektromechanischen Kopplung in der Muskelzelle (S. 82 ff.) und gemeinsam mit cAMP der Übertragung von Hormonwirkungen auf den Enzymapparat von Effektorzellen (S. 406). An der Regelung der extracellulären Ca^{2+}- und Phosphat-Konzentrationen sind das ***Parathormon*** (S. 443 f.), ***Calcitonin*** (S. 445) und 1,25-Dihydroxycolecalciferol ***(Vitamin D₃**, S. 283 ff.) beteiligt. Die Ca^{2+}-Verteilung zwischen dem intra- und extracellulären Raum wird vorwiegend durch eine Calcium-ATPase und ein System, das an den Na^{+}-Gegentransport in der Zellmembran gekoppelt ist, gesteuert.

Magnesium. Die Magnesiumbilanz des Erwachsenen ist bei einer täglichen Zufuhr von etwa 0,25 g (10 mmol) ausgeglichen. Mg^{2+}-Ionen beeinflussen in den Zellen eine Vielzahl enzymatisch gesteuerter Reaktionen. Außerdem dämpfen sie die neuromuskuläre Erregbarkeit und hemmen in hoher Konzentration die Freisetzung des Transmitters Acetylcholin an der motorischen Endplatte. Die Mg^{2+}-Ausscheidung durch die Niere wird dem jeweiligen Bedarf angepaßt. Experimentelle Ergebnisse deuten darauf hin, daß bei der Regulation Parathormon, Calcitonin, Schilddrüsenhormone und Aldosteron eine Rolle spielen könnten.

11.3 Störungen des Wasser- und Elektrolythaushalts

11.3.1 Pathophysiologie des Wasserhaushalts

Störungen des Wasserhaushalts können verschiedene Körperfunktionen erheblich beeinträchtigen und u. U. sogar den Tod zur Folge haben. Eine ***negative Wasserbilanz*** führt zu einer Dehydratation (Wasserdefizit, Volumenverlust), eine ***positive Wasserbilanz*** zu einer Hyperhydratation (Wasserüberschuß, Volumenzunahme) des Organismus. Dabei entscheiden die jeweils vorliegenden osmotischen Konzentrationen darüber, ob die Störungen des Wassergleichgewichts auf den Extracellularraum beschränkt bleiben oder sich auch auf den Intracellularraum auswirken. Aus diesem Grund unterscheidet man isotone, hypertone und hypotone Hydratationsstörungen.

Dehydratation. Eine ***isotone Dehydratation*** liegt vor, wenn eine gleichzeitige Verarmung an Wasser und an osmotisch wirksamen Substanzen (insbesondere an NaCl) eingetreten ist. Das extracelluläre Flüssigkeitsvolumen nimmt ab, während das intracelluläre Volumen infolge des unveränderten osmotischen Gradienten konstant bleibt (Tabelle 11-3). Ein solcher Zustand entsteht durch Verlust an isotonen Körperflüssigkeiten, z. B. bei längerdauerndem, starkem Erbrechen oder Durchfall, bei Blutverlusten und durch Plasmaaustritt bei großflächigen Verbrennungen. In schweren Fällen führt die Verminderung des Plasmavolumens zu Kreislaufsympto-

Tabelle 11-3. Störungen des Wasser-und Natriumhaushalts; Ursachen und Auswirkungen auf das Volumen der Flüssigkeitsräume und die extracelluläre Osmolarität

Störung	Volumen des Extracellularraumes	Volumen des Intracellularraumes	Osmolarität der Extracellularflüssigkeit	Ursachen (Auswahl)
isotone Dehydratation	↓	∅	∅	isotone Flüssigkeits-, Blut- oder Plasmaverluste (Na^+- und H_2O-Mangel)
hypertone Dehydratation	↓	↓	↑	extremes Dursten oder Schwitzen, Diabetes insipidus (H_2O-Mangel)
hypotone Dehydratation	↓	↑	↓	Aldosteronmangel, Saluretica-Abusus (Na^+-Mangel)
isotone Hyperhydratation	↑	∅	∅	generalisierte Oedeme, Infusion großer Mengen einer isotonen NaCl-Lösung (Na^+- und H_2O-Überschuß)
hypertone Hyperhydratation	↑	↓	↑	Überfunktion der Nebennierenrinde, Infusion großer Mengen einer hypertonen NaCl-Lösung (Na^+-Überschuß)
hypotone Hyperhydratation	↑	↑	↓	übermäßige Wasserzufuhr, Infusion salzfreier oder hypotoner Lösungen (H_2O-Überschuß)

men (Tachykardie, Blutdruckabfall) und bei schnellem Eintritt zum Volumenmangelschock (S. 170ff.).

Eine ***hypertone Dehydratation*** kann durch eine verminderte Wasseraufnahme oder durch einen gesteigerten Wasserverlust entstehen ***(Durstexsiccose).*** Dabei steigt die osmotische Konzentration im Extracellularraum an,

wodurch dem Intracellularraum Flüssigkeit entzogen wird. Diese osmotisch bedingte intra-extracelluläre Flüssigkeitsverschiebung ist der Grund dafür, daß das intracelluläre Volumen stark reduziert ist. Häufigste Ursache einer hypertonen Dehydratation ist mangelhafte Wasserzufuhr, insbesondere bei Schwerkranken. Auch Säuglinge sind stark gefährdet, weil sie einen relativ hohen Wasserbedarf haben (S. 384). Wird dieser nicht gedeckt, so tritt sehr schnell ein intracellulärer Wassermangel ein ***(Durstfieber).*** Bei Schiffbrüchigen, die ihren Durst mit Meerwasser zu stillen versuchen, kommt es ebenfalls zu einem Wasserdefizit, da der Salzüberschuß unter Zusatz des eigenen Körperwassers ausgeschieden wird. Ferner können Diabetes mellitus mit starker Glucosurie (S. 443), Diabetes insipidus (S. 411) oder forcierte osmotische Diurese (S. 356) zu einer hypertonen Dehydratation führen. Symptome eines starken Wasserdefizits (Verlust von mehr als 20% des Körperwassers) sind Temperaturanstieg, Unruhe, Verwirrtheitszustände, Coma und Schock im Spätstadium. Bei einem Verlust von mehr als 40% des Körperwassers tritt der Tod ein.
Die ***hypotone Dehydratation*** ist vor allem durch einen extracellulären Natriummangel gekennzeichnet ***(Kochsalzexsiccose).*** Die Folge sind ein Absinken des osmotischen Druckes im Extracellularraum und eine Flüssigkeitsverlagerung in den Intracellularraum. Als Ursachen hierfür sind eine ungenügende NaCl-Zufuhr oder alleinige Wasserzufuhr nach Erbrechen, Durchfällen oder Schwitzen zu nennen. Aber auch ein erhöhter Na^+-Verlust bei Aldosteron-Mangel (S. 428) oder der chronische Gebrauch von Saluretica können zu einer hypotonen Dehydratation führen. Wegen der starken Reduktion des Plasmavolumens stehen klinisch Kreislaufsymptome im Vordergrund; in schweren Fällen sind die Patienten apathisch, bewußtseinsgetrübt und comatös.

Hyperhydratation. Bei der ***isotonen Hyperhydratation*** besteht ein extracellulärer Flüssigkeitsüberschuß, während das intracelluläre Volumen unverändert ist (Tabelle 11-3). Ein solcher Zustand kann bei Infusion großer Mengen isotoner NaCl-Lösung und vor allem bei Krankheiten mit generalisierter Oedembildung (S. 136f.) auftreten.
Eine ***hypertone Hyperhydratation*** ist in erster Linie die Folge eines extracellulären Natriumüberschusses. Dadurch kommt es – osmotisch bedingt – zu einer Flüssigkeitsverschiebung aus den Zellen in den Extracellularraum ***(celluläre Exsiccose).*** Als Ursachen hierfür sind u. a. die Infusion großer Mengen hypertoner NaCl- oder Mannit-Lösungen sowie eine Überfunktion der Nebennierenrinde (S. 429) zu nennen.
Bei der ***hypotonen Hyperhydratation*** liegt eine positive Wasserbilanz vor, die bei gestörter Diurese besonders schnell zu einer ***Wasserintoxikation*** führt. Mit zunehmendem Volumen fällt die osmotische Konzentration im Extracellularraum ab, wodurch ein Flüssigkeitseinstrom in die Zellen her-

vorgerufen wird. Die hypotone Hyperhydratation ist also durch eine Vergrößerung beider Flüssigkeitsräume gekennzeichnet. Eine solche Störung kann durch übermäßige Zufuhr von Trinkwasser oder durch Infusion salzfreier oder hypotoner Lösungen verursacht werden. Die Zufuhr isotoner Glucoselösungen in großen Mengen hat den gleichen Effekt, weil Glucose schnell metabolisiert wird und damit die osmotische Wirksamkeit verliert. Wahrscheinlich ist an der hypotonen Hyperhydratation eine gesteigerte Adiuretinausschüttung beteiligt, da diese Störung fast nur bei verminderter Wasserausscheidung auftritt. Die klinischen Symptome ergeben sich vor allem aus der Volumenzunahme der Hirnzellen (Kopfschmerz, Übelkeit, Erbrechen, u. U. Bewußtlosigkeit).

11.3.2 Störungen des Elektrolythaushalts

Elektrolytstörungen werden normalerweise durch Ermittlung der Ionenkonzentrationen im Blutplasma nachgewiesen. Dabei ist jedoch zu berücksichtigen, daß die Plasmakonzentrationen noch normal sein können, wenn die Gewebekonzentrationen bereits verändert sind. Für die genauere Erfassung von Elektrolytstörungen ist es daher erforderlich, die Gesamtmenge einzelner Ionen im Körper zu bestimmen. Beispielsweise läßt sich das Gesamtkörper-Kalium mit Hilfe der Isotopentechnik ermitteln. Wichtige Störungen des Elektrolythaushalts mit ihren Ursachen und Folgen sind in Tabelle 11-4 zusammengefaßt.

11.4 Säure-Basen-Haushalt

11.4.1 Grundlagen

Säuren und Basen. Nach der Definition von BRØNSTEDT und LOWRY sind Säuren solche Substanzen, die in Lösungen Wasserstoffionen abgeben ***(Protonen-Donatoren)***, und Basen Substanzen, die Wasserstoffionen binden ***(Protonen-Acceptoren)***. Danach ist in der Dissoziationsreaktion

$$HA \rightleftharpoons H^+ + A^- \qquad (2)$$

HA eine Säure (Reaktionsablauf von links nach rechts). Unter geeigneten Bedingungen kann aber auch das Anion A^- Wasserstoffionen binden, d. h. die Reaktion in entgegengesetzter Richtung ablaufen. In diesem Fall wäre A^- definitionsgemäß eine Base. Sie wird als korrespondierende Base bezeichnet. Zwischen Dissoziation und Assoziation besteht ein Gleichgewicht, das dem Massenwirkungsgesetz folgt. Bei einer starken

Tabelle 11-4. Ursachen und Folgen wichtiger Störungen des Elektrolythaushalts

Störung	Plasma-konzentration	Ursachen (Auswahl)	Folgen (Auswahl)
Hyponatriämie	$[Na^+]$ < 135 mmol/l	Aldosteronmangel (Na^+-Verlust), Adiuretinüberproduktion (H_2O-Retention)	hypotone Dehydratation, hypotone Hyperhydratation
Hypernatriämie	$[Na^+]$ > 145 mmol/l	Diabetes insipidus (H_2O-Verlust), Zufuhr hypertoner NaCl-Lösungen	hypertone Dehydratation, hypertone Hyperhydratation
Hypokaliämie	$[K^+]$ < 3,5 mmol/l	Aldosteronüberproduktion (renaler K^+-Verlust), intestinaler K^+-Verlust	Muskelschwäche, Störungen der Herzfunktion
Hyperkaliämie	$[K^+]$ > 5,5 mmol/l	Aldosteronmangel, akutes Nierenversagen (Oligurie), Acidose	Störungen der neuromuskulären Erregbarkeit u. der Herzfunktion
Hypocalcämie	$[Ca^{2+}]$ < 2,0 mmol/l	Parathormonmangel, Vitamin-D_3-Mangel (vermind. intestinale Ca^{2+}-Resorption)	Steigerung der neuromuskulären Erregbarkeit, Krämpfe (Tetanie)
Hypercalcämie	$[Ca^{2+}]$ > 2,7 mmol/l	Parathormonüberproduktion, Vitamin-D_3-Überdosierung	Herzrhythmusstörungen, Nierensteinbildung

Säure, z. B. bei HCl, ist dieses Gleichgewicht sehr stark auf die rechte Seite der Gl. (2) verlagert, bei einer schwachen Säure hingegen kann nach Maßgabe der Gleichgewichtskonstanten eine unvollständige Dissoziation vorliegen.

Flüchtige und fixe Säuren. Unter den Säuren, die als Endprodukte des Zellstoffwechsels auftreten, steht die Kohlensäure (H_2CO_3) mengenmäßig an erster Stelle. Sie wird durch Hydratisierung von CO_2 gebildet, in überwiegend dissoziierter Form zur Lunge transportiert und dort nach Dehydratisierung in Form von CO_2 eliminiert. Da die Kohlensäure im gasförmigen Zustand ausgeschieden werden kann, bezeichnet man sie als flüchtige Säure. Daneben entstehen im Zellstoffwechsel auch Säuren, die nur in gelöster Form mit dem Urin zur Ausscheidung gelangen, wie z. B.

Schwefelsäure, Phosphorsäure, Milchsäure (als Endprodukt des anaeroben Glucoseabbaus), Acetessigsäure und β-Hydroxybuttersäure (bei entgleistem Diabetes mellitus). Diese werden unter der Bezeichnung nichtflüchtige oder fixe Säuren zusammengefaßt.

pH-Wert des Blutes. Als Maß für die H^+-Konzentration in einer Lösung dient der pH-Wert. Er ist definiert als der negative dekadische Logarithmus der molaren H^+-Konzentration bzw. H^+-Aktivität:

$$pH = -\log [H^+] \tag{3}$$

Einem pH-Wert von 7, der eine neutrale Reaktion kennzeichnet, entspricht somit eine H^+-Konzentration von $[H^+] = 10^{-7}$ mol/l. Eine saure Lösung ist durch pH <7, eine alkalische Lösung durch pH >7 charakterisiert.

Der pH-Wert des arteriellen Blutes (37 °C) liegt im Bereich zwischen 7,37 und 7,43 mit einem ***Mittelwert*** von ***7,40.*** Diese Angaben beziehen sich genaugenommen auf das Blutplasma. Bei der pH-Messung im Blut mit einer Glaselektrode steht diese nur mit dem Plasma in Kontakt, so daß der intraerythrocytäre pH-Wert (7,2–7,3) nicht miterfaßt wird. In der Regel ist also mit dem Terminus Blut-pH stets der pH-Wert des Plasmas gemeint.

Das menschliche Blut weist also eine schwach alkalische Reaktion auf. Trotz der ständig schwankenden Abgabe saurer Stoffwechselprodukte an das Blut wird dessen pH-Wert sehr genau konstant gehalten. Diese Konstanz ist eine wichtige Voraussetzung für die Aufrechterhaltung eines geregelten Stoffwechselablaufs in den Körperzellen, weil die am Stoffwechsel beteiligten Enzyme in ihrer Aktivität vom pH-Wert abhängen. Durch pH-Veränderungen unter pathologischen Bedingungen werden die einzelnen Enzyme in wechselndem Maße betroffen, so daß Störungen im Ablauf der Stoffwechselvorgänge die Folge sein können. An der ***Regelung des Säure-Basen-Status,*** d. h. an der Konstanthaltung des Blut-pH, sind mehrere Faktoren beteiligt. Es sind dies die Puffereigenschaften des Blutes und der Gasaustausch in der Lunge sowie die langsamer ablaufenden renalen Regulationsmechanismen.

11.4.2 Puffereigenschaften des Blutes

Charakteristika von Puffersystemen. Puffersysteme bestehen aus einer schwachen Säure HA und ihrer korrespondierenden Base A^-. Wendet man auf ein solches System, für das die Reaktionsgleichung (2) gilt, das Massenwirkungsgesetz an, so ergibt sich:

$$\frac{[H^+][A^-]}{[HA]} = K', \tag{4}$$

wobei die eckigen Klammersymbole die jeweiligen molaren Konzentrationen bezeichnen. K' ist die Gleichgewichtskonstante (Dissoziationskonstante), in der die speziellen Bedingungen der Lösung, wie z. B. die Ionenstärke, berücksichtigt sind. Erhöht man in einem solchen System die Konzentration der H^+-Ionen, dann muß gleichzeitig die Konzentration der undissoziierten Säure ansteigen, damit die Gleichgewichtsbedingung des Massenwirkungsgesetzes erfüllt bleibt: Die Dissoziation wird zurückgedrängt, die zugesetzten freien H^+-Ionen werden teilweise wieder eliminiert. Die pH-Änderung ist also geringer als es dem H^+-Ionenzusatz entspricht. Umgekehrt führt eine Senkung der H^+-Ionenkonzentration ebenfalls nur zu einer kleinen pH-Änderung. Eine solche Abschwächung des Effektes eines H^+- oder OH^--Ionenzusatzes wird als Pufferung bezeichnet.

Für die quantitative Beurteilung des Puffereffektes ist es zweckmäßig, Gl. (4) nach Umformung zu logarithmieren:

$$-\log [H^+] = -\log K' - \log \frac{[HA]}{[A^-]} \tag{5}$$

$$pH = pK' + \log \frac{[A^-]}{[HA]} \quad \text{oder} \quad pH = pK' + \log \frac{[\text{Base}]}{[\text{Säure}]} \tag{6}$$

Diese Form des Massenwirkungsgesetzes für ein Puffersystem wird als ***Henderson-Hasselbalch-Gleichung*** bezeichnet, wobei pK' = − log K' ebenso wie K' eine für das System charakteristische Konstante darstellt.

Unter der ***Pufferkapazität*** eines Systems, bestehend aus einer schwachen Säure und ihrer korrespondierenden Base, versteht man diejenige Menge an Säure oder Base, die 1 l Lösung zugesetzt werden muß, um den pH-Wert um 1 Einheit zu verändern. Diese Pufferkapazität hängt von der Konzentration des Puffers und von der Nähe des jeweiligen pH-Wertes zum pK'-Wert des Systems ab. Die größte Pufferungsfähigkeit ist dann gegeben, wenn pH = pK' ist. An diesem Punkt liegen Säure und korrespondierende Base in äquivalenten Konzentrationen vor. Jedes Puffersystem wirkt demnach nur in einem bestimmten pH-Bereich, der sich maximal von pK' − 2 bis pK' + 2 erstreckt.

Bicarbonat-Puffersystem. Unter den Puffersystemen des Blutes (und des interstitiellen Raumes) ist das Bicarbonat- (Hydrogencarbonat-) System an erster Stelle zu nennen. In diesem System stellt H_2CO_3 eine verhältnismäßig schwache Säure und HCO_3^- ihre korrespondierende Base dar:

$$CO_2 + H_2O \rightleftharpoons H_2CO_3 \rightleftharpoons H^+ + HCO_3^- \tag{7}$$

Die Henderson-Hasselbalch-Gleichung lautet in diesem Fall für die Gesamtreaktion, wobei die Säure H_2CO_3 durch ihr Anhydrid CO_2 ersetzt werden kann:

$$pH = pK' + \log \frac{[HCO_3^-]}{[CO_2]} \qquad (8)$$

An Stelle von $[CO_2]$ kann hierin auch der CO_2-Partialdruck P_{CO_2} eingeführt werden:

$$pH = pK' + \log \frac{[HCO_3^-]}{0{,}03 \cdot P_{CO_2}} \qquad (9)$$

Dem Faktor 0,03 ist die Einheit $mmol \cdot l^{-1} \cdot mm\,Hg^{-1}$ zugeordnet, so daß dieser Wert nur gilt, wenn $[HCO_3^-]$ in mmol/l und P_{CO_2} in mm Hg angegeben werden.

Bei der Ionenstärke des Plasmas beträgt der pK'-Wert in diesem Fall 6,1. Es hat also zunächst den Anschein, als ob die Pufferwirkung dieses Systems nicht sehr groß sein könnte, da pK' verhältnismäßig stark vom pH-Wert des Blutes (7,4) abweicht. Trotzdem kommt dem HCO_3^--System eine große Bedeutung zu, da die Wechselwirkung mit der Atmung seine Effektivität erheblich erhöht: Allein dadurch, daß im arteriellen Blut ein CO_2-Partialdruck von 40 mm Hg (5,3 kPa) aufrechterhalten wird, liegt im arteriellen Plasma eine hohe HCO_3^--Konzentration von 24 mmol/l vor. Der durch die Atmung geregelte CO_2-Partialdruck sorgt also für hohe Konzentrationen der puffernden Reaktionspartner. Außerdem kann durch eine zweckmäßige Anpassung der Atmungsfunktion (P_{CO_2}-Veränderung) und der Nierenfunktion (HCO_3^--Veränderung) der pH-Wert zusätzlich stabilisiert werden.

Proteinat-Puffersystem. Die Puffereigenschaften der Proteine im Blut werden durch die ionisierbaren Gruppen ihrer Bausteine, der Aminosäuren, bestimmt. Während die endständigen Carboxyl- und Aminogruppen hierbei wegen ihrer ungünstigen pK'-Werte für die Pufferung keine Rolle spielen, kommt den ionisierbaren Seitengruppen, insbesondere dem Imidazolring des Histidins, eine besondere Bedeutung zu. Zu der Protein-Pufferwirkung tragen sowohl die ***Plasmaproteine,*** insbesondere das Albumin, als auch das intraerythrocytäre ***Hämoglobin*** bei. Der Hauptanteil der Pufferkapazität entfällt dabei auf das Hämoglobin, weil es in hoher Konzentration vorliegt und sein Histidinanteil relativ hoch ist.

Eine besondere Bedeutung kommt dem Hämoglobin bei der Pufferung im Blut auch deshalb zu, weil es seine Acidität bei der Oxygenation und Desoxygenation ändert. Dies zeigt Abb. 11-2, in der die Pufferkurven (Titrationskurven) für die nichtdiffusiblen Puffersysteme im Erythrocyten angegeben sind. Im physiologischen pH-Bereich weist ***Oxyhämoglobin***

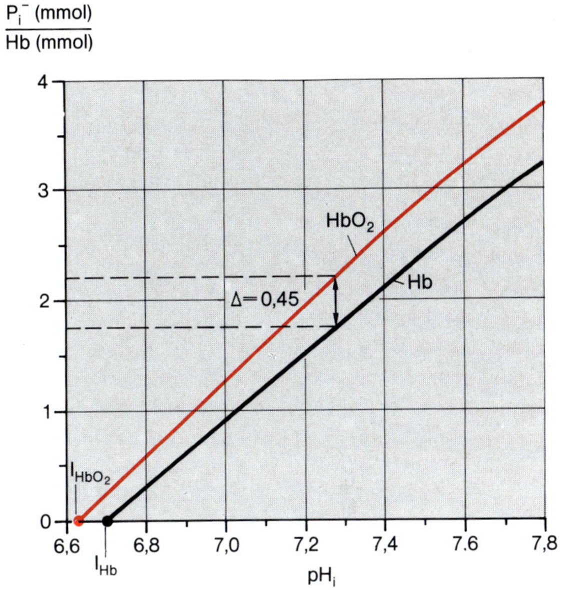

Abb. 11-2. Pufferkurven des Hämoglobinsystems für den oxygenierten (HbO_2) und desoxygenierten (Hb) Zustand. *Ordinate:* Mengenverhältnis der intraerythrocytären Pufferanionen P_i^- zum Hämoglobin; *Abscisse:* Intraerythrocytärer pH-Wert (pH_i); I_{HbO_2} und I_{Hb}: Isoelektrische Punkte. Bei vollständiger Desoxygenation können aufgrund der Pufferkurvenverlagerung 0,45 mmol H^+ pro mmol Hb ohne Veränderung des pH_i-Wertes abgepuffert werden

danach eine stärkere Acidität als ***desoxygeniertes Hämoglobin*** auf. Dies beruht im wesentlichen darauf, daß die O_2-Bindung am Eisen die H^+-Bindung an den benachbart gelegenen Imidazolgruppen des Histidins beeinflußt. Bei der O_2-Abgabe in den Geweben können aufgrund dieses Effektes H^+-Ionen, die bei der gleichzeitig stattfindenden CO_2-Aufnahme entstehen, zusätzlich abgepuffert werden. Bei der O_2-Aufnahme in der Lunge kommt es dagegen zu einer H^+-Abdissoziation, die den H^+-Verlust infolge der CO_2-Abgabe z. T. ausgleicht.

Phosphat-Puffersystem. Ein weiteres Puffersystem des Blutes bilden die anorganischen Phosphate, wobei das primäre Phosphat ($H_2PO_4^-$) als Säure und das sekundäre Phosphat (HPO_4^{2-}) als korrespondierende Base wirksam sind. Obwohl der pK' -Wert dieses Systems mit pK' = 6,8 relativ günstig liegt, bleibt der Puffereffekt ziemlich gering (ca. 2% der Gesamtpufferkapazität des Blutes), da die Phosphatkonzentration im Blut verhältnismäßig niedrig ist.

Gesamtpufferbasen. Die Puffereigenschaften des Blutes werden durch die Gesamtheit der pufferwirksamen anionischen Gruppen, d. h. im wesentlichen durch Bicarbonat und Proteinat bestimmt. Die Summe dieser Anionen bezeichnet man als Gesamtpufferbasen oder auch kurz als Pufferbasen.

In Abb. 11-3 sind die arteriellen Ionenkonzentrationen für das Blutplasma, die Erythrocyten und das Gesamtblut des Menschen zusammengestellt. Die Höhe der einzelnen Säulen entsprechen der jeweiligen Konzentration. Die Anionen sind dabei so angeordnet, daß oben (rot) die pufferwirksamen Basen stehen. (Das Phosphatpuffersystem ist in dieser Darstellung vernachlässigt.) Unten finden sich die Anionen der starken Säuren, die keine Puffereigenschaften besitzen. Hierzu gehören Cl^- und X^-, wobei unter X^- alle restlichen, in geringer Konzentration vorkommenden Anionen, wie SO_4^{2-} und organische Anionen, zusammengefaßt sind. Die Zusammenstellung zeigt, daß innerhalb der Pufferbasen im

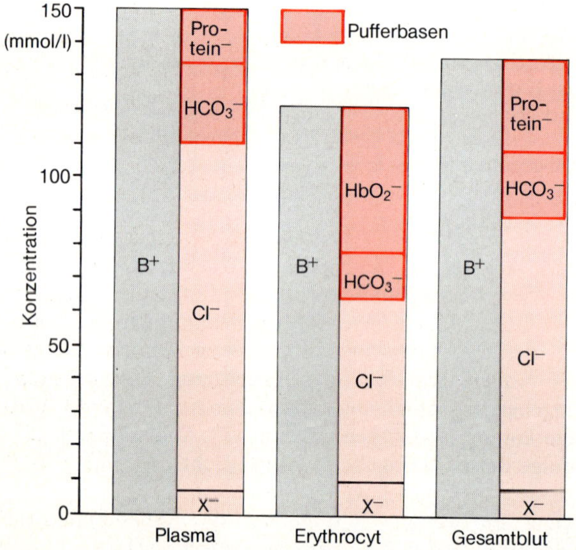

Abb. 11-3. Konzentrationen der Pufferbasen *(dunkelrot)* im Blutplasma, im Erythrocyten und im Gesamtblut (unter Vernachlässigung der Phosphationen). X^- Anionen aller nichtpuffernden starken Säuren außer Cl^-; B^+ Kationen

Plasma die HCO_3^--Ionen, im Erythrocyten dagegen die Proteinat-Ionen überwiegen. Im Gesamtblut stehen etwas mehr als ⅓ aller Anionen für die Pufferung zur Verfügung.
Die ***Konzentration der Pufferbasen*** im arteriellen Blut beträgt etwa ***48 mmol/l.*** Hiervon entfallen ca. 20 mmol/l auf die Bicarbonat- und etwa 28 mmol/l auf die Proteinatkonzentrationen. Es ist nun von besonderer Bedeutung, daß sich die Gesamtkonzentration der Pufferbasen bei Variation des CO_2-Partialdruckes nicht verändert. Dies zeigt die folgende Überlegung: Wenn beispielsweise der CO_2-Partialdruck ansteigt, bilden sich äquivalente Mengen von H^+ und HCO_3^-. Die entstandenen Protonen werden jedoch fast vollständig von Proteinat abgefangen, das dabei in die nichtdissoziierte Form übergeht. Im gleichen Maße, in dem die Bicarbonatkonzentration ansteigt, wird also die Proteinatkonzentration reduziert. Die P_{CO_2}-Unabhängigkeit der Konzentration der Gesamtpufferbasen macht diese Größe zu einem geeigneten Maß für diejenigen Veränderungen des Säure-Basen-Status, die durch Zu- oder Abnahme von nichtflüchtigen Säuren im Blut hervorgerufen werden.
Abweichungen vom Wert der Normalpufferbasen (48 mmol/l) bezeichnet man als ***Basenüberschuß BE*** (Base Excess). Nach dieser Definition ist also dem arteriellen Blut des Gesunden ein BE-Wert von Null zuzuordnen. Ein pathologischer Anstieg der Pufferbasenkonzentration wird durch einen positiven BE-Wert, eine Abnahme durch einen negativen BE-Wert charakterisiert. Im letztgenannten Falle ist an Stelle der widersprüchlichen Aussage „negativer Basenüberschuß" die Bezeichnung Basendefizit vorzuziehen.

11.4.3 pH-Regulation durch Atmung und Nierenfunktion

CO_2-Elimination durch die Atmung. Das als Endprodukt des oxidativen Stoffwechsels anfallende CO_2 (etwa 10 mmol/min oder 14–15 mol/Tag in körperlicher Ruhe) wird durch den Atmungsvorgang laufend aus dem Blut eliminiert. Die Atmung sorgt also dafür, daß durch die Abgabe des flüchtigen Anhydrids der Kohlensäure eine Säurebelastung des Organismus vermieden wird. Wenn es im Blut zu einer Anhäufung von Säuren kommt, reagiert die Atmung sofort durch Zunahme der Ventilation (Hyperventilation, S. 199). CO_2-Moleküle, die aus der Reaktion $HCO_3^- + H^+ \rightarrow H_2CO_3 \rightarrow H_2O + CO_2$ stammen, werden in verstärktem Maße abgeatmet, und der pH-Wert kehrt wieder zur Norm zurück. Bei einer Basenzunahme wird die Ventilation eingeschränkt (Hypoventilation, S. 200); der CO_2-Partialdruck und damit auch die H^+-Ionenkonzentration steigen an, so daß die ursprüngliche pH-Zunahme zumindest teilweise wieder rückgängig gemacht wird.

H^+-Elimination durch die Niere. Neben der Kohlensäure werden in den Stoffwechselprozessen auch nicht-flüchtige Säuren, in erster Linie Schwefelsäure, gebildet. Da diese Säurebildung die Basenaufnahme übersteigt, muß eine Ausscheidung der überzähligen H^+-Ionen (etwa 50–60 mmol/Tag) durch die Niere erfolgen. Der überwiegende Teil der in das Tubuluslumen secernierten Protonen gelangt dabei nach Bindung an NH_3 und HPO_4^{2-} in Form von NH_4^+ und $H_2PO_4^-$, ein kleiner Teil in freier Form in den Endharn, während gleichzeitig HCO_3^- rückresorbiert wird (S. 377 f.). Sowohl die H^+-Ausscheidung als auch die HCO_3^--Resorption können – der jeweiligen Stoffwechsellage entsprechend – in weiten Grenzen (maximale H^+-Sekretionsrate 1 mol/Tag) variiert werden, so daß die Nieren in der Lage sind, Störungen des Säure-Basen-Gleichgewichts nach einer gewissen Anpassungszeit zu kompensieren.

11.4.4 Störungen des Säure-Basen-Gleichgewichts

Acidosen und Alkalosen. Wenn es unter pathologischen Bedingungen zu einer starken Anhäufung von Säuren oder Basen im Blut kommt, sind die geschilderten Regelsysteme (Pufferung, Atmung und Nierenfunktion) nicht mehr in der Lage, den pH-Wert des Blutes konstant zu halten. Je nach Richtung der pH-Verlagerung unterscheidet man in diesem Fall zwei Störungen des Säure-Basen-Gleichgewichts: Die Senkung des pH-Wertes im arteriellen Blut ($pH < 7{,}37$) bezeichnet man als Acidose, die Erhöhung des pH-Wertes ($pH > 7{,}43$) als Alkalose. Solche Veränderungen sind jedoch nur mit dem Leben zu vereinbaren, wenn bei Säurebelastung ein pH-Wert von 6,8 nicht unterschritten und bei Basenbelastung ein pH-Wert von 7,8 nicht überschritten wird.

Bei jeder dieser Störungen hat man außerdem nach der Genese der pH-Änderung zwei Formen zu unterscheiden: Eine Lungenfunktionsstörung kann zu einem Anstieg des CO_2-Partialdrucks im Blut, eine alveoläre Hyperventilation zu einer Senkung des CO_2-Partialdrucks führen. In diesen Fällen ist die gestörte Atmung die Ursache für die pH-Änderung im Blut. Man spricht daher von einer ***respiratorischen Acidose*** bzw. ***Alkalose.*** Andererseits können sich die nicht-flüchtigen Säuren bei Stoffwechselstörungen (z. B. bei Diabetes mellitus) im Blut anhäufen bzw. bei Basenzufuhr oder HCl-Verlusten (z. B. durch Erbrechen) verringern. Diese Zustände kennzeichnet man als ***metabolische Acidose*** bzw. ***Alkalose.*** Da auch Nierenfunktionsstörungen zu pH-Veränderungen führen können, faßt man die renal und metabolisch bedingten Störungen unter der Bezeichnung ***nichtrespiratorische Acidose*** bzw. ***Alkalose*** zusammen.

Diagnostische Kriterien. Eine Differenzierung zwischen respiratorischen und nichtrespiratorischen Störungen des Säure-Basen-Gleichgewichts ist

über den CO_2-Partialdruck (P_{CO_2}) und den Basenüberschuß (BE) möglich. Kennzeichen einer ***respiratorischen Störung*** ist ein erhöhter oder erniedrigter P_{CO_2} bei einer primär unveränderten Pufferbasenkonzentration (BE = 0). Die ***nichtrespiratorische Störung*** ist dadurch ausgezeichnet, daß zunächst ein normaler P_{CO_2} vorliegt, während der BE-Wert von der Norm abweicht. Bei einer Zunahme der nicht-flüchtigen Säuren im Blut werden nämlich in verstärktem Maße die Pufferbasen beansprucht (BE = negativ). Umgekehrt führt eine Verminderung der nicht-flüchtigen Säuren zu einem Anstieg der Pufferbasenkonzentration (BE = positiv).
Schematisch sind diese Unterscheidungsmerkmale in Abb. 11-4 dargestellt. In diesem Diagramm mit dem Basenüberschuß auf der Ordinate und dem pH-Wert auf der Abszisse sind die Kurven gleichen CO_2-Partialdrucks eingetragen. Ferner sind die Normbereiche für den pH-Wert, den Basenüberschuß BE und den CO_2-Partialdruck P_{CO_2} durch rote Linien eingegrenzt. In dieser Darstellung kennzeichnen also alle Punkte, die links von dem senkrechten weißen Band liegen, eine Acidose und die Punkte

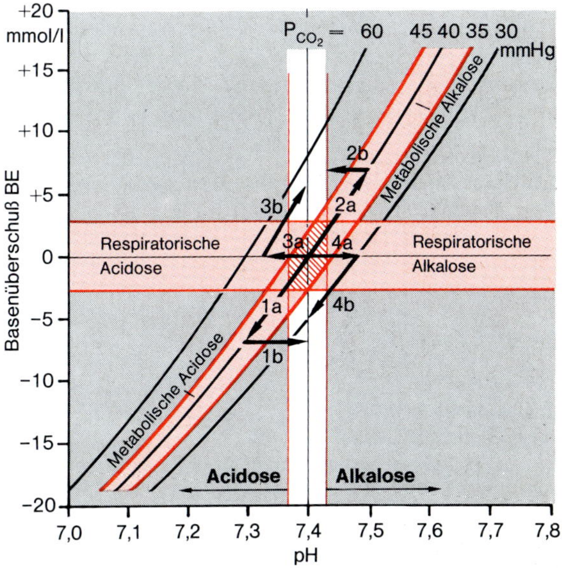

Abb. 11-4. Definitionen der primären Säure-Basen-Störungen und Möglichkeiten ihrer Kompensation. Die Normbereiche für den Basenüberschuß BE, den pH-Wert und den CO_2-Partialdruck P_{CO_2} sind durch *rote Linien* abgegrenzt. *Rot schraffiertes Feld:* Bereich des physiologischen Säure-Basen-Status; *Pfeilbezeichnungen:* a = primäre Säure-Basen-Störungen, b = sekundäre Kompensationen

rechts davon eine Alkalose. Innerhalb der roten BE- und P_{CO_2}-Bänder sind die Bezeichnungen für die oben definierten Säure-Basen-Störungen angegeben. Meßwertpaare, die zu einem Punkt in diesen vier Bereichen gehören, führen somit zu einer Diagnose, aus der die Richtung und die Entstehung der Störung hervorgeht. Hat man beispielsweise im arteriellen Blut BE = 0 mmol/l und P_{CO_2} = 50 mm Hg (6,7 kPa) gemessen, so handelt es sich um eine respiratorische Acidose, während BE = − 15 mmol/l und P_{CO_2} = 40 mm Hg (5,3 kPa) auf eine nichtrespiratorische Acidose schließen läßt.

Kompensation primärer Säure-Basen-Störungen. Die bisher betrachteten Störungen des Säure-Basen-Gleichgewichts stellen in der Regel lediglich primäre Veränderungen dar, die entweder sofort oder mit einer gewissen Verzögerung kompensiert werden können. Der primär zur sauren oder alkalischen Seite verlagerte pH-Wert wird durch das Eingreifen von Kompensationsmechanismen wieder in den Normbereich zurückgeführt oder zumindest diesem angenähert. Die in diesem Sinne wirkenden Mechanismen wurden bereits beschrieben. Eine primär nichtrespiratorische Störung kann durch eine entsprechende Veränderung der alveolären Ventilation kompensiert werden. Liegt dagegen eine primär respiratorische Störung vor, dann kann die Niere durch eine Veränderung der HCO_3^--Resorption bzw. H^+-Sekretion kompensierend eingreifen.

Diese Möglichkeiten lassen sich am besten wieder in dem Diagramm der Abb. 11-4 deutlich machen. Bei einer ***primär nichtrespiratorischen Acidose*** (Pfeil 1a) ist durch die Anhäufung fixer Säuren im Blut die Pufferbasenkonzentration herabgesetzt und der pH-Wert zunächst gesenkt. Die pH-Senkung wirkt ihrerseits als Atmungsantrieb, so daß infolge der Hyperventilation der CO_2-Partialdruck abnimmt (Pfeil 1b). Sofern diese Verlagerung bis in den pH-Normbereich hineinführt, kann man von einer vollständig kompensierten, primär nichtrespiratorischen Acidose sprechen. Reicht der P_{CO_2}-Abfall nicht aus, um den normalen pH-Wert einzustellen, dann wird der Säure-Basen-Status als teilweise oder unvollständig kompensierte, nichtrespiratorische Acidose gekennzeichnet. Bei einer ***primär nichtrespiratorischen Alkalose*** (Pfeil 2a) wird die Pufferbasenzunahme durch einen P_{CO_2}-Anstieg infolge Hypoventilation kompensiert (Pfeil 2b). Da jedoch die Atmungsgröße wegen der notwendigen Sauerstoffaufnahme nur begrenzt herabgesetzt werden kann, ist diese Kompensation meist unvollständig. Bei einer ***primär respiratorischen Acidose*** (Pfeil 3a), beispielsweise als Folge einer Lungenfunktionsstörung, ist der CO_2-Partialdruck erhöht. Hier greifen nun mit einer gewissen Latenz die Basensparmechanismen der Niere kompensierend ein. Die Pufferbasenkonzentration des Blutes steigt an, und der pH-Wert wird in den Normbereich zurückgeführt (Pfeil 3b). Ganz entsprechend nimmt bei einer ***primär respiratorischen Alkalose*** (Pfeil 4a), die durch einen niedrigen CO_2-Partialdruck gekennzeichnet ist, die Pufferbasenkonzentration ab (Pfeil 4b). Der pH-Wert wird dabei wieder in Richtung auf den Normalbereich verlagert.

11.4.5 Analyse des Säure-Basen-Status

Festlegung des Säure-Basen-Status. Die vorausgehende Betrachtung zeigt, daß die Messung des pH-Wertes nicht ausreicht, um den Säure-Basen-Status des Blutes zu bestimmen. Daher werden heute bei klinischen Untersuchungen routinemäßig auch die Werte für den CO_2-Partialdruck und den Basenüberschuß gemessen. Erst durch die gemeinsame Beurteilung von pH, P_{CO_2} und BE im arteriellen Blut ist es möglich, eine Säure-Basen-Störung präzis zu erfassen und damit auch die Therapie quantitativ zu lenken:

- Der ***pH-Wert*** zeigt an, ob die H^+-Ionenkonzentration des arteriellen Blutes im Normbereich (pH = 7,37–7,43) liegt oder nach der sauren resp. alkalischen Seite verschoben ist. Ein normaler pH-Wert besagt jedoch nicht unbedingt, daß überhaupt keine Störung im Säure-Basen-Haushalt vorläge. Es könnte sich auch um den Zustand nach vollständiger Kompensation einer primären Acidose oder Alkalose handeln.
- Ein erhöhter oder erniedrigter ***CO_2-Partialdruck*** ermöglicht die Entscheidung, ob eine Störung primär respiratorisch bedingt ist (Normbereich: P_{CO_2} = 35–45 mm Hg bzw. 4,7–6,0 kPa).
- Der Wert für den ***Basenüberschuß*** (BE) läßt erkennen, ob eine primär nichtrespiratorische Störung des Säure-Basen-Gleichgewichts vorliegt. Die Anhäufung oder die Abnahme fixer Säuren im Blut wirken sich unmittelbar auf den BE-Wert aus (Normbereich: BE = −2,5 bis +2,5 mmol/l).
- Als weitere Größe für die Kennzeichnung einer nichtrespiratorischen Störung wird manchmal auch der ***Standard-Bicarbonatwert*** verwendet. Unter Standard-Bicarbonat versteht man die HCO_3^--Konzentration des Blutplasmas, wenn zuvor im Blut durch Äquilibrieren bei 37 °C ein CO_2-Partialdruck von 40 mm Hg (5,3 kPa) eingestellt und das Hämoglobin vollständig mit Sauerstoff gesättigt worden ist. Da in dieser Größe (Normwert: 24 ± 2,4 mmol/l) das Proteinat-Puffersystem nicht miterfaßt wird, hat sie nur eine begrenzte Aussagekraft.

Analyse des Säure-Basen-Status. Für die Analyse des Säure-Basen-Status hat sich das ***Verfahren von Astrup*** bewährt, bei dem CO_2-Partialdruck und Säure-Basen-Status in einem Arbeitsgang bestimmt werden. Hierzu äquilibriert man zunächst das zu untersuchende Blut mit zwei Gasgemischen bekannter Zusammensetzung, die unterschiedliche CO_2-Partialdrücke aufweisen, und ermittelt jeweils den zugehörigen pH-Wert. Man erhält also zwei pH-P_{CO_2}-Wertepaare, die in das sog. ***Siggaard-Andersen-Diagramm*** – wie in Abb. 11-5 dargestellt – eingetragen werden. Die Verbindungsgerade zwischen den beiden Punkten A und B gibt den Säure-Basen-Status der Blutprobe wieder. Mißt man nun den aktuellen pH-Wert des arteriellen Blutes, dann ist durch die Gerade diesem pH-Wert ein ganz bestimmter aktueller CO_2-Partialdruck zugeordnet (Punkt C). An den Schnittpunkten der Geraden mit den entsprechend bezeichneten Skalen kann man außerdem die Konzentrations-

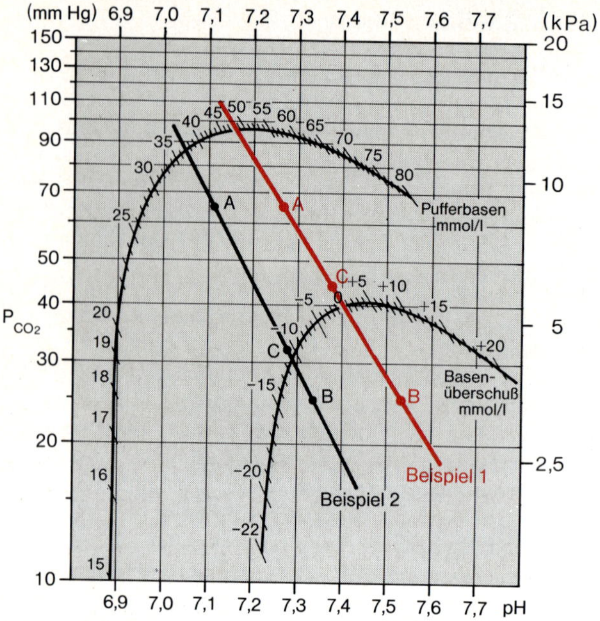

Abb. 11-5. Siggaard-Andersen-Diagramm zur Ermittlung des CO_2-Partialdrucks (P_{CO_2}) sowie der Konzentrationen von Pufferbasen (BB) und Basenüberschuß (BE) im Blut nach dem Astrup-Verfahren. *A* und *B:* Punkte, die durch Äquilibrierung mit Gasgemischen von bekanntem P_{CO_2} und anschließender pH-Messung gewonnen werden; *C:* Ablesung des gesuchten aktuellen P_{CO_2} auf der Verbindungsgeraden nach pH-Messung. BB und BE werden an den Schnittpunkten der Verbindungsgeraden mit den entsprechenden Skalen abgelesen. Beispiel 1: pH = 7,37, P_{CO_2} = 44 mm Hg, BE = 0; Diagnose: normaler Säure-Basen-Status. Beispiel 2: pH = 7,28, P_{CO_2} = 32 mm Hg, BE = −11 mmol/l; Diagnose, teilweise kompensierte, nichtrespiratorische Acidose

werte für die Pufferbasen und den Basenüberschuß ablesen. Beispielsweise kennzeichnen die Werte der roten Geraden in Abb. 11-5 einen normalen Säure-Basen-Status, während die schwarze Gerade auf eine nichtrespiratorische Acidose schließen läßt (BE = −11 mmol/l), die durch eine Abnahme des CO_2-Partialdrukkes (P_{CO_2} = 32 mm Hg bzw. 4,3 kPa) teilweise kompensiert ist.

Der Säure-Basen-Status des Blutes läßt sich auch ohne Äquilibriermaßnahmen ermitteln, wenn der CO_2-Partialdruck P_{CO_2} mit Hilfe einer CO_2-Elektrode direkt gemessen wird. Jedem Wertepaar für den CO_2-Partialdruck und den pH-Wert ist nämlich ein ganz bestimmter Basenüberschuß BE zugeordnet. Nach der P_{CO_2}- und pH-Messung kann man daher den BE-Wert aus einem für diesen Zweck aufgestellten Leiternomogramm unmittelbar entnehmen und auf diese Weise die dritte Größe bestimmen, die für die Säure-Basen-Diagnose erforderlich ist.

12 Hormonale Regulationen

12.1 Aufgaben und Wirkungsweise der Hormone

12.1.1 Hormone als Informationsträger

Aufgaben des endokrinen Systems. Für die Koordination der Funktionen aller Körperzellen stehen dem Organismus zwei Kommunikationssysteme zur Verfügung, das Nervensystem und das endokrine System. Das ***Nervensystem*** kann man mit einer komplizierten technischen Einrichtung vergleichen, in der Informationen auf dem Leitungswege übertragen und verarbeitet werden. Die Nachrichten werden, verschlüsselt als eine Folge von Nervenimpulsen, über die Nervenbahnen geleitet und lösen an dem Erfolgsorgan bestimmte Reaktionen aus. Das ***endokrine System*** kann demgegenüber mit einem „drahtlosen" Kommunikationssystem verglichen werden. Der Inhalt der Nachrichten ist dabei in der chemischen Struktur hochspezialisierter Substanzen verschlüsselt, die auf dem Blutweg die Körperzellen erreichen und sie zu bestimmten Reaktionen veranlassen. Derartige chemische Informationsträger, die von endokrinen (innersekretorischen) Drüsen abgegeben werden, bezeichnet man als ***Hormone.***
Während das Nervensystem vorrangig der schnellen und gezielten Informationsübertragung dient, ist das endokrine System hauptsächlich für die längerdauernde und globale Steuerung der Zellfunktionen zuständig. Diese Aufgabe erfordert eine ständige, dem wechselnden Bedarf angepaßte Bildung der Hormone in speziellen Geweben, eine kontrollierte Abgabe an das Blut und eine gesteuerte Inaktivierung.

Bildung der Hormone. Die meisten Hormone werden in epithelialen Drüsen gebildet, die ihr Sekret direkt in die Blutbahn abgeben und daher als ***endokrine Drüsen*** bezeichnet werden. In manchen Fällen sind jedoch Bildungsorte und Abgabeorte nicht identisch. So erfolgt beispielsweise die Bildung einiger Hormone, die von der Hypophyse gespeichert und abgegeben werden, im benachbarten Hypothalamus. Bei der Gruppe der Peptid- und Proteohormone kommt es zunächst zur Synthese eines Vorläufermoleküls, des sog. Präprohormons. Das eigentlich wirksame Hormon ist in diesem als Teilsequenz enthalten und wird erst später durch Biohydrolyse abgespalten.

Abgaberate der Hormone. Einige Hormone werden nach Bedarf in Abhängigkeit von der Stoffwechselsituation des Organismus oder als Antwort auf bestimmte innere bzw. äußere Reize abgegeben. Hierzu zählen beispielsweise Adiuretin, Aldosteron, Adrenalin und Noradrenalin. Bei einer zweiten Gruppe, zu der die Glucocorticoide und die Schilddrüsenhormone gehören, verändert sich die Sekretion nur mäßig in einem 24-Stunden-Rhythmus. In anderen Fällen, wie bei den weiblichen Sexualhormonen, variiert die Abgaberate in länger dauernden Rhythmen.

Wirkungsmechanismen der Hormone. Die physiologischen Wirkungen der Hormone werden durch Primärreaktionen in den Zellen der Erfolgsorgane ausgelöst. Man kennt heute zwei Arten derartiger Primärreaktionen, durch die biochemische Prozesse in den Zellen fördernd oder hemmend beeinflußt werden können: Aktivierung des Adenylat-Cyclase-Systems sowie Induktion von Enzymen und anderen Proteinen.

Bestimmte Hormone, wie z. B. Adrenalin und Glucagon, reagieren mit einem spezifischen ***Hormonreceptor in der Zellmembran,*** wodurch eine ***Aktivierung der Adenylatcyclase*** bewirkt wird. Dieses Enzym fördert die Umwandlung von Adenosintriphosphat (ATP) in 3′5′-cyclo-AMP (3′5′-cAMP). Das cyclo-AMP hat die Funktion eines zweiten Boten (second messenger), d. h. es überträgt die Hormonwirkung auf andere Systeme der Zelle. Cyclo-AMP kann beispielsweise die Transportsysteme in der Zellmembran beeinflussen oder auch Enzymsysteme und damit bestimmte Zellstoffwechselwege aktivieren.

Eine zweite Möglichkeit der Primärreaktion von Hormonen besteht in der ***Induktion von Enzymen und anderen Proteinen.*** Diese Induktion wird dadurch ausgelöst, daß ein Hormon entweder mit dem zugehörigen spezifischen ***cytosolischen Receptor*** einen Komplex bildet und nachfolgend in den Zellkern gelangt oder mit einem ***Zellkernreceptor*** einen Hormon-Receptor-Komplex bildet. Der Hormon-Receptor-Komplex bindet ein Repressormolekül und legt dadurch den entsprechenden, bisher blockierten Ort der DNA frei oder aktiviert DNA-Abschnitte. Es kann nun auf dem üblichen Weg messenger-RNA synthetisiert werden, die schließlich nach Ausschleusung aus dem Zellkern die Synthese des Enzymproteins an den Ribosomen steuert. Über den geschilderten Mechanismus einer Genaktivierung wirken vor allem die Steroidhormone auf den Zellstoffwechsel ein.

Inaktivierung. Die Funktion der Hormone als Informationsträger setzt voraus, daß ihre fortschreitende Anreicherung im Organismus verhindert wird. Dies geschieht durch Biotransformation im Erfolgsorgan selbst oder in der Leber, manchmal auch in der Lunge oder den Nieren. In manchen Fällen wird auch die Hormonwirkung durch die Abgabe antagonistischer Hormone aufgehoben.

12.1.2 Grundprinzipien der hormonalen Regulation

Die meisten Hormone sind Glieder von Regelkreisen (S. 67 ff.), welche die Aufgabe haben, Stoffwechselprozesse in den Zellen oder die Zusammensetzung der extracellulären Flüssigkeit zu kontrollieren. Innerhalb der Regelkreise kann entweder ein Hormon als Stellgröße wirken oder eine Hormonkonzentration selbst der Kontrolle unterliegen, d. h. die Funktion einer Regelgröße einnehmen.

Hormone als Stellgrößen in Regelsystemen. Die weitaus meisten Hormone dienen der Informationsübertragung auf eine endokrine Drüse oder auf ein Stellglied des jeweiligen Regelkreises. Im ersteren Fall bezeichnet man den hormonalen Informationsübermittler, der auf eine abhängige endokrine Drüse einwirkt, als ***glandotropes*** oder kurz als ***tropes Hormon.*** Im letzteren Fall beeinflußt der hormonale Wirkstoff bestimmte Stoffwechselprozesse oder Organfunktionen und wird deshalb ***effectorisches Hormon*** genannt.
Als Beispiel, in dem die Stellgrößenfunktion eines Hormons demonstriert werden soll, ist in Abb. 12-1, A der Regelkreis für die Konstanthaltung der

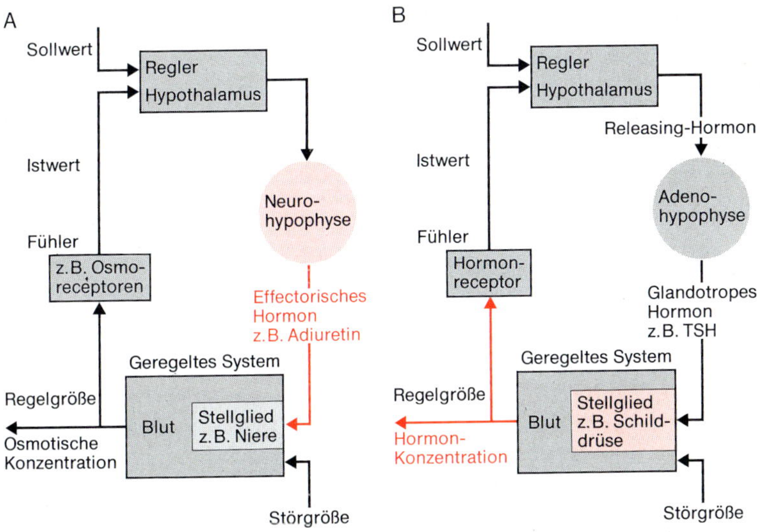

Abb. 12-1 A, B. Prinzipieller Aufbau hormonaler Regelkreise. **A** Stellgrößenfunktion von Hormonen, erläutert am Beispiel von Adiuretin. **B** Hormonkonzentrationen als Regelgrößen, erläutert am Beispiel der Schilddrüsenhormone

osmotischen Konzentration im Extracellularraum dargestellt. Das Regelzentrum für dieses System befindet sich im Hypothalamus, wo ***Adiuretin*** (ADH) gebildet wird, welches auf dem Nervenweg zur Neurohypophyse gelangt. Das von hier abgegebene Hormon erreicht auf dem Blutweg die Niere (Stellglied), wo es die Wasserrückresorption variiert und damit zugleich die osmotische Konzentration des Blutes steuert. Adiuretin ist also ein effectorisches Hormon, das die Funktion einer Stellgröße im Regelkreis ausübt. Die von Osmoreceptoren übermittelte Information über die Höhe der Osmolarität veranlaßt den Regler, die Adiuretinfreisetzung zu verstärken oder einzuschränken (negative Rückkopplung).

Hormonkonzentration als geregelte Größe. In wenigen Fällen stellt die Konzentration eines Hormones im Blut die Regelgröße dar, die durch den Regelprozeß konstant gehalten werden soll. Als Beispiel hierfür ist in Abb. 12-1, B der Regelkreis zur Kontrolle der beiden ***Schilddrüsenhormone*** (Thyroxin und Trijodthyronin) dargestellt. Der Hormonspiegel im Blut (Regelgröße) wird von Hormonreceptoren laufend überwacht. Eine Abweichung des Istwertes vom vorgegebenen Sollwert veranlaßt das zuständige Zentrum im Hypothalamus (Regler) zur Abgabe eines Releasing-Hormons (S. 418f.), das auf dem Blutweg zur Adenohypophyse gelangt. Dadurch wird hier das glandotrope Hormon TSH (S. 421) freigesetzt, das mit dem Blutstrom die Schilddrüse (Stellglied) erreicht und deren Hormonabgabe stimuliert. Auf diese Weise erfolgt eine Korrektur der Regelgröße, bis der Hormonspiegel dem Sollwert entspricht. An diesem Regelprozeß sind also vier Hormone beteiligt, von denen zwei (Releasing-Hormon und TSH) als Stellgrößen fungieren und die Blutspiegel der beiden anderen (Thyroxin und Trijodthyronin) Regelgrößen darstellen.

12.2 Hypothalamisch-hypophysäres System

Die vegetativen Regulationen im Dienste der Erhaltung, Fortpflanzung und Arbeitsbereitschaft des Organismus werden z. T. über das endokrine System, z. T. über das vegetative Nervensystem vermittelt. Dieses Zusammenwirken der beiden Systeme erfordert eine enge Koordination (neuroendokrine Kopplung), für die der ***Hypothalamus*** zuständig ist. Hier liegen die übergeordneten „vegetativen Zentren“, die einerseits die Aktivität von Sympathicus und Parasympathicus und andererseits die Hormonabgabe der Hypophyse beeinflussen. Hypothalamus und Hypophyse bilden eine übergeordnete Funktionseinheit für die meisten hormonalen Regulationen.

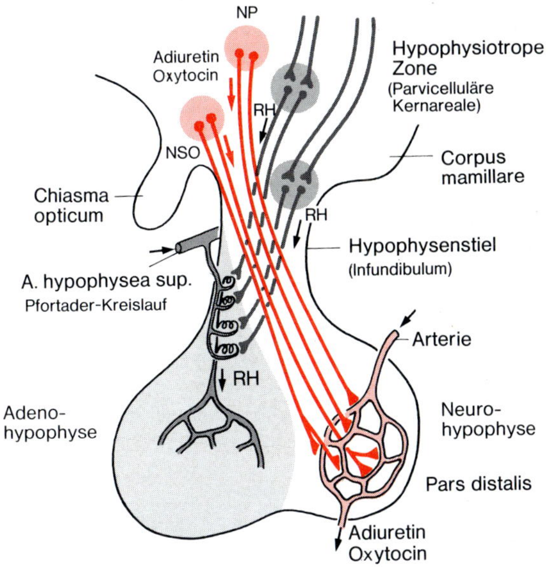

Abb. 12-2. Hypothalamisch-hypophysäres System in schematischer Darstellung. Adiuretin und Oxytocin werden im Nucleus paraventricularis (NP) und im Nucleus supraopticus (NSO) gebildet und über Nervenbahnen zur Neurohypophyse transportiert. Releasing-Hormone (RH) gelangen über das hypophysäre Pfortadersystem zu den hormonbildenden Zellen der Adenohypophyse

Unter funktionellen Aspekten gliedert sich das hypothalamisch-hypophysäre System in

- ***hypothalamische Kerngebiete*** (Nucleus supraopticus, Nucleus paraventricularis), die über Nervenbahnen mit der ***Neurohypophyse*** (Hypophysenhinterlappen) verbunden sind (Abb. 12-2, rot), sowie
- die ***hypophysiotrope Zone des Hypothalamus*** (Eminentia mediana) durch welche die Hormonfreisetzung aus der ***Adenohypophyse*** (Hypophysenvorderlappen) gesteuert wird (Abb. 12-2, dunkelgrau).

12.2.1 Hormone der Neurohypophyse

Bildung und Abgabe der Hinterlappenhormone. Von der Neurohypophyse werden zwei Hormone, ***Adiuretin*** und ***Oxytocin,*** abgegeben, die beide effectorisch wirken, d. h. direkt Organfunktionen beeinflussen. In ihrer chemischen Zusammensetzung stellen sie cyclische Nonapeptide dar. Die

Hormone werden in zwei Hypothalamuskernen, im Nucleus supraopticus und im Nucleus paraventricularis, in Form von Vorläuferhormonen gebildet. Die Vorstufen des Adiuretins (Progressophysin) und des Oxytocins (Prooxyphysin) gelangen über die Nervenfasern des Tractus hypothalamo-hypophyseus zum Hypophysenhinterlappen. In den Transportgranula erfolgt die Spaltung in je ein Neurophysin und Adiuretin bzw. Oxytocin. Die Hormonabgabe an das Blut erfolgt immer dann, wenn Aktionspotentiale an den Faserendigungen einlaufen. Der gesamte in den Nervenzellen ablaufende Prozeß der Bildung, des Transports und der Abgabe von Hormonen wird als ***Neurosekretion*** bezeichnet.

Adiuretin (Abb. 12-3). Das Hinterlappenhormon Adiuretin (***ADH*** = Antidiuretisches Hormon) wurde früher auch als ***Vasopressin*** bezeichnet, weil es in unphysiologisch hohen Dosen die Kontraktion der glatten Muskelfasern fördert und dadurch blutdrucksteigernd wirkt. Seine physiologi-

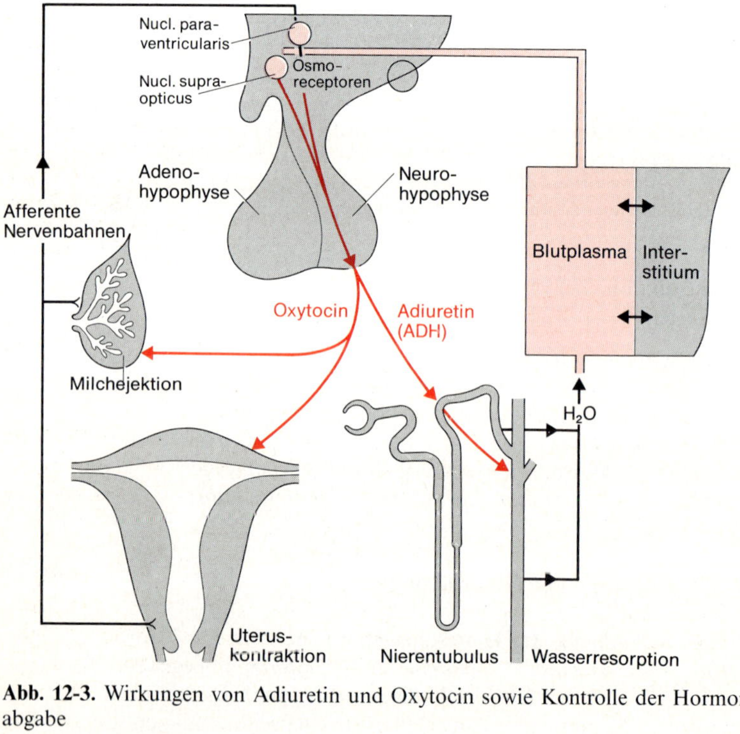

Abb. 12-3. Wirkungen von Adiuretin und Oxytocin sowie Kontrolle der Hormonabgabe

sche Wirkung besteht jedoch vorrangig darin, die Wasserrückresorption in den distalen Tubuli und Sammelrohren der Niere zu steigern und damit die ***Harnkonzentrierung*** zu fördern (S. 355f.). Unter dem Einfluß des Adiuretins werden täglich 15–30 l Tubulusflüssigkeit rückresorbiert.

Die ***Kontrolle*** über die Hormonwirkung erfolgt über

- Volumenreceptoren, die in den Vorhöfen des Herzens und in den Lungenvenen das Blutvolumen registrieren,
- Osmoreceptoren, die hauptsächlich im Hypothalamus und vermutlich auch in gastrointestinalen Venen sowie in der Leber die osmotische Konzentration überwachen.

Die im Hypothalamus (im Bereich des Nucleus supraopticus) nachgewiesenen Osmoreceptoren sprechen bereits auf eine Zunahme des osmotischen Drucks um 1% an und lösen daraufhin eine verstärkte Adiuretinausschüttung aus (Abb. 12-1 A).

Pathophysiologie. Eine mangelhafte Produktion oder Ausschüttung von Adiuretin führt zum Krankheitsbild des ***Diabetes insipidus centralis.*** Als Ursache kommen Hirn- oder Hypophysentumoren, Hypophysektomie (operative Hypophysenentfernung) oder entzündliche Erkrankungen (z. B. Hirnhautentzündung), seltener erbliche Störungen der Adiuretinbildung in Frage. Bei etwa 50% der Patienten ist die Ursache unbekannt. Infolge der verminderten Wasserrückresorption in der Niere werden große Mengen (in der Regel 4–12 l/Tag, in Extremfällen bis zu 40 l/Tag) eines stark verdünnten Harns (Dichte < 1,008 kg/l) ausgeschieden. Der Wasserverlust und der dadurch bedingte Anstieg der Blutosmolarität rufen ein starkes Durstgefühl hervor. Das verlorene Wasser muß durch vermehrtes Trinken (Polydipsie) ersetzt werden, da der Patient andernfalls rasch in eine hypertone Dehydratation (S. 390f.) geraten würde.

Oxytocin (Abb. 12-3). Die Funktion des zweiten Hinterlappenhormons, Oxytocin, besteht erstens darin, die ***rhythmische Kontraktion der glatten Uterusmuskulatur*** am Ende der Schwangerschaft zu fördern. Dabei wird der Zeitpunkt des Kontraktionsbeginns, d. h. der Wehenauslösung, wahrscheinlich durch die Konzentration der weiblichen Sexualhormone bestimmt. Die Empfindlichkeit der Uterusmuskulatur gegenüber Oxytocin nimmt nämlich gegen Ende der Schwangerschaft mit steigendem Oestrogen-Gestagen-Quotienten (S. 436) zu. Die Rückmeldung über den Erfolg der Oxytocinwirkung erfolgt auf dem Nervenwege.
Eine weitere Funktion kommt dem Oxytocin bei der Milchabgabe aus der Brustdrüse zu. Das Saugen an der lactierenden Brust löst auf dem Nervenwege eine Mehrproduktion und Ausschüttung von Oxytocin aus, das dann die Auspressung der Milch fördert ***(Milchejektionsreflex).***

12.2.2 Effectorische Hormone der Adenohypophyse

Somatotropin. Vom Hypophysenvorderlappen werden neben einer Reihe glandotroper Hormone einige Hormone abgegeben, die effectorisch wirken (Tabelle 12-1). Hierzu gehört das ***Wachstumshormon*** (Somatotropin, ***STH*** = Somatotropes Hormon, ***GH*** = Growth Hormone). Chemisch handelt es sich um ein Protein mit dem Molekulargewicht 21500, das aus 191 Aminosäuren besteht. Seine Wirksamkeit ist streng artspezifisch, so daß etwa aus Rinderhypophysen gewonnenes Somatotropin beim Menschen wirkungslos bleibt.

Wie Abb. 12-4 zeigt, besitzt Somatotropin ein sehr breites Wirkungsspektrum. Allerdings löst es die Wirkungen z. T. nicht selbst, sondern über die Bildung wachstumsfördernder Faktoren in der Leber, der ***Somatomedine,*** aus. (Somatotropin verhält sich somit einerseits als effectorisches, andererseits als glandotropes Hormon.)

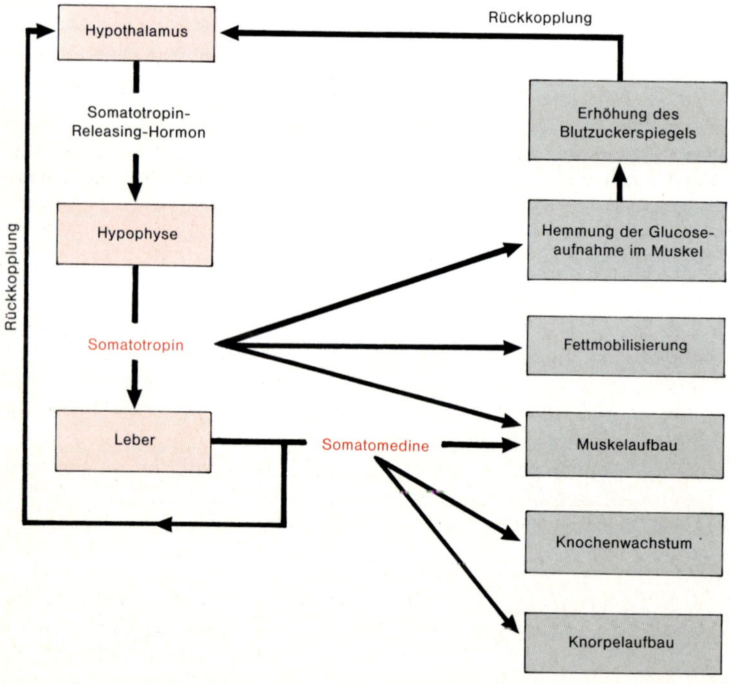

Abb. 12-4. Stoffwechselwirkungen von Somatotropin

Somatotropin als effectorisches Hormon

- mobilisiert Fettsäuren aus Fettgewebe und führt dadurch zu einem Abbau von Fettdepots (Steigerung der Lipolyse),
- erhöht den Blutzuckerspiegel durch Zunahme der Gluconeogenese und Verringerung der Glucoseaufnahme in die Zellen und
- ist neben den Somatomedinen direkt am Muskelaufbau und wahrscheinlich auch am Knorpel- und Knochenwachstum beteiligt.

Als glandotropes Hormon fördert Somatotropin ebenfalls - indirekt über die Bildung von Somatomedinen - das Knorpel-, Knochen- und Muskelwachstum: In Chondrocyten wird die Aufnahme von anorganischem Sulfat erhöht, bei Jugendlichen die Aktivität des Epiphysenknorpels und damit das Längenwachstum des Knochens gefördert, bei Erwachsenen das appositionelle Knochenwachstum gesteigert. Das wichtigste Somatomedin ist ***Somatomedin C,*** das durch Vermehrung der Proteinsynthese in allen Körperzellen die Zellteilung stimuliert. Außerdem hat es eine kurzdauernde insulinartige Wirkung (frühere Bezeichnung: insulin like growth factor).

Die volle Wirkung des Wachstumshormons bzw. der Somatomedine wird nur erreicht, wenn gleichzeitig Schilddrüsen-, Nebennierenrinden- und Sexualhormone in physiologischen Konzentrationen vorhanden sind. Umgekehrt ist der wachstumsfördernde Effekt dieser Hormone bei Fehlen von Somatotropin herabgesetzt.

Pathophysiologie. Die verminderte oder übersteigerte Bildung des Wachstumshormons führt zu charakteristischen Krankheitsbildern. Ein ***hypophysärer Minderwuchs*** beruht auf einem Mangel an Somatotropin. In ausgeprägter Form entsteht ein Zwergwuchs, bei dem die Körperproportionen erhalten bleiben. (Von Zwergen spricht man, wenn nach Beendigung der Wachstumsperiode die Körpergröße unter 140 cm liegt.) Wenn vor der Pubertät zu viel Somatotropin gebildet wird, entwickelt sich ein ***hypophysärer Riesenwuchs*** (Gigantismus), bei dem ebenfalls ein proportionierter Körperbau besteht. Da vor der Pubertät die Epiphysenfugen noch nicht geschlossen sind, kann das Längenwachstum der Knochen über das normale Maß hinaus fortschreiten. Im Gegensatz dazu führt die übersteigerte Somatotropin-Produktion beim Erwachsenen (nach dem Epiphysenschluß) zu einem verstärkten periostalen, appositionellen Knochenwachstum mit der Bildung von Hyperostosen (Knochenauswüchsen). Dieses Krankheitsbild der ***Akromegalie*** ist daher durch einen grobschlächtigen Knochenbau mit Vergrößerung der Acren gekennzeichnet. Außerdem sind Zunge, Lippen und Haut verdickt sowie die inneren Organe vergrößert.

Melanocyten-stimulierendes Hormon. Ein weiteres effectorisches Hormon der Adenohypophyse ist das Melanocyten-stimulierende Hormon (***MSH,*** Melanotropin). Es fördert die Melaninproduktion sowie die Ausbreitung der Pigmentgranula in der Haut und damit deren Pigmentierung, doch scheint es beim Menschen unter physiologischen Bedingungen nur von

Tabelle 12-1. Effectorische Hormone

Bezeichnung	Abk.	Synonyma	Chem. Aufbau	Abgabe durch	Hauptwirkungen
Adiuretin	ADH	Vasopressin	Nonapeptid	Neurohypophyse	Wasserretention
Oxytocin		Ocytocin	Nonapeptid	Neurohypophyse	Uteruskontraktion, Milchauspressung
Somatotropin	STH (GH)	Somatotropes Hormon, Wachstumshormon	Protein	Adenohypophyse	Knochenwachstum, Proteinsynthese, Lipolyse, Hemmung der Glucoseaufnahme
Melanocyten-stimulierendes Hormon	MSH	Melanotropin	Polypeptid	Adenohypophyse	Hautpigmentierung
Prolactin	PRL (LTH)	Lactotropes Hormon	Protein	Adenohypophyse	Milchproduktion
Thyroxin Trijodthyronin	T_4 T_3	Tetrajodthyronin	Aminosäurenderivate	Schilddrüse	Stoffwechselsteigerung, Wachstumsförderung
Calcitonin		Thyreocalcitonin	Polypeptid	Schilddrüse	Senkung des Ca^{2+}-Spiegels, Erhöhung des Phosphatspiegels
Parathormon	PTH	Parathyrin	Polypeptid	Nebenschilddrüsen	Erhöhung des Ca^{2+}-Spiegels
Glucocorticoide (Cortisol)			Steroide	Nebennierenrinde (Zona fasciculata)	Gluconeogenese, Proteolyse, Lipolyse, Entzündungshemmung
Mineralocorticoide (Aldosteron)			Steroide	Nebennierenrinde (Zona glomerulosa)	Na^+-Retention, K^+-Ausscheidung, Wasserretention
Androgene (Testosteron)			Steroide	Testes (Zwischenzellen)	Wachstum der männlichen Sexualorgane, Proteinsynthese
Oestrogene (Oestradiol)			Steroide	Ovar (Follikelepithel), Placenta	Wachstum der weiblichen Sexualorgane, Proliferation der Uterusschleimhaut

Tabelle 12-1. Effectorische Hormone (Fortsetzung)

Bezeichnung	Abk.	Synonyma	Chem. Aufbau	Abgabe durch	Hauptwirkungen
Gestagene (Progesteron)			Steroide	Ovar (Gelbkörper), Placenta	Umwandlung der Uterusschleimhaut zur Sekretionsphase, Temperatursteigerung (0,4 °C)
Adrenalin	(A)	Epinephrin	Aminosäurenderivat	Nebennierenmark	Förderung der Herzaktion, Glykogenolyse, Stimulation des ZNS
Noradrenalin	(NA)	Arterenol	Aminosäurenderivat	Nebennierenmark	Blutdrucksteigerung
Insulin			Polypeptid	Inselorgan, B-Zellen (Pankreas)	Glucoseaufnahme und -oxidation Glykogenaufbau (Senkung des Blut-Glucosespiegels)
Glucagon	HGF	Hyperglykämischer Faktor	Polypeptid	Inselorgan, A-Zellen (Pankreas)	Glykogenolyse, Gluconeogenese (Anhebung des Blut-Glucosespiegels)
Erythropoietin (S. 16)			Polypeptid	Niere	Erythrocytenbildung
Atrialer natriuretischer Faktor (S. 115)	ANF	Atriopeptin	Polypeptid	Vorhöfe des Herzens	Diurese, Natriurese

untergeordneter Bedeutung zu sein. Es wird in Form von ***Proopiomelanocortin*** (POMC), der gemeinsamen Vorstufe von Corticotropin (S. 426), β-Endorphin und Melanocyten-stimulierendem Hormon, in Proopiomelanocortinzellen (POMC-Zellen) gebildet. Das bedeutet, daß die drei Substanzen Melanotropin, Corticotropin und β-Endorphin stets gleichzeitig freigesetzt werden. Da für diese Freisetzung Corticotropin-Releasing-Hormon (CRH, S. 425) verantwortlich ist, tritt bei einer CRH-Überproduktion, z. B. bei Morbus Addison (S. 428 f.), eine besonders starke Pigmentierung der Haut auf.

Prolactin. Das aus 198 Aminosäuren aufgebaute Hormon ist chemisch mit Somatotropin nahe verwandt. Prolactin (***LTH*** = **L**acto**t**ropes **H**ormon) stimuliert insbesondere die Ingangsetzung und Aufrechterhaltung der Milchproduktion (Lactopoese) in der Brustdrüse.

Die dem Prolactin früher zugeschriebenen Wirkungen auf die weiblichen Keimdrüsen bestehen zumindest beim Menschen nicht. Bei Frauen sind die Plasma-Prolactinspiegel etwa 1,5mal höher als bei Männern. Bei beiden Geschlechtern findet man eine circadiane Rhythmik mit maximalen Prolactinspiegeln am Morgen. In der Schwangerschaft ist physiologischerweise die Prolactinausschüttung gesteigert. Reizung von Mechanoreceptoren in den Brustwarzen durch den Säugling bewirkt über nervale Afferenzen die Freisetzung von Prolactin-Releasing-Hormon im Hypothalamus und dadurch eine Zunahme der Prolactinliberation.

Die Rückkopplung zum Hypothalamus erfolgt durch Prolactin selbst, und zwar wird bei erhöhtem Prolactinspiegel vermehrt Dopamin ausgeschüttet, das die Prolactinsekretion hemmt. Dopamin ist somit mit dem Prolactin-Inhibiting-Hormon identisch.

12.2.3 Glandotrope Hormone der Adenohypophyse

Übersicht über die glandotropen Hormone (Tabelle 12-2). Alle weiteren Hormone des Hypophysenvorderlappens haben die Aufgabe, die Hormonausschüttung peripherer Drüsen zu steuern. Eine Übersicht über die glandotropen Hormone gibt Abb. 12-5. Es bewirken: das ***Thyreotropin (TSH)*** die Abgabe von Schilddrüsenhormonen, das ***Corticotropin (ACTH)*** die Abgabe von Nebennierenrindenhormonen, das ***Follikel-stimulierende Hormon (FSH)*** und das ***Luteinisierungshormon (LH)*** die Abgabe der Sexualhormone. Die beiden letztgenannten Hormone werden unter dem Begriff ***Gonadotropine*** zusammengefaßt. Da die glandotropen Hormone und die von ihnen beeinflußten effectorischen Hormone Glieder von zusammenhängenden Regelkreisen sind, ist es zweckmäßig, sie bei der weiteren Darstellung auch gemeinsam mit diesen zu behandeln und dabei jeweils die Leistungen des Gesamtsystems in den Vordergrund zu stellen.

Tabelle 12-2. Glandotrope Hormone der Adenohypophyse und Placentahormone

A. Glandotrope Hormone der Adenohypophyse Bezeichnung	Abk.	Synonyma	Chem. Aufbau	stimuliert
Thyreotropin	TSH	Thyreoidea-stimulierendes Hormon	Glykoprotein	Thyroxin- und Trijodthyronin-Produktion
Adrenocorticotropes Hormon	ACTH	Corticotropin	Polypeptid	Glucocorticoid-Produktion
Follikel-stimulierendes Hormon	FSH	Follitropin	Glykoprotein	♀ Follikelreifung, Oestrogen-Produktion ♂ Spermienentwicklung
Luteinisierungs-hormon =	LH =	Lutropin	Glykoprotein	♀ Ovulation, Oestrogen- und Progesteron-Produktion
Zwischenzellen-stimulierendes Hormon	ICSH	Interstitial Cell Stimulating Hormone		♂ Testosteron-Produktion

B. Placentahormone Bezeichnung	Abk.	Synonyma	Chem. Aufbau	stimuliert
Choriongonadotropin	HCG	Human-Chorion-Gonadotropin	Glykoprotein	Oestrogen- und Progesteron-Produktion
Chorionmammotropin	HCS=	Human-Chorion-Somatomammotropin	Protein	Proliferation der Brustdrüse sowie Funktionen wie STH
	HPL	Human-Placental-Lactogen		

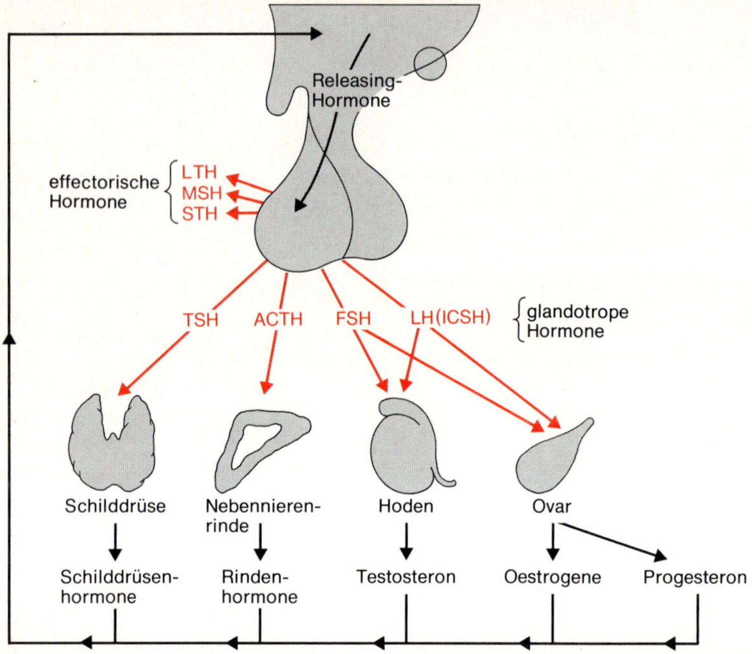

Abb. 12-5. Übersicht über die effectorischen und glandotropen Hormone der Adenohypophyse. *STH* Somatotropin, *MSH* Melanotropin, *LTH* Prolactin, *TSH* Thyreotropin, *ACTH* Corticotropin, *FSH* Follikelstimulierendes Hormon, *LH* Luteinisierungshormon

Hypophysenvorderlappeninsuffizienz. Hierbei handelt es sich um eine verminderte Ausschüttung von Vorderlappenhormonen, die durch Tumoren, Entzündungen, Durchblutungsstörungen, Traumen oder Entwicklungsstörungen verursacht werden kann. Tritt die Insuffizienz akut auf, so stehen die Folgen des Corticotropin-Mangels (S. 428) und des Thyreotropin-Mangels (S. 421) im Vordergrund. Bei langsamer Entwicklung des Krankheitsbildes fallen in der Regel zuerst Somatotropin (S. 412f.) und die Gonadotropine (S. 416) aus.

Releasing-Hormone und Release-Inhibiting-Hormone. Die Produktion und Freisetzung der glandotropen Hormone wird von einer Reihe von Hormonen, die aus der hypophysiotropen Zone des Hypothalamus stammen, gefördert oder gehemmt. Fördernd wirken die Releasing-Hormone (Liberine), hemmend die Release-Inhibiting-Hormone (Statine). Diese früher als „Faktoren" bezeichneten Hormone, die jeweils eine bestimmte Funktion der Adenohypophyse steuern, sind in Tabelle 12-3 zusammengestellt.

Tabelle 12-3. Hormone für die Steuerung der Adenohypophysen-Funktion

A. Releasing-Hormone (Liberine) Bezeichnung	Abk.	Synonyma	setzt frei
Somatotropin-Releasing-Hormon	GRH (GH-RH)	Somatoliberin Growth Hormone-Releasing-Hormon	Somatotropin (STH)
Prolactin-Releasing-Hormon	PRH (LTH-RH)	Prolactoliberin	Prolactin (PRL)
Thyreotropin-Releasing-Hormon	TRH	Thyroliberin	Thyreotropin (TSH)
Corticotropin-Releasing-Hormon	CRH	Corticoliberin	Corticotropin (ACTH)
Gonadotropin-Releasing-Hormon	GnRH	Gonadoliberin Gonadorelin	FSH + LH (ICSH)
B. Release-Inhibiting-Hormone (Statine) Bezeichnung	Abk.	Synonyma	hemmt Freisetzung von
Somatotropin- Release-Inhibiting-Hormon	GIH (GH-IH)	Somatostatin	Somatotropin (STH)
Prolactin- Release-Inhibiting-Hormon	PIH (PRL-IH)	Dopamin	Prolactin (PRL)

In den meisten Fällen ist die Strukturaufklärung der bisher bekannten 5 Releasing-Hormone und 2 Release-Inhibiting-Hormone gelungen. Es handelt sich überwiegend um Oligopeptide mit verhältnismäßig wenigen Aminosäuren.

Hypophysäres Pfortadersystem. Die Releasing-Hormone bzw. die Release-Inhibiting-Hormone gelangen über die Fortsätze der sekretorischen Neurone zu Kontaktstellen mit feinen Capillarschleifen, wo sie an das Blut abgegeben werden (Abb. 12-2). Diese Capillarschleifen münden in die sog. Portalgefäße, die sich im Hypophysenvorderlappen in ein zweites Capillarnetz aufspalten. Auf diesem Wege erreichen die genannten Hormone die Adenohypophyse und beeinflussen dort die Produktion und Freisetzung der Vorderlappenhormone.

12.3 Schilddrüsenhormone

Von der Schilddrüse werden zwei stoffwechselsteuernde Hormone, Thyroxin und Trijodthyronin, sowie ein den Ca^{2+}-Haushalt beeinflussendes Hormon, Calcitonin (Thyreocalcitonin), abgegeben. Das letztere wird im Zusammenhang mit der Ca^{2+}-Regulation behandelt (S. 443 f.).

12.3.1 Biosynthese und Wirkungen der Schilddrüsenhormone

Chemischer Aufbau und Biosynthese. Die beiden den Stoffwechsel beeinflussenden Hormone leiten sich von der Aminosäure Tyrosin ab. ***Thyroxin*** (***T_4***, Tetrajodthyronin) enthält vier, ***Trijodthyronin (T_3)*** drei Jodatome. Für die Biosynthese werden zunächst Jodid-Ionen aus dem Blut gegen ein Konzentrationsgefälle in die Epithelzellen der Schilddrüse aufgenommen und hier enzymatisch zu elementarem Jod oxidiert. Dann erfolgt der Einbau des Jods in die Tyrosinreste eines Proteins, das in das Schilddrüsenkolloid gelangt und als ***Thyreoglobulin*** die Speicherform der Schilddrüsenhormone darstellt. Bei Bedarf können daraus durch proteolytische Spaltung die Hormone Thyroxin und Trijodthyronin freigesetzt werden. Im zirkulierenden Blut sind T_4 und T_3 an Plasmaproteine, an Albumin und ein spezifisches α-Globulin, gebunden. Die – im Vergleich zu T_3 – stärkere Eiweißbindung von T_4 hat zur Folge, daß die Plasma-Halbwertszeit von T_4 7 Tage, die von T_3 dagegen nur 1–2 Tage beträgt.
Die Biosynthese der beiden Schilddrüsenhormone T_4 und T_3 ist von einer ***ausreichenden Jodzufuhr*** mit der Nahrung abhängig. Daher zählt Jod zu den lebensnotwendigen Spurenelementen (S. 286 f.). Wenn zu wenig Jod

in der Nahrung, speziell im Trinkwasser und im Speisesalz enthalten ist, können nicht nur Störungen der Funktion, sondern auch morphologische Veränderungen der Schilddrüse eintreten (S. 422f.).

Biologische Wirkungen. Zwar werden von der Schilddrüse Thyroxin und Trijodthyronin gemeinsam freigesetzt, doch kommt die eigentliche Wirkung mit hoher Wahrscheinlichkeit weitgehend dem Trijodthyronin zu. Im Gewebe wird nämlich Thyroxin unter Jodabspaltung zu Trijodthyronin umgewandelt. Die Funktion von Trijodthyronin besteht vor allem in der Beschleunigung oxidativer Stoffwechselprozesse in den meisten Zellen. Es führt somit zu einer ***Steigerung des Energieumsatzes*** im Gesamtorganismus. Diese betrifft insbesondere den Kohlenhydrat- aber auch den Fettstoffwechsel. Der Sauerstoffverbrauch wird dadurch erhöht. Trijodthyronin stimuliert darüber hinaus die Ribonucleinsäuresynthese und damit die Proteinbildung.
Eine weitere Wirkung der Schilddrüsenhormone ist für den wachsenden Organismus von Bedeutung. Physiologische Konzentrationen der Hormone sind Vorbedingung für ein normales ***Längenwachstum*** sowie für die normale ***Entwicklung*** der Organanlagen und Organe, insbesondere der Knochen und des Gehirns.

12.3.2 Kontrolle des Hormonspiegels und Pathophysiologie

Regulation der Hormonkonzentrationen. Die Blutkonzentrationen von Thyroxin und Trijodthyronin werden durch ein Regelzentrum im Hypothalamus kontrolliert (Abb. 12-6). Ein Abfall der Konzentrationen bewirkt die verstärkte Abgabe des ***Thyreotropin-Releasing-Hormons (TRH,*** Thyroliberin), das seinerseits die Ausschüttung von Thyreotropin in der Adenohypophyse stimuliert. ***Thyreotropin (TSH*** = Thyroidea-stimulierendes Hormon), ein artspezifisches Glykoprotein mit einem Molekulargewicht von etwa 25000, fördert die Jodaufnahme in der Schilddrüse, aktiviert die Jodierung von Tyrosin und die Kondensation zu Tri- bzw. Tetrajodthyronin. Außerdem setzt TSH die Schilddrüsenhormone T_4 und T_3 aus der Speicherform Thyreoglobulin durch Proteolyse frei und bewirkt ihre Ausschüttung in die Blutbahn. Dabei beträgt der Anteil des Thyroxins an den freigesetzten Hormonen in der Regel etwa 90–95%, der des Trijodthyronins nur 5–10%.
In die geschilderte Regulation der Hormonkonzentrationen können noch weitere Faktoren, wie der ***Belastungszustand*** und die ***Körpertemperatur,*** modifizierend eingreifen (Abb. 12-6). Kältereiz, psychische und physische Belastungen erhöhen den Sollwert des Regelkreises, Wärmereiz und Ruhe senken ihn.

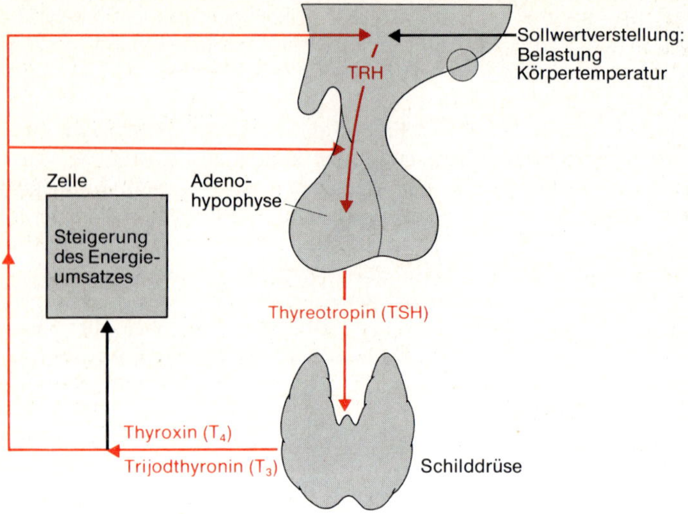

Abb. 12-6. Wirkungen der Schilddrüsenhormone und Regulation der Hormonkonzentrationen. TRH Thyreotropin-Releasing-Hormon

Hypothyreose. Unter einer Hypothyreose (Schilddrüsenunterfunktion) versteht man ein ungenügendes Angebot bzw. eine ungenügende Wirkung von Schilddrüsenhormonen. Bei der ***angeborenen Hypothyreose*** liegt meist eine mangelhafte Entwicklung der Schilddrüse, ein Jodmangel oder eine Schilddrüsenhormonverwertungsstörung vor. Sofern die Mutter ausreichend Schilddrüsenhormone produziert, kann der Schilddrüsenhormonbedarf des Feten in der Schwangerschaft durch die Mutter gedeckt werden, d. h., daß unter diesen Voraussetzungen bei dem Neugeborenen noch keine deutlichen Symptome einer Hypothyreose auftreten. Nach der Geburt kommt es jedoch, sofern keine Substitution mit Schilddrüsenhormonen erfolgt, zu einer immer deutlicher in Erscheinung tretenden Verzögerung der körperlichen und geistigen Entwicklung. Der Körperbau bleibt gedrungen und plump (disproportionierter Zwergwuchs), der Blutdruck ist erniedrigt, die Muskulatur schlaff. Werden jedoch möglichst bald nach der Geburt ausreichende Mengen an Schilddrüsenhormonen gegeben, so entwickeln sich die Kinder normal.

Dies trifft allerdings nicht zu, wenn auch bei der Mutter in der Schwangerschaft ein Schilddrüsenhormonmangel vorlag. Eine normale geistige Entwicklung post partum ist dann selbst bei vollständiger Schilddrüsenhormonsubstitution nicht mehr möglich. Die Kinder, die früher als Kretins bezeichnet wurden, bleiben debil (geistesschwach), weil eine ausreichende intrauterine Versorgung mit Schilddrüsenhormonen für eine reguläre Entwicklung der Gehirnfunktionen unerläßlich ist. Besonders häufig traten solche Fälle früher in Gebieten (z. B. in Alpentälern) auf, in denen das Trinkwasser zu wenig Jod enthielt und die insgesamt mit der Nahrung aufgenommene Jodmenge zu gering war. Seit Einführung der Jodprophylaxe mit jodiertem Speisesalz in diesen Gebieten sind kaum noch Neuerkrankungen aufgetreten.

Die ***erworbenen Hypothyreosen*** werden in der Mehrzahl der Fälle durch Entzündungen mit Verlust von funktionstüchtigem Schilddrüsengewebe, darüber hinaus durch Röntgenbestrahlungen, Radiojodbehandlung oder Kropfoperationen hervorgerufen. Ein wichtiges Symptom ist das ***Myxoedem,*** eine eigentümliche Verdickung und Schwellung der Haut. Weiterhin findet man einen reduzierten Grundumsatz eine erniedrigte Körpertemperatur und verlangsamte vegetative Reaktionen. Die Patienten sind oft kälteempfindlich und übergewichtig. Die Jodspeicherungsfähigkeit der Schilddrüse ist verringert.

Struma (Kropf). Unter einer Struma versteht man eine Vergrößerung der Schilddrüse, die auf einer Vermehrung der Follikelzahl beruht. Nach der Art des Wachstums unterscheidet man Knotenstrumen und diffuse Strumen. Bei einem Jodmangel, der zu einem Mangel an Schilddrüsenhormonen führt, kommt es auf dem Regulationsweg zu einer verstärkten Freisetzung von Thyreotropin, das seinerseits das Wachstum der Schilddrüse anregt. Strumen findet man jedoch nicht nur bei Unterfunktion, sondern auch bei normaler Funktion und bei Überfunktion der Schilddrüse.

Hyperthyreose. Bei einer Hyperthyreose (Schilddrüsenüberfunktion) ist die Ausschüttung von Trijodthyronin und Thyroxin gesteigert und dadurch der Energieumsatz, die Körpertemperatur, die Herzfrequenz und damit das Herzzeitvolumen erhöht. Die Patienten leiden unter Gewichtsabnahme, Herzklopfen, Unrast und Schlaflosigkeit, sie schwitzen leicht, haben einen feinschlägigen Tremor und weite Pupillen. Trotz gemeinsamer Symptomatik muß streng zwischen zwei Ursachen der Hyperthyreose unterschieden werden.
Beim ***toxischen Adenom*** bzw. bei ***multiplen „heißen" Knoten*** der Schilddrüse handelt es sich um ein lokalisiertes, tumorartiges Wachstum von Teilen der Schilddrüse, die nicht mehr der hypothalamisch-hypophysären Regelung unterliegen, sondern autonom vermehrt Schilddrüsenhormone produzieren und in die Blutbahn abgeben.
Beim ***Morbus Basedow*** liegt eine Hyperthyreose mit einer diffusen Vergrößerung der Schilddrüse ***(Struma)*** vor. Zusätzlich zu den obengenannten Symptomen kommt es zu einem meist beidseitigen, selten einseitigen Hervortreten der Augäpfel ***(Exophthalmus).*** Als krankheitsauslösende Stoffe wurden von B-Lymphozyten gebildete Thyreoidea-stimulierende Immunglobuline ***(TSI)*** gefunden. Diese agonistisch wirkenden Antikörper verdrängen Thyreotropin von dessen Bindungsstellen in der Membran der Schilddrüsenzellen (Thyreocyten) und rufen eine langanhaltende Schilddrüsenhormonstimulation hervor. Eine direkte Korrelation der Augensymptome mit der TSI-Konzentration im Blut konnte bisher nicht nachgewiesen werden.

12.4 Nebennierenrindenhormone

Die Nebennierenrinde stellt eine endokrine Drüse mit einem besonders breiten Funktionsspektrum dar. In jeder ihrer drei morphologisch abgrenzbaren Zonen (Zona glomerulosa, fasciculata und reticularis) werden spezifische Hormone gebildet, die sich in ihren Wirkungen grundlegend voneinander unterscheiden.

12.4.1 Glucocorticoide

Die Zona fasciculata produziert die Glucocorticoide, die hauptsächlich den Glucosehaushalt und die Abwehrmechanismen beeinflussen. Der wirksamste Vertreter dieser Gruppe ist ***Cortisol*** (Hydrocortison), daneben werden in kleineren Mengen Cortison und Corticosteron gebildet. Chemisch handelt es sich um Steroide, die sich vom Cholesterin ableiten.

Stoffwechselwirkungen der Glucocorticoide. Die wichtigsten Stoffwechselwirkungen von Cortisol sind in Abb. 12-7 schematisch dargestellt. Cortisol fördert vor allem die ***Gluconeogenese,*** d. h. den Glucoseaufbau aus glucoplastischen Aminosäuren, und die Glykogensynthese in der Leber. Hier hat Cortisol also eine anabole (substanzaufbauende) Wirkung. In anderen Organen, wie z. B. in der Muskulatur, im Fettgewebe, in lymphatischen Organen und in der Haut, wirkt Cortisol katabol (substanzabbauend): Bei reduzierter Glucoseaufnahme und Glykolyse werden – insbesondere unter der Einwirkung erhöhter Cortisolkonzentrationen – Proteine abgebaut ***(Proteolyse),*** wodurch die freigesetzten Aminosäuren z. T. für die Gluconeogenese zur Verfügung stehen. Im Fettgewebe ist die Anwesenheit von Cortisol Voraussetzung für die Steigerung des Fettabbaus ***(Lipolyse)*** durch Adrenalin. Eine solche Funktion, bei der die Anwesenheit eines Hormons für die Effektivität eines anderen notwendig ist, bezeichnet man als ***permissive Wirkung.***

Abwehrhemmende Wirkungen der Glucocorticoide. Eine medizinisch besonders wichtige Wirkung der Glucocorticoide besteht darin, daß sie in höheren Konzentrationen die mesenchymalen Gewebereaktionen, speziell Entzündungen, hemmen. Diese ***entzündungshemmende Wirkung*** beruht einerseits auf der Einschränkung der unspezifischen cellulären Abwehr (Leukocytenmigration, Phagocytose, Bakteriolyse) und andererseits auf einer Hemmung der spezifischen humoralen Abwehr (S. 33 ff.). Der letztgenannte Effekt erklärt sich daraus, daß Glucocorticoide die Proteinsynthese in den lymphatischen Organen und damit auch die Lymphocytenproliferation hemmen, so daß die Antikörperbildung herabgesetzt wird

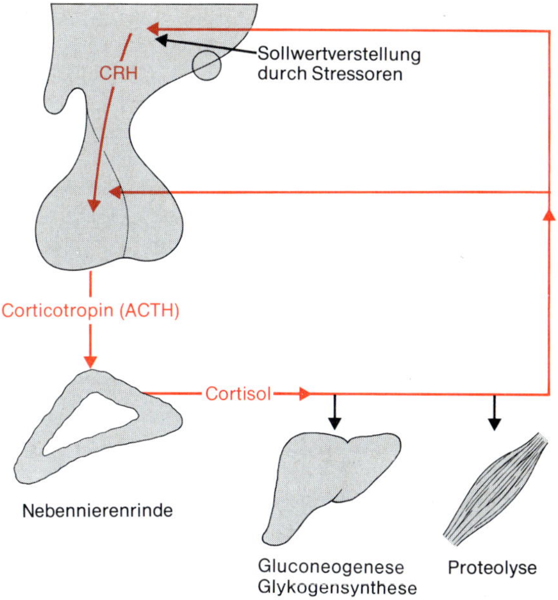

Abb. 12-7. Stoffwechselwirkungen von Cortisol und Regulation der Cortisolkonzentration. CRH Corticotropin-Releasing-Hormon

(Immunsuppression). Außerdem unterdrücken die Glucocorticoide die Gewebereize, die als Folge der Antigen-Antikörper-Reaktion oder als Folge von Toxineinwirkungen auftreten. Aus diesen Gründen werden Cortisol bzw. seine Derivate bei akuten rheumatischen Erkrankungen, allergischen Reaktionen und anderen Krankheiten therapeutisch eingesetzt.

Regulation der Hormonkonzentrationen (Abb. 12-7). Die Glucocorticoide gehören zu den wenigen Hormonen, deren Konzentrationen im Blut durch einen Regelprozeß kontrolliert werden. Regelgröße ist in erster Linie der Blutspiegel des freien Cortisols. Dabei ist zu berücksichtigen, daß etwa 80% des Cortisols im Blut an ein α_1-Globulin (Transcortin) gebunden und etwa 10% an die Erythrocytenmembran adsorbiert sind, so daß nur 10% in freier, biologisch aktiver Form vorliegen. Bei einer Abnahme der freien Cortisolkonzentration wird im Hypothalamus ***Corticotropin-Releasing-Hormon*** (**CRH,** Corticoliberin), ein aus 41 Aminosäuren bestehendes Peptid, secerniert, das über das Pfortadersystem in die Adenohypophyse gelangt und dort die Freisetzung von ***Adrenocorticotro-***

pem Hormon (**ACTH,** Corticotropin) bewirkt. ACTH seinerseits stimuliert in den Nebennieren die Ausschüttung der Glucocorticoide. Dabei ist von Bedeutung, daß die Freisetzung von Corticotropin-Releasing-Hormon und damit auch die von ACTH nicht kontinuierlich, sondern in unregelmäßigen Abständen (episodenhaft) erfolgt.
Der Sollwert des Regelkreises ist allerdings in gewissen Grenzen variabel. Die Cortisolkonzentration weist insbesondere ***tagesrhythmische Schwankungen*** mit einem Maximalwert am frühen Morgen und einem Minimalwert am späten Abend auf. Außerdem kommt es bei vielen Belastungszuständen zu einer Sollwertverstellung (s. u.).

Streß und Adaptation. Es ist das Verdienst von SELYE, erkannt zu haben, daß der Organismus auf ganz verschiedenartige Reize in einer stets gleichartigen Reaktionsweise antwortet. Als auslösende Ursachen für diese Reaktion kommen in Frage: Infektionen, Verletzungen, Kälte- oder Hitzebelastungen, Hypoxie, Narkose, Hypoglykämie, starke Schallreize sowie alle Reize mit emotionaler Beteiligung. Man bezeichnet den als Folge solcher Belastungen auftretenden Reizzustand als ***Streß*** und den jeweils auslösenden Reiz als ***Stressor.***
Eine wesentliche unspezifische Reaktion des Organismus auf die Einwirkung von Stressoren besteht in einem Anstieg der Glucocorticoidkonzentrationen („Alarmreaktionen"). Dieser Effekt kann als eine ***Sollwertverstellung*** des Glucocorticoid-Regelkreises gedeutet werden. Daneben kommt es im Streß zu einer gesteigerten Sympathicusaktivität und als Folge davon zu einer verstärkten Ausschüttung der Hormone des Nebennierenmarks (Catecholamine, S. 437f.).
Bei langdauernden oder wiederholten Einwirkungen des gleichen Stressors nimmt die Stärke der Streßreaktion mehr und mehr ab, es tritt eine physiologische ***Adaptation*** ein. Ein solcher Anpassungsprozeß, der sich im Zeitraum von einigen Tagen bis zu mehreren Monaten vollzieht, ist streng ***stressorspezifisch*** (z. B. Anstieg der Hämoglobinkonzentration und Erythrocytenzahl bei O_2-Mangel oder Zunahme der Schweißsekretion bei Hitzebelastung).
Die ***unspezifischen Streßreaktionen,*** die unabhängig von der Art des einwirkenden Reizes auftreten (gesteigerte Glucocorticoidabgabe, Catecholaminausschüttung), nehmen mit wiederholten Belastungen ebenfalls ab. Dieser Anpassungsprozeß, der sich in kürzeren Zeiten (Stunden bis Wochen) vollzieht, wird als ***Habituation*** (Gewöhnung) bezeichnet.

12.4.2 Mineralocorticoide

Die zweite Gruppe der Nebennierenrindenhormone bilden die Mineralocorticoide, die vorrangig in der Zona glomerulosa produziert werden. Auch bei diesen Hormonen handelt es sich in chemischer Hinsicht um Steroide. Ihr wichtigster Vertreter ist das Aldosteron.

Biologische Wirkungen von Aldosteron. Die Mineralocorticoide, speziell das Aldosteron, sind an der Regulation des Elektrolyt- und Wasserhaushalts beteiligt (Abb. 12-8). Aldosteron steigert durch die Stimulation einer mRNA die Synthese von Membranproteinen, die für den Na^+-Transport in den Nierentubuli benötigt werden. Aldosteron bewirkt dadurch eine verstärkte ***Natriumrückresorption*** in der Niere, womit - osmotisch bedingt - auch eine ***Wasserrückresorption*** verbunden ist. Außerdem fördert es die ***Kalium-*** und die ***Wasserstoffionenausscheidung.*** Ganz ähnlich sind die Wirkungen des Aldosterons auf den Wasser- und Ionentransport im Darm sowie in den Speichel- und Schweißdrüsen.

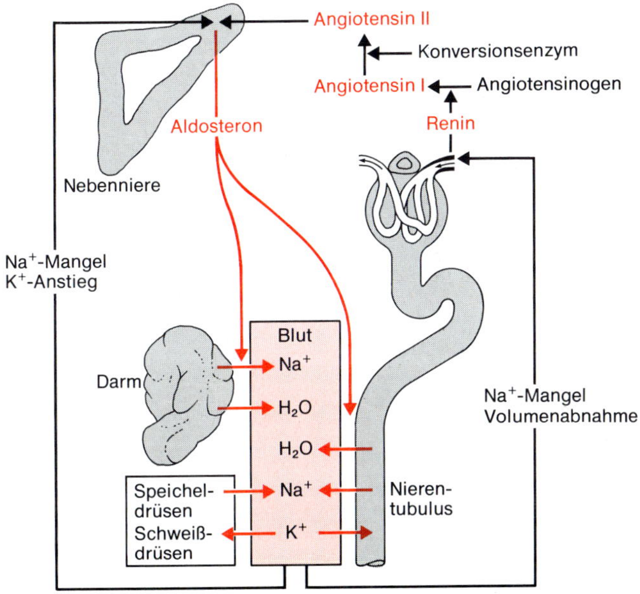

Abb. 12-8. Wirkungen von Aldosteron und Einflüsse auf die Hormonfreisetzung

Regulationsmechanismen (Abb. 12-8). Die Produktion und die Abgabe von Aldosteron werden durch mehrere Faktoren geregelt. Wirksame Reize sind ein ***Kaliumanstieg*** (z. B. bei gesteigerter Kaliumzufuhr), ein ***Natriummangel*** (z. B. bei Kochsalzverlusten durch Schweißsekretion) oder eine ***Abnahme des Blutvolumens*** (z. B. bei großen Blutverlusten). Die Steuerung der Hormonfreisetzung erfolgt dabei im wesentlichen auf zwei Wegen. Erstens beeinflussen die K^+- und Na^+-Konzentrationen des Blutes direkt die Zellen der Zona glomerulosa und veranlassen sie zu einer angepaßten Hormonabgabe. Zweitens wird bei Abnahme der Na^+-Konzentration und bei Einschränkung der Nierendurchblutung, die z. B. als Folge eines starken Blutverlustes auftreten kann, aus den Epitheloidzellen des juxtaglomerulären Apparates in der Niere ***Renin*** freigesetzt (S. 374). Dieses fördert die Bildung von ***Angiotensin II,*** das seinerseits stimulierend auf die Produktion und die Abgabe von Aldosteron wirkt. Insgesamt hat Aldosteron also die Funktion einer Stellgröße im Regelkreis, der für die Konstanthaltung der K^+- und Na^+-Konzentrationen sowie des Flüssigkeitsvolumens sorgt.

Das auf die Nebenniere einwirkende trope Hormon aus dem Hypophysenvorderlappen, das Corticotropin (ACTH), beeinflußt die Aldosteronproduktion und -abgabe normalerweise kaum. Wohl aber kann unter pathologischen Bedingungen eine gesteigerte Aldosteronproduktion durch eine verstärkte ACTH-Ausschüttung hervorgerufen werden.

12.4.3 Androgene der Nebennierenrinde

In der Zona reticularis der Nebennierenrinde werden Androgene gebildet. Es handelt sich dabei um Steroide, insbesondere um ***Dehydroepiandrosteron*** (DEHA) und ***Androstendion.*** Diese männlichen Geschlechtshormone der Nebennierenrinde, die bei Männern und Frauen vorkommen, sind unter physiologischen Bedingungen von untergeordneter funktioneller Bedeutung. Durch hohe ACTH-Konzentrationen im Blut wird die Androgenproduktion in der Nebennierenrinde gesteigert.

12.4.4 Pathophysiologie

Nebennierenrindenunterfunktion (s. Tabelle 12-4). Die Schädigung der Nebennierenrinde durch Autoimmunreaktionen, durch tuberkulöse Prozesse und andere Primärerkrankungen führt zu einer ***primären Nebennierenrindeninsuffizienz (Morbus Addison).*** Das Krankheitsbild ist vor allem durch den ***Mangel an Aldosteron*** charakterisiert (Hyperkaliämie, Acidose, Hyponatriämie, Hypovolämie mit Blutdruckabfall). Der Mangel an Glucocorticoiden bewirkt eine gesteigerte ACTH-Freisetzung, mit der eine verstärkte MSH-Abgabe verbunden ist (S. 413 f.). Daher kommt es in

Tabelle 12-4. Hormone und Funktionsstörungen der Nebennierenrinde

Zonen	Zona glomerulosa	Zona fasciculata	Zona reticularis
Hormone	Mineralocorticoide (Aldosteron)	Glucocorticoide (Cortisol)	Androgene
Nebennierenrinden-insuffizienz	Aldosteronmangel (primäre NNR-Insuffizienz)	Cortisolmangel (sekundäre NNR-Insuffizienz)	
Hypercortisolismus (sekundärer)	Aldosteron-überproduktion	Cortisol-überproduktion	Androgen-überproduktion
Hyperaldosteronis-mus	Aldosteron-überproduktion		
Adrenogenitales Syndrom		Cortisolmangel	Androgen-überproduktion

einem fortgeschrittenen Stadium der Krankheit zu einer typischen bronzeartigen Verfärbung der Haut.
Die ***sekundäre Nebennierenrindeninsuffizienz*** ist die Folge einer verminderten ACTH-Ausschüttung, die im Zusammenhang mit einer Hypophysenvorderlappeninsuffizienz (S. 418) auftreten kann. Da ACTH die Abgabe der Mineralocorticoide kaum beeinflußt, fehlen die Symptome des Aldosteronmangels. Dagegen ist das Krankheitsbild in diesem Fall vor allem durch den ***Mangel an Cortisol*** geprägt, wobei der Abfall des Glucosespiegels (Hypoglykämie) mit seinen Folgen (S. 442f.) am stärksten ins Gewicht fällt.

Nebennierenrindenüberfunktion (Tabelle 12-4). Eine Überfunktion der Nebennierenrinde kann durch hormonproduzierende Rindentumoren ***(primärer Hypercortisolismus)*** oder durch gesteigerte ACTH-Abgabe bei einer Überfunktion des hypothalamisch-hypophysären Systems ***(sekundärer Hypercortisolismus, Cushing-Syndrom)*** verursacht werden. Die Cortisolüberproduktion führt zu einem Anstieg des Glucosespiegels (Hyperglykämie, S. 443), zu einem verstärkten Eiweißabbau (Muskelschwund) und zu einer Fettumverteilung auf Gesicht und Körperstamm (Vollmondgesicht, Stammfettsucht). Daneben treten die Folgen einer Überproduktion von Aldosteron (Hypokaliämie, Hypernatriämie, Bluthochdruck) und von Androgenen (virile Behaarung bei Frauen) in Erscheinung.
Als ***Hyperaldosteronismus*** bezeichnet man ein Krankheitsbild, das auf einer gesteigerten Aldosteronabgabe beruht. Der ***primäre Hyperaldosteronismus (Conn-Syndrom)*** wird durch einen speziell aldosteronproduzierenden Nebennierenrindentumor verursacht. Die wichtigsten Symptome resultieren aus dem erhöhten Kaliumverlust (Muskelschwäche, Polyurie, Mißempfindungen u. a.) und aus der verminderten Natriumausscheidung (Hypervolämie, Bluthochdruck, Kopfschmerzen u. a.). Der ***sekundäre Hyperaldosteronismus*** ist die Folge einer verstärkten Reninproduktion, die z. B. bei bestimmten Nierenerkrankungen durch Druckabfall in den Vasa afferentia ausgelöst werden kann.

Beim ***adrenogenitalen Syndrom*** handelt es sich um ein Krankheitsbild, das durch Überproduktion von Androgenen in der Nebennierenrinde gekennzeichnet ist. Diese Störung beruht meist auf einem recessiv vererbten Enzymdefekt, der u. a. zu einer Unterbrechung oder starken ***Verminderung der Cortisolbildung*** führt. Wegen der negativen Rückkopplung im Cortisol-Regelkreis kommt es daraufhin zu einer gesteigerten ACTH-Abgabe, die eine Hyperplasie beider Nebennierenrinden und eine ***verstärkte Produktion von Androgenen*** zur Folge hat. Bei Mädchen beobachtet man Virilisierungserscheinungen (Vermännlichung des äußeren Genitale, virile Behaarung, männlicher Körperbau u. a.); bei Knaben kommt es zu einer vorzeitigen Ausbildung der sekundären Geschlechtsmerkmale (Pseudopubertas praecox) ohne adäquate Entwicklung der Keimdrüsen. Auch die Spermatogenese fehlt. Bei beiden Geschlechtern tritt nach auffallend schnellem Wachstum in den ersten Lebensjahren ein frühzeitiger Wachstumsstillstand infolge des vorzeitigen Epiphysenschlusses ein.

12.5 Sexualhormone

Die Sexualhormone dienen der Arterhaltung, sind jedoch für das einzelne Individuum nicht lebensnotwendig. Von beiden Geschlechtern werden sowohl männliche als auch weibliche Sexualhormone, allerdings in unterschiedlichen Mengen, gebildet.

12.5.1 Männliche Sexualhormone

Bildung und Wirkungen der Androgene. Die männlichen Sexualhormone, die man insgesamt als Androgene bezeichnet, sind C_{19}-Steroide. Die Bildung des wichtigsten männlichen Sexualhormons ***Testosteron*** erfolgt in den LEYDIGschen Zwischenzellen der Hoden u. a. über die Zwischenstufen Progesteron und Androstendion. Testosteron wird nach neueren Untersuchungen in den Erfolgsorganen, z. B. der Prostata und den Samenblasen, in die eigentliche Wirkform, das 5α-Dihydrotestosteron, umgewandelt.

Testosteron (bzw. sein 5α-Dihydro-Derivat) prägt die sekundären männlichen Geschlechtsmerkmale ***(androgene Wirkung)*** und stimuliert in Nebenhoden, Samenblasen und Prostata die Bildung derjenigen Substanzen (Fructose, Citronensäure und Phosphatase), die für die Vitalität der Spermien notwendig sind (Abb. 12-9). Es erhöht die Libido und die Potentia coeundi des Mannes. Außerdem fördert Testosteron den Eiweißaufbau ***(anabole Wirkung)*** sowie den ***Abschluß des Knochenwachstums*** in der Pubertät. Die androgene und die anabole Wirkung sind z. T. voneinander unabhängige Leistungen des Hormons. ***Androsteron,*** das beim Abbau von Testosteron in der Leber entsteht, hat eine schwächer androgene Wirkung.

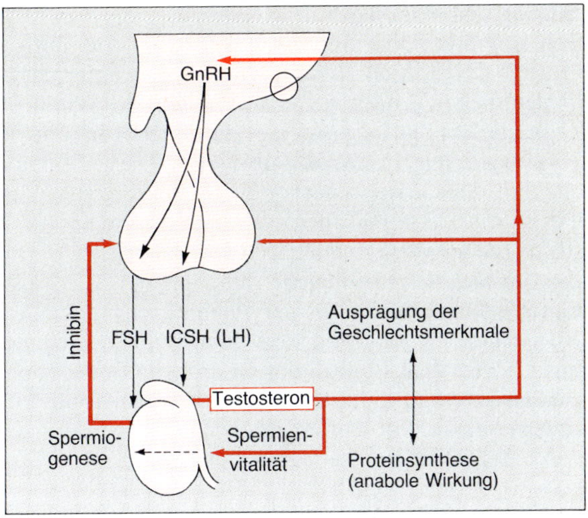

Abb. 12-9. Wirkungen von Testosteron und Regulation der Hormonabgabe. *ICSH* Zwischenzellen-stimulierendes Hormon, *FSH* Follikel-stimulierendes Hormon, *GnRH* Gonadotropin-Releasing-Hormon

Regulation der Testosteronabgabe. Die Produktion und Freisetzung von Testosteron wird über einen Regelkreis vom Hypothalamus kontrolliert. In etwa 2–4stündigen Intervallen wird ***Gonadotropin-Releasing-Hormon*** (***GnRH,*** s. S. 419) aus dem Hypothalamus abgegeben (sog. pulsatile Freisetzung), wobei die Pulse nachts und in den frühen Morgenstunden gehäuft auftreten. GnRH bewirkt im Hypophysenvorderlappen die Ausschüttung von Zwischenzellen-stimulierendem Hormon ***(ICSH)*** und Follikel-stimulierendem Hormon ***(FSH).*** ICSH veranlaßt die Leydigschen Zwischenzellen zur vermehrten Produktion von Testosteron, das zur Hypophyse und zum Hypothalamus rückkoppelt. Dadurch wird der Regelkreis geschlossen (Abb. 12-9). FSH stimuliert in den Tubuli contorti des Hodens die Spermatogenese, gleichzeitig wird in den dortigen SERTOLI-Zellen Inhibin gebildet, das selektiv die FSH-Freisetzung hemmt.

12.5.2 Weibliche Sexualhormone

Die Bildungsstätten der weiblichen Sexualhormone sind die Ovarien. Unter dem Einfluß der Gonadotropine werden in den Follikelepithelzellen ***Oestrogene*** und im Corpus luteum ***Gestagene*** gebildet.

Bildung und Wirkungen der Oestrogene. Bei den Oestrogenen handelt es sich um Steroidhormone, die sich von den übrigen Vertretern dieser Gruppe durch ihren aromatischen Ring A unterscheiden. Das in den Follikelepithelien gebildete und von hier an das Blut abgegebene Hormon ist ***Oestradiol.*** In der Leber wird es durch Dehydrierung in ***Oestron*** und durch Hydroxylierung in ***Oestriol*** überführt. Diese beiden Metabolite besitzen ebenfalls eine - wenn auch geringe - oestrogene Wirkung.

Oestrogene, also vor allem Oestradiol, sind in der Hauptsache Wuchsstoffe, die auf die Geschlechtsorgane einwirken. Sie fördern das ***Wachstum der weiblichen Sexualorgane*** und prägen die sekundären weiblichen Geschlechtsmerkmale. In der Pubertät bewirken sie den ***Schluß der Epiphysenfugen*** im Knochen und damit die Beendigung des Längenwachstums. Unter dem Einfluß der Oestrogene findet auch der ***Aufbau der Uterusschleimhaut*** und die Bildung der Endometriumdrüsen in der ***Proliferationsphase*** statt. Für das Sexualverhalten der Frau scheinen die Oestrogene von untergeordneter Bedeutung zu sein.

Bildung und Wirkungen der Gestagene. Innerhalb der zweiten Gruppe der weiblichen Sexualhormone, der Gestagene, stellt das ***Progesteron*** den wichtigsten Vertreter dar. Als Pregnanderivat ist es den Nebennierenrindenhormonen chemisch nahe verwandt. In der zweiten Cyclushälfte werden vom Corpus luteum täglich etwa 20 mg Progesteron gebildet. Während der Schwangerschaft (S. 436) kann die Progesteronproduktion, die in diesem Fall vorwiegend in der Placenta erfolgt, bis auf 250 mg täglich ansteigen. Progesteron wird in der Leber schnell inaktiviert und als Pregnandiol-Glucuronid im Harn ausgeschieden. Die biologische Halbwertszeit beträgt nur etwa 30 min.

Funktionell ist Progesteron vor allem für die cyclischen Veränderungen des Uterus von Bedeutung. Zusammen mit den Oestrogenen wandelt es in der zweiten Cyclushälfte das ***Endometrium*** der Proliferationsphase zu dem der ***Sekretionsphase*** um, wobei gleichzeitig Glykogen in die Zellen eingelagert wird. Außerdem nimmt die Motilität der Uterusmuskulatur und ihre Ansprechbarkeit auf Oxytocin ebenso wie die Schleimbildung in der Cervix uteri ab. In der ***Brustdrüse*** fördert Progesteron die Aussprossung von Alveolen. Schließlich steigt unter seinem Einfluß die ***Atmung,*** die ***Herzfrequenz*** und die ***Körpertemperatur*** an. Die morgendliche Kerntemperatur ist in der zweiten Cyclushälfte um 0,3-0,5 °C höher als in der ersten Hälfte, wobei der Zeitpunkt der Temperaturerhöhung dem Anstieg des Progesteronspiegels nach der Ovulation entspricht (Methode nach KNAUS-OGINO, S. 259).

Hormonale Steuerung des menstruellen Cyclus. An dem monatlichen Cyclus der geschlechtsreifen Frau sind der Hypothalamus, die Hypophyse, die Ovarien und der Uterus beteiligt. Das aus dem Hypothalamus freigesetzte ***Gonadotropin-Releasing-Hormon*** (***GnRH,*** Gonadoliberin, Gonadorelin) bewirkt die Ausschüttung der beiden Gonadotropine, des ***Follikel-stimulierenden Hormons*** (***FSH,*** Follitropin) und des ***Luteinisierungshormons*** (***LH,*** Lutropin, S. 416), aus der Adenohypophyse (Abb. 12-10). Unter dem Einfluß von FSH reift eine Kohorte von Follikeln heran, die mit zunehmendem Reifegrad vermehrt Oestrogene, insbesondere Oestradiol bilden (Abb. 12-11). Interessanterweise wird bei den anfänglichen niedrigen Oestrogenspiegeln wenig GnRH und damit auch wenig FSH und LH seceniert. Mit steigenden Oestrogenkonzentrationen nimmt jedoch die GnRH-, die LH- und später auch die FSH-Ausschüttung zu, d. h. in dieser Phase wird nunmehr die negative Rückkopplung gehemmt. Dadurch bedingt, tritt in der Cyclusmitte ein LH-Gipfel auf, durch den der Eisprung ***(Ovulation),*** d. h. das Platzen des reifen Follikels unter Ausstoßung der Eizelle, ausgelöst wird.

Nach der Ovulation wird der geplatzte Follikel zum ***Corpus luteum*** (Gelbkörper) umgebildet, das die Progesteronproduktion und -abgabe auf-

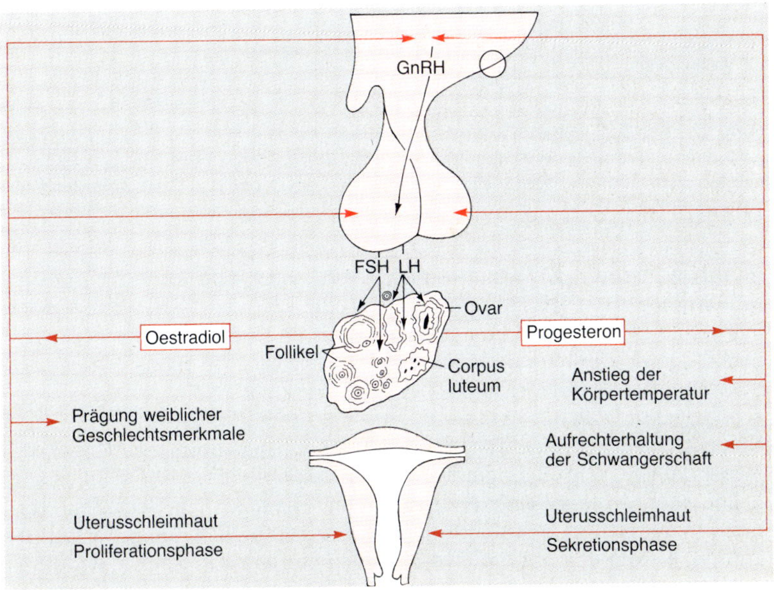

Abb. 12-10. Wirkungen der weiblichen Sexualhormone und Regulation der Hormonabgabe. *FSH* Follikel-stimulierendes Hormon, *LH* Luteinisierungshormon

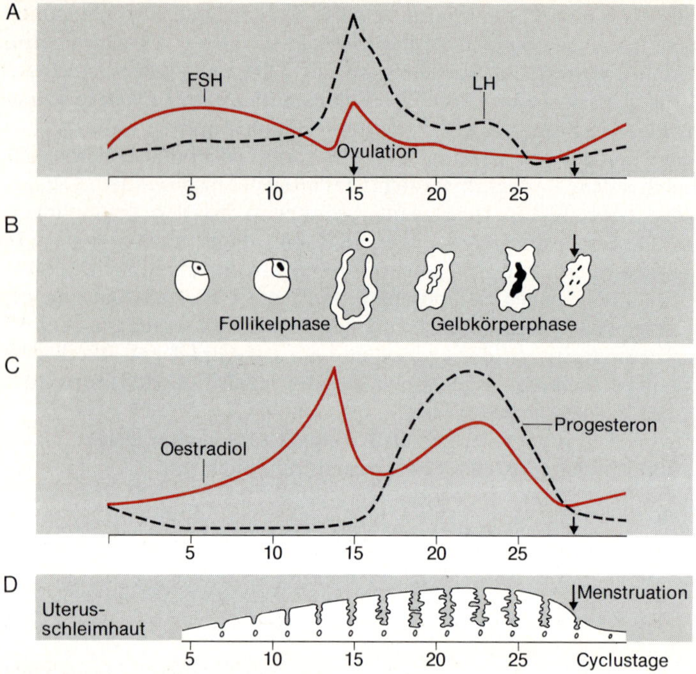

Abb. 12-11 A–D. Cyclische Veränderungen der Gonadotropin-Konzentrationen (**A**) und davon abhängige Wirkungen auf den Funktionszustand des Follikels (**B**), auf die Konzentration der Keimdrüsenhormone (**C**) sowie auf das Wachstum der Uterusschleimhaut (**D**)

nimmt, während der Oestradiolspiegel fällt. Unter dem Einfluß einer verstärkten negativen Rückkopplung sinken die LH- und FSH-Werte wieder auf basale Werte ab. Durch diesen hormonalen Rückkopplungsmechanismus ist gewährleistet, daß in der zweiten Cyclushälfte ebenso wie in der Schwangerschaft eine weitere Ovulation und damit eine nochmalige Konzeption ausgeschlossen sind.

Von entscheidener Bedeutung für den beschriebenen normalen Ablauf des menstruellen Cyclus und damit für die Fertilität der Frau ist – ähnlich wie beim Mann – die ***pulsatile Freisetzung*** von Gonadotropin-Releasing-Hormon. In der ersten Cyclushälfte (bis zur Ovulation), d. h. unter Oestrogeneinfluß, beträgt der Abstand zwischen den einzelnen Pulsen ca. 90 Minuten, in der zweiten Cyclushälfte nunmehr unter vorwiegendem Gestageneinfluß, 3–4 Stunden. Aufgrund von Tierversuchen, aber auch durch den (therapeutischen) Einsatz von GnRH bei Frauen, z. B. bei Sterilität, konnte gezeigt werden, daß sowohl die kontinuierliche Zufuhr des Freisetzungshormons als auch die Veränderung der Abstände zwischen den Pulsen eine verminderte Ausschüttung von FSH und LH aus der Hypophyse zur Folge hat. Darüber hinaus ist festzuhalten, daß der menstruelle Cyclus nicht ausschließlich hormonell gesteuert wird, sondern an komplexe zentralnervöse Funktionen gekoppelt ist. Dies kommt darin zum Ausdruck, daß er durch psychische Faktoren beeinflußt werden kann.

Hormonale Contraceptiva. Möglichkeiten zur Conceptionsverhütung hat es auch vor Anwendung der hormonalen Contraceptiva gegeben. Bei diesen ist neu, daß an die Stelle der lokalen mechanischen oder spermiciden Maßnahmen die Conceptionsverhütung bei der Frau durch die meist orale, z. T. aber auch intrauterine oder intramuskuläre Applikation weiblicher Sexualhormone getreten ist. Wegen ihrer hohen Zuverlässigkeit ist diese zur wichtigsten Methode der Geburtenkontrolle geworden.
Bei der ***Einphasen-Methode*** wird 21 Tage lang eine Oestrogen-Gestagen-Kombination eingenommen. 3–4 Tage nach Absetzen des Präparates tritt eine Abbruchblutung (Hormonentzugsblutung) ein, die ungefähr einer Menstruation entspricht. Die Einphasenpräparate

- verhindern den Eisprung durch Unterdrückung des die Ovulation normalerweise auslösenden LH-Gipfels,
- hemmen, selbst wenn es doch zur Ovulation gekommen sein sollte, die Einnistung der Eizelle (es unterbleibt die volle sekretorische Umwandlung des Endometriums) und
- hemmen das Penetrationsvermögen der Spermien durch Erhöhung der Viscosität des Cervixschleims.

Bei der ***Zweiphasen-Methode*** werden in der ersten Cyclusphase nur Oestrogene oder Oestrogene zusammen mit einer niedrigen Gestagendosis, in der zweiten Phase die üblichen Oestrogen-Gestagen-Kombinationen gegeben. Zweiphasenpräparate ohne Gestagene in der ersten Phase wirken vorwiegend als Ovulationshemmer. Da die Einwirkung auf den Cervixschleim entfällt, sind sie nicht so zuverlässig wie die Einphasenpräparate. Die neueren Zweiphasenpräparate mit Gestagen in der ersten Phase sowie die Dreiphasenpräparate (s. u.) entsprechen in ihrer Zuverlässigkeit annähernd den Einphasenpräparaten.
Bei der ***Dreiphasen-Methode*** sind die Präparate noch stärker als bei der Zweiphasen-Methode dem weiblichen Cyclus angepaßt. Entsprechend dem Hormonspiegelverlauf während eines Cyclus enthalten die Präparate für die ersten sechs Tage nach Beginn der Regelblutung eine niedrige Oestrogen- und Gestagendosis, für die anschließenden 5 Tage eine erhöhte Oestrogen- und Gestagenmenge und für die restlichen 10 Tage eine wieder auf den ursprünglichen Wert erniedrigte Oestrogen- sowie eine nochmals gesteigerte Gestagendosis.
Unter der sog. ***Minipille*** versteht man niedrig dosierte reine Gestagenpräparate. Die contraceptive Wirkung der „Minipille" beruht vorwiegend auf der Viscositätserhöhung des Cervixschleims, die Ovulation ist nicht gehemmt. Die Versagerrate liegt daher erheblich höher als bei den anderen Methoden.

Hormonale Steuerung von Schwangerschaft, Geburt und Lactation. Wenn eine Befruchtung des Eies stattgefunden hat, gräbt es sich mit Hilfe proteolytischer Enzyme in das Endometrium ein und wächst zum Embryo heran. Die Ernährung des Embryos erfolgt über die Placenta, die gleichzeitig eine hormonale Steuerfunktion übernimmt. Für diese Aufgabe sind zwei Hormone zuständig: ***Choriongonadotropin*** (***HCG*** = Human-Chorion-Gonadotropin), das vorwiegend in den ersten Schwangerschaftsmonaten gebildet wird, und ***Chorionmammotropin*** (***HCS*** = Human-Chorion-Somatomammotropin, ***HPL*** = Human-Placental-Lactogen), das u. a. die Brustdrüse beeinflußt.

Unter dem Einfluß der Placentahormone kommt es zu einer Vergrößerung des Corpus luteum, das im ersten Monat einen großen Teil des Ovars einnimmt. Die Oestrogen- und Progesteronspiegel bleiben hoch. Daher wird das Endometrium nicht abgestoßen; die Menstruation bleibt aus. Gegen Ende des ersten Schwangerschaftsmonats bildet sich das Corpus luteum zurück. Zu diesem Zeitpunkt hat die Placenta selbst die Oestrogen- und Progesteronbildung aufgenommen, die für die Erhaltung der Schwangerschaft erforderlich ist.

Die ***Auslösung des Geburtsvorganges*** ist bezüglich der zugrundeliegenden Mechanismen noch nicht vollständig geklärt. Diskutiert wird

- eine Erhöhung des Oestrogenspiegels sowie des Oestrogen-Gestagen-Quotienten mit einer dadurch bedingten Sensibilisierung des Uterus gegenüber Oxytocin,
- eine verstärkte reflektorische Oxytocinausschüttung infolge der zunehmenden Wandspannung des Myometriums am Ende der Schwangerschaft sowie
- eine vermehrte Freisetzung von Prostaglandinen (PGE, $PGF_{2\alpha}$, S. 448f.).

Sicher ist, daß sich Wandspannung, Oxytocinfreisetzung und Uterusaktivität gegenseitig beeinflussen und eine Dehnung des Gebärmutterhalses einen besonders starken Reiz für die Oxytocinausschüttung darstellt. Die Wehentätigkeit wird somit letztendlich hormonell ausgelöst.

Die ***Lactation*** (Milchproduktion und -sekretion der Brustdrüse) wird ebenfalls hormonal gesteuert. Während der Schwangerschaft bilden sich unter dem Einfluß der erhöhten Oestrogen- und Gestagenspiegel sowie unter Mitwirkung von Chorionmammotropin die distalen Alveolen und Lobuli der Brustdrüse aus. Die nach der Geburt einsetzende Milchproduktion wird durch Prolactin stimuliert (S. 416). Die Milchfreisetzung schließlich erfolgt, ausgelöst durch den Saugreiz, unter Vermittlung von Oxytocin.

12.6 Hormone des Nebennierenmarks

In den chromaffinen Zellen des Nebennierenmarks, die in enger Beziehung zum Sympathicus stehen, werden die Catecholamine ***Adrenalin*** und ***Noradrenalin*** gebildet. Die Catecholamine stellen einerseits wegen ihres Abgabe- und Wirkungsmodus Hormone dar, andererseits gehört Noradrenalin, das die Sympathicuswirkung auf die Erfolgsorgane vermittelt, auch zu den neuronalen Transmittersubstanzen.

12.6.1 Bildung und Wirkungen von Adrenalin und Noradrenalin

Biosynthese. In zwei Zelltypen des Nebennierenmarks, die sich durch ihre Anfärbung mit Jodsalzen unterscheiden, werden die beiden Catecholamine gebildet. Die sich dunkel färbenden Zellen produzieren Noradrenalin (Arterenol), die hell bleibenden Adrenalin (Epinephrin). Die Biosynthese erfolgt aus der Aminosäure Tyrosin über die Zwischenstufen Dopa (Dihydroxyphenylalanin) und Dopamin (Dihydroxyphenylaethylamin) zu Noradrenalin. In der einen Zellgruppe wird dann Noradrenalin unter der enzymatischen Wirkung von N-Methyltransferase in Adrenalin überführt.
Das Verhältnis von Adrenalin zu Noradrenalin im ausgeschütteten Hormongemisch variiert in Abhängigkeit vom Lebensalter und von anderen Faktoren (S. 439). Beim Erwachsenen beträgt der Adrenalinanteil in der Regel 70–90%.

Biologische Wirkungen. Die Hauptwirkungen von Adrenalin und Noradrenalin sind in Abb. 12-12 schematisch dargestellt. Beide Hormone beeinflussen in erster Linie das Herz-Kreislauf-System. Während jedoch beim ***Adrenalin*** die fördernde Wirkung auf das ***Herzzeitvolumen*** überwiegt, steht beim Noradrenalin die Steigerung des peripheren Gefäßwiderstandes im Vordergrund. Daher kommt es vor allem unter der Einwirkung von ***Noradrenalin*** zu einer Erhöhung des ***arteriellen Blutdrucks*** (S. 150). Adrenalin hat dagegen den weitaus größeren Einfluß auf die Erweiterung der Bronchien und die Hemmung der Magen-Darm-Motilität. Von Bedeutung sind auch die adrenergen Stoffwechselwirkungen. Während eine allgemeine Steigerung des Energieumsatzes (z. B. bei Kältebelastung) durch beide Catecholamine ausgelöst werden kann, fördert ***Adrenalin*** speziell den Glykogenabbau ***(Glykogenolyse)*** in der Leber und im Muskel. Die Zunahme der Glykogenolyse, die unter Vermittlung von cyclo-AMP durch Aktivierung der Phosphorylase erfolgt, führt zur Erhöhung der Glucosekonzentration im Blut. Adrenalin wirkt schließlich im ***Zentralnervensystem*** stimulierend auf das aufsteigende reticuläre, aktivierende

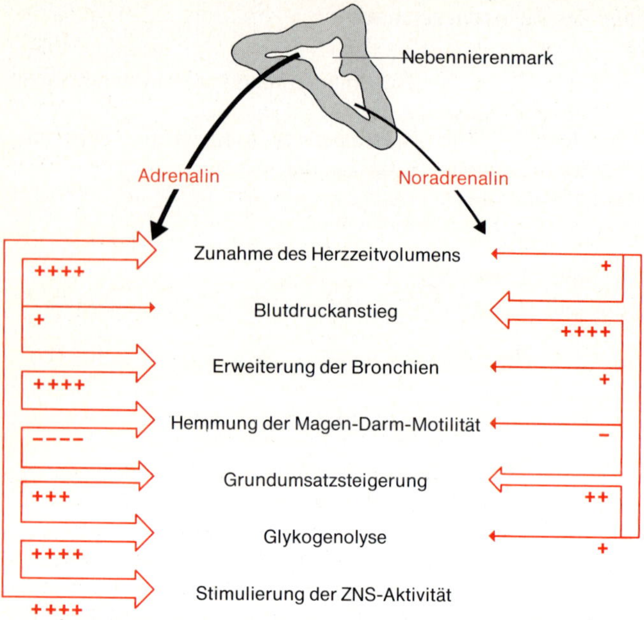

Abb. 12-12. Wirkungen von Adrenalin und Noradrenalin. Die Wirkungsstärke der Förderung (+) und Hemmung (−) ist durch die Dicke der *roten* Pfeile symbolisiert

System (ARAS) und fördert damit die Hirnrindenaktivität (Steigerung der Aufmerksamkeit, psychische Erregung). Da Adrenalin die Blut-Hirn-Schranke nicht überwinden kann, ist anzunehmen, daß dieser Effekt auf einem indirekten Weg (z. B. über afferente Nervenbahnen oder durch schrankengängige Metabolite) ausgelöst wird.

12.6.2 Hormonabgabe und Pathophysiologie

Steuerung der Hormonabgabe. Die Abgabe der Catecholamine aus dem Nebennierenmark steht unter der Kontrolle der vegetativen Zentren im Hypothalamus und im Stammhirn. Die Sekretion ist unter Ruhebedingungen gering und steigt erst bei körperlichen und psychischen Belastungen an. Bei einer „ergotropen" Reaktionslage (S. 167) werden durch ***Aktivierung des Sympathicus*** diejenigen Anpassungsprozesse ausgelöst, die zu einer erhöhten Leistungsbereitschaft und Leistungsfähigkeit des Organismus führen. Hierbei fungieren Adrenalin und Noradrenalin als Informationsvermittler insbesondere für die Kreislaufregulationen. Die Abgabe der beiden Hormone erfolgt differenziert in Anpassung an die jeweilige Belastungssituation: ***Blutdrucksenkung*** steigert in erster Linie die ***Noradrenalinausschüttung, Blutzuckerabfall*** erhöht vorrangig die ***Adrenalinabgabe.***

Pathophysiologie. Eine Überproduktion der Catecholamine wird durch das verhältnismäßig seltene ***Phäochromocytom*** verursacht. Dabei handelt es sich meist um einen histologisch zwar gutartigen, in seinen Auswirkungen aber gefährlichen Tumor des chromaffinen Gewebes, der zu etwa 90% im Nebennierenmark und zu etwa 10% im sympathischen Nervensystem entsteht. Häufig überwiegt dabei die Noradrenalinproduktion, wodurch eine Dauerhypertonie ausgelöst wird. Seltener sind die adrenalinproduzierenden Phäochromocytome, die Hochdruckkrisen mit symptomfreien Intervallen zur Folge haben.

12.7 Pankreashormone und Blutzuckerregulation

Das Pankreas vereinigt in sich zwei gesonderte funktionelle Systeme: Erstens bilden die drüsigen Epithelien den Pankreassaft, der über den Ausführungsgang in den Dünndarm gelangt (exkretorische Funktion, S. 316f.). Zweitens erfolgt in den Zellgruppen der ***Langerhansschen Inseln*** die Synthese von drei Hormonen, die direkt an das Blut abgegeben werden (inkretorische Funktion). Die schwach anfärbbaren ***B-Zellen*** (β-Zellen), welche die Hauptmasse des Inselorgans (ca. 60%) bilden, produzieren Insulin. Die stark granulierten ***A-Zellen*** (α-Zellen), deren Anteil ca. 25% beträgt, sind für die Produktion von Glucagon zuständig. Die restlichen 15% entfallen auf die ***D-Zellen,*** die Somatostatin bilden.

12.7.1 Insulin

Aufbau. Insulin ist ein Polypeptid, das aus zwei Peptidketten aufgebaut ist (Molekulargewicht ca. 5800). Die A-Kette (Anfangsglied Glykokoll) mit 21 Aminosäuren und die B-Kette (Anfangsglied Phenylalanin) mit 30 Aminosäuren sind durch Disulfidbrücken verknüpft. Die Insuline verschiedener Tierarten unterscheiden sich nur geringfügig in ihrer Aminosäurensequenz, ihre biologische Wirkung ist identisch.

Insulinwirkungen. Insulin ist ein lebenswichtiges Hormon. Es beeinflußt – vermittelt durch einen membranständigen ***Insulinreceptor*** – sowohl den Kohlenhydrat- als auch den Eiweiß- und Fettstoffwechsel. Insulin

- verbessert die ***Aufnahme von Glucose*** in die Zellen der meisten Gewebe (mit Ausnahme der Nervenzellen),

- steigert den ***oxidativen Glucoseabbau,***
- erhöht die ***Glykogenbildung*** in der Leber sowie im Muskel und verhindert den Glykogenabbau,
- stimuliert die Bildung von Eiweißen und Fetten aus Glucose.

Alle diese Vorgänge führen dazu, daß der ***Blutglucosespiegel*** unter dem Einfluß von Insulin gesenkt wird. Wenn man daher im Tierversuch die B-Zellen durch Alloxan-Behandlung selektiv zerstört, so beobachtet man einen starken Anstieg des Blutzuckerspiegels (Alloxan-Diabetes). Schließlich ist Insulin für den ***Fettstoffwechsel*** von Bedeutung: Im Fettgewebe und in der Leber fördert es die Aufnahme freier Fettsäuren, die dann in Form von Triacylglycerinen (Triglyceriden; Depotfett) gespeichert werden. Dadurch, daß Insulin der Fettmobilisierung und dem Fettabbau entgegenwirkt, verhindert es das Auftreten von Ketonkörpern, die bei Insulinmangel (S. 443) im Blut nachweisbar sind. Weitere Wirkungen sind die gesteigerte Aufnahme von Kaliumionen in die Zellen und die Verminderung der katabolen Wirkung von Glucocorticoiden und Schilddrüsenhormonen.

12.7.2 Glucagon

Aufbau. Glucagon ist wie Insulin ein Polypeptid (Molekulargewicht ca. 3500). Es besteht allerdings nur aus einer Kette mit 29 Aminosäuren, deren Sequenz bekannt ist.

Biologische Wirkungen. Das in den A-Zellen des Inselorgans gebildete Glucagon stellt im Hinblick auf die Glucosekonzentration des Blutes einen Gegenspieler zum Insulin dar. Wie Adrenalin steigert Glucagon - durch Aktivierung der Adenylatcyclase - den Glykogenabbau in der Leber ***(Glykogenolyse).*** Außerdem fördert es die ***Gluconeogenese*** aus Lactat, so daß insgesamt der Blutzuckerspiegel erhöht wird.
Auf den ***Fettstoffwechsel*** hat Glucagon eine zweifache Wirkung: Einerseits steigert es die Fettsäureoxidation in der Leber, andererseits fördert es die Speicherung von Fettsäuren in Form von Triacylglycerinen. Zusammenfassend lassen sich seine Funktionen folgendermaßen beschreiben: Glucagon liefert Glucose, wenn sie benötigt wird, und erlaubt einen Verbrauch von Fettsäuren, sofern dies möglich ist.
Im ***Aminosäurenstoffwechsel*** bewirkt Glucagon eine verstärkte Desaminierung von Aminosäuren und deren Verwertung zur Gluconeogenese.

12.7.3 Regulation des Blutzuckerspiegels

Blutzuckerspiegel. Die Blut-Glucosekonzentration wird normalerweise auf einem Wert von ***0,6–1,0 g/l*** (3,3–5,5 mmol/l) konstant gehalten. Obwohl durch wechselnde Kohlenhydrataufnahme mit der Nahrung und Veränderungen der Glucoseoxidationsrate, die bei Arbeit um ein Vielfaches ansteigen kann, ständig Abweichungen von dem Sollwert auftreten, ist das Regelsystem meist in der Lage, diese wieder auszugleichen. Nur bei massiver Kohlenhydratzufuhr kann u. U. ein vorübergehender Anstieg des Blutzuckerspiegels auftreten (alimentäre Hyperglykämie).
Die Blut-Glucosekonzentration kann als eine Resultante aus glucoseliefernden und glucoseverbrauchenden Vorgängen im Organismus aufgefaßt werden:

Glucosezufuhr Glykogenabbau Galaktose, Fructose -Umbau Gluconeogenese	→ ***Blut-Glucose*** →	Glucoseoxidation Glykogenaufbau Fettbildung

Durch Aktivierung oder Hemmung der einzelnen, vorwiegend hormonal gesteuerten Vorgänge wird das System auf dem vorgegebenen Sollwert des Blutzuckerspiegels konstant gehalten.

Hormonale Regulationen. Eine wesentliche Funktion bei der Blutzuckerregulation kommt dem ***Insulin*** zu, das die Glucoseaufnahme in bestimmte Zellen sowie die Glucoseoxidation fördert. Steigt die Glucosekonzentration im Blut (etwa nach Nahrungsaufnahme) an, so wird Insulin in verstärktem Maße ausgeschüttet und damit der erhöhte Blutzuckerwert wieder auf den Sollwert zurückgeführt. Man nimmt an, daß die Glucosekonzentration im Pankreas selbst gemessen und hier auch direkt die Sekretionsrate der B-Zellen gesteuert wird (Abb. 12-13). Außerdem fördert Somatotropin die Insulinabgabe; Somatostatin hemmt die Insulinsekretion.
Daneben sind Adrenalin, Glucagon und Somatotropin an der Blutzuckerregulation beteiligt. ***Adrenalin*** und ***Glucagon*** fördern vor allem die Freisetzung von Glucose aus den Depots, ***Somatotropin*** hemmt die Glucoseaufnahme in die Zellen. Diese drei Gegenspieler des Insulins werden vermehrt abgegeben, wenn die Blut-Glucosekonzentration unter den Normwert absinkt, wodurch ein Konzentrationsanstieg eingeleitet wird. Es ist allerdings zu beachten, daß sich die Kennzeichnung von Adrenalin und Glucagon als Insulinantagonisten nur auf die Glucosekonzentration des Blutes bezieht; tatsächlich wirken diese beiden Hormone unter phy-

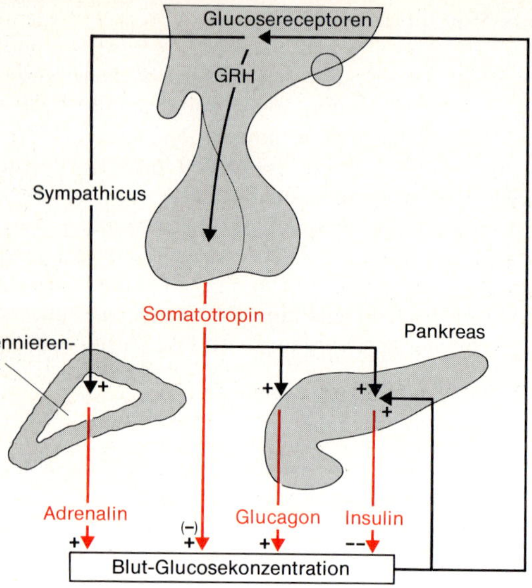

Abb. 12-13. Hormonale Regulation der Blut-Glucosekonzentration in schematischer Darstellung. Hormonwirkungen, die zu einem Anstieg des Blutzuckerspiegels führen, sind durch +, solche die einen Abfall hervorrufen, mit – gekennzeichnet

siologischen Bedingungen eher als Insulinsynergisten, insofern nämlich, als sie durch Freisetzung von Glucose erst die Voraussetzung für ihre gesteigerte Verwertung schaffen. Die Ausschüttung von Adrenalin, Glucagon und Somatotropin erfolgt unter Kontrolle des Hypothalamus, wo die Senkung des Glucosespiegels von hypothetischen ***Glucosereceptoren*** registriert wird. Für die ebenfalls blutzuckerwirksamen Hormone Cortisol und Thyroxin konnte eine Beteiligung am Regulationsprozeß nicht nachgewiesen werden.

12.7.4 Pathophysiologie

Hypoglykämie. Eine Hypoglykämie liegt vor, wenn der Blutzuckerspiegel - enzymatisch bestimmt - unter 0,5 g/l (2,8 mmol/l) absinkt. Als Ursache hierfür kommen u. a. in Frage: Fasten, starker Glucoseverbrauch durch Muskelarbeit, schwere Lebererkrankungen (Hemmung der Gluconeogenese), Stoffwechselerkrankungen (mit Defekten glykogenolytischer Enzyme), Inselzelltumoren (Insulinüberproduktion), und unsachgemäße Insulinmedikation. Bei raschem Blutzuckerabfall kommt es infolge der sympathischen Gegenregulation (Adrenalinausschüttung) zu Herzklopfen, Unruhe, Angstgefühl, Übelkeit und Schweißausbruch. Bei langsamen Abfall stehen zentrale Störungen im Vordergrund (Verwirrtheit, Sprach- und Sehstörungen). Sinkt der Blutzuckerspiegel sehr stark ab (meist infolge Insulinüberdosierung), so tritt Bewußtseinsverlust ein ***(hypoglykämisches Coma,*** hypoglykämischer Schock).

Diabetes mellitus. Der Diabetes mellitus, die häufigste Stoffwechselstörung, beruht auf einem absoluten (Typ I) oder relativen (Typ II) ***Insulinmangel.*** Dem ***Typ-I-Diabetes*** liegt wahrscheinlich ein gegen die B-Zellen gerichteter Autoimmunprozess zugrunde. Der ***Typ-II-Diabetes*** tritt familiär gehäuft auf (genetische Komponente!) und wird auf eine Verminderung oder einen Defekt der Insulinreceptoren zurückgeführt.

Die bei Diabetes mellitus auftretenden Störungen betreffen den Kohlenhydrat-, Fett- und Eiweißstoffwechsel. Die mangelhafte Glucoseverwertung in den Zellen führt zu einem Anstieg des Blutzuckerspiegels ***(Hyperglykämie)*** und bei Überschreiten der Nierenschwelle zu einer Glucoseausscheidung mit dem Harn ***(Glucosurie,*** S. 359). Die gesteigerte Lipolyse bewirkt einen Anstieg der freien Fettsäuren im Blut. Als Folge davon kommt es zu einem verstärkten Fettsäurenabbau, der in schweren Fällen zum Auftreten von ***Ketonkörpern*** (Acetacetat, β-Hydroxybutyrat, Aceton) im Blut führt. Durch das erhöhte Fettsäurenangebot werden ferner in der Leber Cholesterin und Lipoproteine in verstärktem Maße gebildet. Außerdem ist der Eiweißabbau - vor allem in der Muskulatur - gesteigert.

Die schwerste Form der akuten diabetischen Stoffwechselstörung ist das ***Coma diabeticum.*** Durch die Bildung größerer Mengen von Ketonkörpern entwickelt sich eine ***metabolische Acidose*** (S. 400f.). Da die Säuren in Form ihrer Natrium- oder Kaliumsalze ausgeschieden werden, tritt ein Verlust an diesen Kationen ein. Die Glucoseausscheidung im Harn löst darüber hinaus eine osmotische Diurese mit Wasserverlust aus. Das Coma diabeticum ist somit durch Acidose, Elektrolytverschiebungen, Dehydratation und Minderdurchblutung des Gehirns (Hypoxie) bedingt.

12.8 Hormonale Calcium- und Phosphat-Regulation

12.8.1 Parathormon

Die Aufgabe des Parathormons besteht in der Regulation des Calcium- und Phosphat-Haushalts. Unter physiologischen Bedingungen sorgt das Parathormon dafür, daß die Plasmakonzentration von Calcium bei 2,5 mmol/l und die von Phosphat bei 1 mmol/l konstant gehalten werden.

Chemischer Aufbau. Das in den Nebenschilddrüsen (Epithelkörperchen, Beischilddrüse) produzierte lebenswichtige Parathormon (***PTH,*** Parathyrin) ist ein Polypeptid mit dem Molekulargewicht 9500. Neben dem Parathormon sind auch noch einige seiner Bruchstücke biologisch wirksam.

Biologische Wirkungen. Das Hormon hat folgende Angriffspunkte (Abb. 12-14):

An der ***Niere*** hemmt es am proximalen und distalen Tubulus die Rückresorption von Phosphat und steigert am distalen Tubulus die Wiederaufnahme von Calcium- und Magnesiumionen. Sekundär wird dadurch der Blut-Calciumspiegel erhöht. Außerdem fördert Parathormon in der Niere die Hydroxylierung von 25-Hydroxycolecalciferol zu 1,25-Dihydroxycolecalciferol, der eigentlichen Wirkform von Vitamin D_3 (S. 339). Ein Teil der Parathormonwirkungen kommt somit indirekt über die vermehrte Bildung von 1,25-Dihydroxycolecalciferol (Vitamin-D_3-Hormon) zustande.

Am ***Knochen*** stimuliert Parathormon die Osteoklastentätigkeit und die Osteoklasten- sowie Osteoblastenneubildung. Infolge des dadurch gesteigerten Knochenum- und -abbaus werden Calcium- und Phosphationen vermehrt mobilisiert.

Am ***Intestinaltrakt*** erhöht das Hormon – vorwiegend indirekt über die vermehrte Bildung von 1,25-Dihydroxycolecalciferol (Vitamin-D_3-Hormon) – die Resorption von Calcium- und Phosphationen.

Die Gesamtwirkung von Parathormon besteht somit in einer ***Konzentrationsanhebung des ionisierten Calciums*** im Blut und in einer ***Senkung des***

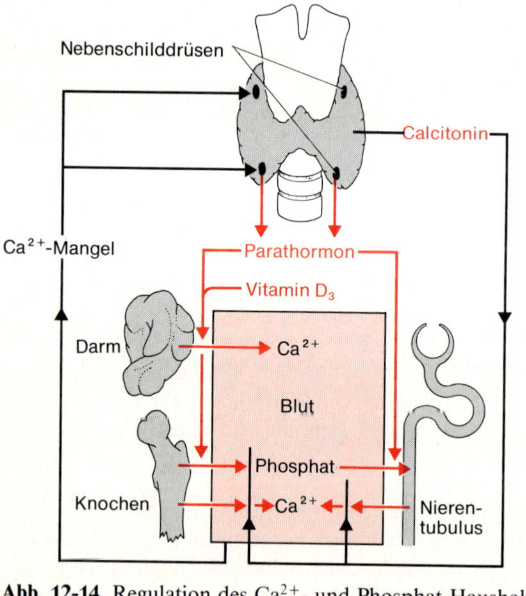

Abb. 12-14. Regulation des Ca^{2+}- und Phosphat-Haushalts

Phosphatspiegels um den gleichen Faktor. Die Regelgröße für die Ausschüttung von Parathormon ist der Blut-Calciumspiegel.

12.8.2 Calcitonin

Chemischer Aufbau. An der Regulation des Calcium-Phosphat-Haushalts ist ebenfalls das in der Schilddrüse gebildete Calcitonin (Thyreocalcitonin) beteiligt. Es handelt sich hierbei um ein Polypeptid mit einem Molekulargewicht von 3700, das u. a. aus Schweineschilddrüsen in reiner Form gewonnen werden kann. Die Bildung von Calcitonin erfolgt in den C-Zellen der Schilddrüse, sog. parafollikulären Zellen, die auch in den Nebenschilddrüsen und im Pankreas vorkommen.

Biologische Wirkungen. Calcitonin antagonisiert unter physiologischen Bedingungen teilweise die Wirkungen des Parathormons (s. o.). Da es die Freisetzung von Calciumionen und Phosphat aus dem Knochen hemmt und gleichzeitig deren Einbau in den Knochen fördert, senkt es schnell die Calciumionenkonzentration des Blutes. Diese Wirkung ist teilweise auch dadurch bedingt, daß Calcitonin die Osteoklastentätigkeit hemmt und die Umwandlung von Osteoklasten in Osteoblasten fördert. An der Niere steigert Calcitonin die Ausscheidung von Phosphat-, Calcium- sowie von Natrium-, Kalium- und Magnesiumionen. In bezug auf die Erniedrigung der renalen Phosphat-Rückresorptionsrate wirken somit Parathormon und Calcitonin synergistisch.
Die Regulation der Calcitoninabgabe erfolgt durch die Calciumionenkonzentration im Blut: Zunahme des Blut-Calciumspiegels steigert, seine Abnahme hemmt die Hormonsekretion.

Die Calcitoninsekretion wird ferner nach Nahrungsaufnahme (postprandial) durch gastrointestinale Hormone, z. B. Gastrin und Cholecystokinin, stimuliert. Auf diese Weise werden die mit der Nahrung aufgenommenen Calciumionen rasch in die Knochendepots eingebaut, so daß es nicht zu einem Anstieg der Blut-Calciumkonzentration kommt. Das wiederum bedeutet, daß der Parathormonspiegel nicht abfällt, was eine rasche Ausscheidung der resorbierten Calciumionen durch die Niere zur Folge hätte (sog. Calcium-konservierende Wirkung von Calcitonin).

12.8.3 Pathophysiologie

Hypoparathyreoidismus. Dieses Krankheitsbild beruht auf einem Parathormonmangel, der als Folge von ausgedehnten Schilddrüsenoperationen mit Entfernung der Nebenschilddrüsen auftreten kann. In seltenen Fällen ist die Ursache ungeklärt. Der Parathormonmangel führt (wegen der verminderten Calciumresorption und -mobilisation) zu einer ***Hypocalcämie*** sowie (wegen der reduzierten renalen

Phosphatausscheidung) zu einer ***Hyperphosphatämie.*** Als Folge der Hypocalcämie kommt es häufig zu einer ***Tetanie,*** bei der eine allgemeine Steigerung der neuromuskulären Erregbarkeit vorliegt. Insbesondere beobachtet man tonische Kontraktionen der Hand- und Fußmuskulatur (z. B. „Pfötchenstellung" der Hände). Speziell bei Kindern tritt u. U. ein Laryngospasmus (Stimmritzenkrampf) auf, der zum Erstickungstod führen kann.
Für die Zunahme der neuromuskulären Erregbarkeit ist hauptsächlich die ***Abnahme des ionisierten Calciums*** (Ca^{2+}) maßgebend. Dieses steht im Blutplasma mit dem an Proteine gebundenen Calcium im Gleichgewicht. Daher kann allein durch Erhöhung des Proteingehaltes die Ca^{2+}-Konzentration abnehmen. Ebenso führt ein Anstieg des pH-Wertes zu einer Senkung der Ca^{2+}-Konzentration. Damit wird verständlich, daß eine Hyperventilation, die eine Alkalose zur Folge hat (S. 400f.), einen tetanischen Anfall provozieren kann.

Hyperparathyreoidismus. Eine Nebenschilddrüsenüberfunktion, die z. B. durch einen Tumor der Epithelkörperchen verursacht werden kann, bezeichnet man als Hyperparathyreoidismus. Das Überangebot an Parathormon führt zu ***Hypercalcämie*** und ***Hypophosphatämie.*** Dadurch kommt es zu Abnahme der Muskelkraft (Adynamie), gesteigerter Harnausscheidung (Polyurie), Bildung von Nierensteinen (Calciumphosphatsteinen) und einer Reihe weiterer Symptome.

12.9 Gewebshormone

Als Gewebshormone bezeichnet man Substanzen, die an bestimmten Geweben spezifische Wirkungen hervorrufen, jedoch nicht in endokrinen Organen, sondern in spezialisierten Zellen gebildet werden. Der Begriff ist heute problematisch geworden, weil sich Wirkstoffe, die man zu den Gewebshormonen rechnen kann, wie die Releasing-Hormone, als Glieder hormonaler Regelkreise erwiesen haben. Andere Stoffe, wie Acetylcholin und Catecholamine, früher ebenfalls dieser Gruppe zugerechnet, werden heute allgemein als Neurotransmitter bzw. als Hormone des Nebennierenmarks charakterisiert. Nach der obigen Definition sind den Gewebshormonen die ***gastrointestinalen Hormone*** (S. 298ff.), ***Erythropoietin*** (S. 16) und die ***Mediatoren*** zuzuordnen. Da die beiden erstgenannten Gruppen bereits an anderer Stelle dargestellt sind, wird im Folgenden nur die letztgenannte Gruppe behandelt.
Mediatoren oder Mediatorstoffe sind Substanzen, die aus Zellen bzw. Zellverbänden freigesetzt werden und unmittelbar auf benachbarte Zellen einwirken (parakrine Wirkung). Ein Transport der Mediatoren auf dem Blutweg zu entfernten Effektorzellen ist zwar möglich, wegen ihrer schnellen Inaktivierung jedoch von untergeordneter Bedeutung. Zu den Mediatoren in diesem Sinne gehören Histamin, Serotonin, die Stoffe der Arachidonsäurekaskade und die Kinine.

12.9.1 Histamin

Histamin kommt in allen Geweben, insbesondere jedoch in den Lungen, in der Haut und im Gastrointestinaltrakt vor. Es ist in den sog. Mastzellen und in basophilen Leukocyten inaktiv gespeichert und kann bei Überempfindlichkeitsreaktionen oder durch Zerstörung der Zellen freigesetzt werden.
Histamin greift an drei verschiedenen molekularen Receptoren an, die als H_1- H_2- und H_3-Receptoren bezeichnet werden. Die Erregung von ***H_1-Receptoren*** bewirkt eine Vasoconstriction größerer Gefäße, Kontraktion der Bronchial-, Darm- und Uterusmuskulatur, Kontraktion von Endothelzellen sowie Steigerung des Lymphflusses, Erregung der ***H_2-Receptoren*** führt zu Dilatation der Pulmonalgefäße, Erhöhung der Herzfrequenz und Zunahme der Kontraktilität des Herzens sowie Steigerung der Drüsensekretion, insbesondere in der Magenschleimhaut (S. 304). Sowohl die Stimulation von H_1-Rezeptoren als auch die von H_2-Rezeptoren bewirkt eine Vasodilatation von Arteriolen und Coronargefäßen. Bei den H_3-Receptoren handelt es sich um die präsynaptischen Histaminreceptoren.
Gelangt Histamin in die Haut, z. B. durch Insektenstiche oder durch Kontakt mit Brennesselhaaren, entsteht infolge der Arteriolenerweiterung eine schmerzhafte Rötung oder infolge gesteigerter Capillarpermeabilität eine juckende Quaddel. Besondere Bedeutung hat Histamin bei ***Überempfindlichkeitsreaktionen vom Typ I*** (S. 41), deren Symptome, wie z. B. Abfall des Blutdrucks und Krämpfe der Bronchialmuskulatur beim anaphylaktischen Schock, teilweise auf Histaminwirkungen zurückzuführen sind (S. 171). Auch bei Entzündungen und Verbrennungen findet man eine Degranulierung der Mastzellen und eine erhöhte Histaminkonzentration im Blut.

12.9.2 Serotonin

Serotonin (5-Hydroxytryptamin) kommt wie Histamin in sehr vielen Geweben vor. Besonders reichlich ist es in den enterochromaffinen Zellen der Dünndarmschleimhaut, in Thrombocyten und in manchen Hirngebieten (Hypothalamus, Mittelhirn) enthalten.
Serotonin ***kontrahiert*** durch direkte Einwirkung die ***glatte Muskulatur*** von Gefäßen, Bronchien, Darm und Uterus. Bei Blutungen wird es infolge des Thrombocytenzerfalls frei und fördert die ***Blutungsstillung*** durch Gefäßconstriction (S. 50f.). Im Zentralnervensystem wirkt Serotonin als ***Neurotransmitter.***

12.9.3 Stoffe der Arachidonsäurekaskade

Arachidonsäure ist die Ausgangssubstanz für zahlreiche, besonders bedeutsame Mediatorstoffe, die sog. Eicosanoide. Sie kommt nur in geringer Menge frei vor, der größte Teil ist in die Phospholipide der Zellmembranen eingebaut. Auf Reize der verschiedensten Art, insbesondere nach zellschädigenden Noxen, können daraus Mediatorstoffe, und zwar

- Prostaglandine in den verschiedenen Geweben,
- Thromboxan A_2 von Thrombocyten,
- Prostacyclin vom Gefäßendothel und
- Leukotriene von Mastzellen und Leukocyten gebildet werden.

Prostaglandine. Der Name Prostaglandine beruht darauf, daß diese zunächst im Sekret der Prostata gefunden wurden. Sie kommen aber nicht nur dort, sondern in allen Organen vor. Die Freisetzung der Prostaglandine wird durch Nervenreizung, verschiedene Mediatorstoffe (z. B. Histamin) oder gastrointestinale Hormone (z. B. Gastrin) ausgelöst. Auch Noradrenalin setzt Prostaglandine frei, die ihrerseits die Noradrenalinliberation aus adrenergen Neuronen hemmen.
Die wichtigsten natürlich vorkommenden Prostaglandine sind $\boldsymbol{PGE_1}$, $\boldsymbol{PGE_2}$ und $\boldsymbol{PGF_{2\alpha}}$. Ihre Wirkungen sind außerordentlich komplex. Die verschiedenen Substanzen wirken teilweise synergistisch, teilweise antagonistisch. In Tabelle 12-5 sind ihre wesentlichen Effekte zusammengestellt. Die physiologische Bedeutung der Prostaglandine ist im einzelnen noch nicht völlig geklärt.

Thromboxan A_2. Thromboxan A_2 fördert die Thrombocytenaggregation und damit die Bildung von Plättchenthromben. Außerdem besitzt es eine vasoconstrictorische Wirkung und ist damit der Gegenspieler von Prostacyclin (s. u.). Es wird vor allem bei der Adhäsion von Thrombocyten an geschädigtes Gefäßendothel freigesetzt.

Prostacyclin. Dieser Metabolit der Arachidonsäure, der – wie erwähnt – im Gefäßendothel entsteht, hat eine starke vasodilatierende Wirkung und hemmt die Thrombocytenaggregation. Er wird rasch (mit einer Halbwertszeit von ca. 3 min) abgebaut.

Leukotriene. Einige Vertreter dieser Gruppe wirken leukotaktisch, d. h. sie locken Leukocyten an. Andere sind an der Auslösung von allergischem Asthma beteiligt. Sie wirken außerordentlich stark bronchoconstrictorisch (etwa 1000 mal stärker als Histamin!); allerdings tritt die Wirkung langsamer ein als bei anderen Mediatoren. (Darauf beruht die Bezeichnung slow reacting substance of anaphylaxis = Gemisch von Cystein-haltigen Leukotrienen). Ferner sind vasoconstrictorische Effekte von Leukotrienen

Tabelle 12-5. Wirkungen von Prostaglandinen, Thromboxan A_2 und Prostacyclin (nach KARLSON, GEROK u. GROSS)

	PGE	$PGF_{2\alpha}$	Thromboxan A_2	Prostacyclin
Venentonus		Steigerung		
Herzzeitvolumen		Steigerung		
Arterientonus	Verminderung		Steigerung	Verminderung
Renale Durchblutung	Steigerung			
ADH-Wirkung am distalen Tubulus	Hemmung			
Reninfreisetzung	Steigerung	Verminderung		
Pressorische Effekte von Angiotensin und Noradrenalin	Abschwächung	Verstärkung		
Blutdruck	Senkung	Steigerung		
Na^+-Transport	Steigerung			
Gastrointestinale Längsmuskulatur	Kontraktion	Kontraktion		
Gastrointestinale Sphinctermuskulatur	Erschlaffung	Kontraktion		
Uterusmuskulatur	Kontraktion	Kontraktion		
Magenschleimsekretion	Steigerung			
Lipolyse	Hemmung			
Thrombocytenaggregation			Steigerung	Hemmung

beschrieben worden. Pathophysiologisch ist darüber hinaus bedeutsam, daß bei ihrer Biotransformation Sauerstoffradikale entstehen. Diese führen u. a. zu einer Zerstörung des Bindegewebes, Denaturierung von Enzymen, Schädigung von Zellmembranen sowie zu einer Erhöhung der Gefäßpermeabilität. Sie tragen dadurch zu entzündlichen Reaktionen bei.

12.9.4 Kinine

Kinine sind biologisch aktive Peptide, die im Blutplasma aus einem α_2-Globulin, dem ***Kininogen,*** gebildet werden. Die Spaltung von Kininogen erfolgt durch Proteasen, die man als ***Kallikreine*** bezeichnet. Deren inaktive Vorstufen, die Kallikreinogene (Präkallikreine), kommen in verschiedenen Organen, z. B. im Pankreas und in der Darmschleimhaut, sowie im Blutplasma vor. Die Aktivierung wird wahrscheinlich beim Pankreas-Kallikreinogen durch Trypsin (s. S. 317), beim Plasma-Kallikreinogen durch den Hageman-Faktor des Blutgerinnungssystems (s. S. 53) bewirkt.
Bei der enzymatischen Spaltung von Kininogenen entsteht zunächst ein Peptid aus 11 Aminosäuren. Aus diesem wird dann unter der Einwirkung einer Aminopeptidase durch Abspaltung des N-terminalen Methionins zunächst das Dekapeptid ***Kallidin*** und schließlich durch Abspaltung von Lysin das Nonapeptid ***Bradykinin*** gebildet. Der Abbau der biologisch wirksamen Kinine (Kallidin und Bradykinin) erfolgt in den Geweben und im Blut innerhalb von Minuten durch spezifische Peptidasen (Kininasen).
Die Kinine sind außerordentlich wirksame Verbindungen, die vermutlich - wenn überhaupt - nur geringe physiologische, wohl aber pathologische Bedeutung besitzen. Sie

- erhöhen das Herzzeitvolumen,
- bewirken eine periphere Vasodilatation und senken dadurch den Blutdruck,
- steigern die Capillarpermeabilität und können dadurch zu Oedemen führen,
- haben eine starke bronchoconstrictorische Wirkung und
- können die glatte Muskulatur des Darmes sowohl constrictorisch als auch relaxierend beeinflussen.

Man nimmt an, daß Kinine an einer Reihe von pathologischen Zuständen beteiligt sind, ohne daß in allen Fällen sichere Beweise dafür vorliegen. Kinine können als Mediatoren für die Erregung von Schmerzreceptoren und damit als Schmerzauslöser wirken. Weiterhin nimmt man an, daß der Schock bei schwerer Pankreatitis durch Kallikreinfreisetzung aus dem zerstörten Pankreasgewebe mit verursacht wird. Ferner wird eine Beteiligung des Kininsystems bei einigen Migräneformen diskutiert. Schließlich sollen Kinine beim lokalen Entzündungsvorgang an der Auslösung der charakteristischen Symptome (Mehrdurchblutung, Oedembildung und Schmerz) mitwirken.

13 Sexualfunktionen

13.1 Cohabitation

Die geschlechtliche Vereinigung, d. h. die Einführung des erigierten Penis in die Vagina, wird als Cohabitation oder ***Coitus*** bezeichnet. Sie bildet normalerweise die Voraussetzung für diejenigen Vorgänge, die unter bestimmten Bedingungen zur ***Conception*** (Befruchtung) führen. Der sexuelle Reaktionsablauf vor und während der Cohabitation läßt sich beim Mann und bei der Frau in vier ineinander übergreifende Phasen unterteilen: die Erregungs-, Plateau-, Orgasmus- und Rückbildungsphase.

13.1.1 Sexueller Reaktionsablauf beim Mann

Erregungsphase. Taktile Reize im Bereich der Glans penis und in verschiedenen Hautgebieten („erogenen Zonen"), aber auch psychische Einflüsse und erotische Vorstellungen führen zu einer Größenzunahme und Versteifung des Penis ***(Erektion).*** Die afferenten Impulse von den Mechanoreceptoren in der Glans penis und in den benachbarten Geweben gelangen dabei über den N. pudendus zu einem sog. Erektionszentrum im Sacralmark (S_2–S_4). Die efferenten Erregungen werden von hier durch parasympathische Fasern geleitet, die im N. pelvicus verlaufen (Abb. 13-1). Sie bewirken eine Dilatation der kleinen Arterien und Arteriolen in den Corpora cavernosa und im Corpus spongiosum. Hierdurch füllen sich die cavernösen Bluträume der Schwellkörper, wobei die Tunica albuginea soweit gespannt wird, daß eine Drosselung des venösen Abstroms eintritt. Eine pralle Blutfüllung der Schwellkörper ist die Folge. Gleichzeitig kommt es zu einer stärkeren Füllung der Blutgefäße in den Hoden.

Das Erregungsniveau des sacralen Erektionszentrums wird nicht nur durch die Afferenzen im N. pudendus, sondern auch durch eine Vielzahl nervaler Impulse aus übergeordneten zentralnervösen, wahrscheinlich auch corticalen Strukturen beeinflußt, die sowohl fördernd als auch hemmend auf den spinal- reflektorischen Ablauf einwirken können. Bei Männern, deren Sacralmark zerstört ist, bleibt die Erektionsfähigkeit in 25% der Fälle erhalten. Dabei werden die psychogen ausgelösten Impulse über sympathische Fasern geleitet, die im unteren Thoracalmark und im oberen Lumbalmark ihren Ursprung haben.

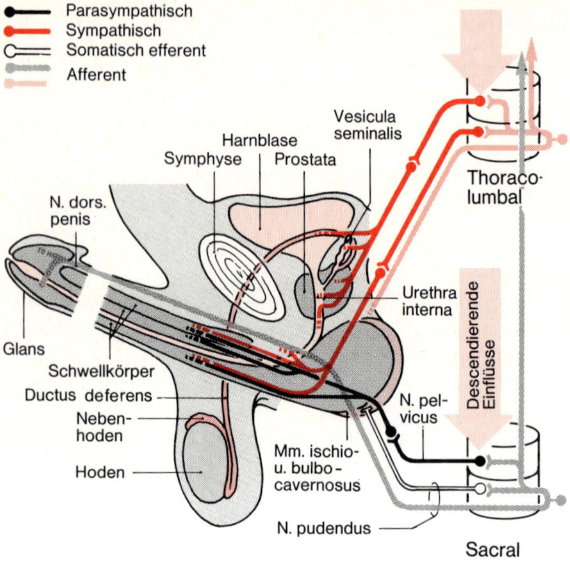

Abb. 13-1. Innervation der männlichen Genitalorgane

Plateauphase. Die Erregungsphase geht ohne scharfe Grenze in die Plateauphase über. Eine verstärkte Anschwellung der Glansbasis ist von der Abgabe eines klaren Sekretes begleitet, das vor allem aus den Glandulae bulbourethrales stammt. Dieses Sekret trägt zur Gleitfähigkeit des Penis in der Vagina bei.

Orgasmusphase. In der Orgasmusphase wird das Sperma in die Urethra interna befördert ***(Emission)*** und über die Urethra externa ausgeschleudert ***(Ejaculation).*** Der Spermatransport erfolgt durch 3–10 unwillkürliche Kontraktionen der glatten Muskulatur in den samenableitenden Wegen sowie in der Bläschendrüse und der Prostata.
Rhythmische Kontraktionen der quergestreiften Muskulatur im Bereich der Peniswurzel und des Beckenbodens führen schließlich zu einer Druckerhöhung in der Urethra und damit zu der Ausschleuderung des Ejaculats. Dabei wird das Eindringen von Sperma in die Harnblase durch Kontraktion der glatten Muskulatur im Anfangsteil der Urethra verhindert.
Das Zentrum für den ***Ejaculationsreflex*** liegt im unteren Thoracal- und im Lumbalmark (Abb. 13-1). Afferente Impulse aus den Genitalorganen gelangen vor allem über den N. pudendus und aufsteigende Zwischen-

neurone zu diesem Zentrum. Dabei ist eine bestimmte zentrale Erregungssummation (Bahnung) erforderlich, um den Reflex auszulösen. Die efferenten Impulse für die glatte Muskulatur laufen über die sympathischen Fasern des N. hypogastricus, während die beteiligte quergestreifte Muskulatur über die motorischen Anteile des N. pudendus innerviert wird.

Rückbildungsphase. In der Rückbildungsphase klingen infolge der abnehmenden parasympathischen Aktivität die Erektion und die Blutfülle im kleinen Becken allmählich ab. Während dieser Zeit ist der Reflexapparat gehemmt, so daß eine erneute Erektion bzw. Ejaculation nicht stattfinden kann.

13.1.2 Sexueller Reaktionsablauf bei der Frau

Während beim Mann die sexuellen Reaktionen weitgehend gleichförmig ablaufen, sind bei der Frau sowohl Dauer als auch Intensität der einzelnen Phasen stärker variabel.

Erregungsphase. Bei Reizung von Mechanoreceptoren in den weiblichen Genitalorganen, deren Axone im N. pudendus zum Sacralmark (S_2–S_4) ziehen, oder auf psychogenem Wege kommt es zu einer Erweiterung und Verlängerung der Vagina, zu einem Auseinanderweichen der Labia majora und zu einer allgemeinen venösen Blutstauung ***(Vasocongestion)*** in den äußeren Genitalien. Als Efferenzen sind an diesem reflektorischen Vorgang vasodilatatorische parasympathische Fasern beteiligt, die aus dem Sacralmark stammen und im N. pelvicus verlaufen (Abb. 13-2). Als Folge der Vasocongestion wird über die vaginalen Schleimhäute ein Transsudat abgegeben ***(Lubrikation),*** das die Gleitfähigkeit des Penis in der Vagina verbessert. Ebenso ist die Vergrößerung des Uterus in dieser Phase z. T. auf die Vasocongestion zurückzuführen.

Plateauphase. Diese Phase ist durch ein weiteres Anschwellen der Clitoris und des Bulbus vestibuli sowie der Venengeflechte um das äußere Scheidendrittel ***(orgastische Manschette)*** gekennzeichnet. Dabei wird die Clitoris an den Rand der Symphyse gezogen (sog. Clitorisretraktion).

Orgasmusphase. Der Eintritt des Orgasmus ist durch 3–15 Kontraktionen der orgastischen Manschette gekennzeichnet, die in unterschiedlicher Stärke ablaufen können und mit der Ejaculation des Mannes vergleichbar sind. Diese Kontraktionen werden wahrscheinlich durch den Sympathicus vermittelt. Gleichzeitig kommt es zu einer Kontraktion der quergestreiften Beckenbodenmuskulatur, zu einer Aufrichtung des Uterus und

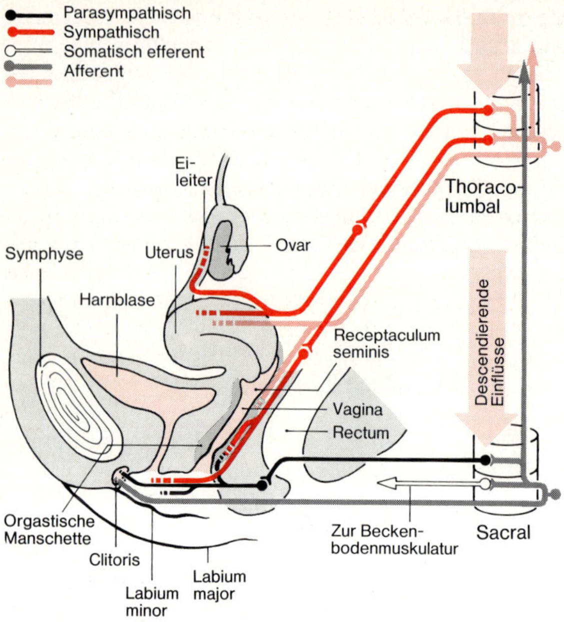

Abb. 13-2. Innervation der weiblichen Genitalorgane

zu einer intrauterinen Drucksteigerung. Die Cervix uteri entfernt sich von der hinteren Vaginalwand, so daß sich ein freier Raum zur Aufnahme des Ejaculats (Receptaculum seminis) bildet.

Rückbildungsphase. In der Rückbildungsphase nimmt die Blutfülle im kleinen Becken, in der Vaginalwand und im äußeren Genitale meist schnell wieder ab. Der Muttermund bleibt für etwa 20–30 min geöffnet, wobei die Portio vaginalis in das Receptaculum seminis eintaucht. Ein negativer intrauteriner Druck nach dem Orgasmus begünstigt das Eintreten des Spermas in den Cervikalkanal. Bei der Frau besteht nach dem Orgasmus keine ausgeprägte Hemmungsphase, so daß wiederholte Orgasmen auftreten können.

13.1.3 Allgemeinreaktionen während des sexuellen Reaktionsablaufs

Der sexuelle Reaktionsablauf ist von zahlreichen extragenitalen Reaktionen begleitet. ***Herzfrequenz***, systolischer und diastolischer ***Blutdruck*** und ***Atemfrequenz*** steigen an, erreichen während des Orgasmus maximale Werte und normalisieren sich während der Rückbildungsphase. In der Orgasmusphase treten in der Regel noch weitere neurovegetative Reaktionen auf (Pupillenerweiterung, Vasocongestion der weiblichen Brust und Erektion der Mamillen, Rötung der Haut vor allem in der Oberbauch- und Brustregion). Bei starker zentralnervöser Erregung dominieren die für den Orgasmus charakteristischen Empfindungen, während - insbesondere bei der Frau - die übrigen Sinneswahrnehmungen eingeengt sind.

13.2 Conception

13.2.1 Spermienwanderung und Imprägnation

Spermienwanderung und Capacitation. Durch die Ejaculation gelangen die Spermien in das Scheidengewölbe. Für die nun beginnende Wanderung zur Eizelle stellt der Cervixschleim eine physiologische Barriere dar, die nur im Zeitintervall um die Ovulation (periovulatorisch) passiert werden kann. Ist diese Barriere überwunden, so bewegen sich die Spermien gegen den Sekretstrom von Uterus und Tuben. Die durchschnittliche Wanderungsgeschwindigkeit der 1-2 Tage befruchtungsfähigen Samenfäden beträgt etwa 3 mm/min, so daß der Weg vom Muttermund bis zur Ampulle des Eileiters in etwa 40-60 min zurückgelegt wird. Erst während dieser Wanderung erlangen die Spermien ihre Befruchtungsfähigkeit; diesen Reifungsvorgang bezeichnet man als Capacitation.

Imprägnation. Von den 200-300 Mio. Spermien des Ejaculats erreichen nur 300-500 die Ampulla tubae, wo normalerweise die Befruchtung stattfindet. Bei Kontakt eines Spermiums mit den die Eizelle umgebenden Schichten werden aus der Acrosomenkappe Enzyme (Hyaluronidase, Corona-penetrating-enzyme und Acrosin) freigesetzt, welche die Eihüllen an der Kontaktstelle zerstören. Ein einziges Spermium dringt auf diese Weise in die umgebenden Schichten ein (Imprägnation) und verbindet sich schließlich mit der Oberfläche der Eizelle (Oocyte).

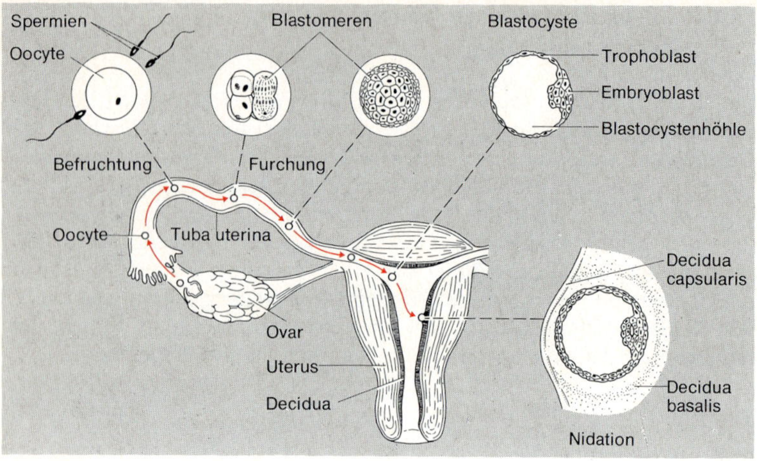

Abb. 13-3. Befruchtung, Entwicklung und Nidation des Keimes

13.2.2 Syngamie und Nidation

Nach Verschmelzung der Zellmembranen beider Gameten wird die 2. Reifeteilung der Oocyte vollendet. In diesem Stadium liegt der haploide Chromosomensatz der Oocyte im sog. weiblichen Vorkern, während der Kern im Kopf des Spermiums, der ebenfalls einen haploiden Chromosomensatz trägt, den männlichen Vorkern bildet. Im Anschluß an die Reduplikation der beiden Chromosomensätze verschmelzen die beiden Vorkerne ***(Syngamie),*** wodurch die erste Zelle des neuen Organismus, die Cygote, entsteht. Aus dieser entwickeln sich zwei Tochterzellen, die sich während der Passage durch den Eileiter weiter teilen (Abb. 13-3). Etwa am 4. Tag nach der Befruchtung gelangt der Keim in das Uteruslumen und nistet sich - inzwischen im Blastomerenstadium - etwa am 6. Tag in die Uterusschleimhaut ein ***(Nidation*** oder ***Implantation).*** (Bzgl. weiterer Einzelheiten zur Keim- und Placentaentwicklung s. Lehrbücher der Anatomie und Embryologie.)

13.2.3 Empfängniszeit

Die bei der Ovulation ausgestoßene Eizelle ist nur während einer kurzen Zeitspanne von 6-12 Stunden befruchtungsfähig. Die Imprägnationsfähigkeit der Spermien im weiblichen Genitaltrakt beschränkt sich auf eine

Zeitdauer von 2-3 Tagen. Daher kann eine Conception nur eintreten, wenn die Cohabitation innerhalb von 3 Tagen vor der Ovulation, am Tage der Ovulation oder im Laufe des nachfolgenden Tages, insgesamt also während eines Zeitintervalls von 5 Tagen, erfolgt.

Als sog. ***gesetzliche Empfängniszeit*** gilt das Intervall vom 181. bis zum 302. Tag vor der Geburt des Kindes. Diese Festlegung beruht auf z. T. älteren Vorstellungen über die minimale und maximale Dauer der Schwangerschaft. (Die normale Schwangerschaftsdauer beträgt, vom Tag der Conception an gerechnet, 266 ± 3 Tage).

14 Maßeinheiten der Physiologie

Internationales System der Einheiten. Für die physikalischen und chemischen Größen, die im Rahmen der Physiologie verwendet werden, ist von internationalen Fachgesellschaften und Organisationen vor einigen Jahren die Einführung eines neuen Maßsystems empfohlen worden. Viele Staaten, u. a. auch die Bundesrepublik Deutschland, sind der Empfehlung gefolgt und haben dieses System für den geschäftlichen und amtlichen Verkehr gesetzlich vorgeschrieben. Die Basis des neuen Internationalen Systems der Einheiten (SI = Système International d'Unités) bilden 7 Größen, die in Tabelle 14-1 angegeben sind.

Tabelle 14-1. Namen und Symbole der SI-Basiseinheiten

Größe	Name der Einheit	Symbol
Länge	Meter	m
Masse	Kilogramm	kg
Zeit	Sekunde	s
Elektrische Stromstärke	Ampere	A
Thermodynamische Temperatur	Kelvin	K
Lichtstärke	Candela	cd
Substanzmenge	Mol	mol

Von den Einheiten dieses Basissystems lassen sich die Einheiten sämtlicher Meßgrößen ableiten. Eine Auswahl hiervon ist in Tabelle 14-2 zusammengestellt.

Tabelle 14-2. Namen und Symbole einiger abgeleiteter SI-Einheiten

Größe	Name der Einheit	Symbol	Definition
Frequenz	Hertz	Hz	s^{-1}
Kraft	Newton	N	$m \cdot kg \cdot s^{-2}$
Druck	Pascal	Pa	$m^{-1} \cdot kg \cdot s^{-2}$ ($N \cdot m^{-2}$)
Energie	Joule	J	$m^2 \cdot kg \cdot s^{-2}$ ($N \cdot m$)
Leistung	Watt	W	$m^2 \cdot kg \cdot s^{-3}$ ($J \cdot s^{-1}$)

Tabelle 14-2. Namen und Symbole einiger abgeleiteter SI-Einheiten (Fortsetzung)

Größe	Name der Einheit	Symbol	Definition
elektr. Ladung	Coulomb	C	$s \cdot A$
elektr. Potentialdifferenz (Spannung)	Volt	V	$m^2 \cdot kg \cdot s^{-3} \cdot A^{-1}$ ($W \cdot A^{-1}$)
elektr. Widerstand	Ohm	Ω	$m^2 \cdot kg \cdot s^{-3} \cdot A^{-2}$ ($V \cdot A^{-1}$)
elektr. Leitwert	Siemens	S	$m^{-2} \cdot kg^{-1} \cdot s^3 \cdot A^2$ (Ω^{-1})
elektr. Kapazität	Farad	F	$m^{-2} \cdot kg^{-1} \cdot s^4 \cdot A^2$ ($C \cdot V^{-1}$)
magn. Fluß	Weber	Wb	$m^2 \cdot kg \cdot s^{-2} \cdot A^{-1}$ ($V \cdot s$)
magn. Flußdichte	Tesla	T	$kg \cdot s^{-2} \cdot A^{-1}$ ($Wb \cdot m^{-2}$)
Induktivität (magn. Leitwert)	Henry	H	$m^2 \cdot kg \cdot s^{-2} \cdot A^{-2}$ ($V \cdot s \cdot A^{-1}$)
Lichtstrom	Lumen	lm	$cd \cdot sr$[a]
Beleuchtungsstärke	Lux	lx	$cd \cdot sr \cdot m^{-2}$ ($lm \cdot m^{-2}$)
Aktivität einer radioakt. Substanz	Becquerel	Bq	s^{-1}

[a] sr (Steradiant) = SI-Einheit des räumlichen Winkels

Die numerischen Werte der in den Tabellen 14-1 und 14-2 genannten Größen enthalten vielfach Zehnerpotenzen als Faktoren. Zur Vereinfachung der Angaben hat man häufig gebrauchten Zehnerpotenzen bestimmte Vorsilben zugeordnet, die mit dem Namen der betreffenden Einheiten verbunden werden (Tabelle 14-3).

Tabelle 14-3. Präfixe und Symbole häufig gebrauchter Zehnerpotenz-Faktoren

Faktor	Präfix	Symbol	Faktor	Präfix	Symbol
10^{-1}	Dezi	d	10	Deka	da
10^{-2}	Centi	c	10^2	Hekto	h
10^{-3}	Milli	m	10^3	Kilo	k
10^{-6}	Mikro	µ	10^6	Mega	M
10^{-9}	Nano	n	10^9	Giga	G
10^{-12}	Pico	p	10^{12}	Tera	T
10^{-15}	Femto	f	10^{15}	Peta	P

Neben den SI-Einheiten dürfen die in Tabelle 14-4 aufgeführten konventionellen Einheiten auch weiterhin benutzt werden.

Umrechnungsbeziehungen. Konzentrationen können im Rahmen des SI-Systems als Stoffmenge pro Volumen (mmol/l, µmol/l) oder als Masse pro Volumen (g/l, mg/l) angegeben werden. Es wird empfohlen, die

Tabelle 14-4. Einheiten, die nicht zum SI-System gehören, jedoch weiterhin benutzt werden dürfen

Name der Einheiten	Symbol	Wert in SI-Einheiten
Gramm	g	1 g = 10^{-3} kg
Liter	l	1 l = 1 dm^3
Minute	min	1 min = 60 s
Stunde	h	1 h = 3,6 ks
Tag	d	1 d = 86,4 ks
Grad Celsius	°C	t °C = T (K) - 273,15

Stoffmengenkonzentration immer dann anzuwenden, wenn bei chemisch einheitlichen Substanzen die Molekulargewichte (relative Molekülmassen) bekannt sind. Dagegen stellt die Massenkonzentration eine zweckmäßige Form der Konzentrationsangabe für Gemische gelöster Substanzen, wie z. B. für die Gesamt-Plasmaproteine, dar. Angaben in konventionellen Konzentrationseinheiten g-% = g/dl, mg-% = mg/dl und mval/l = mäq/l können mit Hilfe der in Tabelle 14-5 zusammengestellten Beziehungen auf solche in SI-Einheiten umgerechnet werden. Weitere Umrechnungsbeziehungen enthält Tabelle 14-6.

Tabelle 14-5. Umrechnungsbeziehungen von konventionellen Konzentrationseinheiten (g-%, mg-%, mval/l) auf SI-Einheiten der Massenkonzentration (g/l) und der Stoffmengenkonzentration (mmol/l bzw. μmol/l)

	1 g-% =	1 g-% =
Plasmaeiweiß	10 g/l	
Hämoglobin	10 g/l	0,621 mmol/l[a]
	1 mg-% =	**1 mval/l =**
Natrium	0,4350 mmol/l	1,0 mmol/l
Kalium	0,2558 mmol/l	1,0 mmol/l
Calcium	0,2495 mmol/l	0,5 mmol/l
Magnesium	0,4114 mmol/l	0,5 mmol/l
Chlorid	0,2821 mmol/l	1,0 mmol/l
Glucose	0,0555 mmol/l	
Cholesterin	0,0259 mmol/l	
Bilirubin	17,10 μmol/l	
Creatinin	88,40 μmol/l	
Harnsäure	59,48 μmol/l	

[a] Bei der Angabe der molaren Hämoglobin-Konzentration wird die relative Molekülmasse des Hämoglobin-Monomeren (S. 18) zugrunde gelegt

Tabelle 14-6. Umrechnungsbeziehungen zwischen SI-Einheiten und konventionellen Einheiten

Größe	Umrechnungsbeziehungen	
Kraft	1 dyn = 10^{-5} N	1 N = 10^5 dyn
	1 kp = 9,81 N	1 N = 0,102 kp
Druck	1 cm H_2O = 98,1 Pa	1 Pa = 0,0102 cm H_2O
	1 mm Hg = 133 Pa	1 Pa = 0,0075 mm Hg
	1 atm = 101 kPa	1 kPa = 0,0099 atm
	1 bar = 100 kPa	1 kPa = 0,01 bar
Energie	1 erg = 10^{-7} J	1 J = 10^7 erg
(Arbeit)	1 mkp = 9,81 J	1 J = 0,102 mkp
(Wärmemenge)	1 cal = 4,19 J	1 J = 0,239 cal
Leistung	1 mkp/s = 9,81 W	1 W = 0,102 mkp/s
	1 PS = 736 W	1 W = 0,00136 PS
(Wärmestrom)	1 kcal/h = 1,16 W	1 W = 0,860 kcal/h
(Energieumsatz)	1 kJ/d = 0,0116 W	1 W = 86,4 kJ/d
	1 kcal/d = 0,0485 W	1 W = 20,6 kcal/d
Viscosiät	1 Poise = 0,1 Pa·s	1 Pa·s = 10 Poise

15 Weiterführende Literatur

Weiterführende Lehrbücher

ALBERTS B, BRAY D, LEWIS J, RAFF M, ROBERTS K, WATSON JD (1986) Molekularbiologie der Zelle. VCH Verlagsgesellschaft, Weinheim

BERNE RM, LEVY MN (eds) (1988) Physiology, 2nd edn. Mosby, St. Louis, Washington, Toronto

GANONG WF (1989) Review of medical physiology, 14th edn. Prentice-Hall, Englewood Cliffs

GEBERT G (1987) Physiologie als Grundlage der klinischen Medizin. Schattauer, Stuttgart, New York

GUYTON AC (1986) Textbook of medical physiology, 7th edn. Saunders, Philadelphia, London, Toronto

KEIDEL W-D (Hrsg) (1985) Kurzgefaßtes Lehrbuch der Physiologie, 6. Aufl. Thieme, Stuttgart

PATTON HD, FUCHS AF, HILLE B, SCHER AM, STEINER R (eds) (1989) Textbook of physiology, vol 1 and 2, 21st edn. Saunders, Philadelphia, London, Toronto

SCHMIDT RF, THEWS G (Hrsg) (1987) Physiologie des Menschen, 23. Aufl. Springer, Berlin, Heidelberg, New York

SILBERNAGL S, DESPOPOULOS A (1988) Taschenatlas der Physiologie, 3. Aufl. Thieme, Stuttgart

THEWS G, MUTSCHLER E, VAUPEL P (1989) Anatomie, Physiologie, Pathophysiologie des Menschen, 3. Aufl. Wissenschaftl. Verlagsges., Stuttgart

Einzeldarstellungen

Blut und Abwehrfunktionen

BARTHELS M, POLIWODA H (1987) Gerinnungsanalysen, 3. Aufl. Thieme, Stuttgart

BEGEMANN H (1989) Praktische Hämatologie, 9. Aufl. Thieme, Stuttgart

KABOTH W, BEGEMANN H (1977) Blut, 2. Aufl. In: GAUER OH, KRAMER K, JUNG R (Hrsg) Physiologie des Menschen, Bd. 5. Urban & Schwarzenberg, München, Wien, Baltimore

KELLER K (1987) Immunologie und Immunpathologie, 3. Aufl. Thieme, Stuttgart, New York

ROITT J (1989) Leitfaden der Immunologie, 3. Aufl. Steinkopff, Darmstadt

SPIELMANN W, KÜHNL P (1982) Blutgruppenkunde. Thieme, Stuttgart, New York

Transport- und Regelprozesse

Bayliss LE (1966) Living control systems. Plenum Press, New York
Hoppe W, Lohmann W, Markl H, Ziegler H (Hrsg) (1982) Biophysik, 2. Aufl. Springer, Berlin, Heidelberg, New York
Schmidt G (1982) Grundlagen der Regelungstechnik. Springer, Berlin, Heidelberg, New York
Wilson DB (1978) Cellular transport mechanisms. Ann Rev Biochem 47: 933-965

Herzfunktion und Blutkreislauf

Berne RM, Levy MN (1986) Cardiovascular physiology, 5th edn. Mosby, St. Louis, Washington, Toronto
Busse R (Hrsg) (1982) Kreislaufphysiologie. Thieme, Stuttgart, New York
Heinecker R (1986) EKG in Praxis und Klinik, 12. Aufl. Thieme, Stuttgart, New York
Honig CR (1988) Modern cardiovascular physiology, 2nd edn. Little and Brown, Boston, Toronto
Katz AM (1977) Physiology of the heart. Raven Press, New York
Meyer-Hofmann G, Kantschew T (1981) Einführung in die praktische Elektrokardiographie, 2. Aufl. Fischer, Stuttgart

Atmung

Mines AH (1986) Respiratory physiology, 2nd edn. Raven Press, New York
Piiper J, Koepchen HP (1975) Atmung, 2. Aufl. In: Gauer OH, Kramer K, Jung R (Hrsg) Physiologie des Menschen, Bd. 6. Urban & Schwarzenberg, München, Berlin, Wien
Slonim NB, Hamilton LH (1987) Respiratory physiology, 5th edn. Mosby, St. Louis, Washington, Toronto
Ulmer WT, Reichel G, Nolte D, Islam MS (1986) Die Lungenfunktion. Physiologie und Pathophysiologie, Methodik, 4. Aufl. Thieme, Stuttgart
West JB (1985) Respiratory physiology - the essentials, 3rd edn. Williams & Wilkins, Baltimore, London

Energiehaushalt, Arbeitsphysiologie, Wärmehaushalt

Hales JRS (1984) Thermal physiology. Raven Press, New York
Heipertz W (1985) Sportmedizin, 7. Aufl. Thieme, Stuttgart
Hensel H (1981) Thermoreception and temperature regulation. Academic Press, London
Hollmann W, Hettinger T (1984) Sportmedizin - Arbeits- und Trainingsgrundlagen. Schattauer, Stuttgart, New York
Nöcker J (1980) Physiologie der Leibesübungen, 4. Aufl. Enke, Stuttgart

ROHMERT W, RUTENFRANZ J (1983) Praktische Arbeitsphysiologie, 3. Aufl. Thieme, Stuttgart

STEGEMANN J (1984) Leistungsphysiologie, 3. Aufl. Thieme, Stuttgart

WERNER J (1984) Regelung der menschlichen Körpertemperatur. de Gruyter, Berlin, New York

Ernährung, Funktionen des Gastrointestinaltraktes

BÄSSLER K-H, FEKL WL, LANG K (1987) Grundbegriffe der Ernährungslehre, 4. Aufl. Springer, Berlin, Heidelberg, New York

BÄSSLER K-H (1989) Vitamine, 3. Aufl. Steinkopff, Darmstadt

DAVENPORT HW (1982) Physiology of the digestive tract, 5th edn. Year Book Medical Publishers, Chicago, London

GRANGER DN, BARROWMAN JA, KVIETYS PR (1985) Clinical gastrointestinal physiology. Saunders, Philadelphia, London

JOHNSON LR (ed) (1981) Physiology of the gastrointestinal tract, vol I and II. Raven Press, New York

Nierenfunktion, Wasser-, Elektrolyt- und Säure-Basen-Haushalt

GAMBLE JL (1982) Acid-Base physiology. A direct approach. John Hopkins University Press, Baltimore

DAVENPORT HW (1979) Säure-Basen-Regulation, 2. Aufl. Thieme, Stuttgart

BRENNER B, COE FL, RECTOR FC (1987) Renal physiology in health and disease. Saunders, Philadelphia, London

MARSH DJ (1983) Renal physiology. Raven Press, New York

TRUNIGER B, RICHARDS P (1985) Wasser- und Elektrolythaushalt, 5. Aufl. Thieme, Stuttgart

VALTIN H (1983) Renal function, 2nd edn. Little and Brown, Boston, Toronto

VANDER AJ (1985) Renal physiology, 3rd edn. McGraw-Hill, New York, St. Louis

Hormonale Regulationen und Sexualfunktionen

DECK K (1976) Endokrinologie. Thieme, Stuttgart

FABER H v, HAID H (1980) Endokrinologie, 3. Aufl. Ulmer, Stuttgart

HAEBERLE EJ (1985) Die Sexualität des Menschen, 2. Aufl. de Gruyter, Berlin, New York

HEDGE GA, COLBY HD, GOODMAN RL (1987) Clinical endocrine physiology. Saunders, Philadelphia, London

TEPPERMAN J, TEPPERMAN HM (1987) Metabolic and endocrine physiology, 5th edn. Year Book Medical Publishers, Chicago, London

TAUSK M (1986) Pharmakologie der Hormone, 4. Aufl. Thieme, Stuttgart

Sachverzeichnis

H^+